MCSE
TCP/IP

Drew Heywood
Rob Scrimger

MCSE
TCP/IP

SAMS

Die Deutsche Bibliothek – CIP-Einheitsaufnahme

MCSE: TCP IP : kompletter Examensstoff ; Prüfungsfragen und Antworten ;
deutscher Beispieltest auf CD-ROM ; von Microsoft anerkannte Studienunterlagen für die Prüfung
»Internetworking with Microsoft TCP/IP« für Examen Nummer 70-59 / Drew Heywood ; Rob Scrimger. –
Haar bei München : SAMS
   ISBN 3-8272-2022-X

Buch. 1998
   Gb.

CD-ROM. 1998

Die Informationen in diesem Produkt werden ohne Rücksicht auf einen
eventuellen Patentschutz veröffentlicht.
Warennamen werden ohne Gewährleistung der freien Verwendbarkeit benutzt.
Bei der Zusammenstellung von Texten und Abbildungen wurde mit größter
Sorgfalt vorgegangen.
Trotzdem können Fehler nicht vollständig ausgeschlossen werden.
Verlag, Herausgeber und Autoren können für fehlerhafte Angaben
und deren Folgen weder eine juristische Verantwortung noch
irgendeine Haftung übernehmen.
Für Verbesserungsvorschläge und Hinweise auf Fehler sind Verlag und
Herausgeber dankbar.

Autorisierte Übersetzung der amerikanischen Originalausgabe:
MCSE Training Guide TCP/IP © 1998 by New Riders Publishing

Microsoft Certified Logo developed by New Riders

Alle Rechte vorbehalten, auch die der fotomechanischen Wiedergabe und der
Speicherung in elektronischen Medien.
Die gewerbliche Nutzung der in diesem Produkt gezeigten Modelle und Arbeiten
ist nicht zulässig.

Fast alle Hardware- und Softwarebezeichnungen, die in diesem Buch erwähnt werden,
sind gleichzeitig auch eingetragene Warenzeichen oder sollten als solche betrachtet
werden.

10   9   8   7   6   5   4   3   2   1

02   01   00   99   98

ISBN 3-8272-2022-X

© 1998 by SAMS, einem Imprint der Markt&Technik Buch- und
Software-Verlag GmbH, Hans-Pinsel-Straße 9b,
D-85540 Haar bei München/Germany
Alle Rechte vorbehalten
Einbandgestaltung: Helfer Grafik Design, München
Übersetzung: Beate Majetschak
Lektorat: Angelika Ritthaler, aritthaler@mut.de
Herstellung: Claudia Bäurle, cbaeurle@mut.de
Satz: EDV-Satz Reemers, Krefeld
Druck: Bercker Graphischer Betrieb, Kevelaer
Dieses Produkt wurde mit Desktop-Publishing-Programmen erstellt
und auf chlorfrei gebleichtem Papier gedruckt
Printed in Germany

Inhaltsverzeichnis

		Einleitung	15
		Der Planungsprozeß	16
		Die Bedürfnisse abschätzen	17
		Internet oder Intranet?	18
		Wer sollte dieses Buch lesen?	19
		Besondere Elemente in diesem Buch	20
		Übungsabschnitte	21
		Hinweise, Tips, Warnungen, Hinweiskästen	21
1		**Einführung in TCP/IP**	23
	1.1	Kurze Geschichte von TCP/IP	25
	1.2	RFCs (Request for Comments) – Das Internet definieren	28
	1.3	Warum TCP/IP benutzen?	33
	1.4	Überblick über TCP/IP-Adressen	35
2		**Einführung in das Netzwerkkonzept von Microsoft**	43
	2.1	Das OSI-Referenzmodell	43
	2.2	Die Netzwerkarchitektur von Microsoft	44
	2.2.1	Schichten über Schichten	46
	2.2.2	Anwendungs-/Dateisystemtreiber	49
	2.2.3	TDI (Transport Driver Interface)	50
	2.2.4	Die Transportprotokolle	50
	2.2.5	Network Driver Interface Specification	52
	2.2.6	Adapterkartentreiber	53
	2.3	Das TCP/IP-Modell	56
	2.4	Komponenten der Anwendungsschicht	58
	2.4.1	Das Transportschichtprotokoll	61
	2.4.2	Die Internet-Schicht	62
	2.4.3	Netzwerkzugriffsschicht	67
3		**Die Anwendungsschicht**	73
	3.1	Ein Einblick in WinSock	73
	3.1.1	Wie der Prozeß funktioniert	74
	3.2	NBT (NetBIOS über TCP/IP)	79
	3.2.1	NBT	80
	3.3	Überblick über die Namensauswertung	82
4		**Die Transportschicht**	87
	4.1	Header	87
	4.1.1	TCP-Header	88
	4.1.2	UDP-Header	90
	4.2	Pseudo-Header	91

Inhaltsverzeichnis

4.3	TCP (Transmission Control Protocol)	91
4.3.1	Sitzungseinrichtung	92
4.3.2	Byte-Strom-Kommunikationen	93
4.3.3	Sliding Windows	94
4.4	UDP (User Datagram Protocol)	95

5 Die Internet-Schicht ... 101

5.1	Was ist eine Subnet Mask?	101
5.2	Einführung in das Routing	102
5.3	Die Adresse eines anderen Rechners finden	106
5.4	Ein IP-Datagramm erzeugen	109
5.5	Datagramme zerlegen und wieder zusammensetzen	112
5.6	Fehlersuche und Fehlerbericht	114

6 Teilnetzwerke ... 121

6.1	Rückblick auf Binärcode	122
6.2	Wie richtet man ein Teilnetzwerk ein?	124
6.2.1	Ihre Adressierungsbedürfnisse festlegen	124
6.2.2	Ihre Subnet Mask definieren	125
6.2.3	Wie viele Netzwerke, wie viele Hosts?	126
6.2.4	Teilnetzwerk-IDs	127
6.2.5	Host-IDs	130
6.2.6	Übergeordnete Netzwerke	132

7 Routing ... 143

7.1	Was ist Routing?	143
7.1.1	Was ist ein Router?	143
7.2	NT als Router	144
7.2.1	Statisches Routing	145
7.2.2	Dynamisches Routing	148

8 Die Dienste von Microsoft-TCP/IP ... 157

8.1	Microsoft TCP/IP und Windows NT 4 nutzen	158
8.1.1	Neue Merkmale unter Windows NT 4	158
8.1.2	Dienste des Windows NT Server	159
8.1.3	Der LPR-Dämon	160
8.1.4	DHCP (Dynamic Host Configuration Protocol)	160
8.1.5	Der DHCP Boot Relay Agent	161
8.1.6	WINS (Windows Internet Name Service)	161
8.1.7	DNS-Server	162
8.2	RFCs, die Microsofts Implementation von TCP/IP beinhalten	163
8.3	Microsoft TCP/IP installieren	165
8.3.1	Das Dialogfeld NETZWERK	165
8.3.2	Die TCP/IP-Konfiguration testen	175
8.3.3	Überblick über die Eigenschaften von Microsoft TCP/IP	179

Inhaltsverzeichnis

9 Der Internet Information Server 189
- 9.1 Den IIS installieren 190
  - 9.1.1 Vorbereitung der Installation 191
  - 9.1.2 Der Installationsprozeß 192
  - 9.1.3 Die Produktdokumentation einsetzen 194
  - 9.1.4 Die Installation testen 195
- 9.2 Den IIS verwalten 196
  - 9.2.1 Die Ansicht auswählen 198
  - 9.2.2 Das Konto IUSR_Computername 199
  - 9.2.3 Den HTTP-Server konfigurieren (WWW-Dienst) 199
  - 9.2.4 Den FTP-Server konfigurieren 216
  - 9.2.5 Den Gopher-Server konfigurieren 218
- 9.3 Wiederholungsfragen 224

10 TCP/IP-Druckdienste 227
- 10.1 Drucken unter Windows NT 227
  - 10.1.1 Der Druckprozeß 228
  - 10.1.2 Einen Drucker installieren 234
- 10.2 Den TCP/IP-Druckdienst installieren 235
- 10.3 Verbindung mit einem LPD-Server aufnehmen 236
- 10.4 Drucker über LPD freigeben 239

11 DHCP 247
- 11.1 DHCP-Konzepte und Operationen 247
- 11.2 DHCP-Server installieren 252
  - 11.2.1 DHCP-Bereiche einrichten 253
  - 11.2.2 DHCP-Clients aktivieren 257
  - 11.2.3 Aktive Leases einsehen und verwalten 259
  - 11.2.4 Die Eigenschaften einer aktiven Lease verändern 261
  - 11.2.5 Aktive Leases löschen 262
  - 11.2.6 Reservierungen einrichten 263
  - 11.2.7 Bereiche aktivieren, deaktivieren und löschen 266
- 11.3 Leases verwalten 266
- 11.4 Mehrere DHCP-Server verwalten 267
- 11.5 Die DHCP-Datenbank verwalten 268
  - 11.5.1 Die DHCP-Datenbank komprimieren 269
  - 11.5.2 DHCP-Server starten und stoppen 270
  - 11.5.3 Eine beschädigte DHCP-Datenbank reparieren 271
  - 11.5.4 Eine neue DHCP-Datenbank erstellen 272
- 11.6 Konfigurationsoptionen des DHCP-Servers 273
  - 11.6.1 DHCP-Optionen verwalten 274
  - 11.6.2 Clientspezifische Reservierungsoptionen verwalten 276
  - 11.6.3 DHCP-Optionen für Microsoft TCP/IP 277
- 11.7 DHCP in der Registrierung konfigurieren 278
  - 11.7.1 Registrierungseinträge in Verbindung mit DHCP 280
  - 11.7.2 Werte in der Registrierung, die mit DHCP in Verbindung stehen 282
- 11.8 Der DHCP-Relay-Agent 285

12 NetBIOS-Namensauswertung ... 295
- 12.1 Methoden der Namensauswertung ... 297
- 12.1.1 Cache-Information über NetBIOS-Namen ... 297
- 12.1.2 Rundsendungen ... 298
- 12.1.3 Die Datei LMHOSTS ... 299
- 12.1.4 Der NetBIOS-Namens-Server ... 304
- 12.1.5 Die Datei HOSTS ... 307
- 12.1.6 DNS ... 308
- 12.2 Reihenfolge der Namensauswertung ... 309
- 12.2.1 B-Knoten ... 311
- 12.2.2 P-Knoten ... 311
- 12.2.3 M-Knoten ... 312
- 12.2.4 H-Knoten ... 313
- 12.2.5 Knotentypen betrachten und verändern ... 313

13 WINS ... 323
- 13.1 Der WINS-Prozeß ... 324
- 13.1.1 Namensregistrierung ... 324
- 13.1.2 NetBIOS-Namenserneuerung ... 327
- 13.1.3 Die Namensauswertung ... 329
- 13.1.4 Namensauflösung ... 330
- 13.2 Den WINS-Server installieren ... 333
- 13.3 WINS-Clients installieren ... 336
- 13.3.1 WINS-Clients mit einer statischen Adresse konfigurieren ... 337
- 13.3.2 WINS-Proxies konfigurieren ... 337
- 13.3.3 DHCP-Clients als WINS-Client konfigurieren ... 338
- 13.4 WINS-Server verwalten ... 343
- 13.4.1 Den WINS-Manager um den WINS-Server ergänzen ... 343
- 13.4.2 WINS überwachen ... 344
- 13.4.3 Die Datenbank betrachten ... 345
- 13.4.4 Die Einstellungen des WINS-Managers bearbeiten ... 348
- 13.4.5 WINS-Server-Eigenschaften konfigurieren ... 350
- 13.4.6 Detailinformationen des WINS-Servers betrachten ... 353
- 13.4.7 Statische Zuordnungen konfigurieren ... 354
- 13.4.8 Besondere Namen ... 357
- 13.4.9 Eine Sicherungskopie der Datenbank erstellen ... 359
- 13.4.10 Die WINS-Datenbank wiederherstellen ... 360
- 13.4.11 Die Datenbank aufräumen und komprimieren ... 362
- 13.5 Die WINS-Datenbank replizieren ... 364
- 13.5.1 Replikationspartner ergänzen ... 366
- 13.5.2 Die Replikation manuell hervorrufen ... 368
- 13.6 WINS-Registrierungseinträge ... 369
- 13.6.1 DbFileNm ... 370
- 13.6.2 DoStaticDataInit ... 370
- 13.6.3 InitTimePause ... 370
- 13.6.4 LogDetailedEvents ... 371
- 13.6.5 LogFilePath ... 371
- 13.6.6 LoggingOn ... 371
- 13.6.7 McastIntvl ... 372
- 13.6.8 McastTtl ... 372

13.6.9	NoOfWrkThds	372
13.6.10	PriorityClassHigh	372
13.6.11	RefreshInterval	373
13.6.12	TombstoneInterval	373
13.6.13	TombstoneTimeout	373
13.6.14	UseSelfFndPntrs	374
13.6.15	VerifyInterval	374

14 Der Suchdienst und TCP/IP ... 381

14.1	Der Suchprozeß	381
14.1.1	Der Microsoft-Suchdienst – Grundlagen	381
14.1.2	Suchdienste konfigurieren	386
14.1.3	Wahl des Suchdienstes	388
14.2	Domänenaktivitäten unterstützen	391
14.2.1	Eine kurze Wiederholung der Windows NT Directory Services	391
14.2.2	Die Benutzeranmeldung	392
14.3	Mehrere Teilnetzwerke durchsuchen	393
14.3.1	Die Datei LMHOSTS	393
14.3.2	NBT mit WINS ermöglichen	398

15 Der Microsoft-DNS-Server ... 403

15.1	Überblick über das Domain Name System	403
15.1.1	Hierarchien	403
15.1.2	Der Domain Name Space	406
15.1.3	Die Verwaltung von Domänen	409
15.1.4	DNS-Abfragen auswerten	410
15.1.5	Die Organisation des Domain Name Space	412
15.1.6	Domäneninformationen über WHOIS beziehen	425
15.1.7	Adressen Namen zuordnen	427
15.2	DNS unter Windows NT 4	428
15.3	Entscheiden, ob ein DNS-Server installiert werden soll	430
15.4	Die Namensauswertung mit HOSTS-Dateien	432
15.5	Vorbereitungen für DNS	433
15.6	Den Microsoft-DNS-Server verwalten	434
15.6.1	Optionen für die Konfiguration des DNS-Servers	436
15.6.2	BIND-Datenbankdateien erzeugen	437
15.6.3	Die Datei BOOT	438
15.6.4	Datenbankdateien der Domäne	440
15.6.5	Datenbankdateien mit umgekehrter Zuordnung	451
15.6.6	Die Datenbankdatei Localhost	452
15.6.7	Die Datei Cache	452
15.7	Einen sekundären Name-Server einrichten	456
15.8	Den DNS-Server verwalten	458
15.8.1	Den Microsoft DNS-Server installieren	458
15.8.2	Den DNS-Server initialisieren	459
15.8.3	Rollen, die Server einnehmen können	461
15.8.4	Reverse-Lookup-Zonen hinzufügen	462
15.8.5	Eine primäre Zone hinzufügen	464
15.8.6	Ressourceneinträge hinzufügen	465
15.8.7	Eigenschaften von Zonen verändern	471

	15.8.8	Namen mit WINS auswerten	477
	15.8.9	Mehrere DNS-Server verwalten	477
	15.8.10	Sekundäre DNS-Server einrichten	479
	15.8.11	Zonen für Subdomänen hinzufügen	482
	15.8.12	Datenbankdateien aktualisieren	484
	15.8.13	Einstellungen des DNS-Managers festlegen	484
	15.8.14	DNS-Server-Statistiken	485
	15.9	Daten von BIND-Servern portieren	486
	15.10	DNS-Clients aktivieren	487
	15.11	Windows NT-Namensauswertung	489
	15.12	Nslookup	490
	15.12.1	Nichtinteraktive Abfragen vornehmen	490
	15.12.2	Interaktive Abfragen vornehmen	492
16	**TCP/IP-Dienstprogramme**		**507**
	16.1	Das Dienstprogramm FTP	507
	16.1.1	FTP	508
	16.1.2	TFTP	513
	16.1.3	RCP	514
	16.2	Interaktive Programme	515
	16.2.1	Der Internet Explorer 4	516
	16.2.2	Telnet	530
	16.3	RSH	533
	16.3.1	REXEC	534
	16.4	Dienstprogramme zum Drucken	535
	16.4.1	LPR	535
	16.4.2	LPQ	536
	16.5	Dienstprogramme zur Diagnose und Problembehebung	536
	16.5.1	Ping	536
	16.5.2	Ipconfig	541
	16.5.3	Finger	541
	16.5.4	NSLOOKUP	542
	16.5.5	Hostname	550
	16.5.6	NETSTAT	550
	16.5.7	NBTSTAT	552
	16.5.8	ROUTE	555
	16.5.9	TRACERT	557
	16.5.10	ARP	560
	16.6	Der Netzwerkmonitor	561
	16.6.1	Den Netzwerkmonitor installieren	563
	16.6.2	Den Netzwerkmonitor konfigurieren	563
	16.6.3	Die Netzwerkkarten beschreiben	565
	16.6.4	Netzwerk-Rahmen sammeln	567
	16.6.5	Die gesammelten Daten speichern	568
	16.6.6	Eine Adreßdatenbank erzeugen	569
	16.6.7	Das Netzwerk auswählen, das überwacht werden soll	570
	16.6.8	Den Sammelpuffer verwalten	571
	16.6.9	Vermeiden, daß Rahmen verlorengehen	572
	16.6.10	Filter beim Sammeln anwenden	573
	16.6.11	Logische Operatoren nutzen	578

16.6.12	Auslöser zum Sammeln verwenden	579
16.6.13	Gesammelte Daten speichern	580
16.6.14	Gesammelte Daten prüfen	581

17 Dienstprogramme zur Verwaltung: SNMP und der Systemmonitor ... 603

17.1	Die Rolle von SNMP	604
17.1.1	MIBs (Management Information Base)	605
17.1.2	Community-Namen	606
17.2	SNMP installieren und konfigurieren	608
17.2.1	Die Registerkarte AGENT	609
17.2.2	Die Registerkarte TRAPS	610
17.2.3	Die Registerkarte SICHERHEIT	611
17.3	SNMP testen	613
17.4	Der Systemmonitor	614
17.4.1	Den Systemmonitor benutzen	614
17.4.2	Datenquellen für TCP	622
17.4.3	Datenquellen für UDP	623
17.4.4	Die Diagrammoptionen des Systemmonitors	624
17.4.5	Die Protokolleinstellungen	625
17.4.6	Inhalte von Protokolldateien nutzen	627

18 RAS und TCP/IP ... 641

18.1	RAS verstehen	642
18.2	Die Hardware installieren	647
18.2.1	Serielle Anschlüsse hinzufügen	647
18.2.2	Modems installieren	648
18.3	Telefontreiber einrichten	654
18.4	Die RAS-Wahlverbindung konfigurieren	656
18.5	DFÜ-Netzwerke	658
18.5.1	Einträge in das Telefonbuch aufnehmen	659
18.5.2	Telefonbucheinträge bearbeiten	663
18.6	Mit einem Telefonbucheintrag wählen	673
18.6.1	Benutzereinstellungen	675
18.6.2	Anmeldeeinstellungen	680
18.7	Der DFÜ-Netzwerkmonitor	680
18.7.1	Einstellungen des DFÜ-Netzwerkmonitors	681
18.8	RAS als Internet-Router verwenden	684
18.9	Einen RAS-Server konfigurieren	687
18.9.1	RAS-Setup	687
18.9.2	Die RAS-Verwaltung	691
18.10	Das PPTP (Point-to-Point Tunneling Protocol) verwenden	693
18.10.1	PPTP konfigurieren	695
18.10.2	PPTP-Filterung aktivieren	697
18.10.3	PPTP-Anschlüsse überwachen	698
18.10.4	Unterstützung für PPTP auf dem Client installieren	699

Inhaltsverzeichnis

19	Problembehebung		711
	19.1	Die Grundlagen	711
	19.1.1	Wo liegt das Problem?	711
	19.1.2	Was hat sich verändert?	713
	19.2	Werkzeuge und Hilfsprogramme	720
	19.2.1	Ping	721
	19.2.2	IPCONFIG	721
	19.2.3	NETSTAT	721
	19.2.4	NBTSTAT	721
	19.2.5	ROUTE	721
	19.2.6	TRACERT	722
	19.2.7	ARP	722
	19.2.8	Der Netzwerkmonitor	722
	19.2.9	Der Systemmonitor	722
	19.2.10	Die Ereignisanzeige	723
	19.2.11	Windows NT-Diagnose	725
	19.3	Die Verbindung prüfen	727
	19.4	Problembehebung bei TCP/IP-Diensten	728
	19.4.1	Der Internet Information Server	728
	19.4.2	Drucken mit TCP/IP	729
	19.4.3	DHCP	730
	19.4.4	WINS	731
	19.4.5	Der Suchdienst	732
	19.4.6	DNS	732

20	Ein TCP/IP-Intranet entwerfen		747
	20.1	IP genauer betrachtet	751
	20.2	Die Sites verbinden	752
	20.3	Dienste	756
	20.3.1	DHCP-Server aufnehmen	757
	20.3.2	WINS-Server hinzufügen	757
	20.3.3	DNS-Server hinzufügen	758
	20.3.4	Den Internet Information Server hinzufügen	759
	20.3.5	Der RAS-Server	760
	20.4	Einen Proxy-Server einsetzen	761

A	Überblick über den Zertifizierungsvorgang		769
	A.1	Wie Sie ein Microsoft Certified Product Specialist (MCPS) werden	771
	A.2	Wie Sie ein Microsoft Certified Systems Engineer (MCSE) werden	772
	A.3	Wie Sie ein Microsoft Certified Solution Developer (MCSD) werden	774
	A.4	Wie Sie ein Microsoft Certified Trainer (MCT) werden	775

B	Tips für das Studium		777
	B.1	Sich selbst testen	778
	B.2	Tips und Empfehlungen für eine erfolgreiche Prüfung	779
	B.2	Worauf Sie achten müssen	779

Inhaltsverzeichnis

	B.2	Fragen später beantworten	780
	B.2	Kommentare zu den Fragen	780
C	**Inhalt der Buch-CD**	781
	C.1	MCSE7059 exklusiv für dieses Buch	781
	C.2	WinsiteTM-Utilities	781
D	**Das Programm MCSE7059**	783
	D.1	Kategorien auswählen	783
	D.2	Anzahl der Fragen je Test festlegen	783
	D.3	Multiple-Choice-Test mit zufälliger Fragenfolge (Random)	784
	D.4	Vordefinierte Prüfungen (Test 1 bis 8)	784
	D.5	Bewertung der Testergebnisse	785
	D.6	Blättern	785
	D.7	Starten des Programms	785

Stichwortverzeichnis 787

Einleitung

Weil EDV-Leiter für ihre Systeme einen Standard schaffen möchten und weil sich jedermann an das Internet anschließen will, ist die Verwendung von TCP/IP unvermeidlich für jeden, der mit LANs arbeitet. Dennoch ist TCP/IP ein beeindruckendes Phänomen.

TCP/IP ist ein extrem umfangreicher Satz von Netzwerkprotokollen – vermutlich der umfangreichste, den es gibt. Schließlich kann kein anderes Protokoll das Internet mit seinen Millionen von Anwendern für sich verbuchen – viele sind darauf aus, das Internet zu verbessern, was häufig bedeutet, auch TCP/IP zu erweitern. Infolgedessen beschäftigen sich viele auf professionellem Niveau mit der Weiterentwicklung der TCP/IP-Protokollfamilie. Der Umfang von TCP/IP zwingt jeden Autor, der sich diesem Thema zuwendet, ein Teilgebiet auszuwählen, das den Bedürfnissen des Lesers gerecht wird.

Ein zusätzlicher Zweck dieses Buches ist es, alle notwendigen Informationen für Computer-Fachleute zur Verfügung zu stellen, die sich auf die Prüfung *Internetworking with Microsoft TCP/IP on Microsoft Windows NT 4.0* (Nr. 70-59) vorbereiten müssen.

Der Planungsprozeß

Wenn Sie diesen Text durchlesen, sollten Sie bedenken, daß alle hier behandelten Details notwendig sind, um die Gesamtstrategie zu implementieren, die Ihre Organisation anzuwenden beabsichtigt. Bevor Sie sich mit den Einzelheiten der Implementierung beschäftigen, sollten Sie darum eine Vorstellung davon haben, was Sie implementieren werden. Sie sollten eine Reihe von Schlüsselpunkten bedenken. Einige sind hier aufgelistet:

- ▶ Wie viele Anwender soll das Netzwerk aufnehmen können?

- ▶ Welche Übertragungsrate wird zur Verfügung stehen, um die Geschäftsstellen zu verbinden?

- ▶ Wo liegen die Geschäftsstellen im räumlichen Verhältnis zueinander?

- ▶ Welche Leistungen werden von dem Netzwerk angefordert werden?

- ▶ Wird es »Wandelnde« (die in ihrer Geschäftsstelle von Schreibtisch zu Schreibtisch wandern) oder »reisende Anwender« (die sich an Orte außerhalb des Netzwerkes begeben) geben?

Die Hauptsache, die Sie im Kopf behalten müssen, ist die, daß jedes Netzwerk, mit dem Sie in den Planungsphasen, der Implementierung oder den Support-Phasen arbeiten, ganz unterschiedlich ist. Nehmen Sie sich immer die Zeit zu überlegen, was für das Unternehmen erforderlich ist, und finden Sie heraus, wie Sie diesen Anforderungen am besten genügen. Ob es die zu verwendende Büro-Software ist, über die Sie entscheiden, oder die Art, wie sie genutzt wird, beachten Sie immer, daß man eine Aufgabe auf verschiedene Art lösen kann. Ein guter Netzwerkingenieur betrachtet alle Möglichkeiten und findet die beste Lösung. Lassen Sie ihre Vorlieben immer außen vor – die Lösung, die Sie für den Einzelfall hervorbringen, ist wichtiger als einfach ein weiteres Netzwerk der Sorte X zu verkaufen.

Die Bedürfnisse abschätzen

Weiterhin sollten Sie im Auge behalten, daß das Netzwerk nicht wichtiger ist als die Organisation (tut uns leid, das sagen zu müssen). Das Netzwerk ist dazu da, den Bedürfnissen der Organisation zu dienen, die es einrichtet, und nicht umgekehrt. Es gibt Fälle, in denen Sie an eine FDDI-Schnittstelle (FDDI = Fiber Distributed Data) denken müssen, und es gibt Fälle, in denen eine standardmäßige (billige) Ethernet-Karte gute Arbeit leistet.

Sie müssen immer auf die Anzahl der Anwender schauen, aber ebenso auf die Datenmenge, die durchs Netzwerk läuft. Ferner müssen Sie die Zukunft der Computer-Industrie betrachten, um zu sehen, was kommen wird. Wenn Sie ein Netzwerk für ein LAN mit drei Arbeitsstationen einrichten und der Kunde schon auf Ethernet-Technologie eingestiegen ist, hat es keinen Sinn zu versuchen, ihm eine FDDI-Schnittstelle zu verkaufen. Der Kunde braucht dies nicht. Ebenso hat es wenig Sinn, einer Firma zu empfehlen, daß sie ein 10BaseT-Netzwerk einführen kann, wenn die Firma 7.000 Anwender in vier Segmenten hat – Sie werden das Netzwerk in kleinere Segmente aufbrechen müssen, und die Firma sollte nach einem schnelleren Netzwerksystem Ausschau halten.

Wenn Sie die jeweiligen Bedürfnisse abschätzen, beachten Sie, daß Sie auch die Hintergrundgeräusche im Netzwerk bedenken müssen. In den NT-Netzwerken gibt es viele verschiedene Arten von Rundsendungen aufgrund der Art der Rundsendung des NetBIOS-Netzwerks, auf dem NT aufsetzt.

Ein anderes kritisches Gebiet, das Sie abschätzen müssen, sind der erwartete Einwahlverkehr sowie die Anzahl der Zugriffe, die Sie für die Web-Präsenz des Unternehmens erwarten. Das World Wide Web ist zu einem sehr geschäftigen Ort geworden, mit vielen verschiedenen Leuten, die sich alle darum bemühen, daß man ihr Gebiet, ihre Firma, ihre Präsenz im WWW findet. Auch das müssen Sie in Betracht ziehen. Einige Faktoren machen dies sogar zu einem Alptraum.

Stimmen Sie sich immer mit der Person oder der Firma ab, die die WWW-Site entwickeln wird. Der Web-Site-Entwickler könnte viele verschiedene Anforderungen haben. Eine einfache Homepage ins Web zu stellen, ist heutzutage nicht genug. Viele verschiedene Angebote gibt es dort, und wenn Sie wollen, daß Leute Ihr Angebot besuchen, müssen Sie etwas Besonderes anbieten.

Viele Organisationen benutzen Video, Audio und verrückte Grafiken, um die Aufmerksamkeit der »vorbeisurfenden« Leute zu wecken. Zwei Ratschläge zum Web-Design: Halten Sie es einfach, und wenn dies keine Option ist, geben Sie dem Kunden die Möglichkeit einer Test-Seite.

Das andere Gebiet, dessen Bandbreite Sie abschätzen müssen, ist die Verbindung zwischen verschiedenen Sites. Es gibt unterschiedliche Verbindungstypen, und der Datenverkehr muß von Site zu Site fließen. Wenn Ihr Netzwerk mit dem Datenverkehr nicht Schritt halten kann, können Sie (oder Ihr Kunde) Ihre Kunden nicht zum richtigen Zeitpunkt mit dem Nötigen versorgen.

Wenn Sie die Verbindung zwischen Sites betrachten werden, sollten Sie den Datenverkehr abschätzen, der nicht nur bei den Informationen entsteht, die Sie übertragen müssen, sondern auch bei anderen Dienstleistungen wie der Konten-Replikation. Dies liegt weit außerhalb des Rahmens dieses Buches und wird im Text nicht behandelt.

Internet oder Intranet?

Eine weitere Unterscheidung, mit der Sie konfrontiert werden, ist die, ob Sie eine Intranet- oder eine Internet-Verbindung einrichten. Obgleich es für einige Organisationen wie Forschungseinrichtungen höchst wünschenswert ist, ständig eine absolut sichere Internet-Verbindung zu haben, ist dies für die meisten Organisationen nicht erforderlich.

In vielen Fällen brauchen Sie keine Verbindung zum Internet, oder wenigstens keine permanente für jedes System. Der nächste Abschnitt erläutert den Gebrauch eines Proxy-Dienstes. Dies ist eine Option, die Sie in die Lage versetzt, das Internet zu nutzen und trotzdem innerhalb des LANs jede beliebige IP-Adresse zu verwenden, die Sie verwenden wollen.

Ob Ihr Unternehmen das Internet oder ein Intranet benutzt, ist etwas, das Sie entscheiden müssen. Denken Sie daran, den immer gegenwärtigen und wichtigen Sicherheitsbelangen Rechnung zu tragen. Wenn Sie permanenten Zugang zum Internet haben, müssen Sie bedenken, daß das Internet auch permanenten Zugang zu Ihnen hat.

Halten Sie immer auseinander, welcher Server im Internet und welcher im Intranet veröffentlicht. Wenn Sie beides vermischen, werden Sie mit Sicherheit in Schwierigkeiten geraten.

Wer sollte dieses Buch lesen?

Dieses Buch ist für Netzwerkadministratoren und -ingenieure gleichermaßen geeignet. Jeder, der für Installation und Management von Windows NT Server in einem Netzwerk mit Windows-95- oder NT-Workstation-Clients verantwortlich ist, wird in diesem Buch finden, was er in der Microsoft-Dokumentation nicht finden kann. Wenn Sie ein Berater sind, der Empfehlungen an eine Organisation bzw. die Person auszusprechen hat, die das System tatsächlich implementiert, ist dieses gut verständliche Buch eine unschätzbare Quelle.

Dieses Buch ist außerdem für EDV-Fachleute bestimmt, die die Prüfung *Internetworking with Microsoft TCP/IP on Microsoft Windows NT 4.0* auf dem Wege zum Microsoft Certified Systems-Ingenieur (MCSE) bestehen wollen.

MCSE ist die Microsoft-Certified-Professional-Kategorie für solche Computer-Fachleute, die mit Microsoft-Netzwerken arbeiten.

Dieses Buch bietet eine umfassende Basis an Wissen, das für die TCP/IP-Prüfung, eine Wahl-Prüfung, erforderlich ist.

Wenn Sie am Erwerb des MCSE-Zertifikats interessiert sind, bietet dieses Buch die folgende Unterstützung:

- ▶ Dieses Buch behandelt auf umfassende Weise die Informationen, die zur TCP/IP-Prüfung gebraucht werden, und diskutiert alle mit der Prüfung in Verbindung stehenden Themen.

- ▶ Ein Symbol erscheint vor jedem Punkt, der für die Prüfung benötigte Informationen enthält.

- ▶ Praxisorientierte Schritt-für-Schritt-Anleitungen zur Durchführung von Aufgaben helfen Ihnen, praktisches Wissen über die Fertigkeiten zu erwerben, die die Prüfung fordert.

- ▶ Fragen und Antworten am Ende jedes Kapitels bieten eine Gelegenheit, zu testen, ob Sie das Kapitel auch wirklich verstanden haben.

Eine Tabelle der Testthemen – und wo diese innerhalb des Buches behandelt werden – ist hinter dem Inhaltsverzeichnis plaziert. Ein Symbol wie das in der Marginalspalte zeigt die zugehörige Information, auf die in der Tabelle verwiesen wird, auf der jeweiligen Seite genau an. Zusammen machen es Ihnen die Zieltabelle und die Symbole leicht, genau das zu finden, was Sie an Wissen benötigen, um die Prüfung zu bestehen.

Erwarten Sie nicht, dieses Buch wie einen Roman lesen zu können. Sie können von Kapitel zu Kapitel oder von Abschnitt zu Abschnitt springen, wie es Ihre Bedürfnisse erfordern. Wir sind überzeugt davon, daß Sie anhand der Zieltabelle und des Index leicht genau das finden werden, was Sie suchen.

Besondere Elemente in diesem Buch

MCSE TCP/IP im Microsoft Netzwerk enthält einige besondere Elemente und Texteigenschaften, die darauf abzielen, die Präsentation des Materials zu verbessern. Es ist das Ziel, daß Sie das Material dadurch möglichst effizient nutzen können.

Besondere Elemente in diesem Buch

Übungsabschnitte

Am Ende einiger Kapitel ist ein Abschnitt mit dem Titel »Übungen« enthalten. Dieser Abschnitt ist so konzipiert, daß die Übungen aufeinander aufbauen. In den Übungen führen Sie das im Kapitel Diskutierte aus. Dies bietet Ihnen die Gelegenheit, praktische Übung im Umgang mit dem Prüfungsstoff bzw. mit den Alltagsaufgaben, mit denen Sie als Administrator konfrontiert werden, zu bekommen.

Hinweise, Tips, Warnungen, Hinweiskästen

MCSE TCP/IP setzt einige spezielle »Randbemerkungsformen« vom normalen Text ab. Diese Randbemerkungen sollen die Art der gebotenen Informationen grafisch illustrieren. Dieses Buch bietet vier unterschiedliche Randbemerkungsarten

- ► Hinweise
- ► Tips
- ► Warnungen
- ► Textkästen

> Ein Hinweis enthält zusätzliche – und nützliche – Informationen, die die jeweils thematische Diskussion eher ergänzen und nicht unbedingt Gegenstand der Diskussion sind. Ein Hinweis könnte besondere Situationen beschreiben, die auftreten können, wenn Sie TCP/IP installieren oder konfigurieren, und teilt Ihnen mit, welche Schritte unternommen werden müssen, sofern solche Situationen auftauchen. Hinweise können Ihnen auch sagen, wie Probleme mit Ihrer Hard- oder Software vermieden werden.

Einleitung

Ein Tip versorgt Sie mit Informationen, um das Bestmögliche aus Ihrem TCP/IP-System herauszuholen, wenn Sie den in der Hauptdiskussion umrissenen Schritten folgen. Ein Tip könnte Ihnen zeigen, wie Sie in einigen Konfigurationen Speicher sparen, wie Sie eine Prozedur beschleunigen oder eine der vielen zeitsparenden und systemerweiternden Techniken ausführen.

Eine Warnung sagt Ihnen, wenn eine Prozedur möglicherweise gefährlich sein kann – d.h., wenn Sie das Risiko eingehen, Daten zu verlieren oder gar Ihre Hardware zu beschädigen. Warnungen teilen Ihnen gewöhnlich mit, wie solche Verluste zu vermeiden sind, oder beschreiben die Schritte, die Sie zu ihrer Behebung unternehmen können.

Kapitel
Einführung in TCP/IP

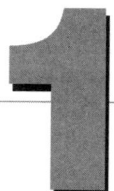

Als Computer erstmals begannen, aus dem Labor in der Geschäftswelt aufzutauchen, stellte eine überraschende Zahl unterschiedlicher Hersteller Systeme zur Verfügung. Unglücklicherweise hatten alle Hersteller ihre Systeme unabhängig voneinander entwickelt. Das bedeutete, daß jeder (und tatsächlich jeder), der einen Computer bauen wollte und dies auch tat, dabei eigenen Regeln folgte.

Häufig gebrauchten viele unterschiedliche Personen die größeren Systeme zur selben Zeit. Dies bedeutete, daß die Systementwickler nicht nur Hardware zu entwickeln hatten, die Anwendungen ablaufen lassen konnte, sondern daß sie zugleich eine Methode ersinnen mußten, die viele unterschiedliche Anwender in die Lage versetzte, auf das System gleichzeitig zuzugreifen. Das bedeutete normalerweise, Kommunikationsprotokolle zu entwerfen, die Arbeitsstationen den Zugriff auf die Ressourcen eines zentralen Computers gestatten. Eines der besten Beispiele dafür ist die Netzwerksystemarchitektur SNA (System Network Architecture), die IBM entwickelte: Diese Architektur machte es einem zentralen Computer möglich, die Sitzungen von mehreren virtuellen Geräten intern zu verfolgen. All dies wurde gebraucht, um eine Methode des Kommunizierens mit entfernten Geräten zu etablieren, wie z.B. bei IBM-3270-Terminals.

Dutzende von Netzwerkarchitekturen überschwemmten die Computer in den siebziger und achtziger Jahren. Einrichtungen von Hardware-Firmen wie IBM, Digital, Sperry, Burroughs und Honeywell endeten als elektronische Inseln, unfähig, miteinander zu kommunizieren, weil jede Firma ein proprietäres Kommunikationsprotokoll (Netzwerkarchitektur) entworfen hatte. Da die Computer-Hersteller das meiste Geld an Systemverkäufen verdienten (integrierte Hard- und Software), neigten sie dazu, eine proprietäre Netzwerkarchitektur als einen Weg anzusehen, ihre Kunden an bestimmte Computer-Marken und Netzwerkeinrichtungen zu binden.

Als Personalcomputer immer mehr Verbreitung fanden, begannen Unternehmen und Einzelpersonen damit, diese zu lokalen Netzwerken (LANs) zu verbinden – als eine Weise, Informationen und Ressourcen miteinander zu teilen. Wiederum aufgrund eines fehlenden Standards neigten die LANs ebenfalls dazu, proprietäre Protokolle zu verwenden. Novell förderte seine IPX/SPX-Protokolleinrichtung, Apple hatte AppleTalk und IBM und Microsoft (in diesem Punkte zusammenarbeitend) konzentrierten sich auf NetBEUI. Das Ziel, Computer eines Netzwerktyps mit Computern in einem konkurrierenden Netzwerk kommunizieren zu lassen, stellte eine große Herausforderung dar. Kommunikation mit einem Großrechner oder einem Mini-Computer zu ermöglichen, reduzierte die aufstrebenden PCs auf das Niveau tumber Terminals.

Gemeinsame Datennutzung von unterschiedlichen Systemen wurde teuer und erforderte die Entwicklung eines Gateways zwischen den Netzwerken – oft aus dem Nichts. Sogar für die Datenübertragung von einem System zum anderen waren Netzwerkintegratoren notwendig, was ebenfalls sehr teuer war.

Ende der achtziger Jahre hatten viele verschiedene Organisationen beträchtlich in ihre Computer-Ausstattung investiert, und der Computer war Teil des Alltagslebens geworden. Die Kosten und Unannehmlichkeiten des Datentransfers zwischen verschiedenen Netzwerken wurden allzu aufwendig, und die Firmen begannen, sich nach einer Lösung des Problems umzusehen.

Wenn es nach den einzelnen Herstellern ginge, würden diese wahrscheinlich immer noch über das Design einer gemeinsamen Netzwerkarchitektur debattieren. Zum Glück für die Geschäftswelt existierte ein Standard, der unterschiedliche Computer-Systeme zur Kommunikation und deshalb auch unterschiedliche Netzwerke zur gemeinsamen Datennutzung befähigte: TCP/IP.

Dieser Standard fand sich im Internet, einem losen Zusammenschluß von Bildungs- und Forschungsinstitutionen, die – in Verbindung mit dem amerikanischen Verteidigungsministerium – eine Gruppe von Standards (Protokollen) entwickelt hatten, welche sie zu einem hardware-unabhängigen Informationsaustausch befähigte. Mehr als 20 Jahre lang war das Internet Medium für Netzwerkarbeit und Datenaustausch zwischen Tausenden über die ganze Welt verstreuten Computern. TCP/IP war und ist immer noch die Sprache des Internet. Es wurde zugleich der Standard für unternehmenseigene Netzwerke von Herstellern wie Microsoft, Novell und Banyan, die es alle als Standardprotokoll anerkannten.

Dieses Kapitel bietet einen gründlichen Überblick über einige Aspekte von TCP/IP. Weil es wichtig ist, die Hintergründe der Entwicklung von TCP/IP zu verstehen, ist der erste Diskussionspunkt die Entstehung von TCP/IP, beginnend mit seinen Wurzeln im amerikanischen Verteidigungsministerium. Diese Diskussion führt Sie in viele Netzwerkprobleme ein, die den Entwurf und die Entstehung von TCP/IP angeregt haben.

Als nächstes untersucht dieses Kapitel den TCP/IP-Standardisierungsprozeß. Anders als bei herstellereigenen Protokollen, die in den Laboratorien der Hersteller entstehen, ist die TCP/IP-Standardisierung offen und öffentlich. Wenn Sie mit TCP/IP in Berührung kommen, sollten Sie um den Standardisierungsprozeß wissen, damit Sie Änderungen, die Sie betreffen, überwachen können.

1.1 Kurze Geschichte von TCP/IP

Wahrscheinlich gibt es keine Organisation, die komplexere Netzwerkbedürfnisse hat, als das amerikanische Verteidigungsministerium. Nur die Kommunikation zwischen der großen Vielfalt von Computern in verschiedenen Diensten zu ermöglichen, ist nicht genug. Computer des Verteidigungsministeriums müssen häufig mit Vertragspartnern und Organisationen kommunizieren, die verteidigungsrelevante Forschung leisten (dies schließt die meisten Universitäten ein). Verteidigungsrelevante Netzwerkkomponenten müssen in der Lage sein, beachtlichen Beschädigungen standzuhalten, damit die nationale Verteidigung während einer Katastrophe gewährleistet bleibt. TCP/IP ermöglicht solche Kommunikation unabhängig von jeweiligen Software-Hersteller- oder Hardware-Unterschieden.

Die Tatsache, daß das Verteidigungsministerium die Forschung zu Netzwerkprotokollen initiierte (Untersuchungen zur Technologie, die jetzt als Paketvermittlung [*packet switching*] bekannt ist), ist nicht überraschend. Tatsächlich begann die Forschung im Themenbereich der Protokolle, die schließlich der TCP/IP-Protokollstapel wurden, im Jahre 1969. Die Hauptziele dieser Forschung waren die folgenden:

▶ GEMEINSAME PROTOKOLLE. Das Verteidigungsministerium benötigte einen gemeinsamen Satz von Protokollen (Kommunikationsregeln), die für alle Netzwerke spezifiziert werden konnten. Gemeinsame Protokolle würden den Beschaffungsprozeß stark vereinfachen, weil die Systeme miteinander kommunizieren könnten.

▶ FÄHIGKEIT ZUR ZUSAMMENARBEIT. Wenn die Hardware von verschiedenen Herstellern zusammenarbeiten könnte, könnte die Effizienz der Systementwicklung verbessert und der Wettbewerb zwischen den Herstellern gefördert werden.

▶ ROBUSTE KOMMUNIKATION. Ein besonders zuverlässiger Netzwerkstandard wurde für die Sicherheitsbedürfnisse der Nation benötigt. Diese Protokolle mußten ein verläßliches Hochleistungsnetzwerk in Zusammenarbeit mit den relativ primitiven Großflächennetzwerktechnologien, die damals vorhanden waren, zur Verfügung stellen.

▶ MÜHELOSIGKEIT DER NEUKONFIGURATION. Weil das Verteidigungsministerium vom Netzwerk abhängig war, mußte eine Neukonfiguration sowie die Hinzufügung und Entfernung von Computern ohne Kommunikationsunterbrechung möglich sein.

Im Jahre 1968 initiierte die *DOD Advanced Research Project Agency* des Verteidigungsministeriums (damals DARPA genannt, aber seither in ARPA umbenannt) Forschung zu Netzwerken, die eine jetzt Paketvermittlung genannte Technologie verwenden: die Fähigkeit, ein Paket zu adressieren und es durch verschiedene Netzwerke an sein Ziel zu befördern. Das erste experimentelle Netzwerk verband vier Sites: die Universität von Kalifornien in Los Angeles (UCLA), die Universität von Kalifornien in Santa Barbara (UCSB), die Universität von Utah und SRI International. Frühe Tests waren ermutigend, und zusätzliche Sites wurden an das Netzwerk angeschlossen. Das ARPAnet, wie es genannt wurde, umfaßte 1972 zwanzig Hosts.

> Sie werden den Begriffen »ein Internet« und »das Internet« begegnen und sollten eine wichtige Unterscheidung zwischen ihnen beachten. Ein Internet (Kurzform für Inter-Netzwerk) ist ein beliebiges Netzwerk, das mehrere miteinander verbundene Netzwerke umfaßt, gewöhnlich innerhalb einer Firma (auch Intranet genannt). Das Internet ist das globale Inter-Netzwerk, das seine Abstammung auf das ARPAnet zurückführt.

Im Jahre 1986 wurde das Fundament für die Kommerzialisierung des ARPAnet gelegt. Das Rückgrat des ARPAnet wurde demontiert, ersetzt durch ein Netzwerk, das von der National Science Foundation finanziert wurde. Das NSFnet funktioniert nun als das Rückgrat des Internet. Der Advanced Network Services (ANS) verwaltet das NSFnet.

Die Debatte über Internet-Protokolle fand immer in der Öffentlichkeit statt. Konsequenterweise »besitzt« keine bestimmte Firma diese Protokolle. Die Verantwortlichkeit für die Festsetzung von Internet-Standards liegt beim Internet Activity Board.

Der anfängliche Satz von TCP/IP-Protokollen wurde in den frühen achtziger Jahren entwickelt. Diese Protokolle wurden 1983 der Standard für das ARPAnet. Die Protokolle wurden in der Anwendergemeinschaft beliebt, als TCP/IP in die Version 4.2 des BSD (Berkeley Standard Distribution) Unix eingebaut wurden. Diese Unix-Version ist in Bildungs- und Forschungsinstitutionen weit verbreitet. Sie legte den Grundstock für einige kommerzielle Unix-Implementierungen, einschließlich Suns SunOS und Digitals Ultrix. Weil BSD Unix eine Beziehung zwischen TCP/IP und dem Unix-Betriebssystem herstellte, umfaßt die große Mehrzahl der Unix-Implementierungen heute TCP/IP.

Auch die Entwicklung des TCP/IP-Protokollstapels setzt sich als Antwort auf die Entwicklung des Internets kontinuierlich fort. In jüngster Zeit hat sich der Zugang zum Internet über die ursprüngliche Gemeinschaft hinaus stark erweitert und steht so gut wie jedem zur Verfügung, der einen Computer besitzt. Dieses dramatische Wachstum hat das Internet belastet und Entwurfsbeschränkungen einiger Protokolle angestoßen. Im Internet ist nichts konstant außer dem Wandel.

Das IP-Protokoll, das gegenwärtig verwendet wird, ist Version 4. Es benutzt eine 32-Bit-Adresse. Nur eine beschränkte Anzahl an Adressen steht zur Verfügung, und dies wird ein Hauptproblem werden. Die nächste Version des IP wird IPng (IP v6) sein. Diese Version wird eine 128-Bit-Adressierung verwenden und befindet sich bereits in der Testphase. Sie können erwarten, IPng in den nächsten 2 bis 3 Jahren zu begegnen.

1.2 RFCs (Request for Comments) – Das Internet definieren

Viele unterschiedliche Personen waren in die Entwicklung des TCP/IP-Protokollstapels einbezogen. Dies machte es erforderlich, die gemeinsame Bearbeitung von Ideen zu ermöglichen. Ein Prozeß begann, der jedermann befähigte, die vorgeschlagenen Definitionen der unterschiedlichen Standards zu kommentieren. Im wesentlichen sollte dabei jemand einen Standard entwerfen, und das Dokument sollte zur Kritik veröffentlicht werden. Dies wurde der Request-for-Comments(RFC)-Prozeß (RFC zu deutsch etwa: »Eingabe zur Diskussion«). Jeder konnte, und kann, zum RFC-Prozeß beitragen. Wenn Sie die Dokumentation zum TCP/IP-Protokoll in Windows NT durchsehen, werden Sie Bezugnahmen auf viele RFCs sehen, die das Produkt unterstützt.

Auf seinem Weg zum Standard durchläuft ein Protokoll unterschiedliche Stadien. Das Protokoll beginnt als vorgeschlagener Standard. Unter Umständen kann es zum Entwurfsstandard und schließlich zu einem ausgewachsenen Standard befördert werden. In jedem Stadium erfährt das Protokoll Kritik, Debatte, Implementierung und Test. Vorgeschlagene Standards durchlaufen beispielsweise eine wenigstens sechsmonatige Kritikphase, bevor sie möglicherweise zum Entwurfsstandard avancieren. Im allgemeinen bedarf die Beförderung eines Standards zweier unabhängiger Implementierungen des Protokolls.

Offensichtlich würde dieser Prozeß zusammenbrechen, wenn ihn tatsächlich niemand überwachte und die erforderlichen Entscheidungen fällte. Das Gremium, das für das TCP/IP-Protokoll darüber wacht (und deshalb auch über das Internet) ist das *Internet Activities Board* (IAB). 1983 gegründet, ist es am besten als »unabhängiges Komitee von Forschern und Fachleuten mit einem technischen Interesse an der Gesundheit und Entwicklung

RFCs (Request for Comments) – Das Internet definieren

des Internet-Systems« zu beschreiben. Das IAB koordiniert den Entwurf, die Technik und das Management des Internets. Das IAB hat zwei Sondereinheiten: die Internet Engineering Task Force (IETF) und die *Internet Research Task Force* (IRTF).

Zwei Organisationen arbeiten mit dem IAB zusammen: das *Federal Networking Council* und die *Internet Society*. Das *Federal Networking Council* repräsentiert alle Abteilungen der U.S.-Bundesregierung, die mit dem Internet zu tun haben. Die *Internet Society* ist eine öffentliche Organisation, die sich aus Mitgliedern der gesamten Internet-Gemeinschaft zusammensetzt. Beide Organisationen sorgen für Input in Fragen von Internet-Grundsätzen und Standards.

Die IETF ist für die Spezifizierung von Internet-Protokollen und -Architektur verantwortlich. Nach ihrer eigenen Beschreibung ist die IETF keine traditionelle Standardisierungsorganisation, obwohl viele ihrer Spezifikationen Standards werden. Die IETF setzt sich aus Freiwilligen zusammen, die sich dreimal pro Jahr treffen, um das IETF-Mandat zu erfüllen. In der IETF gibt es keine Mitgliedschaft. Jedermann kann die Treffen besuchen.

Wie Bild 1.1 zeigt, ist die Arbeit der IETF in verschiedenen Gebieten organisiert, die sich mit der Zeit ändern.

Abbildung 1.1

Organisationen, die sich mit dem Internet befassen

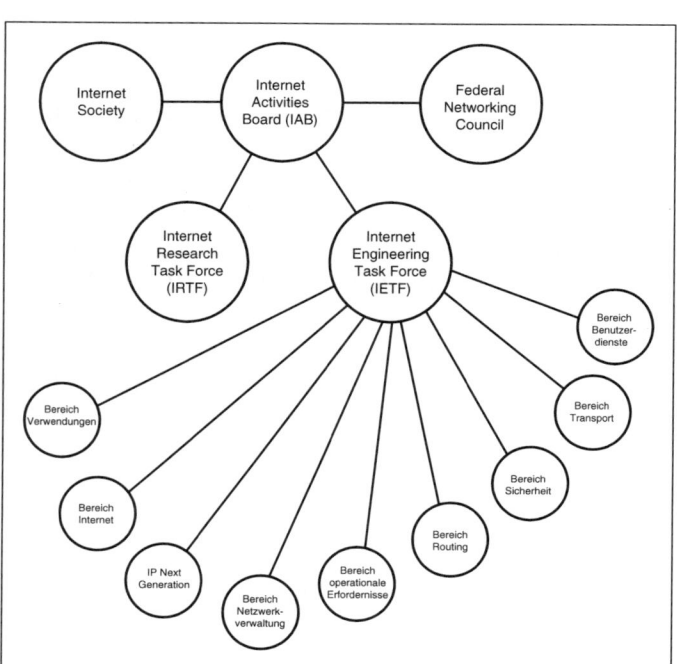

Die Leiter der technischen Gebiete bilden die Internet Engineering Steering Group, die für die Empfehlung von Protokollstandards verantwortlich ist. Die gegenwärtigen IETF-Gebiete sind:

- Anwendungen
- Internet
- IP Next Generation
- Netzwerk-Management
- Operationale Erfordernisse
- Routing
- Sicherheit
- Transport
- Benutzerdienste

Die IRTF ist die Forschungsorganisation des IAB. Viele Mitglieder der IETF sind gleichzeitig Mitglied der IRTF, was den technologischen Transfer erheblich fördert.

Ein Memo mit dem Titel »Internet Official Protocol Standards« beschreibt die Standards für im Internet zu nutzende Protokolle. Es enthält auch eine gründliche Diskussion des Standardisierungsprozesses, der hier stark vereinfacht dargestellt wurde. Das Memo wird vierteljährlich aktualisiert und ist zur Zeit der Niederschrift dieses Buches RFC 2000.

Nicht alle RFCs sind Standards. Viele RFCs beispielsweise wurden veröffentlicht, um der Industrie Input zum Aktualisierungsprozeß des IP-Standards zur Verfügung zu stellen. Obgleich nicht alle RFCs Standards sind, werden alle Internet-Standards in RFCs definiert und erhalten eine Standardnummer zugewiesen.

Alle Dokumente bekommen RFC-Nummern zu Auffindungszwecken zugewiesen. Nachdem ein Dokument eine Nummer erhalten hat und veröffentlicht ist, kann es niemals unter derselben Nummer bearbeitet werden. Alle veröffentlichten Revisionen bekommen eine neue RFC-Nummer. Wenn ein neuer RFC einen älteren ersetzt, wird der veraltete RFC auf der Titelseite verzeichnet. Ebenso wird der alte RFC als veraltet gekennzeichnet und als historisch klassifiziert. Es geht dabei nicht darum, die letzte Version eines bestimmten RFC zu haben, weil immer nur eine Version eines jeweiligen RFC existiert. Das Interesse ist vielmehr, den jeweils aktuellen RFC für einen vorgegebenen Standard zu haben. (In der zweiten Auflage dieses Buches trug der Internet-Official-Protocol-Standards-RFC z. B. die Nummer 1920; nun ist es 2000.)

Internet-Protokolle können mehrere Kennzeichnungen haben, abhängig von ihrem jeweiligen Status im Standardisierungsprozeß. Die Kennzeichnung beschreibt den Status des Protokolls, das der RFC beschreibt. Die Hauptkennzeichnungen sind folgende:

- **Vorgeschlagener Standard (Proposed Standard):** Protokolle, über die für zukünftige Standardisierung beraten wird.

- **Entwurfsstandard (Draft Standard):** Protokolle im letzten Stadium der Prüfung vor der Anerkennung als Standard.

- **Standard (Standard):** Ein offizielles Standardprotokoll für das Internet.

- **Experimentell (Experimental):** Protokolle, die experimenteller Prüfung unterzogen werden, jedoch nicht auf dem Weg der Standardisierung sind.

- **Historisch (Historical):** Protokolle, die ersetzt wurden oder ansonsten nicht länger für die Standardisierung vorgesehen sind.

- **Informatorisch (Informational):** Protokolle, die die Internet-Gemeinschaft interessieren, aber den IAB-Standardisierungsprozeß noch nicht durchlaufen haben.

Ebenso wie die Kennzeichnung ist das Anforderungsniveau in jeder RFC definiert. Dieses Anforderungsniveau beschreibt den beabsichtigten Gebrauch des RFC. Die Hauptanforderungsniveaus sind die folgenden:

- **Erforderlich (Required)**: Muß von allen Systemen implementiert werden, die mit dem Internet verbunden sind.

- **Empfohlen (Recommended)**: Sollte implementiert werden.

- **Fakultativ (Elective)**: Kann, falls gewünscht, implementiert werden.

- **Beschränkt (Limited)**: Kann in einigen Systemen nützlich sein. Experimentelle, spezialisierte und historische Protokolle könnten diese Klassifikation erhalten.

- **Nicht empfohlen (Not Recommended)**: Historische, spezialisierte oder experimentelle Protokolle, die für den Gebrauch im Internet nicht empfohlen sind.

In den letzten Jahren sind neue Technologien rasch im Internet aufgetaucht. Ein Fall in diesem Zusammenhang ist das World Wide Web, welches vom HyperText Transfer Protocol (HTTP) abhängt. Das Web und HTTP waren unter den Anwendern weit verbreitet, lange bevor RFC 1945 einen Internet-Standard für HTTP Version 1.0 etablierte. Immer stärker wird die Entwicklung des Internets angeführt von Netzwerk-»Riesen« wie Microsoft und Netscape. Der langsame Standardisierungsprozeß befriedigt solche Hersteller nicht, die sich selbst als Führer im Netzwerkbereich durchsetzen wollen.

Wenn Sie Information über ein spezielles Protokoll erhalten wollen, sollten Sie sich den entsprechenden RFC beschaffen. Der beste Ort für die Suche ist das Internet. Auf der Internic-Site finden Sie z.B. alle RFCs, FYIs und FAQs. Internic ist im wesentlichen die IAB-Site im Internet und findet sich unter der Adresse:

www.internic.net

> Ein FYI ist ein »For Your Information«-Dokument (zu deutsch »Zu Ihrer Information«), das Informationen eines oder mehrerer RFCs zu etwas zusammenfaßt, das für eine große Anzahl von Anwendern verständlich ist. FYIs sind eine Untermenge der RFCs und finden sich auf der Internic-Site. FAQs sind Frequently Asked Questions (zu deutsch »Häufig gestellte Fragen«). Diese finden sich auf vielen Sites. Diese Dokumente beschreiben normalerweise (in allgemeinen Begriffen) den Zweck einer Site, eines Protokolls, einer Newsgroup usw. FAQs sind geschrieben, um die meistgestellten Fragen zu beantworten.

1.3 Warum TCP/IP benutzen?

Aus der bisherigen Diskussion haben Sie vielleicht den Eindruck gewonnen, daß der TCP/IP-Protokollstapel auf einem Kompromiß beruht; d.h., daß viele Interessen im letztendlichen Standard enthalten sind. Sie mögen sich sogar fragen, ob das Ganze mit so vielen Beteiligten überhaupt funktionieren kann. Das Großartige an TCP/IP ist jedoch, daß es jeder als Protokoll der Zukunft unterstützt und fördert.

Aufgrund von Glück, Planung oder einer Kombination von beidem erwies sich der TCP/IP-Protokollstapel als eine robuste Netzwerktechnologie, die flexibel genug ist, von allen Netzwerkherstellern verwendet zu werden. Sie ist auch offen genug, so daß viele unterschiedliche Gruppen Anwendungen entwickeln können, die mit ihr arbeiten. Ein weiterer Hauptvorteil für Netzwerkhersteller besteht darin, daß TCP/IP auf der Basis der Arbeit des Verteidigungsministeriums entwickelt wurde, was bedeutet, daß dessen Spezifikationen öffentliches Eigentum sind.

Die einzige vergleichbar ernstzunehmende Arbeit, die geleistet wurde, stammt von der International Standards Organization in Form der »Open Systems Interconnection« (OSI). Als die Arbeit an den OSI-Protokollen voranschritt, wurde weithin angenommen, daß sie TCP/IP als offene Protokollösung ersetzen würden. Die Regierung der Vereinigten Staaten verlautbarte, daß künftige Computer-Ankäufe einer Regierungsuntermenge der OSI-Protokolle (genannt GOSIP) entsprechen würden. Das Verteidigungsministerium DOD wies darauf hin, daß GOSIP TCP/IP in militärischen Netzwerken ersetzen würde.

Wie es bei internationalen Gremien häufig der Fall ist, sind die Verhandlungen über den OSI-Protokollstapel jedoch im Sande verlaufen. Zum Teil liegt das daran, daß dessen Schöpfer versuchten, mit diesen Protokollen allen alles recht zu machen. Tatsächlich scheint die Entwicklung der OSI-Protokolle eingestellt worden zu sein, und das Interesse an OSI schwand, als TCP/IP gute Fortschritte machte. Viele Analytiker der Industrie haben dafür argumentiert, daß OSI nicht benötigt werde, da ein funktioneller, offener Protokollstapel in TCP/IP vorhanden ist. Das Verteidigungsministerium hat seine Erklärung rückgängig gemacht, daß künftige Beschaffungen GOSIP erfordern würden. Obwohl OSI wiederaufleben könnte, scheint die nähere Zukunft von TCP/IP sicher. Angesichts des Wachstums des Internets zu einer weltweiten Einheit ist es schwer zu glauben, daß TCP/IP in Zukunft verdrängt werden könnte.

Eine Konsequenz dieses Kompromisses ist, daß TCP/IP sich zu einem extrem umfangreichen Stapel von Protokollen und Anwendungen entwickelte. Der Name, unter dem der Protokollstapel am bekanntesten ist, ist irreführend, da TCP (Transmission Control Protocol) und IP (Internet Protocol) nur zwei von Dutzenden von Protokollen – Regeln zur Kommunikation in einem Netzwerk – sind, die den Protokollstapel konstituieren. Um die Unterscheidung zu betonen, daß TCP/IP weit mehr ist als TCP und IP, beziehen sich manche auf diesen Stapel als den Internet-Protokollstapel oder den Protokollstapel des Verteidigungsministeriums (DOD protocol suite).

Hier nur einige Beispiele für Protokolle und Dienste, die mit TCP/IP verbunden sind:

- **TELNET**: Ein Fern-Terminal-Emulationsprotokoll, das einen Client befähigt, sich bei einem Remote-Host im Netzwerk anzumelden.

- **FTP**: Eine Anwendung zur Dateiübertragung, die einen Anwender in die Lage versetzt, Dateien zwischen zwei Hosts zu übertragen.

- **SNMP (Simple Network Management Protocol)**: Wird verwendet, um Netzwerkgeräte aus der Ferne zu verwalten.

▶ **DNS (Domain Name System)**: Gibt dem Netzwerk ein freundliches Gesicht, indem es Computern bedeutungsvolle Namen zuschreibt.

▶ **HTTP (HyperText Transfer Protocol)**: Dieses Protokoll, der Kern des World Wide Web, ermöglicht das Herunterladen und Übertragen von HyperText-Dokumenten (gemischte Medien).

Im folgenden Kapitel werden Sie viele unterschiedliche Protokollen kennenlernen. Das Wort »Protokoll« wird verwirrend sein, weil es zur Bezugnahme auf viele unterschiedliche Teile des Stapels gebraucht wird. Sie werden im wesentlichen drei Typen von Protokollen sehen: Dienste (diese Protokolle befähigen Sie, Dienste wie WWW-Veröffentlichungsdienste zur Verfügung zu stellen), Clients (Anwendungen, die Sie zur Benutzung von Diensten wie z.B. dem Internet Explorer befähigen) und die tatsächlichen Transportprotokolle (diese Protokolle – TCP, UDP und IP z.B. – bewegen die Daten im Netzwerk wirklich).

1.4 Überblick über TCP/IP-Adressen

Damit TCP/IP funktioniert, benötigt jedes einzelne Gerät in einem TCP/IP-Netzwerk eine eindeutige Adresse. Eine IP-Adresse identifiziert das Gerät für alle anderen Geräte im Netzwerk. IP-Adressen sind aus zwei Teilen aufgebaut. Der erste identifiziert Ihre Netzwerk-ID. Im weltumspannenden Internet muß jedes Netzwerk bzw. jeder Teil eines Netzwerks eine eindeutige ID haben. Diese ID wird gebraucht, um die verschickten Informationen zum richtigen Netzwerk zu leiten. Der andere Teil Ihrer IP-Adresse ist die Host-ID, eine einmalige Zahlenfolge, die jeden Computer und jedes Gerät in Ihrem Netzwerk identifiziert, das TCP/IP »spricht«.

Eine IP-Adresse ist einer ganz normalen Postadresse sehr ähnlich. Wenn Ihre Adresse »110 Main Street« lautet, identifiziert die Adresse, in welcher Straße Sie sind – der Main Street. Sie identifiziert ebenfalls Ihr Haus in dieser Straße – Nummer 110. Der einzige Unterschied zwischen einer Postadresse und einer TCP/IP-Adresse besteht darin, daß die Postadresse umgekehrt ist. Wenn es sich um eine TCP/IP-Adresse handelte, würde sie so aussehen: Main Street, 110.

Wieviel von der Adresse die Netzwerk-ID beschreibt, hängt von dem Adressentyp ab, den Sie haben. Es gibt drei Hauptadressenklassen: Klasse A, B und C. Eine TCP/IP-Adresse ist, einfach ausgedrückt, eine 32-Bit-Nummer. Eine Adresse als 32 Nullen oder Einsen anzusehen, ist für Menschen schwierig, weshalb die Adresse als eine gepunktete Dezimaladresse im folgenden Format betrachtet wird: 198.53.147.153. In diesem Fall befinden Sie sich im Netzwerk 198.53.147, und Sie sind Host Nummer 153. Jede der vier Zahlen repräsentiert acht Bit der Adresse und wird als Oktett bezeichnet. Um TCP/IP und einige der Begriffe zu verstehen, die es funktionieren lassen, ist es wichtig, mit der binären Form der Adresse vertraut zu sein.

Die Binärform zu verstehen, ist relativ einfach. Betrachten Sie z.B. die Zahl 238. In der gewöhnlichen Mathematik bedeutet sie zweimal Hundert und achtunddreißig. Automatisch betrachten Sie die 2 als zwei Gruppen von einhundert, die 3 bedeutet drei Gruppen von zehn, und es gibt acht Gruppen von eins. Jede der Ziffern wird mit einem Positionswert zum Gesamtwert multipliziert. Dieser Wert ist immer das Zehnfache des rechtsstehenden, weil es zehn verschiedene Zahlen gibt: 0 1 2 3 4 5 6 7 8 9.

Gewöhnlich brauchen Sie nur mit Binärzahlen zu arbeiten, die acht Ziffern lang sind. Tabelle 1.1 zeigt die Werte für die ersten acht Positionen.

Tabelle 1.1

Bit-Positionswerte

128	64	32	16	8	4	2	1

In der Binärform gibt es nur zwei Ziffern, 1 und 0. Während das Dezimalsystem ein zehnerbasiertes System ist, ist das Binärsystem ein zweierbasiertes. Wie im Dezimalsystem steigen die Positionswerte an. Hier jedoch steigen sie um das Zweifache des vorherigen Wertes (exponentiell). Bei Verwendung der Tabelle 1.1 sollten Sie in der Lage sein, herauszufinden, daß der Binärcode 110110 nicht einhundertzehntausendeinhundertzehn repräsentiert. Statt dessen repräsentiert er eine Gruppe von zweiunddreißig, eine Gruppe von sechzehn, keine Gruppe von acht, eine Gruppe von vier, eine Gruppe von zwei und keine Gruppe von 1. D.h., 110110 repräsentiert die Zahl 54, wenn Sie sie dezimal ausdrücken.

Wenn Sie die 198 aus unserer Beispieladresse 198.53.147.153 nehmen sollten, könnten Sie diese Zahl als 128+64+4+2 (oder 11000110) ausdrücken. Erinnern Sie sich, daß jede der vier Zahlen acht Bit der Adresse repräsentiert, was zusammen 32 Bit ergibt.

Der offenkundigste Unterschied zwischen den drei Hauptadreßtypen ist die Zahl der Oktette, die zur Identifikation der Netzwerk-ID verwendet werden. Klasse A benutzt nur das erste Oktett; dies läßt 24 Bit (oder drei Oktette) zur Identifikation des Hosts. Klasse B benutzt die ersten beiden Oktette zur Identifikation des Netzwerks, was 16 Bit (zwei Oktette) für den Host läßt. Klasse C benutzt drei Oktette für die Netzwerk-ID, was 8 Bit (ein Oktett) für den Host läßt.

Einige Regeln legen fest, was Sie für Adressen benutzen können und was nicht. Weder die Netzwerk-ID noch die Host-ID kann ausschließlich durch Nullen oder Einsen repräsentiert werden, weil jede dieser Bedingungen eine besondere Bedeutung hat. Ferner wird das Netzwerk mit dem ersten Oktett 127 ausschließlich für Loopback-Tests (Tests, in denen sich die Klassen von Netzwerken auch darin unterscheiden, wie ihre Adressen in Binärcode beginnen) gebraucht. Klasse-A-Adressen beginnen mit 0. Klasse-B-Adressen beginnen mit 10. Klasse-C-Adressen beginnen mit 110. Welcher Adreßklasse ein Host zugehört, können Sie anhand des ersten Oktetts seiner TCP/IP-Adresse beurteilen. Indem Sie wissen, daß das erste Oktett die ersten acht Bit der Adresse repräsentiert, und dadurch, daß Sie die Anfangsbits der Adreßklassen kennen, können Sie die Bereiche des ersten Oktetts für die zugehörigen Klassen in Tabelle 1.2 sehen:

Tabelle 1.2
TCP/IP-Adreß-klassen – Erstes Oktett

Klasse	Anfang (Binär)	Ende (Binär)	Anfang (Dezimal)	Ende (Dezimal)
A	00000001	01111111	1	127
B	10000000	10111111	128	191
C	11000000	11011111	192	223

Weil die Klasse-A-Adressen bloß das erste Oktett zur Identifikation der Netzwerk-ID benutzen, gibt es nur eine beschränkte Anzahl von ihnen (126, um genau zu sein; 127 ist reserviert). Jedes dieser 126 Netzwerke kann jedoch viele Hosts haben: 2^{24} (die verbleibenden 24 Bit) Hosts minus zwei (die Host-IDs, die nur aus Nullen und Einsen bestehen) ergibt 16.777.214 Hosts in einem einzelnen Netzwerk.

Klasse-B-Adressen benutzen die ersten beiden Oktette. Die ersten zwei Bits sind jedoch auf die Binärziffer 10 gesetzt. Dies läßt 14 Bit, die für die Identifikation des Netzwerks gebraucht werden können: 2^{14} mögliche Kombinationen (6 Bit im ersten Oktett und 8 aus dem zweiten) = 16.384 Netzwerk-IDs (weil die ersten beiden Ziffern 10 sind, brauchen Sie sich über eine Host-ID ausschließlich aus Nullen oder Einsen nicht zu sorgen). Jede dieser Netzwerk-IDs hat 16 Bit zur Identifikation des Hosts übrig bzw. insgesamt 65.534 Hosts ($2^{16} - 2$).

Klasse-C-Netzwerke benutzen drei Oktette (oder 24 Bit) zur Identifikation des Netzwerks. Die ersten drei Bit sind jedoch immer 110. Das bedeutet, daß es im ersten Oktett fünf Bit und acht in den anderen beiden gibt, die für eine unverwechselbare Identifikation der Netzwerk-ID gebraucht werden können: 2^{21} mögliche Netzwerke (2.097.152), von denen jedes acht Bit für Hosts hat, also 254 (2^8-2).

Tabelle 1.3 faßt alle möglichen TCP/IP-Adressen zusammen.

Tabelle 1.3

Zusammenfassung der Adreßklassen

Adreßklasse	Erstes Oktett Anfang	Erstes Oktett Ende	Anzahl der Netzwerke	Hosts pro Netzwerk
A	1	126	126	16.777.214
B	128	191	16.384	65.534
C	192	223	2.097.152	254

Mehr über das Thema Adressierung werden Sie in anderen Kapiteln dieses Buches erfahren.

Zusammenfassung

Einige der nächsten Kapitel führen die verschiedenen Komponenten ein, die TCP/IP arbeitsfähig machen, und erklären, wie TCP/IP unter Microsoft Windows NT (dem heute schnellstwachsenden Netzwerkbetriebssystem) funktioniert. Das nächste Kapitel behandelt die NT-Netzwerkarchitektur, indem es erklärt, wo TCP/IP hineinpaßt und wie NT damit umgeht. Anschließend werden alle Schichten von TCP/IP diskutiert. Diese Diskussion sollte Ihnen zu verstehen helfen, was eigentlich geschieht, wenn Daten übertragen werden.

Wiederholungsfragen

1. Auf welches Problem ist TCP/IP ausgerichtet?

2. Was war Microsofts Originalprotokoll?

3. Welches war die Hauptorganisation, die die Entwicklung von TCP/IP vorantrieb?

4. Was war der ursprüngliche Name des Internet?

5. Welches waren die hauptsächlichen Entwurfsziele für TCP/IP?

6. Wofür stehen die folgenden Akronyme, und wie lautet eine kurze Definition für jedes?
RFC
FYI
TCP
IETF

7. Welches sind die drei Ebenen von RFC-Kennzeichnungen, die ein Protokoll aufweisen kann?

8. Wo findet man Kopien von RFCs?

9. Nennen Sie einige Anwendungsprotokolle und Dienste, die in TCP/IP vorhanden sind.

10. Wie sieht der Computer eine TCP/IP-Adresse? Und wie der Anwender?

11. Was sind die beiden Teile einer TCP/IP-Adresse?

12. Konvertieren Sie folgende Binärzahlen ins Dezimalsystem:
10110100
00101110
11011010
01010010
11100000
00101111
11010111
10101101
01000101
11111111

Kapitel 1   Einführung in TCP/IP

13. Konvertieren Sie folgende Dezimalzahlen ins Binärsystem:
    253
    127
    64
    78
    156
    187
    45
    63
    65
    198

14. Weisen Sie für die folgenden Netzwerkadressen die zugehörigen Adreßklassen aus:
    198.53.235.0
    2.0.0.0
    190.25.0.0
    192.25.15.0
    128.56.0.0

15. Wie lauten die ersten drei Bit einer Klasse-C-Adresse?

16. Vervollständigen Sie das nachstehende Schema:

Adreßklasse	Erstes Oktett Anfang	Erstes Oktett Ende	Anzahl der Netzwerke	Hosts pro Netzwerk
A	1	126		16.777.214
B		191	16.384	
C	192			254

Lösungen

1. TCP/IP wurde entwickelt, um Problemen der Interoperabilität zwischen Computern verschiedener Hersteller zu begegnen.

2. Microsoft benutzte ursprünglich NetBEUI.

3. Das Verteidigungsministerium der Vereinigten Staaten.

4. Ursprünglich wurde das Internet DARPA (DOD Advanced Research Project Agency) genannt, was dann in ARPA und schließlich in ARPAnet geändert wurde.

5. Die Hauptziele für TCP/IP umfaßten gemeinsame Protokolle, Interoperabilität, zuverlässige (robuste) Netzwerkarbeit und leichte Konfigurierbarkeit.

6. RFC. Request For Comments: Die Arbeitsdokumente des Internets
FYI. For Your Information: Zusammenfassungen von RFCs hinsichtlich wichtiger Protokolle
TCP. Transmission Control Protocol: Eines der Hauptprotokolle im TCP/IP-Protokollstapel
IETF. Internet Engineering Task Force: Das Gremium, das die Implementierung neuer Standards behandelt

7. RFCs für zu implementierende Protokolle beginnen als vorgeschlagener Standard, werden dann zu Entwurfsstandards und erreichen schließlich, wenn akzeptiert, den Standard-Status.

8. Der beste Ort, einen RFC aufzufinden, ist die Internic-Web-Site unter: www.internic.net.

9. Einige Beispiele sind Telnet, FTP, SNMP, DNS und HTTP.

10. Der Computer betrachtet eine Adresse als einen String von 32 Bit; wir sehen Adressen als eine Serie von vier Oktetten in einer gepunkteten Dezimalnotation an.

11. Eine TCP/IP-Adresse besteht aus einer Netzwerk-ID und einer Host-ID.

12.
10110100	180
00101110	46
11011010	218
01010010	82
11100000	224
00101111	47
11010111	215
10101101	173
01000101	69
11111111	255

13.
253	11111101
127	01111111
64	01000000
78	01001110
156	10011100
187	10111011
45	00101101
63	00111111
5	01000001
198	11000110

14.
198.53.235.0	C
2.0.0.0	A
190.25.0.0	B
192.25.15.0	C
128.56.0.0	B

15. Die ersten drei Bits sind 110.

Adreßklasse	Erstes Oktett Anfang	Erstes Oktett Ende	Anzahl der Netzwerke	Hosts pro Netzwerk
A	1	126	126	16.777.214
B	128	191	16.384	65.534
C	192	223	2.097.152	254

Kapitel 2
Einführung in das Netzwerkkonzept von Microsoft

Wenn Sie einen Verbrennungsmotor zu studieren hätten, müßten Sie wissen, wie sich dieser zum Automobil im Ganzen verhält und wie alle Teile zusammenpassen. Solcher Sinn für das Ganze hilft, das Lernen durch Zusammenfügung aller Teile zu erleichtern. Ebenso wie beim Automotor müssen Sie, bevor Sie den TCP/IP-Protokollstapel wirklich verstehen können, die Art und Weise verstehen, wie die Microsoft-Netzwerkarchitektur zusammengehört.

Dieses Kapitel betrachtet alle Teile des Microsoft-Netzwerkkonzepts. Es ist nicht spezifisch für Windows NT, sondern beschreibt die Weise im allgemeinen, auf die jedes Microsoft-Netzwerkbetriebssystem funktioniert.

2.1 Das OSI-Referenzmodell

Kapitel 1 »Einführung in TCP/IP« erwähnte das OSI-Referenzmodell (OSI = Open Systems Interconnection). Jedes Netzwerkmodell ist auf Schichten aufgebaut. Das OSI-Referenzmodell wurde als Anleitung für Hersteller entworfen, die diese beim Aufbau ihrer eigenen Netzwerkarchitekturen gebrauchen sollten (es ist keine wirkliche Architektur.) Das Windows NT-Netzwerkkonzept paßt zum OSI-Modell. Diese Diskussion verwendet es als einen Vergleich zum TCP/IP-Modell, welches unterschiedlich ist, doch dieselben Zwecke erreicht (und zu dem Windows NT ebenso paßt). Die Schichten im OSI-Modell haben die folgenden Funktionen:

- ▶ **Anwendungsschicht**. Erzeugt Anfragen und verarbeitet die Anfragen, die sie erhält.

- ▶ **Darstellungsschicht**. Erzeugt den (im Falle von Windows NT) SMB (Server Message Block), der dem anderen System mitteilt, was angefordert ist, oder enthält die Anwort auf eine Anfrage. Diese Schicht behandelt auch Typenkonvertierungen, wenn die kommunizierenden Hosts unterschiedlich sind.

- **Kommunikationssteuerschicht.** Stellt eine Methode zur Erzeugung und Aufrechterhaltung einer logischen Verbindung zwischen zwei Hosts zur Verfügung. Sie verfolgt auch die gegenwärtig gebrauchten Ressourcen.

- **Transportschicht.** Überträgt die Information in eine »Sprache«, die das andere System versteht.

- **Netzwerkschicht.** Behandelt die Steuerung, welches System oder welche Systeme die Information am anderen Ende erhalten. Mit anderen Worten: Sie stellt fest, an welche MAC-Adresse (MAC = Media Access Control, die eindeutige Nummer jeder Netzwerkkarte) gesendet werden soll.

- **Sicherungsschicht.** Behandelt die Bildung der Datenblöcke für die Information, die ins Kabel gesendet wird.

- **Physikalische Schicht.** Gibt die Information ins physikalische Netzwerk und empfängt Pakete (oder Frames) vom Netzwerk.

Eine Diskussion der Microsoft-Netzwerkarchitektur sollte Ihnen zu verstehen helfen: wenn Daten zwischen zwei Systemen bewegt werden, wird die Information von jeder der Schichten zu Datenmaterial der darunterliegenden Schicht. Auf diese Weise wird ein SMB (Server Message Block), der von der Anwendungs- und Darstellungsschicht erzeugt wird, zu Datenmaterial der Kommunikationssteuerschicht (oder in Windows NT: der TDI-Grenze).

2.2 Die Netzwerkarchitektur von Microsoft

Microsoft bietet eine Menge Flexibilität in der Netzwerkarbeit dadurch, daß ein geschichteter Zugang zu den Netzwerkkomponenten zur Verfügung gestellt wird. In erster Linie benutzt Microsoft NetBIOS (Network Basic Input/Output System) als internes Netzwerkprotokoll. NetBIOS bietet die folgenden Dienste, die für die Netzwerkarbeit wesentlich sind:

▶ **Namensmanagement**. Im NetBIOS-Netzwerkkonzept werden zur Identifikation der unterschiedlichen Systeme in einem Netzwerk Computer-Namen verwendet. Die Funktion erlaubt es, daß NetBIOS-Namen auf einem Computer registriert werden, und läßt den Computer wissen, auf welche Anfragen geantwortet werden soll. NetBIOS-Namen sind 16 Byte lang, wobei das sechzehnte Byte dazu verwendet wird, den Dienst zu identifizieren, der den Namen registrierte (z.B. Workstation, Server usw.).

▶ **Verbindungsorientierte Datenübertragung**. Diese Funktion ermöglicht die Übertragung von Daten von einem System zu einem anderen durch Gebrauch einer Sitzung und ermöglicht auch eine Reihe von Prüfungen und Abgleichungen, um sicherzustellen, daß die Daten, die übertragen wurden, korrekt sind.

▶ **Verbindungslose Datenübertragung**. Dieser Teil von NetBIOS versetzt Computer in die Lage, Ankündigungen zu machen und Anfragen an alle Computer in einem Netzwerk zu schicken, ohne eine Sitzung erzeugen zu müssen. Er wird verwendet, um andere Computer im Netzwerk zu lokalisieren oder um dies andere Computer wissen zu lassen. Dies stellt eine Übertragung für solche Zwecke wie Logon-Validierung, Server-Ankündigungen, Namensanfragen usw. zur Verfügung.

▶ **Sitzungsmanagement**. Dieser Dienst sorgt für die Verfolgung und Aufrechterhaltung von Sitzungen mit anderen Computern im Netzwerk, wodurch er das System befähigt, andere Computer, mit denen Sie arbeiten, im Auge zu behalten, so daß diese Computer schneller miteinander kommunizieren können. Anstatt sich jedesmal zu identifizieren, wenn Sie mit einem anderen System kommunizieren, können Sie einfach die Sitzung verwenden.

NetBIOS verwendet eine SMB (Server Message Block) genannte Struktur zur Kommunikation zwischen dem System, das den Dienst anfordert, und dem System, das den Dienst zur Verfügung stellt. Auf dem System, das die Anfrage erzeugt, wird ein SMB durch den »Redirector« erstellt (der Komponente, die Zugang zum anderen Computer erhält), der im Microsoft-Windows NT-Netzwerkkonzept der Workstation-Dienst ist. Der

SMB beschreibt, was das andere System tun soll (diese Daten auf das Laufwerk legen, Daten an den SMB schicken, eine Sitzung starten usw.), und enthält, wo nötig, die aktuellen Daten.

Die Redirector- und die Server-Dienste machen die Anwendungsschicht aus, die oben in Zusammenhang mit dem OSI-Modell erörtert wurde. Diese erzeugen tatsächlich die Anfragen und beantworten sie. Diese Dienste handhaben auch die Darstellungsschicht; sie erzeugen die SMBs (wie Anfragen für den anderen Computer formatiert werden).

Wie Bild 2.1 zeigt, ist der SMB eine Kommunikationsmethode zwischen einem Redirector und einem Server. Kein anderer Teil der Netzwerkarchitektur benutzt den SMB. Statt dessen befördern alle tieferliegenden Schichten die Daten.

Abbildung 2.1

Abbildung der Kommunikation zwischen einem Redirector und einem Server

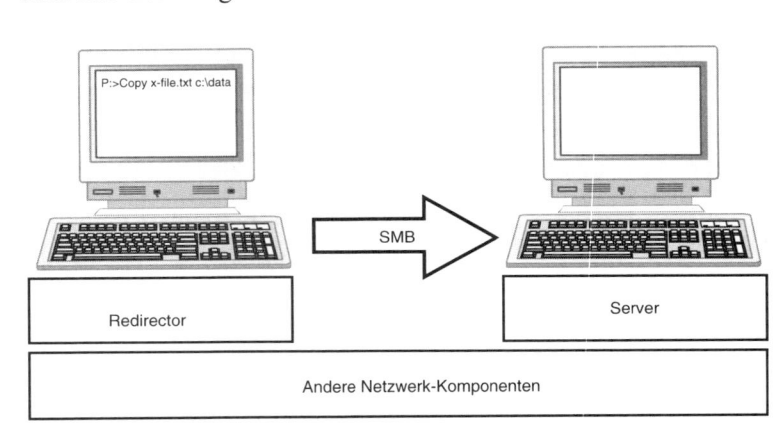

2.2.1 Schichten über Schichten

Eine der großen Stärken der Microsoft-Netzwerkarchitektur ist ihr Aufbau in Schichten. Durch die Wahl dieser Vorgehensweise hat Microsoft eine Umgebung erzeugt, in der es möglich ist, viele verschiedene Komponenten der Netzwerkarchitektur hinzuzufügen, ohne das gesamte Betriebssystem neu erzeugen zu müssen. Ein weiterer Vorteil besteht darin, daß jede beliebige Schicht nur diejenige Schicht verstehen muß, mit der sie direkt kommuniziert – das bedeutet, daß ein Programmierer, der eine Anwendung schreibt, sich um die Netzwerk-Topologie nicht zu kümmern braucht, nicht einmal, wenn ein Netzwerk vorhanden ist. Programmierer brauchen sich nur darum zu kümmern, was die Anwendung leisten soll.

Diese Ablösung von den Einzelheiten ist ein wichtiger Schritt vorwärts; er ermöglicht eine schnellere Entwicklung von Anwendungen und macht es Entwicklern möglich, sich auf ein Gebiet zu konzentrieren. Diese Ablösung erstreckt sich auch auf andere Gebiete der Netzwerkarchitektur. Sie können z. B. Ihr eigenes Transportprotokoll entwickeln und dem Windows NT-Stapel hinzufügen. Das von Ihnen erzeugte Transportprotokoll muß nur in der Lage sein, mit der darüberliegenden (der TDI-Schicht) und der darunterliegenden (NDIS) Schicht zu kommunizieren (siehe Bild 2.2).

Abbildung 2.2

Die Schichten im Microsoft-Netzwerkkonzept

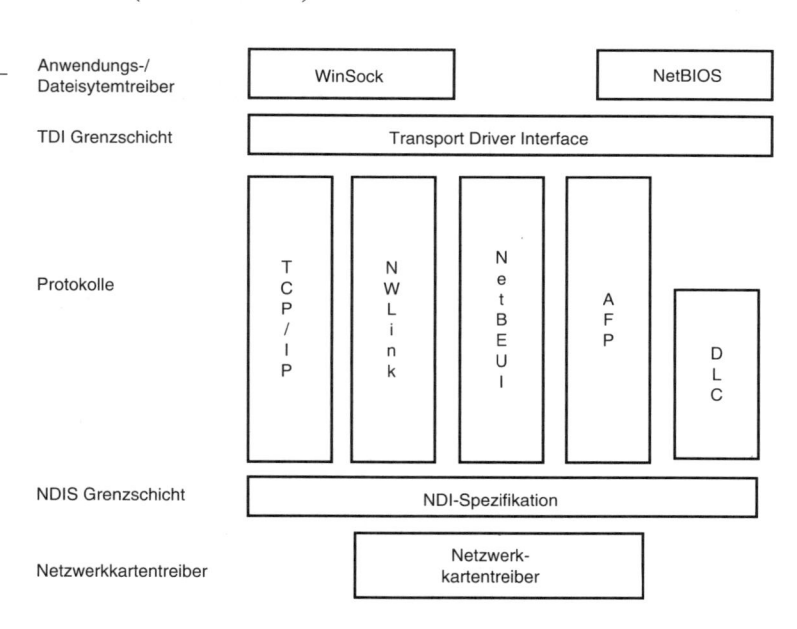

Anwendungs-/Dateisytemtreiber	WinSock			NetBIOS	
TDI Grenzschicht	Transport Driver Interface				
Protokolle	TCP/IP	NWLink	NetBEUI	AFP	DLC
NDIS Grenzschicht	NDI-Spezifikation				
Netzwerkkartentreiber	Netzwerkkartentreiber				

Im wesentlichen hat das Microsoft-Netzwerk fünf Hauptschichten. Die folgende Liste beschreibt diese Schichten im Detail:

▶ **Anwendungs-/Dateisystemtreiber**. Diese sind High-End-Komponenten, die Ihre Anfragen sowie Dienstanforderungen von anderen Systemen formulieren. Die Komponenten auf dieser Schicht werden auf eine von zwei Weisen implementiert: entweder als eine API (Anwendungs-Programmierschnittstelle), die eine Serie von Routinen ist, die andere Programme aufrufen können, oder als Dateisystemtreiber, der grundlegende Input/Output-Dienste zur Verfügung stellt. Diese Schicht ist äquivalent zur Anwendungs- und Präsentationsschicht im OSI-Modell.

- **TDI (Transport Driver Interface).** Diese Schicht ist, wie ihr Name sagt, eine Schnittstelle und wird als Grenzschicht (boundary layer) bezeichnet (was bedeutet, daß es sich um einen Standardsatz von Aufrufen handelt, nicht um eine wirkliche Datei). Die Komponenten der darüberliegenden Schicht rufen die TDI-Schicht auf, um Anforderungen an die bzw. von den verschiedenen Protokollen zu übergeben, die auf dem System installiert sind. Die TDI-Schicht basiert hauptsächlich auf NetBIOS und ist als NetBIOS-Schnittstelle installiert – obgleich sie mehr handhabt, als bloß NetBIOS-Verkehr. Die TDI-Schicht sorgt auch für Sitzungsdienste und bildet deshalb die Kommunikationssteuerschicht des OSI-Modells ab.

- **Protokolle.** Im Microsoft-Netzwerkkonzept verfügen Sie über große Flexibilität, was die Protokollwahl Ihres Computers betrifft: Sie können ein Protokoll oder alle vorhandenen Protokolle wählen. Dies gilt für alle Plattformen vom schlichten DOS-Client (der TCP/IP, NWLink, NetBEUI und DLC ablaufen lassen kann) bis zu Windows NT 4. Die Protokolle sind für den Transport und die Formatierung der Daten verantwortlich, so daß das andere System sie verstehen kann. Protokolle sind die Sprache der Netzwerke und sind zuständig für die die Transport- und Netzwerkschichten im OSI-Modell. Sie können auch Protokolle hinzufügen – in einigen Fällen sind sie hinzugefügt worden, damit die Microsoft-Umgebung mit anderen Umgebungen kommunizieren kann. Ein wichtiges Beispiel ist der Banyan Vines IP-Stapel für Windows NT.

- **NDIS (Network Driver Interface Specification).** Dies ist die andere Grenzschicht; sie dient als Schnittstelle zwischen den auf dem Computer installierten Protokollen und den installierten Netzwerkkartentreibern. NDIS sorgt für die logischen Verbindungen zwischen den Protokollen und den Adapterkartentreibern, die Informationen von beliebigen installierten Protokollen befähigen, zu beliebigen Adapterkarten zu gelangen. Als Schnittstelle zwischen dem Protokoll und dem Kartentreiber bildet NDIS die Sicherungsschicht des OSI-Modells.

▶ ADAPTERKARTENTREIBER. Dies ist die letzte der Software-Komponenten, die im System installiert sind. Sie sind zuständig für die Interaktion zwischen der NDIS-Schicht und der physikalischen Karte, die im System installiert ist. Der Kartentreiber führt die letzten verbliebenen Formatierungsaufgaben durch und befaßt sich mit der physikalischen Netzwerkkarte bzw. den Karten. Der Treiber ist verantwortlich für Media Access Control sowie physikalischen Zugriff und ist die Physikalische Schicht des OSI-Modells.

▶ Der Rest dieses Kapitels geht jede dieser Schichten durch und erklärt sie im einzelnen. Am Ende des Kapitels sollten Sie verstehen, wie alle Stücke zusammenpassen und wie sich TCP/IP ins Gesamtbild einfügt.

2.2.2 Anwendungs-/Dateisystemtreiber

Die oberste Schicht des Stapels ist die Anwendungsschicht. Hier finden Sie jedoch keine Anwendungen wie Word oder Excel. Vielmehr sind hier NetBIOS und Winsock (die beiden Haupt-Netzwerk-APIs innerhalb der Microsoft-Netzwerkarchitektur) angesiedelt. Diese Komponenten stellen Dienste für alle tatsächlichen Anwendungen zur Verfügung, die das Netzwerk unter Benutzung dieser Netzwerk-APIs aufrufen. Die APIs stellen, wie gesagt, eine Standardmethode für Programmierer bereit, sich der Dienste des zugrundeliegenden Netzwerkes zu bedienen, ohne etwas darüber wissen zu müssen.

Auf dieser Schicht könnten Sie auch eine NCP-Komponente (NCP = Netware Core Protocol) hinzufügen, die Sie befähigt, mit der Novell-Welt zu kommunizieren oder diese Dienste zur Verfügung zu stellen, oder vielleicht auch eine NFS-Komponente, um mit dem Network File System zu arbeiten, das auf Unix-Plattformen populär ist. Diese Fähigkeit, weitere Netzwerkkomponenten hinzuzufügen, verdankt sich dem modularen Design.

Die auf dieser Schicht installierten Hauptkomponenten umfassen den Workstation- und den Server-Dienst. Diese sind NetBIOS-Dienste, die Sie in die Lage versetzen, auf einem anderen Computer vorhandene Ressourcen zu nutzen oder die es anderen Computern möglich machen, Ihre Ressourcen zu verwenden.

Wenn Sie TCP/IP (oder IPX/SPX) installieren, erhalten Sie auch Winsock, was gleichermaßen als Server und Workstation für Nicht-NetBIOS-Dienste agiert. Dieses Kapitel erörtert die Nicht-NetBIOS-Dienste, da sie TCP/IP betreffen, später.

2.2.3 TDI (Transport Driver Interface)

Auf der nächsten Schicht kommunizieren alle Anwendungen und installierten Dateisysteme mit TDI. Die TDI-Schicht ist dafür verantwortlich, die Informationen von der darüberliegenden Schicht zu übernehmen und sie zum passenden Protokoll darunter weiterzuleiten, damit die Informationen der höheren Schicht in ein Paket gekapselt werden können, das ins Netz geschickt werden soll. Die Informationen der verschiedenen Redirector und Server, die weitergegeben werden, sind nicht mehr als die Daten, die TDI die Protokolle zu liefern auffordert. Die TDI-Schicht tut dies und meldet sich die unterschiedlichen Computer, mit denen sie kommuniziert.

Die TDI-Schicht arbeitet auch mit anderen Diensten wie NWN-BLink und NBT, was sie in die Lage versetzt, NetBIOS-Dienste über IPX/SPX bzw. TCP/IP anzubieten. Die TDI-Schicht muß sich ebenso mit Winsock befassen, um diese Kommunikationen zu ermöglichen.

2.2.4 Die Transportprotokolle

Der nächste Teil in der Architektur betrifft die eigentlichen Protokolle. Es ist wichtig zu beachten, daß das TCP/IP-Protokoll nur eines der Protokolle ist, die im Microsoft-Netzwerkkonzept verwendet werden können. Windows NT ist mit mehreren Protokollen ausgestattet, einschließlich TCP/IP (natürlich), NW-Link, NetBEUI, AFP und DLC. Die Eigenschaften dieser Protokolle werden in der folgenden Liste erklärt:

- **TCP/IP (Transmission Control Protocol/Internet Protocol).** Der De-facto-Industriestandard für Wide-Area-Netzwerke. Das TCP/IP-Protokoll ist ein ganzer Stapel von Protokollen, der End-to-End-Verbindungen ebenso wie Multicasting-Verbindungen (bei denen dieselbe Information an viele Computer geschickt wird) ermöglicht. TCP/IP ist in den meisten Betriebssystemen und Netzwerken vorhanden, was diese zwischen unterschiedlichen Computern über unterschiedliche Netzwerktopologien und -konfigurationen hinweg zu kommunizieren befähigt, indem Ihre Daten durch all diese hindurch geroutet werden.

- **NWLink (Netware Link).** Die Microsoft-Implementierung des Standard-IPX/SPX(Internetwork Packet Exchange/Sequenced Packet Exchange)-Protokolls, das von Novell-Servern benutzt wird. Dieses Protokoll ist ebenfalls routingfähig (es kann Daten zwischen unterschiedlichen Netzwerken bewegen), doch ist es hauptsächlich auf die einfache Bewegung von Daten von Punkt A nach Punkt B abgestimmt.

- **NetBEUI (NetBIOS Extended User Interface).** Dies ist das Originalprotokoll, das in Microsoft-Netzwerken verwendet wurde, und es erfuhr etliche Updates. Obgleich es das schnellste der im Windows NT-Protokollstapel enthaltenen Protokolle ist, ist es für ein Einzelsegment-Netzwerk konzipiert (alle Computer sind in einem einzigen Netzwerk verbunden) und unterstützt am besten zwischen 20 und 200 Computer. NetBEUI ist nicht routing-fähig und deshalb für Wide-Area-Netzwerke nicht geeignet.

- **AFP (Apple File Protocol).** Apple-Computer benutzen dieses Protokoll. Mit ihm können Windows NT-Server mit Apple-Netzwerken kommunizieren. Obgleich AFP ein routingfähiges Protokoll ist, ist es nicht so flexibel wie TCP/IP oder NWLink.

- **DLC (Data Link Control).** Dieses Protokoll ist nicht für die Benutzung zur Kommunikation zwischen Computern konzipiert und weist deshalb nicht alle Dienste der anderen Protokolle auf. Es ist in Windows NT enthalten, um die Kommunikation mit HP-JetDirect-Druckern zu ermöglichen sowie zwischen Windows NT-Systemen und IBM-Großrechnern, die 3270-Emulations-Software benutzen.

2.2.5 Network Driver Interface Specification

Die NDIS-Schicht ist die nächste Schicht. Einfach gesagt, ist dies eine Standardschnittstelle zwischen einem Protokoll und einer Netzwerkkarte. In Windows NT 4 ist die NDIS-Schicht NDIS 4.0. Im wesentlichen erzeugt NDIS eine logische Verbindung (binding) zwischen dem Protokoll und der Netzwerkkarte. Jeder der Bindungen wird eine Nummer zugewiesen. Die TDI-Schicht benutzt diese Nummer, um den Weg festzulegen, den die Daten nehmen sollten. Der Prozeß nimmt jedes der Netzwerkprotokolle und bindet sie an jeden der Adapter, indem er ihnen eine Nummer zuweist, die bei 0 startet. Die Nummer einer Bindung wird LANA-Nummer (LANA = Local Area Network Adapter) genannt (siehe Bild 2.3).

Abbildung 2.3

Eine Illustration des Bindungsprozesses und der LANA-Nummern

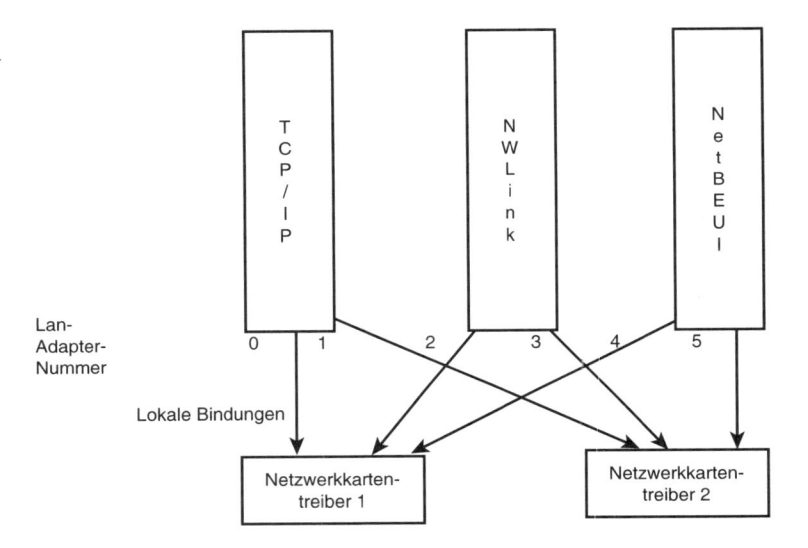

Diese Methode, Protokolle an Netzwerkkarten zu binden, bedeutet, daß immer nur eine Instanz eines beliebigen Protokolls existiert; ebenso, wie immer nur eine Instanz jedes Adaptertreibers existiert. Dies reduziert den Overhead, den Sie möglicherweise kennenlernen, wenn Sie mit mehreren Netzwerkprotokollen und -adaptern arbeiten.

2.2.6 Adapterkartentreiber

Schließlich faßt der Kartentreiber die Daten, die von der Spitze der Architektur der jeweiligen Netzwerktopologie herkamen, zu Datenblöcken (Frames) zusammen, und die Netzwerkkarte übergibt die Daten ins Kabel.

Um all diese Vorgänge zusammenzufassen, stellen Sie sich den Prozeß vor, in dem Daten von einem System zum anderen gesendet werden. Zuerst ziehen Sie eine Datei per Drag-und-Drop von Ihrem System auf ein Netzwerklaufwerk.

In Bild 2.4 ruft der Explorer (oder was immer Sie verwenden) nun die Netzwerk-APIs auf, um Zugriff auf das Netzwerk zu erhalten. Diese APIs fordern den Workstation-Server auf (wir nehmen an, daß Sie mit einem NetBIOS-Server kommunizieren), einen SMB zu erzeugen. Dies beinhaltet Informationen darüber, was der Server tun soll, wenn er den SMB erhält, und bis zu 64 Kbyte gültiger Daten. (Wenn die Datei groß ist, werden Sie viele SMBs benötigen, um die Datei auf das Remote-System zu übertragen.)

Abbildung 2.4

Der Redirector erzeugt einen Server Message Block (SMB)

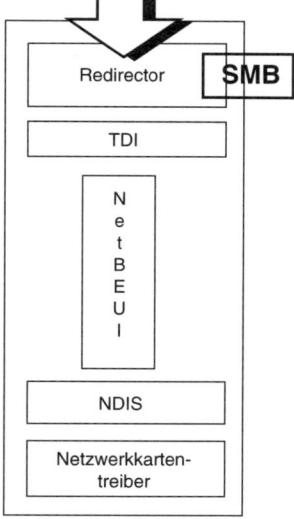

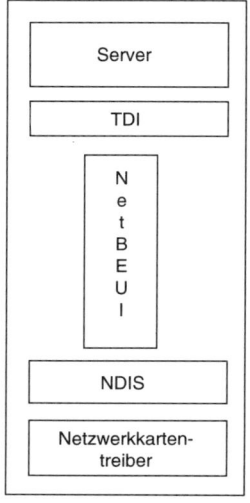

Der Redirector übergibt den SMB nun als Daten an die TDI, und die TDI erzeugt einen NCB (Network Control Block) abhängig davon, wohin die Daten geschickt werden sollen (siehe Bild 2.5). Die TDI überprüft ihre Sitzungstabelle und lokalisiert den korrekten Weg, um die Daten an das Remote-System zu senden – identifiziert durch die LANA-Nummer. Mit dieser Information übergibt die TDI nun die Daten und den NCB an das Protokoll.

Abbildung 2.5

Die TDI-Schicht erzeugt einen NCB mit dem SMB als Daten

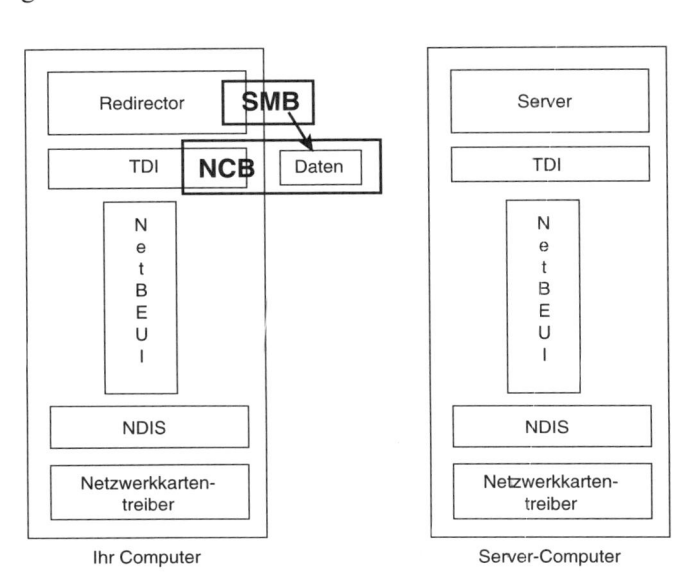

```
┌─────────────────────────────┐              ┌─────────────────────────────┐
│  Redirector      SMB        │              │  Server                     │
├─────────────────────────────┤              ├─────────────────────────────┤
│  TDI      NCB    Daten      │              │  TDI                        │
├─────────────────────────────┤              ├─────────────────────────────┤
│  N                          │              │  N                          │
│  e                          │              │  e                          │
│  t                          │              │  t                          │
│  B                          │              │  B                          │
│  E                          │              │  E                          │
│  U                          │              │  U                          │
│  I                          │              │  I                          │
├─────────────────────────────┤              ├─────────────────────────────┤
│  NDIS                       │              │  NDIS                       │
├─────────────────────────────┤              ├─────────────────────────────┤
│  Netzwerkkarten-            │              │  Netzwerkkarten-            │
│  treiber                    │              │  treiber                    │
└─────────────────────────────┘              └─────────────────────────────┘
       Ihr Computer                                  Server-Computer
```

Das Protokoll übernimmt die Anforderung (erzeugt als NCB) und übersetzt die Anforderung (wohin und wie die Daten gesendet werden sollen) in seinen eigenen Befehlssatz (siehe Bild 2.6).

Die NDIS-Schicht übernimmt die Instruktionen nun vom Protokoll und übergibt sie an die geeignete Netzwerkkarte (basierend wiederum auf der LANA-Nummer). Der Treiber für die Karte nimmt die Information und die Daten vom Protokoll auf und behandelt alles als Daten. NDIS liefert die faktische Information, die ins Kabel gestellt werden soll, an den Adapterkartentreiber (siehe Bild 2.7).

Der Adapterkartentreiber formatiert sie für die verwendete Topologie (z.B. Token Ring, Ethernet, FDDI). Er sendet die Daten nun an das andere System, wo der umgekehrte Prozeß stattfindet (siehe Bild 2.8).

Die Netzwerkarchitektur von Microsoft

Abbildung 2.6

Die TDI übergibt die Anforderung an ein Protokoll

Ihr Computer: Redirector → TDI (NCB, Daten) → NetBEUI (Daten & Header) → NDIS → Netzwerkkartentreiber

Server-Computer: Server → TDI → NetBEUI → NDIS → Netzwerkkartentreiber

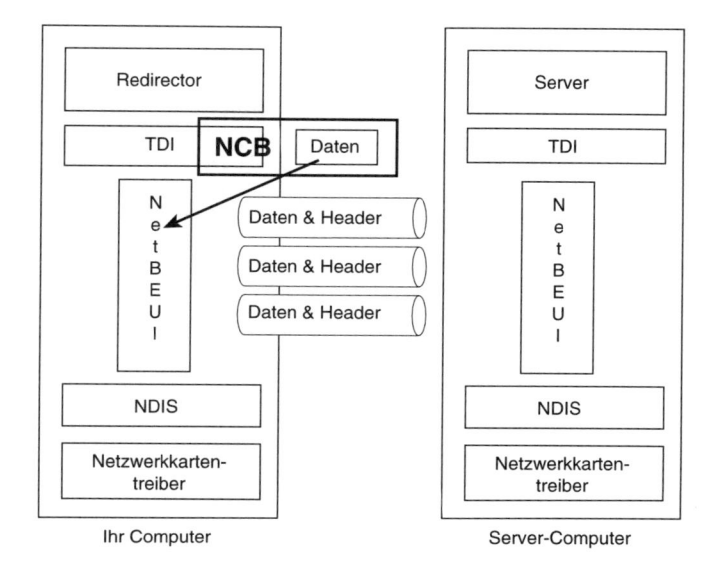

Abbildung 2.7

Die NDIS-Schicht übergibt die Daten an einen Kartentreiber

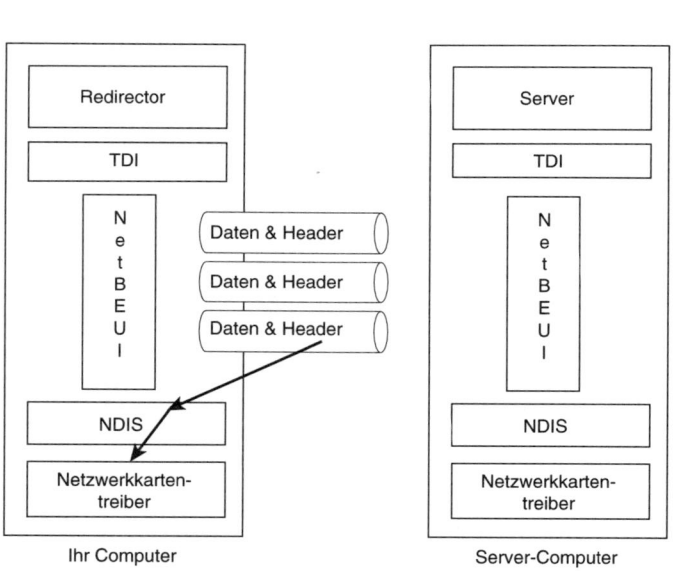

Ihr Computer: Redirector → TDI → NetBEUI (Daten & Header) → NDIS → Netzwerkkartentreiber

Server-Computer: Server → TDI → NetBEUI → NDIS → Netzwerkkartentreiber

Abbildung 2.8

Datenframes werden dann ins Kabel übergeben

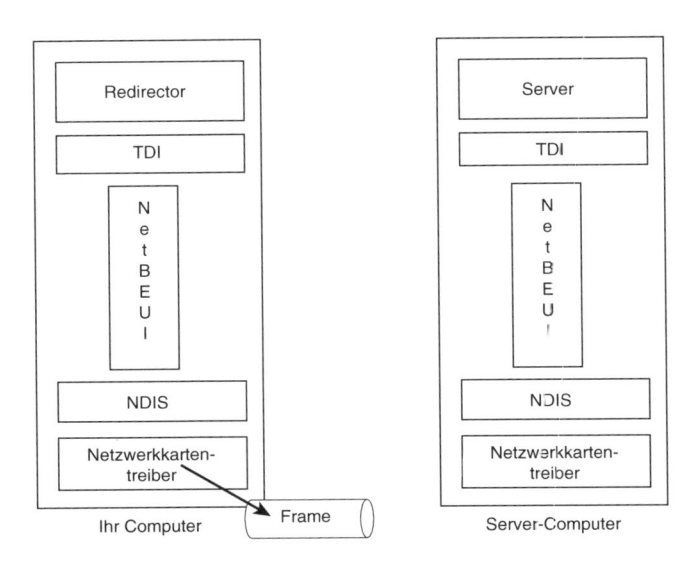

2.3 Das TCP/IP-Modell

Wenn Sie das TCP/IP-Netzwerkmodell betrachten, werden Sie nur vier Schichten bemerken. Dies resultiert daraus, daß die einzelnen Schichten mehrere Funktionen umfassen. Bild 2.9 illustriert und die folgende Liste erörtert die vier Schichten des TCP/IP-Modells.

Abbildung 2.9

Die Schichten im TCP/IP-Protokollstapel

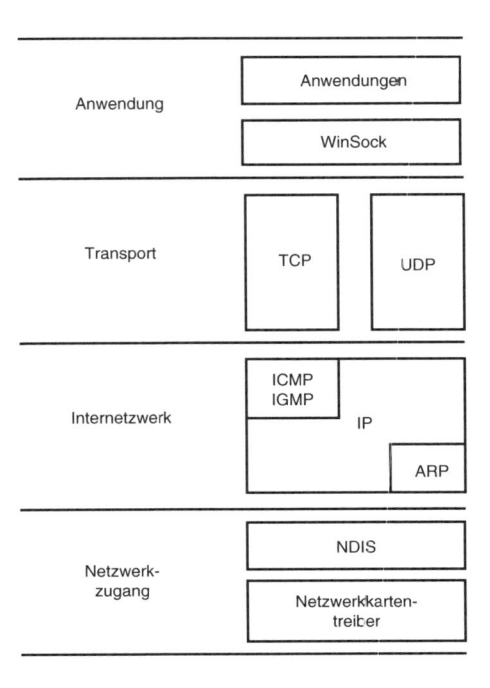

▶ **Anwendung.** Diese kombiniert die Funktionen der Anwendungs- und Präsentationsschichten im OSI-Modell. Die Anwendungsschicht enthält verschiedene Dienste (Protokolle) wie NNTP (Network News Transfer Protocol) oder SMTP (Simple Mail Transfer Protocol). Die WinSock-API ist ebenfalls auf der Anwendungsschicht.

▶ **Transport.** Ebenso wie im OSI-Modell ist die Transportschicht die faktische Sprache des Netzwerks. Alle Anforderungen benutzen eines von zwei unterschiedlichen Transportprotokollen – entweder TCP (Transmission Control Protocol) oder UDP (User Datagram Protocol).

▶ **Internet.** Diese Schicht ersetzt die Netzwerkschicht des OSI-Modells und befaßt sich nicht nur damit, andere Hosts (Computer) im selben Netzwerk zu finden, sondern auch damit, Information (in Form von Paketen) an andere Netzwerke zu routen.

▶ **Netzwerkzugriff.** Ersetzt die Sicherungsschicht und die Physikalische Schicht, indem sie beide als eine behandelt. Diese Schicht handhabt noch die Bildung der Datenblöcke (framing) und die Übergabe ins Kabel, aber die IP-Schicht sorgt für die Entscheidung, an welche Systeme gesendet werden soll.

TCP/IP benutzt in seinen Kommunikationen keine Computer-Namen. Vielmehr benutzt es die IP-Adresse des Hosts als Zielpunkt für die zu sendenden Pakete. Das bedeutet, daß es irgendeine Methode geben muß, `\\sparky` (ein NetBIOS-Computer-Name) oder `www.microsoft.com` (ein Host-Name) in eine IP-Adresse zu konvertieren. Andernfalls würden Sie die unterschiedlichen IP-Adressen im Gedächtnis behalten müssen.

Nun, da Sie die Schichten gesehen haben, sollten Sie einen näheren Blick auf jede von ihnen zu werfen.

2.4 Komponenten der Anwendungsschicht

Viele unterschiedliche Protokolle (in dieser Erörterung von TCP/IP-Anwendungen wird das Wort Protokoll zur Beschreibung der meisten Teile gebraucht, die TCP/IP ausmachen) können auf dieser Schicht angesiedelt sein. Alle TCP/IP-Protokolle (Anwendungen) und NetBIOS-Dienste sind jedoch auf die Dienste zweier Haupt-APIs angewiesen: WinSock und NBT (normalerweise als NetBIOS bezeichnet. Es ist jedoch NBT oder NetBIOS over TCP/IP, das für die Fähigkeit zu SMB-Netzwerkarbeit mit TCP/IP sorgt).

WinSock

WinSock stellt den TCP/IP-Werkzeugen socket-orientierte Dienste zur Verfügung, die auf der Anwendungsschicht existieren können, und sorgt auch für Dienste für NetBIOS. Der Socket sorgt für einen einfachen Bezugspunkt, der jedes System befähigt, dem anderen eine spezifische Port-Nummer (Port = Anschluß) zu übersenden (siehe Bild 2.10). Die Nummern sind an beiden Enden normalerweise nicht dieselben; die Dienste benutzen gewöhnlich festdefinierte und bekannte Port-Nummern. Die festdefinierten Port-Nummern werden von der Internet Assigned Numbers Authority kontrolliert und zugewiesen.

Abbildung 2.10

Host-Kommunikation mit Winsock

Komponenten der Anwendungsschicht

Wenn Sie einen Dienst auf Ihrem System starten (wie z.B. den HTTP-Veröffentlichungsservice des Internet Information Server), registriert der Dienst seine zugewiesene Port-Nummer im System, und alle Daten, die für diesen Port ankommen, werden zu diesem Dienst gesandt (siehe Bild 2.11). Dies gestattet es der WinSock-Schnittstelle und allen darunterliegenden Schichten, die Information selbst zu ignorieren und sie einfach von Punkt zu Punkt zu bewegen. In der Information sind die Adresse, das Transportschichtprotokoll (UDP oder TCP) und die Socketnummer, die die Information sandte, enthalten; diese Information setzt die Anwendung in die Lage, dem Client auf dem Remote-System direkt zu antworten.

Abbildung 2.11

Ein Dienst öffnet seinen Port (oder Socket)

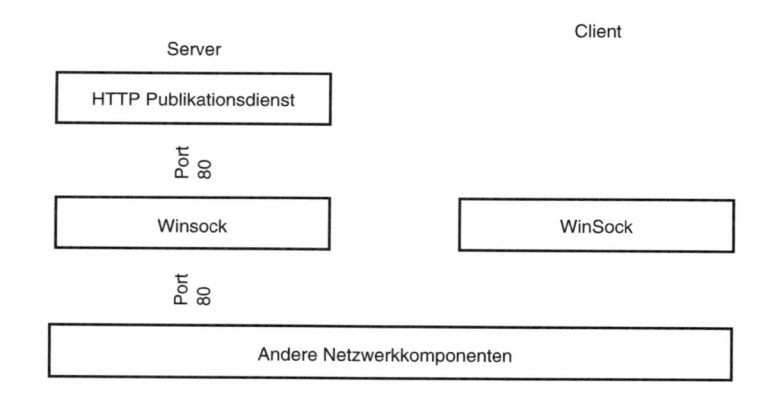

```
        Server                                    Client
┌──────────────────────────┐
│  HTTP Publikationsdienst │
└──────────────────────────┘
         Port 80
┌──────────────────────────┐          ┌──────────────────────────┐
│         Winsock          │          │         WinSock          │
└──────────────────────────┘          └──────────────────────────┘
         Port 80
┌─────────────────────────────────────────────────────────────────┐
│                 Andere Netzwerkkomponenten                      │
└─────────────────────────────────────────────────────────────────┘
```

Die ersten 1.024 Ports sind reserviert und werden nur für Dienste gebraucht. Jede andere Port-Nummer bis zu 65.536 ist jedoch gültig. Wenn man den Gesamtprozeß ins Auge faßt, startet der Dienst auf dem Server und registriert seine Nummer (und überwacht dabei den Port, wie in Bild 2.12 gezeigt).

Abbildung 2.12

Der Client registriert ebenfalls eine Port-Nummer

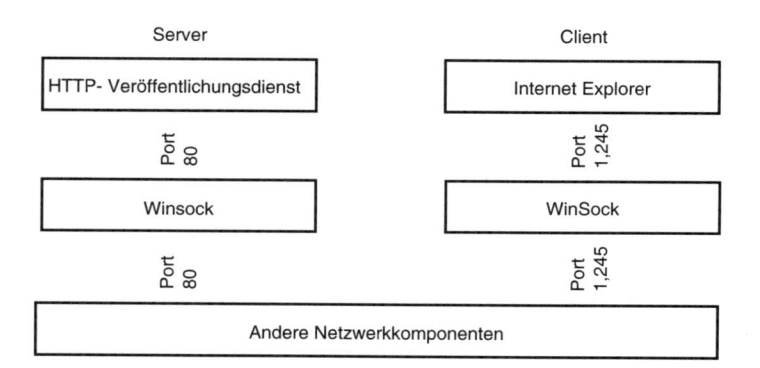

```
        Server                                    Client
┌──────────────────────────┐          ┌──────────────────────────┐
│ HTTP- Veröffentlichungs- │          │    Internet Explorer     │
│         dienst           │          │                          │
└──────────────────────────┘          └──────────────────────────┘
         Port 80                              Port 1,245
┌──────────────────────────┐          ┌──────────────────────────┐
│         Winsock          │          │         WinSock          │
└──────────────────────────┘          └──────────────────────────┘
         Port 80                              Port 1,245
┌─────────────────────────────────────────────────────────────────┐
│                 Andere Netzwerkkomponenten                      │
└─────────────────────────────────────────────────────────────────┘
```

Auf dem anderen Host startet die Client-Anwendung. Er registriert ebenfalls eine Port-Nummer, die er benutzen wird (jeder vorhandene Port oberhalb von 1023). Die Client-Anwendung kann nun damit beginnen, Informationen an den Server zu schikken, indem sie die IP-Adresse, das Transportprotokoll und die Socketnummer sendet. Der Server sendet seine Antwort dann an die IP-Adresse, das Protokoll und den Socket, von denen er Informationen empfing.

So gibt es keine Abhängigkeit von Computer-Namen oder anderen Informationen höherer Ebenen und absolut keine Beschränkungen, welchen Port irgendein besonderer Dienst verwenden kann.

NetBIOS

Wie früher ausgeführt, benutzt Windows NT NetBIOS, wenn Sie mit dessen Redirector- und Server-Diensten (die grundlegenden Anwendungsschichtkomponenten im Microsoft-Netzwerkkonzept) arbeiten. Dies bedeutet, daß es für die zugrundeliegenden Protokolle erforderlich ist, Anforderungen in Form von NetBIOS-Befehlen zu behandeln. Sie haben soeben gesehen, daß der TCP/IP-Stapel weder Namen benutzt noch jeden Dienst mit einer Name/Nummer-Kombination registriert. Oberflächlich gesehen deutet dies darauf hin, daß Windows NT TCP/IP tatsächlich als Protokoll gar nicht verwenden kann, es verwendet dies aber trotzdem. Hierzu muß eine weitere Schicht eingebracht werden, die die NetBIOS-Befehle einer Serie von TCP/IP-Port-Nummer zuordnet. Dies befähigt NetBIOS, einen Port für die Übertragung und den Empfang von Daten zu haben, Sitzungen einzurichten und zu trennen und NetBIOS-Namen zu verarbeiten – alles über TCP/IP. Es ist nicht überraschend, daß die Komponente, die diese Funktion erbringt, NBT oder NetBIOS over TCP/IP genannt wird. Sie ist verantwortlich für die Zuordnung und die Kommunikationen zwischen der NetBIOS-Schnittstelle und den verschiedenen Winsock-Ports (siehe Bild 2.13).

Das bedeutet, daß alle Kommunikationen über TCP/IP die Winsock-Schnittstelle passieren müssen.

Abbildung 2.13

NetBios wird von NBT in WinSock übersetzt

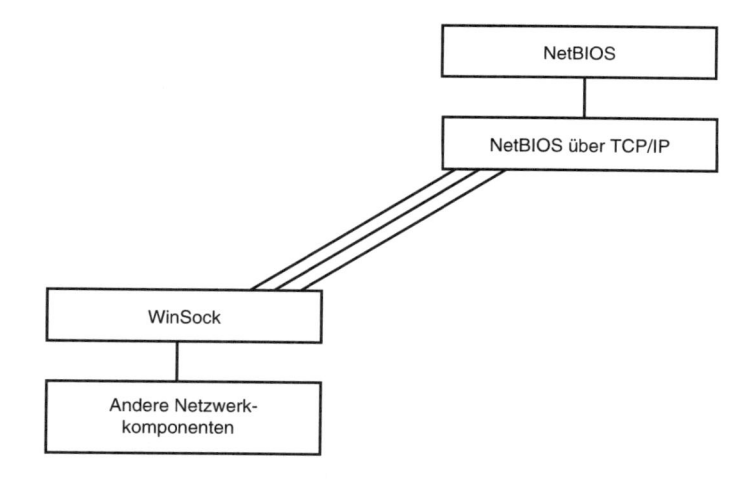

```
                                    ┌─────────────────┐
                                    │     NetBIOS     │
                                    └────────┬────────┘
                                             │
                                    ┌────────┴────────┐
                                    │ NetBIOS über TCP/IP │
                                    └────────┬────────┘
                                             │
                        ┌────────────────┐   │
                        │    WinSock     │───┘
                        └────────┬───────┘
                                 │
                        ┌────────┴────────┐
                        │ Andere Netzwerk-│
                        │   komponenten   │
                        └─────────────────┘
```

2.4.1 Das Transportschichtprotokoll

WinSock ist auf die Transportschicht angewiesen, um Daten zu verarbeiten, die hin- und herbewegt werden müssen. Dies wird von den beiden Transportschichtprotokollen durchgeführt. Computer können auf unterschiedliche Weisen miteinander kommunizieren. Ebenso wie Menschen Päckchen oder Briefe mit der normalen Post schicken und hoffen, daß sie ankommen, oder sie als Einschreiben versenden und so die Garantie der Auslieferung haben, können Computer Pakete über UDP (User Datagram Protocol) versenden, das dem Versand eines gewöhnlichen Briefes ohne Garantie entspricht. TCP (Transmission Control Protocol) erzeugt dagegen eine Sitzung und kann deshalb die Auslieferung garantieren.

Überblick über TCP

TCP wird benutzt, wie vorstehend mehrfach betont, um einen verbindungsorientierten Zustellungsdienst für Protokolle höherer Ebene zur Verfügung zu stellen. Um dies zu leisten, muß TCP zuerst eine Sitzung mit dem entfernten Kommunikations-Host einrichten. Dies geschieht durch dreifachen Handshake.

Zuerst sendet der die Kommunikation initiierende Host ein Paket an den anderen Host, das Informationen über ihn selbst enthält und ein SYN (oder Synchronisierungszeichen), welches dem anderen Host mitteilt, daß eine Sitzung angefordert wird. Der andere Host empfängt dieses Paket und antwortet mit Informationen über sich selbst – dem SYN-Flag und einem ACK (Acknowledgment = positive Quittung) der Informationen, die er erhalten hat. Schließlich quittiert der erste Host die Informationen, die er von der anderen Seite erhalten hat, mit einem ACK, und es besteht nun eine Sitzung zwischen beiden Systemen.

> **hinweis**
> Sie können die auf Ihrem System gegenwärtig laufenden Sitzungen einsehen, indem Sie den `netstat`-Befehl für reine TCP/IP-Kommunikationen und `nbtstat` für NetBIOS-Sitzungen verwenden.

Am Ende der Kommunikationssitzung wird ein ähnlicher dreifacher Handshake verwendet, um die Sitzung mit dem Remote-Host zu trennen. Dies stellt sicher, daß beide Hosts die Übertragung abgeschlossen haben. Es beendet die Sitzung sauber.

Überblick über UDP

Verglichen mit TCP ist UDP einfach: Die Daten des höherschichtigen Protokolls werden eingekapselt und verschickt. UDP wird zum Versand und Empfang einfacher Nachrichten gebraucht; es ist keine Sitzung erforderlich. Das UDP-Protokoll wird z.B. benutzt, um Rundsendungen zu senden und zu empfangen.

2.4.2 Die Internet-Schicht

Die Internet-Schicht hat vier Hauptprotokolle. Diese Protokolle arbeiten zusammen, um einen bestmöglichen Zustellungsdienst zur Verfügung zu stellen (dies zu garantieren, liegt in der Verantwortung von TCP oder Anwendungen höherer Ebene). IP (Internet Protocol) braucht nur die IP-Adresse, an welche die Daten gesendet werden sollen, und das Protokoll des anderen Systems (TCP oder UDP), das sie empfangen soll, zu kennen.

Das Internet-Protokoll (IP-Schicht)

Alle Geräte, die TCP/IP benutzen, verfügen über eine Internet-Schicht, die die Router umfaßt, die das Rückgrat der Kommunikationen in einem Netzwerk ausmachen. Das IP ist dafür verantwortlich, das Paket zu nehmen und festzulegen, ob es für das lokale Netzwerk bestimmt ist. Falls nicht, muß das IP für das Paket eine Route zum Zielnetzwerk finden und eventuell den Ziel-Host. Um zu verstehen, wie das IP festlegt, ob sich ein Host im lokalen Netzwerk befindet, müssen Sie die Subnet Mask und ihre Funktion betrachten.

Wie Sie in Kapitel 1 gesehen haben, besteht die IP-Adresse jedes Hosts aus einer Kombination der Netzwerk-ID und der Host-ID. Die Adresse selbst ist 32 Bit lang. Eine variierende Anzahl von Bits wird zur Identifikation des Netzwerks und des Hosts gebraucht. Im folgenden wird die Bildung von Teilnetzen außen vor gelassen und dementsprechend mit Standard-/Subnet Mask gearbeitet. In einem späteren Kapitel werden wir den Einsatz von normalen Teilnetzwerken und übergeordneten Netzwerken beschreiben.

Um eine Subnet Mask zu verstehen, müssen Sie sich nochmals in Binärcode wagen und logische Operatoren mit Binärcode verwenden. Ein gutes und bekanntes (doch häufig übersehenes) Beispiel sind die Attribute, die Sie einer Datei zuweisen können. Alle Attribute einer Datei in einer Standard-FAT-Partition sind in einem Byte im Verzeichniseintrag gespeichert. Wenn Sie sich daran erinnern, daß ein Byte aus acht Bit besteht, können Sie sehen, daß es acht verschiedene Ein/Aus-Status gibt, die wir speichern können. Die Attribute sind Read only, Archive, System, Hidden, Directory und Volume Label. Tabelle 2.1 zeigt eine Liste von Bytes versus Bits.

Tabelle 2.1

Zerlegung von Dateistatus-Bytes in Bits

R	A	S	H	D	V
0	1	0	1	0	0

Das ergibt einen Dezimalwert von 20. Wenn Sie jedoch den Status eines einzelnen Attributes wissen wollen, haben Sie möglicherweise ein Problem, sofern Sie das logische AND nicht verstehen. Mit dem logischen AND können Sie zwei Binärzahlen verknüpfen und erhalten als Ergebnis eine dritte Zahl, die etwas über den Ausgangszustand der anderen Zahlen aussagt. Das ist wichtig, weil Sie es benutzen können, um ein einzelnes Bit aus einem Byte herauszuziehen. Eine AND-Verknüpfung liefert (bitweise) die Werte in Tabelle 2.2 zurück.

Tabelle 2.2

Ergebnisse einer bitweisen AND-Verknüpfung

Bit 1	Bit 2	Resultat
1	1	1
1	0	0
0	1	0
0	0	0

Wenn Sie sehen wollen, ob eine Datei versteckt ist, können Sie die unwichtige Information dadurch maskieren (loswerden), daß Sie den Bit-Positionen, die Sie nicht interessieren, eine Null zuweisen und dann die benötigte Information herausziehen. Tabelle 2.3 zeigt ein Beispiel für die Maskierung eines Bits.

Tabelle 2.3

Beispiel für die Maskierung eines Bits

	R	A	S	H	C	V
Attribute	0	1	0	1	0	0
Maske	0	0	0	1	0	0
Resultate	0	0	0	1	0	0

Dies ergibt, wenn Sie es sich anschauen, Sinn, und es handelt sich um eine gewöhnliche Technik beim Programmieren. Wie Sie sehen können, wird Binärcode immer wichtiger, je weiter Sie in dieses Buch vordringen. Jedenfalls ist dies der gleiche Prozeß, den Ihr System gebraucht, um festzustellen, ob eine Adresse lokal oder remote ist. Wenn Sie eine Klasse-A-Adresse, wie z.B. 198.53.147.0 (die 0 bedeutet, daß Sie sich auf ein gesamtes Netzwerk beziehen) nehmen, und zwei Systeme (Hosts) in diesem Netzwerk betrachten (sagen wir 198.53.147.45 und 198.53.147.98), können Sie sie vergleichen, indem Sie die Standard-Klasse-C-Subnet Mask 255.255.255.0 verwenden. Werfen Sie einen Blick auf den Binärcode. Tabelle 2.4 zeigt die AND-Verknüpfung für IP-Adressen im selben Teilnetz.

Tabelle 2.4

AND-Verknüpfung von IP-Adressen und Subnet Masks – Lokaler Host

198.53.147.45	11000110	00110101	10010011	00101101
255.255.255.0	11111111	11111111	11111111	00000000
Resultat	11000110	00110101	10010011	00000000
198.53.147.98	11000110	00110101	10010011	01100010
255.255.255.0	11111111	11111111	11111111	00000000
Resultat	11000110	00110101	10010011	00000000

Wie Sie sehen, stimmen die Resultate genau überein. Dies sagt dem System, daß die Netzwerk-ID in beiden Fällen dieselbe ist. Deshalb befinden sich beide Systeme im selben Netzwerk. Tabelle 2.5 demonstriert die AND-Verknüpfung für Remote-Hosts wie 131.107.2.200.

Tabelle 2.5
AND-Verknüpfung auf IP-Adressen und Subnet Masks – Remote-Host

198.53.147.45	11000110	00110101	10010011	00101101
255.255.255.0	11111111	11111111	11111111	00000000
Resultate	**11000110**	**00110101**	**10010011**	**00000000**
131.107.2.200	10000011	01101101	00000010	11001000
255.255.255.0	11111111	11111111	11111111	00000000
Resultate	**10000011**	**01101101**	**00000010**	**00000000**

Hier stimmen die Netzwerk-IDs nicht überein, und das System kann festlegen, daß sich der andere Host in einem anderen Netzwerk befindet. Im Falle eines Hosts auf einem unterschiedlichen Netzwerk würde die IP-Schicht dann versuchen herauszufinden, an welches Gateway (Router) das Paket gesendet werden muß, wie in späteren Kapiteln erörtert wird.

ARP (Adress Resolution Protocol)

Das ARP wird nun verwendet, um die Information an einen anderen Host in Ihrem Netzwerk zu verschicken. Der Host, an den Sie senden, ist immer in Ihrem Netzwerk – entweder als Computer, mit dem Sie kommunizieren möchten, oder als lokale Schnittstelle für Ihren Router (im Falle eines Remote-Systems). Das Problem ist, daß Ihre Karte nur mit anderen Karten in Ihrem lokalen Netzwerk kommunizieren kann.

Deshalb findet ARP, entweder indem es seinen Zwischenspeicher aufgelöster Adressen benutzt oder durch Rundsendung, die MAC-Adresse, um das Paket dorthin zu schicken. Im Falle eines lokalen Hosts ist dies der tatsächliche Zielrechner. Im Falle eines Remote-Systems ist dies der Router. Beachten Sie, daß der Router ebenfalls über die IP-Schicht und deshalb über ARP verfügt. Der Router findet die MAC-Adresse oder den Host (oder einen weiteren Router) im anderen Netzwerk. Sie erhalten nie Informationen über die MAC-Adresse des anderen Hosts; dies wäre sinnlos.

Nachdem ARP die Adresse ermittelt hat, sendet IP das Paket an diese Adresse. Manchmal jedoch, wenn Sie mit Hosts in anderen Netzwerken kommunizieren, wird Ihr Paket Probleme haben. Falls dies geschieht, erhalten Sie eine Benachrichtigung.

ICMP (Internet Control Message Protocol)

ICMP ist ein Diagnostik- und Benachrichtigungsprotokoll, das im TCP/IP-Stapel zur Aufrechterhaltung von Kommunikation verwendet wird. ICMP handhabt solche Routinefunktionen wie `ping`. Es handhabt ebenfalls wichtige Aufgaben, z. B. über unerreichbare Netzwerke zu berichten.

Wenn Sie ein weltumspannendes Netzwerk bedenken, müssen Sie damit rechnen, daß Verbindungsprobleme mit gewissen Hosts manchmal auftauchen. Einige gegenwärtig eingesetzte Protokolle helfen, dies zu verhindern. Dynamisches Routing ist eines, das alternative Routen zur Verfügung stellt, wenn eine Verbindung zusammenbricht. Ein weiteres ist der Zeitüberschreitungswert, der jedem Paket im Internet beigegeben ist. Die Zeitüberschreitung repräsentiert (theoretisch) die maximale Anzahl der Sprünge, die ein Paket machen kann. Der Vorgabewert in Windows NT ist eine Zeitüberschreitung oder Time To Live (TTL) von 32 Sekunden. Jeder Router sollte die TTL um eins pro Sekunde, die das Paket im Router ist, dekrementieren.

Inzwischen ist es im Internet an der Tagesordnung, daß viele Router Ihre TTL um weit mehr als eins dekrementieren. Wenn die TTL abläuft oder es keine Route zum Netzwerk gibt, das Sie zu erreichen versuchen, erhalten Sie eine ICMP-Nachricht (Zeitüberschreitung der Anforderung oder Ziel-Host unerreichbar).

ICMP überwacht auch den Datenfluß im Internet durch Verkehrsregelung. Wenn Ihr Router beispielsweise überlastet und unfähig ist, den Datenfluß aufrechtzuerhalten, könnte er eine »Source quench«-Nachricht an Ihr System schicken. Dies schickt Ihrem System die Aufforderung, das Senden für eine Weile einzustellen. Router schicken außerdem eine ICMP-Nachricht, wenn Sie herausfinden, daß es eine bessere Route zu Ihrem Ziel gibt. Dies würde eine ICMP-Umleitungsnachricht sein, die Ihrem System mitteilt, einen anderen Router zu benutzen.

IGMP (Internet Group Management Protocol)

Dies ist das letzte der in den unteren Schichten des TCP/IP-Stapels residierenden Protokolle. IGMP handhabt das Senden und Empfangen der Daten, wenn Gruppen von Computern betroffen sind. Gesendet wird an Gruppen von Computern, wenn die Informationen empfangenden Systeme mit einer Live-Einspeisung versorgt werden sollen (Einige Radiostationen tun dies im Internet). Dies heißt Multicasting, das früher erwähnt wurde. Beim Multicasting senden Sie Informationen von Ihrem System zu einer besonderen IP-Adresse (eine Klasse-D-Adresse). Sie sollten sich erinnern, daß wir Klasse-A-, B- und C-Adressen behandelten. Klasse D wird jedoch nun hier erwähnt. Sie ist als Host-IP-Adresse nicht gültig.

Wenn ein System Multicasting durchführt, wählt es eine IP-Adresse (die im Netzwerk unverwechselbar sein muß) und sendet alle Informationen an diese Adresse. Wenn Sie die Informationen empfangen wollen, müssen Sie Ihr System anweisen, auf dieser Adresse zu empfangen. Das Problem ist, daß Ihr Router nicht weiß, daß er auf dieser Adresse empfangen soll, und die Pakete gelangen nicht in Ihr Netzwerk. IGMP teilt Ihrem Router mit, daß Sie auf dieser Adresse empfangen möchten und befähigt Sie, Multicast-Sendungen zu empfangen.

2.4.3 Netzwerkzugriffsschicht

Gerade so, wie im OSI-Modell, ist die Netzwerkschicht verantwortlich für die Bildung (framing) der Pakete von Informationen für die zugrundeliegende Topologie und die Einspeisung der Daten ins Kabel. Die Netzwerkzugriffsschicht greift die Frames auch aus dem Netzwerk heraus. Wenn Sie für ihre MAC-Adresse oder für Rundsendung/Multicasting bestimmt sind, übergibt sie die Netzwerkzugriffsschicht an das geeignete Protokoll.

Zusammenfassung

Dieses Kapitel bot einen Überblick über die Microsoft-Netzwerkarchitektur. Außerdem wurden Sie in den TCP/IP-Stapel eingeführt. Sie haben erfahren, daß Windows NT (und das Microsoft-Netzwerk) im allgemeinen sowohl zum OSI-Modell als auch zum TCP/IP-Modell paßt. NetBIOS wurde als das

Hauptprotokoll für interne Teile des Windows NT-Netzwerks ausgewiesen. Sie haben auch erfahren, daß eine Übersetzungsschicht benutzt wird, um es oberhalb von Winsock einsetzen zu können. Das nächste Kapitel erörtert weitere Einzelheiten der Hauptschichten im TCP/IP-Stapel.

Wiederholungsfragen

1. Welches sind die vier Hauptdienste, die NetBIOS zur Verfügung stellt?
2. Was ist die Kommunikationseinheit zwischen einem Redirector und einem Server in NetBIOS?
3. Welches sind die fünf Hauptschichten der Windows NT-Netzwerkarchitektur?
4. Welche der Schichten sind Grenzschichten?
5. Was ist der Hauptvorteil einer Schichten-Architektur?
6. Welches sind die beiden Haupt-APIs, die sich auf der Anwendungs-/Dateisystemtreiberschicht befinden?
7. Wie viele Redirector kann man Microsoft NT hinzufügen?
8. Welche Protokolle werden mit Windows NT ausgeliefert?
9. Welches Protokoll ist nicht für eine Host-zu-Host-Kommunikation konzipiert?
10. Welche Protokolle sind nicht routingfähig?
11. Welches Protokoll befähigt Sie zur Arbeit mit einem Novell-Netzwerk?
12. Was ist eine LANA-Nummer?
13. Was ist der Hauptvorteil von NDIS?
14. Was wird auf der TDI-Schicht erzeugt, um den SMB zum korrekten Protokoll zu dirigieren?
15. Wie viele Schichten gibt es im OSI-Referenzmodell? Wie viele in TCP/IP?
16. Was ist ein Socket?

17. Welche Socketnummern sind für Dienste reserviert?

18. Was benutzt Socket?

19. Wenn Sie Socket verwenden, wie werden die zu übertragenden Daten adressiert, damit sie das richtige Ziel erreichen?

20. Welches ist der Hauptunterschied zwischen TCP und UDP?

21. Welches sind die Protokolle auf der IP-Schicht?

22. Was ist die erste Funktion, die IP ausführen muß? Wie macht es dies?

23. Legen Sie für die folgenden IP-Adressen und Subnet Masks die Netzwerk-ID fest:
    145.42.36.45   255.255.0.0
    198.53.14.6   255.255.255.0
    205.47.18.5   255.255.255.0
    75.25.255.42   255.0.0.0
    128.45.6.245   255.255.0.0

24. Was leistet ARP?

25. Welche Adresse sucht ARP, wenn der Host, mit dem Sie kommunizieren, ein lokaler Host ist? Welche im Falle eines Remote-Hosts?

26. Was ist der Zweck von ICMP?

27. Wann wird IGMP gebraucht?

Lösungen

1. Die von NetBIOS zur Verfügung gestellten Dienste sind: Namensverwaltung, verbindungsorientierte Datenübertragung, verbindungslose Datenübertragung und Sitzungsmanagement.

2. Redirector und Server kommunizieren durch die Verwendung von SMBs (Server Message Blocks).

3. Die fünf Hauptschichten im Windows NT-Netzwerkkonzept sind: Anwendungs-/Dateisystemtreiber, Transporttreiberschnittstelle (TDI), Protokolle, Network Driver Interface Specification (NDIS) und Adapterkartentreiber.

4. Die TDI- und die NDIS-Schicht sind die Grenzschichten.

5. Die Schichten-Architektur erlaubt mehr Flexibilität hinsichtlich dessen, wie eine Schicht intern arbeitet. Entwickler brauchen sich nur mit der Kommunikation mit den Schichten darüber und darunter zu befassen.

6. Die beiden Haupt-APIs im Microsoft-Netzwerk sind die NetBIOS-API und die WinSock-API.

7. So viele Sie wollen. Die Systemleistung könnte jedoch leiden, wenn zu viele installiert sind.

8. Windows NT beinhaltet fünf Protokolle: TCP/IP, NWLink (ein IPX/SPX-kompatibles Protokoll), NetBEUI, AFP und DLC.

9. Das DLC(Data Link Control)-Protokoll ist für die Kommunikation zwischen einem System und einer HP-JetDirect-Karte oder für die Benutzung einer 3270-Emulation mit einem IBM-Großrechner konzipiert.

10. NetBEUI und DLC sind nicht routingfähig.

11. NT verwendet NWLink zur Zusammenarbeit mit Novell-Netzwerken.

12. Eine LANA-Nummer ist eine Local-Area-Network-Adapter-Nummer und beschreibt eine logische Verbindung zwischen Protokollen und Netzwerkkarten.

13. NDIS gestattet mehreren Protokollen eine Bindung (oder Zusammenarbeit) mit mehreren Netzwerkkarten, ohne mehrere Instanzen jedes Treibers laden zu müssen.

14. Die TDI-Schicht erzeugt einen NCB oder Network Control Block, um den SMB (als Daten) zum richtigen Protokoll zu leiten.

15. Das OSI-Modell benutzt sieben Schichten zur Beschreibung eines Netzwerkmodells. Das TCP/IP-Protokoll verwendet nur vier. Der Hauptgrund für den Unterschied ist der größere Umfang der Anwendungsschicht, sowie eine Abgrenzung und die Netzwerkzugriffsschicht, weil TCP/IP topologieunabhängig ist.

16. Ein Socket ist eine Zahl, die den Ort eines Dienstes repräsentiert. Sockets stellen Endpunkte der Kommunikation zwischen zwei Hosts zur Verfügung.

17. Die ersten 1.024 Sockets sind reserviert. Diese stehen unter der Kontrolle der Internet Assigned Numbers Authority.

18. Alle Kommunikationen über TCP/IP verwenden einen Socket, einschließlich NetBIOS-Verkehr.

19. Die Adressierung umfaßt die IP-Adresse, das Transportprotokoll (TCP oder UDP) und die Port(Socket)-Nummer, an die die Daten ausgeliefert werden sollen.

20. TCP ist ein verbindungsorientiertes Transportprotokoll, was bedeutet, daß es die Zustellung eines Pakets zum anderen System garantieren kann. UDP ist verbindungslos und liefert Daten auf »Nach-bestem-Bemühen«-Basis aus.

21. Auf der IP-Schicht gibt es vier Hauptprotokolle: IP (Internet Protocol), ICMP (Internet Control Message Protocol), IGMP (Internet Group Messaging Protocol) und ARP (Adress Resolution Protocol).

22. IP muß zuerst festlegen, ob eine Adresse eine lokale oder eine Remote-Adresse ist. IP führt diese Funktion aus, indem es den AND-Prozeß auf die lokale IP-Adresse mit einer Subnet Mask anwendet, um die lokale Netzwerk-ID festzulegen. Dann wird IP den AND-Prozeß auf die Subnet Mask mit dem Remote-Host anwenden, um eine Pseudo-Netzwerkadresse festzulegen (diese mag falsch sein). Bei gleichen Netzwerkadressen wird der andere Host als lokal angenommen. Ansonsten ist er remote.

23. 145.42.36.45   255.255.0.0   145.42.0.0

    198.53.14.6   255.255.255.0   198.53.14.0

    205.47.18.5   255.255.255.0   205.47.18.0

    75.25.255.42   255.0.0.0   75.0.0.0

    128.45.6.245   255.255.0.0   128.45.0.0

24. ARP oder Address Resolution Protocol wird gebraucht, um die Hardware(MAC)-Adresse eines Hosts zu finden, mit dem Sie kommunizieren.

25. Im Falle eines lokalen Hosts versucht ARP die Host-MAC-Adresse zu finden. Im Falle eines Remote-Host findet ARP die Adresse des Default-Gateways.

26. Das Internet Control Messaging Protocol wird verwendet, um Fehlerbedingungen von in der Übertragung befindlichen Paketen zu melden. Es kann auch zur Kontrolle des Datenflusses in einem Netzwerk benutzt werden.

27. Das Internet Group Messaging Protocol wird zur Kommunikation mit Multicasting-Systemen gebraucht. Multicasting befähigt ein System, an eine besondere Adresse zu senden. Viele Systeme können dann dieselbe Information aus einer Übertragung empfangen.

Kapitel 3
Die Anwendungsschicht

Wie bereits ausgeführt, ist die Anwendungsschicht die oberste Schnittstellenschicht der Netzwerkarchitektur. Die Anwendungsschicht dient als Tor zwischen den Programmen, die Sie auf Ihrem Computer laufen lassen, und den darunterliegenden Netzwerktransportschichten. Auf der Anwendungsschicht finden Sie beides, die Komponenten, die Sie benötigen, um Ressourcen (Dienste) mit dem Netzwerk zu teilen, sowie diejenigen, die Ihnen Zugriff auf Netzwerkressourcen verschaffen.

Sie haben bereits etwas über die beiden Haupt-APIs gelesen, die auf der Anwendungsschicht residieren: WinSock und NetBIOS. WinSock wird verwendet, um reine TCP/IP-Anwendungen (wie den Internet Information Server oder IIS, FTP und PING) zu unterstützen. NetBIOS wird verwendet, um die Windows Netzwerkarchitektur (Netzwerkumgebung, NET USE) zu unterstützen. Dieses Kapitel erörtert, wie diese APIs mit der Anwendungsschicht zusammenarbeiten und was sie funktionieren läßt.

3.1 Ein Einblick in WinSock

WinSock dient als ein Verbindungspunkt zwischen den Diensten, die auf Ihrem Computer ablaufen (wie IIS), und den Anwendungen (oder Clients wie der Internet Explorer), die über das Netzwerk zugreifen, um mit diesen Diensten zusammenzuarbeiten. Weil alle Kommunikationen über TCP/IP die WinSock-Schnittstelle verwenden müssen, ist es für Sie wichtig zu verstehen, wie WinSock arbeitet.

WinSock verwendet Ports (numeriert zwischen 1 und 65.536) als Verbindungspunkt für den Dienst oder Client, der die WinSock-Schnittstelle registriert. Ein Port (unter Windows NT Anschluß genannt) ist ein logischer Verbindungspunkt und kann von einem Client zur Identifikation benutzt werden, mit welchem Dienst der Client kommunizieren will. Der FTP-Dienst, den Sie unter Windows NT ablaufen lassen können, benutzt beispielsweise Port 21 als Kontrollport und Port 20 als Datenport, so daß ein Client nach FTP auf Port 21 sucht, wenn er erstmals versucht, eine Verbindung mit diesem Dienst herzustellen. Es ist wichtig zu beachten, daß dies die Standardnummern sind, die von der Internet Assigned Numbers Authority zugewiesen wurden. Sie können diese Port-Nummern jedoch um zusätzlicher Sicherheit willen ändern.

Wenn ein Dienst eine Port-Nummer mit WinSock öffnet (oder registriert), führt er durch, was man eine passive Öffnung nennt. Das bedeutet, daß er die Verbindung öffnet; jedoch unternimmt er mit dem Port nichts aktiv, wenn nicht Datenverkehr auf dem Port ankommt. Im Grunde läßt der Dienst die WinSock-Schnittstelle wissen, daß irgendwelche Informationen, die auf dieser Port-Nummer hereinkommen, an den Dienst weitergeleitet werden sollen.

Der Dienst wartet gewissermaßen auf Aktivität auf diesem Port. Ein Beispiel für solches Warten ist der World-Wide-Web-Publikationsdienst (HTTP). Er öffnet Port 80 und wartet dann auf Aktivität auf diesem Port, bevor er irgend etwas tut.

Der Client öffnet einen Port nicht passiv; er öffnet den Port in einem aktiven Status, weil der Client üblicherweise versucht, eine Verbindung mit einem Dienst oder einem anderen Computer herzustellen. Eine aktive Öffnung teilt WinSock mit, daß der Port jetzt benutzt werden soll. Wie in Kapitel 2 »Einführung in das Microsoft-Netzwerkkonzept« erwähnt, ist die Port-Nummer eines Clients jede beliebige und verfügbare Port-Nummer größer als 1.024.

3.1.1 Wie der Prozeß funktioniert

Um dies Schritt für Schritt zu verfolgen, werfen Sie einen Blick auf eine Verbindung zwischen dem Internet Explorer und einem IIS-Server, auf dem eine Web Site betrieben wird (siehe Bild 3.1).

Ein Einblick in WinSock

Abbildung 3.1

IIS startet und öffnet Port 80 passiv

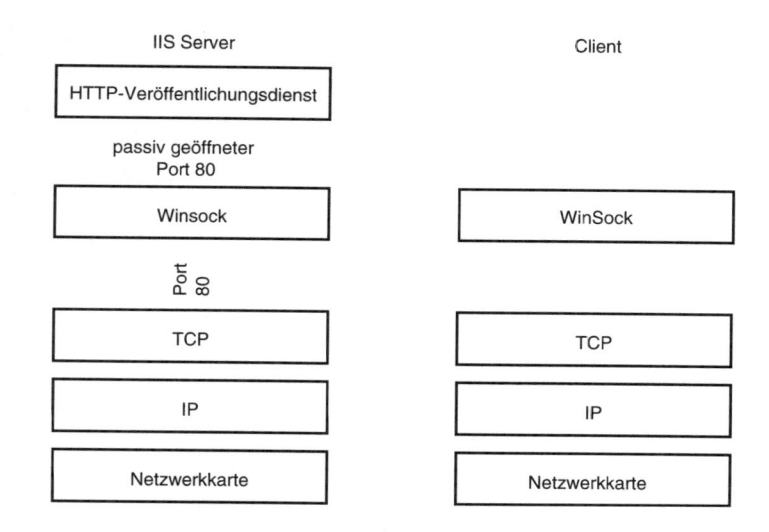

[Diagramm: IIS Server mit HTTP-Veröffentlichungsdienst, passiv geöffneter Port 80, Winsock, TCP, IP, Netzwerkkarte — gegenüber Client mit WinSock, TCP, IP, Netzwerkkarte]

Die folgenden Schritte führen Sie durch das Beispiel:

1. Der WWW-Publikationsdienst startet (z.B. bei `www.microsoft.com`), indem er eine passive Öffnung an Port 80 durchführt (siehe Bild 3.2). WinSock weiß nun, daß alle Informationen, die es für Port 80 erhält, an diesen Dienst gesendet werden sollen.

Abbildung 3.2

Ein Client startet und öffnet einen Port

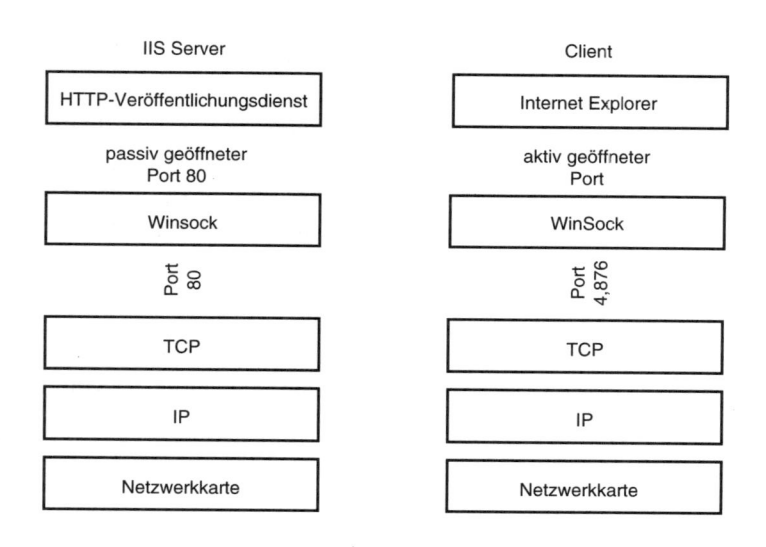

[Diagramm: IIS Server mit HTTP-Veröffentlichungsdienst, passiv geöffneter Port 80, Winsock, Port 80, TCP, IP, Netzwerkkarte — gegenüber Client mit Internet Explorer, aktiv geöffneter Port, WinSock, Port 4.876, TCP, IP, Netzwerkkarte]

2. Sie könnten den Internet Explorer starten. Dieser führt eine aktive Öffnung an irgendeiner Port-Nummer durch (1.734, nur als Beispiel), was WinSock mitteilt, daß ein Verbindungsversuch über diesen Port durchgeführt werden soll.

Kapitel 3   Die Anwendungsschicht

3. Der Client öffnet die Site; in diesem Fall wird der `get`-Befehl formuliert, um die Vorgabe-Web-Seite zu erhalten und an WinSock zu übergeben (siehe Bild 3.3). Die übergebenen Informationen sind die IP-Adresse (tatsächlich muß www.microsoft.com zuerst aufgelöst werden, mehr darüber später), das Transportprotokoll (TCP in diesem Fall) und die Socket-Nummer des Dienstes, mit dem Sie sich mit dem Befehl verbinden wollen (was für WinSock Daten sind).

Abbildung 3.3

Der Client gibt einen Get-Befehl aus

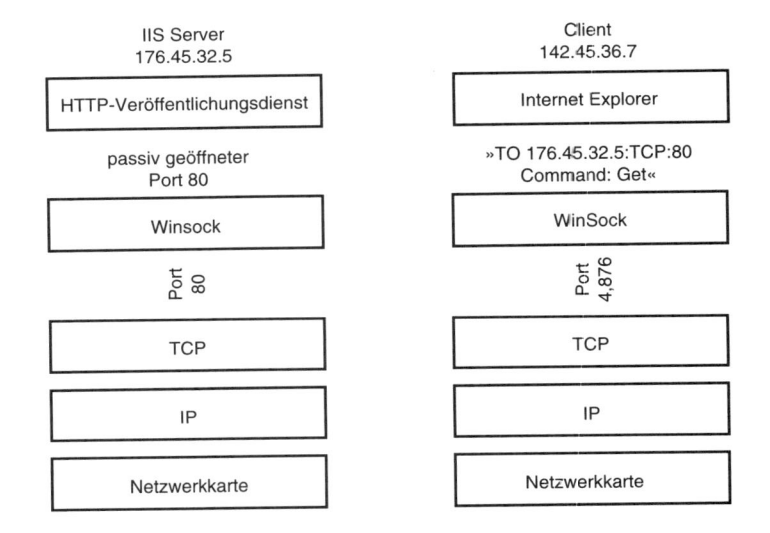

```
        IIS Server                              Client
        176.45.32.5                           142.45.36.7
   ┌─────────────────────┐              ┌─────────────────────┐
   │HTTP-Veröffentlichungsdienst│       │  Internet Explorer  │
   └─────────────────────┘              └─────────────────────┘
      passiv geöffneter                   »TO 176.45.32.5:TCP:80
         Port 80                            Command: Get«
   ┌─────────────────────┐              ┌─────────────────────┐
   │      Winsock        │              │      WinSock        │
   └─────────────────────┘              └─────────────────────┘
         Port 80                              Port 4.876
   ┌─────────────────────┐              ┌─────────────────────┐
   │        TCP          │              │        TCP          │
   └─────────────────────┘              └─────────────────────┘
   ┌─────────────────────┐              ┌─────────────────────┐
   │        IP           │              │        IP           │
   └─────────────────────┘              └─────────────────────┘
   ┌─────────────────────┐              ┌─────────────────────┐
   │    Netzwerkkarte    │              │    Netzwerkkarte    │
   └─────────────────────┘              └─────────────────────┘
```

4. Das zugrundeliegende Protokoll erzeugt nun eine Verbindung, und die Information wird an den Port auf dem Remote-System übergeben. Ebenso sind die IP-Adresse, das Protokoll und der Port des Senders enthalten, damit das Remote-System weiß, wo die Antwort hingeschickt werden soll (siehe Bild 3.4).

5. Der Publikationsdienst empfängt die Anforderung und antwortet (in diesem Fall) mit der vom Client angeforderten Seite (siehe Bild 3.5).

Ein Einblick in WinSock

Abbildung 3.4

Unter Verwendung einer TCP-Sitzung wird die Anforderung abgeschickt

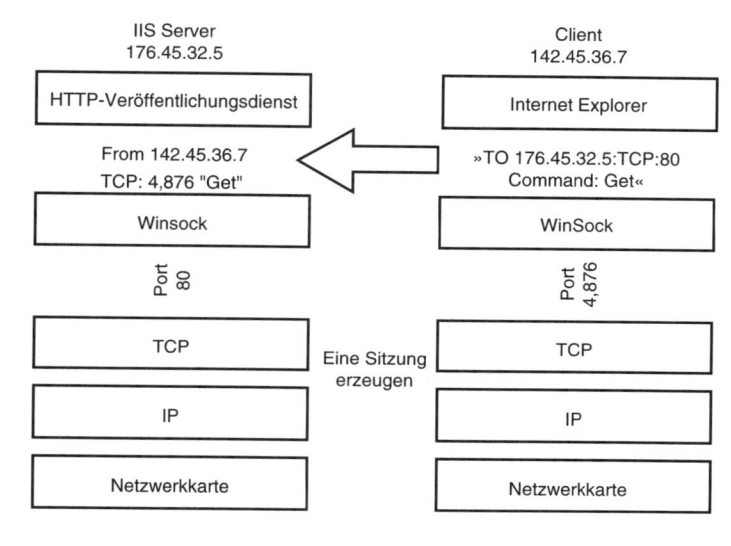

IIS Server 176.45.32.5 — HTTP-Veröffentlichungsdienst — From 142.45.36.7 TCP: 4,876 "Get" — Winsock — Port 80 — TCP — IP — Netzwerkkarte

Client 142.45.36.7 — Internet Explorer — »TO 176.45.32.5:TCP:80 Command: Get« — WinSock — Port 4,876 — TCP — IP — Netzwerkkarte

Eine Sitzung erzeugen

Abbildung 3.5

Der Server liefert die Seite zum Remote-Sockel zurück

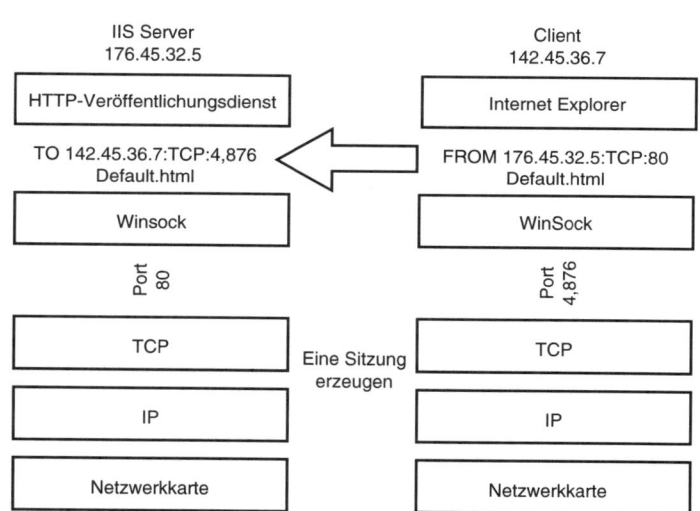

IIS Server 176.45.32.5 — HTTP-Veröffentlichungsdienst — TO 142.45.36.7:TCP:4,876 Default.html — Winsock — Port 80 — TCP — IP — Netzwerkkarte

Client 142.45.36.7 — Internet Explorer — FROM 176.45.32.5:TCP:80 Default.html — WinSock — Port 4,876 — TCP — IP — Netzwerkkarte

Eine Sitzung erzeugen

Wie Sie diesem Durchgang des Kommunikationsprozesses entnehmen können, identifizieren sich die Dienste durch die IP-Adresse, das Transportschichtprotokoll und die Port-Nummer, mit der sie eine Verbindung herstellen wollen. Tabelle 3.1 listet einige der bekannteren Port-Nummern auf:

Tabelle 3.1

Geläufige Dienste mit Port-Nummern und Protokollen

Dienst	Port-Nummer	Transportprotokoll
ping (Echo Service)	7	TCP oder UDP
FTP Data Channel	20	TCP
FTP Control Channel	21	TCP
Telnet	23	TCP
SMTP (Simple Mail Transfer Protocol)	25	TCP
DNS (Domain Name System)	53	TCP
TFTP (Trivial File Transfer Protocol)	69	UDP
Gopher	70	TCP
World Wide Web	80	TCP
POP3 (Post Office Protocol 3)	110	TCP
NNTP (Network News Transfer Protocol)	119	TCP
SNMP (Simple Network Management Protocol)	161	UDP

Der netstat-Befehl

Um die Verbindung, die Sie mit anderen Systemen hergestellt haben, oder Verbindungen mit Ihrem System einzusehen, können Sie den netstat-Befehl verwenden. Eine Beispielausgabe könnte wie folgt aussehen:

```
Aktive Verbindungen
```

Proto	Lokale Adresse	Remote-Adresse	Zustand
TCP	tawni:1025	LOCALHOST:1026	ESTABLISHED
TCP	tawni:1026	LOCALHOST:1025	ESTABLISHED
TCP	tawni:1066	OTT.NOTES:nbsession	TIME_WAIT
TCP	tawni:1067	OTT.NOTES:nbsession	TIME_WAIT
TCP	tawni:1069	OTT.NOTES:nbsession	TIME_WAIT
TCP	tawni:1070	OTT.NOTES:nbsession	ESTABLISHED

Die Optionen, die Sie mit dem netstat-Befehl verwenden können, werden in der folgenden Ausgabe von netstat /? gezeigt:

```
NETSTAT [-a] [-e] [-n] [-s] [-p Proto] [-r] [Intervall]

    -a          Zeigt den Status aller Verbindungen an.
                (Verbindungen des Servers werden normalerweise
                nicht angezeigt).
    -e          Zeigt die Ethernet-Statistik an. Kann mit der
                Option -s kombiniert werden.
    -n          Zeigt Adressen und Anschlüsse numerisch an.
    -p Proto    Zeigt Verbindungen für das mit Proto angegebene
                Protokoll an.
                Proto kann TCP oder UDP sein. Bei Verwendung mit
                der Option -s kann Proto TCP, UDP oder IP sein.
    -r          Zeigt den Inhalt der Routing-Tabelle an.
    -s          Zeigt Statistik protokollweise an. Standardmäßig
                werden TCP, UDP und IP angezeigt. Mit der Option
                -p können Sie dies weiter einschränken.
    Intervall   Zeigt die gewählte Statistik nach der mit Intervall
                angegebenen Anzahl Sekunden erneut an. Drücken Sie
                Strg+C zum Beenden der Intervallanzeige. Ohne
                Intervallangabe werden die aktuellen
                Konfigurationsinformationen einmalig angezeigt.
```

Obwohl WinSock als eine Verbindung zwischen den TCP/IP-Clients auf einem PC und TCP/IP-Anwendungen aus dem Netzwerk dient, muß daran gedacht werden, NetBIOS über dem TCP/IP-Stapel laufen zu lassen. Wie Sie sehen werden, kann dies dadurch geschehen, daß man NetBIOS-Dienst-Ports zur Verfügung stellt.

3.2 NBT (NetBIOS über TCP/IP)

Wie Sie im letzten Kapitel gesehen haben, ist NetBIOS die Basis für das Microsoft-Netzwerkkonzept. Dies bedeutet, daß Sie in der Lage sein müssen, die grundlegenden NetBIOS-Funktionen zu handhaben: Namensmanagement, Sitzungsmanagement sowie verbindungslose und verbindungsorientierte Datenübertragung. TCP/IP führt all diese Funktionen nicht direkt aus. Sie können die in TCP/IP existierenden Funktionen jedoch zu deren Handhabung verwenden. Der Datenübertragungsmodus wird einfach durch den Unterschied von TCP und UDP verwaltet. Solange NetBIOS weiß, was benutzt werden soll, wird kein Problem entstehen.

Sitzungsmanagement ist ebenfalls etwas, das TCP handhaben kann. Namensmanagement ist jedoch etwas, das TCP/IP nicht gut handhabt (und das im Einzelnen in späteren Kapiteln behandelt wird). Weil TCP/IP mit IP-Adressen arbeitet, könnte dies ein Hindernis sein. Weil NetBIOS über TCP/IP arbeitet, gibt es eine Lösung. Sie haben sogar schon davon gehört: NetBIOS über TCP/IP oder NBT.

3.2.1 NBT

NBT regelt die Weiterleitung von NetBIOS-Verkehr entweder zu TCP oder UDP, abhängig davon, ob der Verkehr verbindungsorientiert ist. Verbindungsorientierter Verkehr erfordert eine Sitzung. NBT fordert TCP auf, eine Sitzung zu erzeugen und verfolgt dann die Sitzung, um sicherzustellen, daß sie aktiv bleibt.

Das Namensmanagement erledigt NBT folgendermaßen: NBT stellt einen Namensdienst zur Verfügung, der auf einem separaten Port läuft, von dem alle NetBIOS-Systeme wissen. Dies befähigt NetBIOS, Namen und den Namensdienst zu registrieren. Weil Namensmanagement (d.h., Registrierung, Auflösung, Freigabe) normalerweise durch Rundsprüche gehandhabt wird, benutzt dieser Dienst UDP-Ports (137 und 138, um genau zu sein).

Tabelle 3.2 listet wichtige NetBIOS-Port-Nummern auf sowie die Dienste, die sie gebrauchen.

Tabelle 3.2
NetBIOS-Port-Nummern und Protokolle

Dienst	Kurzbezeichnung	Port	Protokoll
NetBIOS Name Service	nbname	137	UDP
NetBIOS Datagram Service	nbdatagram	138	UDP
NetBIOS Session Service	nbsession	139	TCP

Um all diese Arbeit zu leisten, kommuniziert die Anwendung, die Sie benutzen, mit der regulären NetBIOS-API. Diese übergibt die Anforderung an die NBT-Schicht, welche die vorher erwähnten Port-Nummern zur tatsächlichen Durchführung der Dienste aufruft.

Der Befehl nbtstat

Ebenso wie andere Verbindungen, können Sie NetBIOS-Verbindungen, die Sie über WinSock erstellen, einsehen. nbtstat -s gibt Ihnen einen Bericht ähnlich dem folgenden Listing.

```
NetBIOS Verbindungstabelle
Lokaler Name Zustand Ein/Aus Remote-Host Eingabe Ausgabe
-------------------------------------------------------------
TAWNI    <03>  Abhören
SCRIM    <03>  Abhören
TAWNI    <00>  Verbunden Aus 198.53.147.2   0B      174B
```

Die anderen Optionen für nbtstat, die durch nbtstat /? angezeigt werden, enthalten das Folgende:

```
NBTSTAT [-a Remote-Name] [-A IP-Adresse] [-c] [-n][-r] [-R] [-s] [-S] [Intervall] ]
```

-a	Zeigt die Namenstabelle des mit Namen angegebenen Remote-Computers an.
-A	Zeigt die Namenstabelle des mit IP-Adresse angegebenen Remote-Computers an
-c	Zeigt Inhalt des Remote-Namen-Cache mit IP-Adressen an
-n	Zeigt lokale NetBIOS-Namen an
-r	Zeigt mit Rundsendungen und WINS ausgewertete Namen an
-R	Lädt Remote-Cache-Namentabelle neu
-S	Zeigt Sitzungstabelle mit den Ziel-IP-Adressen an
-s	Zeigt Sitzungstabelle mit den Host-Namen an, die aus den Ziel-IP-Adressen und der Datei HOSTS bestimmt wurden
RemoteName	Name des Remote-Hosts
IP-Adresse	Punktierte Dezimalschreibweise einer IP-Adresse
Intervall	Zeigt die ausgewählte Statistik nach der angegebenen Anzahl Sekunden erneut an. Drücken Sie Strg+C zum Beenden der Intervallanzeige.

3.3 Überblick über die Namensauswertung

Für all diese Arbeit muß es irgendeine Methode geben, NetBIOS- oder Host-Namen in TCP/IP-Adressen aufzulösen. Sie wissen bereits, daß die WinSock-Schnittstelle nur IP-Adressen zur Kommunikation benutzt; dies gilt auch für NetBIOS-Kommunikationen und ebenso für TCP/IP-Werkzeuge.

Der Namenstyp, den Sie auflösen, ist gewöhnlich durch den gebrauchten Befehl festgelegt (besser, die Reihenfolge ist festgelegt). Wenn Sie einen NetBIOS-Befehl verwenden, geschieht die Auflösung in der NetBIOS-Reihenfolge, die später im Detail erörtert wird. Wenn Sie einen Host-Namen verwenden, ist es die Host-Namensauswertung, die Sie benutzen. Welche Methode Sie immer gebrauchen, es sorgen mehrere verschiedene Methoden für die Auflösung.

> **hinweis** Die verwendete Art der Auflösung hängt vom eingegebenen Befehl ab. Wenn der Befehl ein TCP/IP-Tool (FTP, Internet Explorer) ist, benutzen Sie die Host-Namensauswertung. Unter Verwendung des NT Explorers oder des Kommandozeilenwerkzeugs NET USE gebrauchen Sie die NetBIOS-Namensauswertung. Beide Methoden ergänzen einander.

Die vorhandenen Methoden können allesamt konfiguriert werden und enthalten das folgende:

- **NetBIOS Name Cache.** Dies ist eine Liste von NetBIOS-Namen, die bereits in TCP/IP-Adressen aufgelöst wurden. Diese Namen können (wie Sie sehen werden) entweder als statisch (permanent) oder als dynamisch konfiguriert werden.

- **NetBIOS Name Server (NBNS).** Diese sind Systeme, die im Netzwerk existieren. Sie laufen als Dienst, der eine Namensanfrage für einen NetBIOS-Namen aufnimmt und ihn in eine IP-Adresse auflöst. Sie werden später WINS (Windows Internet Naming Service) betrachten, der ein Beispiel für einen NBNS ist.

- **Broadcast.** NetBIOS basierte immer auf Broadcast (Rundsendungen), da dies die Art von Topologie ist, in deren Zusammenhang es entworfen wurde. Ein Broadcast kann zur Auflösung von Adressen verwendet werden, die ansonsten nicht gefunden werden können, oder dazu, einen Namen zu registrieren oder freizugeben. Es ist wichtig zu beachten, daß die meisten Router NetBIOS-Broadcasts nicht weiterleiten – sie würden am Router zuviel Verkehr verursachen und ihn daran hindern, wirkliche Daten zu senden.

- **LMHOSTS-Datei.** Dies ist die LAN-Manager-Hosts-Datei, die im LAN Manager gebraucht wurde, um Systeme zur Auflösung von TCP/IP-Adressen zu befähigen. Es gibt mehrere besondere Tags, die in dieser Datei in einem späteren Kapitel betrachtet werden.

- **HOSTNAME.** Hier entscheidet sich im Grunde, ob Sie versuchen, mit sich selbst zu kommunizieren. Sie können Ihren Host-Namen überprüfen, indem Sie HOSTNAME an der Eingabeaufforderung eingeben.

- **HOSTS-Datei.** Die BSD(Berkeley Software Distribution) 4.2-Standardtextdatei, die Sie in die Lage versetzt, Host-Namen aufzulösen. Sehr ähnlich einer LMHOSTS-Datei. Sie hat jedoch keine besonderen Tags.

- **DNS (Domain Name System).** Ein DNS-Dienst läuft auf einem Computer und löst Host-Namen in IP-Adressen oder IP-Adressen in Host-Namen auf (reverse lookup). Sie können den `nslookup`-Befehl zum Test Ihres DNS-Dienstes verwenden und schauen, ob er korrekt funktioniert.

Bitte beachten Sie, daß die Reihenfolge hier wichtig ist. Sie ist sehr verschieden von der Reihenfolge, die zur Host-Namensauswertung ausgeführt wird. Die damit zusammenhängenden Themen sind Prüfungsbestandteil.

All diese Methoden werden in mehreren Kapiteln später im Buch erörtert. Zu verstehen, welche Methode wann gebraucht wird, ist wichtig. Dies ist ein Schlüsselthema bei der Fehlersuche. Dies zu verstehen, wird Ihnen auch helfen, die Prüfung zu bestehen.

Zusammenfassung

Dieses Kapitel untersuchte die beiden Hauptnetzwerk-APIs: WinSock und NetBIOS. Sie begannen auch schon damit, die verschiedenen Teile der Anwendungsschicht zu betrachten. Dieses Kapitel führte auch die Namensauswertung ein. Auf der Anwendungsschicht – der obersten Schicht des Netzwerks – finden Sie die Dienste und Clients. Dieses Kapitel untersuchte auch das Sitzungskonzept. Sie werden damit fortfahren, diese Konzepte von der Transportschicht aus zu betrachten.

Wiederholungsfragen

1. Welches sind die beiden Typen der Öffnung eines WinSock-Ports, und welche Art von Protokoll benutzt jede Methode?

2. Benutzen der Client und der Dienst beide dieselbe Port-Nummer?

3. Nennen Sie fünf geläufige Port-Nummern und die Dienste, die eine jede repräsentiert.

4. Welchen Befehl können Sie verwenden, um TCP/IP-Verbindungen einzusehen, die mit anderen Computern bestehen?

5. Was gestattet den Gebrauch von NetBIOS-Netzwerkkonzepten über TCP/IP?

6. Welches sind die drei Haupt-Port-Nummern und wie werden sie verwendet, wenn Sie mit NetBIOS über TCP/IP arbeiten?

7. Welchen Befehl können Sie verwenden, um NetBIOS von TCP/IP-Verbindungen zu betrachten?

8. Was muß geschehen, bevor NetBIOS eine Sitzung über TCP/IP erzeugen kann? Warum?

9. Welches sind die Methoden der NetBIOS-Namensauswertung?

Lösungen

1. Ein WinSock-Port kann im aktiven oder passiven Modus geöffnet werden. Wenn ein Dienst einen Port öffnet, öffnet er ihn passiv, indem er auf ankommende Daten wartet. Der Client öffnet den Port im aktiven Modus, um sofort mit der Sendung von Daten zu beginnen.

2. Der Client und der Dienst verwenden normalerweise verschiedene Port-Nummern. Die Dienste benutzen üblicherweise eine der fest zugewiesenen Port-Nummern. Ein Client andererseits benutzt eine beliebige Port-Nummer nach den ersten 1.024 (die reserviert sind).

3. Beliebige fünf der folgenden:

Dienst	Port-Nummer	Transport-protokoll
`ping` (Echo Service)	7	TCP or UDP
FTP Data Channel	20	TCP
FTP Control Channel	21	TCP
Telnet	23	TCP
SMTP (Simple Mail Transfer Protocol)		TCP
DNS (Domain Name Service)	53	TCP
TFTP (Trivial File Transfer Protocol)		UDP
Gopher	70	TCP
World Wide Web	80	TCP
POP 3 (Post Office Protocol (3))	110	TCP
NNTP (Network News Transfer Protocol)		TCP
SNMP (Simple Network Management Protocol)		UDP

4. Mit dem `netstat`-Befehl können Sie die Verbindungen zu ihrem System ebenso wie die, die Sie mit anderen haben, einsehen.

5. Dies wird von der NetBIOS- über die TCP/IP-Komponente ermöglicht, die man NBT nennt.

6. Die Ports und ihr Gebrauch sind:

Dienst	Kurzbezeichnung	Port	Protokoll
NetBIOS Name Service	nbname	137	UDP
NetBIOS Datagram Service	nbdatagram	138	UDP
NetBIOS Session Service	nbsession	139	TCP

7. Sie können den `nbtstat`-Befehl verwenden, um die gegenwärtigen Sitzungen und andere mit NBT zusammenhängende Informationen einzusehen.

8. Die IP-Adresse des Ziel-Hosts muß bekannt sein. Dies ist erforderlich, weil TCP/IP IP-Adressen zur Kommunikation verwendet und NetBIOS Computer-Namen gebraucht.

9. Sie können sechs Methoden zur Auflösung eines NetBIOS-Namens verwenden: NetBIOS-Name-Cache, NetBIOS-Name-Server, Broadcast, die *LMHOSTS*-Datei, die *HOSTS*-Datei und einen DNS-Server.

Kapitel 4
Die Transportschicht

Die Transportschicht ist dafür verantwortlich, die Daten von WinSock zu übernehmen und in Pakete zu packen, die ins Netzwerk geschickt werden können. Die Transportschicht ist zudem für die Erzeugung der Datensegmente verantwortlich, die sie an WinSock auf dem Remote-Computer schickt, sowie die Adressierung der Pakete an eine TCP/IP-Adresse

Wenn ein Aufruf durch die WinSock-Schnittstelle kommt, wird er an UDP oder TCP übergeben, abhängig vom erforderlichen Diensttyp. Die Transportschicht weiß, von welchem Port die Daten kamen, und weil sie an das geeignete Protokoll geschickt werden, braucht die WinSock-Schnittstelle nur der Transportschicht mitzuteilen, an welche IP-Adresse zu senden ist. Dieses Kapitel erörtert diesen Prozeß im Detail. Sie werden Header und Pseudo-Header kennenlernen. Dieses Kapitel erklärt außerdem das TCP-Protokoll und wie es im einzelnen arbeitet.

4.1 Header

Die Daten aus WinSock werden zu einem Datensegment (normalerweise hat UDP kein Datensegment) zusammengefaßt, und dann werden ein *Header* und ein Pseudo-Header erzeugt. Ein Header ist eine besondere Datenstruktur, die zu den von WinSock heruntergesandten Daten hinzugefügt wird. Ein solcher Header stellt Informationen über das Ziel, die Host-Computer sowie die verwendeten Protokolle zur Verfügung. Der Header enthält auch Informationen, die TCP befähigen, die Zustellung zu garantieren. Der Zweck des Headers ist sehr verschieden, abhängig davon, ob es sich um TCP oder UDP handelt. Er ist jedoch eine Information für das korrespondierende Protokoll auf den empfangenden Host. Der *Pseudo-Header* wird gebraucht, um IP mitzuteilen, wohin die Information geschickt werden muß.

4.1.1 TCP-Header

TCP ist ein verbindungsorientiertes Protokoll mit einem Mechanismus, der die Zustellung von Information von einem Ort zum anderen garantiert. Der Header muß deshalb Dinge enthalten, wie die Segment-ID (damit Sie wissen, ob Sie alle Segmente erhalten haben), ein CRC (Cyclic Redundancy Check – eine Form von Checksumme verifiziert, daß die Information intakt ist). Der TCP-Header sieht wie das Bild aus, das in Bild 4.1 gezeigt wird.

Abbildung 4.1

Das Format eines TCP-Headers

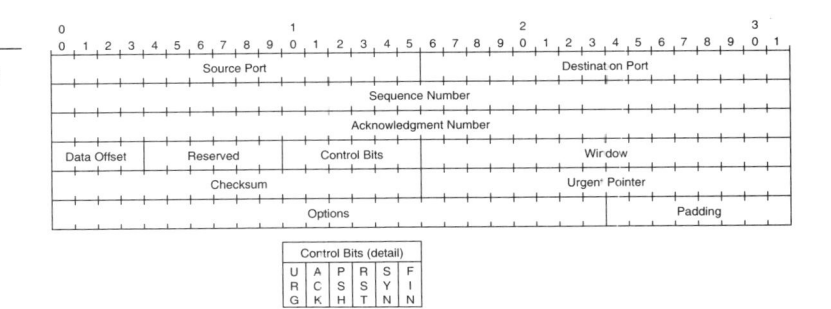

```
 0                   1                   2                   3
 0 1 2 3 4 5 6 7 8 9 0 1 2 3 4 5 6 7 8 9 0 1 2 3 4 5 6 7 8 9 0 1
+-+-+-+-+-+-+-+-+-+-+-+-+-+-+-+-+-+-+-+-+-+-+-+-+-+-+-+-+-+-+-+-+
|          Source Port          |        Destination Port       |
+-+-+-+-+-+-+-+-+-+-+-+-+-+-+-+-+-+-+-+-+-+-+-+-+-+-+-+-+-+-+-+-+
|                        Sequence Number                        |
+-+-+-+-+-+-+-+-+-+-+-+-+-+-+-+-+-+-+-+-+-+-+-+-+-+-+-+-+-+-+-+-+
|                     Acknowledgment Number                     |
+-+-+-+-+-+-+-+-+-+-+-+-+-+-+-+-+-+-+-+-+-+-+-+-+-+-+-+-+-+-+-+-+
| Data Offset|  Reserved  | Control Bits |         Window        |
+-+-+-+-+-+-+-+-+-+-+-+-+-+-+-+-+-+-+-+-+-+-+-+-+-+-+-+-+-+-+-+-+
|           Checksum            |         Urgent Pointer        |
+-+-+-+-+-+-+-+-+-+-+-+-+-+-+-+-+-+-+-+-+-+-+-+-+-+-+-+-+-+-+-+-+
|                    Options                    |    Padding    |
+-+-+-+-+-+-+-+-+-+-+-+-+-+-+-+-+-+-+-+-+-+-+-+-+-+-+-+-+-+-+-+-+

Control Bits (detail)
U A P R S F
R C S S Y I
G K H T N N
```

Die Information im Header ist in Felder zerlegt. Die Felder enthalten Informationen, die benötigt werden, um die Hosts zur Kommunikation zu befähigen. In der Schlüsselinformation sind die Ports enthalten, die jeder Host gebraucht, Sequence- und Acknowledgment-Nummern und die Kontroll-Bits. Die folgende Liste identifiziert den gesamten Inhalt des Headers:

- **Source Port (16 Bits).** Spezifiziert den WinSock-Port, der die Information sendet.

- **Destination Port (16 Bits).** Spezifiziert den WinSock-Port, der auf dem empfangenden Host benutzt werden soll.

- **Sequence Number (32 Bits).** Spezifiziert die Sequenzposition des ersten Daten-Bytes im Segment. Dies befähigt die Hosts, die Zustellung dadurch zu garantieren, daß sie eine einzigartige Nummer für jedes Segment zur Verfügung stellen, das durch diese Nummer bestätigt werden kann.

- **Acknowledgment Number (32 Bits).** Spezifiziert die nächste Folgenummer, die von Sender des Segments erwartet wird. TCP zeigt an, daß dieses Feld aktiv ist, indem es das ACK-Bit setzt, welches immer gesetzt wird, nachdem eine Verbindung eingerichtet ist.

- **Data Offset (4 Bits).** Spezifiziert eine Anzahl von 32-Bit-Worten im TCP-Header. Optionen werden mit 0-Wert-Oktetten ausgefüttert, um ein 32-Bit-Wort, falls nötig, zu vervollständigen. Dies teilt dem System mit, was Header ist und was Daten sind.

- **Reserved (6 Bits).** Muß Null sein. Reserviert für künftigen Gebrauch.

- **Control Bits (6 Bits).** Die sechs Kontroll-Bits sind folgende:

    - URG. Wenn auf (1) gesetzt, ist das Urgent-Pointer-Feld signifikant. Wenn geräumt (0), wird das Feld ignoriert.

    - ACK. Wenn gesetzt, ist das Acknowledgment-Number-Feld signifikant.

    - PSH. Initialisiert eine Push-Funktion.

    - RST. Erzwingt eine Neuerstellung der Verbindung.

    - SYN. Synchronisiert Sequenzzähler für die Verbindung. Dieses Bit wird gesetzt, wenn ein Segment die Öffnung einer Verbindung anfordert.

    - FIN. Keine weiteren Daten. Schließt die Verbindung.

- **Window (16 Bits).** Spezifiziert die Anzahl der Bytes, beginnend mit dem Byte, das im Acknowledgment-Number-Feld spezifiziert wird, welches der Sender des Segments gegenwärtig akzeptieren kann.

- **Checksum (16 Bits).** Eine Fehlerprüfsumme, die die Header- und Datenfelder behandelt. Sie behandelt keine Ausfütterungen, die benötigt werden, damit das Segment aus einer ausgeglichenen Anzahl von Oktetten besteht.

- **Urgent Pointer (16 Bits).** Identifiziert die Folgenummer des Oktetts, das dringenden Daten folgt. Der Urgent Pointer ist ein positiver Offset von der Folgenummer des Segments.

> **Options (variable).** Optionen sind für eine Vielzahl von Funktionen vorhanden, einschließlich end of options list, no-operation, maximum segment size und maximum segment size option data.

> **Padding (variable).** 0-wertige Oktette werden an den Header angehängt, um sicherzustellen, daß der Header an einer 32-Bit-Wortgrenze endet.

4.1.2 UDP-Header

UDP benutzt zur Kommunikation ebenfalls Header. Weil es jedoch verbindungslos ist, ist das Header-Format viel einfacher (siehe Bild 4.2).

Abbildung 4.2

Das Format des UDP-Headers

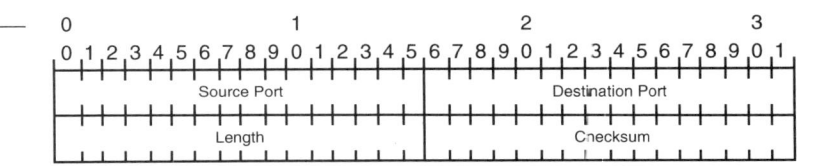

```
 0                   1                   2                   3
 0 1 2 3 4 5 6 7 8 9 0 1 2 3 4 5 6 7 8 9 0 1 2 3 4 5 6 7 8 9 0 1
+-+-+-+-+-+-+-+-+-+-+-+-+-+-+-+-+-+-+-+-+-+-+-+-+-+-+-+-+-+-+-+-+
|           Source Port         |        Destination Port       |
+-+-+-+-+-+-+-+-+-+-+-+-+-+-+-+-+-+-+-+-+-+-+-+-+-+-+-+-+-+-+-+-+
|             Length            |            Checksum           |
+-+-+-+-+-+-+-+-+-+-+-+-+-+-+-+-+-+-+-+-+-+-+-+-+-+-+-+-+-+-+-+-+
```

Verglichen mit dem TCP-Header ist der UDP-Header bemerkenswert einfach, ebenso wie das Protokoll selbst. Es ist nicht notwendig, Extra-Informationen für die Fehlerkorrektur zu haben, weil dieses Protokoll die Zustellung nicht garantiert. Die folgende Liste beschreibt alle erforderlichen Felder:

> **Source Port (16 Bits).** Dieses Feld ist optional und spezifiziert den Quell-WinSock-Port, wenn der Empfänger des Datagramms befähigt wird, falls nötig, eine Antwort zu senden. Ansonsten ist der Source-Port-Wert 0.

> **Destination Port (16 Bits).** Der Ziel-WinSock-Port auf dem Remote-Host.

> **Length (16 Bits).** Die Länge des Datagramms in Bytes, einschließlich Header und Daten. Der für einen Header erlaubte Minimalwert ist 8. Folglich ist ein UDP-Datagramm auf eine Länge von 65.535 Bytes beschränkt, wobei 65.527 Bytes für Daten vorhanden sind.

> **Checksum (16 Bits).** Ein Prüfsummenwert.

Die Header sind mit den Daten gebündelt, um entweder ein TCP-Segment oder einen UDP-Header zu erzeugen. Diese werden der IP-Schicht übergeben. Um zu verhindern, daß die IP-Schicht das Paket öffnen muß, wird ebenfalls ein Pseudo-Header an die IP-Schicht übergeben.

4.2 Pseudo-Header

Zusätzlich zu den eben besprochenen Headern werden Pseudo-Header erzeugt. Ebenso wie der früher diskutierte NCB, werden diese Pseudo-Header benutzt, um den zugrundeliegenden Schichten (IP in diesem Fall) mitzuteilen, was mit dem Paket zu tun ist.

Der Pseudo-Header enthält Quell- und Zieladressen, das Protokoll und die Segmentlänge. Diese Information wird mit den TCP- oder UDP-Segmenten nach IP befördert, um die benötigte Information zur Bewegung der Information im Netzwerk und zum korrekten Protokoll auf dem anderen Host zur Verfügung zu stellen (siehe Bild 4.3).

Abbildung 4.3

Zerlegung des Pseudo-Headers

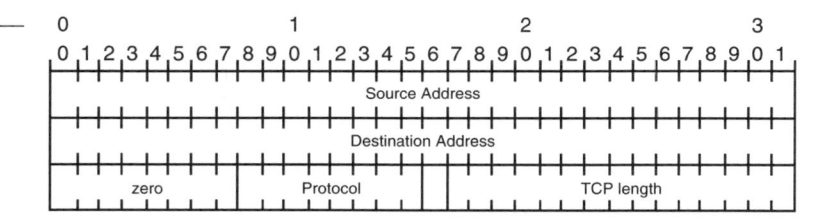

```
 0                   1                   2                   3
 0 1 2 3 4 5 6 7 8 9 0 1 2 3 4 5 6 7 8 9 0 1 2 3 4 5 6 7 8 9 0 1
+-+-+-+-+-+-+-+-+-+-+-+-+-+-+-+-+-+-+-+-+-+-+-+-+-+-+-+-+-+-+-+-+
|                         Source Address                        |
+-+-+-+-+-+-+-+-+-+-+-+-+-+-+-+-+-+-+-+-+-+-+-+-+-+-+-+-+-+-+-+-+
|                      Destination Address                      |
+-+-+-+-+-+-+-+-+-+-+-+-+-+-+-+-+-+-+-+-+-+-+-+-+-+-+-+-+-+-+-+-+
|       zero    |   Protocol    |           TCP length          |
+-+-+-+-+-+-+-+-+-+-+-+-+-+-+-+-+-+-+-+-+-+-+-+-+-+-+-+-+-+-+-+-+
```

4.3 TCP (Transmission Control Protocol)

TCP sorgt für zuverlässige Kommunikation zwischen Prozessen, die auf internetzwerkartig verbundenen Hosts ablaufen. Diese Transportschicht funktioniert unabhängig von der Netzwerkstruktur. TCP ist nicht mit dem Routing der Daten durch das Internetzwerk befaßt; die Netzwerkinfrastruktur liegt in der Verantwortung der IP-Schicht. Wie Sie gesehen haben, kommuniziert TCP auf einem Host direkt mit TCP auf einem anderen Host, ohne Rücksicht darauf, ob die Hosts sich im selben Netzwerk befinden oder remote von einander sind.

Kapitel 4 Die Transportschicht

Tatsächlich bemerkt TCP das Netzwerk nicht. Ein breites Spektrum von Netzwerktechnologien kann angepaßt werden, einschließlich Leistungs- und Paketvermittlung auf lokalen und Wide-Area-Netzwerken. TCP identifiziert Hosts durch den Gebrauch von IP-Adressen und befaßt sich nicht mit physischen Adressen.

Die Hauptfunktionen von TCP werden in den folgenden Abschnitten erörtert, einschließlich:

▶ Sitzungseinrichtung

▶ Byte-Strom-Kommunikationen

▶ Sliding Windows

4.3.1 Sitzungseinrichtung

Anwendungen, die das TCP-Protokoll verwenden, müssen in der Lage sein, Kommunikation zu ermöglichen, Sitzungen zu öffnen, zu schließen und den Status von Sitzungen zu prüfen. Um diese Funktionen durchzuführen, benutzt TCP ein dreifaches Handshake, wie früher schon erörtert (siehe Bild 4.4). Das Handshake ist nicht nur zur Erzeugung der Sitzung wichtig, sondern auch um den Hosts den Austausch von Daten über ihre Fähigkeiten zu gestatten.

Abbildung 4.4

Ein dreifaches TCP-Handshake

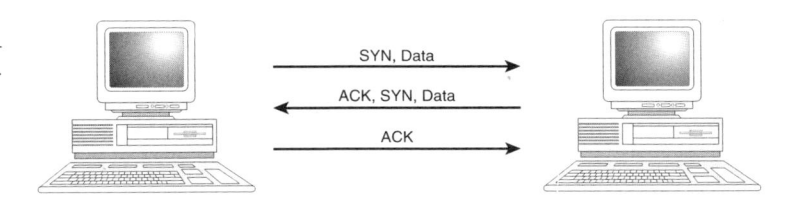

Das Handshake beginnt, wenn ein Host von WinSock aufgefordert wird, eine Verbindung (oder Sitzung) zu öffnen. Ein TCP-Segment wird erzeugt, um die Sitzung zu starten, und das SYN-Kontroll-Bit wird angeschaltet. Dies teilt dem anderen Host mit, daß eine Sitzung angefordert ist. Der Host schließt in den TCP-Header auch die Folgenummer beim Start für diese Verbindung und die gegenwärtige Fenstergröße ein.

Das TCP-Segment wird nun an den anderen Host gesendet, der das Segment bestätigt, einschließlich seiner Fenstergröße. Das Segment, das zur Bestätigung an den ersten Host geschickt wird, enthält ebenfalls ein SYN-Kontroll-Bit. Schließlich endet der Prozeß, wenn der erste Host den Empfang des Segments des anderen bestätigt.

Nachdem die Hosts ihre Kommunikation vollendet haben, wird die Verbindung in ähnlicher Weise geschlossen, wobei der Unterschied ist, daß das FIN-Kontroll-Bit anstelle des SYN-Bits gesetzt wird.

4.3.2 Byte-Strom-Kommunikationen

Wenn eine Verbindung (Sitzung) eingerichtet ist, benutzt das höherschichtige Protokoll diese Verbindung, um Daten an den anderen Host zu senden. Die höherschichtigen Protokolle befassen sich nicht mit der Formatierung von Daten zur Anpassung an die zugrundeliegende Topologie, sondern senden Daten als einen kontinuierlichen Strom.

Dieser Prozeß, *Byte-Strom-Kommunikationen* genannt, bedeutet, daß TCP über eine Methode verfügen muß, um mit einem großen Datenvolumen ohne Grenzen umzugehen. Jedem Byte in einem Strom wird eine Folgenummer zugewiesen, die jedes gesendete Byte befähigt, bestätigt zu werden. Wenn TCP jedes Byte als ein einzelnes Paket sendete, würde dies unhandhabbar. TCP bündelt deshalb den gesendeten Datenstrom in Segmente; ein Segment enthält Teile der Gesamtdatenmenge.

Der TCP-Header spezifiziert die Folgenummer des Segments für das erste Byte im Datenfeld, und jedes Segment schließt auch eine Acknowledgement Number ein. Weil Sie nicht wissen, welches Byte in einem gegebenen Segment das erste sein wird, müssen Sie jedem Byte eine Folgenummer geben. Wenn TCP ein Segment sendet, verwahrt es eine Kopie des Segments in einer Warteschlange (Übertragungsfenster), wo es bleibt, bis eine Bestätigung empfangen wird. Nicht bestätigte Segmente werden erneut übertragen.

Wenn TCP den Empfang eines Segments bestätigt, befreit es das sendende TCP von der Verantwortung für alle Daten in diesem Segment. Das empfangende TCP wird dann für die Auslieferung der Daten im Segment an den geeigneten höherschichtigen Prozeß verantwortlich.

4.3.3 Sliding Windows

Die Segmente, die Sie senden, könnten alle eine unterschiedliche Route nehmen. Dies könnte geschehen, weil Router überbeschäftigt werden oder Verbindungen scheitern können. Daten müssen auf dem sendenden Host zwischengespeichert werden, bis der Remote-Host sie bestätigt hat.

Das Sliding Window ist der Puffer, der Byte-Strom-Kommunikationen ermöglicht, und TCP befähigt, die Zustellung von Datensegmenten zu garantieren. Während der Sitzungseinrichtung tauschen die beiden Hosts die gegenwärtige Größe des Empfangsfensters aus. Diese Information ist auch im TCP-Header jedes einzelnen Datensegments enthalten. Ein kommunizierender Host setzt die Größe seines Sendefensters in Übereinstimmung mit dem Empfangsfenster des anderen Hosts (siehe Bild 4.5).

Abbildung 4.5

Daten in einem Sendefenster

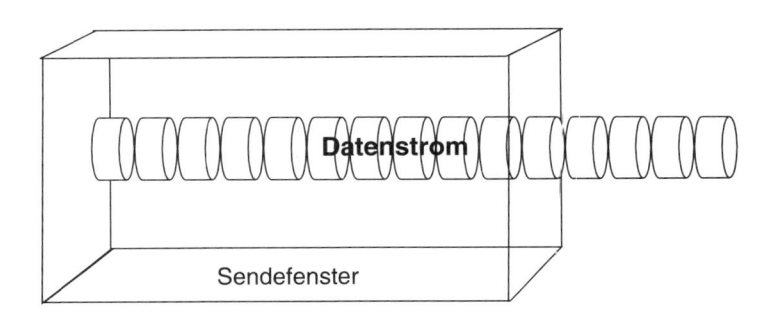

Wenn Sie die übertragenen Daten betrachteten, würden Sie eine Serie von Bytes sehen. Wenn Sie ein Fenster beim Start der Daten überlagern können Sie sehen, daß ein Teil der Daten in das Fenster fällt. Dies sind die einzigen Daten, mit denen die TCP-Schicht arbeiten kann. Das Fenster kann sich nicht aufschieben (bewegen, um mehr Daten aufzunehmen), bevor alle gegenwärtig im Fenster befindlichen Daten gesendet und bestätigt sind.

Sofern die Daten im Fenster an den Remote-Host übertragen sind, wird der Gegenübertragungs-Timer für jedes gesendete Segment gesetzt. Der empfangende Host bestätigt die Segmente, wenn sich sein Empfangsfenster bis zu einer vorher festgelegten Menge gefüllt hat (in NT sind dies zwei aufeinanderfolgende Segmente). Wenn die Bestätigung vom Sender empfangen wurde, schiebt dessen Übertragungsfenster die bestätigten Daten weg, und die nächsten Segmente werden übertragen.

Im Prozeß der Bewegung der Daten von Punkt A nach Punkt B könnte den übertragenen Segmenten manches zustoßen. Sie könnten auf Grund der Überlastung des Routers verlorengehen oder in Unordnung empfangen werden.

Wenn ein Paket verlorengegangen ist, läuft der Gegenübertragungs-Timer aus, das Segment wird erneut übertragen, und der Gegenübertragungs-Timer wird auf das zweifache des ursprünglichen Wertes gesetzt. Dies wird fortgesetzt, bis das Segment bestätigt ist oder die maximale Anzahl von wiederholten Versuchen erreicht wurde (ca. 16 Sekunden). Wenn die Daten nicht übertragen werden können, erstellt TCP einen Lagebericht, und Sie erhalten eine Fehlermeldung.

Im einen Fall, in dem die Segmente in Unordnung empfangen werden, setzt der empfangende Host für das Segment, das er erhielt, den Timer für verzögerte Bestätigung und wartet auf die Ankunft anderer Segmente. Wenn der Timer für verzögerte Bestätigung (hart-codiert auf 200 ms) ausläuft, sendet TCP auf dem empfangenden Host eine Bestätigung für das empfangene Segment.

TCP-Fenstergröße

Sie können die Größe des Sliding Window einstellen. Dies muß jedoch mit Sorgfalt geschehen. Wenn die Fenstergröße zu klein gesetzt ist, können nur wenige Pakete zugleich gesendet werden. Das bedeutet, daß das System die Pakete überträgt und dann auf Bestätigungen warten muß. Wenn die Größe zu groß ist, verzögert Netzwerkverkehr die Übertragung. Sie können die TCP-Fenstergröße unter `HKEY_LOCAL_MACHINE\System\CurrentControlSet\Services\TCPIP\Paramters` einstellen. Die Vorgabe ist 8760, was auf Ethernet ausgelegt ist. Diese Einstellung betrifft nur TCP, weil UDP kein Sliding Window benutzt.

4.4 UDP (User Datagram Protocol)

TCP ist ein verbindungs- oder sitzungsorientiertes Protokoll, das von Hosts verlangt, eine Sitzung einzurichten, die für die Dauer der Übertragung aufrechterhalten wird und wonach die Sitzung geschlossen wird. Der Overhead, der zur Aufrechterhaltung von Verbindungen erfordert wird, ist gerechtfertigt, wenn Zuverlässigkeit benötigt wird, doch erweist er sich häufig als vergeudete Mühe.

Das User Datagram Protocol stellt einen alternativen Transport für Prozesse zur Verfügung, die zuverlässiger Zustellung nicht bedürfen. UDP ist ein Datagrammprotokoll, das Datenzustellung oder doppelte Überwachung nicht garantiert. Als ein Datagrammprotokoll muß sich UDP mit dem Empfang von Datenströmen und der Entwicklung von IP-tauglichen Segmenten nicht befassen. Folglich ist UDP ein unkompliziertes Protokoll mit sehr viel weniger Overhead als TCP.

Bei den folgenden Gelegenheiten mag UDP gegenüber TCP als Host-zu-Host-Protokoll vorgezogen werden:

▶ **Nachrichten, die nicht bestätigt werden müssen.** Netzwerk-Overhead kann durch Gebrauch von UDP reduziert werden. SNMP-Alerts (SNMP = Simple Network Management Protocol) fallen in diese Kategorie. In einem großen Netzwerk wird eine nennenswerte Anzahl von SNMP-Alerts erzeugt, weil jedes SNMP-Gerät Status-Updates überträgt. Selten jedoch ist der Verlust einer SNMP-Nachricht kritisch. SNMP über UDP laufen zu lassen, reduziert deshalb den Netzwerk-Overhead.

▶ **Nachrichten zwischen Hosts Werden sporadisch Übertragen.** SNMP dient nochmals als gutes Beispiel. SNMP-Nachrichten werden unregelmäßig versandt. Der zum Öffnen und Schließen einer TCP-Verbindung für jede Nachricht erforderliche Overhead würde die Nachrichten verzögern und die Performance zum Stocken bringen.

▶ **Zuverlässigkeit ist auf der Prozessebene implementiert.** Das Network File System (NFS) ist ein Beispiel eines Prozesses, der seine eigene Zuverlässigkeitsprüfung durchführt und über UDP läuft, um die Netzwerk-Performance zu steigern.

Zusammenfassung

In diesem Kapitel haben Sie einen Blick auf die Transportschicht geworfen. Diese Schicht handhabt TCP-Sitzungen sowie gleichermaßen verbindungsorientierte (oder sitzungsorientierte) und verbindungslose Übertragungen (ohne Sitzung). Sie haben gesehen, daß alle Arbeit auf dieser Schicht entweder von TCP oder UDP geleistet wird. Das nächste Kapitel untersucht die Internet-Schicht, die diese beiden Protokolle bedient.

Wiederholungsfragen

1. Was ist der Zweck der Transportschicht?
2. Welche beiden Bestandteile werden den Daten auf der Transportschicht hinzugefügt?
3. Was ist der Zweck des TCP-Headers?
4. Was ist der Zweck des Pseudo-Headers?
5. Welches sind die drei Hauptfunktionen von TCP?
6. Wie wird eine TCP-Sitzung eingerichtet? Welches Kontroll-Bit ist involviert?
7. Welches Kontroll-Bit wird zur Beendigung einer TCP-Sitzung verwendet?
8. Was wird durch Byte-Strom-Kommunikationen geleistet?
9. Was wird verwendet, um sicherzustellen, daß die gesendeten Daten empfangen wurden?
10. Was ist ein TCP-Sliding-Window? Wann wird die Größe des Fensters gesetzt?
11. Wo würde UDP benutzt werden?

Lösungen

1. Die Anwendungsschicht wird zur Kommunikation mit der Transportschicht auf dem Remote-Host benutzt. Sie empfängt Instruktionen von der Anwendungsschicht, welche sie mit Instruktionen für die Transportschicht des Remote-Systems verpackt. Die auf dieser Schicht erzeugten Pakete werden als Daten an die IP-Schicht übergeben.
2. Die Transportschicht fügt einen Header und einen Pseudo-Header hinzu.
3. Der Header fügt Kontroll- und Fehlerprüfinformationen zur gesendeten Information hinzu.
4. Der Pseudo-Header ist dem NCB auf der TDI-Schicht sehr ähnlich. Er teilt dem zugrundeliegenden Protokoll mit, was mit der übergebenen Information zu tun ist.

5. Die drei Hauptfunktionen von TCP sind Sitzungseinrichtung und -beendigung, Byte-Strom-Kommunikationen und Sliding Windows.

6. TCP erzeugt eine Sitzung mit dem Remote-Host durch dreifachen Handschlag. Der Host, der die Kommunikationen initiiert, beginnt durch die Übersendung eines Pakets, das Informationen über ihn selbst enthält und in dem das SYN-Flag eingeschaltet ist. Der andere Host empfängt das Paket und bestätigt es. In der Bestätigung sind das SYN-Flag (Kontroll-Bit) eingeschaltet und Daten über diesen Host einbegriffen. Schließlich sendet der initialisierende Host eine Bestätigung an den Ziel-Host zurück, und es existiert nun eine Sitzung zwischen den beiden Hosts.

7. Die Beendigung einer TCP-Sitzung ist identisch mit ihrer Erzeugung mit einem wichtigen Unterschied: das FIN-Kontroll-Bit ist anstelle des SYN-Kontroll-Bits eingeschaltet.

8. Byte-Strom-Kommunikationen stellen einen nahtlosen Übertragungsmechanismus zur Verfügung, der alle Daten von den oberen Ebenen als einen langen Strom von Informationen behandelt. Das bedeutet, daß es Meldungsgrenzen oder Protokolle gibt, welche die höherschichtigen Anwendungen verstehen müssen. Das bedeutet, daß der Datentransfer durch das Netzwerk für die Anwendung derselbe ist wie die Sendung von Daten an die lokale Festplatte.

9. TCP sendet eine Folgenummer mit jedem Informationspaket, das es erstellt. Diese Nummer repräsentiert die Position des ersten Daten-Bytes im Paket innerhalb des gesendeten Gesamtstromes. Jedes der gesendeten Pakete benötigt eine Bestätigung dieser Nummer. Ebenso enthält jedes Paket einen Prüfsummenwert, der sicherstellt, daß die gesendeten Daten dieselben sind, wie die empfangenen.

10. Auf jedem System, das TCP verwendet, gibt es ein Empfangs- und ein Übertragungsfenster. Das Übertragungsfenster wird während des TCP-Dreifach-Handschlags auf die Größe des Empfangsfensters des anderen Hosts gesetzt. Das Übertragungsfenster wird nun auf den zu sendenden Datenstrom plaziert, und die Information im Fenster wird

gesendet. Das Fenster bleibt auf der Information, bis der Empfänger den Empfang der Information bestätigt, zu welcher Zeit das Fenster diese Information wegschiebt und die nächste sendet.

11. Typischerweise wird UDP in Fällen gebraucht, in denen der Sender keiner Bestätigung der Übertragung bedarf. Dies könnte Fälle von Server-Ankündigungen, SNMP-Paketen und Rundsprüchen zur Namensanfrage betreffen. UDP kann ebenfalls gebraucht werden, wenn höhere Schichten die Zustellung sicherstellen, wie es NFS tut.

Kapitel 5
Die Internet-Schicht

TCP und UDP übergeben gleichermaßen Informationen an die IP-Schicht. Diese Schicht ist für die tatsächliche Bewegung der Daten von einer Maschine im Netzwerk (oder Internetzwerk) zur anderen verantwortlich. Die IP-Schicht handhabt eine Anzahl verschiedener Aufgaben, die für die Existenz von Kommunikationen erfordert sind. Die IP-Schicht garantiert die Zustellung jedoch nicht – wie Sie gesehen haben, wird dies von TCP getan.

Einige der Funktionen, die diese Ebene enthält, sind folgende:

- Routing von Datagrammen
- Auflösung von IP-Adressen in MAC-Adressen
- Fragmentierung und Wiederzusammensetzung von Datagrammen
- Fehlersuche und Fehlerbericht

Dieses Kapitel erörtert jedes dieser Themen. Dies ist der wichtige Teil des TCP/IP-Stapels. Weil hier das Routing stattfindet, behandelt dieses Kapitel zuerst die Grundlagen des Routing. Sodann untersucht es die Auflösung von Adressen. Sie werden erfahren, daß Sie niemals Informationen an eine IP-Adresse, sondern immer an eine MAC-Adresse schicken.

5.1 Was ist eine Subnet Mask?

Sie erfuhren in Kapitel 2 »Einführung in das Microsoft-Netzwerkkonzept«, wie die Subnet Mask benutzt werden kann, um festzustellen, ob ein Host ein lokaler oder ein Remote-Host ist. Rückblickend gesagt, wird mit der Subnet Mask der AND-Prozeß auf eine IP-Adresse angewendet, um die Netzwerk-ID für das lokale Netzwerk, in welchem der Host residiert, herauszuziehen. Auf die IP-Adresse, die IP im Pseudo-Header empfängt, wird nun der AND-Prozeß mit der Subnet Mask angewendet, um die Netzwerk-ID zu festzustellen.

Es ist wichtig zu beachten, daß die erzeugte Netzwerk-ID inkorrekt sein könnte. Wenn der Host, der zu senden versucht, ein Klasse-C-Host ist, der 255.255.255.0 als Subnet Mask gebraucht, erzeugt die Anwendung des AND-Prozesses eine inkorrekte Adresse, wenn der Remote-Host tatsächlich zur Klasse B gehört. Dies spielt jedoch keine Rolle, weil die Netzwerk-IDs nicht übereinstimmen werden (erinnern Sie sich, daß sich das erste Oktett abhängig von der Netzwerkklasse unterscheidet).

Wie Sie sehen können, versetzt Sie die Subnet Mask deshalb in die Lage, die Netzwerk-ID herauszuziehen. Diese Information wird verwendet, um zu sehen, ob das Datagramm für das lokale Netzwerk bestimmt ist. Wenn dies nicht der Fall ist, muß das System die Remote-IP-Adresse betrachten und die Routing-Tabelle verwenden, um herauszufinden, wohin gesendet werden soll.

5.2 Einführung in das Routing

Nachdem die Netzwerk-IDs bekannt sind, können sie verglichen werden. Der einzige Fall, in dem sie übereinstimmen sollten, ist der, wenn die beiden Hosts sich im selben Netzwerk befinden. Wenn der Host, den Sie zu erreichen versuchen, im selben Netzwerk ist, findet die IP-Schicht diesen Host und überträgt ihm die Daten. Wenn nicht, müssen Sie nach einer Route zum Host suchen. Dies wird in der Routing-Tabelle getan. Alle Geräte, die über IP verfügen, haben eine Routing-Tabelle. Das Folgende ist ein Beispiel für eine Routing-Tabelle eines NT-Systems, die mit dem Befehl `route print` angezeigt wird:

```
Aktive Routen:
Netzwerkadresse    Subnet Mast  Gateway-Adresse  Schnittstelle  Anzahl
      0.0.0.0         0.0.0.0   206.51.250.69   206.51.250.69       1
    127.0.0.0       255.0.0.0       127.0.0.1       127.0.0.1       1
  206.51.250.0   255.255.255.0  206.51.250.69   206.51.250.69       1
 206.51.250.69 255.255.255.255      127.0.0.1       127.0.0.1       1
206.51.250.255 255.255.255.255  206.51.250.69   206.51.250.69       1
      224.0.0.0       224.0.0.0  206.51.250.69   206.51.250.69       1
255.255.255.255 255.255.255.255  206.51.250.69   206.51.250.69       1
```

Wenn Sie Ihre Routing-Tabelle betrachten wollen, können Sie den route-Befehl verwenden. Die Syntax für den route-Befehl ist folgende:

```
Manipuliert Netzwerk-Routing-Tabellen.
ROUTE [-f] [Befehl] [Ziel] [MASK Subnet Mask] [Gateway] [METRIC
Kostenanzahl]]
  -f    Löscht alle Gateway-Einträge in den Routing-Tabellen.
        Wird dieser Parameter mit einem Befehl verwendet, werden
        die Tabellen vor der Befehlsausführung gelöscht.
  -p    Wird dieser Parameter mit dem ADD-Befehl verwendet,
        bleibt die Route nach dem Neustart des Systems erhalten.
        Standardmäßig werden zuvor existierende Routen beim
        Neustart des Systems entfernt. Wird dieser Parameter mit
        dem PRINT-Befehl verwendet, wird eine Liste aller
        registrierten gespeicherten Routen eingeblendet. Dieser
        Parameter wird ignoriert, wenn er mit anderen Befehlen
        verwendet wird, die sich immer auf die entsprechenden
        beständigen Routen auswirken.
          Gibt einen von vier Befehlen an:

        Befehl     Bedeutung
        print      Druckt eine Route aus.
        add        Fügt eine Route hinzu.
        delete     Löscht eine Route.
        change     Ändert eine bestehende Route.

  Ziel        Gibt den Host an.
  MASK        Schlüsselwort zur Angabe einer Subnet Mask. Der
              folgende Wert wird als Netzmaskenparameter
              interpretiert.
  SubnetMask  Gibt einen Wert für eine Subnet Mask an, die diesem
              Route-Eintrag zugeordnet werden soll. Ohne Angabe
              wird die Standardeinstellung 255.255.255.255
              verwendet.

  Gateway     Gibt ein Gateway an.
  METRIC      Gibt den Anzahl/Kosten-Wert für das Ziel an.
```

Alle symbolischen Namen, die für das Ziel verwendet werden, werden in der Datei der Netzwerkdatenbank NETWORKS angezeigt. Symbolische Namen für Gateway finden Sie in der Datei der Hostnamendatenbank HOSTS.

Bei den Befehlen PRINT und DELETE können Platzhalter für Ziel und Gateway verwendet werden, oder Sie können auf die Angabe des Gateway-Parameters verzichten.

Im Falle eines Hosts enthält die Routing-Tabelle im allgemeinen keine tatsächliche Routing-Information, außer für die Vorgabe-Gateway(Router)-Adresse. Jedes nicht für das lokale Netzwerk bestimmte Paket wird normalerweise an das Vorgabe-Gateway geschickt. IP sucht dann am Gateway in dessen Routing-Tabelle nach einer Route zum Remote-Netzwerk. Es werden einige Gelegenheiten auftreten, bei denen Sie auf Einträge in der Routing-Tabelle des lokalen Hosts stoßen. In solchen Fällen wird diese Tabelle konsultiert, um den ersten Sprung auf der Route zu finden.

Eine Routing-Tabelle enthält die folgenden fünf Informationsbestandteile:

- **Netzwerkadresse.** Die tatsächliche Netzwerk-ID, zu der der Eintrag die Route beschreibt. Dies ist die wirkliche Netzwerk-ID, nicht die früher bei der Prüfung, ober der Host lokal oder remote ist, erzeugte.

- **Subnet Mask.** Die Subnet Mask, die zur Erzeugung der Netzwerk-ID verwendet werden kann. Das System durchläuft die Tabelle und wendet den AND-Prozeß auf die IP-Adressen an, die Sie mit jeder der Netmasks zu erreichen versuchen. Dann kann es das Ergebnis mit der Netzwerkadresse vergleichen, um festzustellen, ob sie übereinstimmen. Wenn sie übereinstimmen, ist eine Route gefunden.

- **Gateway-Adresse.** Wohin das Paket gesendet werden soll, wenn es sich um eine Remote-Netzwerk-ID handelt, an die der Computer sendet.

- **Schnittstelle.** Netzwerkschnittstelle, von der das Paket gesendet werden soll. Normalerweise haben Sie nur eine Netzwerkkarte, und diese ist für alle Einträge dieselbe. (Die Ausnahme hiervor sind Loopback- und Multicasting-Adressen.)

- **Anzahl.** Wie weit dieses Netzwerk entfernt ist. Dies ist die Anzahl der Router (Gateways), die das Paket durchreisen muß, um zum Remote zu gelangen.

Häufig wird sich ein Eintrag für Netzwerk 0.0.0.0 mit einer Netmask 0.0.0.0 finden. Dies ist der Eintrag für das Vorgabe-Gateway und wird als letztes geprüft. Wenn Sie dies in Binärcode übersetzen, werden Sie sehen, daß alle Adressen mit dieser übereinstimmen.

Bild 5.1 faßt den Prozeß zusammen, den IP benutzt, um festzustellen, wohin Pakete gesendet werden sollen.

Abbildung 5.1

Wie IP eine Route wählt

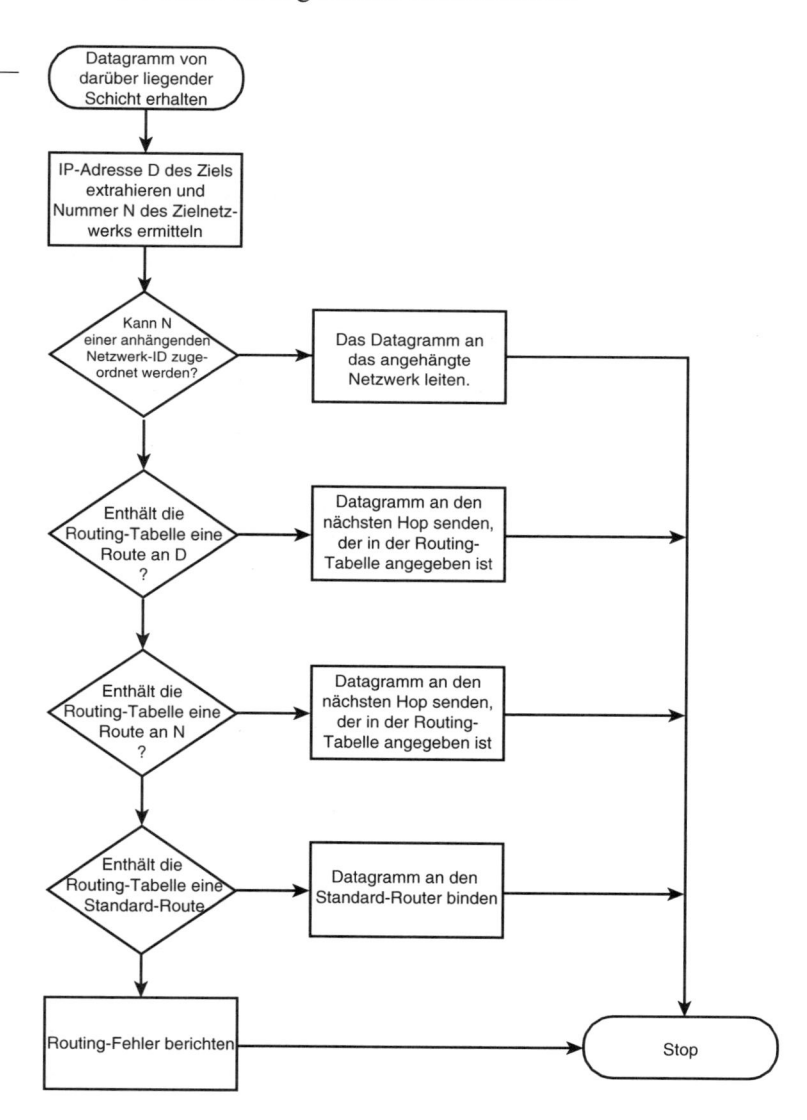

```
                    ┌──────────────────────┐
                    │   Datagramm von      │
                    │ darüber liegender    │
                    │  Schicht erhalten    │
                    └──────────┬───────────┘
                               │
                    ┌──────────▼───────────┐
                    │ IP-Adresse D des Ziels│
                    │  extrahieren und     │
                    │ Nummer N des Zielnetz-│
                    │   werks ermitteln    │
                    └──────────┬───────────┘
                               │
                         ◇─────┴─────◇           ┌──────────────────┐
                    Kann N einer                 │ Das Datagramm an │
                    anhängenden      ─── Ja ──▶ │ das angehängte    │──┐
                    Netzwerk-ID zuge-            │ Netzwerk leiten.  │  │
                    ordnet werden?               └──────────────────┘  │
                         ◇─────┬─────◇                                  │
                               │ Nein                                   │
                         ◇─────▼─────◇           ┌──────────────────┐  │
                    Enthält die                  │ Datagramm an den │  │
                    Routing-Tabelle  ─── Ja ──▶ │ nächsten Hop sen- │──┤
                    eine Route an D?             │ den, der in der   │  │
                         ◇─────┬─────◇           │ Routing-Tabelle   │  │
                               │ Nein            │ angegeben ist    │  │
                         ◇─────▼─────◇           └──────────────────┘  │
                    Enthält die                  ┌──────────────────┐  │
                    Routing-Tabelle  ─── Ja ──▶ │ Datagramm an den │──┤
                    eine Route an N?             │ nächsten Hop ... │  │
                         ◇─────┬─────◇           └──────────────────┘  │
                               │ Nein                                   │
                         ◇─────▼─────◇           ┌──────────────────┐  │
                    Enthält die                  │ Datagramm an den │  │
                    Routing-Tabelle  ─── Ja ──▶ │ Standard-Router  │──┤
                    eine Standard-Route?         │     binden       │  │
                         ◇─────┬─────◇           └──────────────────┘  │
                               │ Nein                                   │
                    ┌──────────▼───────────┐                            │
                    │ Routing-Fehler       │────────────────────┐      │
                    │ berichten            │                    │      │
                    └──────────────────────┘                    ▼      ▼
                                                              ╭─────────╮
                                                              │  Stop   │
                                                              ╰─────────╯
```

5.3 Die Adresse eines anderen Rechners finden

Ob das Paket, das Sie senden, an einen Host in Ihrem Netzwerk oder an einen Host in einem Remote-Netzwerk geht, das Paket wird immer an eine MAC-Adresse geschickt (Die Hardware-Adresse der Netzwerkkarte). Der einzige Unterschied beim Senden an das lokale oder entfernte Netzwerk ist der, daß die Adresse, an die Sie im Falle eines Remote-Netzwerks senden, ein Router ist. Erinnern Sie sich, daß ein Router ein einfaches Gerät ist, welches zwei (oder mehr) Netzwerke verbindet; es hat eine Netzwerkschnittstelle zu jedem Netzwerk (mit einer IP-Adresse in jedem Teilnetz) und die IP-Schicht, um es zu befähigen, auf der Grundlage der Routing-Tabelle Pakete zwischen verschiedenen Netzwerken zu dirigieren. In dem Fall, daß ein Paket an ein Remote-System geht, findet das System die MAC-Adresse der IP-Adresse des Vorgabe-Gateways im lokalen Teilnetz (siehe Bild 5.1).

Das Protokoll, das die Auflösung der Hardware-Adressen handhabt, ist – wie früher erwähnt – ARP (Address Resolution Protocol). ARP prüft zuerst den ARP-Zwischenspeicher, um festzustellen, ob es die Adresse kürzlich ausgewertet hat. Wenn es dies getan hat, kann es diese an IP übergeben, so daß das Paket verschickt werden kann. Ansonsten erzeugt ARP ein Rundsendungspaket, das ins Netzwerk geschickt wird (siehe Bild 5.2). Das Paket enthält die IP-Adresse, die Ihr System auswerten will. Es enthält zudem die IP- und MAC-Adresse Ihrer Maschine.

Die Teile des ARP-Pakets sind:

- **Hardware-Typ.** Referenziert, welcher Hardware-Typ zum Zugriff auf das Netzwerk benutzt wird (z.B. Token Ring).

- **Protokolltyp.** Das zur Durchführung der Adreßauflösung verwendete Protokoll. Normalerweise auf 0800 (hex) gesetzt, was IP entspricht.

- **Hardware-Adresslänge.** Größe der Hardware-Adresse in Bytes. Für Token Ring und Ethernet ist dies 06 (hex).

- **Protokolladresslänge.** Größe der gesuchten Adresse in Byte. Dies ist 04 (hex) für IP.

- **Operationscode.** Legt fest, was dieses Paket ist. Enthaltene Operationen sind Anfrage und Antwort.

- **Senderadressen.** Die MAC- und die IP-Adressen. Dies wird zum ARP-Zwischenspeicher der Zielmaschine hinzugefügt und für die Antwort verwendet.

- **Zieladressen.** Die Information, die gesucht wurde. Die IP-Adresse ist bekannt, und die MAC-Adresse wird zurückgeliefert.

Abbildung 5.2

Zerlegung des ARP-Pakets

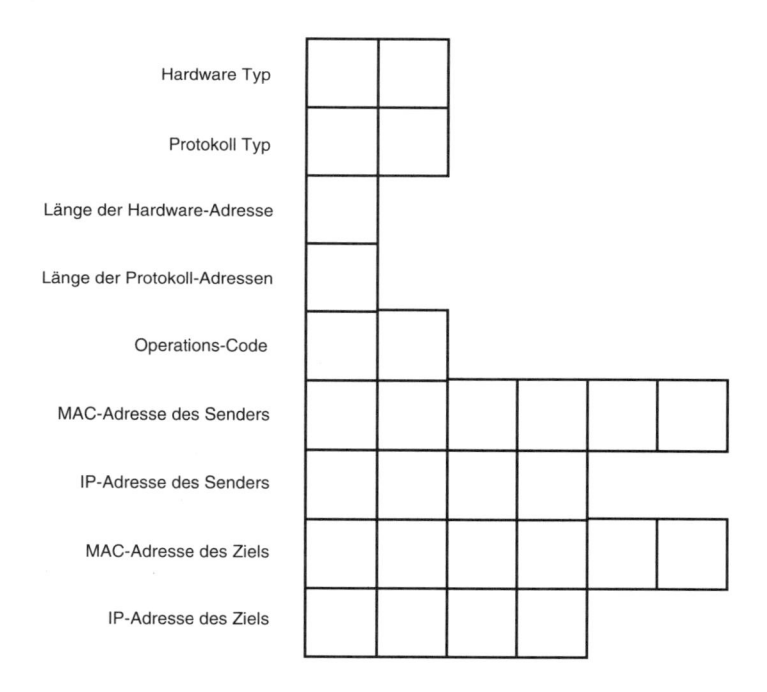

Feld					
Hardware Typ					
Protokoll Typ					
Länge der Hardware-Adresse					
Länge der Protokoll-Adressen					
Operations-Code					
MAC-Adresse des Senders					
IP-Adresse des Senders					
MAC-Adresse des Ziels					
IP-Adresse des Ziels					

Wenn das ARP-Paket als Rundsendung ins Netzwerk geschickt wird, erhalten alle Systeme das Paket und übergeben es an ihre eigene IP-Schicht. ARP bemerkt, ob die IP-Adresse, die gesucht wurde, seine eigene IP-Adresse ist. Wenn sie dies ist, nimmt es die IP- und MAC-Adresse des anderen Hosts und fügt sie seiner eigenen Tabelle hinzu. Dann erzeugt es eine ARP-Antwort, um den anderen Systemen seine MAC-Adresse mitzuteilen. Beide Systeme kennen nun gegenseitig ihre IP- und MAC-Adressen.

Sie sollten sich jedoch einige Dinge über den ARP-Zwischenspeicher ins Gedächtnis rufen: Einträge in den ARP-Zwischenspeicher erlöschen nach kurzer Zeit; wenn die Adresse nicht nochmals gebraucht wird, bleibt der Eintrag für zwei Minuten bestehen; wenn er gebraucht wird, wird er zehn Minuten bewahrt. Ein Eintrag könnte auch entfernt werden, wenn der Zwischenspeicher voll wird – in diesem Fall entfernt ARP den ältesten Eintrag zuerst. Sie können dem ARP-Zwischenspeicher auch einen statischen Eintrag hinzufügen. Er bleibt jedoch nur bis zum Neustart des Systems erhalten.

Das wirkt im ersten Moment ein wenig streng. Einträge im ARP-Zwischenspeicher sind jedoch die Hardware-Adressen von Netzwerkkarten in anderen Hosts. Diese können sich für einen gegebenen Host sehr wahrscheinlich ändern und würden (wenn Ihre Einträge permanent wären) ein Update für alle Hosts erfordern. Um mit Ihrem ARP-Zwischenspeicher zu arbeiten, können Sie den arp-Befehl verwenden. Es folgt der Hilfetext für den arp-Befehl:

```
C:\users\default>arp /?

Zeigt die Übersetzungstabellen an oder verändert diese, die von
ARP (Address Resolution Protocol)für die Umsetzung von IP-
Adressen in physische Adressen verwendet werden.

ARP -s IP_Adr Eth_Adr [Schnittst]
ARP -d IP_Adr [Schnittst]
ARP -a [IP_Adr] [-N Schnittst]
    -a      Zeigt aktuelle ARP-Einträge durch Abfrage der
            Protokolldaten an. Falls IP_Adr angegeben wurde, werden
            die IP- und physische Adresse für den angegebenen
            Computer angezeigt. Wenn mehr als eine
            Netzwerkschnittstelle ARP verwendet, werden die Einträge
            für jede ARP-Tabelle angezeigt.
    -g      Gleiche Funktion wie -a.
    IP_Adr        Gibt eine Internet-Adresse an.
    -N Schnittst   Zeigt die ARP-Einträge für die angegebene
                  Netzwerkschnittstelle an.
    -d      Löscht den durch IP_Adr angegebenen Host-Eintrag.
    -s      Fügt einen Host-Eintrag hinzu und ordnet die Internet-
            Adresse der physischen Adresse zu. Die physische Adresse
            wird durch 6 hexadezimale, durch Bindestrich getrennte
            Bytes angegeben.
```

Der Eintrag ist permanent.
Eth_Adr   Gibt eine physische Adresse (Ethernet-Adresse) an.
Schnittst Gibt, falls vorhanden, die Internet-Adresse der
           Schnittstelle an, deren Übersetzungstabelle
           geändert werden soll. Sonst wird die erste
           geeignete Schnittstelle verwendet.

5.4 Ein IP-Datagramm erzeugen

Die Daten, die von TCP oder UDP heruntergeschickt wurden, sind nun fertig zum Versand an die Zieladresse (MAC). IP erzeugt nun das IP-Datagramm. Ebenso wie es TCP und UDP taten, fügt die IP-Schicht einen Header zu den Daten hinzu, die vom höherschichtigen Protokoll kamen (siehe Bild 5.3). Der Header enthält alle für die Auslieferung der Pakete an den Ziel-Host erforderlichen Informationen.

Abbildung 5.3

Bestandteile des IP-Headers

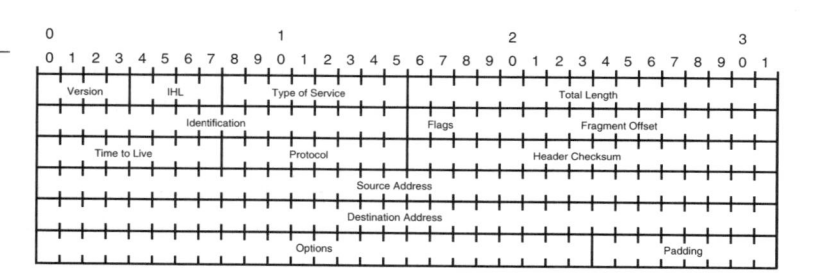

```
 0                   1                   2                   3
 0 1 2 3 4 5 6 7 8 9 0 1 2 3 4 5 6 7 8 9 0 1 2 3 4 5 6 7 8 9 0 1
+-+-+-+-+-+-+-+-+-+-+-+-+-+-+-+-+-+-+-+-+-+-+-+-+-+-+-+-+-+-+-+-+
|Version|  IHL  |Type of Service|          Total Length         |
+-+-+-+-+-+-+-+-+-+-+-+-+-+-+-+-+-+-+-+-+-+-+-+-+-+-+-+-+-+-+-+-+
|         Identification        |Flags|     Fragment Offset     |
+-+-+-+-+-+-+-+-+-+-+-+-+-+-+-+-+-+-+-+-+-+-+-+-+-+-+-+-+-+-+-+-+
|  Time to Live |    Protocol   |        Header Checksum        |
+-+-+-+-+-+-+-+-+-+-+-+-+-+-+-+-+-+-+-+-+-+-+-+-+-+-+-+-+-+-+-+-+
|                        Source Address                         |
+-+-+-+-+-+-+-+-+-+-+-+-+-+-+-+-+-+-+-+-+-+-+-+-+-+-+-+-+-+-+-+-+
|                      Destination Address                      |
+-+-+-+-+-+-+-+-+-+-+-+-+-+-+-+-+-+-+-+-+-+-+-+-+-+-+-+-+-+-+-+-+
|                    Options                    |    Padding    |
+-+-+-+-+-+-+-+-+-+-+-+-+-+-+-+-+-+-+-+-+-+-+-+-+-+-+-+-+-+-+-+-+
```

Die Bestandteile des IP-Headers sind folgende:

- ▶ **Version (4 Bits).** Zeigt das Format des Internet-Headers an. Die gegenwärtige Version ist – wie in RFC 791 beschrieben – Version 4.

- ▶ **Internet Header Length (IHL; 4 Bits).** Informiert das andere System über die Anzahl der 32-Bit-Wörter im Header. Die minimale Größe in einem korrekten Header ist fünf Wörter.

- ▶ **Type of Service (8 Bits).** Daten in diesem Feld zeigen die Beschaffenheit des gewünschten Dienstes an.

- **Bits 0, 1 und 2 Priorität.** Befaßt sich mit dem Verkehrstyp, dem das Paket zugehört. Die gültigen Werte sind die folgenden:

- 111-Network Control

- 110-Internetwork Control

- 101-CRITIC/ECP

- 100-Flash Override

- 011-Flash

- 010-Immediate

- 001-Priority

- 000-Routine

- Die Wirkungen der Werte in den Prioritätsfeldern hängen von der eingesetzten Netzwerktechnologie ab, und die Werte müssen entsprechend konfiguriert werden.

- **Bit 3 – Verzögerung.** Zeigt an, ob das Paket normal (0 – Normalvorgabe) oder dringlich (1 – Geringe Verzögerung) ist.

- **Bit 4 – Durchsatz.** Fordert den Durchsatz für das Paket als normal (0) oder hoch (1) an.

- **Bit 5 – Zuverlässigkeit.** Auf normal (0) oder hoch (1) gesetzt.

- **Bits 6 und 7 Reserviert.**

- Nicht alle Optionen in diesem Feld sind kompatibel. Wenn ein besonderer Dienst gewünscht ist, muß eine Wahl zwischen Optionen mit geringer Verzögerung, hoher Zuverlässigkeit und hohem Durchsatz getroffen werden. Bessere Performance auf einem Gebiet senkt häufig die Performance auf einem anderen. Einige Fälle erfordern die Einstellung aller drei Flags.

- **Total length (16 Bits).** Die Länge des Datagramms in Bytes, einschließlich IP-Header und Daten. Dieses Feld ermöglicht eine Zusammensetzung von Datagrammen von bis 65.535 Bytes. Der Standard empfiehlt, daß alle Hosts für den Empfang von Datagrammen von einer Länge von wenigstens 576 Bytes vorbereitet sind.

- **Identification (16 Bits).** Ein Identifikationsfeld, das zur Unterstützung der Wiederzusammensetzung der Fragmente eines Datagramms verwendet wird.

- **Flags (3 Bits).** Dies Feld enthält die folgenden drei Kontroll-Flags:

    - **Bit 0 Reserviert.** Muß 0 sein.

    - **Bit 1 (DF – Nicht fragmentieren).** 0=Darf fragmentiert werden; 1=Nicht fragmentieren.

    - **Bit 2 (MF – Mehr Fragmente).** 0=Letztes Fragment; 1=Mehr Fragmente. (Wenn ein Datagramm fragmentiert ist, ist das MF-Bit in allen Fragmenten 1 außer im letzten.)

- **Fragment Offset (13 Bits).** Für fragmentierte Datagramme zeigt dies die Position dieses Fragments im Datagramm an.

- **Time to Live (8 Bits).** Zeigt die maximale Zeit an, die das Datagramm im Netzwerk bleiben kann. Wenn dieses Feld einen Wert von 0 hat, ist das Datagramm abgelegt. Das Feld wird während der Verarbeitung des IP-Headers modifiziert und im allgemeinen in Sekunden gemessen. Jedes IP-Modul, welches das Datagramm handhabt, muß die TTL jedoch wenigstens um 1 dekrementieren. Dieser Mechanismus stellt sicher, daß unzustellbare Datagramme gegebenenfalls entfernt werden.

- **Protocol (8 Bits).** Das höherschichtige Protokoll verknüpft mit dem Datenteil des Datagramms.

- **Header Checksum (16 Bits).** Eine Prüfsumme nur für den Header. Dieser Wert muß jedesmal neu berechnet werden, wenn der Header modifiziert wird.

- **Source Address (32 Bits).** Die IP-Adresse des Hosts, von dem das Datagramm ausging.

- **Destination Address (32 Bits).** Die IP-Adresse des Hosts, der das Endziel des Datagramms ist.

- **Options (0 bis 11 32-Bit-Wörter).** Darf 0 oder mehr Optionen enthalten.

5.5 Datagramme zerlegen und wieder zusammensetzen

IP ist für die Zustellung von Datagrammen durch das Internetzwerk verantwortlich. Ein IP-Datagramm kann bis 64 Kbyte groß sein. Viele Netzwerke können Dateneinheiten dieser Größe jedoch nicht unterstützen. Ein Ethernet-Rahmen z.B. kann nur 1500 Byte höherschichtiger Daten unterstützen. Andere Netzwerktypen sind in der Nachrichtengröße, die sie aufnehmen können, noch beschränkter. Die MTU (*Maximum Transfer Unit*) beschreibt die Anzahl der Bytes in der maximalen Rahmengröße, die ein Netzwerk ohne Fragmentierung zustellen kann.

In einem Internetzwerk können unterschiedliche Netzwerksegmente unterschiedliche MTU-Spezifikationen haben. Bedenken Sie das Internetzwerk in Bild 5.4. Das Token-Ring-Netzwerk hat eine MTU 3000; das Ethernet-Netzwerk eine MTU von 1500 und das dazwischenliegende WAN eine von 520 (was einen 20-Byte-IP-Header und 500 Byte Daten erlaubt). Wenn Host 1 ein 3000-Byte-Datagramm an Host 2 schickt, muß Router A das Original-Datagramm für den Transport durch das WAN fragmentieren. Router B muß die Fragmente wieder zusammensetzen, um das Original-Datagramm wiederherzustellen und es dann für die Zustellung an Host 2 erneut fragmentieren.

Die IP-Protokollspezifikation besagt, daß alle Hosts dafür ausgelegt sein müssen, Datagramme von wenigstens 576 Byte zu akzeptieren und wieder zusammenzusetzen. Alle Router müssen in der Lage sein, Datagramme bis zur maximalen Nachrichtengröße des Netzwerkes, in das sie eingebunden sind, zu verwalten, und immer fähig, Datagramme bis zu 576 Byte zu handhaben.

Abbildung 5.4

Muster-Internetzwerk mit verschiedenen maximalen Übertragungseinheiten.

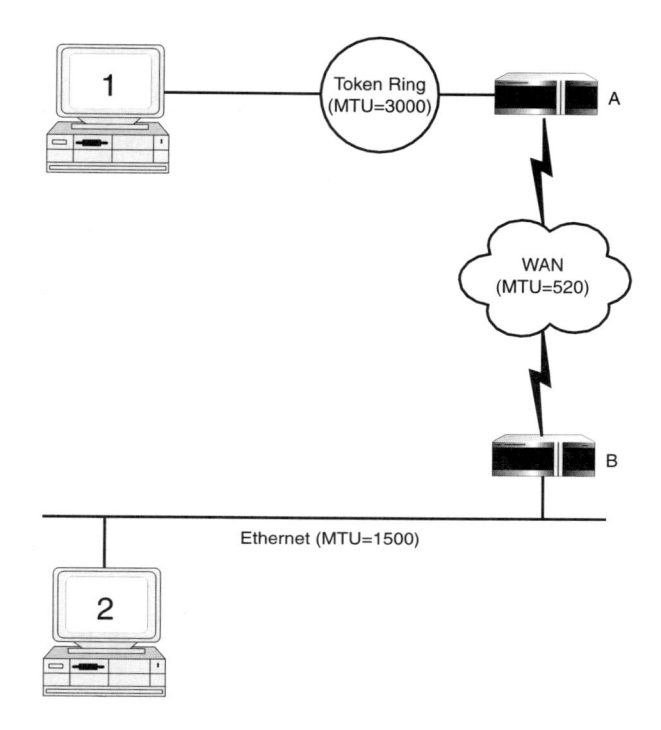

IP hat die Aufgabe der Fragmentierung großer Datagramme in Datagramme, die mit der verwendeten Physikalischen Schicht kompatibel sind. Der Header jedes Fragments enthält Informationen, die IP an den empfangenden Hosts befähigen, die Position des Fragments zu identifizieren und das Original-Datagramm wieder zusammenzusetzen.

Wenn ein übergroßes Datagramm fragmentiert werden muß, enthält der Header jedes Fragments einen Offset-Parameter, der spezifiziert, wo das erste Byte im Fragment im Gesamtdatagramm lokalisiert ist. Im Beispielfall muß ein Original-Datagramm – das 1300 Byte in seinem Datenfeld enthält – fragmentiert werden, damit es sich einem Netzwerk mit einer MTU von 520 anpaßt. Mit Rücksicht auf den Header kann jedes Fragment 500 Byte an Daten enthalten. Drei Fragmente mit Offsets von 0, 500 bzw. 1000 werden erzeugt.

> **Hinweis**
>
> Beachten Sie, daß jedes der Fragmente ein Standard-IP-Datagramm ist. Die Header der Fragmente sind mit dem Header des Original-Datagramms beinahe identisch, abgesehen davon, daß das MF-Bit im Flags-Feld zur Anzeige benutzt wird, ob das Datagramm ein Zwischenfragment oder das letzte Fragment in einem Datagramm ist.

Im IP-Protokoll sind keine Fehlersuch- und Wiederherstellungsmechanismen implementiert. Wenn ein Fragment eines Gesamtdatagramms beschädigt oder verloren ist, kann IP keine erneute Übertragung des Fragments anfordern. Statt dessen ist IP gezwungen, einen Fehler an das höherschichtige Protokoll zu melden, welches das ganze Datagramm erneut übertragen muß. Dies kann in höchstem Maße ineffektiv sein, sofern ein großes Datagramm neu übertragen werden muß, weil ein kleines Fragment verlorenging.

5.6 Fehlersuche und Fehlerbericht

Obschon es keine Fehlerkorrektur für Daten gibt (erinnern Sie sich, daß IP die Zustellung nicht garantiert), gibt es eine Methode des Berichts über während der Übertragung eintretende Fehler. Dies wird vom ICMP (Internet Control Messaging Protocol) gehandhabt. ICMP ist zuständig für Meldungen zum Zwecke der Datenflußkontrolle und des Fehlerberichts.

Ein ICMP-Paket ist sehr einfach (siehe Bild 5.5).

Abbildung 5.5

Bestanteile des ICMP-Datagramms

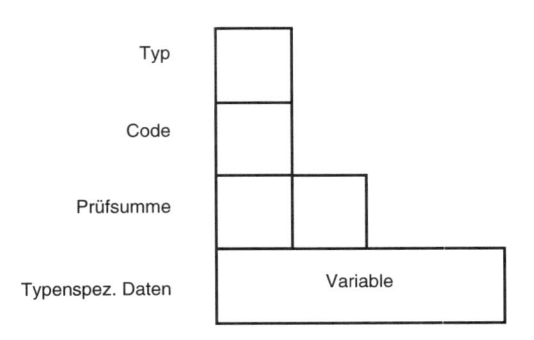

Einige der Haupt-ICMP-Meldungen sind folgende:

- **Ziel unerreichbar. (Destination Unreachable).** Diese Meldungen sorgen für Information, wenn ein Host, Netz, Port oder Protokoll unerreichbar ist.

- **Zeit überschritten. (Time Exceeded).** Diese Meldungen melden die Quelle, wenn ein Datagramm nicht zustellbar ist, weil seine Time to Live abgelaufen ist.

- **Parameterproblem. (Parameter Problem).** Diese Meldungen berichten über ein Parameterproblem und das Oktett, in dem der Fehler gefunden wurde.

- **Quelldrosselung. (Source Quench).** Diese Meldungen könnten von Ziel-Routern oder Hosts gesendet werden, die zur Ablage von Datagrammen auf Grund von Beschränkungen vorhandenen Pufferraums gezwungen sind, oder wenn ein Datagramm aus irgendeinem Grunde nicht verarbeitet werden kann.

- **Redirect.** Diese Meldungen werden an einen Host geschickt, wenn ein Router ein Datagramm empfängt, das durch ein anderes Gateway direkter geroutet werden könnte. Die Meldung rät dem Host, der die Quelle des Datagramms war, zu einem geeigneteren Router für den Empfang des Datagramms.

- **Echo-Anforderungs- und Echo-Antwort-Meldungen.** Diese Meldungen tauschen Daten zwischen Hosts aus.

- **Zeiteintrag-Anforderung und Zeiteintrag-Antwort.** Diese Meldungen tauschen Timestamp-Daten zwischen Hosts aus.

- **Informationsanforderung und -Antwort.** Diese Meldungen können verwendet werden, um einen Host in die Lage zu versetzen, das Netzwerk, in das er eingebunden ist, zu entdecken.

ICMP stellt grundlegende, von höherschichtigen Protokollen verwendete Verbindungswerkzeuge zur Verfügung – Werkzeuge wie `PING` benutzen sie zur Ausführung ihrer Funktionen.

Zusammenfassung

Dieses Kapitel betrachtete die IP-Schicht und führte das Konzept des Routings ein. Sie haben ebenfalls gesehen, daß unabhängig davon, wo das IP-Datagramm hingeschickt wird, es immer an eine MAC, nicht an eine IP-Adresse geht. Diese Schicht hat drei Hauptprotokolle: IP, ARP und ICMP. Wie Sie gesehen haben, arbeiten all diese Protokolle zusammen, um für die Fähigkeit zum tatsächlichen Datenversand zu sorgen. Die nächsten beiden Kapitel betrachten Teilnetze und das Routing in größerer Detailliertheit und erklären die Grundlage für den Gebrauch von TCP/IP in Wide-Area-Netzwerken.

Wiederholungsfragen

1. In welchem Systemtyp ist die IP-Schicht gegeben?
2. Was sind einige der Hauptfunktionen der IP-Schicht?
3. Was ist die Funktion einer Subnet Mask?
4. Welches ist die Standard-Subnet-Mask für eine Klasse C-Adresse?
5. Auf welchem Systemtyp finden Sie eine Routing-Tabelle?
6. Welchen Befehl können Sie verwenden, um die Routing-Tabelle einzusehen?
7. Welchen Befehl würden Sie eingeben, um eine Route zu Netzwerk 142.53.0.0 (Subnet Mask 255.255.0.0) hinzuzufügen, so daß die Daten zu einem lokalen Router an 125.32.45.7 gehen?
8. Worauf bezieht sich die Schnittstelle in einer Routing-Tabelle?
9. Wozu dient der Eintrag 0.0.0.0 in einer Routing-Tabelle?
10. Was geschieht, nachdem IP festgestellt hat, daß das System ein lokales System ist?
11. Wie lange wird ein Eintrag im ARP-Zwischenspeicher aufbewahrt?

12. Warum wäre es für ARP unklug, einen Eintrag permanent aufzubewahren?

13. Abgesehen von der Beantwortung einer Anforderung, was tut ARP sonst noch auf dem Ziel-Host?

14. Der Header eines IP-Datagramms hat viele Felder. Was ist der Zweck der folgenden?

    Fragment Offset

    Time to Live

    Protocol

15. Wann wird Fragmentierung benötigt?

16. Welches IP-Schicht-Protokoll wird zur Handhabung von Fehlermeldungen gebraucht?

17. Was sind Beispiele für Fehler, die gehandhabt werden könnten?

Lösungen

1. Alle Geräte, die eine IP-Adresse haben, haben eine IP-Schicht, einschließlich Computern und Routern.

2. Die IP-Schicht ist für das Routing von Datagrammen, die Auflösung von IP-Adressen in MAC-Adressen, das Zerlegen und Zusammensetzen von Paketen, die für die zugrundeliegende Topologie zu groß sind, zuständig; außerdem für Fehlersuche und Fehlermeldungen.

3. Die Subnet Mask gestattet es IP, die Host-Id aus einer IP-Adresse herauszuziehen, was die Netzwerk-ID zurückläßt.

4. Die Klasse-C-Subnet-Mask ist 255.255.255.0.

5. Alle Systeme, die IP gebrauchen, haben eine Routing-Tabelle. Die Routing-Tabelle der meisten Computer verweist die Daten für andere als das lokale Netzwerk jedoch an ein Vorgabe-Gateway (Router).

6. Der ROUTE-Befehl ermöglicht die Betrachtung und Modifizierung der Routing-Tabelle.

7. Der Befehl müßte lauten:

   ```
   route add 142.53.0.0 mask 255.255.0.0 125.32.45.7
   ```

8. Die Schnittstelle bezieht sich auf die Netzwerkkarte in der lokalen Maschine, die die Information versendet.

9. Dies ist der Eintrag für das Vorgabe-Gateway.

10. Die IP-Schicht wird nun ARP zur Auffindung der MAC-Adresse benutzen.

11. Einträge im ARP-Zwischenspeicher haben eine maximale Lebenszeit von zehn Minuten. Wenn der Eintrag nicht innerhalb von zwei Minuten nochmals gebraucht wird, wird er jedoch entfernt.

12. ARP löst die IP-Adresse in eine MAC-Adresse auf; die MAC-Adresse ist Teil der Netzwerkkarte. Wenn die Netzwerkkarte jemals ausgewechselt werden müßte, müßte der Eintrag per Hand entfernt und erneuert werden.

13. ARP fügt die IP- und MAC-Adresse des sendenden Hosts hinzu. Es tut dies in der Annahme, daß weitere Kommunikationen folgen werden.

14. Fragment Offset wird zur Wiederzusammensetzung von Datagrammen gebraucht, die während der Übertragung fragmentiert wurden.

    TTL ist die maximale Zeit in Millisekunden, die ein Paket im Netzwerk aktiv bleiben kann. Wenn TTL Null erreicht, wird das Paket abgelegt.

    Protocol Used wird benutzt, um der IP-Schicht auf den Ziel-Hosts mitzuteilen, an welches Protokoll die Information geschickt werden soll.

15. Fragmentierung kommt vor, wenn das Datagramm durch Netzwerke von unterschiedlicher Topologie hindurchreist. Die Topologien haben alle unterschiedliche Größen der maximalen Übertragungseinheiten. Im Falle eine Pakets, das sich von einem Netzwerk mit einer großen MTU zu einem mit kleiner bewegt, muß das Datagramm fragmentiert werden.

16. Fehlermeldung ist eine Funktion des Internet Control Messaging Protocol.

17. Das ICMP-Protokoll handhabt viele Fehler und andere Meldungen, einschließlich »Ziel unerreichbar«, »Zeitüberschreitung«, »Parameterproblem«, »Quelldrosselung«, »Umleiten«, »Echo-Anforderung«, »Echo-Antwort«, »Zeiteintrag-Anforderung«, »Zeiteintrag-Antwort«, »Informationsanforderung« und »Informationsantwort« .

Kapitel 6
Teilnetzwerke

In einer perfekten Welt kann jeder, der eine Netzwerk-ID haben möchte, eine bekommen. In der wirklichen Welt steht jedoch nur eine begrenzte Anzahl von Netzwerk-IDs zur Verfügung. Dies verursacht ein Problem – die wachsende Popularität des Internet in den letzten Jahren erschöpft rasch den Vorrat an Netzwerk-IDs.

> **hinweis**
> Es sollte klar sein, daß Sie dieser Abschnitt nur betrifft, wenn Sie eine Verbindung mit dem weltweiten Internet planen (das Rückgrat, das Sie befähigt, WWW-Sites zu besuchen und E-Mail auszutauschen). Wenn Sie nur mit Computern innerhalb Ihrer eigenen Organisation arbeiten, können Sie jede Adresse verwenden, nach der Ihnen der Sinn steht – man nennt dies eine private Netzwerkadresse. Dies gilt ebenfalls, wenn Sie einen Firewall- oder Proxy-Server benutzen.

In den voranstehenden Kapiteln betrachteten Sie die verschiedenen Klassen von Netzwerken – A, B und C. Jede von diesen befähigt Sie zur Nutzung einer unterschiedlichen Anzahl von Hosts. Größere Organisationen haben gewöhnlich mehr als ein Segment im Netzwerk, doch erhalten sie dennoch nur eine Internet-Adresse (normalerweise). Dies bedeutet, daß sich jeder beliebige Host, dem Sie Zugang zum Internet verschaffen wollen, in einem Segment befinden muß, das einen Router hat. Offensichtlich können Sie nicht 16.384 Hosts in ein Segment stellen, gar nicht zu denken an 16.777.214.

Die Lösung ist sehr einfach; ebenso, wie Sie einen Kuchen in Stücke schneiden, damit in einer großen Gruppe jeder ein Stück bekommen kann, können Sie Ihre IP-Adresse in Scheiben schneiden. Dies ist der Prozeß der Einrichtung von Teilnetzwerken. Teilnetzwerke gestatten es Ihnen, eine einzige IP-Adresse von Ihrem ISP (oder Internic) zu nehmen und eine Gruppe von Netzwerken daraus zu machen. Sie können diese Netzwerke intern und durch Ihren Haupt-Router extern verrouten.

Kapitel 6 Teilnetzwerke

Die Einrichtung von Teilnetzwerken ist ein wichtiges Konzept, welches es zu verstehen gilt, wenn Sie ein großes Netzwerk organisieren. Für die Außenwelt sieht die Netzwerk-ID wie ein einziges Netzwerk aus – Ihr Netzwerk könnte z.B. die ID 160.16.0.0 haben. Dies ist eine gültige Klasse-B-Adresse und bedeutet, daß Sie bis zu 65.534 Hosts im Netzwerk aufnehmen könnten. Dies ist natürlich praktisch unmöglich.

Weil es für das Verständnis des Geschehens bei der Errichtung von Teilnetzwerken erforderlich ist, die TCP/IP-Adresse als eine 32-Bit-Adresse zu verstehen, beginnt dieses Kapitel mit einer Rekapitulierung des Binärcodes. Nach der Behandlung dieses wesentlichen Punktes untersucht das Kapitel den Prozeß der Teilnetzwerkerrichtung und schließt mit einem Blick auf die Errichtung von zusammengesetzten Netzen.

6.1 Rückblick auf Binärcode

Kapitel 5 »Die Internet-Schicht« behandelte, wie die IP-Schicht eine Subnet Mask zur Feststellung gebraucht, ob sich ein Host im lokalen Netzwerk oder in einem Remote-Netzwerk befindet. Um dies zu leisten, werden die Bits in der Subnet Mask für den Teil angeschaltet, der die Netzwerk-ID repräsentiert. In einer Klasse-B-Adresse beispielsweise ist die Standard-Subnet-Mask 255.255.0.0, was bedeutet, daß alle Bits für die ersten beiden Oktette »an« (1) sind. Der Prozeß der AND-Anwendung zieht die ersten 16 Bit aus der IP-Adresse heraus, die die Netzwerk-ID sind. Tabelle 6.1 zeigt dafür ein Beispiel.

Tabelle 6.1
Eine Netzwerk-ID unter Verwendung einer Standard-Subnet-Mask herausziehen

IP-Adresse 160.16.45.3	10100000	00010000	00101101	00000011
Subnet Mask 255.255.255.0	11111111	11111111	00000000	00000000
Netzwerk-ID 160.16.0.0	10100000	00010000	00000000	00000000

Rückblick auf Binärcode

hinweis
> Dieses Kapitel listet die IP-Adresse gewöhnlich in der ersten Kolumne auf und zerlegt dann jedes der Oktette der Adresse in Binärcode. Dieses Vorgehen versetzt Sie in die Lage, die Binärversionen der IP-Adressen und Subnet Masks zu sehen. Sie werden wahrscheinlich finden (wie es die meisten Leute tun), daß die Sache leichter zu verstehen ist, wenn Sie sie in Binärcode betrachten.

Wenn ein Netzwerk in Teilnetzwerke unterteilt wird, ist alles, was geschieht, dies, daß Sie zwei oder mehr Extra-Bits in der Subnet Mask auf »an« setzen. Auf diese Weise sieht die IP-Schicht mehr von den Hosts, mit denen Sie kommunizieren, als in einem Remote-Netzwerk befindlich an – einschließlich einiger der Adressen innerhalb Ihrer Organisation. Tabelle 6.2 zeigt eine Netzwerk-ID, die unter Verwendung einer angepaßten Subnet Mask herausgezogen wurde.

Tabelle 6.2
Eine Netzwerk-ID unter Verwendung einer angepaßten Subnet Mask herausziehen

IP-Adresse 160.16.45.3	10100000	00010000	00101101	00000011
Subnet Mask 255.255.240.0	11111111	11111111	11110000	00000000
Netzwerk-ID 160.16.32.0	10100000	00010000	00100000	00000000

Beachten Sie, daß sich die in Tabelle 6.1 herausgezogene Netzwerk-ID von der in Tabelle 6.2 unterscheidet – obgleich die IP-Adresse dieselbe ist. Dies ist so, weil Extra-Bits zur Identifikation des Netzwerks benutzt werden. In diesem Fall werden vier Extra-Bits gebraucht. Nehmen Sie beispielsweise an, daß Sie einen Host mit der Adresse 160.16.154.23 zu kontaktieren versuchen, wie in Tabelle 6.3 gezeigt.

Tabelle 6.3
Eine Ziel-Netzwerk-ID unter Verwendung einer Standard- und einer angepaßten Subnet Mask herausziehen

IP-Adresse 160.16.154.23	10100000	00010000	10011010	00010111
Subnet Mask 255.255.0.0	11111111	11111111	00000000	00000000
Netzwerk-ID 160.16.0.0	10100000	00010000	00000000	00000000
Subnet Mask 255.255.240.0	11111111	11111111	11110000	00000000
Netzwerk-ID 160.16.144.0	10100000	00010000	10010000	00000000

Wie Tabelle 6.3 zeigt, stimmen die Netzwerk-IDs überein, wenn Sie eine Standard-Subnet-Mask verwenden – Ihr System wird wissen, daß der Host ein lokaler Host ist. Wenn Sie die angepaßte Subnet Mask verwenden, unterscheiden sich die Netzwerk-IDs – das bedeutet, daß der Ziel-Host entfernt ist.

Beachten Sie, daß die IP-Adresse eine 32-Bit-Adresse mit dem ersten Teil als Netzwerk-ID und dem Rest als Host-ID im Netzwerk ist. Wenn Sie mehr Bits für die Netzwerk-ID verwenden (um sie in Teilnetzwerke aufzuteilen), hat sie offensichtlich weniger für die Hosts; Sie reduzieren die Anzahl der Hosts pro Netzwerk (siehe Bild 6.1).

Abbildung 6.1

Mehr Netzwerke bedeutet weniger Hosts pro Netzwerk und umgekehrt

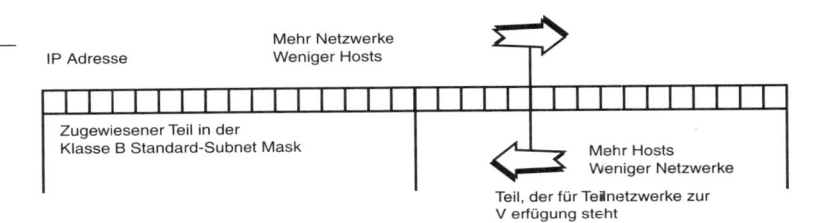

6.2 Wie richtet man ein Teilnetzwerk ein?

Die Einrichtung von Teilnetzwerken geschieht gewöhnlich nur einmal und fällt in das Planungsstadium des Netzwerkes. Das Teilnetzwerkschema zu ändern, nachdem ein Netzwerk etabliert ist, erfordert im allgemeinen eine Neukonfiguration jeder einzelnen Arbeitsstation.

6.2.1 Ihre Adressierungsbedürfnisse festlegen

Sie müssen zwei entscheidende Faktoren in Erfahrung bringen, wenn Sie auswählen, wie das Netzwerk in Teilnetzwerke aufgeteilt werden soll. Zuerst müssen Sie wissen, wie viele unterschiedliche Teilnetzwerke gebraucht werden, und dann müssen Sie die maximale Anzahl von Hosts, die in jedem einzelnen der Teilnetzwerke erforderlich sind, kennen. Wenn Sie bedenken, daß Ihr Netzwerk in der Zukunft wahrscheinlich wachsen wird, sollten Sie Ihr Netzwerk immer so entwerfen, daß das Wachstum, das Sie erwarten (und mehr), aufgenommen werden kann.

Einige Punkte, die Sie bei der Planung der Teilnetzwerke Ihres Netzwerkes bedenken sollen, sind wo Ihre Anwender physisch liegen und wie viel Netzwerkverkehr unterschiedliche Anwendergruppen erzeugen werden. Allgemeine Leitlinien sind die:

- Lokalisieren Sie Anwender, die Daten miteinander teilen, im selben Teilnetzwerk.

- Installieren Sie einen Domänen-Controller in jedem Teilnetzwerk, in dem Anwender sich anmelden.

- Setzen Sie Anwender, die das Netzwerk stark beanspruchen, in wenig bevölkerte Teilnetzwerke.

- Reservieren Sie eine Netzwerk-ID für jeden Wide-Area-Link.

- Lassen Sie so viele Teilnetzwerke wie möglich zu – benutzen Sie die gewünschte maximale Anzahl von Hosts pro Segment als einschränkenden Faktor.

- Wo möglich, setzen Sie Anwender in dasselbe Teilnetzwerk wie den Server, den sie benutzen.

- Falls erforderlich, setzen Sie mehrere Netzwerkkarten in den Server, die mehrere Teilnetzwerke bedienen.

All diese Leitlinien helfen, die Belastung Ihrer Router zu reduzieren. Sie sollten in Ihr Router-Schema auch Freiraum einplanen, was veränderte Routen zur Verfügung stellt, wenn eine bestimmte scheitert.

6.2.2 Ihre Subnet Mask definieren

Damit eine IP-Adresse eine Remote-Adresse ist, muß der Netzwerkteil der Adresse sich von Ihrer eigenen unterscheiden (in Binärcode). Was Teilnetzwerke betrifft bedeutet dies, daß die Bits in dem Teil, den Sie für die Teilnetzwerke verwenden, geändert werden müssen. Der einfachste Weg, um herauszufinden, wie viele Bits Sie brauchen, ist der, die Zahl in Binärcode zu schreiben. Zwölf Teilnetzwerke beispielsweise ergäben 1100. Es sind 4 Bits notwendig, um die Zahl 12 in Binärcode zu schreiben. Um wenigstens zwölf einmalige Binärkombinationen zu ermöglichen, müssen Sie deshalb 4 Bits für Ihre Subnet Mask verwenden.

Sie können die Bits der Standard-Subnet-Mask hinzufügen, um eine angepaßte Subnet Mask zu erzeugen. Wenn die Bits der Subnet Mask hinzugefügt sind, werden alle erforderlichen Bits auf 1 gesetzt. In dem Klasse-B-Beispiel, das früher in diesem Kapitel gebraucht wurde, würde dies wie in Tabelle 6.4 aussehen.

Tabelle 6.4

Eine angepaßte Subnet Mask durch Hinzufügung von Teilnetzwerk-Bits

Standard Mask	11111111	11111111	00000000	00000000
Zusätzliche Bits			11110000	
Angepaßte Subnet Mask	11111111	11111111	11110000	00000000

Sie möchten die Bits, die Sie benutzen wollen, eventuell an den Anfang des Oktetts stellen (wie z.B. in Tabelle 6.4). Weil die Netzwerk-ID immer der erste Teil der IP-Adresse ist, sind die Teilnetzwerk-Bits (die eine Erweiterung der Netzwerk-ID sind) immer die ersten Bits nach der Standard-Mask.

6.2.3 Wie viele Netzwerke, wie viele Hosts?

Wie Sie sich vielleicht gedacht haben, sind tatsächlich mehr als zwölf Teilnetzwerke erforderlich. In der Tat erzeugen vier Bits 16 einmalige Kombinationen (oder 2^4). Dies bedeutet, daß eine Gesamtmenge von 14 Teilnetzwerken zur Verfügung steht, weil – ebenso wie im Falle von Host-IDs und Netzwerk-IDs – die Teilnetzwerk-IDs nicht alle Nullen und Einsen sein können.

Zu berechnen, was die Subnet Mask erfordert, ist nun sehr einfach. Tatsächlich haben Sie dies schon getan. Tabelle 6.4 zeigt die angepaßte Subnet Mask – Sie können sie einfach in die Dezimalzahl 255.255.240.0 konvertieren. Sie können auch herausbekommen, wie viele Hosts jedes Teilnetzwerk haben wird. Beachten Sie, daß die Subnet Mask verwendet wird, um die Host-ID zu entfernen, so daß nur die Netzwerk-ID übrig bleibt. Alle diejenigen Bits, die Sie maskieren (Nullen), werden für die Host-ID verwendet.

In diesem Fall hat das dritte Oktett 4 und das letzte 8, was bedeutet, daß 12 Bits für die Host-ID verwendet werden. Die Zahl 2 hoch 12 gibt Ihnen die Anzahl der Hosts, die pro Netzwerk unterstützt werden. Vergessen Sie dennoch nicht, 2 vom Produkt zu subtrahieren, weil die Adresse nur mit Nullen die ID dieses

Teilnetzwerkes und die Adresse nur mit Einsen der Rundspruch für dieses Teilnetzwerk ist. D.h.: 2^{12} ist 4.096, minus 2 ist 4.094, was die Anzahl der in jedem Teilnetzwerk verfügbaren Hosts ergibt.

Weil Sie die Bits, die Sie für Teilnetzwerke gebrauchen wollen, immer sofort hinter der Standard-Subnet-Mask einfügen, funktionieren nur gewisse Zahlen in der Subnet Mask. Offensichtlich stehen 255 und 0 zur Verfügung – sie bilden die Standard-Subnet-Mask. Wie Sie im vorangehenden Beispiel sahen, nahmen Sie die 4 Bits und setzten sie an die linke Seite des Oktetts; der Rest wurde mit Nullen ausgefüllt. Dies ist dieselbe Prozedur, der Sie bei allen angepaßten Teilnetzwerken folgen. Tabelle 6.5 zeigt alle gültigen Zahlen für Subnet Masks.

Tabelle 6.5

Gültige Subnet-Zahlen

Verwendete Bis	Oktett in Binärcode	Dezimalwert
1	Nicht gültig	Nicht gültig
2	11000000	192
3	11100000	224
4	11110000	240
5	11111000	248
6	11111100	252
7	11111110	254
8	11111111	255

Beachten Sie, daß eine Teilnetzwerkerstellung auf einem Bit nicht gültig ist. Dies ist sinnvoll, wenn Sie sich daran erinnern, daß die Teilnetzwerk-ID nicht nur aus Nullen oder Einsen bestehen kann. Weil die einzig möglichen Teilnetzwerk-IDs mit einem Bit eine Eins oder eine Null wären, können Sie dies nicht verwenden.

6.2.4 Teilnetzwerk-IDs

Jetzt, da die harte Arbeit getan ist, können Sie die Teilnetzwerk-IDs herausfinden. Dabei können Sie die gültigen Host-IDs für jedes Teilnetzwerk berechnen. Wenn wir dasselbe Beispiel wie früher verwenden, existieren 16 mögliche Kombinationen im Teilnetzwerk-Oktett. Wenn man sie als ein ganzes Oktett betrachtet, können sie in einen Dezimalwert konvertiert werden. Dies gibt Ihnen die Teilnetzwerk-IDs. Tabelle 6.6 zeigt die Berechnung von Teilnetzwerk-IDs unter Verwendung von Binärcode.

Tabelle 6.6

Berechnung der Teilnetzwerk-IDs unter Verwendung von Binärcode

Oktett in Binärcode	Dezimaläquivalent	Volle Netzwerk-ID
0000 0000	0	Nicht gültig
0001 0000	16	160.16.16.0
0010 0000	32	160.16.32.0
0011 0000	48	160.16.48.0
0100 0000	64	160.16.64.0
0101 0000	80	160.16.80.0
0110 0000	96	160.16.96.0
0111 0000	112	160.16.112.0
1000 0000	128	160.16.128.0
1001 0000	144	160.16.144.0
1010 0000	160	160.16.160.0
1011 0000	176	160.16.176.0
1100 0000	192	160.16.192.0
1101 0000	208	160.16.208.0
1110 0000	224	160.16.224.0
1111 0000	240	Nicht gültig

Abermals sind zwei Werte nicht gültig, weil sie insgesamt aus Nullen und aus Einsen bestehen. Wenn Sie Tabelle 6.6 betrachten, werden Sie vielleicht bemerken, daß die Teilnetzwerk-ID immer um 16 ansteigt. Wenn Sie auf die erste Hälfte des Oktetts (der Teil für Teilnetzwerke) schauen, so wird er jedesmal um 1 vermehrt, und die 4 anderen Bits werden ignoriert. Deshalb zählen Sie in 16er Schritten.

Dies funktioniert tatsächlich für alle möglichen Teilnetzwerkszenarien. Sie landen immer dabei, den Positionswert des letzten Bits in der Subnet Mask zu zählen. Um ein weiteres Beispiel zu betrachten, durchdenken Sie, was geschieht, wenn Sie Teilnetzwerke auf 3 Bits auslegen (siehe Tabelle 6.7).

Wie richtet man ein Teilnetzwerk ein?

Tabelle 6.7
Teilnetzwerk-IDs für eine Subnet Mask von 3 Bit

Oktett in Binärcode	Dezimaläquivalent	Volle Netzwerk-ID
000 00000	0	Nicht gültig
001 00000	32	160.16.32.0
010 00000	64	160.16.64.0
011 00000	96	160.16.96.0
100 00000	128	160.16.128.0
101 00000	160	160.16.160.0
110 00000	192	160.16.192.0
111 00000	224	Nicht gültig

In diesem Fall hat das letzte Bit in der Subnet Mask einen Positionswert von 32. Um die Teilnetzwerk-IDs zu berechnen, müssen Sie deswegen nur den Positionswert für das letzte Bit in der Subnet Mask betrachten. Dies ist die erste gültige Teilnetzwerk-ID und der Wert, um den Sie erhöhen müssen.

Tabelle 6.8 faßt alle Informationen, die Sie bis hierher betrachtet haben, zusammen.

Tabelle 6.8
Tabelle zur Berechnung der Subnet Mask, der IDs und der Anzahl der Teilnetzwerke

Positionswert	64	32	16	8	4	2	1
Teilnetzwerk-Bits	2	3	4	5	6	7	8
Verfügbare Teilnetzwerke	2^2-2 = 2	2^3-2 = 6	2^4-2 = 14	2^5-2 = 30	2^6-2 = 62	2^7-2 = 126	2^8-2 = 254
Subnet Mask	128+64 = 192	192+32 = 224	224+16 = 240	240+8 = 248	248+4 = 252	252+2 = 254	254+1 = 255
Host-Bits	6	5	4	3	2	1	0

Betrachten Sie unter Verwendung von Tabelle 6.8 ein Netzwerk mit einer gegebenen Klasse-B-Adresse von 152.42.0.0. In diesem Fall benötigen Sie wenigstens 28 Teilnetzwerke mit maximal 300 Hosts pro Teilnetzwerk (Segment). In diesem Fall gibt es mehr als eine richtige Antwort.

Wissend, daß Sie 28 Teilnetzwerke benötigen, ist die naheliegende Antwort, 5 Bits für die Teilnetzwerke zu verwenden – wie Sie sehen können, gibt Ihnen dies bis zu 30 Teilnetzwerke. Sie könnten deshalb die 255.255.248.0 als Subnet Mask gebrauchen. Dies läßt 3 Bits übrig für die Hosts im dritten Oktett plus den 8 im letzten für eine Gesamtsumme von 11 Bits. Dies ergibt 2.046 Hosts pro Segment ($2^{11}-2$.).

Dies ist fraglos gültig – Sie haben die korrekte Anzahl von Teilnetzwerken und treffen (bzw. übersteigen) Ihre maximale Anzahl von Hosts pro Netzwerk. Weil Sie jedoch nicht bei Segmenten (Teilnetzwerken) landen wollen, die jeweils 2.046 Hosts haben (zu viel Verkehr), könnten Sie die Sache anders herum betrachten. Wenn Sie 300 einzigartige Host-IDs haben müssen, können Sie diese Anzahl in Binärcode schreiben (so, wie Sie es am Anfang für die Teilnetzwerk-Bits getan haben) und schauen, wie viele Bits Sie brauchen. Die Zahl 300 lautet in Binärcode 100101100, was neun Bits ausmacht. Weil das letzte Oktett acht Bits hat, brauchen Sie eines vom dritten, um auf neun zu kommen.

Sie können deshalb 7 Bits für die Subnet Mask verwenden, was Ihnen 2^7-2 Teilnetzwerke gibt (126). Dies läßt Ihnen viel Raum für Wachstum, während Sie dennoch die maximale Anzahl der Hosts pro Teilnetzwerk beibehalten, um akzeptable Performance zu bewahren. Beide Antworten sind korrekt, doch denken Sie daran, Wachstum zu gestatten.

6.2.5 Host-IDs

Der letzte Schritt bei der Teilnetzwerkeinrichtung ist es, die tatsächlichen Host-IDs (IP-Adressen) für jedes der Teilnetzwerke, die Sie erzeugen, herauszubekommen. Dies ist nun sehr einfach. Die für jedes Netzwerk vorhandenen IDs sind alle möglichen Bit-Kombinationen zwischen der Teilnetzwerk-ID und der Rundspruchadresse für das Teilnetzwerk. Wenn z.B. die Teilnetzwerk-ID 160.16.32.0 und die Subnet Mask 255.255.240.0 ist, ist die Bandbreite 160.16.32.1 bis 160.16.47.254.

Vielleicht ist dies nicht völlig offenkundig. Der erste Schritt ist, die nächste Teilnetzwerk-ID herauszufinden. Im Beispielfall ist die Subnet Mask 255.255.240.0, was Ihnen sagt, daß die Subnet Mask 4 Bit hat. Das letzte Bit in der Subnet Mask ist deshalb in der 16er Position, weshalb Sie mit 16 inkrementieren. Sie sehen nun, daß die nächste gültige Teilnetzwerk-ID 160.16.48.0 ist.

Wenn Sie sich in Erinnerung rufen, daß die IP-Adresse wirklich bloß eine 32-Bit-Zahl ist, können Sie um 1 inkrementieren. Dies gibt Ihnen die ID des ersten Hosts, wie in Tabelle 6.9 gezeigt.

Tabelle 6.9
Die ID des ersten Hosts durch Addition finden.

Teilnetzwerk-ID 160.16.32.0	10100000	00010000	00100000	00000000
Plus 1	00000000	00000000	00000000	00000001
Erste Host-ID 160.16.32.1	10100000	00010000	00100000	00000001

Das Ende der gültigen Host-IDs zu finden, ist ebenfalls einfach. Nehmen Sie die nächste Teilnetzwerk-ID (im Falle des letzten Teilnetzwerkes verwenden Sie die Subnet Mask – das Teilnetzwerk aus lauter Einsen), und subtrahieren Sie 1, wie in Tabelle 6.10 gezeigt. Dies gibt Ihnen einen Fall, in dem sich alle Bits des Hosts im vorhergehenden Teilnetzwerk befinden. Weil dies die Rundspruchadresse ist, sollten Sie eins mehr zurückgehen, um die letzte Host-ID zu erhalten.

Tabelle 6.10
Die letzte Host-ID durch Subtraktion finden

Nächste Teilnetzwerk-ID 160.16.47.255	10100000	00010000	00110000	00000000
Minus 1	00000000	00000000	00000000	00000001
Rundsendung für vorheriges Teilnetzwerk 160.16.47.255	10100000	00010000	00101111	11111111
Minus 1	00000000	00000000	00000000	00000001
Letzte Host-ID 160.16.47.254	10100000	00010000	00101111	11111110

Wenn Sie es auf diese Weise betrachten, wird es ganz einfach, eine Host-ID zu finden, besonders im Falle einer in Teilnetzwerke aufgeteilten Klasse-A- oder B-Adresse. Sie können jedoch dieselbe Rechenart anwenden, wenn Sie eine Klasse-C-Adresse in Teilnetzwerke aufteilen. In diesem Fall ist es nicht so einfach, weil die Zahlen nicht vertraut sind.

Nehmen Sie z.B. 198.53.202.0 als Netzwerkadresse. Sie möchten zwei Teilnetzwerke. Sie landen bei 198.53.202.64 und 198.53.202.128 als den beiden Teilnetzwerk-IDs (Subnet Mask 255.255.255.192). Der vorstehend dargelegten Logik zufolge sind die gültigen Hosts wie in Tabelle 6.11 dargestellt:

Tabelle 6.11
Host-IDs für eine in Teilnetzwerke unterteilte Klasse-C-Adresse

Teil-Netz-ID	Anfangs-Host-ID	Letzte Host-ID
198.53.202.64	198.53.202.65	198.53.202.126
198.53.202.128	198.53.202.129	198.53.202.190

6.2.6 Übergeordnete Netzwerke

Wenn der Welt einmal die TCP/IP-Adressen ausgehen sollten, sehen sich größere Firmen mit einem Problem konfrontiert: Klasse-A- oder sogar viele Klasse-B-Adressen sind nicht länger vorhanden. Wenn eine Firma 620 Hosts in ihrem Netzwerk hat, muß sie mehrere Klasse-C-Adressen haben, weil sie keine Klasse-B-Adresse bekommen kann. Dies bedeutet, Sie haben mehrere Router zur Verbindung mit dem Internet und mehrere Adressen, die das Internet für eine einzelne Firma zu handhaben muß.

Zusammengesetzte Netze kamen auf, um dieses Problem zu lösen. Im Beispielfall benötigt die Firma wenigstens drei Klasse-C-Adressen. Dies läßt jedoch nicht viel Raum für Wachstum. Wenn die Verteilung der Systeme (sagen wir, 300 Hosts an jeder von zwei Niederlassungen und 20 in der Zentrale) nicht mit der Verteilung der Adressen übereinstimmt, könnten die WAN-Links zudem problematisch werden.

Wenn Sie die Einrichtung von Teilnetzwerken betrachten, können Sie sehen, daß auf Grund der Art und Weise, wie Binärcode funktioniert, große Netzwerke in Gruppen von kleineren zerlegt werden können. Es ist sinnvoll anzunehmen, daß Sie dann auch in der Lage sein sollten, kleinere Netzwerke zu größeren zusammenzusetzen. Wenn Sie Klasse-C-Adressen als in Teilnetzwerke aufgeteilte Klasse-B-Adresse behandeln, die 8 Bit für die Subnet Mask verwenden, löst sich das aufgeworfene Problem von selbst.

Wenn Sie die oben erwähnte Firma als ein einzelnes Teilnetzwerk in einem Klasse-B-Netzwerk auffassen, würden Sie die 620 Hosts als maximale Anzahl von Hosts pro Segment betrachten. Das bedeutet, daß Sie 10 Bit für Host-IDs (620 ist in Binärcode 1001101100 – 10 Bit) brauchen. Sie könnten deshalb eine Klasse B auf 6 Bit in Teilnetzwerke unterteilen, wobei Sie 2 Bit im dritten Oktett und 8 im letzten für die Host-ID übrig lassen.

Obwohl dies großartig klingt, ist eine Klasse-C-Adresse eigentlich keine Klasse-B-Adresse. Deshalb können Sie dies eigentlich auch nicht tun. Sie können es jedoch vortäuschen. Das dritte Oktett hat 2 Bit, die in diesem Beispiel für die Host-ID benutzt werden, was bedeutet, daß es vier mögliche Kombinationen gibt.

Wenn Sie vier Klasse-C-Adressen nehmen, in denen sich nur die letzten 2 Bit des dritten Oktetts voneinander unterscheiden, können Sie sie tatsächlich miteinander kombinieren.

Dies gibt Ihnen wirklich vier Klasse-C-Adressen. Wichtig ist nicht, welche Adressen verwendet werden, sondern nur daß sie sequentiell sind und alle möglichen Kombinationen der letzten 2 Bit des dritten Oktetts enthalten sind. Tabelle 6.12 zeigt vier Adressen, die in diesem Fall funktionieren.

Tabelle 6.12

Binärdarstellung eines zusammengesetzten Netzes

198.53.212.0	11000110	00110101	11010100	00000000
198.53.213.0	11000110	00110101	11010101	00000000
198.53.214.0	11000110	00110101	11010110	00000000
198.53.215.0	11000110	00110101	11010111	00000000

Wie Sie sehen können, sind alles, was sich ändert, die letzten 2 Bit im dritten Oktett (Sie werden vielleicht ebenso bemerken, daß bei zusammengesetzten Netzen alle Nullen und Einsen faktisch gültig sind). In diesem Fall können Sie diese vier Adressen als eine in Teilnetzwerke aufgeteilte Klasse-B-Adresse behandeln: 198.53.212.0. Wenn Sie das Standard-Klasse-B-Teilnetzwerk 255.255.0.0 verwenden, müssen Sie die 6-Bit-Subnet-Mask 252 hinzufügen, was 255.255.252.0 ergibt.

Dies sollte in Verbindung mit Ihrem Internet Service Provider (ISP) geregelt werden. ISPs haben große Konten von Adressen (hauptsächlich Klasse C) und müssen dies häufig für große Organisationen tun. Nun spielen Sie einmal einen geringfügig größeren Fall durch.

Ihre neue Firma hat 85.765 Hosts in ihrem Netzwerk, und Sie benötigen vollen Internet-Zugriff von jedem Host. Um 85.765 Hosts zu unterstützen, benötigen Sie normalerweise eine Klasse-A-Adresse (über 16 Millionen Adressen verschwendend). Sie könnten zwei Klasse-B-Adressen kombinieren. Es ist jedoch schwer, Klasse-B-Adressen zu bekommen, und zwei in Folge zu bekommen, ist beinahe unmöglich.

Wiederum beginnen Sie damit, die Zahl 85.765 in Binärcode durch 1 01001111 00000101 auszudrücken. Die Zahl ist größer, doch das Vorgehen ist noch dasselbe. In diesem Fall behandeln Sie eine Gruppe von Klasse-C-Adressen als eine in Teilnetzwerke unterteilte Klasse-A-Adresse. Weil dieses Teilnetzwerk 17 Bit für die Host-ID benötigt und weil 24 Bit für Hosts in einem Klasse-A-Netzwerk vorhanden sind, können Sie sehen, daß die Subnet Mask 7 Bit zur Verwendung braucht. Die Standard-Klasse-A-Subnet Mask ist 255.0.0.0; fügt man die 7-Bit-Subnet-Mask hinzu, ergibt sich 255.254.0.0. Sie können nun eine Gruppe von Klasse-C-Adressen finden, in denen die ersten 15 Bit immer dieselben sind. Um die Adressen herauszufinden, ist es am einfachsten, an sie in Binärcode zu denken (siehe Tabelle 6.13).

Tabelle 6.13

Klasse-C-Adressen für ein zusammengesetztes Klasse-A-Netzwerk

Subnet Mask	11111111	11111110	00000000	00000000
Beginn Klasse C	110XXXXX	XXXXXXX0	00000000	00000000
Ende Klasse C	110XXXXX	XXXXXXX1	11111111	00000000

Sie können jede beliebige gültige Kombination von Bits für X einsetzen. Dies resultiert in einer Bandbreite von Netzwerken, wie Sie sie benötigen. Zum Beispiel arbeitet 205.126.0.0 mit der Subnet Mask 255.254.0.0. Diese Bandbreite enthält 512 (Sie verwenden 9 Bit oder 2^9 Klasse-C-Netzwerke) Netzwerke. Die faktischen Netzwerk-IDs rangieren von 205.126.0.0 bis 205.127.255.0. Beachten Sie wiederum, daß alle Nullen und Einsen bei zusammengesetzten Netzen gültig (und erforderlich) sind.

Zusammenfassung

Einfach gesagt, ist die Einrichtung von Teilnetzwerken das schwierigste Konzept, mit dem Sie zu tun haben werden. Leider werden Sie mit Teilnetzwerken in Ihrer Organisation wohl recht häufig zu tun haben. Dieses Kapitel hat das Warum und das Wie von Teilnetzwerken betrachtet. Es hat Ihnen auch die Informationen an die Hand gegeben, die Sie brauchen, um mit ihnen umzugehen. Das größte Hindernis ist normalerweise, sich zu stark zu bemühen. Es ist wirklich ganz einfach, solange Sie sich nicht vom Binärcode verschrecken lassen. Aufbauend auf dem Teilnetzwerkkonzept, das Sie hier gesehen haben, betrachtet das nächste Kapitel das IP-Routing, wofür Sie im Grunde das Teilnetzwerkkonzept brauchen.

Wiederholungsfragen

1. Wofür wird das Teilnetzwerkkonzept benötigt?

2. Was geschieht aus binärer Perspektive bei Teilnetzwerkaufteilungen?

3. Was ist die geringste Bit-Zahl, die Sie in Teilnetzwerke aufteilen können?

4. Wie viele verschiedene Subnet Masks werden für eine Organisation mit 17.938 Hosts benötigt?

5. Legen Sie für jede der folgenden Anzahlen von Netzwerken die in der Subnet Mask benötigte Anzahl von Bits fest und wie viele Netzwerke es dabei insgesamt geben wird.

    48

    156

    12

    64

    6

    78

    312

    56

    127

    7

6. Legen Sie für jede der folgenden Anzahlen von Hosts die benötigte Bit-Zahl und die maximal unterstützten Hosts fest.

    50

    250

    125

    300

800

2.000

60

95

4.000

1.500

7. Vervollständigen Sie die Subnet Mask- und Host-pro-Teilnetzwerk-Kolumnen in der folgenden Tabelle.

Netwerk-ID	Erforderliche Teilnetzwerke	Subnet Mask	Hosts pro Teilnetzwerk
152.42.0.0	10	___	___
120.0.0.0	250	___	___
187.16.0.0	100	___	___
210.125.36.0	2	___	___
160.106.0.0	33	___	___

8. Welche Zahlen sind in einer Subnet Mask gültig?

9. Nennen Sie für das Folgende die ersten drei gültigen Teilnetzwerk-IDs.

   152.42.0.0 Mask 255.255.240.0

   120.0.0.0 Mask 255.255.0.0

   187.16.0.0 Mask 255.255.254.0

   210.125.36.0 Mask 255.255.255.192 (nur zwei)

   160.106.0.0 Mask 255.255.248.0

10. Vervollständigen Sie die folgende Tabelle:

Positionswert	64	32	16	8	4	2	1
Teilnetzwerk-Bits	__	__	__	__	__	__	__
Vorhandene Teilnetzwerke	__	__	__	__	__	__	__
Subnet Mask	__	__	__	__	__	__	__
Host-Bits	__	__	__	__	__	__	__

11. Geben Sie für jede der folgenden Teilnetzwerk-IDs die Bandbreite gültiger Host-IDs an.

    152.42.64.0 Mask 255.255.240.0

    160.106.64.0 Mask 255.255.192.0

    198.78.16.64 Mask 255.255.255.224

    15.56.0.0 Mask 255.255.0.0

    131.107.64.0 Mask 255.255.252.0

12. Legen Sie für jede der folgenden Host-IDs die Bandbreite der Hosts für das Teilnetzwerk fest.

    175.42.36.52 Mask 255.255.248.0

    189.64.125.12 Mask 255.255.192.0

    164.53.47.8 Mask 255.255.240.0

    45.36.25.4 Mask 255.255.0.0

    160.106.78.52 Mask 255.255 224.0

13. Was ist Zweck des Konzepts zusammengesetzter Netze?

14. Mit wem müssen Sie zur Durchführung zusammengesetzter Netze zusammenarbeiten? Warum?

15. Legen Sie für jede der folgenden Anzahlen von Hosts die Anzahl der Klasse-C-Adressen fest, die für zusammengesetzte Netze und die Subnet Mask erforderlich sind.

    12.245

    160.782

    852

    6.254

    85.765

Lösungen

1. Das Teilnetzwerkkonzept ist erforderlich, um Organisationen mit einer großen Anzahl von Hosts zu befähigen, die zugewiesene Netzwerk-ID in kleinere Teile zu zerlegen. Dies wird im allgemeinen aus Performance-Gründen getan oder um unterschiedliche physische Standorte aufzunehmen.

2. Die Einrichtung von Teilnetzwerken ist im wesentlichen der Prozeß, mehr Bits für die Identifikation des Netzwerkes zu verwenden als die Standard-Subnet-Mask. Die zusätzlichen Netzwerke, die auf diese Weise erzeugt werden, ergeben eine Teilung, die intern verwaltet werden kann.

3. Das Teilnetzwerkkonzept macht es erforderlich, daß die Teilnetzwerk-ID nicht nur aus Nullen oder Einsen besteht. Das bedeutet, daß Sie nicht nur ein einziges Bit für die Teilnetzwerkeinteilung verwenden können. Die geringste Anzahl von Bits, mit denen Sie ein Teilnetzwerk einrichten können, ist deshalb 2.

4. Eine. Wenn Sie Ihr Netzwerk planen, sollten alle Hosts im Netzwerk dieselbe Subnet Mask verwenden – ohne Rücksicht auf die Anzahl der Hosts.

5. Die Antworten sind:

48	6 Bit	62
156	8 Bit	255
12	4 Bit	14
64	7 Bit	126
6	3 Bit	6
78	7 Bit	126
312	9 Bit	510
56	6 Bit	62
127	8 Bit	255
7	4 Bit	14

6. Die Antworten sind folgende:

    50   6 Bit   62

    250   8 Bit   254

    125   7 Bit   126

    300   9 Bit   510

    800   10 Bit   1.022

    2.000   11 Bit   2.046

    60   6 Bit   62

    95   7 Bit   126

    4.000   12 Bit   4.094

    1.500   11 Bit   2.046

7. Die komplette Tabelle sollte so aussehen:

Netzwerk-ID	Erforderliche Teilnetzwerke	Subnet Mask	Hosts pro Teilnetzwerk
152.42.0.0	10	255.255.240.0	4.094
120.0.0.0	250	255.255.0.0	65.534
187.16.0.0	100	255.255.254.0	510
210.125.36.0	2	255.255.255.192	62
160.106.0.0	33	255.255.248.0	2.046

8. Die in einer Subnet Mask gültigen Zahlen sind 0, 192, 224, 240, 248, 252, 254, 255.

9. Die gültigen Teilnetzwerk-IDs sind:

    Für 152.42.0.0 Mask 255.255.240.0

    152.42.16.0, 152.42.32.0, 152.42.48.0

    Für 120.0.0.0 Mask 255.255.0.0

    120.1.0.0. 120.2.0.0, 120.3.0.0

Für 187.16.0.0 Mask 255.255.254.0

187.16.2.0, 187.16.4.0, 187.16.6.0

Für 210.125.36.0 Mask 255.255.255.192 (nur zwei)

210.125.36.64, 210.125.36.128

Für 160.106.0.0 Mask 255.255.248.0

160.106.8.0, 160.106.16.0, 160.106.24.0

10. Vervollständigt sollte die Tabelle wie folgt aussehen:

Positionswert	64	32	16	8	4	2	1
Teilnetzwerk-Bits	2	3	4	5	6	7	8
Vorhandene Teilnetzwerke	2^2-2 = 2	2^3-2 = 6	2^4-2 = 14	2^5-2 = 30	2^6-2 = 62	2^7-2 = 126	2^8-2 = 254
Subnet Mask	128+64 =192	192+32 =224	224+16 =240	240+8 =248	248+4 =252	252+2 =254	254+1 =255
Host-Bits	6	5	4	3	2	1	0

11. Die Bandbreiten sind:

Für 152.42.64.0 Mask 255.255.240.0

152.42.64.1 bis 152.42.79.254

Für 160.106.64.0 Mask 255.255.192.0

160.106.64.1 bis 160.106.65.254

Für 198.78.16.64 Mask 255.255.255.224

198.78.16.65 bis 198.78.16.94

Für 15.56.0.0 Mask 255.255.0.0

15.56.0.1 bis 15.56.255.254

Für 131.107.64.0 Mask 255.255.252.0

131.107.64.1 bis 131.107.67.254

Lösungen

12. Die Bandbreiten sind:

    Für 175.42.36.52 Mask 255.255.248.0

    175.42.32.1 bis 175.42.39.254

    Für 189.64.125.12 Mask 255.255.192.0

    189.64.64.1 bis 189.64.127.254

    Für 164.53.47.8 Mask 255.255.240.0

    164.53.32.1 bis 164.53.47.254

    Für 45.36.25.4 Mask 255.255.0.0

    45.36.0.1 bis 45.36.255.254

    Für 160.106.78.52 Mask 255.255 224.0

    160.106.64.1 bis 160.106.95.254

13. Das Konzept zusammengesetzter Netzwerke befähigt Sie, Gruppen von Klassen-Netzwerken in einer einzigen Netzwerk-ID zu verbinden. Dies ist erforderlich, um das Fehlen verfügbarer Adressen zu umgehen.

14. Sie müssen mit Ihrem ISP zusammenarbeiten, um eine zusammengesetzte Netzwerkadresse zu bekommen. Ihr ISP muß Ihnen eine Serie aufeinanderfolgender Klasse-C-Adressen zuteilen.

15. Die Anzahl der Klasse-C-Adressen und Subnet Masks ist:

Hosts	Anzahl der Adressen	Subnet Mask
12.245	64	255.255.192.0
160.782	1.024	255.252.0.0
852	4	255.255.252.0
6.254	32	255.255.224.0
85.765	512	255.254.0.0

Kapitel 7
Routing

Nun, da Sie Verständnis für das Teilnetzkonzept gewonnen und alle Teile des TCP/IP-Protokollstapels betrachtet haben, müssen Sie sich den Prozeß des Routings ansehen. Dies ist es, was TCP/IP so populär macht, wie es ist. Dieses Kapitel definiert kurz das Routing und verwendet dann einige Zeit auf die Erörterung von NT als Router-Format. Dieses Kapitel bespricht sowohl statisches als auch dynamisches Routing.

7.1 Was ist Routing?

In einfachster Form gesagt, ist Routing der Prozeß, Informationspakete auf der Grundlage bekannter Informationen von einem Netzwerk zum anderen zu bewegen. Der Routing-Prozeß findet auf allen IP-fähigen Einrichtungen statt. Dies betrifft Router, kann aber auch NT-(oder andere)-Hosts betreffen, die TCP/IP als Protokoll verwenden.

7.1.1 Was ist ein Router?

Ein *Router* ist eine physische Verbindung zwischen zwei Netzwerken. Diese Verbindung bleibt passiv, bis sie ein Paket von einem Host auf irgendeinem Netzwerk erhält. Sie schickt dann die Pakete an einen Host im gegenüberliegenden Netzwerk. Router sollten nicht mit Brücken (Bridges) verwechselt werden, die tatsächlich auf den gesamten Datenverkehr »acht haben«. Router sind insofern passiv, als sie nicht aktiv nach Paketen suchen, die in ein anderes Netzwerk bewegt werden müssen; statt dessen wird das Paket direkt zum Router gesandt. Brücken lauschen auf den gesamten Verkehr in den Netzwerken, mit denen sie verbunden sind, um herauszufinden, welche Systeme (MAC-Adressen) sich auf jeder Seite befinden. Sie können die Daten für eine bestimmte MAC-Adresse dann an das Netzwerk schikken, in dem die Adresse residiert.

Ein Router und eine Brücke haben gleichermaßen eine physische Netzwerkschnittstelle in beiden Netzwerken, mit denen sie verbunden sind. Diese physische Verbindung ist eine Netzwerkschnittstellenkarte (NIC), so wie die, die Sie in Ihrem System finden würden. Routern ist ebenfalls die IP-Schicht eingebaut. Es ist die IP-Schicht, die den Router befähigt, die Pakete von einem Netzwerk zu einem anderen zu routen.

Routing ist eine Funktion der IP-Schicht des TCP/IP-Protokollstapels. Wie bereits erwähnt, benutzt die IP-Schicht die Routing-Tabelle, um herauszufinden, wo das Paket als nächstes hingeschickt werden soll. Wie Sie wissen, enthält das IP-Datagramm die Quell- und die Zieladresse für das zu sendende Paket. Sie sollten sich ebenso an den Prozeß der AND-Anwendung erinnern, den Sie verwendeten, um die Netzwerk-ID herauszufinden. Dies sind beides Funktionen der IP-Schicht.

Die Routing-Tabelle ist der Schlüssel, der es einem Router gestattet, die Pakete zu routen. Die Routing-Tabelle ist im wesentlichen eine Liste all der Netzwerke, von denen der Router weiß. Der `route`-Befehl wird gebraucht, um die Routing-Information in einem NT-System einzusehen oder zu modifizieren (siehe Kapitel 5 »Die Internet-Schicht«).

7.2 NT als Router

Mit NT können Sie zwei Routing-Typen implementieren: statisches und dynamisches Routing. Als statischer Router weiß NT nur von den Netzwerken, die Sie ihm nennen oder mit denen es physisch verbunden ist. Um die anderen Netzwerke zu routen, müssen Sie eine ganze Routing-Tabelle erstellen und pflegen. In Fällen, in denen Sie an großen Intranets teilnehmen oder mit dem Internet kommunizieren, ist die manuelle Erstellung einer Routing-Tabelle eine unmögliche Aufgabe. Um dies zu ermöglichen, wurde dynamisches Routing entwickelt. Routing-Protokolle werden verwendet, um Router in die Lage zu versetzen, Informationen über die Netzwerke, derer sie sich bewußt sind, zu teilen. Die folgenden Abschnitte behandeln statisches und dynamisches Routing im Detail.

hinweis Die Erörterung konzentriert sich auf NT als Router. Es gibt jedoch viele andere Systemtypen, die routfähig sind, etwa Unix-Workstations und sogar dedizierte Cisco-Router.

7.2.1 Statisches Routing

Windows NT kann als Router dienen; dies macht Sinn, weil NT zahlreiche Netzwerkkarten unterstützen kann und eine IP-Schicht hat. Es ist wichtig, sich zu erinnern, daß Windows NT nicht als Router verkauft wird; Routing-Unterstützung ist eine Fähigkeit, die es auf Grund der IP-Implementierung hat.

Wenn Sie NT als Router verwenden wollen, müssen Sie das System mit einer physischen Verbindungen zu den Netzwerken ausstatten, zwischen denen es routen soll. Um diesen Prozeß zu vervollständigen, führen Sie die folgenden Schritte aus:

1. Installieren Sie zwei (oder mehr) Netzwerkkarten. Tatsächlich ist der Versuch, zwei oder mehr Netzwerkkarten in einen einzigen Computer einzubauen, wahrscheinlich der härteste Teil.

2. Weisen Sie jeder der Karten eine IP-Adresse zu, die im Netzwerk, mit dem sie verbunden sind, gültig ist..

3. Nachdem die Karten eingebaut sind und funktionieren, ermöglichen Sie IP-Routing. Dies wird im Dialogfeld EIGENSCHAFTEN VON MICROSOFT TCP/IP getan, indem Sie das Kontrollkästchen IP-FORWARDING AKTIVIEREN auf der Registerkarte ROUTING aktivieren.

Ihr Windows NT-System ist nun ein statischer Router. Die Routing-Tabelle beinhaltet nun die Information, die zur Bewegung der Daten zwischen den beiden Netzwerken, mit denen Sie verbunden sind, erforderlich ist.

Um dies zu illustrieren, betrachten Sie ein Netzwerk mit zwei Teilnetzen, die Sie mit Hilfe eines NT-Systems als Router verbinden (siehe Bild 7.1). Die Routing-Tabelle des NT-Systems enthält automatisch eine Referenz auf beide Netzwerke und kann zwischen ihnen routen.

Kapitel 7 Routing

Abbildung 7.1

Ein Netzwerk mit zwei Teilnetzen, das NT zum Routen verwendet

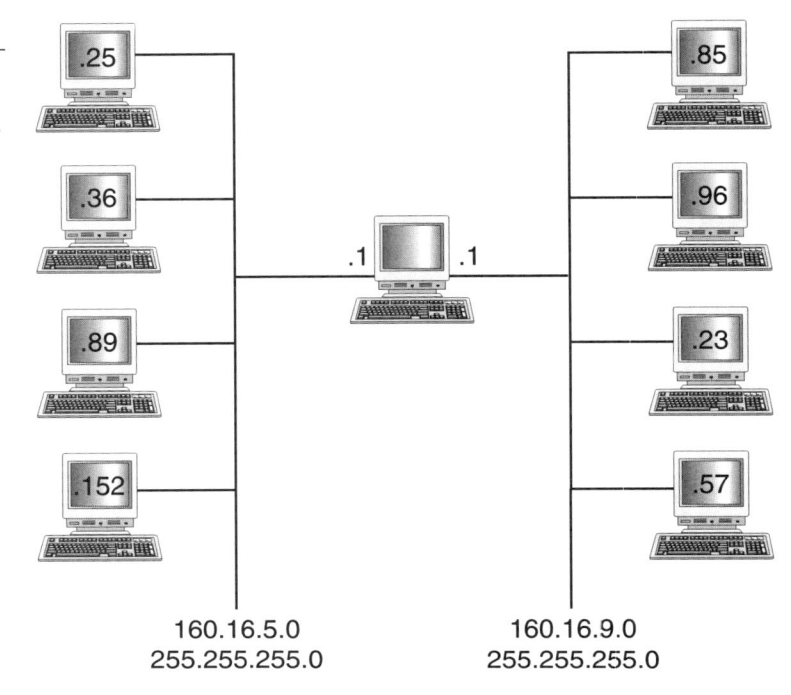

```
160.16.5.0            160.16.9.0
255.255.255.0         255.255.255.0
```

In Bild 7.1 kennt der NT-Router die Netzwerke 160.16.5.0 und 160.16.9.0. Er wird deshalb automatisch über eine statische Route von einem zum anderen verfügen. Die Einträge würden aussehen wie das, was Sie in Tabelle 7.1 sehen.

Tabelle 7.1

Routing-Tabelle für einen Router mit zwei Teilnetzen

Netzwerk-ID	Subnet Mask	Gateway
160.16.5.0	255.255.255.0	160.16.5.1
160.16.9.0	255.255.255.0	160.16.9.1

In diesem Fall benutzen alle Hosts im 5.0-Teilnetz 5.1 als Vorgabe-Gateway; die Hosts im 9.0-Teilnetz verwenden 9.1. Wenn ein Host, sagen wir 5.89, ein Paket nach 9.21 zu senden versucht, geht das Paket an den Router, der Router betrachtet die Ziel-IP-Adresse und findet, daß eine Route existiert (Pakete für 160.16.9.0 werden nach 160.16.9.1 geschickt).

Wenn alle Netzwerke so einfach wären, wäre dieses Kapitel zu Ende. Durch Hinzufügung nur eines weiteren Netzwerkes jedoch machen Sie das Szenario problematisch.

In Bild 7.2 kennt der erste Router immer noch die Netzwerke 160.16.5.0 und 160.16.9.0. Der zweite Router, der hinzugefügt wurde, kennt 160.16.9.0 und 208.23.25.0. Keiner der Router kennt das Gesamtnetzwerk – das bedeutet, daß der Host 160.16.5.89 nicht mit 208.23.25.64 kommunizieren kann. Sie können dieses Problem auf zwei unterschiedliche Weisen lösen.

Abbildung 7.2

Routing mit drei Netzwerken

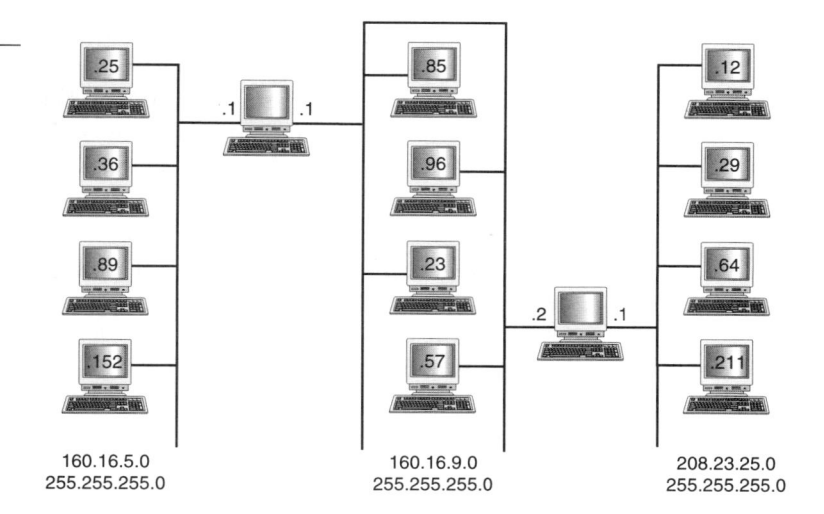

```
160.16.5.0            160.16.9.0            208.23.25.0
255.255.255.0         255.255.255.0         255.255.255.0
```

Wenn Sie sich an die Routing-Tabelle erinnern, die Sie in Kapitel 5 und 6 betrachtet haben, fand sich dort ein Eintrag für eine Netzwerk-ID 0.0.0.0 mit einer Subnet Mask 0.0.0.0 – offenkundig fängt dies jede mögliche IP-Adresse ab. Dieser Eintrag ist der Vorgabe-Gateway, der wesentlich als ein Ort gebraucht wird, an den Pakete für unbekannte Netzwerke gesandt werden. Router haben ebenfalls einen Vorgabe-Gateway, so daß sie Pakete an mächtigere Router weiterleiten können. (Der Router, den ihr ISP in Ihr Büro gestellt hat, tut dies wahrscheinlich.)

Wenn Sie das Problem in Bild 7.2 betrachten, sehen Sie, daß wenn der erste Router die Adresse, die Sie zu kontaktieren versuchen, nicht kennt, der zweite Router sie kennen sollte. Das Gegenteil ist ebenso der Fall, was bedeutet, daß beide Router zusammen in diesem Falle jedes existierende Netzwerk kennen. Wenn Sie dem ersten Router mitteilten, daß alles, was er nicht kennt, an den zweiten geschickt werden soll und umgekehrt, sollte das Gesamtnetzwerk zur Kommunikation in der Lage sein. Die Einträge in der Routing-Tabelle des ersten Routers würden nun so aussehen, wie es Tabelle 7.2 zeigt.

Tabelle 7.2

Routing-Tabelle für ein Netzwerk mit drei Teilnetzen, das den Vorgabe-Gateway verwendet

Netzwerk-ID	Subnet Mask	Gateway
160.16.5.0	255.255.255.0	160.16.5.1
160.16.9.0	255.255.255.0	160.16.9.1
0.0.0.0	0.0.0.0	160.16.9.2

Dies löst das Problem. Nachdem jeder Router zum Vorgabe-Gateway des anderen gemacht wurde, können Kommunikationen eingerichtet werden. Wenn es mehr als drei Teilnetze gibt, könnte es schwierig werden, den Vorgabe-Gateway herauszufinden. Darüber hinaus wäre jeder ausfallende Router ein Loch in der Kette, und Kommunikationen wären nicht länger möglich.

Ihre andere Lösung ist die, jedem Router eine statische Route hinzuzufügen, die ihm mitteilt, wie er zum anderen Netzwerk gelangt, mit dem kommuniziert werden muß. Um dies zu tun, benutzen Sie den ROUTE-Befehl. Auf dem ersten Router fügen Sie eine Route nach 208.23.25.0 hinzu und auf dem zweiten eine nach 160.16.5.0.

```
BEFEHL AUF DEM ERSTEN ROUTER
ROUTE -P ADD 208.23.25.0 MASK 255.255.255.0 160.16.9.2
BEFEHL AUF DEM ZWEITEN ROUTER
ROUTE -P ADD 160.16.5.0 MASK 255.255.255.0 160.16.9.1
```

Die Routing-Tabelle im ersten Router würde nun aussehen, wie das, was Sie in Tabelle 7.3 sehen.

Tabelle 7.3

Routing-Tabelle für ein Netzwerk mit drei Teilnetzen, das statische Einträge verwendet

Netzwerk-ID	Subnet Mask	Gateway
160.16.5.0	255.255.255.0	160.16.5.1
160.16.9.0	255.255.255.0	160.16.9.1
208.23.25.0	255.255.255.0	160.16.9.2

7.2.2 Dynamisches Routing

Wie Sie sehen können, würden Systemadministratoren, wenn es keine andere Methode zur Pflege von Routing-Informationen gäbe, ihre meiste Zeit damit verbringen, Routen zu allen Netzwerken (und Teilnetzen) im internen Netzwerk der Firma und im Internet einzutragen und zu aktualisieren. Dies ist der Punkt, an dem der dynamische Router ins Spiel kommt. Ein dynamischer Router ist ein Router, der über eine gewisse Methode verfügt, seine Routing-Informationen mit anderen Routern im Netzwerk zu teilen. Es gibt eine Reihe verschiedener Methoden, dies zu tun, wie z. B. OSPF (Open Shortest Path First) und RIP (Routing Internet Protocol). Windows NT unterstützt nur RIP-Routing, und dies wird im folgenden Abschnitt behandelt.

RIP-Routing

NT unterstützt dynamisches Routing seit der Ausgabe von Service Pack 2 für NT 3.51. Diese Unterstützung erhielt das dynamische Routing in Form des Routing Information Protocol (RIP).

RIP ist ein Distanzvektor-Routing-Protokoll. Mit anderen Worten: RIP befaßt sich nicht nur damit, eine Methode zur Bewegung von Information von Punkt A nach Punkt B zu finden, sondern auch mit den Kosten (nicht in bar, sondern der Anzahl der Sprünge), die mit der Verbindung zum Remote-Host verbunden sind. Diese Information wird verwendet, um die beste Route zum Ziel-Host zu berechnen. Die Kosteninformation wird als Routing-Maß behalten.

> **hinweis** Sie können die Einträge in der Routing-Tabelle Ihres Computers sehen, wenn Sie den Befehl `route print` verwenden.

Die tatsächliche Arbeit von RIP ist sehr einfach. Innerhalb eines bestimmten Zeitraums (30 Sekunden im Fall von NT) sendet der Router seine Routing-Tabelle per Rundspruch ins Netzwerk. Dies könnte problematisch wirken: Wenn ein Router in Singapur seine Routen per Rundspruch wegschickt, könnte dies nicht einen anderen Router in New York überlasten? Die Wahrheit ist, daß dies in Wirklichkeit so wäre. Deshalb ist das maximale Maß, das ein Router behalten kann, 15 (der Router behält nur die Adresse des Remote-Netzwerkes und den nächsten Router, an den er die Datagramme für dieses Netzwerk weiterleitet).

> **hinweis** Sogar die nächsten 16 Sprünge zu verfolgen, könnte für einige Router im Internet ein Problem sein. Dies wird durch Steigerung des Router-Speichers gehandhabt. In einigen Fällen haben die Router sogar eine Festplatte, um die Informationen zu speichern, so daß die Tabelle nicht aus dem Nichts neu erzeugt werden muß.

Wenn ein Router seine Routing-Tabelle per Rundspruch ins lokale Netzwerk schickt, mit dem er verbunden ist, nehmen die anderen Router diese Informationen auf und tragen sie in ihre eigenen Routing-Tabellen ein (indem sie 1 zum Maß hinzufügen, um den Sprung zu dem Router, der den Rundspruch schickte, hinzuzufügen). Hinzugefügt wird das Netzwerk, für welches es eine Route gibt, und Adressen der Router, die die Informationen als Rundspruch schicken. Der Router, der die Informationen empfängt, schickt nun selbst alle verfügbaren Informationen per Rundspruch ins Netzwerk, mit dem er verbunden ist, usw. Auf diese Weise ist es möglich, die Routing-Information an viele unterschiedliche Router in einem Intranet oder tatsächlich im Internet zu verbreiten.

Durch diesen Prozeß werden alle Router im Netzwerk schließlich von den Netzwerken wissen, die 16 oder weniger Sprünge entfernt sind. Dieser Prozeß der Informationsteilung ist als Konvergenz bekannt.

Obgleich sich dies wunderbar anhört, hat das RIP-Protokoll einige Nachteile. Die Hauptprobleme, denen Sie begegnen könnten, sind folgende:

- **Tabellengröße**. Die Grundlage von RIP ist, daß jeder Router weiß, was sein Nachbar weiß und was dessen Nachbar weiß und so weiter, bis ein Maß von 16 erreicht wird (was eine Tiefe von 16 Netzwerken bedeutet). Dies bedeutet, daß die Routing-Tabelle auf irgendeinem Router wachsen kann, bis sie Einträge einer ziemlichen Anzahl von unterschiedlichen Netzwerken enthält. Dem wird augenblicklich durch die RAM-Aufrüstung von Routern begegnet, um die Größe der Liste, die sie behalten können, zu steigern.

- **Rundsendungsverkehr**. Wie so viele andere Protokolle hängt RIP vom Rundsendungsverkehr ab. Weil es eine Beschränkung für das Verkehrsaufkommen gibt, das ein Netzwerk verkraften kann, kann der durch RIP-Routing hinzukommende Rundsendungsverkehr Netzwerkladeprobleme verursachen.

- **Tote Router**. Die Einträge in der Routing-Tabelle basieren nicht nur auf dem nächsten Router, sondern auch auf dem folgenden und dem nächsten. Obwohl eine Route einen

Zeitüberschreitungswert von drei Minuten hat, kann eine beachtliche Zeitspanne entstehen, bevor Routen-Einträge von Routern gesäubert sind, die 5, 6 oder 16 Netzwerke entfernt liegen.

RIP-installieren

Bevor Sie RIP installieren, sollten Sie sicherstellen, daß Sie zwei funktionierende Netzwerkkarten eingebaut haben und daß Sie IP-Transport ermöglicht haben. Um RIP zu installieren, gehen Sie so vor:

1. Öffnen Sie das Dialogfeld NETZWERK.

2. Wählen Sie die Registerkarte DIENSTE, und klicken Sie in dieser auf die Schaltfläche HINZUFÜGEN.

3. Wählen Sie aus dem Listenfeld NETZWERKDIENST den Eintrag RIP FÜR DAS INTERNET-PROTOKOLL aus, und klicken Sie auf OK.

4. Schließen Sie das Dialogfeld NETZWERK.

5. Starten Sie das System neu.

Eine letzte Bemerkung: Sie können RIP auf Ihren NT-Systemen installieren, die nicht als Router dienen. Dies befähigt Sie, Routen nur einzusehen, die von anderen RIP-fähigen Routern per Rundspruch geschickt werden. Dieser Systemtyp verschickt nicht selbst Rundsprüche, weil er keine Netzwerke bekannt zu machen hat, und wird »Stiller RIP-Router« genannt. Sein einziger Zweck ist, Sie die Netzwerke, die Ihre Router gefunden haben, einsehen zu lassen.

Zusammenfassung

Dieses Kapitel behandelte die Grundlagen des Routing und betrachtete dynamisches und statisches Routing. NT kann als Router beider Arten dienen, und Sie haben beides in diesem Kapitel gesehen. Dieses Kapitel erörterte auch das RIP-Routing und was dieses Protokoll zu NT hinzufügt. Es brachte den in Kapitel 1 begonnenen Überblick über das TCP-Protokoll zum Abschluß. Der Rest des Textes betrachtet die in NT vorhandenen Dienste und wofür sie gebraucht werden können.

Wiederholungsfragen

1. Was ist ein Router?

2. Was ist der Unterschied zwischen einem Router und einer Brücke?

3. Beschreiben Sie zwei Typen des Routing.

4. Welche Bedingungen müssen erfüllt sein, damit NT als Router dienen kann?

5. Kann Windows NT als dynamischer Router dienen?

6. Wie oft verschickt RIP Rundsprüche? Was wird per Rundspruch verschickt?

7. Wie viele Sprünge kann eine Routing-Tabelle enthalten, damit RIP verwendet werden kann?

8. Können Sie RIP auf einem Computer mit nur einer Netzwerkkarte installieren?

Die nächsten Fragen beziehen sich allesamt auf Bild 7.3

Abbildung 7.3

Ein Beispiel-Netzwerk

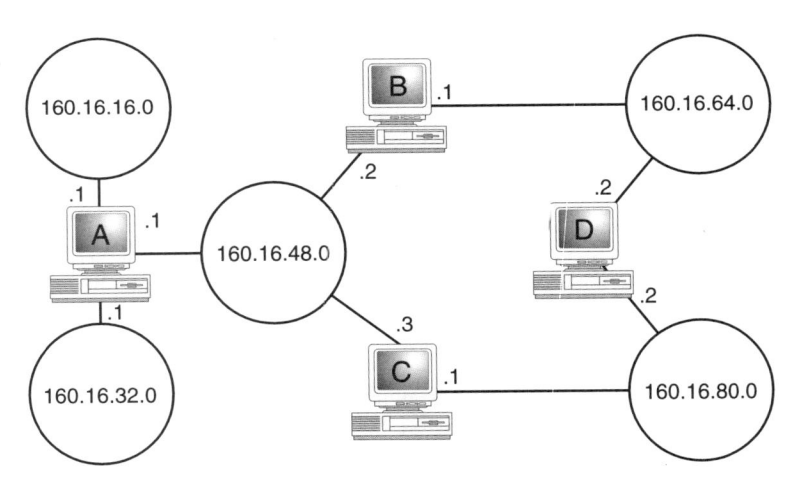

9. Vorausgesetzt, das gezeigte Netzwerk verwendet statisches Routing, welche Befehle sollten an jedem Router gegeben werden, wenn die Subnet Mask 255.255.240.0 ist?

10. Was sind alle Routen in Router A?

11. Welcher Vorgabe-Gateway sollte Hosts in 160.16.80.0 zugewiesen werden, die hauptsächlich mit Hosts in 160.16.64.0 kommunizieren?

12. Kann die Vorgabe-Gateway-Einstellung in diesem Netzwerk zur Handhabung aller Routen verwendet werden? Falls ja, wie sollten die Vorgabe-Gateways eingestellt werden?

13. Sieht man von den Netzwerken 160.16.16.0, 160.16.32.0 und Router A ab, ist das Netzwerk so eingerichtet, daß das Routing auf den Vorgabe-Gateways basiert, wobei B die Vorgabe für Router D ist, welcher selbst die Vorgabe für C ist, der wiederum Vorgabe für B ist. Was wäre für jedes der drei Netzwerke (160.16.48.0, 160.16.64.0 und 160.16.80.0) erreichbar, wenn die Verbindung zwischen Router D und 160.16.80.0 zusammenbrechen würde?

14. Welches Maß würde in die Routing-Tabelle von Router A für Netzwerk 160.16.80.0 eingetragen?

15. Wie viele Router gäbe es für Netzwerk 160.16.64.0, um 160.16.16.0 zu erreichen, wenn RIP auf diesem Netzwerk installiert wäre?

Lösungen

1. Ein Router ist ein physisches Gerät, das zwei oder mehr Netzwerke verbindet und Pakete zwischen ihnen bewegt.

2. Eine Brücke ist ein aktives Gerät, das den Verkehr auf beiden Netzwerken scannt, mit denen es verbunden ist, und das Pakete hin- und zurück bewegt, basierend auf den Hosts, die es auf beiden Seiten kennt. Router warten auf Verkehr, der direkt an sie gerichtet ist, und senden Informationen an andere Netzwerke basierend auf einer Routing-Tabelle.

3. Die beiden Arten von Routing sind:

    ▶ **Statisch**. Tauscht keine Informationen mit anderen Routern aus; gebraucht nur die interne Routing-Tabelle.

    ▶ **Dynamisch**. Erfährt automatisch von anderen Netzwerken, indem eines von mehreren Routing-Protokollen wie Routing Internet Protocol oder Open Shortest Path First benutzt wird.

4. Im System müssen zwei Netzwerkkarten installiert sein, von denen jede eine IP-Adresse benötigt, die für das Teilnetz gültig ist, der sie zugehört. Dann müssen Sie das Kontrollkästchen IP-FORWARDING AKTIVIEREN und auf der Registerkarte ROUTING des Dialogfelds EIGENSCHAFTEN VON MICROSOFT TCP/IP aktivieren.

5. Windows NT 4 versendet mittels RIP-Routing. Um RIP-Routing zu installieren, gehen Sie im Dialogfeld NETZWERK zur Registerkarte DIENSTE, und fügen Sie den Netzwerkdienst RIP FÜR DAS INTERNET-PROTOKOLL hinzu.

6. Das RIP-Protokoll versendet die Routing-Tabelle eines RIP-fähigen Routers per Rundspruch alle 30 Sekunden.

7. Das am weitesten entfernte Netzwerk kann 16 Netzwerke oder 15 Sprünge entfernt sein. Das größte Maß ist deshalb 15.

8. Eine System, das RIP mit nur einer Karte benutzt, verschickt keine Routen per Rundspruch. Deshalb wird es »Stiller RIP-Router« genannt.

9. Die Befehle sind folgende:

Router A

```
route -p add 160.16.64.0 mask 255.255.240.0 160.16.48.2
route -p add 160.16.80.0 mask 255.255.240.0 160.16.48.3
```

Router B

```
route -p add 160.16.16.0 mask 255.255.240.0 160.16.48.1
route -p add 160.16.32.0 mask 255.255.240.0 160.16.48.1
route -p add 160.16.80.0 mask 255.255.240.0 160.16.64.2
route -p add 160.16.80.0 mask 255.255.240.0 160.16.48.3
```

Lösungen

Router C
```
route -p add 160.16.16.0 mask 255.255.240.0 160.16.48.1
route -p add 160.16.32.0 mask 255.255.240.0 160.16.48.1
route -p add 160.16.64.0 mask 255.255.240.0 160.16.80.2
route -p add 160.16.64.0 mask 255.255.240.0 160.16.48.2
```

Router D
```
route -p add 160.16.16.0 mask 255.255.240.0 160.16.64.1
route -p add 160.16.16.0 mask 255.255.240.0 160.16.80.1
route -p add 160.16.32.0 mask 255.255.240.0 160.16.64.1
route -p add 160.16.32.0 mask 255.255.240.0 160.16.80.1
route -p add 160.16.48.0 mask 255.255.240.0 160.16.64.1
route -p add 160.16.48.0 mask 255.255.240.0 160.16.80.1
```

10. Die Routen sind folgende:

    160.16.16.0   160.16.16.1
    160.16.32.0   160.16.32.0
    160.16.48.0   160.16.48.1
    160.16.64.0   160.16.48.2
    160.16.80.0   160.16.48.3

11. Das Gateway sollte 160.16.80.2 sein.

12. Es ist möglich, ein Vorgabe-Gateway in diesem Netzwerk zum Routen zu verwenden. Sie können die Gateways auf eine der beiden Weisen setzen: Sie könnten von A nach B nach D nach C nach A gehen, oder von A nach C nach D nach B nach A.

13. Das folgende wird der Fall sein:

    160.16.48.0 könnte 160.16.64.0 durch Router B sehen und 160.16.80.0 durch Router C.

    160.16.64.0 könnte 160.16.48.0 durch Router B sehen, könnte aber nicht 160.16.80.0 sehen.

    160.16.80.0 könnte 160.16.48.0 durch Router C sehen und könnte nach 160.16.64.0 nur durch Router C und B senden. Es gäbe jedoch keine Antwort, weil die Antwort durch Router D kommen müßte.

14. Das Maß wäre zwei, ein Sprung für Router A und einer für C.

15. Es wären zwei Routen vorhanden. Pakete könnten zu Router B mit einem Maß von 2 geschickt werden oder zu Router D mit einem Maß von 3.

Kapitel 8
Die Dienste von Microsoft-TCP/IP

In den vorangegangenen Kapiteln wurden Sie in die technischen Grundlagen und Protokolle der TCP/IP-Protokollsammlung eingeführt. In diesem Kapitel erfahren Sie, wie Sie TCP/IP mit Netzwerkprodukten von Microsoft nutzen.

Obwohl die Betriebssysteme Windows 3.1, Windows for Workgroups 3.11, Windows 95 und Windows NT 4.0 ebenfalls in einem TCP/IP-Netzwerk genutzt werden können, benötigen Sie zumindest einen Windows NT-Server, wenn Sie Dienste wie die automatische Zuweisung von IP-Adressen nutzen wollen. Deshalb beschränkt sich dieses Kapitel auf Windows NT Server, weil dieses Betriebssystem als Backbone-Technologie für umfangreiche Microsoft TCP/IP-Netzwerke genutzt werden kann.

Zunächst wird in diesem Kapitel erklärt, wie Microsoft TCP/IP und Windows NT zusammenarbeiten, welche neuen Merkmale es gibt und welche Dienste unter Windows NT zur Verfügung stehen. Nach der Beschreibung des Installationsprozesses wird erklärt, wie Sie TCP/IP neu konfigurieren und wie Sie TCP/IP-Protokolle und Netzwerkadapter hinzufügen und entfernen.

> hinweis
>
> In diesem Kapitel wird vorausgesetzt, daß Sie mit Windows und insbesondere Windows NT vertraut sind. Es werden zwar alle Schritte gezeigt, um die vorgegebenen Prozeduren durchzuführen, jedoch nicht alle Operationen, die die Administration von Windows betreffen.

8.1 Microsoft TCP/IP und Windows NT 4 nutzen

Dieses Buch ist Microsoft TCP/IP gewidmet und beschreibt im wesentlichen den Windows NT 4 Server. Obwohl die Version 3.5x des Windows NT Server eine exzellente Protokollunterstützung bietet, sollten Sie die Version 4 nutzen, da viele aktuelle und zukünftige TCP/IP-Werkzeuge von Microsoft diese erfordern.

Aus diesem Grund liegt der Schwerpunkt in diesem Kapitel auch darauf, wie Sie Microsoft TCP/IP unter Windows NT 4 nutzen können. Sie lernen die neuen Merkmale kennen, und es werden die verschiedenen Dienste beschrieben, die unter Windows NT zur Verfügung stehen.

8.1.1 Neue Merkmale unter Windows NT 4

Eines der bekanntesten Werkzeuge, das auf TCP/IP aufbaut, ist der Internet Information Server (IIS). Dieser ist im Lieferumfang des Windows NT Server 4 enthalten und kann nur unter diesem installiert werden. Der IIS wird als Internet-Server immer populärer und unterstützt die Dienste World Wide Web, FTP und Gopher. Microsoft entwickelt für das Internet ständig neue Produkte, die auf den Windows NT Server und den IIS aufbauen, wie z.B. den Proxy Server, den Transaction Server und NetShow.

Sie können auch mit Windows NT Server 3.5x einen Internet-Server einrichten. Es gibt auch zahlreiche Web-Server von Drittanbietern, und der NT Server 3.5x enthält Microsofts eigenen FTP-Server. Wenn Sie jedoch Microsofts TCP/IP-Strategie folgen, bleibt Ihnen kaum eine Wahl als ein Update für den Windows NT Server 4 zu erwerben.

Ein weiterer Dienst, der auf TCP/IP zugreift, ist der DNS (Domain-Name-Server), der nun ebenfalls im Lieferumfang des Windows NT Server 4 enthalten ist. Das Windows NT Resource Kit for Windows NT 3.5x enthielt einen DNS-Server, der mit BIND (Berkeley Internet Name Domain) vergleichbar war. Er war für die Verwendung von statischen Dateien konfiguriert und hatte keine grafische Benutzeroberfläche. Der neue

Windows NT Server 4 DNS-Server kann so konfiguriert werden, daß er statische, BIND-kompatible Dateien unterstützt, aber auch eine Windows-Oberfläche bietet, die die direkte Verwaltung unterstützt und eine Möglichkeit der Integration in WINS bietet, um einen dynamischen DNS zu realisieren. Unter Windows NT Server 4 können Sie den DNS über die gewohnte Windows-Oberfläche verwalten. Dadurch müssen Sie den DNS-Server nicht neu starten, um Änderungen im DNS-Namensraum vornehmen zu können.

Eine weitere herausragende neue Funktion, die vom Windows NT Server 4 unterstützt wird, ist der Multiprotokoll-Router. Dieser unterstützt RIP auf Windows NT-Routern. Wenn Ihr Netzwerk sehr komplex ist, kann RIP die Verwaltung des Routing, wie im letzten Kapitel beschrieben, erleichtern.

8.1.2 Dienste des Windows NT Server

Microsoft TCP/IP für Windows NT Server hält viele verschiedene Dienste für Sie bereit. Auf den nächsten Seiten lernen Sie diese kennen. Alle Dienste, die hier vorgestellt werden, werden in späteren Kapiteln nochmals näher ausgeführt.

Der Internet Information Server

Der Internet Information Server (IIS) ist genau das, was der Name schon sagt: ein Dienst, der Ihren Computer befähigt, Internet-Standarddienste anzubieten. Er verwaltet dabei im wesentlichen die Veröffentlichung von Informationen im World Wide Web (WWW), FTP (File Transfer Protocol) und die Veröffentlichung von Informationen in Gopher. Der IIS verfügt auch über einen Internet-Dienst-Manager (IDM), mit dem alle Dienste, die auf einem NT-System installiert wurden, verwaltet werden können. In Kapitel 9 wird der Internet-Dienst-Manager ausführlicher beschrieben.

Der IIS bietet gegenüber anderen Arten des Publizierens verschiedene Vorteile. Die Filterung von IP-Adressen über ISAPI-Filter (ISAPI = Internet Server Application Programming Interface), die Fähigkeit, den Zugang auf die Benutzer einer NT-Domäne über verschlüsselte Kennwörter zu beschränken, die Fähigkeit, Server-Erweiterungen als DLLs zu ergänzen, anstatt diese als separate Prozesse zu behandeln, die jedesmal neu gestartet werden müssen, wenn jemand die Seite besucht und viele andere Funktionen.

Der IDM wurde entwickelt, um alle verfügbaren TCP/IP-Dienste mit einem Werkzeug zu verwalten. Daneben gibt es auch noch den Proxy-Server, NetShow und den Transaction Server.

8.1.3 Der LPR-Dämon

TCP/IP war als Protokoll lange Zeit auf Unix beschränkt. Für diese Umgebung wurden entsprechend zahlreiche Protokolle und Dienste entwickelt. Dazu gehören auch einige Methoden zum Ausdruck im Netzwerk. Unter Unix werden Dienste Dämonen genannt. Um NT in eine Unix-Umgebung integrieren zu können, mußte Microsoft die Möglichkeit des Ausdrucks zwischen diesen beiden Plattformen bieten. Deshalb enthält NT einen TCP/IP-Druckdienst. Mit diesem kann über den Druck-Manager eine Verbindung zu den Druckern auf Unix-Systemen aufgebaut werden, und diese können genutzt werden. Dazu wird ein LPR-Port erzeugt, der den Dämon des Unix-Systems für den Ausdruck nutzt.

Sie können auch den TCP/IP-Druck-Server starten. Damit richten Sie ein NT-System so als Dämon ein, daß Unix-Arbeitsstationen darauf zugreifen können.

8.1.4 DHCP (Dynamic Host Configuration Protocol)

Nachdem Sie die IP-Adressierung kennengelernt haben, müßte klar geworden sein, daß es eine große Herausforderung darstellt, IP-Adressen in einem sich verändernden Netzwerk aufrechtzuerhalten. Hier kommt DHCP zum Einsatz.

Es gibt nur sehr wenige Host-Computer, die feste IP-Adressen benötigen. Router und DNS-Server sind Beispiele für Hosts, denen Sie eine feste IP-Adresse zuweisen sollten, weil diese Adressen häufig in den Konfigurationen der Host-Computer als Standard-Gateway oder DNS-Server-Adresse angegeben werden. Die meisten Host-Computer benötigen jedoch keine feste IP-Adresse, und ihnen kann jede gültige Host-ID zugewiesen werden.

Dank Microsofts DHCP-Server entfällt für die meisten Host-Computer die Notwendigkeit, feste IP-Adressen zuzuweisen. Administratoren können Gruppen von IP-Adressen festlegen, die »Bereiche« genannt werden. Wenn ein Host so konfiguriert wird, daß er seine IP-Adresse direkt vom DHCP-Server erhält, wird ihm automatisch eine Adresse zugewiesen, die im DHCP-Bereich für dieses Teilnetz liegt.

DHCP bietet Administratoren auch die Möglichkeit, zahlreiche Parameter festzulegen, die die Funktionsweise von IP, TCP und anderen Protokollen beschleunigen, die dem Host verliehen werden, wenn er seine Adresse erhält. Weil DHCP zentral verwaltet wird, können Administratoren zahlreiche Merkmale des Hosts, für den sie verantwortlich sind, verwalten, ohne die Arbeitsstationen tatsächlich besuchen zu müssen.

8.1.5 Der DHCP Boot Relay Agent

Wie bereits beschrieben, erfordert DHCP, daß der Client eine Adresse anfordert, um Informationen übermitteln zu können. Es handelt sich jedoch nicht um NetBIOS-Rundsendungen, sondern um sogenannte BOOTP-Rundsendungen. Die meisten Router können BOOTP-Rundsendungen weiterleiten. Falls das jedoch nicht möglich sein sollte, kann der Relay-Agent den Prozeß als Vermittler bearbeiten, indem er die BOOTP-Rundsendung annimmt und die Anfrage an einen anderen DHCP-Server im Netzwerk weiterleitet.

8.1.6 WINS (Windows Internet Name Service)

Wie Sie sich vielleicht erinnern werden, wurde in Kapitel 2, »Einführung in das Netzwerkkonzept von Microsoft«, die Verwendung von Computer-Namen in Microsoft-Netzwerken diskutiert. Es muß ganz offensichtlich eine Methode geben, mit der NetBIOS-Namen in IP-Adressen aufgelöst werden können. Wenn Sie mit NetBIOS-Namen anstatt mit Host-Namen arbeiten, die normalerweise vom DNS aufgelöst werden können, wird zur Namensgebung WINS eingesetzt. WINS ist ein Benennungsdienst von NetBIOS.

Ohne WINS versucht ein Computer, der auf ein Netzwerk zugreifen möchte, sich selbst zu registrieren, indem er Nachrichten als Rundsendung im lokalen Netzwerk versendet. Wenn kein anderer Computer den Namen beansprucht, richtet sich der Computer selbst im lokalen Netzwerk ein und verkündet seinen Zutritt. Dieser Mechanismus funktioniert in einfachen Netzwerken sehr gut, schlägt aber in Internets fehl, weil die Rundsendungen Router nicht überbrücken können.

> **hinweis** NetBIOS versendet aus vielen verschiedenen Gründen Rundsendungen. Der resultierende Verkehr kann deshalb sehr hoch sein und bei Routern Staus verursachen. Router können diese Rundsendungen passieren lassen, aber sie sind normalerweise so konfiguriert, dies nicht geschehen zu lassen, damit die Router nicht mit Rundsendungen verstopft werden.

WINS bietet eine Möglichkeit, die Benennungskonventionen von NetBIOS in TCP/IP zu integrieren. Mit NBT (NetBIOS over TCP/IP) können NetBIOS-Namen über ein Internetz verbreitet werden (der NetBIOS Namensdienst – UDP Port 137). Die meisten Netzwerke benötigen nur einen WINS-Server. Das wird durch die Fähigkeit von WINS-Servern ermöglicht, Informationen mit anderen WINS-Servern auszutauschen (auch WINS-Replikation genannt). Mehr hierzu erfahren Sie in Kapitel 11, »DHCP«.

WINS ist Microsofts Implementation eines NetBIOS-Name-Servers. Unter NT 4 kann WINS jedoch mit DNS zusammenarbeiten. Dadurch kann Ihre Firma selbst im Internet auftreten und WINS und DNS einsetzen, um den lokalen Namensbereich zu verwalten.

8.1.7 DNS-Server

Wie bereits erwähnt, ist die Integration eines DNS-Dienstes in Windows NT neu. Der DNS-Server, der im Lieferumfang von Windows NT Server enthalten ist, ist sehr flexibel und leicht zu bedienen. Sie können mit diesem Dienst andere Computer im Netzwerk finden, wenn Sie nicht mit NetBIOS arbeiten.

DNS wird in Kapitel 15, »Der Microsoft DNS-Server«, ausführlicher besprochen. Sie erfahren dort, wie der DNS-Server installiert und konfiguriert wird und wie interne und externe Clients bedient werden können.

8.2 RFCs, die Microsofts Implementation von TCP/IP beinhalten

Microsoft bietet bereits seit dem LAN-Manager Unterstützung für TCP/IP an. TCP/IP wurde immer dann eingesetzt, wenn NetBEUI, das kein Routing erlaubt, nicht funktional war. TCP/IP ist für DOS-, Windows 3.x-, Windows for Workgroups 3.1x-, Windows 95- und Windows NT Workstation-Clients verfügbar. Es gibt sogar einen Client, der unter OS/2 eingesetzt werden kann.

Tabelle 8.1 faßt die wesentlichen RFCs zusammen, die Microsofts Implementation der TCP/IP-Unterstützung beinhalten.

Tabelle 8.1
RFCs, die von Microsofts TCP/IP-Implementation unterstützt werden

RFC	Titel
768	User Datagram Protocol (UDP)
783	Trivial File Transfer Protocol revision 2 (TFTP) 791 Internet Protocol (IP)
792	Internet Control Message Protocol (ICMP)
793	Transmission Control Protocol (TCP)
816	Fault Isolation and Recovery
826	Ethernet Address Resolution Protocol (ARP)
854	Telnet Protocol (TELNET)
862	Echo Protocol (ECHO)
863	Discard Protocol (DISCARD)
864	Character Generator Protocol (CHARGEN)
865	Quote of the Day Protocol (QUOTE)
867	Daytime Protocol (DAYTIME)
894	Transmission of IP Datagrams over Ethernet
919	Broadcasting Internet Datagrams
922	Broadcasting Internet Datagrams in the Presence of Subnets
959	File Transfer Protocol (FTP)
1001, 1002	NetBIOS Service on a TCP/UDP Transport: Concepts, Methods, and Specifications
1034, 1035	Domain Name System

Kapitel 8 Die Dienste von Microsoft-TCP/IP

RFC	Titel
1042	Transmission of IP Datagrams over IEEE 802 Networks (SNAP)
1055	Transmission of IP Datagrams over Serial Lines: SLIP
1112	Host Extensions for IP Multicasting
1122	Requirements for Internet Host Communication Layers
1123	Requirements for Internet Host Application and Support
1134	Point-to-Point Protocol (PPP)
1144	Compressing TCP/IP Headers for Low-Speed Serial Links
1157	Simple Network Management Protocol (SNMP)
1179	Line Printer Daemon Protocol
1188	Transmission of IP Datagrams over FDDI
1191	Path MDU Discovery
1201	Transmitting IP Traffic over ARCNET Networks
1231	IEEE 802.5 Token Ring MIB
1332	PPP Internet Protocol Control Protocol (IPCP)
1334	PPP Authentication Protocols
1518	An Architecture for IP Address Allocation with CIDR
1519	Classless Inter-Domain Routing CIDR: An Address Assignment and Aggregation Strategy
1533	DHCP Options and BOOTP Vendor Extensions
1534	Interoperability between DHCP and BOOTP
1541	Dynamic Host Configuration Protocol (DHCP)
1542	Clarifications and Extensions for the Bootstrap Protocol (BOOTP)
1547	Requirements for an Internet Standard Point-to-Point Protocol (PPP)
1548	Point-to-Point Protocol (PPP)
1549	PPP in High-Level Data Link Control (HDLC) Framing
1552	PPP Internetwork Packet Exchange Control Protocol (IPXCP)
1553	Compressing IPX Headers over WAN Media
1570	PPP Link Control Protocol (LCP) Extensions
Draft	NetBIOS Frame Control Protocol (NBFCP)
Draft	PPP over ISDN
Draft	PPP over X.25
Draft	Compression Control Protocol

8.3 Microsoft TCP/IP installieren

Wenn Sie Windows NT installiert haben, werden Sie sich bereits daran gewöhnt haben, daß die Installation allgemein sehr einfach ist. Das trifft auch für die Installation von TCP/IP zu. Alle Prozeduren, die dafür erforderlich sind, werden über die Netzwerkeinstellungen in der Systemsteuerung auf einer grafischen Benutzeroberfläche ausgeführt.

8.3.1 Das Dialogfeld NETZWERK

Die Installation und Konfiguration von TCP/IP erfolgt über das Dienstprogramm NETZWERK, das in der Systemsteuerung enthalten ist. Weil dieses Dienstprogramm bei der Konfiguration von TCP/IP unter Windows NT so wichtig ist, wird es in diesem Kapitel im Detail betrachtet.

Bild 8.1 zeigt die Registerkarte IDENTIFIKATION im Dialogfeld NETZWERK, nachdem das Dialogfeld geöffnet wurde. Nehmen Sie sich nun die Zeit, die einzelnen Registerkarten etwas genauer zu betrachten.

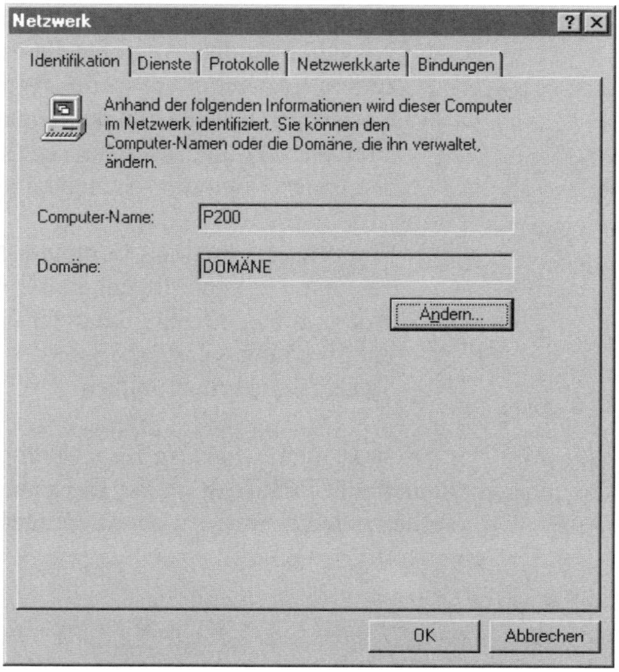

Abbildung 8.1

Die Registerkarte IDENTIFIKATION im Dialogfeld NETZWERK

Die Registerkarte IDENTIFIKATION

Die Registerkarte IDENTIFIKATION enthält zwei unbedingt erforderliche Angaben, die Sie machen müssen, bevor sich der Computer erfolgreich bei einer Windows NT-Domäne anmelden kann (siehe Bild 8.1).

Im Textfeld COMPUTER-NAME geben Sie den NetBIOS-Namen des Computers an. Der NetBIOS-Name ist der eigentliche Name eines Computers im Windows NT-Netzwerk und wird benutzt, um den Computer anzusprechen, ihm den Nachrichtenempfang zu ermöglichen und die Anmeldung des Computers bei einer Netzwerk-Domäne zuzulassen.

Das Textfeld DOMÄNE kennzeichnet, zu welcher Domäne dieser Computer versucht, Verbindung aufzunehmen, wenn er sich beim Netzwerk anmeldet.

Über die Schaltfläche ÄNDERN öffnet sich das Dialogfeld IDENTIFIKATIONSÄNDERUNGEN. In diesem Dialogfeld können Sie den Computer- und den Domänennamen ändern. Bedenken Sie jedoch folgendes:

- ▶ Ein Windows NT-Computer kann von einer Domäne nicht verwaltet werden, wenn für diesen Computer kein Benutzerkonto eingerichtet wurde. Wenn Sie den Computer-Namen verändern, kann der Computer erst wieder von der Domäne verwaltet werden, nachdem ein Benutzerkonto für den neuen Computer-Namen eingerichtet wurde.

- ▶ Eine Veränderung des Computer-Namens bewirkt, daß alle geteilten Verknüpfungen, die für den Computer bestehen, unterbrochen werden. Benutzer können dann z.B. die Verknüpfung mit Verzeichnissen oder Druckern dieses Systems nicht mehr nutzen.

Der Name, den Sie als NetBIOS-Computer-Name angeben, dient als TCP/IP-Host-Name. Er ist auf 15 Zeichen begrenzt und sollte keine Leerzeichen oder Sonderzeichen enthalten.

Die Registerkarte Dienste

Die Netzwerkdienste erweitern den Funktionsumfang von Windows NT in verschiedener Hinsicht. In späteren Kapiteln werden Sie die Registerkarte DIENSTE nutzen, um verschiedene Dienste wie z.B. DHCP, WINS und IIS (siehe Bild 8.2) zu verwalten oder hinzuzufügen.

Abbildung 8.2

Die Registerkarte Dienste

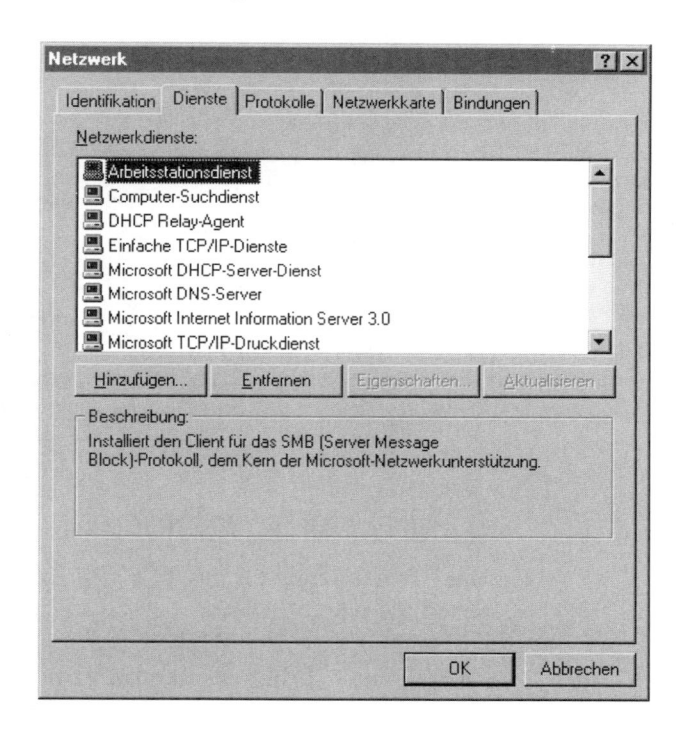

Die Dienste werden ähnlich wie Protokolle verwaltet, und die einzelnen Prozeduren werden in den entsprechenden Kapiteln beschrieben.

Die Registerkarte Protokolle

Wie in Kapitel 2 beschrieben, können Sie unter Windows NT mehrere verschiedene Protokolle auf einem Computer installieren. Über die Registerkarte PROTOKOLLE in den Netzwerkeinstellungen können Sie Netzwerkprotokolle installieren, entfernen und konfigurieren. Die Registerkarte wird ähnlich bedient wie die Registerkarte NETZWERKKARTE. Bild 8.3 zeigt die Registerkarte PROTOKOLLE, nachdem TCP/IP installiert wurde.

Abbildung 8.3

Die Registerkarte Protokolle

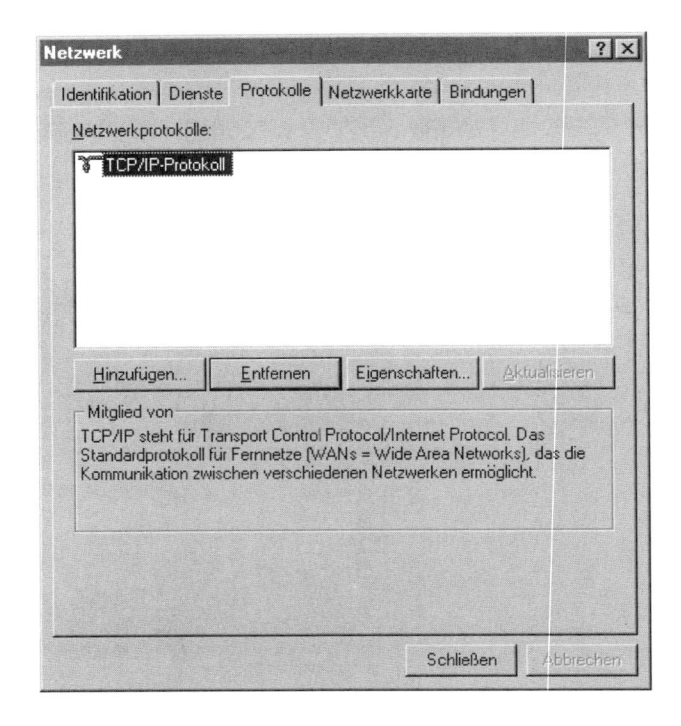

TCP/IP-Protokoll installieren

Um Unterstützung für das TCP/IP-Protokoll zu installieren, gehen Sie wie folgt vor:

1. Klicken Sie auf der Registerkarte PROTOKOLLE auf die Schaltfläche HINZUFÜGEN, um das Dialogfeld AUSWAHL: NETZWERKPROTOKOLLE zu öffnen.

2. Wählen Sie in der Liste der Netzwerkprotokolle das TCP/IP-Protokoll aus, und klicken Sie auf OK.

3. Im nächsten Dialogfeld werden Sie gefragt, ob Sie DHCP nutzen wollen. Wenn diesem Computer eine IP-Adresse vom DHCP zugewiesen werden soll, wählen Sie JA. Wenn der Computer jedoch mit einer statischen IP-Adresse konfiguriert werden soll, wählen Sie die Schaltfläche NEIN.

4. Geben Sie als nächstes den Pfad an, in dem das Setup die Treiber-Dateien finden kann.

5. Wählen Sie die Schaltfläche SCHLIESSEN, um das Dialogfeld NETZWERK zu verlassen. Nachdem die Bindungen neu berechnet worden sind, öffnet das Setup das Dialogfeld EIGENSCHAFTEN VON MICROSOFT TCP/IP, das zunächst keine Angaben enthält.

6. Wenn mehr als eine Netzwerkkarte installiert wurde, bestimmen Sie zunächst im Listenfeld NETZWERKKARTE, welche Netzwerkkarte Sie konfigurieren wollen.

7. Wenn dieser Computer seine Adresse von einem DHCP-Server erhalten soll, wählen Sie die Option IP-ADRESSE VON EINEM DHCP-SERVER BEZIEHEN.

8. Wenn dieser Computer mit einer statischen Adresse konfiguriert wird, klicken Sie auf die Option IP-ADRESSE ANGEBEN und füllen die folgenden Felder aus:
   IP-ADRESSE (obligatorisch)
   SUBNET MASK (Obligatorisch. Das Setup schlägt die Standard-Subnet-Mask für die von Ihnen eingegebene IP-Adresse vor)
   STANDARD-GATEWAY (optional)

9. Wählen Sie die Schaltfläche OK, und starten Sie Ihren Computer neu, um die Einstellungen zu aktivieren.

Beachten Sie, daß doppelt vorhandene IP-Adressen in Ihrem Netzwerk einen großen Schaden anrichten können. Deshalb suchen Microsoft TCP/IP-Clients automatisch nach doppelt vorhandenen Adressen (natürlich nur im lokalen Teilnetzwerk). Wenn Sie versuchen, einen Client über eine IP-Adresse in das Netzwerk einzubinden, die bereits vergeben ist, erhalten Sie eine Fehlermeldung, und TCP/IP wird auf dem Client, den Sie hinzufügen, deaktiviert. Der Client, der augenblicklich die IP-Adresse nutzt, empfängt ebenfalls eine Fehlermeldung, obwohl er weiterhin funktioniert.

> Microsoft TCP/IP entdeckt doppelt vorhandene IP-Adressen nur in lokalen Teilnetzwerken. Das liegt daran, daß ARP eingesetzt wird, um die Duplikate zu ermitteln. Da ARP aufgrund seines Designs keine Router überqueren kann, können nur lokale Duplikate entdeckt werden.

Die Einstellungen des TCP/IP-Protokolls verändern

Um die TCP/IP-Einstellungen zu verändern, gehen Sie wie folgt vor:

1. Markieren Sie in der Registerkarte PROTOKOLLE des Dialogfelds NETZWERK den Eintrag TCP/IP-PROTOKOLL.

2. Wählen Sie die Schaltfläche EIGENSCHAFTEN, um das Dialogfeld EIGENSCHAFTEN VON MICROSOFT TCP/IP zu öffnen.

3. Nehmen Sie die gewünschten Änderungen vor, und wählen Sie anschließend die Schaltfläche OK.

4. Starten Sie den Computer neu, um die Veränderungen zu aktivieren.

TCP/IP-Protokolle entfernen

Um TCP/IP-Protokolle zu deinstallieren, wählen Sie den Eintrag TCP/IP-PROTOKOLL in der Registerkarte PROTOKOLLE des Dialogfelds NETZWERK und wählen anschließend die Schaltfläche ENTFERNEN. Starten Sie den Computer neu, um die Änderungen wirksam werden zu lassen. Bevor Sie ein Protokoll entfernen, sollten Sie sicherstellen, daß daurch keine bestehenden Netzwerkverbindungen zerstört werden.

Die Registerkarte NETZWERKKARTE

Die Registerkarte NETZWERKKARTE wird eingesetzt, um Netzwerkgeräte hinzuzufügen, zu entfernen und zu konfigurieren. Obwohl Sie in Bild 8.4 nur eine Netzwerkkarte sehen, können Sie Ihren Computer mit mehreren ausstatten, falls dies erforderlich sein sollte. Ein Computer, der als IP-Router eingesetzt wird, muß z. B. mit mindestens zwei Netzwerkkarten konfiguriert werden.

Installieren und konfigurieren Sie die Netzwerkkarte, bevor Sie Windows NT starten. Die meisten neueren Netzwerkkarten lassen sich über eine Software konfigurieren. Weil Windows NT Programme davon abhält, Hardware direkt zu manipulieren, müssen Konfigurationsprogramme in der Regel unter DOS ausgeführt werden. Deshalb können Sie die Einstellungen nicht mehr ändern, nachdem Sie Windows NT gestartet haben.

Microsoft TCP/IP installieren **171**

Abbildung 8.4

Die Registerkarte Netzwerkkarte

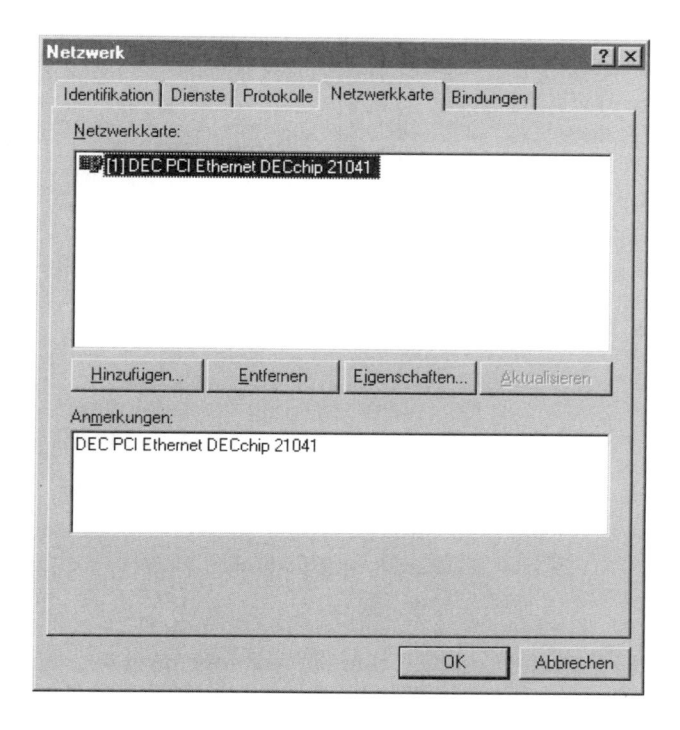

[Screenshot: Dialogfeld "Netzwerk" mit Registerkarte "Netzwerkkarte". Listeneintrag: [1] DEC PCI Ethernet DECchip 21041. Schaltflächen: Hinzufügen, Entfernen, Eigenschaften, Aktualisieren. Anmerkungen: DEC PCI Ethernet DECchip 21041. Schaltflächen OK, Abbrechen.]

Eine Netzwerkkarte einbinden

Um eine Netzwerkkarte in Ihr System einzubinden, gehen Sie wie folgt vor:

1. Klicken Sie auf die Schaltfläche HINZUFÜGEN, um das Dialogfeld AUSWAHL: NETZWERKKARTE zu öffnen.

2. Treffen Sie im Listenfeld NETZWERKKARTE Ihre Wahl, und klicken Sie anschließend auf OK.

> **hinweis**
>
> Falls Ihre Netzwerkkarte nicht in der Liste aufgeführt ist und Sie über eine Herstellerdiskette zu Ihrer Netzwerkkarte verfügen, wählen Sie die Schaltfläche DISKETTE, und folgen der Installationsanleitung für die benötigten Netzwerkkartentreiber.

3. Falls bereits eine Netzwerkkarte installiert ist, die die Treiber bereits benutzt, die Sie gerade installieren wollen, erhalten Sie die folgende Fehlermeldung: EINE NETZWERKKARTE DIESES TYPS IST BEREITS AUF DEM SYSTEM INSTALLIERT. MÖCHTEN SIE FORTSETZEN? Wählen Sie OK, um eine zweite Netzwerkkarte hinzuzufügen.

4. Geben Sie als nächstes die Hardware-Einstellungen für die Netzwerkkarte an, die Sie installieren wollen.

> **Warnung**
>
> Stellen Sie sicher, daß Sie in Schritt 4 die korrekten Einstellungen eingegeben haben. Windows NT überprüft diese Einstellungen nicht immer und kann Ihnen nicht bestätigen, daß die von Ihnen gemachten Angaben korrekt sind. Windows NT kann auch nicht feststellen, ob die von Ihnen vorgenommenen Einstellungen Gerätekonflikte verursachen.

5. Wenn Ihr Computer mit mehr als einem Bus-System ausgestattet ist (z.B. ISA und PCI), werden Sie über ein Dialogfeld aufgefordert, den Bus zu nennen, an dem die Netzwerkkarte installiert wurde. Wählen Sie als erstes den Bustyp. Wenn Ihr Computer mit mehr als einem Bus dieses Typs ausgestattet ist, müssen Sie noch eine Bus-Nummer angeben.

6. Geben Sie, wenn Sie dazu über ein Dialogfeld aufgefordert werden, an, wo das Setup die Treiberdateien finden kann. Bei Intel-x86-Computern befinden sich die Dateien im Verzeichnis \I386 auf dem Installationsmedium (also z.B. D:\I386).

7. Geben Sie anschließend bei der entsprechenden Aufforderung an, den Computer neu zu starten, um die Treiber der Netzwerkkarte zu aktivieren.

Wenn Sie PCI-Netzwerkkarten installieren, unterscheidet sich die Installationsprozedur in Details möglicherweise von der allgemeinen Prozedur, die soeben beschrieben wurde. PCI-Netzwerkkarten werden normalerweise automatisch konfiguriert, und es müssen keine Hardwareeinstellungen vorgenommen werden. Möglicherweise haben die Setup-Routinen der verschiedenen Treiber auch besondere Merkmale. Die Setup-Software für die Netzwerkkarte Intel EtherExpress Pro/100B z.B. erkennt alle installierten Karten und zeigt diese an. Sie können so auswählen, welche Karte Sie konfigurieren wollen. Weitere Details finden Sie in der Produktdokumentation Ihrer Hardware.

Die Eigenschaften einer Netzwerkkarte ändern

Um die Einstellungen einer installierten Netzwerkkarte zu ändern, gehen Sie wie folgt vor:

1. Wählen Sie im Listenfeld NETZWERKKARTE eine Karte aus.

2. Wählen Sie die Schaltfläche EIGENSCHAFTEN, um das gleichnamige Dialogfeld zu öffnen, in dem Sie die Hardware-Einstellungen der Netzwerkkarte verändern können.

3. Starten Sie den Computer neu, wenn Sie dazu aufgefordert werden, um die Änderungen wirksam werden zu lassen.

Eine Netzwerkkarte entfernen

Um eine Netzwerkkarte zu entfernen, markieren Sie diese und wählen die Schaltfläche ENTFERNEN. Starten Sie den Computer neu, um die Änderungen wirksam werden zu lassen. Bevor Sie eine Netzwerkkarte entfernen, sollten Sie jedoch sicherstellen, daß Sie keine bestehende Netzwerkkommunikation zerstören.

Die Registerkarte BINDUNGEN

Eine Verbindung, die die Kommunikation zwischen zwei Netzwerktreibern aufbaut, ist eine »Bindung«. Wenn TCP/IP konfiguriert wird, um mit einer bestimmten Netzwerkkarte zu kommunizieren, wird eine Bindung zwischen TCP/IP und der Netzwerkkarte aufgebaut.

Bindungen werden über die gleichnamige Registerkarte im Dialogfeld NETZWERK eingerichtet und verwaltet. Die Anzeige der Verbindungen wird durch das Feld ANZEIGE DER BINDUNGEN FÜR: beeinflußt, das die Werte ALLE DIENSTE, ALLE PROTOKOLLE und ALLE NETZWERKKARTEN annehmen kann.

Die Reihenfolge, in der die Protokolle aufgeführt werden, ist wichtig, weil sie die Reihenfolge festlegt, in der NT die verfügbaren Protokolle durchsucht, um Informationen im Netzwerk zu suchen. Von besonderer Bedeutung ist die Folge, in der Suchdienste befragt werden.

Angenommen, in Ihrem Netzwerk sind verschiedene Konfigurationen vorhanden. Einige Computer werden mit NetBEUI konfiguriert, andere mit TCP/IP und manche mit beiden Protokollen. Wenn Sie mit einem Computer arbeiten, der sowohl mit NetBEUI als auch mit TCP/IP konfiguriert ist, legt die Reihenfolge der Bindungen fest, ob Sie beim Versuch, das Netzwerk zu durchsuchen, zuerst den NetBEUI- oder den TCP/IP-Suchdienst konsultieren. Wenn das Protokoll, das Sie am häufigsten einsetzen, ganz oben in die Liste der Bindungen gesetzt wird, kann die Zeit, die durchschnittlich für die Verbindung benötigt wird, reduziert werden. Wenn Sie TCP/IP und NetBEUI einsetzen, auf TCP/IP aber selten zugreifen, sollten Sie NetBEUI an den Anfang der Liste setzen. Eine mangelhaft angepaßte Bindungsreihenfolge kann die Leistungsfähigkeit des Systems beeinträchtigen. In extremen Fällen kann bei der Suche eine Zeitüberschreitung eintreten, bevor der passende Suchdienst gefunden werden konnte.

Wenn Sie in Ihrem Netzwerk hauptsächlich TCP/IP nutzen, werden Sie vermutlich Aufgaben wie die Namensauswertung über TCP/IP statt über NetBEUI oder NWLink durchführen lassen wollen. Um die Bindungspriorität für TCP/IP zu erhöhen, öffnen Sie die Bindungen unter dem ARBEITSSTATIONSDIENST und wählen ein Protokoll. Klicken Sie dann auf die Schaltfläche NACH OBEN oder NACH UNTEN, um die Position des Protokolls in der Reihenfolge der Bindungen anzupassen.

Sie können die Registerkarte BINDUNGEN nutzen, um Bindungen zu deaktivieren, die augenblicklich nicht benötigt werden. Wenn Sie z.B. mehrere Netzwerkkarten installiert haben, aber eine davon nicht nutzen, können Sie die Speicherauslastung reduzieren, indem Sie die nicht benutzte Netzwerkkarte deaktivieren. Markieren Sie einfach den Eintrag für die Netzwerkkarte, und wählen Sie die Schaltfläche DEAKTIVIEREN. Eine deaktivierte Netzwerkkarte aktivieren Sie über die gleichnamige Schaltfläche.

> **hinweis** Wenn eine Netzwerkkarte nicht mehr benötigt wird, sollten Sie diese entfernen. Netzwerkkarten werden normalerweise nur deaktiviert, um ein Teilnetz eine bestimmte Zeit herunterzufahren.

8.3.2 Die TCP/IP-Konfiguration testen

Wenn Sie die Dienstprogramme für TCP/IP-Verbindungen installieren, stehen Ihnen auch Werkzeuge zur Fehlersuche zur Verfügung. Zwei dieser Dienstprogramme, `ping` und `ipconfig`, sind sehr nützlich, um die Netzwerkverbindungen von TCP/IP-Hosts zu prüfen. Sie werden im Zusammenhang mit dem einfachen Netzwerk in Bild 8.5 illustriert. Das Netzwerk besteht aus zwei Hosts mit den IP-Adressen 128.1.0.1 und 128.1.0.2.

Abbildung 8.5

Ein Beispiel für ein Netzwerk

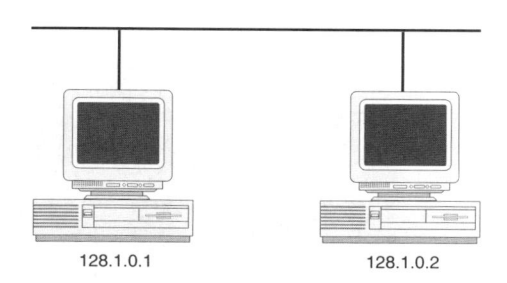

ping nutzen

`ping` (Packet Internet Groper) wird eingesetzt, um die Verbindung zwischen zwei Hosts zu überprüfen, indem ICMP-Echopakete an die angegebene IP-Adresse gesendet werden. `ping` wartet bei jedem versandten Paket bis zu einer Sekunde, und berichtet anschließend, wie viele Pakete gesendet und empfangen wurden. Als Standard sendet `ping` vier Echo-Pakete, die jeweils 32 Byte Daten enthalten.

Bild 8.6 zeigt das Ergebnis eines erfolgreichen und eines erfolglosen Versuchs des Verbindungsaufbaus zu einem Host. Wenn der Host nicht antwortet, gibt `ping` die Nachricht »Zeitüberschreitung der Anforderung« aus.

Abbildung 8.6

Das Ergebnis des Verbindungsaufbaus mit ping

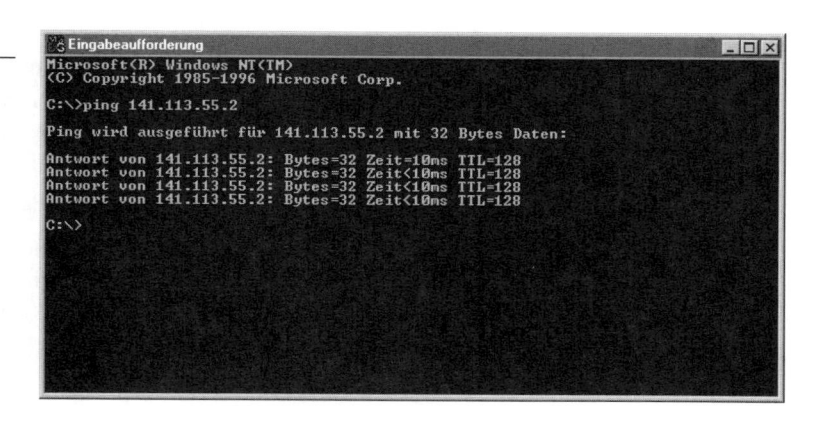

```
Microsoft(R) Windows NT(TM)
(C) Copyright 1985-1996 Microsoft Corp.

C:\>ping 141.113.55.2

Ping wird ausgeführt für 141.113.55.2 mit 32 Bytes Daten:

Antwort von 141.113.55.2: Bytes=32 Zeit=10ms TTL=128
Antwort von 141.113.55.2: Bytes=32 Zeit<10ms TTL=128
Antwort von 141.113.55.2: Bytes=32 Zeit<10ms TTL=128
Antwort von 141.113.55.2: Bytes=32 Zeit<10ms TTL=128

C:\>
```

Wie in Kapitel 1, »Einführung in TCP/IP«, beschrieben, ist die Netzwerkkennung 127 für Diagnosefunktionen reserviert. Sie werden auf eine Spezialadresse namens Loopback-Adresse stoßen, die sich auf jede gültige Adresse mit einer Netzwerk-Kennung von 127 bezieht. Die Netzwerkkarte sendet alle Pakete, die an die Loopback-Adresse geschickt wurden, zurück, ohne sie in das Netzwerk eintreten zu lassen. Wenn Sie mit `ping` eine Verbindung zur Loopback-Adresse aufnehmen, wird die Konfiguration der lokalen TCP/IP-Schnittstelle getestet. Bild 8.7 demonstriert, wie das aussieht.

Abbildung 8.7

Über ping Verbindung mit der Loopback-Adresse aufnehmen

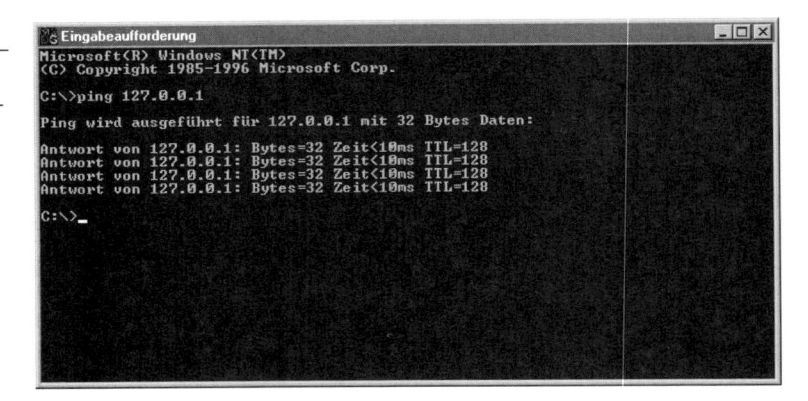

```
Microsoft(R) Windows NT(TM)
(C) Copyright 1985-1996 Microsoft Corp.

C:\>ping 127.0.0.1

Ping wird ausgeführt für 127.0.0.1 mit 32 Bytes Daten:

Antwort von 127.0.0.1: Bytes=32 Zeit<10ms TTL=128
Antwort von 127.0.0.1: Bytes=32 Zeit<10ms TTL=128
Antwort von 127.0.0.1: Bytes=32 Zeit<10ms TTL=128
Antwort von 127.0.0.1: Bytes=32 Zeit<10ms TTL=128

C:\>
```

Wenn Sie einen TCP/IP-Computer in ein Netzwerk integrieren, sollten Sie diesen unbedingt mit `ping` testen. Gehen Sie dazu wie folgt vor:

1. Wählen Sie mit `ping` die Loopback-Adresse 127.0.0.1 an. (Damit stellen Sie sicher, daß das Protokoll eingerichtet ist und korrekt funktioniert.)

2. Wählen Sie mit `ping` die IP-Adresse des Hosts an. (Damit wird die Bindung zwischen dem Protokoll und der Netzwerkkarte getestet.)

3. Wählen Sie mit `ping` andere Hosts im Netzwerk an, und zwar insbesondere Server, mit denen der Host Verbindung aufnehmen wird. (Damit überprüfen Sie, daß Sie mit dem lokalen Netzwerk verbunden sind, und daß Ihre Subnet Mask nicht zu restriktiv ist, d.h. zu wenig Bits verwendet.)

4. Versuchen Sie, mit `ping` Verbindung in anderen Netzwerken aufzunehmen. (Damit prüfen Sie, ob Sie den Router nutzen können und ob Ihre Subnet Mask nicht zu weit geöffnet ist und zu wenig Bits benutzt.)

Microsoft TCP/IP installieren

> **hinweis**
>
> `ping` kann IP-Adressen oder DNS-Host-Namen verarbeiten. Wenn Sie zu einem Host Verbindung über dessen IP-Adresse aufnehmen können, besteht ein Problem der Namensauswertung (siehe Bild 8.8).

Abbildung 8.8

Einen Host-Namen für ping einsetzen

```
Eingabeaufforderung
Microsoft(R) Windows NT(TM)
(C) Copyright 1985-1996 Microsoft Corp.

C:\>ping www.mut.com

PING wird ausgeführt für www.mut.com [193.247.45.35] mit 32 Bytes Daten:
Antwort von 193.247.45.35: Bytes=32 Zeit=360ms TTL=238
Antwort von 193.247.45.35: Bytes=32 Zeit=551ms TTL=238
Antwort von 193.247.45.35: Bytes=32 Zeit=460ms TTL=238
Antwort von 193.247.45.35: Bytes=32 Zeit=521ms TTL=238

C:\>
```

Nachfolgend sehen Sie eine Liste der optionalen Argumente von `ping`:

```
Syntax: ping [-t] [-a] [-n Anzahl] [-l Größe]
        [-f] [-i TTL] [-v TOS] [-r Anzahl]
        [-s Anzahl] [[-j Host-Liste] |
        [-k Host-Liste]] [-w Timeout]
        Zielliste
Optionen:
    -t              Sendet fortlaufend ping-Signale
                    zum angegebenen Host
    -a              Adressen zu Host-Namen auswerten
    -n Anzahl       Anzahl zu sendender Echo-
                    Anforderungen
    -l Länge        Pufferlänge zu senden
    -f              Flag für "Don't Fragment"
                    setzen.
    -i TTL          Time To Live
    -v TOS          Type Of Service
    -r Anzahl       Route für Anzahl Hops
                    aufzeichnen
    -s Anzahl       Zeiteintrag für Anzahl
                    Abschnitte (Hops)
    -j Host-Liste   "Loose Source Route" gemäß
                    Host-Liste
    -k Host-Liste   "Strict Source Route" gemäßt
                    Host-Liste
    -w Timeout      Timeout in Millisekunden für
                    eine Antwort
```

ipconfig einsetzen

Das Dienstprogramm `ipconfig` zeigt die TCP/IP-Einstellungen eines Hosts an. Bild 8.9 zeigt die Ausgabe des Befehls `ipconfig /all`, mit dem alle Details der TCP/IP-Konfiguration eines Hosts angezeigt werden. Dieses Dienstprogramm ist sehr nützlich, wenn der Host Adreßinformationen dynamisch von DHCP bezieht.

Abbildung 8.9

Ausgabe des Befehls ipconfig /all

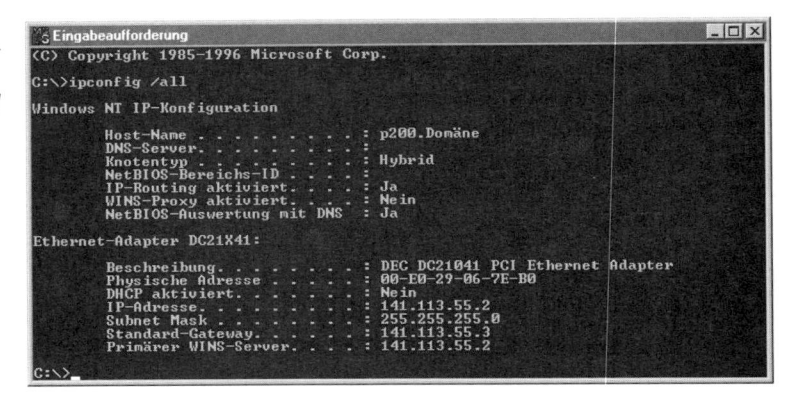

```
Eingabeaufforderung
(C) Copyright 1985-1996 Microsoft Corp.

C:\>ipconfig /all

Windows NT IP-Konfiguration

        Host-Name . . . . . . . . . . : p200.Domäne
        DNS-Server. . . . . . . . . . :
        Knotentyp . . . . . . . . . . : Hybrid
        NetBIOS-Bereichs-ID . . . . . :
        IP-Routing aktiviert. . . . . : Ja
        WINS-Proxy aktiviert. . . . . : Nein
        NetBIOS-Auswertung mit DNS    : Ja

Ethernet-Adapter DC21X41:

        Beschreibung. . . . . . . . . : DEC DC21041 PCI Ethernet Adapter
        Physische Adresse . . . . . . : 00-E0-29-06-7E-B0
        DHCP aktiviert. . . . . . . . : Nein
        IP-Adresse. . . . . . . . . . : 141.113.55.2
        Subnet Mask . . . . . . . . . : 255.255.255.0
        Standard-Gateway. . . . . . . : 141.113.55.3
        Primärer WINS-Server. . . . . : 141.113.55.2

C:\>
```

Die folgende Liste zeigt die Optionen von `ipconfig`.

```
Windows NT IP Configuration
Syntax: ipconfig [/? | /all | /release [adapter] | /renew
[adapter]]
    /?      Zeigt diesen Hilfetext an
    /all    Zeigt vollständige
            Konfigurationsinformation an
    /release Gibt die IP-Adresse für den
            angegebenen Adapter frei
    /renew  Erneuert die IP-Adresse für den
            angegebenen Adapter
Standardmäßig wird nur die IP-Adresse, die Subnet Mask und das
Standard-Gateway für jeden an TCP/IP gebundenen Adapter
angezeigt.

Wird bei /RELEASE oder /RENEW kein Adaptername angegeben, so
werden die IP-Adressen aller an TCP/IP gebundenen Adapter
freigegeben oder erneuert.
```

Windows 95 enthält statt `ipconfig` ein GUI-Dienstprogramm namens WINIPCFG. (Die Befehlsversion in Windows NT 4 bietet Ihnen die Möglichkeit, das Programm in Skripts und Befehlsdateien einzusetzen.) Um WINIPCFG zu starten, öffnen Sie das START-Menü, wählen den Menübefehl AUSFÜHREN und geben WINIPCFG in das Textfeld ÖFFNEN des Dialogfelds AUSFÜHREN ein.

8.3.3 Überblick über die Eigenschaften von Microsoft TCP/IP

Sie haben bereits einige Eigenschaften des TCP/IP-Protokolls kennengelernt, wie z. B. IP-Adressen und Subnet Masks. In späteren Kapiteln werden Sie weitere Eigenschaften genauer untersuchen. Nun sollten Sie die Optionen rasch durchschauen.

Um die Microsoft TCP/IP-Eigenschaften einzusehen, öffnen Sie über die Systemsteuerung das Dialogfeld NETZWERK, aktivieren die Registerkarte PROTOKOLLE, wählen das TCP/IP-Protokoll aus der Liste der Netzwerkprotokolle und wählen die Schaltfläche EIGENSCHAFTEN.

Eigenschaften der IP-Adresse

Die erste Registerkarte, die Sie im Dialogfeld EIGENSCHAFTEN VON MICROSOFT TCP/IP sehen, ist die Registerkarte IP-ADRESSE (siehe Bild 8.10). Die folgende Liste beschreibt die Einträge:

- **Netzwerkkarte.** Bei Hosts, die mit mehreren Netzwerkkarten ausgestattet sind, können Sie die Schnittstelle wählen, die Sie konfigurieren wollen.

- **IP-Adresse von einem DHCP-Server beziehen:** Dieses Optionsfeld macht den Host zum DHCP-Client.

- **IP-Adresse angeben:** Dieses Optionsfeld erlaubt die manuelle Adressierung und aktiviert die drei Adreßfelder.

- **IP-Adresse:** Wenn die manuelle Adressierung aktiviert ist, müssen Sie die IP-Adresse des Hosts in diesem Feld angeben.

► **Subnet Mask:** Wenn die manuelle Adressierung aktiviert ist, müssen Sie die Subnet-Mask-Nummer in dieses Feld eingeben. Hosts, die zum gleichen Netzwerk gehören, müssen alle mit der gleichen Subnet Mask konfiguriert werden.

► **Standard-Gateway.** Dieses Feld ist optional und legt die Standardadresse des Routers fest. Dieses Feld benötigen Sie, wenn Sie eine Verbindung zu Hosts aus anderen Netzwerken aufnehmen möchten.

Abbildung 8.10

Die Registerkarte IP-Adresse

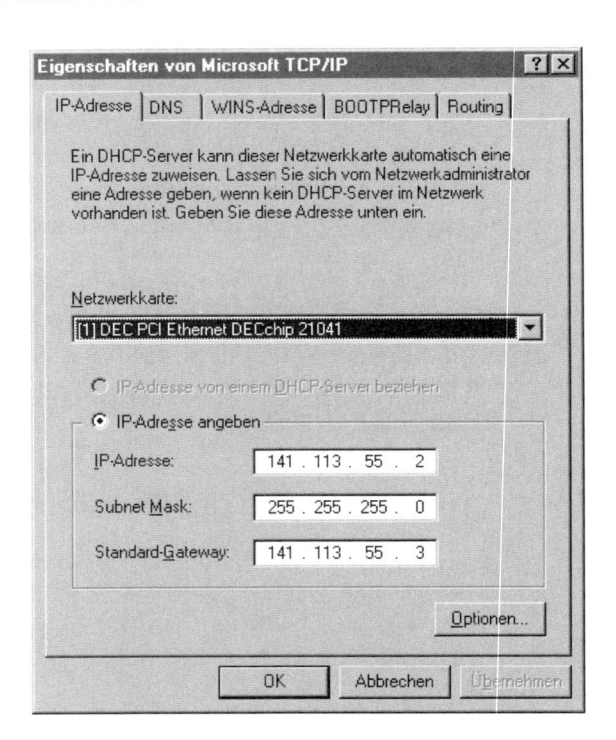

DNS-Eigenschaften

Wie in Kapitel 3, »Die Anwendungsschicht«, beschrieben, umfaßt der DNS im wesentlichen die Auswertung des Host-Namens in eine aktuelle IP-Adresse, damit das System herausfinden kann, ob die Adresse lokal oder entfernt ist und die Adresse in eine MAC-Adresse aufgelöst werden kann. Dies ist eine der Methoden, um die Namen aufzulösen. Damit können in erster Linie Namen für Dienstprogramme aufgelöst werden, die die WinSock-API einsetzen, d.h. keine NetBIOS-Namen (siehe Bild 8.11).

Abbildung 8.11

Die Registerkarte DNS

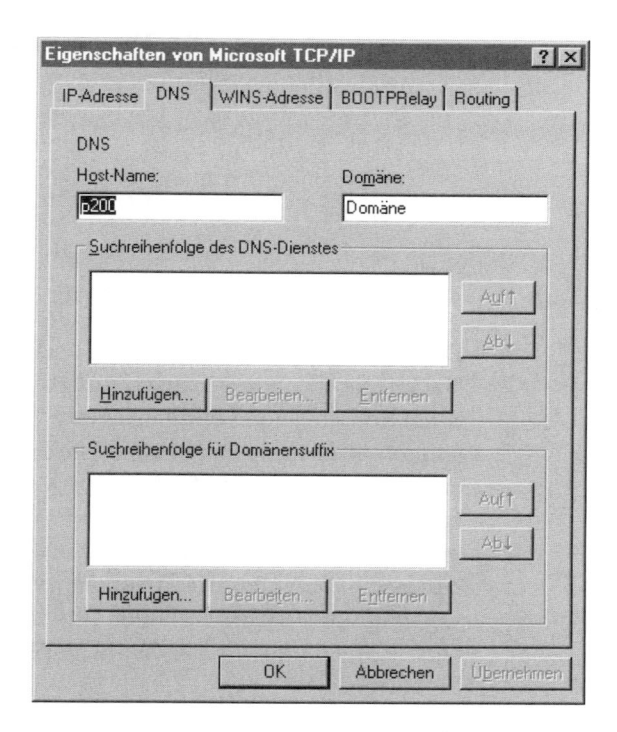

Die folgende Liste beschreibt kurz die Felder der Registerkarte und deren Zweck:

- **Host Name:** Dies ist der Name, mit dem der Host von anderen Hosts adressiert wird. Als Standard entspricht dieser Name dem NetBIOS-Computer-Namen und sollte in den meisten Fällen auch so belassen werden.

- **Domäne:** Dies ist keine Windows NT-Domäne, sondern eine, die Ihre Firma im Internet registrieren ließ (z.B. Microsoft.com). Zusammen mit dem Host-Namen ergibt sich darauf der FQDN (vollqualifizierter Domänenname), d.h. der Name, den der Computer im Internet trägt.

- **Suchreihenfolge des DNS-Dienstes:** Dies ist eine Liste von Computern, die einen Domain Name Service ausführen. Dabei wird der vollqualifizierte Domänenname (FQDN) in eine TCP/IP-Adresse umgewandelt. (Mehr hierzu in späteren Kapiteln.)

▶ **Suchreihenfolge für Domänensuffixe:** Um die Suche nach Computern in Ihrer eigenen Domäne zu beschleunigen, können Sie das Domänensuffix eingeben (für die Domäne, die Sie soeben festgelegt haben). Der DNS sucht zuerst in den Domänendateien des Suffixes, das Sie angeben, nach dem Host.

WINS-Adreßeigenschaften

Die Registerkarte WINS-ADRESSE dient dazu, den NetBIOS-Namen für die Namensauswertung zu konfigurieren (siehe Bild 8.12) So, wie auch vollqualifizierte Domänennamen aufgelöst werden müssen, wie z.B. www.newriders.com, benötigen Sie auch eine Möglichkeit, um die anderen NetBIOS-Hosts in Ihrem Netzwerk zu finden. WINS (Windows Internet Naming Service) befähigt Sie dazu. WINS behandelt sogar die dynamischen Adressen, die vom DHCP-Server vergeben werden. (Die Auswertung von NetBIOS-Namen funktioniert anders als die von Host-Namen und wird in den Kapiteln 12 und 15 ausführlicher beschrieben.)

Abbildung 8.12

Die Registerkarte WINS-Adresse

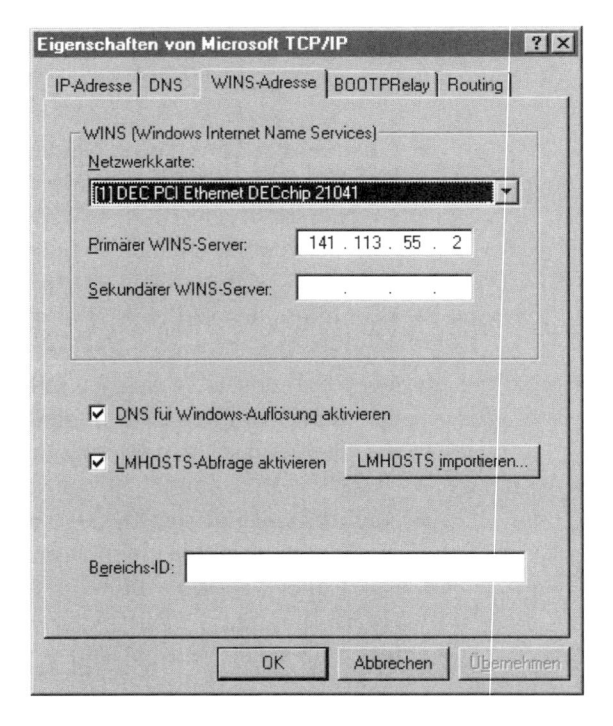

Hier nun eine kurze Auflistung der Elemente der Registerkarte WINS-Adresse:

- **Netzwerkkarte:** Jede Netzwerkkarte des Computers kann einen anderen WINS-Server benutzen. Das ist nicht ungewöhnlich.

- **Primärer WINS-Server:** WINS-Server werden über ihre IP-Adresse identifiziert. Um einen Host zu einem WINS-Client zu machen, geben Sie die IP-Adresse eines WINS-Servers in dieses Feld ein.

- **Sekundärer WINS-Server:** Alle Netzwerke, die mit WINS arbeiten, sollten mit mindestens zwei WINS-Servern konfiguriert werden, um im Falle von Systemversagen Sicherungen verfügbar zu haben. Sie können in diesem Feld die Adresse eines Alternativ-Servers für den Notfall angeben.

- **DNS für Windows-Auflösung aktivieren:** Wenn Sie diese Option aktivieren, wird die Namensauswertung bevorzugt mit diesem Host durchgeführt. Das ist nur dann nützlich, wenn die meisten Host-Computer des Netzwerks Unix oder ein anderes Betriebssystem einsetzen, das nicht von Microsoft stammt.

- **LMHOSTS-Abfrage aktivieren:** Wenn Sie diese Option aktivieren, sucht der Host in den LMHOSTS-Dateien, wenn andere Ressourcen den Namen nicht auflösen können. In Kapitel 12 werden die LMHOSTS-Dateien genauer betrachtet.

- **LMHOSTS importieren:** Wenn Sie bereits eine LMHOSTS-Datei erstellt haben, die zu diesem Netzwerk paßt, können Sie über die Schaltfläche den Pfad auswählen, in dem die Datei gespeichert ist. Standard ist der Pfad C:\WINNT\SYSTEM32\DRIVERS\ETC.

- **Bereichs-ID:** Dieses Feld bleibt normalerweise leer, außer, Sie arbeiten in einem Hochsicherheitsbereich. Bereichs-IDs richten Gruppen ein, die miteinander kommunizieren, wobei nur Hosts, die die gleiche Bereichs-ID haben, über NetBIOS kommunizieren können. Standardmäßig ist dieses Feld leer, und alle Hosts mit einer leeren Bereichs-ID können miteinander kommunizieren. Beachten Sie, daß dies keinen Effekt auf die Kommunikation über Winsock hat.

BOOTRelay-Eigenschaften

Der DHCP-Relay-Agent befähigt einen Windows NT-Server, der sich in einem Teilnetz befindet, dazu, als Vermittler zwischen DHCP-Clients in diesem Teilnetz und einem DHCP-Server in einem anderen Teilnetz zu dienen. Dadurch wird eine automatische IP-Konfiguration ermöglicht, auch wenn der Client normalerweise keine Daten zum DHCP-Server übermitteln kann (siehe Bild 8.13).

Abbildung 8.13

Die Registerkarte BOOTRelay

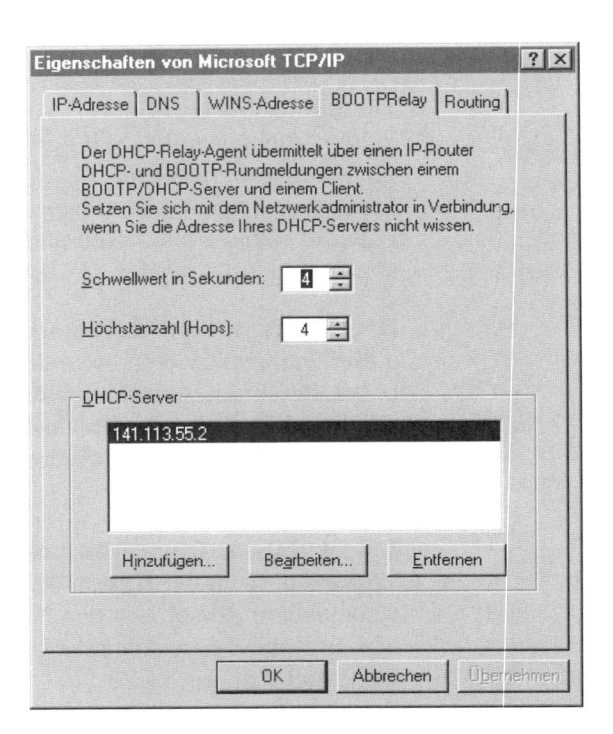

Für den DHCP-Relay-Agent stehen die folgenden Optionen zur Verfügung:

- **Höchstanzahl (Hops):** Die maximale Anzahl an Netzwerken, die durchquert werden kann, um zum DHCP-Server zu gelangen.

- **DHCP-Server:** Die Adresse eines oder mehrerer DHCP-Server.

Routing-Eigenschaften

Die Registerkarte ROUTING enthält nur die Option IP-FORWARDING AKTIVIEREN (siehe Bild 8.14). Wenn Sie diese Option aktivieren, wird ein Windows NT-Computer als IP-Router eingesetzt (siehe die Diskussion im letzten Kapitel unter »Routing«).

Abbildung 8.14

Die Registerkarte Routing

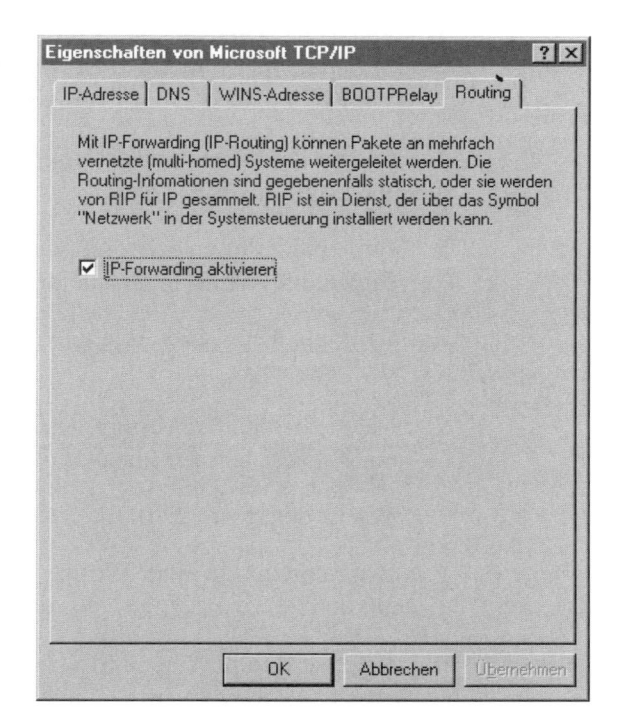

Zusammenfassung

In diesem Kapitel wurden zwei Bereiche berücksichtigt: Die Dienste, die unter Windows NT zur Verfügung stehen und die Installation von TCP/IP unter Windows NT. Die Information über die Dienste stellt eine Einführung zum Rest des Textes dar, wo dann die Dienste komplett beschrieben werden. Der Installationsabschnitt kennzeichnet den Übergang vom theoretischen zum praktischen Teil.

Wiederholungsfragen

1. Nennen Sie drei neue Funktionen von Windows NT 4.

2. Welche anderen mit TCP/IP verwandten Dienste sind in Windows NT enthalten?

3. Welche der Dienste, die in Windows NT enthalten sind, werden hauptsächlich zur Netzwerkverwaltung eingesetzt? Wie werden diese Dienste eingesetzt?

4. Welche Parameter sind erforderlich, damit TCP/IP in einem Intranet funktioniert?

5. Wo verändert man den Computer-Namen und den Host-Namen, und worin unterscheiden sich die beiden?

6. Wie viele Netzwerkkarten unterstützt ein Windows NT-basierter Host?

7. Welche beiden Dienstprogramme können Sie einsetzen, um TCP/IP nach der Installation zu testen?

8. Was ist der Host 127.0.0.1?

9. Wie benutzt man `ping`? Wofür sind die einzelnen Schritte nützlich?

10. Welchen Befehl würden Sie einsetzen, um die IP-Adresse Ihres DNS-Servers anzuzeigen?

11. Wo legt man die IP-Adresse eines WINS-Servers fest?

12. Was können Sie tun, um die DHCP zu aktivieren, wenn Ihr Netzwerk drei Teilnetze aufweist, die über Router verbunden sind, die nicht BOOTP-fähig sind?

Lösungen

1. Windows NT 4 enthält in Bezug auf TCP/IP unter anderem die folgenden neuen Merkmale:
Internet Information Server
Routing Internet Protocol
Domain Name System
DHCP Boot-Relay-Agent

2. LPR, DHCP und WINS.

3. Folgende Dienste werden zur Netzwerkverwaltung eingesetzt:
   DHCP wird benutzt, um Adressen und Host-Konfigurationen dynamisch zuzuweisen.
   DHCP-Boot-Relay bietet DHCP in Netzwerken, die Routing nicht über BOOTP-Anfragen realisieren.
   RIP wird eingesetzt, um Routing-Tabellen in Systemen mit mehreren Hosts einzurichten und zu warten.
   WINS wird verwendet, um Namen dynamisch zu registrieren. Es wird außerdem Namensauswertung ohne Übertragungsverkehr geboten.
   DNS löst die Hostnamen im Netzwerk auf und bietet bei einer Kombination mit WINS ein dynamisches Host-Benennungssystem.

4. Sie benötigen eine IP-Adresse, eine Subnet Mask und ein Standard-Gateway, das für Ihr Teilnetz geeignet ist.

5. Der Computername wird auf der Registerkarte IDENTIFIKATION des Dialogfelds NETZWERK geändert. Der Host-Name wird auf der Registerkarte DNS im Dialogfeld EIGENSCHAFTEN VON MICROSOFT TCP/IP festgelegt. Der Host-Name wird in TCP/IP-Netzwerken eingesetzt und ergibt in Kombination mit einem Internet-Domänennamen einen vollqualifizierten Domänennamen (FQDN). Der Host-Name oder FQDN kann dann in eine TCP/IP-Adresse aufgelöst werden. Der Computer-Name ist NetBIOS vorbehalten und wird von Clients eingesetzt, um Verbindung zu Ihrem System aufzunehmen.

6. Unter Windows NT können Sie beliebig viele Netzwerkkarten einsetzen. Eine Beschränkung besteht lediglich durch die Hardware selbst.

7. Die Dienstprogramme, mit denen TCP/IP getestet werden kann, heißen `ping` und `ipconfig`.

8. Die Host-ID 127.0.0.1 ist der interne Loopback-Adapter, der zum Protokolltest eingesetzt werden kann.

9. Wenn Sie TCP/IP mit `ping` testen wollen, gehen Sie wie folgt vor:

`ping 127.0.0.1`	Damit testen Sie, ob das Protokoll korrekt installiert und initialisiert wurde.
`ping Ihre_IP_Adresse`	Damit prüfen Sie, ob TCP/IP korrekt mit Ihrer Netzwerkkarte verbunden ist.
`ping lokale_Hosts`	Damit stellen Sie fest, ob Sie korrekt mit dem lokalen Netzwerk verbunden sind. Sie verifizieren außerdem, daß Ihre Subnet Mask nicht zu restriktiv ist.
`ping Remote_Hosts`	Damit testen Sie, ob Sie mit dem Router kommunizieren können und ob Ihre Subnet Mask zu offen ist.
`ping Host_Name`	Prüft, ob eine Host-Namensauswertung erfolgt.

10. Der Befehl `ipconfig /all` zeigt alle Informationen zur Konfiguration an, wie z. B. die IP-Adresse Ihres DNS-Servers.

11. Die IP-Adresse eines WINS-Servers wird im Dialogfeld EIGENSCHAFTEN VON MICROSOFT TCP/IP auf der Registerkarte WINS-ADRESSE eingegeben.

12. Der DHCP-Relay-Agent könnte in zwei der drei Teilnetze so konfiguriert werden, daß Informationen für den DHCP-Server direkt an diesen weitergeleitet werden.

Kapitel 9

Der Internet Information Server

Angesichts der Aufmerksamkeit, die das Internet jüngst bei der Industrie genießt, wurde der Publikation von Dokumenten im Web große Bedeutung zugemessen. Durch die Integration des Internet Information Server (IIS) 2.0 hat Microsoft Windows NT 4 so positioniert, daß es bei Web-Servern inzwischen zu den wichtigsten Plattformen gehört. Über das Service Pack 2 für Windows NT 4 wird augenblicklich die Version 3.0 und über das Service Pack 3 die Version 4.0 des Internet Information Server vertrieben.

Wie bereits im letzten Kapitel erwähnt, stellt der IIS einen Baustein dar, auf dem Microsoft viele verschiedene Internet-Werkzeuge aufbauen wird. Es sind bereits zahlreiche Produkte verfügbar, die auf dem IIS basieren. Das wird hauptsächlich durch ISAPI (Internet Server Application Programming Interface) bedingt. Damit können Sie sehr leicht Erweiterungen in den IIS einbinden und Ressourcen teilen.

In diesem Kapitel wird der Internet Information Server 2.0 genauer betrachtet, weil diese Version im Lieferumfang des Windows NT Server 4.0 enthalten ist. Der IIS ist ein robuster und sehr leistungsfähiger Server, der sich aufgrund seiner Erweiterbarkeit und Flexibilität am Markt immer stärker durchsetzen wird. Der IIS 2.0 hat die folgenden Bestandteile:

▶ World Wide Web Server

▶ File Transfer Process (FTP) Server

▶ Gopher Server

In diesem Buch werden nur die Grundlagen der Protokolle besprochen, da dieses Thema Stoff für ein eigenes Buch bietet. Microsoft bietet zu diesem Thema sogar einen eigenen Kurs und eine separate Prüfung an.

Sie können diese Dienste nutzen, um im Internet zu arbeiten. Sie können aber auch eine Internet-Site in einem Intranet einrichten. Intranet-Sites sind in der Regel weniger formal und enthalten Informationen, die nur für den internen Gebrauch bestimmt sind. Eine Site im Internet dagegen kann buchstäblich von der ganzen Welt betrachtet werden. Natürlich sollten Sie beachten, daß Elemente, die für die interne Site bestimmt sind, nicht auf die externe Site gelangen.

In der nun folgenden Beschreibung wird der IIS für den internen Gebrauch eingesetzt. Wenn Sie Informationen im Internet veröffentlichen wollen, sollen Sie zunächst folgendes tun:

1. Richten Sie eine sichere Verbindung zum Internet ein, die am besten eine stabile Firewall enthalten sollte.

2. Beantragen Sie einen Domänennamen, und registrieren Sie sich bei einem DNS-Server.

Möglicherweise kann Ihr Internet Service Provider (ISP, eine Organisation wie z.B. MAZ, Eunet oder Contrib.net) beide Aufgaben für Sie erledigen. Die meisten ISPs unterhalten einen Domänennamensraum für Sie und befreien Sie dadurch von der Pflicht, einen eigenen DNS-Server zu betreiben. (Weitere Informationen hierzu finden Sie in Kapitel 15, »Der Microsoft-DNS-Server«.)

9.1 Den IIS installieren

Der Installationsprozeß kann in die folgenden drei Schritte unterteilt werden:

▶ Vorbereitung der Installation

▶ Installation

▶ Test des IIS

9.1.1 Vorbereitung der Installation

Es muß nur sehr wenig vorbereitet werden. Gehen Sie wie folgt vor:

- ▶ Konfigurieren Sie TCP/IP in den Computern, die im Netz enthalten sind. Wenn Sie eine Firewall einsetzen (und das sollten Sie tun), sollte sich der IIS außerhalb der Firewall befinden. (Eine Firewall ist im wesentlichen ein Router. Die Systeme innerhalb der Firewall benutzen einen Satz Adressen, die sich völlig von den Adressen unterscheiden, die außerhalb verwendet werden. Firewalls können auch verschiedene Ports blockieren, die zu verschiedenen Sites führen.)

- ▶ Legen Sie einen Windows NT-Server fest, der den IIS beherbergen wird. Wenn Sie erwarten, daß der IIS sehr stark frequentiert wird, sollte dieser Server ausschließlich den Diensten des IIS gewidmet sein. (Aufgrund der Architektur kann ein SMP – Symmetric Multiprocessing PC – die Leistungsfähigkeit steigern.)

- ▶ Entfernen Sie WWW-, FTP- oder Gopher-Server anderer Anbieter, die eventuell auf dem Computer installiert sind, der als IIS eingesetzt werden soll. Die Funktionsfähgkeit des IIS könnte möglicherweise behindert werden, weil bereits ein anderer Dienst am benötigten Port installiert ist.

- ▶ Formatieren Sie die Datenträger, die den IIS enthalten sollen, mit NTFS, oder konvertieren Sie bestehende FAT-Datenträger in NTFS. (Obwohl dieser Schritt optional ist, kann nur so die höchste Sicherheitsstufe erreicht werden.)

- ▶ Aktivieren Sie die Überwachung, wenn Sie den Server auf Sicherheitsübertretungen hin überprüfen wollen. (auch dieser Schritt ist optional. Wenn der Server sehr stark beansprucht wird, kann die Leistungsfähigkeit dadurch beeinträchtigt werden.)

- ▶ Richten Sie eine Methode zur Namensauswertung ein. (Sie haben bereits etwas über DNS und WINS gelesen. Beide Dienste werden noch besprochen).

9.1.2 Der Installationsprozeß

Der Installationsprozeß ist sehr einfach aufgebaut. Wenn Sie eine Standardinstallation des Windows NT Server durchgeführt haben, ist der IIS bereits installiert. Ist das nicht der Fall, finden Sie auf Ihrem Desktop eine Verknüpfung zur Installation des IIS. Den IIS können sie sogar auf drei Weisen installieren:

- ▶ Aktivieren Sie bei der Installation des Windows NT Server 4 die Option MICROSOFT INTERNET INFORMATION SERVER.

- ▶ Wählen Sie das Symbol INTERNET-INFORMATION-SERVER-SETUP auf dem Windows-NT-Server 4-Desktop.

- ▶ Installieren Sie den IIS als Dienst über das Hilfsprogramm NETZWERK in der Systemsteuerung.

Während der Installation erhalten Sie über Dialogfelder Informationen. Meistens können Sie die Standardvorgaben akzeptieren. In der nachfolgenden Liste sind einige Punkte aufgeführt, die abgefragt werden.

- ▶ **Lizenzbestimmungen.** Die Lizenzbestimmungen müssen Sie lesen, und Sie müssen diesen zustimmen.

- ▶ **Produkte, die installiert werden sollen.** Sie sehen einen Bildschirm mit der Anfrage, welche Komponenten installiert werden sollen (siehe Bild 9.1). Wählen Sie die gewünschten Komponenten zur Installation aus.

- ▶ **Installationsverzeichnis.** Bild 9.1 zeigt das Standardverzeichnis. Sie können dieses bei Bedarf verändern. Falls das vorgeschlagene Verzeichnis sich im gleichen Laufwerk wie Windows NT befindet, sollten Sie dieses ändern, um die Sicherheit zu erhöhen).

- ▶ **Veröffentlichungsverzeichnisse.** Pfad, in dem die einzelnen Dienste installiert werden (siehe Bild 9.2). (Die Verzeichnisse sollten sich ebenfalls nicht im gleichen Laufwerk befinden wie Windows NT.)

Den IIS installieren

▶ ODBC-Treiber und -Verwaltung. Als nächstes werden Sie aufgefordert, die ODBC-Treiber auszuwählen, die installiert werden sollen. Ihnen steht nur die Option zur Verfügung, die Treiber für den Microsoft-SQL-Server zu installieren. Sie können jedoch jeden beliebigen ODBC-Treiber hinzufügen. ODBC ermöglicht es Ihnen, Seiten zu erstellen, über die Datenbanken abgefragt werden und das Ergebnis in Ihrer Web-Seite präsentiert wird.

Abbildung 9.1

Die Optionen der Installation des IIS

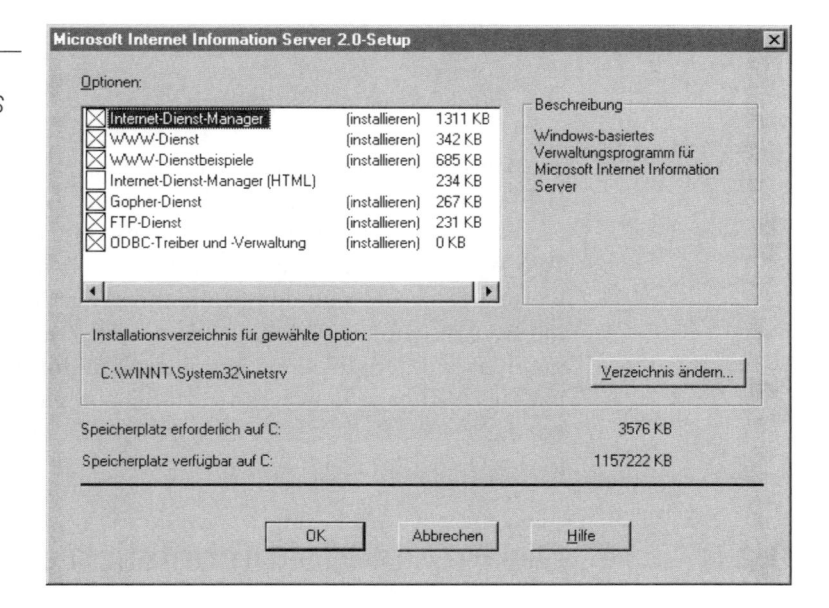

Abbildung 9.2

Die Veröffentlichungsverzeichnisse für die Dienste wählen

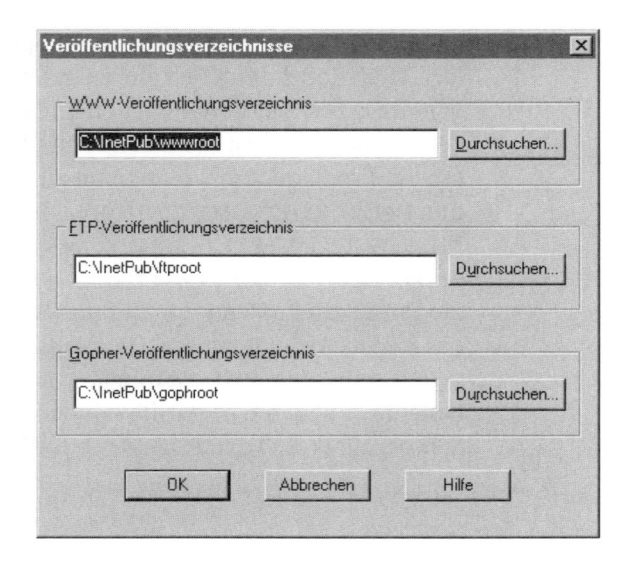

Der Installationsprozeß nimmt einige Änderungen an Ihrem Windows NT-System vor, auf dem Sie den IIS installieren. Es wird z.B. eine neue Programmgruppe in das Start-Menü eingefügt, die die folgenden vier Optionen enthält:

- Internet-Information-Server-Setup
- Internet-Dienst-Manager
- Schlüssel-Manager
- Produktdokumentation

Sie werden auch feststellen, daß das neue Benutzerkonto IUSR_Computername eingerichtet wurde. Als Standard werden Sie bei jeder Verbindungsaufnahme mit einer Site – egal, ob WWW, FTP oder Gopher – vom System identifiziert. Normalerweise erfolgt die Anmeldung anonym. Das Benutzerkonto hat die Berechtigung, sich lokal anzumelden, weil der IIS die Anmeldung auf dem lokalen Computer durchführt. Als Standard hat dieser Zugang kein Kennwort. Sie sollten dies aber umgehend über den BENUTZERMANAGER FÜR DOMÄNEN und den Internet-Dienst-Manager ändern.

9.1.3 Die Produktdokumentation einsetzen

Die Online-Dokumentation des IIS ist in HTML-Dateien enthalten, die mit einem WWW-Browser betrachtet werden können. Der Microsoft Internet Explorer ist im Lieferumfang des Windows NT Server 4 enthalten und erscheint als Symbol auf dem Desktop. Wenn Sie den Internet Explorer einsetzen wollen, um die Produktdokumentation einzusehen, wählen Sie die Option PRODUKTDOKUMENTATION in der Programmgruppe MICROSOFT INTERNET SERVER. (Wenn Sie einen anderen Browser konfiguriert haben, wie z.B. den Internet Explorer 4, so wird die Produktdokumentation mit diesem geöffnet.) Bild 9.3 zeigt das Inhaltsverzeichnis des Microsoft-Internet-Information-Server-Installations- und -Administrator-Handbuches. Wie in einer beliebigen anderen Web Site können Sie sich über Klicks auf hervorgehobene Textbestandteile fortbewegen.

Abbildung 9.3

Die Online-Dokumentation des IIS 2.0

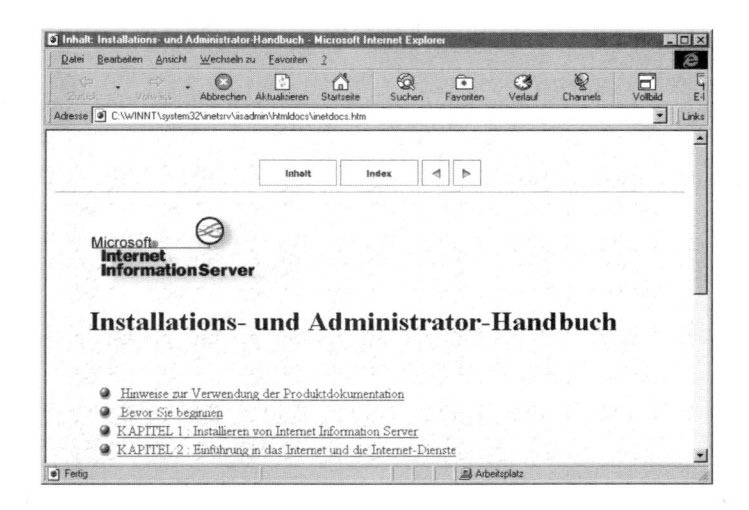

9.1.4 Die Installation testen

Um den Server zu testen, starten Sie den Internet Explorer auf einem Netzwerkcomputer, der sich im gleichen Teilnetz befindet, und wählen den Menübefehl ÖFFNEN aus dem Menü DATEI. Geben Sie im Dialogfeld ÖFFNEN den Namen des Computers ein, auf dem der IIS installiert ist, und klicken Sie auf OK. Bild 9.4 zeigt die Beispielseite, die anschließend ausgegeben wird. Da Sie hier in einem lokalen Microsoft-Netzwerk arbeiten, entspricht der Computer-Name dem NetBIOS-Namen. Das funktioniert, weil die Methoden der Host-Namensauswertung und der NetBIOS-Namensauswertung sich gegenseitig sichern.)

Abbildung 9.4

Diese Beispielseite ist im Lieferumfang des IIS enthalten

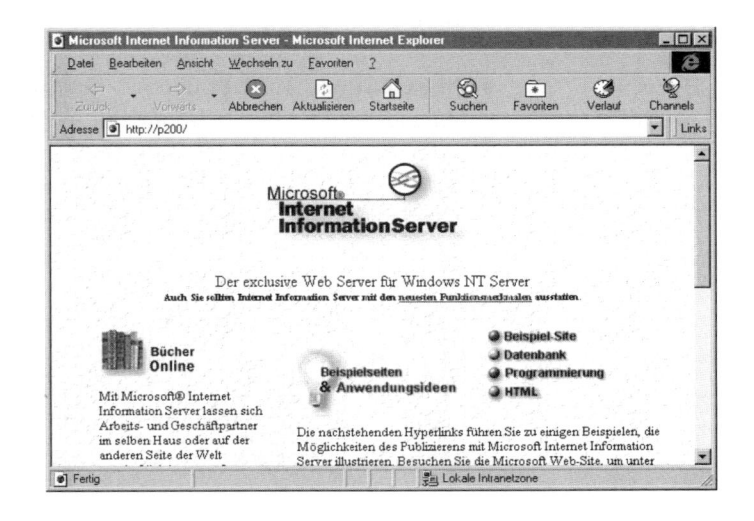

9.2 Den IIS verwalten

Die Dienste des IIS werden über den Internet-Dienst-Manager verwaltet (siehe Bild 9.5). Im Fenster werden die installierten Dienste aufgelistet, und es wird der Status des Dienstes angezeigt. Wie Sie sehen können, können Sie mehr als einen IIS-Server über den gleichen Internet-Dienst-Manager verwalten. Im Bild werden zwei Internet Information Server angezeigt.

Abbildung 9.5

Der Internet-Dienst-Manager

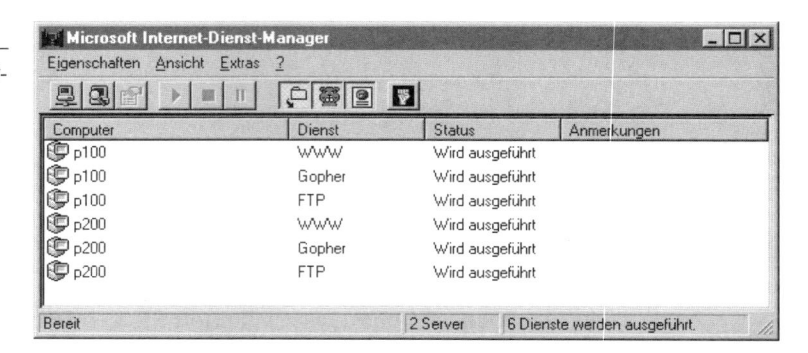

Computer	Dienst	Status	Anmerkungen
p100	WWW	Wird ausgeführt	
p100	Gopher	Wird ausgeführt	
p100	FTP	Wird ausgeführt	
p200	WWW	Wird ausgeführt	
p200	Gopher	Wird ausgeführt	
p200	FTP	Wird ausgeführt	

Bereit — 2 Server — 6 Dienste werden ausgeführt.

Die Dienste, die Sie betrachten, können die folgenden drei Zustände annehmen:

- **Wird ausgeführt.** Ein Dienst, der ausgeführt wird, wurde gestartet und läuft normal ab. Sie können einen Dienst starten, indem Sie ihn markieren und im Menü EIGENSCHAFTEN den Menübefehl DIENST STARTEN wählen, oder indem Sie in der Symbolleiste auf das Symbol DIENST STARTEN klicken.

- **Angehalten.** Ein angehaltener Dienst ist weiterhin betriebsbereit, aber es können keine neuen Verbindungen aufgebaut werden. Um einen Dienst anzuhalten wählen Sie im Menü EIGENSCHAFTEN den Menübefehl DIENST ANHALTEN, oder klicken Sie in der Symbolleiste auf die Schaltfläche DIENST ANHALTEN/FORTSETZEN.

- **Beendet.** Ein beendeter Dienst ist nicht mehr betriebsbereit. Um einen Dienst zu beenden wählen Sie im Menü EIGENSCHAFTEN den Menübefehl DIENST BEENDEN, oder klicken Sie in der Symbolleiste auf das Symbol DIENST BEENDEN.

Den IIS verwalten

hinweis

> Sie können Dienste des IIS auch über das Hilfsprogramm DIENSTE in der Systemsteuerung starten, beenden und anhalten.

Der Internet-Dienst-Manager (siehe Bild 9.5) ist auch mit einer Symbolleiste ausgestattet, die die folgenden Optionen enthält (von links nach rechts):

- **Mit Server verbinden:** Der Internet-Dienst-Manager wird mit einem bestimmten IIS verbunden. Besteht die Verbindung, können Sie die Dienste überwachen, die auf diesem Server ablaufen – vorausgesetzt, Sie sind dazu berechtigt.

- **Internet-Server suchen:** Das Netzwerk wird durchsucht, um alle betriebsbereiten Server zu ermitteln. Diese Suche kann einige Zeit dauern. Die identifizierten Server werden im Internet-Dienst-Manager angezeigt.

- **Diensteigenschaften:** Das Dialogfeld EIGENSCHAFTEN eines bestimmten Dienstes wird geöffnet. Sie können auch einen Doppelklick auf dem Dienst ausführen, um das Dialogfeld EIGENSCHAFTEN zu öffnen.

- **Dienst starten:** Der markierte Dienst wird gestartet.

- **Dienst beenden:** Der markierte Dienst wird gestoppt.

- **Dienst anhalten/fortsetzen:** Der markierte Dienst wird angehalten.

- **Ansicht von FTP-Servern:** Wenn diese Schaltfläche gedrückt ist, werden alle FTP-Server aufgelistet.

- **Ansicht von Gopher-Servern:** Wenn diese Schaltfläche gedrückt ist, werden alle Gopher-Server aufgelistet.

- **Ansicht von WWW-Servern:** Wenn diese Schaltfläche gedrückt ist, werden alle WWW-Server aufgelistet.

9.2.1 Die Ansicht auswählen

Neben der Berichtansicht, die bereits gezeigt wurde, können Sie zwischen zwei weiteren Ansichtsformaten wählen. Um die Server-Ansicht zu nutzen (siehe Bild 9.6), wählen Sie den Menübefehl SERVER-ANSICHT im Menü ANSICHT. Sie können die Server wie in der Abbildung gezeigt öffnen, um den Status jedes Dienstes zu betrachtet. Ein Ampelsignal kennzeichnet, ob der Dienst ausgeführt wird (grün), angehalten ist (gelb) oder beendet wurde (rot).

Abbildung 9.6

Die Server-Ansicht im Internet-Dienst-Manager

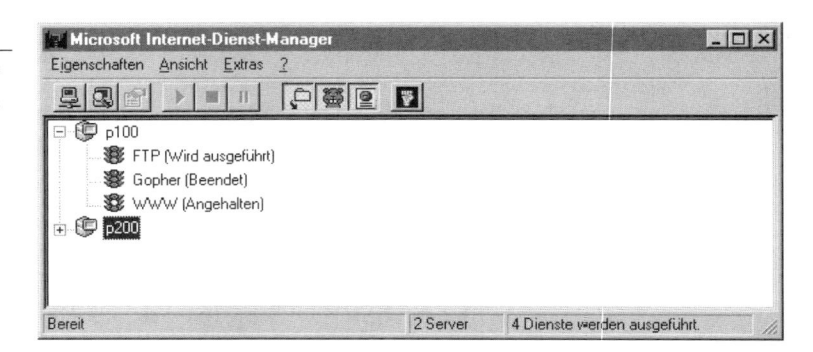

Die Dienstansicht listet die Server unter den Diensten auf, die diese anbieten. Diese Ansicht (siehe Bild 9.7) erhalten Sie, wenn Sie den Menübefehl DIENSTANSICHT im Menü ANSICHT wählen.

Abbildung 9.7

Die Dienstansicht im Internet-Dienst-Manager

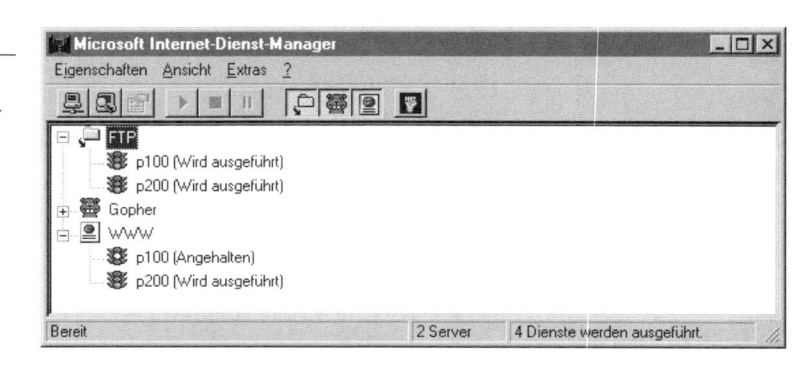

9.2.2 Das Konto IUSR_Computername

Alle Benutzer, die auf Ihren WWW-Server zugreifen, erben die Berechtigungen, die dem Konto IUSR_Computername zugewiesen wurden. Normalerweise besteht für die WWW-, FTP- und Gopher-Verzeichnispfade nur eine Leseberechtigung. (Dieses Konto hat jedoch auch die gleichen Berechtigungen wie die Gruppe Jeder. Sie sollten deshalb sehr vorsichtig sein, welche Rechte Sie dieser Gruppe zuteilen.) Es ist empfehlenswert, das Kennwort dieses Kontos zu ändern. Das kann über den Benutzer-Manager für Domänen und über die Eigenschaften der einzelnen Dienste erfolgen. Sie sollten darauf achten, für jeden Dienst ein spezielles Konto zu nutzen.

9.2.3 Den HTTP-Server konfigurieren (WWW-Dienst)

Es ist nicht besonders schwierig, den WWW-Server einzurichten. Ein WWW-Server liefert einen HTTP-Dienst, über den Benutzer auf Ihre Web-Seiten zugreifen können. Die meiste Arbeit besteht darin, die Web-Seiten zu erzeugen, die Sie auf dem Server zeigen wollen. Windows NT 4 enthält für diesen Zweck ein exzellentes Werkzeug namens FrontPage.

In diesem Abschnitt wird beschrieben, wie der WWW-Dienst konfiguriert wird, der im Lieferumfang von Windows NT enthalten ist. Die Konfiguration erfolgt über den Internet-Dienst-Manager.

Die Eigenschaften des WWW-Servers verwalten

Um einen WWW-Server zu konfigurieren, markieren Sie diesen und wählen im Menü Eigenschaften den Menübefehl Diensteigenschaften, oder Sie klicken auf die Schaltfläche Eigenschaften in der Symbolleiste. Es öffnet sich das Dialogfeld Eigenschaften des WWW-Dienstes für Computername (siehe Bild 9.8). Zur Konfiguration stehen Ihnen vier Registerkarten zur Verfügung.

Abbildung 9.8

Die Registerkarte Dienst des Dialogfelds Eigenschaften des WWW-Dienstes

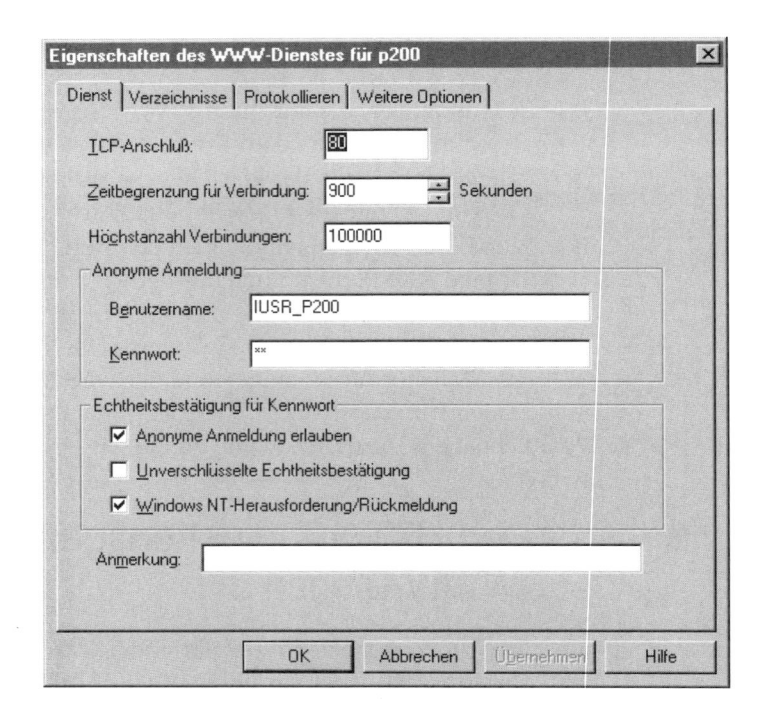

Wenn Sie den WWW-Server konfigurieren, müssen Sie verschiedene Entscheidungen treffen. Auf den unterschiedlichen Registerkarten des EIGENSCHAFTEN-Dialogfelds finden Sie ganz verschiedene Optionen. Die folgenden Abschnitte beschreiben jede Registerkarte.

Die Registerkarte Dienst

Die Registerkarte DIENST enthält verschiedene Grundeinstellungen, die über die folgenden Felder vorgenommen werden:

- **Zeitbegrenzung für Verbindung.** Der Wert in diesem Feld bestimmt, wie lange eine Verbindung ungenutzt bestehen bleiben kann, bevor sie vom Server beendet wird. Diese Zeitbegrenzung stellt sicher, daß fehlerhaft beendete Verbindungen wieder freigegeben werden.

- **Höchstanzahl Verbindungen.** Dieser Wert legt die Anzahl der Benutzer fest, die gleichzeitig auf den Server zugreifen können. Wenn sich beim Zugriff auf den Server Probleme zeigen, sollten Sie die Höchstanzahl der Verbindungen heruntersetzen.

▶ **Anonyme Anmeldung Benutzername.** Der normale Zugriffsmodus auf WWW-Server ist die anonyme Anmeldung, d.h. die Anmeldung ohne Angabe eines Benutzernamens und Kennworts. Benutzer, die anonym auf den Server zugreifen, haben die Rechte, die dem angegebenen Benutzernamen zugewiesen wurden. Der Standard ist der Benutzername IUSR_Computername. Das Kennwort, das Sie außerdem festlegen, wird nur bei Windows NT eingesetzt. Um anonyme Anmeldungen zu erlauben, müssen Sie die gleichnamige Option auf der Registerkarte DIENST aktivieren.

▶ **Anonyme Anmeldung erlauben.** Wenn dieses Kontrollkästchen aktiviert ist, können Benutzer ohne Benutzernamen und Kennwort auf den Server zugreifen. Wenn Sie keine anonyme Anmeldung zulassen, müssen Benutzer sich mit dem Benutzerkonto anmelden, das Sie im Benutzer-Manager für Domänen eingerichtet haben.

▶ **Unverschlüsselte Echtheitsbestätigung.** Aktivieren Sie dieses Kontrollkästchen, wenn Benutzer sich mit ihrem Benutzernamen und einem Kennwort anmelden sollen. Benutzer können sich zwar über jeden WWW-Browser anmelden. Sie werden jedoch nicht vor Benutzern geschützt, die das Netz mit Protokollanalysewerkzeugen durchforsten, weil das Kennwort als reiner, unverschlüsselter Text versendet wird.

▶ **Windows NT-Herausforderung/Rückmeldung.** Aktivieren Sie dieses Kontrollkästchen, um Benutzer dazu zu zwingen, sich sicher bei Windows NT anzumelden. Kennwörter werden dabei verschlüsselt. Diese Funktion wird vom Microsoft Internet Explorer 2.0 und später automatisch unterstützt, indem der Benutzername und das Kennwort, mit dem Sie sich bei Ihrem Computer angemeldet haben, an die Web Site übertragen werden.

Bei den meisten Web-Servern ist der anonyme Zugriff möglich. Auch der IIS kann in diesem Modus betrieben werden. Es gibt jedoch Fälle, in denen ein höheres Sicherheitsniveau erwünscht ist. Nehmen Sie einmal an, sie veröffentlichen sensible Finanzdaten Ihrer Firma auf einem internen Web-Server, damit alle Manager leicht darauf zugreifen können. Die Information soll dabei zwar für alle Berechtigten möglichst leicht zugänglich sein, alle Unberechtigten sollen jedoch überhaupt nicht auf sie zugreifen können.

Kapitel 9 Der Internet Information Server

Dank Windows NT-Herausforderung/Rückmeldung können Sie einen sicheren Zugriff auf Ihren Web-Server anbieten. Die Anmeldung wird inklusive der Benutzerkonten und Kennwörter über Windows NT-Standards kontrolliert.

Augenblicklich muß man mit dem Microsoft Internet Explorer 2.0 oder später auf den Web-Server zugreifen, um das Herausforderung/Rückmeldungs-Protokoll nutzen zu können. Wenn Sie wünschen, daß sich Benutzer über dieses Protokoll anmelden, müssen Sie unbedingt die Option UNVERSCHLÜSSELTE ECHTHEITSBESTÄTIGUNG deaktivieren.

Die Registerkarte Verzeichnisse

WWW-Browser sind eigentlich Werkzeuge, um HTML-Dokumente zu betrachten, die in verschiedenen inhaltsbezogenen Verzeichnissen des WWW-Servers abgelegt sind. Obwohl Sie sämtliche Ihrer HTML-Dateien in ein einziges Verzeichnis legen können, ist es häufig vorteilhafter, mehrere inhaltsbezogene Verzeichnisse einzurücken (siehe Bild 9.9).

Abbildung 9.9

Die Registerkarte Verzeichnisse des Dialogfelds Eigenschaften des WWW-Dienstes

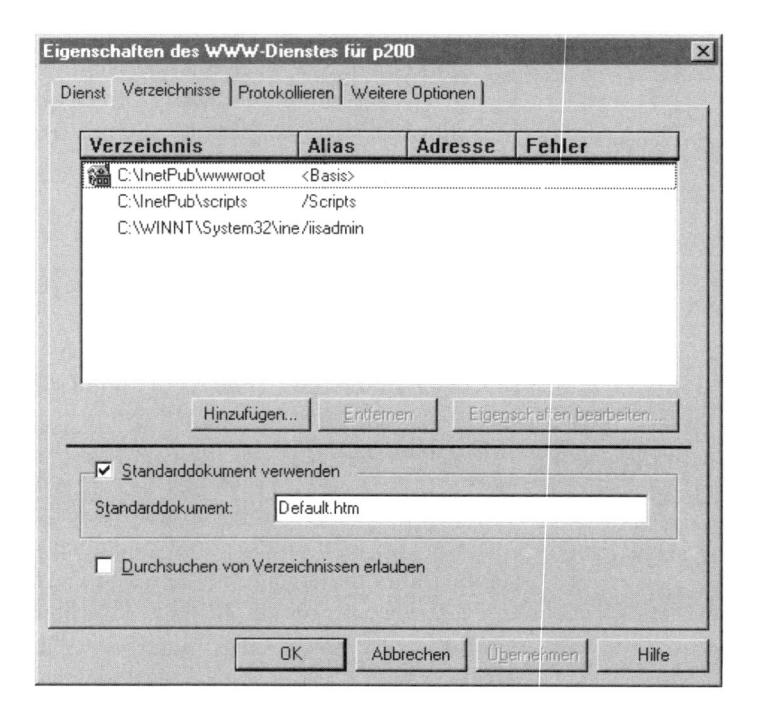

Den IIS verwalten

> **hinweis**
>
> Wenn Ihre Dateien auf mehrere Verzeichnisse oder Server verteilt sind, müssen Sie virtuelle Verzeichnisse einrichten, die Sie den Benutzern zur Verfügung stellen können. Virtuelle Verzeichnisse werden später in diesem Kapitel beschrieben.
>
> Sie können auch virtuelle Server konfigurieren, durch die ein einziger Web-Server mit mehreren Domänen-Web-Sites ausgestattet werden kann (Domänen des Typs FQDN). Ein einzelner WWW-Server könnte z.B. virtuelle Web Sites verschiedener Firmen beherbergen. Virtuelle Server müssen mit DNS arbeiten. Dieses Thema wird jedoch in einem separaten Kapitel besprochen. In Rahmen dieses Kapitels erfahren Sie, wie Sie unter dem IIS einen virtuellen Server einrichten.

Bevor Sie nun erfahren, wie virtuelle Verzeichnisse und Server eingerichtet werden, werden jedoch noch die restlichen Optionen auf der Registerkarte VERZEICHNISSE genannt:

- **Standarddokument verwenden:** Standarddokumente werden nur dann angezeigt, wenn dieses Kontrollkästchen aktiviert ist.

- **Standarddokument:** Wenn Sie eine andere Datei als Standarddokument festlegen wollen, müssen Sie den Dateinamen entsprechend austauschen.

> **hinweis**
>
> Benutzer können bestimmte Dateien abrufen, wenn sie den Dateinamen in der URL angeben. Häufig geben Benutzer jedoch nur ein Verzeichnis an, auf das zugegriffen werden soll. Sie können ein Standarddokument erzeugen, das angezeigt wird, wenn ein Benutzer auf ein WWW-Verzeichnis ohne Angabe eines Dateinamens zugreift. Die ersten beiden Optionen werden eingesetzt, um dieses Dokument als Standard zurückzusenden.

- **Durchsuchen von Verzeichnissen erlauben:** Wenn dieses Kontrollkästchen aktiviert ist, können Benutzer eine Liste aller Dateien einsehen, die im Basisverzeichnis enthalten sind. Das ist jedoch häufig nicht wünschenswert.

Wenn ein Benutzer auf ein Verzeichnis eines WWW-Servers zugreift, können folgende drei Dinge geschehen:

- ▶ Wenn der Benutzer in der URL keinen HTML-Dateinamen angegeben hat und sich im Verzeichnis ein Standarddokument befindet, wird dieses an den Benutzer zurückgesendet.

- ▶ Wenn der Benutzer in der URL keinen HTML-Dateinamen angegeben hat und kein Standarddokument gefunden werden konnte, kann der WWW-Server ein Dokument zurücksenden, über das der Benutzer die Verzeichnisse des WWW-Servers durchsuchen kann (siehe Bild 9.10).

Abbildung 9.10

Ein HTML-Dokument, um einen Web-Server zu durchsuchen

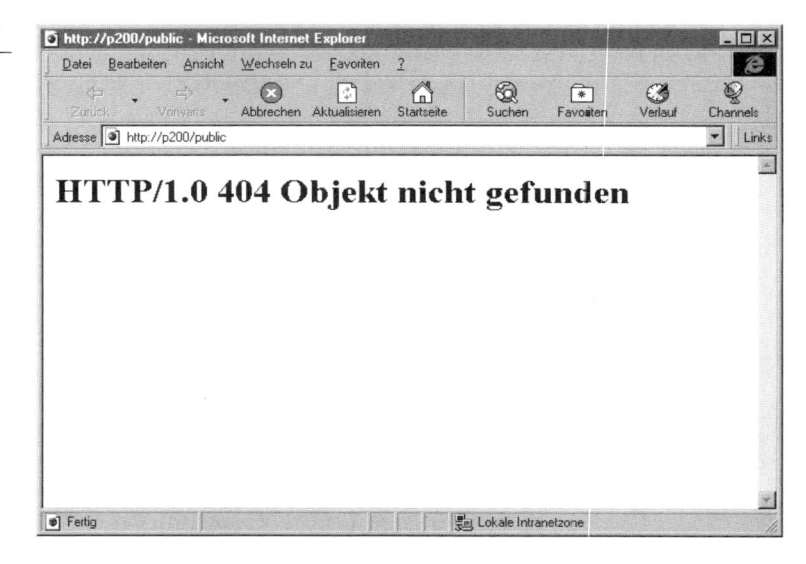

- ▶ Wenn der Benutzer in der URL keinen HTML-Dateinamen angegeben hat und weder ein Standarddokument noch eine Suchseite gefunden werden könnte, wird die Fehlermeldung `Sie haben keine Berechtigung zum Öffnen des Elements` zurückgeliefert.

Die Registerkarte Protokollieren

Über die Registerkarte PROTOKOLLIEREN können Sie die Aktivitäten auf Ihrem Web-Server protokollieren (siehe Bild 9.11). Das gilt insbesondere dann, wenn Ihr Server mit dem Internet verbunden ist und Sie Ihren Server sicher halten wollen. Auf der Registerkarte stehen Ihnen die folgenden Optionen zur Verfügung:

Abbildung 9.11

Die Registerkarte Protokollieren des Dialogfelds Eigenschaften des WWW-Dienstes

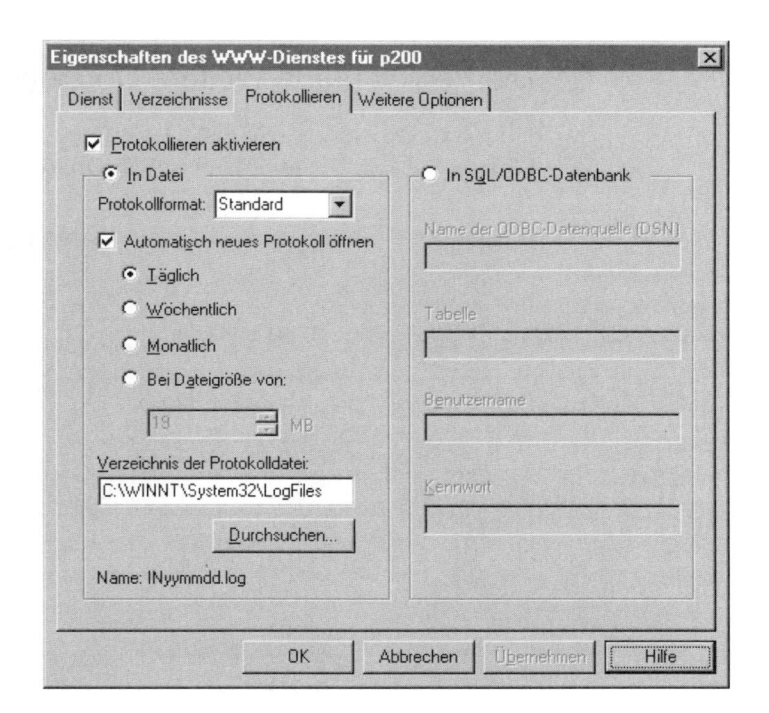

- ▶ **Protokollieren aktivieren:** Dieses Kontrollkästchen ist als Standard aktiviert.

- ▶ **Automatisch neues Protokoll öffnen:** Wenn dieses Kontrollkästchen aktiviert ist, wird immer eine neue Protokolldatei geöffnet, wenn die angegebenen Bedingungen erfüllt sind. Die Wahl der Option hängt dabei von der Zuwachsrate Ihrer Protokolldateien ab.

- ▶ **Verzeichnis der Protokolldatei:** Geben Sie in diesem Feld das Verzeichnis an, in dem die Protokolldateien gespeichert werden sollen. Die Dateien werden anhand des Datums eindeutig benannt. Das Dateinamensformat hängt davon ab, wie häufig eine neue Datei geöffnet wird.

► **In SQL/ODBC-Datenbank:** Falls eine Unterstützung für ODBC installiert wird, können Sie die Protokolle an eine SQL-Datenbank senden. Wenn diese Option aktiviert wird, müssen alle darunterliegenden Felder ausgefüllt werden. Falls Sie jedes Detail über die Systemleistung wissen müssen, sollten Sie sich lieber für eine Protokollierung in Textform entscheiden, da bei der ODBC-Protokollierung ein Mehrbedarf an Aktionen besteht.

Die Registerkarte Weitere Optionen

Über die Registerkarte WEITERE OPTIONEN (siehe Bild 9.12) können Sie den Datenverkehr auf Ihrem Server steuern.

Abbildung 9.12

Die Registerkarte Weitere Optionen des Dialogfelds Eigenschaften des WWW-Dienstes

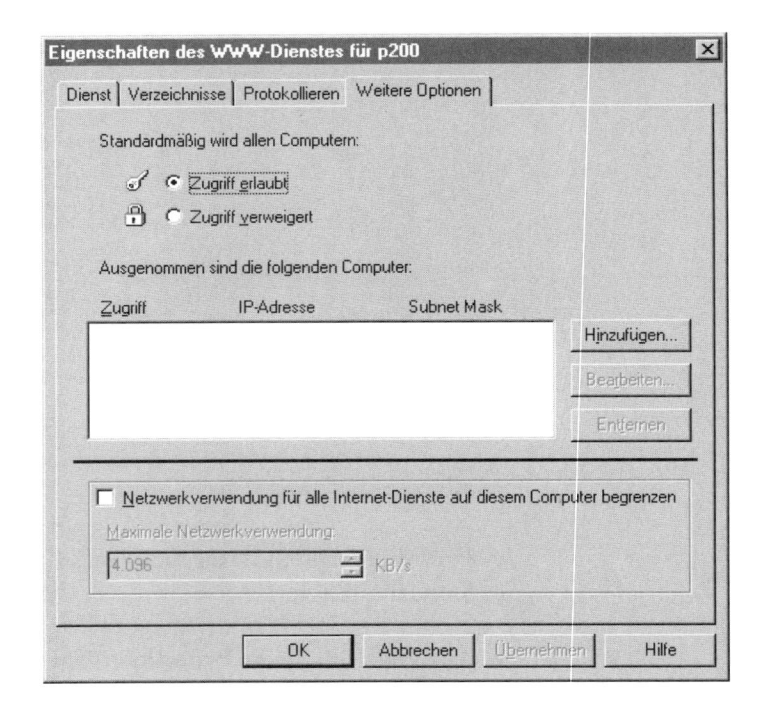

► **Zuriff erlaubt:** Wenn Sie diese Option wählen, haben alle Computer Zugriff auf den Server. Falls in der Ausnahmeliste Computer angegeben sind, ist diesen der Zugriff jedoch nicht erlaubt.

► **Zugriff verweigert:** Wenn Sie diese Option wählen, hat kein Computer Zugriff auf den Server, außer denjenigen, die in der Ausnahmeliste aufgeführt sind.

- **Ausgenommen sind die folgenden Computer:** Die Computer, die in diesem Feld aufgeführt sind, sind die Ausnahmen zur Option ZUGRIFF ERLAUBT oder ZUGRIFF VERWEIGERT. Neue Adressen ergänzen Sie über die Schaltfläche HINZUFÜGEN.

- **Netzwerkverwendung für alle Internet-Dienste auf diesem Computer begrenzen:** Internet-Server können sehr stark beansprucht werden und die Systemleistung eines gesamten Netzwerkes herabsetzen. Wenn Sie den Netzwerkverkehr beschränken wollen, der von diesem Server verursacht wird, sollten Sie dieses Kontrollkästchen aktivieren und im darunterliegenden Listenfeld eine Höchstgrenze für die Anzahl der Netzwerkverbindungen festlegen.

> **warnung**
>
> Die einzigen Beschränkungen, die von der Registerkarte WEITERE OPTIONEN unterstützt werden, basieren auf der IP-Adresse des Senders. Leider können Personen, die über dieses Wissen verfügen, anhand einer Technik namens IP-Adressen-Spooling IP-Adressen herausfinden, mit denen sich die adreßbasierten Sicherheitsvorkehrungen umgehen lassen. Trauen Sie also niemals einem Sicherheitssystem, das auf IP-Adressen basiert. Achten Sie darauf, eine gute Firewall einzurichten, wenn Sie kritische Systeme an das Internet anbinden. Wenn Sie ein sehr hohes Sicherheitsniveau benötigen, sollten Sie möglichst Herausforderungs/Rückmeldungs-Anmeldungen für den Zugriff auf den Server fordern.

Basisverzeichnisse

Jeder Dienst des IIS hat ein Basisverzeichnis, das bei Eingabe der Basis-URL zurückgeliefert wird. Sie können das Basisverzeichnis eines Dienstes mit den folgenden Schritten verändern:

1. Öffnen Sie das Dialogfeld EIGENSCHAFTEN für diesen Dienst, indem Sie z.B. im IIS doppelt darauf klicken.

2. Aktivieren Sie die Registerkarte VERZEICHNISSE.

3. Markieren Sie das Verzeichnis mit dem Alias <Basis>.

Kapitel 9 Der Internet Information Server

4. Wählen Sie die Schaltfläche EIGENSCHAFTEN BEARBEITEN, um das Dialogfeld EIGENSCHAFTEN DES VERZEICHNISSES zu öffnen (siehe Bild 9.13).

Abbildung 9.13

Eigenschaften des Basisverzeichnisses bearbeiten

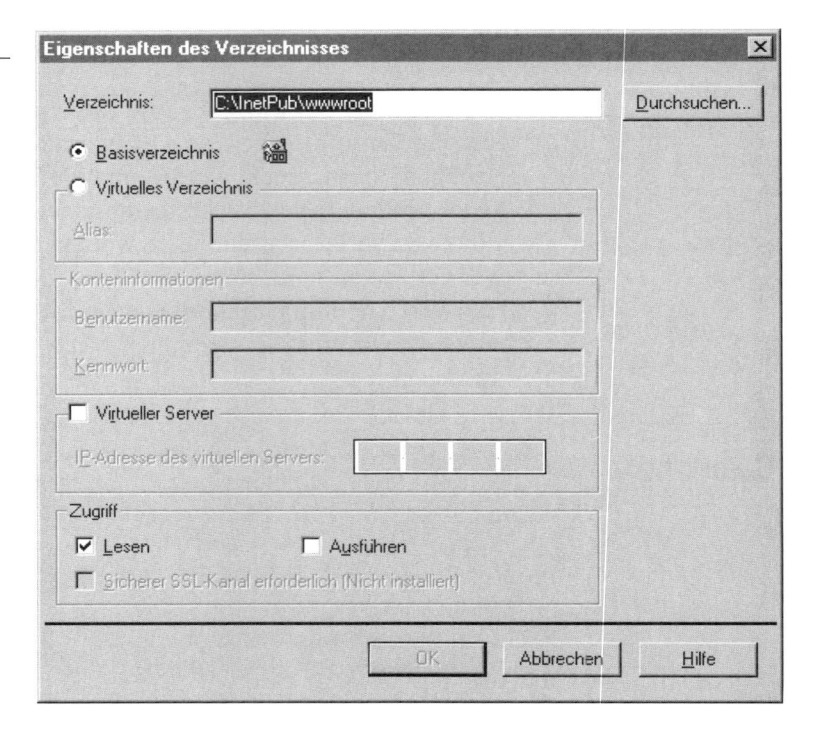

5. Geben Sie im Textfeld VERZEICHNIS das Basisverzeichnis für diesen Dienst ein. Klicken Sie auf die Schaltfläche DURCHSUCHEN, um bei Bedarf nach dem Verzeichnis zu suchen.

6. Legen Sie im Feld ZUGRIFF fest, ob der Benutzer im Verzeichnis nur lesen, nur Programme ausführen oder beides darf.

7. Wählen Sie die Schaltfläche OK, um Ihre Änderungen zu speichern.

Wenn Sie das Basisverzeichnis in dieser Prozedur verändern, wird weder ein neues Verzeichnis erzeugt noch die alte Verzeichnisstruktur gelöscht. Sie müssen die Verzeichnisse und deren Inhalte separat erzeugen oder löschen.

Bisher wurde davon ausgegangen, daß die Informationen, die über einen Web-Server veröffentlicht werden, im Basisverzeichnis abgelegt sind. Das ist jedoch sehr restriktiv. Deshalb bietet der IIS die Möglichkeit, Informationen auf mehrere Verzeichnisse auf der lokalen Festplatte oder auf Datenträgern im Netzwerk zu verteilen. Diese Verzeichnisse ergänzen das Basisverzeichnis und werden virtuelle Verzeichnisse genannt.

Wenn Sie Ihre eigentliche Verzeichnisstruktur dem Benutzer zugänglich machen würden, würden sich die URLs ziemlich verwirrend gestalten. Es wäre z.B. eine Zumutung, wenn Ihre Benutzer URLs wie die folgende eingeben müßten: http://www.tu-berlin.de/d:\Philosophie. Das wäre zuviel Tipparbeit und Verwirrung durch die normalen und umgekehrten Schrägstriche.

Virtuelle Verzeichnisse dienen entsprechend dazu, alle Verzeichnisse als Unterverzeichnisse des Basisverzeichnisses erscheinen zu lassen. Auch wenn das Basisverzeichnis C:\WWWROOT und das virtuelle Verzeichnis D:\PHILOSOPHIE heißt, kann der Benutzer auf das virtuelle Verzeichnis über die URL http://www.tu-berlin.de/phil zugreifen. Das ist wesentlich einfacher und befreit den Benutzer von der Last, sich zu merken, auf welchem Datenträger das Verzeichnis abgelegt ist. Beachten Sie auch, daß die Bezeichnung »Philosophie« auf »phil« reduziert wurde, um den Tippaufwand zu verringern.

Wenn ein virtuelles Verzeichnis erstellt wird, wird ein Aliasname eingerichtet, der den Zugriff erleichtert. Virtuelle Verzeichnisse erzeugen Sie über das Dialogfeld EIGENSCHAFTEN DES DIENSTES. Gehen Sie dazu wie folgt vor:

1. Öffnen Sie das Dialogfeld EIGENSCHAFTEN DES DIENSTES, indem Sie im Internet-Dienst-Manager einen Doppelklick auf dem Dienst ausführen.

2. Wählen Sie die Registerkarte VERZEICHNISSE.

3. Wählen Sie die Schaltfläche HINZUFÜGEN, um das Dialogfeld EIGENSCHAFTEN DES VERZEICHNISSES zu öffnen (siehe Bild 9.14).

Kapitel 9 Der Internet Information Server

Abbildung 9.14

Das Dialogfeld Eigenschaften des Verzeichnisses

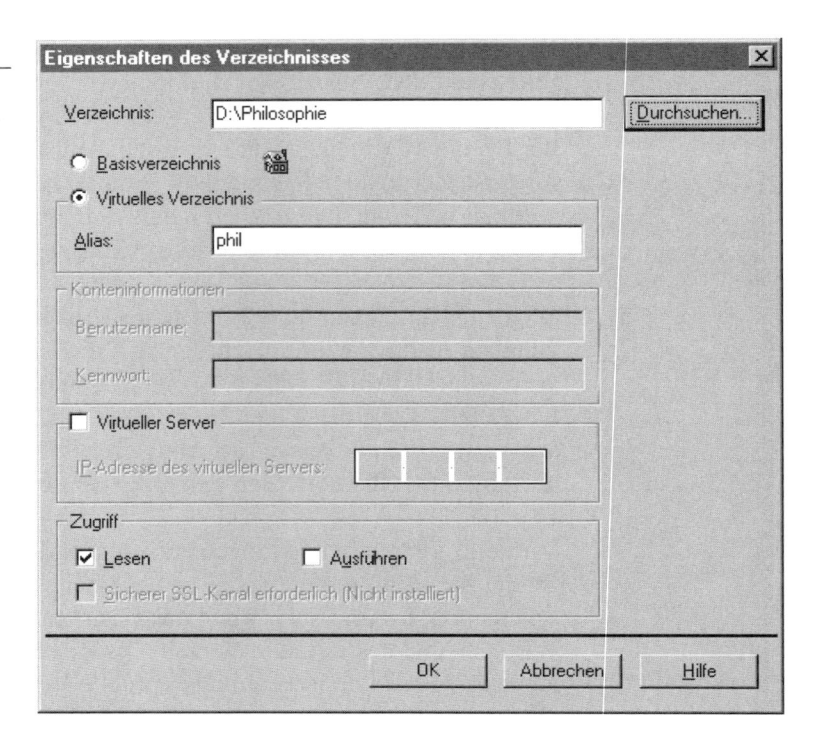

4. Legen Sie im Feld VERZEICHNISSE das Verzeichnis fest, für das Sie einen Aliasnamen einrichten wollen. Wenn Sie sich nicht sicher sind, klicken Sie auf die Schaltfläche DURCHSUCHEN und wählen ein Verzeichnis über das Dialogfeld aus. Wenn sich das Verzeichnis in einem Netzwerklaufwerk befindet, sollten Sie den UNC-Namen (Universal Naming Convention) eingeben. Sie sollten außerdem einen Benutzernamen und ein Kennwort angeben, um auf das Netzwerk zugreifen zu können.

5. Aktivieren Sie das Optionsfeld VIRTUELLES VERZEICHNIS.

6. Geben Sie im Textfeld ALIAS den Namen ein, mit dem das virtuelle Verzeichnis bezeichnet werden soll.

7. Legen Sie im Gruppenfeld ZUGRIFF fest, ob der Benutzer die Inhalte nur lesen, nur ausführen oder lesen und ausführen darf.

8. Wählen Sie OK, um die Definition des virtuellen Verzeichnisses zu speichern.

Bild 9.15 zeigt die Verzeichniseigenschaften für den WWW-Dienst inklusive der Definitionen zweier virtueller Verzeichnisse an.

Abbildung 9.15

Virtuelle Verzeichnisse für den WWW-Dienst

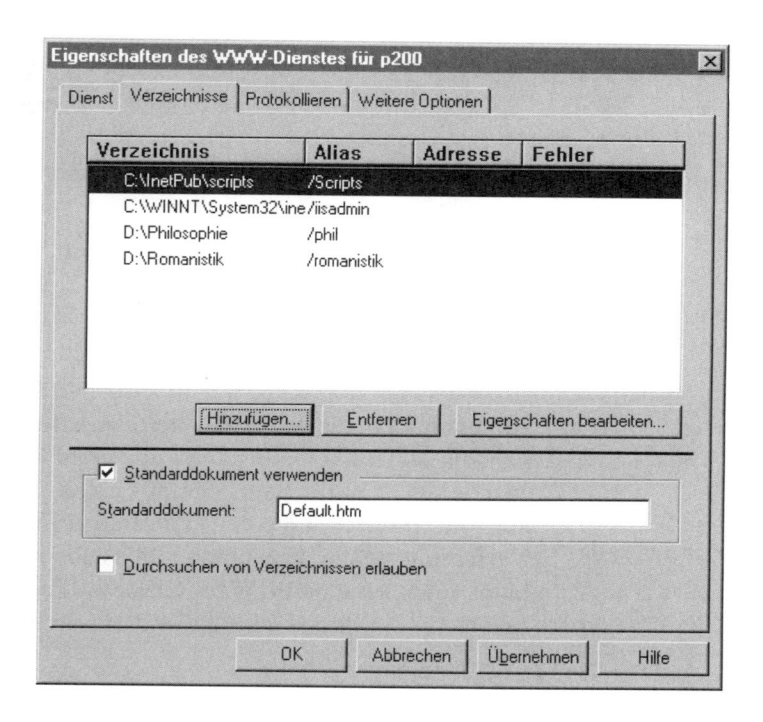

Einen virtuellen Server einrichten

Es kann vorkommen, daß unter einem Server mehrere Web-Server eingerichtet werden sollen. Angenommen, Ihre Firma vermarktet zwei verschiedene Produktlinien. Müssen Sie dann zwei Internet Information Server installieren? Das scheint ziemlich übertrieben und ist es auch.

Der IIS unterstützt für diese Zwecke virtuelle Server. Obwohl diese virtuellen Server unabhängig voneinander zu sein scheinen, laufen sie auf dem gleichen IIS ab. Jeder virtuelle Server hat seine eigene IP-Adresse und seinen DNS-Namen, wodurch er eine separate Identität erhält. Die administrative Arbeit kann jedoch bedeutend reduziert werden.

Um die Einrichtung eines virtuellen Servers vorzubereiten, gehen Sie wie folgt vor:

1. Beschaffen Sie eine separate IP-Adresse für jeden virtuellen Server.

2. Registrieren Sie jeden virtuellen Server beim DNS.

3. Erzeugen Sie ein Inhaltsverzeichnis für jeden virtuellen Server.

Betrachten Sie das folgende Szenario, um virtuelle Server einzurichten.

Virtuelle Server einrichten

Angenommen, die TU Berlin betreibt bereits einen Web-Server namens www.tu-berlin.de. Die Philosophische und die Romanistische Fakultät möchten ebenfalls einen Web-Server betreiben, aber die Universität möchte kein Budget für drei Web-Server zur Verfügung stellen. Eigentlich gibt es aber überhaupt kein Problem, weil der aktuelle Web-Server zwei weitere, virtuelle Web-Server für die Philosophische und die Romanistische Fakultät betreiben kann.

Jeder virtuelle Server muß mit einem eigenen DNS-Eintrag, einer IP-Adresse und einem Basisverzeichnis ausgestattet sein. Wenn eine IP-Adresse auf einem Computer konfiguriert wird, auf dem der IIS betrieben wird, werden alle Verzeichnisse mit dieser IP-Adresse verknüpft. Wenn mehrere IP-Adressen eingerichtet werden, ist es jedoch möglich, jede IP-Adresse mit einem eigenen Basisverzeichnis zu verknüpfen. Das ist der wesentliche Trick, durch den es möglich wird, virtuelle Server einzurichten. Wenn Benutzer Verbindung mit dem IIS aufnehmen, hängt das Basisverzeichnis, das Sie betrachten werden, von der IP-Adresse ab, mit der sie die Verbindung aufgebaut haben.

Die Einstellungen für die virtuellen Server lauten wie folgt:

DNS-Eintrag	IP-Addresse	Basisverzeichnis
www.tu-berlin.de	200.190.50.1	*C:\WWWROOT*
romanistik.tu-berlin.de	200.190.50.100	*D:\ROMANISTIK*
phil.tu-berlin.de	200.190.50.101	*D:\PHIL*

Beachten Sie, daß der Name des Basisverzeichnisses willkürlich gewählt wurde und nichts damit zu tun hat, wie auf den Server zugegriffen wird. Der DNS-Name bestimmt den Namen des virtuellen Servers, nicht etwa der eigentliche Verzeichnisname.

Die IP-Adressen konfigurieren

Der erste Schritt besteht darin, die IP-Adressen der Netzwerkschnittstelle des IIS wie folgt zuzuweisen:

1. Öffnen Sie in der Systemsteuerung das Hilfsprogramm NETZWERK. Aktivieren Sie anschließend die Registerkarte PROTOKOLLE, markieren Sie das TCP/IP-Protokoll, und klicken Sie auf die Schaltfläche EIGENSCHAFTEN, um das Dialogfeld EIGENSCHAFTEN VON MICROSOFT TCP/IP zu öffnen. Klicken Sie in diesem auf der Registerkarte IP-ADRESSE auf die Schaltfläche OPTIONEN, um das Dialogfeld ERWEITERTE IP-ADRESSEN zu öffnen (siehe Bild 9.16).

Abbildung 9.16

Eine IP-Adresse für eine Netzwerkkarte ergänzen

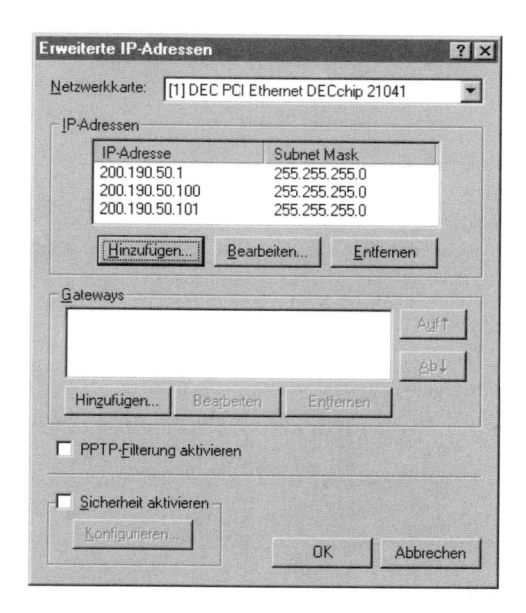

2. Benutzen Sie die Schaltfläche HINZUFÜGEN, um mehrere IP-Adressen zur Schnittstelle hinzuzufügen.

3. Starten Sie den Computer neu, um die neuen Adressen zu aktivieren.

Die DNS-Namen hinzufügen

Sie müssen nun die virtuellen Server-Namen in den DNS oder WINS eintragen, um eine Auswertung der Namen zu ermöglichen. Bild 9.17 zeigt den DNS-Server für `tu-berlin.de` an, bei dem Einträge für Philosophie und Romanistik eingegeben wurden.

Abbildung 9.17

DNS-Einträge für tu-berlin.de

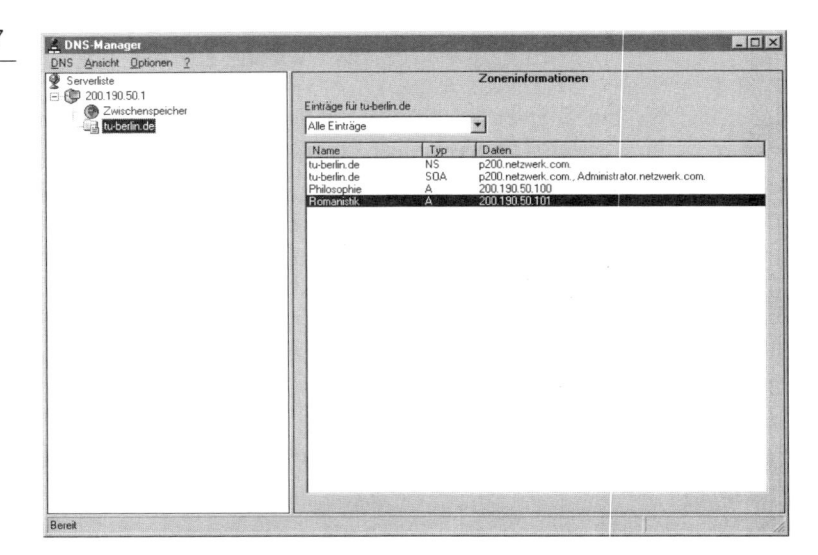

Basisverzeichnisse für den virtuellen Server erzeugen

Gehen Sie wie folgt vor, um den virtuellen Server einzurichten:

1. Öffnen Sie den Internet-Dienst-Manager.

2. Klicken Sie doppelt auf den Dienst WWW, um dessen Eigenschaften einzusehen.

3. Wählen Sie die Registerkarte VERZEICHNISSE.

4. Wählen Sie die Schaltfläche HINZUFÜGEN, um das Dialogfeld EIGENSCHAFTEN DES VERZEICHNISSES zu öffnen (siehe Bild 9.18).

5. Klicken Sie auf die Schaltfläche DURCHSUCHEN, um das Basisverzeichnis des Virtuellen Servers zu finden.

6. Aktivieren Sie das Kontrollkästchen VIRTUELLER SERVER.

Abbildung 9.18

Verzeichniseigenschaften des virtuellen Servers

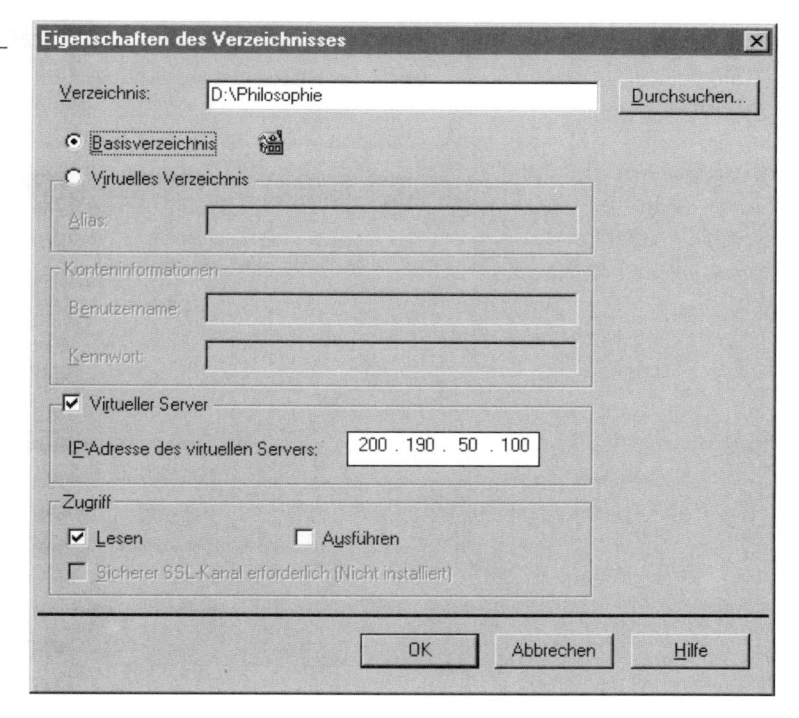

7. Geben Sie die IP-Adresse in das Textfeld IP-ADRESSE DES VIRTUELLEN SERVERS ein.

8. Wählen Sie OK.

9. Wiederholen Sie die Schritte 4 bis 8 für jeden virtuellen Server, den Sie einrichten möchten. Bild 9.19 zeigt die Ergebnisse.

10. Als Standard wird das Verzeichnis \WWWROOT nicht mit einer IP-Adresse verknüpft. Solange diesem Verzeichnis keine IP-Adresse zugewiesen wird, ist es das Basisverzeichnis aller TCP/IP-Adressen, die mit diesem Server verknüpft werden. Deshalb sollten Sie im Eigenschaftenfenster für das Verzeichnis \WWWROOT eine IP-Adresse angeben. Öffnen Sie das Dialogfeld EIGENSCHAFTEN DES VERZEICHNISSES, indem Sie doppelt auf den Eintrag \WWWROOT klicken. Aktivieren Sie dann das Kontrollkästchen VIRTUELLER SERVER, und geben Sie eine IP-Adresse ein.

Kapitel 9   Der Internet Information Server

Abbildung 9.19

Ein fertig konfigurierter Server

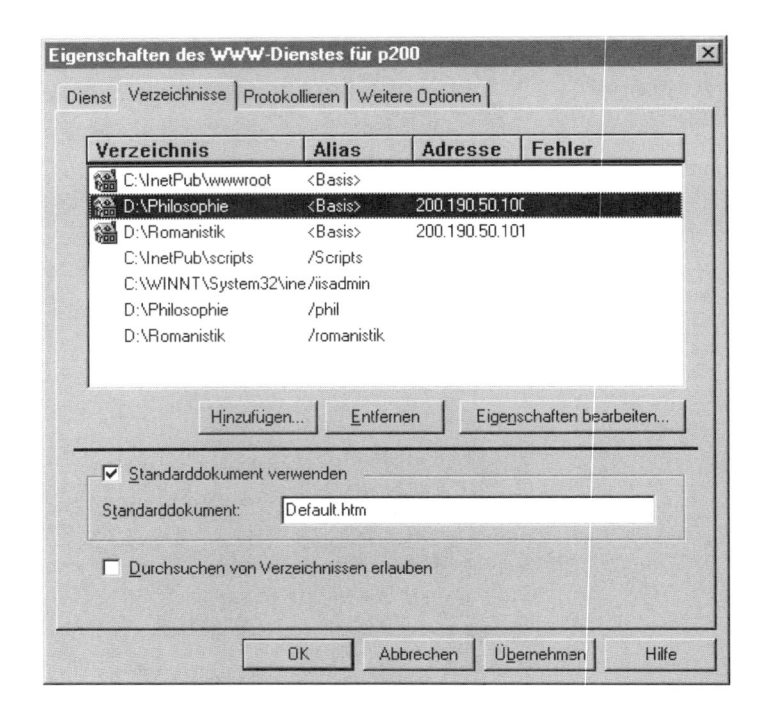

[Screenshot: Eigenschaften des WWW-Dienstes für p200 – Registerkarte Verzeichnisse]

Verzeichnis	Alias	Adresse	Fehler
C:\InetPub\wwwroot	<Basis>		
D:\Philosophie	<Basis>	200.190.50.100	
D:\Romanistik	<Basis>	200.190.50.101	
C:\InetPub\scripts	/Scripts		
C:\WINNT\System32\ine/iisadmin			
D:\Philosophie	/phil		
D:\Romanistik	/romanistik		

☑ Standarddokument verwenden
Standarddokument: Default.htm

☐ Durchsuchen von Verzeichnissen erlauben

9.2.4 Den FTP-Server konfigurieren

Nachdem Sie die Optionen des WWW-Dienstes kennengelernt haben, werden Sie sich freuen, daß sich die Konfigurationen, die Sie soeben vorgenommen haben, fast 1:1 auf den Dienst FTP übertragen lassen. Es gibt nur zwei Ausnahmen: die Registerkarte MELDUNGEN (siehe Bild 9.20) im Dialogfeld EIGENSCHAFTEN DES FTP-DIENSTES und ein paar Änderungen auf der Registerkarte VERZEICHNISSE.

Die Optionen der Registerkarte MELDUNGEN sind ziemlich einfach:

- ▶ **Willkommensmeldung:** Diese Meldung erhalten Benutzer des FTP-Servers, wenn sie Verbindung aufnehmen.

- ▶ **Meldung beim Beenden:** Eine Meldung, die gesendet wird, wenn der Benutzer sich abmeldet.

- ▶ **Meldung bei Höchstanzahl Verbindungen:** Die Meldung, die Benutzer erhalten, wenn die Höchstzahl der Verbindungen bereits ausgeschöpft ist.

Abbildung 9.20

Die Registerkarte Meldungen des FTP-Dienstes

[Screenshot: Eigenschaften des FTP-Dienstes für p200 — Registerkarte Meldungen]

Willkommensmeldung:
```
Welcome to the FTP-Server for the TU Berlin.
Downloadable files are in /public
```

Meldung beim Beenden:
```
Oh, do you have to go? Here's your hat!
```

Meldung bei Höchstanzahl Verbindungen:
```
Sorry, but we're busy. Call back later
```

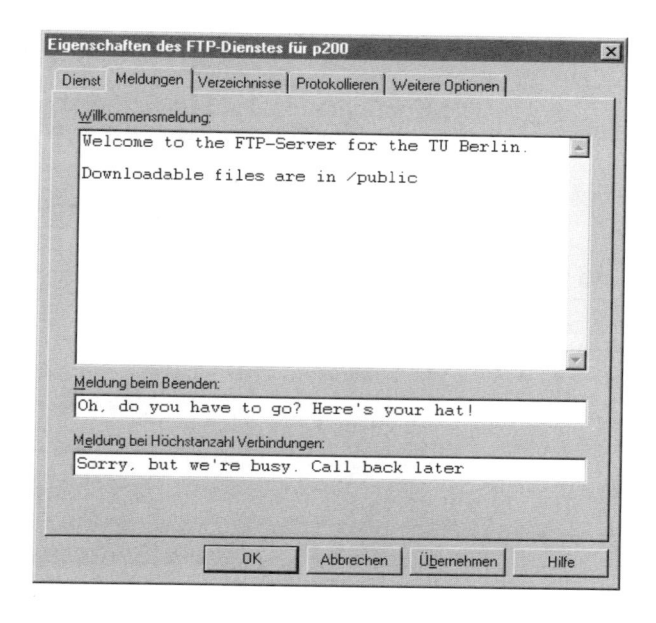

Bild 9.21 zeigt die Änderungen auf der Registerkarte VERZEICHNISSE.

Abbildung 9.21

Die Registerkarte Verzeichnisse des FTP-Dienstes

[Screenshot: Eigenschaften des FTP-Dienstes für p200 — Registerkarte Verzeichnisse]

Verzeichnis	Alias	Fehler
C:\InetPub\ftproot	<Basis>	

Verzeichnisformat:
- ● UNIX®
- ○ MS-DOS®

Beachten Sie, daß es keine virtuellen Server gibt. (Das erkennen Sie daran, daß keine Adressen aufgelistet werden.) Der zweite Unterschied besteht darin, daß Sie zwischen den Verzeichnisformaten UNIX (Standard) und MS-DOS wählen können.

9.2.5 Den Gopher-Server konfigurieren

Die Konfiguration des Gopher-Servers verläuft nahezu identisch zu der des FTP-Servers. Wie bei FTP gibt es auch bei Gopher keine virtuellen Server. Die Eigenschaften des Dienstes unterscheiden sich jedoch leicht (siehe Bild 9.22).

Abbildung 9.22

Die Konfiguration des Dienstes Gopher

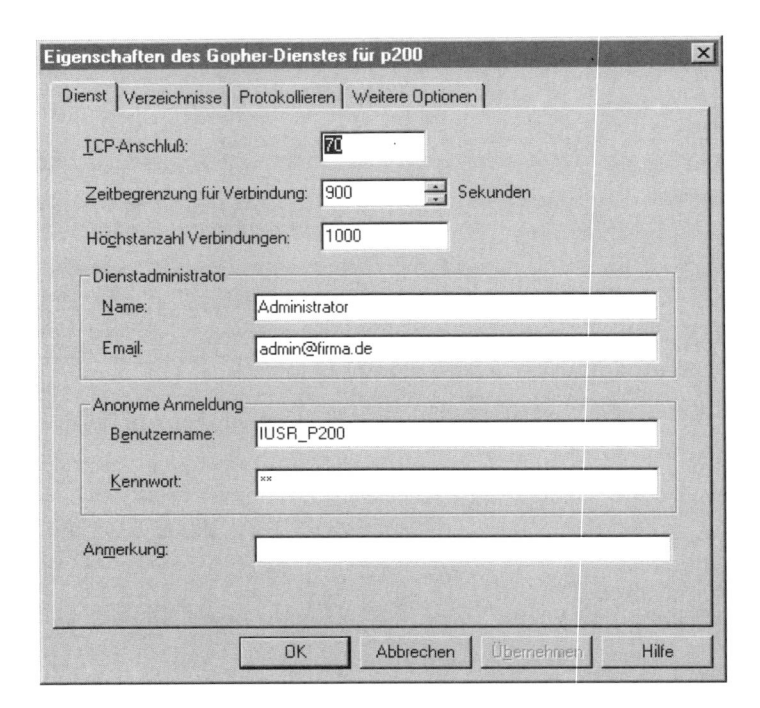

Wie Sie sehen, besteht der einzige Unterschied in der zusätzlich erforderlichen Angabe der E-Mail-Adresse des Administrators.

Übungen

Nachdem Sie nun alles über den IIS erfahren haben, sollten Sie Ihr Wissen in die Praxis umsetzen. Es folgen nun Übungen, anhand derer Sie Ihre Fähigkeit testen können, einige allgemeine Funktionen mit dem IIS auszuführen.

Es wird davon ausgegangen, daß Sie den IIS installiert haben. Ist das nicht der Fall, führen Sie Übung 1 aus. Wenn Sie den IIS bereits installiert haben, können Sie zu Übung 2 übergehen.

Übung 9.1: Den IIS installieren

Diese Übung besteht aus zwei Teilen. Den ersten Teil können Sie nur dann nachvollziehen, wenn Sie in einem Netzwerk arbeiten. In dieser Übung fügen Sie einen Loopback-Adapter hinzu, die normalerweise nur zu Testzwecken eingesetzt wird. Bei der zweiten Übung installieren Sie den IIS.

Eine Netzwerkkarte installieren

Wenn Sie den IIS deshalb noch nicht installiert haben, weil Ihr Computer nicht mit einer Netzwerkkarte ausgestattet ist, können Sie den MS-Loopback-Adapter installieren, der eine Netzwerkkarte vortäuscht. Gehen Sie dazu wie folgt vor (Windows NT müssen Sie natürlich installiert haben).

1. Öffnen Sie das Dialogfeld NETZWERK (START/EINSTELLUNGEN/SYSTEMSTEUERUNG/NETZWERK).

2. Wählen Sie auf der Registerkarte NETZWERKKARTE die Schaltfläche HINZUFÜGEN. Wählen Sie aus der Liste der Netzwerkkarte den Eintrag MS LOOPBACK-ADAPTER, und klicken Sie auf OK. Möglicherweise werden Sie nun nach dem Verzeichnis der Quelldateien gefragt. Geben Sie dieses in das Dialogfeld wie aufgefordert ein.

3. Vergewissern Sie sich auf der Registerkarte PROTOKOLLE, daß das TCP/IP-Protokoll installiert ist. Ist das nicht der Fall, holen Sie die Installation nun über die Schaltfläche HINZUFÜGEN nach. Auch an dieser Stelle werden Sie möglicherweise wieder nach dem Verzeichnis der Quelldateien gefragt.

4. Klicken Sie auf die Schaltfläche SCHLIESSEN, um das Dialogfeld NETZWERK zu verlassen.

5. Das System überarbeitet seine Bindungen nun neu. Möglicherweise werden Sie gefragt, ob Sie DHCP benutzen wollen. Wählen Sie die Schaltfläche NEIN, wenn Sie dies nicht wünschen.

6. Es öffnet sich nun das Dialogfenster zur Konfiguration von TCP/IP. Geben Sie die folgenden Informationen ein:

   IP-Addresse   148.53.64.8

   Subnet Mask   255.255.192.0

   Standard-Gateway   148.53.64.1

7. Klicken Sie auf die Schaltfläche OK. Das System beginnt anschließend, die Komponenten hinzuzufügen. Es hält an, um Sie zu warnen: MINDESTENS EINE NETZWERKKARTE ENTHÄLT EINE LEERE PRIMÄRE WINS-ADRESSE. Klicken Sie auf OK, um fortzufahren.

8. Starten Sie Ihr System neu.

Den IIS hinzufügen

Das Netzwerk ist nun eingerichtet, Sie benötigen noch den IIS.

1. Klicken Sie mit der rechten Maustaste auf das Symbol der NETZWERKUMGEBUNG auf Ihrem Desktop, und wählen Sie aus dem Kontextmenü den Menübefehl EIGENSCHAFTEN.

2. Wählen Sie aus der Liste, die sich nun öffnet, den IIS aus, und klicken Sie auf OK. Anschließend müssen Sie den Pfad zu den Quelldateien eingeben.

3. Sie werden nun gefragt, welchen Dienst Sie installieren wollen. Klicken Sie auf OK, um die Standards anzunehmen.

4. Wenn Sie aufgefordert werden, das Basisverzeichnis anzugeben, klicken Sie auf OK, um die Standardangaben zu akzeptieren. (Normalerweise sollten Sie dieses auf ein anderes Laufwerk legen.)

5. Starten Sie Ihren Computer neu, wenn die entsprechende Meldung erscheint.

Übung 9.2:   Das IUSR_Computername-Kennwort ändern

Nun wird noch einmal wiederholt, wie das Kennwort für den Zugang IUSR_*Computername* verändert wird.

Auf die Web Site zugreifen

Vergewissern Sie sich als erstes, daß Sie Ihre Web Site erreichen können. Gehen Sie dazu wie folgt vor:

1. Starten Sie den Internet-Explorer.

2. Wählen Sie im Menü DATEI den Menübefehl ÖFFNEN.

3. Geben Sie Ihren Computernamen ein.

Es sollte nun die Standard-Web-Site angezeigt werden, die Sie bereits aus Bild 9.4 kennen.

Das aktuelle Kennwort ändern

Ändern Sie nun das IUSR_*Computername*-Kennwort, um Ihren Server stärker abzusichern.

1. Öffnen Sie den Benutzer-Manager für Domänen.

2. Klicken Sie doppelt auf den Zugang IUSR_*Computername*.

3. Markieren Sie das Kennwort, und geben Sie `TCP/IP` ein.

4. Geben Sie das Kennwort nun noch einmal im Feld KENN-WORTBESTÄTIGUNG ein.

    ▶ Zu welchen Gruppen gehört dieser Benutzer und welche Optionen wurden festgelegt? Antwort: Der Benutzer ist Mitglied der Domäne GAST, und die Optionen BENUTZER KANN KENNWORT NICHT ÄNDERN und KENNWORT LÄUFT NIE AB sollten aktiviert sein.

5. Klicken Sie auf OK, um die Änderungen der Benutzereinstellungen wirksam werden zu lassen. Schließen Sie dann den Benutzer-Manager für Domänen.

Das neue Kennwort testen

Als nächstes werden Sie Ihr Kennwort testen, um festzustellen, ob Sie auf die Web Site zugreifen können.

1. Öffnen Sie den Internet Explorer.
2. Wählen Sie den Menübefehl ÖFFNEN aus dem Menü DATEI.
3. Geben Sie den Computernamen des Server-Computers ein.

Was geschieht nun?

Wenn alles korrekt funktioniert, sollten Sie die Meldung erhalten, daß der Zugriff verweigert wird. Ist das nicht der Fall, sollten Sie versuchen, den Dienst zu stoppen und wie im folgenden Abschnitt beschrieben neu zu starten.

Probleme beheben

Wenn Sie keine Meldung erhalten haben, daß der Zugriff verweigert wird, müssen Sie den Dienst stoppen und wie im folgenden beschrieben neu starten.

1. Wählen Sie aus dem Start-Menü die Menübefehle PROGRAMME/MICROSOFT INTERNET SERVER (ALLGEMEIN)/INTERNET-DIENST-MANAGER.
2. Klicken Sie doppelt auf den WWW-Dienst, der gerade ausgeführt wird.
3. Sie sollten nun die Zugangsinformationen sehen. Klicken Sie doppelt auf das Kennwort, um dieses zu markieren, und geben Sie dann `TCP/IP` als neues Kennwort ein.
4. Klicken Sie auf die Schaltfläche OK, um das Konfigurationsdialogfeld zu schließen.
5. Stoppen Sie den Dienst nun, und starten Sie ihn neu. Markieren Sie den WWW-Dienst, und wählen Sie dann den Menübefehl DIENST BEENDEN aus dem Menü EIGENSCHAFTEN. Wählen Sie nun den Menübefehl DIENST STARTEN im Menü EIGENSCHAFTEN, um den Dienst wieder zu starten.
6. Versuchen Sie noch einmal, Verbindung zu der Site aufzunehmen.

Wenn Sie alle Schritte korrekt nachvollzogen haben, sollten Sie nun Verbindung zu der Site aufnehmen können.

Übung 9.3: Einen Alias zum FTP-Server hinzufügen

In dieser Übung fügen Sie dem FTP-Server einen Aliasnamen hinzu.

1. Erzeugen Sie ein Verzeichnis namens C:\FTP_TEST.
2. Kopieren Sie einige Dateien in dieses Verzeichnis. (Versuchen Sie es z.B. einmal mit den .BMP-Dateien im WINNT-Verzeichnis.)
3. Öffnen Sie den Internet-Dienst-Manager, und klicken Sie doppelt auf den Dienst FTP.
4. Klicken Sie doppelt auf das Kennwort, und geben Sie das neue Kennwort ein, das Sie in der letzten Übung benutzt haben.
5. Klicken Sie auf die Registerkarte VERZEICHNISSE.
6. Wählen Sie die Schaltfläche HINZUFÜGEN, und geben Sie C:\FTP_TEST als Verzeichnis ein.
7. Geben Sie im Feld ALIAS die Bezeichnung Test ein. Klicken Sie auf OK, um das Dialogfeld zu schließen.
8. Klicken Sie noch einmal auf OK, um das Dialogfeld EIGENSCHAFTEN DES FTP-DIENSTES zu schließen.
9. Stoppen Sie den Dienst, und starten Sie ihn erneut.

Das Verzeichnis testen

Sie können Ihr Verzeichnis wie folgt testen:

1. Öffnen Sie den Internet Explorer, und geben Sie im Feld ADRESSE die URL FTP://Computername ein.

Was geschieht nun?

Sie sollten nun nur die Meldung erhalten DAS AKTUELLE VERZEICHNIS IST /.

2. Öffnen Sie nun das Verzeichnis FTP://COMPUTER/TEST.

Werden nun Dateinamen aufgelistet? Handelt es sich um diejenigen, die Sie in das Verzeichnis kopiert haben?

Wenn alles korrekt funktioniert hat, sollten Sie beide Fragen mit »Ja« beantworten können. Wenn Sie .BMP- oder andere Grafikdateien in das Testverzeichnis kopiert haben, sollten Sie einmal probieren, auf den Dateinamen zu klicken. Das Bild sollte nun am Bildschirm angezeigt werden.

Zusammenfassung

Der IIS hat sich schnell zu einer der besten Anwendungen für die Veröffentlichung von Informationen im Web entwickelt. Die Integration anderer Dienste in den IIS ist ein großartiger Kaufanreiz. In diesem Kapitel sollte Ihnen ein grober Überblick vermittelt werden. Sie haben die Grundinstallation und die Konfiguration der Dienste kennengelernt. Das ist in den meisten Fällen ausreichend.

9.3 Wiederholungsfragen

1. Wie heißen die drei Dienste, die im IIS enthalten sind? Wozu dienen sie?

2. Welchen Voraussetzungen müssen auf einem Windows NT-Server erfüllt sein, bevor Sie den IIS installieren können?

3. Was ist erforderlich, wenn Sie Informationen im Internet und nicht nur in Ihrem Intranet veröffentlichen wollen?

4. Angenommen, der IIS ist noch nicht auf Ihrem System installiert. Wie können Sie dies nachholen?

5. Welches Paket benötigen Sie, um die IIS-Dienste zu steuern und zu konfigurieren?

6. Welche Installationsoption wird während der Installation des IIS nicht als Standard markiert? (Hinweis: Betrachten Sie dazu nicht die Abbildung im Buch.)

7. Wo sollten Sie die Basisverzeichnisse der verschiedenen Dienste nicht ablegen?

8. Was sind ODBC-Treiber, und welche Funktionen erfüllen sie?

9. Welche Veränderungen werden an einem Windows NT-System vorgenommen, wenn der IIS installiert wird?

10. Stellen Sie anhand der Produktdokumentation fest, was SSL ist.

11. Was ist ein Aliasname?

Lösungen

1. Die folgenden Dienste sind enthalten:

   HTTP-Publikationsdienst – wird eingesetzt, um Web-Seiten zu erzeugen, die mit Web-Browsern betrachtet werden können.

   FTP-Dienst – bietet Benutzern die Möglichkeit, Dateien von oder zu einem System zu kopieren.

   Gopher-Dienst – eine Form von FTP, jedoch wesentlich benutzerfreundlicher.

2. Absolut erforderlich ist nur eine TCP/IP-Adresse. Optional können Sie eine NTFS-Partition erstellen, um die Dateien dort zu installieren und eine Überwachung einzurichten. Wenn Sie in Ihrer Homepage Verweise auf andere Systeme verwenden möchten, ist eine Namensauswertung erforderlich.

3. Wenn Sie Informationen im Internet veröffentlichen, benötigen Sie eine Verbindung zum Internet und einen offiziell zugewiesenen Domänennamen.

4. Obwohl der IIS in Rahmen der Windows NT 4-Installation installiert wird, gibt es zwei Möglichkeiten, ihn auch nachträglich noch zu installieren. Erstens plaziert die Installationsroutine ein Symbol des Internet Information Servers auf dem Desktop, über das die Installation ausgeführt werden kann. Zweitens können Sie über die Registerkarte DIENSTE in den Netzwerkeinstellungen in der Systemsteuerung den Internet Information Server als Dienst hinzufügen.

5. Der IIS enthält den Internet-Dienst-Manager, über den alle Dienste des IIS überwacht und konfiguriert werden können. Der Internet-Dienst-Manager agiert auch als Baustein für andere Dienste, die später hinzugefügt werden.

6. Der Internet-Dienst-Manager (HTML) wird als Standard nicht aktiviert.

7. Das Basisverzeichnis sollte nie in das gleiche Laufwerk wie Windows NT selbst gelegt werden, weil sich dadurch die Systemleistung verringern kann und sich das Risiko erhöht, daß jemand unerwünscht in Ihr System eindringt.

8. Die ODBC-Treiber ermöglichen es Ihnen, den Zugriff auf Ihre Site direkt in einer Datenbank zu protokollieren. Sie können außerdem Web-Seiten erstellen, die eine Datenbank abfragen und das Ergebnis zurückliefern.

9. Es wird eine weitere Programmgruppe in das Start-Menü integriert. Außerdem wird ein neues Benutzerkonto namens IUSR_Computername erzeugt, für das ein anonymer Zugang zum Server besteht.

10. SSL (Secured Sockets Layer) ist eine Methode, Web Sites zu erzeugen, die eingesetzt werden können, um verschlüsselte Informationen zwischen dem Client und dem Server zu übermitteln.

11. Ein Aliasname ist ein Verzeichniseintrag bei einem Dienst, der Clients ermöglicht, sich zu Verzeichnissen zu begeben, die sich in einem anderen Laufwerk oder sogar auf einem anderen Server befinden, ohne den genauen Pfad nennen zu müssen. Es muß statt dessen nur die Bezeichnung /Aliasname an den Namen der Web Site angehängt wird.

Kapitel 10
TCP/IP-Druckdienste

Eines der Entwicklungsziele von Windows NT war es, ein Betriebssystem zu erzeugen, das mit vielen verschiedenen Umgebungen interagieren kann, die bereits bestehen. Das bedeutete, daß das System die Fähigkeit haben mußte, nicht nur mit den Dateisystemen und Servern der Betriebssysteme zusammenzuarbeiten, sondern auch, Drucker mit diesen zu teilen.

TCP/IP ist nun schon seit langem mit der Unix- und Mainframe-Welt verbunden. Um Druckdienste mit diesen Welten zu teilen, muß NT die Fähigkeit haben, mit einem LPD (Line Printer Daemon) zusammenzuarbeiten. Windows NT muß außerdem als LPD agieren, um es Nicht-Microsoft-Systemen zu ermöglichen, die Druckdienste von NT zu nutzen. Wenn Microsoft-Netzwerk-Clients versuchen, zu drucken, verwenden sie den Server-Dienst (NetBIOS-Netz). Eines der häufigsten Probleme, auf das Sie stoßen werden, sind Benutzer, die nicht drucken können. Dafür gibt es zahlreiche Gründe, die nicht alle in diesem Buch beschrieben werden können.

In diesem Kapitel werden die Grundlagen des Druckens unter Windows NT beschrieben. Anschließend werden die TCP/IP-Druckdienste erörtert. Wie erfahren dabei zwei Dinge: Erstens, wie man einen entfernten LPD-Server benutzt und zweitens, wie man NT als LDP-Server einrichtet. Denken Sie daran, daß LPD normalerweise auf Unix-Plattformen eingesetzt wird.

10.1 Drucken unter Windows NT

Im folgenden Abschnitt erhalten Sie einen Überblick über den Druckprozeß unter Windows NT:

10.1.1 Der Druckprozeß

Wenn Sie über Windows NT ausdrucken, wählen Sie in der Anwendung normalerweise den Menübefehl DRUCKEN im Menü DATEI. Viele Benutzer wissen nicht mehr über den Druckprozeß von Windows NT. Beim Druck laufen jedoch zahlreiche Prozesse im Hintergrund ab und werden benötigt, um die Daten von Ihrem System auf das Papier zu bringen.

Die folgende Liste dient als Überblick über den Druckprozeß:

1. Den Druckprozeß starten Sie über den Menübefehl DRUKKEN im Menü DATEI der Anwendung, mit der Sie gerade arbeiten.

2. Wenn das System einen Netzwerkdrucker einsetzt, besteht der nächste Schritt darin, die Version des lokal gespeicherten Treibers zu verifizieren. Bei Windows NT kann das System den Treiber vom Druck-Server abrufen und so sicherstellen, daß beim Ausdruck immer der korrekte Treiber verwendet wird. Das lokale System prüft, ob die Versionsnummer des Treibers mit der des Druckservers übereinstimmt. Wenn erstere neuer ist, erhält das lokale System eine Kopie.

3. Nun wird der generische Teil des Druckertreibers verwendet und mit dem GDI eine EMF-Datei (EMF = Enhanced Metafile) erzeugt. EMF-Dateien ähneln vom Konzept her HTML-Dateien. Wenn der Drucker etwas fett drucken möchte, wird ein generischer Code für den Fettdruck benutzt. Wenn der Drucker ausgeschaltet wird, wird ein anderer generischer Code verwendet. Das EMF-Format ist unter Windows NT und Windows 95 gebräuchlich. Windows-95-Systeme können damit Druckaufträge an Druck-Server versenden und so die lokalen Ressourcen einsparen, die für den Umwandlungsprozeß erforderlich sind.

4. Wenn der GDI- und der Druckertreiber die EMF-Datei aufgebaut haben, wird sie in eine Spooldatei auf dem lokalen System verschoben. (Für diese Datei auf der lokalen Festplatte muß genügend Platz verfügbar sein.) Der lokale Spooler nimmt Kontakt zum Spooler auf dem Druck-Server auf und erzeugt einen RPC (Remote Procedure Call) an

dieses System. Der lokale Spooler sendet den Druckauftrag über diese Verbindung an den Druck-Server. Selbstverständlich tritt dieser Prozeß nicht auf, wenn der Benutzer auf einen lokalen Drucker druckt.

5. Auf dem Druck-Server empfängt der Spooler den Druckauftrag und speichert ihn auf der Festplatte. Er teilt dem Router auch mit, daß die Datei angekommen ist.

6. Der Router prüft den Datentyp des Dateiinhalts und ruft den Druck-Prozessor auf, um die Umwandlung des Druckaufträge in ein Datenformat zu vervollständigen, das vom Drucker erwartet wird.

7. Nun arbeitet der Druck-Prozessor mit der Hauptkopie des Druckertreibers zusammen, um den Umwandlungsprozeß fertigzustellen. Dazu muß der gesamte Code, den das System in Schritt 3 in die Datei eingefügt hat, entfernt und durch den eigentlichen Code ersetzt werden, der vom Drucker benötigt wird, um den Ausdruck auszuführen.

8. Ein weiterer Prozessor erzeugt eine Trennseite und fügt sie am Dateianfang ein. Die Datei kann nun mit dem Drucker kopiert werden.

9. Nun wird der Job in einer Spool-Datei gehalten, und ein Druckmonitor wird eingesetzt, um die Datei vom der Spool-Datei auf dem Drucker zu verschieben. Druckmonitore verbinden logische Drucker mit ihren physischen Gegenstücken.

10. Schließlich wird der Druckauftrag auf dem physischen Drucker ausgegeben, falls dieser »online« ist.

Wie Sie sehen, besteht der Druckprozeß unter Windows NT aus vielen verschiedenen Teilen. Wenn ein Teil fehlschlägt, versagt der gesamte Druckprozeß. Das Drucksystem von NT besteht aus vier Hauptteilen: dem Druckertreiber, dem Drucker-Spooler, dem Druckprozessor und den Druckmonitoren. In den nächsten Abschnitten werden diese Komponenten genauer betrachtet.

Druckertreiber

Der Druckprozeß unter Windows NT ist in drei Bestandteile unterteilt: Bildschirmtreiber, die Druckerschnittstelle und Datendateien. Alle drei Komponenten müssen zusammenarbeiten, um Windows NT den Ausdruck zu ermöglichen.

Bildschirmtreiber

Der Bildschirmtreiber ist Bestandteil des Druckertreibers, der mit der GDI zusammenarbeitet, um die EMF-Datei zu erzeugen. Er kennt den Druckertyp, auf den Sie ausdrucken. Es gibt drei Hauptdruckertypen: Raster- und PostScript-Drucker und Plotter. Jeder Druckertyp ist mit einem separaten Bildschirmtreiber ausgestattet, der weiß, wie dieser Drucker ausdruckt. Die Bildschirmtreiber gliedern sich wie folgt:

- *RASDD.DLL.* Dieser Bildschirmtreiber wird für Rasterdrucker eingesetzt. Der Rasterdrucker ist der gebräuchlichste Druckertyp. Bilder werden über Punktfolgen erzeugt. Das wird besonders bei den alten Matrixdruckern deutlich. Die gleiche Methode wird jedoch auch von den meisten Laser-Druckern eingesetzt. RASDD.DLL kann, falls erforderlich, andere Dateien aufrufen, um den Prozeß zu vervollständigen. Ein Beispiel ist die HPPCL.DLL, die von den meisten HP-Laserjet-Druckertypen verwendet wird.

- *PSCRIPT.DLL.* Dieser Bildschirmtreiber wird eingesetzt, wenn Sie mit einem PostScript-Drucker arbeiten. PostScript-Drucker erzeugen Seiten mit einer Programmiersprache, die die Seite anhand von Vektoren beschreibt. Vektoren benutzen Startpunkte, Richtungsangaben und Abstände, um Seiten aus Linien aufzubauen. Ein verbreitetes Beispiel für einen PostScript-Drucker ist der Apple Laserwriter.

- *PLOTTER.DLL.* Wie Sie dem Namen vielleicht schon entnommen haben, werden diese Bildschirmtreiber für Plotter verwendet. Plotter erzeugen eine Seite wie Sie selbst. Sie benutzen einen Stift und verschieben diesen auf dem Papier – oder das Papier unter dem feststehenden Stift. Der Stift wird angehoben und wieder abgesetzt, um Linien zu beenden und neu zu beginnen.

Die Druckerschnittstelle

Die Druckerschnittstelle ist Ihre Schnittstelle zu den Einstellungen des Druckers, mit dem Sie arbeiten. Weil es drei Hauptdruckertypen gibt, gibt es entsprechend auch drei Druckerschnittstellen:

- *RASDDUI.DLL*. Diese Schnittstelle wird für Rasterdrucker eingesetzt.

- *PSCRPTUI.DLL*. Diese Schnittstelle wird für PostScript-Drucker verwendet.

- *PLOTUI.DLL*. Diese Schnittstelle kommt bei Plottern zum Einsatz.

Die Druckerschnittstelle liest Informationen aus der Beschreibungsdatei, damit Sie wissen, welche Optionen auf dem Drucker zur Verfügung stehen. Anschließend können Sie die Optionen auswählen.

Die Datencharakterisierungsdatei

Für fast jeden Drucker, den Windows NT unterstützt, ist eine Datencharakterisierungsdatei vorhanden. Machmal teilen sich verschiedene Drucker jedoch auch eine Datei. Diese Dateien sind das Kernstück, um alles zusammenzufügen. Sie liefern die Information, die die Druckerschnittstelle benötigt, um zu wissen, welche Funktionen der Drucker unterstützt. Die Dateien enthalten auch Routinen, um die EMF-Datei so umzuwandeln, daß sie vom Drucker verarbeitet werden kann.

Die Druckwarteschlange

Die Druckwarteschlange ist dafür verantwortlich, die Druckaufträge auf der Festplatte zu speichern und durch die verschiedenen Stadien auf dem Weg zum Drucker zu geleiten. Die Druckwarteschlage ist ein Dienst von Windows NT und ist im Hilfsprogramm DIENSTE der Systemsteuerung aufgeführt.

> Wenn Ihr Drucker »blockiert« zu sein scheint, können Sie den Fehler normalerweise dadurch beheben, daß Sie den Druck abbrechen und die Druckwarteschlange erneut starten.

Der Druckprozessor

Wenn Sie aus einer Windows-Anwendung heraus drucken, endet Ihre Datei als EMF-Datei. Wenn Sie aus einer DOS-Anwendung heraus drucken, enthält die Druckdatei reinen Text oder formatierte Druckerdaten. Wenn Sie von einem Macintosh aus drucken, wird für den Ausdruck eine PSCRIPT1-Datei erzeugt. Dem Drucker müssen die Daten als formatierte Druckerdaten vorliegen. Ansonsten kann er die Datei nicht ausdrucken.

Der Druckprozessor behandelt die Konversion verschiedener Dateitypen. Der Prozessor (WINPRINT.DLL) behandelt, falls erwähnt, die Datentypen und kann Daten in das vom Drucker benötigte Format umwandeln. Falls es sich um einen Druck-Server handelt, wird die Verarbeitung auf dem Server und nicht beim Client durchgeführt. Auf diese Weise wird die Last vom Client-Computer enthoben, und es bleibt mehr Potential zur Verarbeitung der Anwendungen auf diesem Computer.

Der Druckmonitor

Der Druckmonitor ist das Bindeglied zwischen dem logischen Drucker, mit dem die Benutzer Verbindung aufnehmen, und dem physischen Drucker, aus dem das Papier herauskommt. Die verschiedenen Verbindungstypen, die für Drucker eingesetzt werden können, werden von vielen verschiedenen Druckmonitoren unterstützt. Die folgende Liste deckt einige der verfügbaren Druckmonitore ab:

- ▶ *LOCALMON.DLL.* Dieses Programm behandelt alle Drucker, die lokal an den Computer angeschlossen sind (LPT1:, COM1: etc.), und alle Drucker, zu denen eine Verknüpfung besteht (z.B. NET USE LPT3: \\Server\Drucker).

- ▶ *LPRMON.DLL.* Um dieses Programm geht es hier. Sie können damit Verbindung zu einem LPD-Server aufnehmen und dessen Dienste nutzen.

- ▶ *HPMON.DLL.* Dieses Programm wird eingesetzt, um mit Druckern des Typs HP JetDirect zu kommunizieren.

- *SFMMON.DLL.* Windows NT bietet Unterstützung für Macintosh-Computer und die Möglichkeit, Dateien und Drucker mit diesen zu teilen. Dieses Überwachungsprogramm ermöglicht es einem Windows NT-Rechner, einen Macintosh-Drucker im Netzwerk zu nutzen.

- *DECPSMON.DLL.* Dieses Überwachungsprogramm wird für DEC-Netzwerkdrucker eingesetzt.

- *LEXMON.DLL.* Dieses Überwachungsprogramm ist Netzwerkdruckern der Serie Lexmark Vision vorbehalten.

- *PJLMON.DLL.* Dieses Überwachungsprogramm kann für alle Drucker eingesetzt werden, die den PJL-Standard (PJL = Printer Job Language) unterstützen.

Diese Trennung von logischen und physischen Druckern bietet Microsoft die Möglichkeit, weitere Funktionen zum Druckprozeß hinzuzufügen. Hier ist zuerst die Möglichkeit zu nennen, verschiedene logische Drucker mit einem einzigen physischen Drucker zu verbinden – was auch viele andere Netzwerksysteme können. Das bedeutet, daß Sie bei den verschiedenen logischen Druckern unterschiedliche Einstellungen wählen und trotzdem den gleichen Drucker benutzen können. Sie können z.B. einen logischen Rasterdrucker und einen logischen PostScript-Drucker erzeugen, die beide auf dem gleichen multimodalen physischen Drucker drucken, der automatisch zwischen PostScript- und Rasterdruck umschalten kann.

Die zweite, eher einzigartige Funktion, ist die Möglichkeit, einen logischen Drucker mit mehreren physischen Druckern zu verbinden. Auf diese Weise wird ein Drucker-Pool erzeugt. Es erhalten verschiedene Drucker Aufträge von einem logischen Drucker. Das ist sehr günstig für Bereiche, in denen sehr viel Bedarf für Ausdrucke besteht und sich häufig lange Druckwarteschlangen bilden. Über Drucker-Pools kann die Ausgabe in Seiten pro Minute gesteigert werden, ohne daß Sie weitere kostspielige Endgeräte erwerben müssen.

10.1.2 Einen Drucker installieren

Es ist sehr leicht, einen Drucker zu installieren. Sie werden mit einem Assistenten durch den gesamten Prozeß geführt. Die einzelnen Schritte unterscheiden sich je nach Druckertyp und -anschluß geringfügig. Es folgen nun die allgemeinen Schritte:

1. Öffnen Sie das Symbol ARBEITSPLATZ, und klicken Sie doppelt auf das DRUCKER-Symbol.

2. Klicken Sie im Fenster DRUCKER doppelt auf das Symbol NEUER DRUCKER.

3. Wählen Sie im Dialogfeld ASSISTENT FÜR DIE DRUCKERINSTALLATION entweder die Option ARBEITSPLATZ, wenn der Drucker direkt an diesen Computer angeschlossen ist, oder DRUCK-SERVER IM NETZWERK, wenn ein Netzwerk-Drucker eingerichtet werden soll. Klicken Sie dann auf die Schaltfläche WEITER.

4. Wenn der Drucker direkt angeschlossen ist, werden Sie anschließend gefragt, welcher Anschluß für den Drucker benutzt wird. (Wenn Sie das Kontrollkästchen DRUCKER-POOL AKTIVIEREN auswählen, können Sie mehr als einen Anschluß wählen.) Falls nötig, können Sie die Schaltflächen HINZUFÜGEN und EINSTELLUNGEN ÄNDERN nutzen.

5. Als nächstes müssen Sie im Assistenten für die Druckerinstallation in einem zweigeteilten Dialogfeld einen Druckerhersteller und Ihren Druckertyp auswählen. Wenn der Drucker nicht in der Liste aufgeführt ist und Sie über eine Diskette vom Hersteller verfügen, legen Sie diese ein, und klicken Sie auf die Schaltfläche DISKETTE. Wählen Sie ansonsten die Schaltfläche WEITER.

6. Geben Sie dem Drucker einen bis zu 31 Zeichen langen beliebigen Namen, und wählen Sie, ob er als Standarddrucker verwendet werden soll. Wählen Sie anschließend die Schaltfläche WEITER.

7. Wenn Sie Drucker mit anderen Benutzern teilen wollen, können Sie im nächsten Dialogfeld des Assistenten für die Druckerinstallation die Option FREIGEBEN wählen. Wenn Sie den Drucker freigeben, müssen Sie noch einen Freigabenamen festlegen und die Betriebssysteme der Benutzer

angeben, die auf den Drucker zugreifen werden. (Dadurch weiß Windows NT, daß es die Treiber hinzufügen muß, damit die Clients diese vom Server kopieren können.) Wählen Sie die Schaltfläche WEITER.

8. Nun können Sie den Drucker ausprobieren, indem Sie eine Testseite drucken. Klicken Sie anschließend auf die Schaltfläche FERTIG STELLEN.

10.2 Den TCP/IP-Druckdienst installieren

Die Installation und Konfiguration des TCP/IP-Druckdienstes ist einfach. Sie müssen zunächst TCP/IP korrekt einrichten. Wenn Sie außerdem mit Host-Namen arbeiten, benötigen Sie eine Methode, um diese aufzulösen. Die Host-Namensauswertung wird in Kapitel 15, »Der Microsoft DNS-Server«, ausführlicher behandelt.

Angenommen, Sie erfüllen diese Kriterien. Dann können Sie den Dienst anhand der folgenden Schritte installieren:

1. Öffnen Sie das Dialogfeld NETZWERK, indem Sie mit der rechten Maustaste auf das Symbol NETZWERKUMGEBUNG auf dem Desktop klicken und aus dem Kontextmenü den Menübefehl EIGENSCHAFTEN auswählen.

2. Wählen Sie auf der Registerkarte DIENSTE die Schaltfläche HINZUFÜGEN.

3. Wählen Sie aus dem Listenfeld NETZWERKDIENST den Eintrag MICROSOFT TCP/IP-DRUCKDIENST, und wählen Sie anschließend OK (siehe Bild 10.1).

1. Geben Sie im nächsten Dialogfeld das Verzeichnis ein, in dem sich die Quelldateien befinden, legen Sie die Windows NT-CD-ROM ein, und wählen Sie OK.

2. Wählen Sie im Dialogfeld NETZWERK die Schaltfläche SCHLIESSEN. Beantworten Sie die Frage im Meldungsfenster, ob Sie Ihren Computer neu starten möchten, mit JA.

Nun haben Sie den Dienst installiert. Sie können Ihr System jetzt so konfigurieren, daß ein bestehender LPD-Server eingesetzt oder das System zu einem LPD-Server gemacht wird.

Abbildung 10.1

Das Dialogfeld Auswahl: Netzwerkdienst

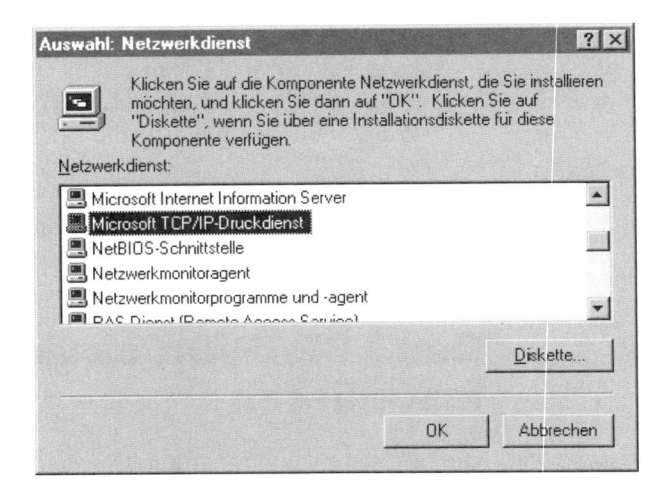

10.3 Verbindung mit einem LPD-Server aufnehmen

Der Prozeß, bei dem die Druckdateien aus der Druckwarteschlange zum physischen Drucker gelangen, wird von einem Überwachungsprogramm begleitet. Es gibt zahlreiche verschiedene Überwachungsprogramme, mit denen Sie auf vielen verschiedenen Druckertypen drucken können.

Wenn Sie Verbindung zu einem LPD-Server aufnehmen wollen, müssen Sie zuerst einen Drucker erzeugen oder einen bestehenden Drucker umwandeln. Sie haben bereits erfahren, wie Drukker unter Windows NT geladen werden. Nun können Sie sich auf den LPR-Druckmonitor konzentrieren.

Die Einstellungen für den LPR-Anschluß legen Sie auf der Registerkarte ANSCHLÜSSE des Dialogfelds DRUCKER EIGENSCHAFTEN fest (siehe Bild 10.2).

Wählen Sie die Schaltfläche HINZUFÜGEN. Es öffnet sich nun ein Dialogfeld, das dem in Bild 10.3 ähnelt. Möglicherweise stehen Ihnen nicht die gleichen Elemente zur Auswahl (vielleicht haben Sie mehr Einträge). Wenn Sie den TCP/IP-Druckdienst installiert haben, ist jedoch die Option LPR PORT vorhanden.

Verbindung mit einem LPD-Server aufnehmen

Abbildung 10.2

Die Registerkarte Anschlüsse im Dialogfeld Drucker Eigenschaften

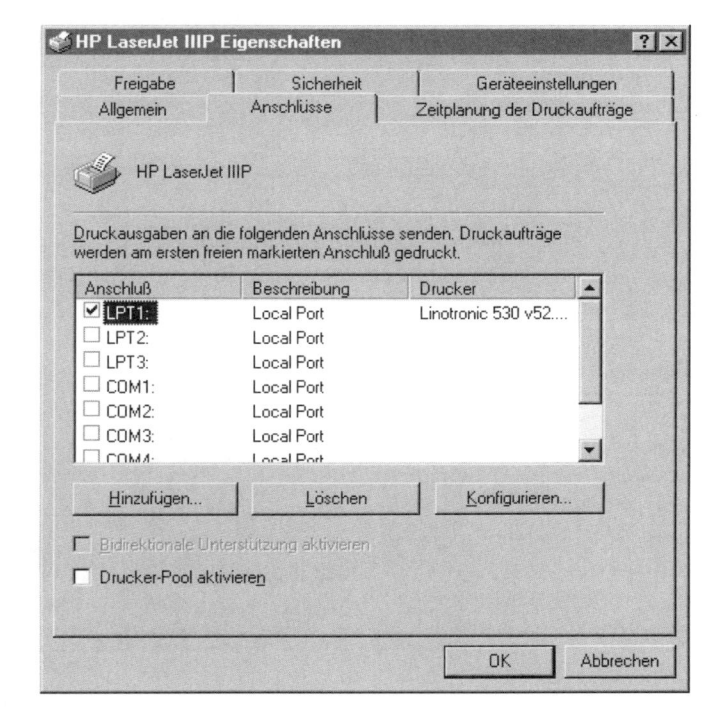

Abbildung 10.3

Das Dialogfeld Druckeranschlüsse

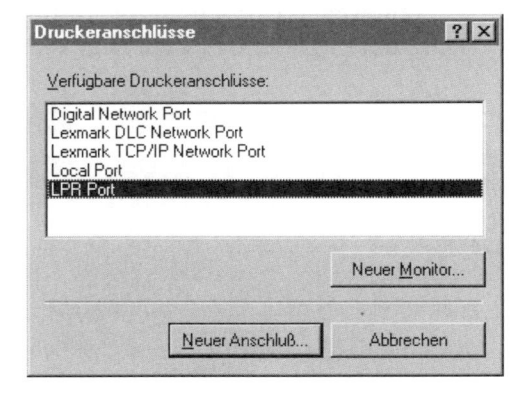

Wählen Sie die Option LPR PORT, und klicken Sie auf die Schaltfläche NEUER ANSCHLUSS. Es öffnet sich wie in Bild 10.4 gezeigt ein Dialogfeld namens LPR-KOMPATIBLEN DRUCKER HINZUFÜGEN. Geben Sie im ersten Feld den Host-Namen oder die IP-Adresse des Servers ein, der den Drucker steuern soll. Geben Sie im zweiten Textfeld den Namen des Druckers ein.

Kapitel 10 TCP/IP-Druckdienste

Abbildung 10.4

Einen LPR-kompatiblen Drucker hinzufügen

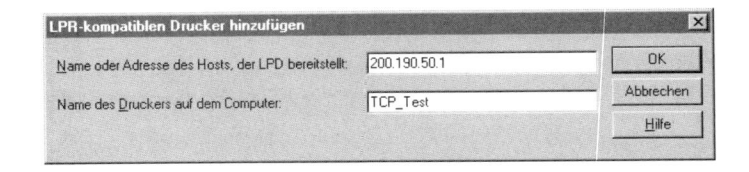

Wenn Sie einen Host-Namen eingeben, der nicht aufgelöst werden kann, erscheint die folgende Fehlermeldung (siehe Bild 10.5):

Abbildung 10.5

Eine Fehlermeldung, die anzeigt, daß der Name nicht aufgelöst werden kann

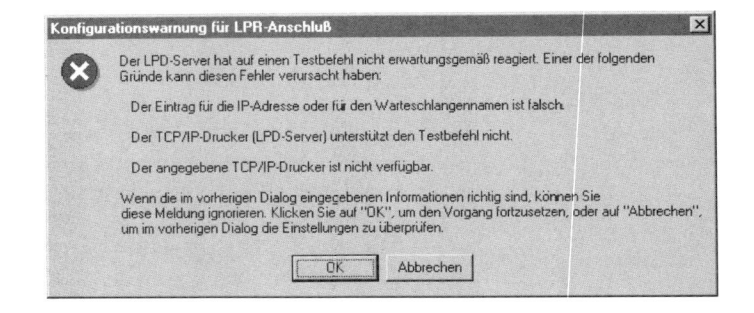

Wenn alles korrekt funktioniert hat, steht Ihnen in der Liste nun ein weiterer Anschluß zur Verfügung. Dies ist die Verbindung zum LPD-Server (siehe Bild 10.6).

Abbildung 10.6

Ein neuer Anschluß wird im Dialogfeld Drucker Eigenschaften angezeigt

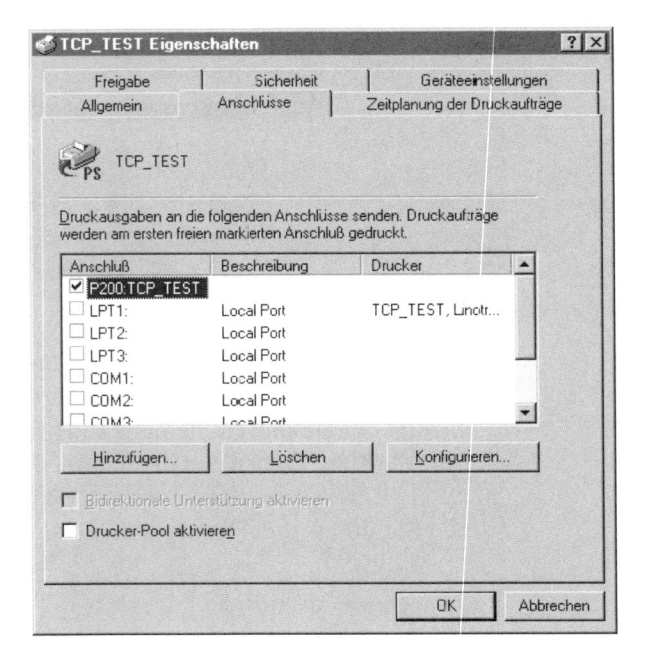

10.4 Drucker über LPD freigeben

Bis jetzt haben Sie erfahren, wo Sie einen Anschluß für einen LPD-Server hinzufügen. Wie bereits erwähnt, kann Windows NT auch als LPD-Server agieren (das gilt sowohl für NT Workstation als auch für NT Server). Der LPD-Server wird wie die meisten anderen Server als Dienst implementiert. Sie müssen im wesentlichen zwei Schritte ausführen, um Ihren Drucker über den Dienst LPD freizugeben.

Als erstes müssen Sie den Drucker ganz normal freigeben (siehe Bild 10.7). Sie sollten einen einfachen Freigabenamen verwenden, weil nicht alle Plattformen, die LPR unterstützen, auch lange Dateinamen verarbeiten können. Im Beispiel wird der Drucker als TEST_TCP freigegeben.

Abbildung 10.7

Einen Drucker anderen Benutzern freigeben

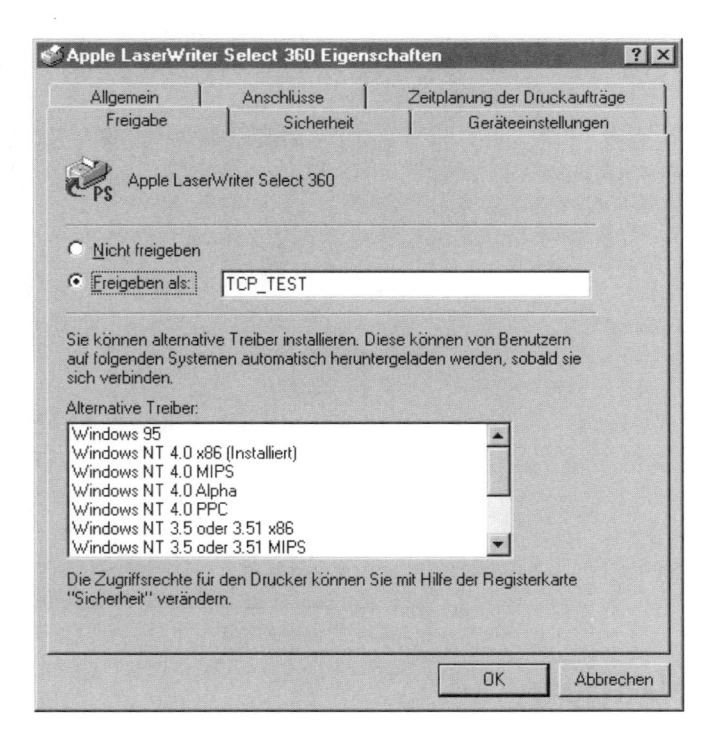

Nachdem Sie den Drucker freigegeben haben, müssen Sie den LPD-Dienst über das Symbol DIENSTE in der Systemsteuerung starten (siehe Bild 10.8). Der Drucker steht nun anderen Benutzern zur Verfügung. Das gilt auch für Benutzer anderer Plattformen, die die LPR-Standards unterstützen.

Abbildung 10.8

Den TCP/IP-Druckdienst starten

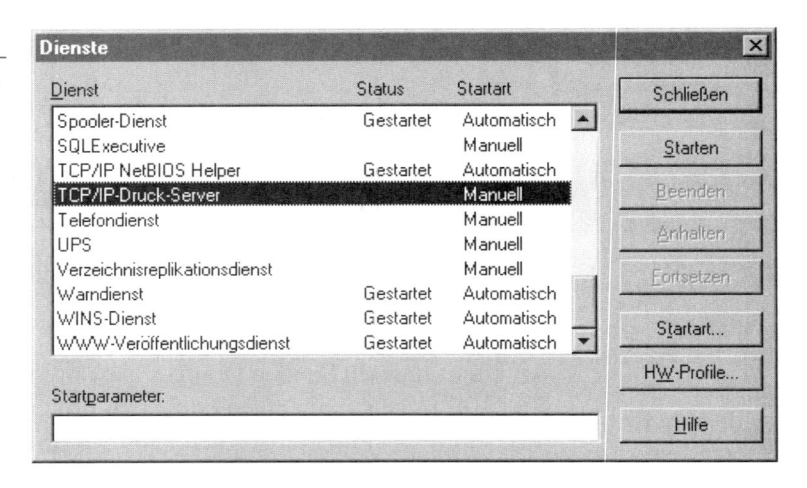

Wenn der Dienst bei jedem Systemstart automatisch gestartet werden soll, wählen Sie die Schaltfläche STARTART und wählen als Startart AUTOMATISCH (siehe Bild 10.9).

Abbildung 10.9

Den TCP/IP-Druckdienst so konfigurieren, daß er automatisch gestartet wird

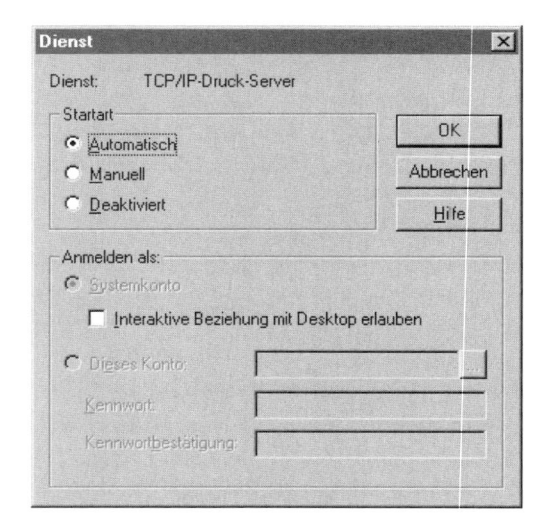

Übungen

Nun sollten Sie das, was Sie in diesem Kapitel gelernt haben, in die Praxis umsetzen. Führen Sie die Übungen aus, in denen die Informationen, die Sie in diesem Kapitel erhalten haben, in einem echten Beispiel eingesetzt werden.

Drucker über LPD freigeben

Übung 10.1: Den TCP/IP-Druck-Server installieren

In dieser Übung erzeugen Sie einen LPD-Drucker und senden einen Druckauftrag an ihn. Sie greifen (virtuell) auch über einen LPR-Anschluß auf einen LPD-Drucker zu. Dafür muß auf Ihrem System das Protokoll TCP/IP installiert sein, und das Netzwerk muß damit funktionieren. Ist das nicht der Fall, führen Sie die Übung 9.1 in Kapitel 9 aus.

1. Öffnen Sie das Dialogfeld NETZWERK, indem Sie mit der rechten Maustaste auf das Symbol NETZWERKUMGEBUNG auf dem Desktop klicken und den Menübefehl EIGEN-SCHAFTEN aus dem Kontextmenü auswählen.

2. Wählen Sie auf der Registerkarte DIENSTE die Schaltfläche HINZUFÜGEN. Markieren Sie nun den Eintrag MICROSOFT TCP/IP-DRUCKDIENST und anschließend die Schaltfläche OK.

3. Geben Sie im nächsten Dialogfeld das Verzeichnis für Ihre Windows NT-Quelldateien ein.

4. Schließen Sie das Dialogfeld NETZWERK. Starten Sie den Computer neu, wenn Sie dazu aufgefordert werden.

5. Öffnen Sie nach dem Neustart die Systemsteuerung, und klicken Sie doppelt auf das DIENSTE-Symbol.

6. Blättern Sie in der Liste nach unten, um zu überprüfen, ob der TCP/IP-Druck-Server aufgeführt ist.

Übung 10.2: Einen Demonstrationsdrucker erzeugen

In dieser Übung erzeugen Sie einen Drucker, den Sie zu Demonstrationszwecken benutzen können. Sie müssen so nicht die Einstellungen Ihres eigentlichen Druckers zerstören.

> **hinweis**
> Wenn Sie einen Drucker am Anschluß LPT3: installiert haben, deaktivieren Sie diesen während der Übung. Ansonsten drucken Sie vielleicht versehentlich auf diesen Drucker anstatt auf denjenigen, den Sie nun installieren werden.

1. Wählen Sie aus dem Start-Menü die Menübefehle EIN-STELLUNGEN/DRUCKER.

2. Klicken Sie doppelt auf das Symbol NEUER DRUCKER.

3. Als Standard sollte die Option ARBEITSPLATZ aktiviert sein. Ist das nicht der Fall, aktivieren Sie diese Option und klicken auf die Schaltfläche WEITER.

4. Wählen Sie als Anschluß LPT3:, und klicken Sie auf die Schaltfläche WEITER.

5. Wählen Sie aus der Liste der verfügbaren Drucker einen beliebigen Drucker aus, und klicken Sie auf die Schaltfläche WEITER.

6. Geben Sie im nächsten Dialogfeld im Textfeld DRUCKER-NAME die Bezeichnung TCP_TEST ein. Wählen Sie anschließend die Schaltfläche WEITER.

7. Wählen Sie die Option FREIGEBEN, und klicken Sie auf die WEITER. Wählen Sie bei der Abfrage, ob eine Testseite gedruckt werden soll, die Option NEIN, und klicken Sie auf die Schaltfläche FERTIGSTELLEN.

8. Geben Sie bei der entsprechenden Meldung das Verzeichnis Ihrer Quelldateien ein.

Übung 10.3: Den TCP/IP-Druck-Server starten

Nachdem Sie nun über einen Drucker verfügen, sollten Sie den TCP/IP-Druck-Server einschalten.

1. Klicken Sie in der Systemsteuerung auf das Symbol DIENSTE.

2. Wählen Sie die Option TCP/IP-DRUCK-SERVER und anschließend die Schaltfläche STARTEN.

Übung 10.4: Auf den TCP/IP-Drucker ausdrucken

Nun können Sie auf den TCP/IP-Drucker ausdrucken.

1. Wählen Sie aus dem Start-Menü die Menübefehle EIN-STELLUNGEN/DRUCKER (möglicherweise ist das Dialogfeld sogar noch geöffnet).

2. Klicken Sie mit der rechten Maustaste auf den Drucker TCP_TEST, und wählen Sie aus dem Kontextmenü den Menübefehl DRUCKER ANHALTEN.

3. Schließen Sie das Dialogfeld DRUCKER.

4. Öffnen Sie die Eingabeaufforderung über die Menübefehle START/PROGRAMME/EINGABEAUFFORDERUNG.

5. Geben Sie die folgende Zeile ein:

```
LPR -Scomputername -PTCP_TEST C:\autoexec.bat
```

> **hinweis:** Die Parameter -S und -P unterscheiden zwischen Groß- und Kleinschreibung. Wenn auf Ihrem System keine Datei AUTOEXEC.BAT installiert ist, können Sie auch eine Textdatei benutzen. Ersetzen Sie die Angabe »Computername« durch den eigentlichen Computernamen.

6. Um zu überprüfen, daß der Ausdruck korrekt funktioniert hat, geben Sie den folgenden Befehl ein:

```
LPQ -Scomputername -PTCP_TEST
```

Die Ausgabe sollte wie folgt aussehen:

```
Windows NT LPD-Server
Drucker TCP_TEST (Angehalten)

Besitzer     Status    Job-Name      Job-ID   Größe   Seite   Priorität
Admini-      Wartet    c:\autoexec   3        4       0       1
strator                .bat
```

Übung 10.5: Einen Drucker an den LPD-Dienst anhängen

Zum Schluß hängen Sie den Drucker an den LPD-Dienst an, den Sie in Übung 9.2 erzeugt haben.

1. Öffnen Sie das Dialogfeld DRUCKER. Klicken Sie mit der rechten Maustaste auf das Symbol TCP_TEST, und wählen Sie den Menübefehl EIGENSCHAFTEN aus dem Kontextmenü aus.

Kapitel 10   TCP/IP-Druckdienste

2. Wählen Sie auf der Registerkarte ANSCHLÜSSE die Schaltfläche HINZUFÜGEN.

3. Klicken Sie in der Liste auf den Eintrag LPR Port und anschließend auf die Schaltfläche NEUER ANSCHLUSS.

4. Geben Sie den Ort der Quelldateien ein, falls Sie danach gefragt werden.

5. Geben Sie im Dialogfeld LPR-KOMPATIBLEN DRUCKER HINZUFÜGEN die Bezeichnung TCP_TEST als Druckername ein.

6. Klicken Sie auf OK, um das Dialogfeld zu schließen und zum Dialogfeld DRUCKER EIGENSCHAFTEN zurückzukehren.

Beachten Sie, daß sich die Eigenschaften des Druckers unterscheiden. Der neue Anschluß sollte nun aufgeführt werden und aktiviert sein. Sie können den Drucker nun löschen und den Microsoft-TCP/IP-Druckdienst entfernen.

Zusammenfassung

In diesem Kapitel wurden drei Bereiche abgedeckt: Unter Windows NT ausdrucken, einen LPD-Server im Netzwerk einsetzen und einen LPD-Server einrichten. Wie Sie gesehen haben, ist es sehr leicht, über TCP/IP auszudrucken (solange der zugrundeliegende Transport funktioniert). Um einen LPD-Server einzurichten, müssen Sie nur einen Anschluß hinzufügen und den Dienst starten.

Wiederholungsfragen

1. Was macht der TCP/IP-Druckdienst?

2. Wofür steht LPD?

3. Wie erscheint ein LPR-Anschluß im Dialogfeld DRUCKERANSCHLÜSSE?

4. Geben Sie an der Eingabeaufforderung `lpr /?` ein. Geben Sie anschließend `lpq /?` ein. Wozu dienen diese beiden Befehle?

Lösungen

1. Der TCP/IP-Druckdienst ermöglicht es Ihnen, Druckaufträge von verschiedenen TCP/IP-Hosts wie z.B. Unix-Workstations zu verarbeiten.

2. LPD steht für Line Printer Daemon. Dämonen sind Dienste unter Unix.

3. Der Standard ist Host_Name:Drucker_Name.

4. Der Befehl LPR oder Line Printer Request wird eingesetzt, um einen Druckauftrag an einen Netzwerkdrucker zu senden. LPQ oder Line Printer Query zeigt die Druckaufträge in einer Remote-LPQ-Warteschlange an.

Kapitel 11
DHCP

DHCP kann die Verwaltung von TCP/IP-Netzwerken wesentlich effizienter machen, indem IP-Adressen dynamisch Hosts zugewiesen werden und damit die Notwendigkeit praktisch wegfällt, Host-Adressen manuell zu konfigurieren. Ein DHCP-Client-Host kann sogar in ein anderes Teilnetz versetzt werden und eine neue IP-Adresse erhalten, ohne daß eine neue manuelle Neukonfiguration vorgenommen werden muß.

DHCP bietet auch einen Mechanismus für die lokale Verwaltung der meisten TCP/IP-Clients im Internet. Parameter wie Standard-Gateways können zentral konfiguriert werden, ohne daß jeder einzelne Host manuell verändert werden müßte.

In diesem Kapitel erhalten Sie zunächst einen Überblick über DHCP. Anschließend wird erklärt, wie DHCP in der Praxis eingesetzt wird. Gestartet wird dabei mit der Installation. Es folgen die Konfiguration und Verwaltung.

11.1 DHCP-Konzepte und Operationen

Für DHCP werden DHCP-Server benötigt, die IP-Adressen zuweisen und DHCP-Clients, die IP-Adressen anfragen. Bild 11.1 zeigt ein einfaches Netzwerk, das aus einem DHCP-Server und ein paar Clients besteht. Wie gezeigt, kann ein DHCP-Server Adressen für mehr als ein Netzwerk liefern. Um DHCP in einem Internet zu unterstützen, müssen Router mit BOOTP-Forwarding konfiguriert werden. DHCP-Clients und -Hosts kommunizieren über BOOTP. BOOTP ist ein älteres, vielseitig verwendbares Übertragungsprotokoll, das auch eingesetzt wird, um IP-Adressen automatisch zuzuweisen.

Kapitel 11 DHCP

Abbildung 11.1

Ein Beispiel für ein Netzwerk, das DHCP einsetzt

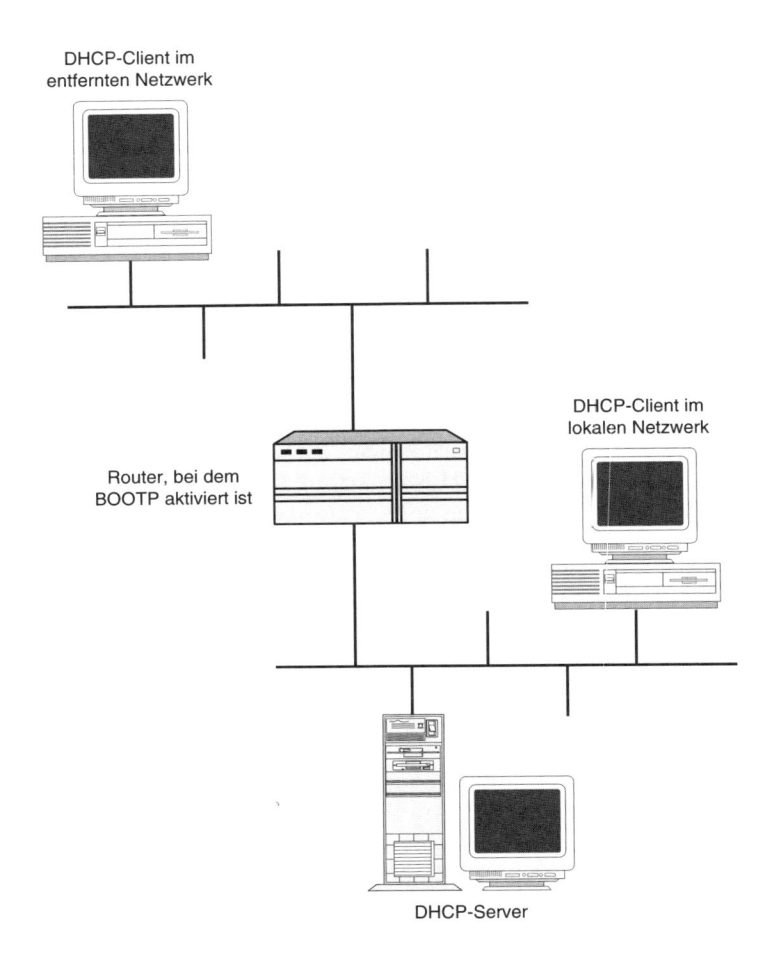

- DHCP-Client im entfernten Netzwerk
- Router, bei dem BOOTP aktiviert ist
- DHCP-Client im lokalen Netzwerk
- DHCP-Server

> **hinweis**
>
> BOOTP (oder Bootstrap Protocol) ist der Vorgänger von DHCP. Die beiden Protokolle unterscheiden sich im wesentlichen in der Art und Weise, wie die Adressen zugewiesen werden. Bei BOOTP werden alle Adressen über eine Boot-Tabelle zugewiesen. Das entspricht einer Reservierung von Adressen für alle Clients im Netzwerk.
>
> Die zweite wesentliche Veränderung besteht in der Tatsache, daß Adressen unter DHCP geleast werden und somit zu einem bestimmten Zeitpunkt auslaufen. Unter BOOTP gibt es keine Zeitüberschreitung, weil die Adressen statisch zugewiesen werden.

DHCP-Konzepte und Operationen

Der DHCP-Server unterhält Pools von IP-Adressen namens »Bereiche«. Wenn ein DHCP-Client startet, fordert er eine Lease an, um eine Adresse aus dem passenden Bereich für eine bestimmte Zeit zu benutzen. Wenn sich der DHCP-Server in einem anderen Teilnetz befindet, versieht das BOOTP-Protokoll alle Anforderungen von IP-Adressen mit den Broadcast-Adressen im Netzwerk. Mit dieser Information kann der DHCP-Server dem Client eine Adresse zuweisen, die sich für das Teilnetz eignet.

Das Konzept des Leasings ist wichtig, weil DHCP-Clients nicht gewährt wird, eine IP-Adresse permanent zu nutzen. Statt dessen erhalten sie eine Lease für eine begrenzte Zeitdauer, die in regelmäßigen Abständen erneuert werden muß. Dadurch wird sichergestellt, daß die Hosts die neuen Konfigurationsparameter erhalten.

Wie Sie Bild 11.1 entnehmen können, kann ein DHCP-Server Clients in verschiedenen Teilnetzen eines Intranets unterstützen. Clients, die für DHCP konfiguriert und in ein anderes Teilnetz versetzt wurden, wird passend zum neuen Teilnetz eine IP-Adresse zugewiesen.

Bild 11.2 zeigt den Dialog, der stattfindet, wenn ein DHCP-Client eine Lease von einem DHCP-Server erhält. Wenn ein Client kein Angebot vom DHCP-Server erhält, eine Adresse zu leasen, wiederholt er die Anforderung viermal im Abstand von 2, 4, 8 und 16 Sekunden. Wenn er trotzdem keinen Erfolg hat und keine DHCPOFFER-Meldung erhält, stoppt der Client seine Versuche und wartet fünf Minuten, bis er es wieder neu aufnimmt. Wenn ein DHCP-Server nicht verfügbar ist, kann der Client keine Bindung zu TCP/IP aufbauen und kann folglich nicht auf das Netzwerk zugreifen.

Abbildung 11.2

Der Prozeß, um eine DHCP-Lease zu erhalten

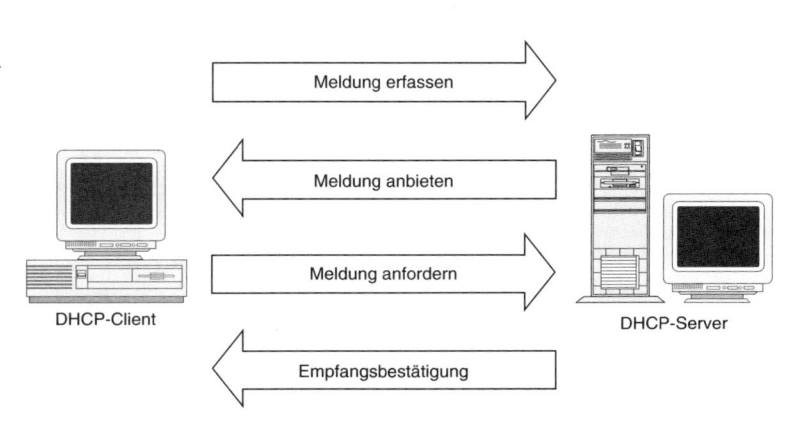

Im DHCP-Prozeß werden die folgenden Schritte ausgeführt:

1. **DHCPDISCOVER**. Wenn der TCP/IP-Stapel auf einem DHCP-Client initialisiert wird, übermittelt er eine DHCP-DISCOVER-Meldung an das lokale Netzwerk. Damit ein DHCP-Server auf die Fundmeldung antworten kann, enthält er die MAC des DHCP-Clients. Diese Meldung kann auch an andere Netzwerke weitergegeben werden, um sie an DHCP-Server im Internet weiterzuleiten. Das kann über einen Router erfolgen, der das RFC 1542 (BOOTP Relay) unterstützt oder einen DHCP Relay Agent, der im entsprechenden Abschnitt näher besprochen wird.

2. **DHCPOFFER**. Jeder DHCP-Server erhält eine Meldung über die Entdeckung eines Clients und kann die Anfrage mit einer DHCPOFFER-Meldung beantworten, die aus einer IP-Adresse und Konfigurationsinformationen besteht.

3. **Auswahlstatus**. Der DHCP-Client betritt den Auswahlstatus und prüft die erhaltene Meldung mit dem Angebot basierend auf den Werten in der Konfiguration, wie z.B. der Lease-Dauer. Wenn alle Angebote gleich sind, wählt der Client das erste erhaltene Angebot. (Mehr hierzu erfahren Sie in der RFC1541).

4. **DHCPREQUEST**. Wenn der DHCP-Client ein Angebot auswählt, sender er eine DHCPREQUEST-Rundsendung an das Netzwerk, die die angebotene Konfiguration anfordert. Weil die Meldung als Rundsendung versendet wird, wird sie auch von anderen DHCP-Servern empfangen. Sie wissen dadurch, daß die von ihnen angebotenen Adressen nicht benötigt werden.

5. **DHCPACK**. Der DHCP-Server überträgt die Konfiguration mit einer DHCPACK-(DHCP Acknowledgment)-Meldung, die aus der IP-Adresse, der Konfiguration und einer Lease besteht, die angibt, wie lange die Konfiguration benutzt werden darf. Die Lease-Politik bestimmt der lokale Netzwerkadministrator.

6. **Initialisierung**. Der DHCP-Client erhält die Empfangsbestätigung und initialisiert die IP-Konfiguration. Client-Computer behalten die Konfiguration für eine Lease-Periode bei und können neu gestartet werden, ohne eine neue Lease zu verhandeln.

7. **Erster Erneuerungsversuch**. Wenn die Lease mehr als 50 Prozent der vereinbarten Lease-Dauer überschritten hat, versucht der Client, die Lease beim DHCP-Server zu erneuern.

8. **Zweiter Erneuerungsversuch**: Wenn die Lease nicht erneuert werden kann, nachdem 50 Prozent der Lease-Dauer überschritten sind, versucht der Client es bei 75 und 87,5 Prozent noch einmal. Normalerweise aktualisiert der DHCP-Server die Lease ohne weitere Rückfragen. Die Lease wird dadurch in den meisten Fällen bereits beim ersten Versuch erneuert. Das gilt natürlich nicht, wenn der DHCP-Server heruntergefahren wurde.

9. **Erneuerung fehlgeschlagen**. Wenn der DHCP-Client seine Lease nicht erneuern kann, gibt er die IP-Adresse sofort frei und startet den DHCP-Prozeß neu. Er fordert dann eine Lease für eine neue Adresse an und erhält diese.

Beachten Sie, daß der Client sämtliche DHCP-Aktivitäten initialisiert. Ein Client kann Konfigurationsänderungen von einem DHCP-Server annehmen, aber ein DHCP-Server kann einem Client keine Änderungen aufdrängen. Aus diesem Grund sollten alle Leases eine begrenzte Zeitdauer haben. Nur wenn alle Leases ausgelaufen sind, können Sie sicher sein, daß die Änderungen, die an der DHCP-Konfiguration vorgenommen wurden, an alle Clients weitergegeben wurden.

Solange keine Fehler auftreten, ist der Prozeß der Anforderung, Zuweisung und Erneuerung für den Client völlig transparent, und der Netzwerkadministrator braucht sich kaum darum zu kümmern.

Wenn ein DHCP-Client das System neu startet und sich beim Netzwerk anmeldet, versucht er, die bestehende Lease wieder aufzubauen, indem er ein DHCPREQUEST- statt eines DHCP-DISCOVER-Pakets sendet. Das angeforderte Paket enthält eine Anfrage nach der DHCP-Adresse, die zuletzt zugewiesen wurde.

Der DHCP-Server sollte mit einem DHCPACK antworten, nachdem versucht wurde, die Anfrage zu erfüllen. Ist das nicht möglich, sendet der Server eine DHCPACK-(DHCP Negative Acknowledgment)-Meldung, und der Client muß sich in den Initialisierungsstatus begeben und eine neue Adreß-Lease anfordern.

Obwohl den meisten Clients eine IP-Adresse aus einem Pool zugewiesen wird, läßt sich DHCP so konfigurieren, daß einem bestimmten Host eine bestimmte Adresse zugewiesen wird. Dadurch können Administratoren DHCP dazu verwenden, Host-Protokolloptionen einzurichten, während sie fixe Adreßzuweisungen erhalten. Es müssen auch einige Drucker so eingerichtet werden, daß sie Adressen über das BOOTP-Protokoll empfangen können.

> **hinweis**
>
> Anders als in den DHCP-Standards festgelegt, bietet Microsoft DHCP nicht die Möglichkeit, Software mit der Lease zu verschicken. Weil dies optional ist, wurde die Möglichkeit weggelassen. Das bedeutet, daß DHCP einige Drucker (und andere Hardware-Komponenten) nicht bedienen kann, weil die benötigte Software nicht geliefert werden kann.

Manchen Host-Typen müssen fixe, manuell festgelegte Adressen zugewiesen werden, damit andere Hosts diese in ihre Konfigurationen integrieren können. Das gilt z.B. für die folgenden Hosts:

- Router (Gateways)
- WINS-Server
- DNS-Server

11.2 DHCP-Server installieren

Den Dienst DHCP-Server können Sie auf Computern installieren, die unter Windows NT Server betrieben werden. Gehen Sie dazu wie folgt vor:

1. Installieren Sie TCP/IP auf dem Computer, der als DHCP-Server eingesetzt werden soll. DHCP-Server müssen Sie mit statischen IP-Adressen konfigurieren. Alle anderen Computer können ihre IP-Adresse vom DHCP-Server erhalten.

2. Öffnen Sie das Dialogfeld NETZWERK, indem Sie mit der rechten Maustaste auf das Symbol NETZWERKUMGEBUNG klicken und den Menübefehl EIGENSCHAFTEN aus dem Kontextmenü auswählen.

DHCP-Server installieren

3. Wählen Sie auf der Registerkarte DIENSTE die Schaltfläche HINZUFÜGEN.

4. Wählen Sie im Listenfeld NETZWERKDIENST den Eintrag MICROSOFT DHCP SERVER, und klicken Sie anschließend auf OK.

5. Geben Sie den Pfad an, in dem sich die Quelldateien befinden, wenn Sie dazu aufgefordert werden.

6. Schließen Sie das Dialogfeld NETZWERK.

7. Bearbeiten Sie die TCP/IP-Einstellungen, falls erforderlich. Vergewissern Sie sich, daß die Netzwerkkarten mit statischen IP-Adressen konfiguriert sind.

8. Starten Sie Ihr System neu.

> **hinweis**
>
> Wenn Sie von Windows NT Server 3.51 auf Windows NT Server 4 umsteigen, müssen Sie die DHCP-Datenbank konvertieren. Wenn der DHCP-Dienst erstmals startet, entdeckt er die alte Datenbank und versucht, sie mit dem Programm JETCONV.EXE zu konvertieren. Der Benutzer wird darüber informiert, daß die Konvertierung durchgeführt werden muß, und er muß die Durchführung der Prozedur bestätigen. (Im folgenden Abschnitt erhalten Sie weitere Informationen zur DHCP-Datenbank.)

11.2.1 DHCP-Bereiche einrichten

Bevor der DHCP-Client eine IP-Adresse von einem DHCP-Server erhalten kann, muß mindestens ein Bereich erzeugt werden. Ein »Bereich« ist ein Wertebereich von IP-Adressen und einem Satz Konfigurationsoptionen, die auf Clients angewendet werden, die IP-Adressen erhalten, die aus diesem Bereich zugewiesen werden. Alle Bereiche haben die folgenden Eigenschaften:

▶ Ein Satz IP-Adressen

▶ Eine Subnet Mask

▶ Eine Lease-Dauer

Kapitel 11 DHCP

DHCP wird über das Hilfprogramm DHCP-Manager verwaltet. Wenn der DHCP-Server installiert wird, wird ein Symbol für den DHCP-Manager in der Programmgruppe VERWALTUNG des START-Menüs eingerichtet. Bild 11.3 zeigt den DHCP-Manager.

Abbildung 11.3

Der DHCP-Manager

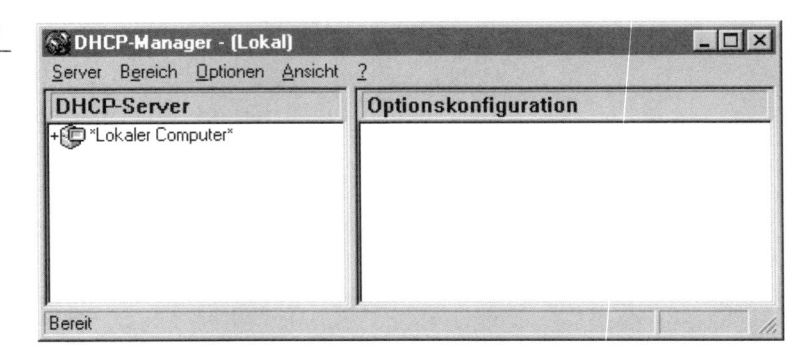

```
DHCP-Manager - (Lokal)                                    _ □ ×
Server  Bereich  Optionen  Ansicht  ?
┌─DHCP-Server─────────────┬─Optionskonfiguration─────────┐
│ +🖳 *Lokaler Computer*    │                              │
│                         │                              │
│                         │                              │
│                         │                              │
└─────────────────────────┴──────────────────────────────┘
Bereit
```

In diesem Bild sind keine Bereiche sichtbar. Vor der Definition sollten Sie folgendes festlegen:

- ▶ Die IP-Adresse, mit der der Wertebereich beginnen soll, der dem DHCP-Bereich zugewiesen wird.

- ▶ Die IP-Adresse, mit der der Wertebereich enden soll.

- ▶ Die Subnet Mask, die angewendet werden soll.

- ▶ Alle Adressen im Wertebereich, die Clients, die Adressen aus dem Bereich beziehen, nicht zugänglich gemacht werden sollen.

- ▶ Die Zeitdauer der Lease. Standard ist 3 Tage.

- ▶ Den Namen des DHCP-Bereichs.

Um einen DHCP-Bereich einzurichten, gehen Sie wie folgt vor:

1. Starten Sie den DHCP-Manager, der in der Programmgruppe Verwaltung des START-Menüs enthalten ist. Bild 11.3 zeigt den DHCP-Manager, bevor Bereiche definiert wurden. Wenn ein DHCP-Server-Dienst auf diesem Computer betrieben wird, wird er als LOKALER COMPUTER identifiziert. Wenn der DHCP-Manager erstmals ausgeführt wird, werden Sie automatisch zu Schritt 4 geführt.

DHCP-Server installieren

2. Wählen Sie einen der DHCP-Server, die in der Liste enthalten sind. Im Beispiel wird ein Bereich für den DHCP-Server LOKALER COMPUTER erzeugt. Ein Bereich wird immer für einen bestimmten DHCP-Server erzeugt.

3. Wählen Sie im Dialogfeld DHCP-Manager den Menübefehl ERSTELLEN aus dem Menü BEREICH. Es öffnet sich das Dialogfeld BEREICH ERSTELLEN (siehe Bild 11.4). Die Datenfelder in der Abbildung wurden so ausgefüllt, daß sie typische Bereichseigenschaften widerspiegeln.

Abbildung 11.4

Das Dialogfeld Bereich erstellen des DHCP-Managers

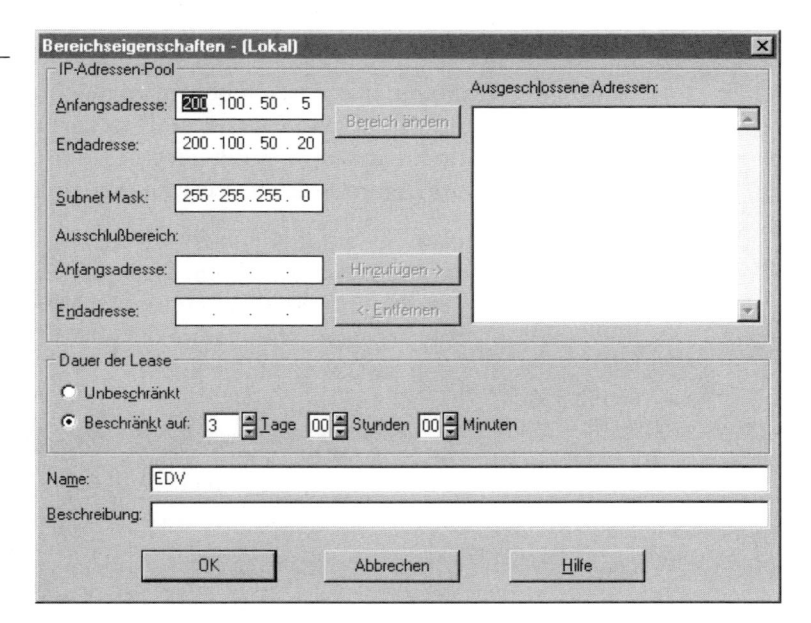

4. Geben Sie in den Feldern ANFANGSADRESSE, ENDADRESSE und SUBNET MASK die passenden Angaben ein.

5. Falls erforderlich, können Sie eine Adresse oder einen Adreßbereich ausschließen. Geben Sie dazu im Feld AUSSCHLUSSBEREICH die ANFANGSADRESSE und die ENDADRESSE ein. (Eine Endadresse ist nicht erforderlich, wenn Sie nur eine einzelne Adresse ausschließen wollen.) Wählen Sie anschließend die Schaltfläche HINZUFÜGEN, um die Adresse in das Listenfeld AUSGESCHLOSSENE ADRESSEN zu kopieren. Wenn Sie dabei einen Fehler gemacht haben, können Sie eine ausgeschlossene Adresse auch wieder entfernen. Markieren Sie diese dazu im Listenfeld AUSGESCHLOSSENE ADRESSEN, und wählen Sie anschließend die Schaltfläche ENTFERNEN.

Kapitel 11 DHCP

6. Wählen Sie als DAUER DER LEASE die Option UNBESCHRÄNKT, wenn für die Leases in diesem Bereich keine Zeitbegrenzung bestehen soll (das ist nicht empfehlenswert, weil der Client dann niemals aktualisierte Konfigurationsparameter erhält.) Wählen Sie die Option BESCHRÄNKT AUF, und geben Sie die Zeitdauer in Tagen, Stunden und Minuten an. Die Zeitdauer der Lease hängt von der Beschaffenheit Ihrer Umgebung ab. Wenn sich diese sehr häufig ändert, sollten Sie eine kurze Lease-Dauer wählen. Ansonsten sollten Sie jedoch eher eine lange Lease-Dauer wählen, um den Netzwerkverkehr und die Belastung des Servers zu verringern.

7. Wenn Sie den Bereich benennen möchten, füllen Sie die Felder NAME und BESCHREIBUNG aus. Durch diese Informationen lassen sich Bereiche besser im DHCP-Manager identifizieren, was die Verwaltung vereinfacht.

8. Klicken Sie auf OK, um zum Hauptfenster des DHCP-Managers zurückzukehren. Wenn Sie einen neuen Bereich eingerichtet haben, erhalten Sie die Meldung, die Sie in Bild 11.5 sehen. Wählen Sie die Schaltfläche JA, um den Bereich zu aktivieren.

Abbildung 11.5

Wählen Sie Ja, um den neuen Bereich zu aktivieren

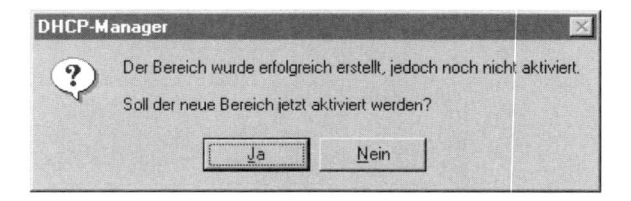

9. Wie Bild 11.6 zeigt, erscheint der neu definierte Bereich nun unter dem DHCP-Server, für den Sie ihn definiert haben. Weil er aktiviert wurde, leuchtet das Glühbirnensymbol.

Abbildung 11.6

Der DHCP-Manager mit dem neu definierten Bereich

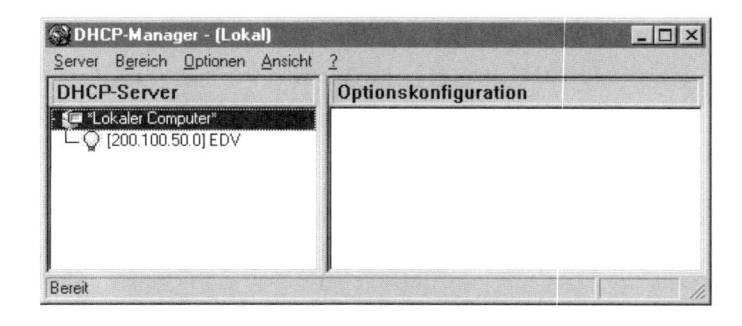

hinweis Wenn Sie einen Bereich verändern müssen, markieren Sie diesen im DHCP-Manager und wählen den Menübefehl EIGENSCHAFTEN im Menü BEREICH. Es öffnet sich das Dialogfeld BEREICHSEIGENSCHAFTEN, in dem Sie die Eigenschaften des Bereichs verändern können. Klicken Sie auf OK, nachdem Sie die erforderlichen Änderungen vorgenommen haben. Wenn Sie die verfügbaren Adressen verändern, müssen Sie Ihre Angaben in 32-Bit-Adreßblocks hinzufügen oder entfernen.

warnung Vergewissern Sie sich, daß der Wertebereich für die Adressen keine IP-Adressen eines Hosts enthält, dem diese manuell zugewiesen wurden. Das gilt auch für alle Server. Fixe IP-Adressen müssen vom Adreßwertebereich ausgeschlossen werden.

11.2.2 DHCP-Clients aktivieren

Nachdem Sie einen DHCP-Bereich festgelegt haben, können alle DHCP-Clients beginnen, Adressen zu leasen. Dabei können die folgenden Microsoft-Clients DHCP nutzen:

- Windows NT

- Windows 95

- Windows 3.11 mit 32-Bit-TCP/IP-Client (von der Windows NT Server-CD-ROM)

- MS-DOS-Client Version 3.0 (auch von der Windows NT Server-CD-ROM)

- MS-DOS-Client für LAN Manager 2.2c (auch von der Windows NT Server-CD-ROM, unterstützt RPL (Remote Program Load))

Um einen Client zu aktivieren, müssen Sie normalerweise bei der Konfiguration des TCP/IP-Protokolls die Option IP-ADRESSE VON EINEM DHCP-SERVER BEZIEHEN wählen. Wenn Sie mit einem Windows NT-Workstation-Client arbeiten, sieht die exakte Schrittfolge wie folgt aus:

1. Öffnen Sie das Dialogfeld NETZWERK, indem Sie mit der rechten Maustaste auf das Symbol NETZWERKUMGEBUNG auf dem Desktop klicken und den Menübefehl EIGENSCHAFTEN aus dem Kontextmenü auswählen.

2. Wählen Sie auf der Registerkarte PROTOKOLLE das TCP/IP-PROTOKOLL aus, und klicken Sie auf die Schaltfläche EIGENSCHAFTEN. Es öffnet sich das Dialogfeld EIGENSCHAFTEN VON MICROSOFT TCP/IP.

3. Wählen Sie im Listenfeld NETZWERKKARTE die Netzwerkkarte aus, die konfiguriert werden soll.

4. Wählen Sie die Option IP-ADRESSE VON EINEM DHCP-SERVER BEZIEHEN.

5. Wählen Sie die Schaltfläche OK.

6. Schließen Sie das Dialogfeld NETZWERK, und starten Sie Ihren Computer neu.

Die Option IP-ADRESSE VON EINEM DHCP-SERVER BEZIEHEN ist nicht verfügbar, wenn auf dem Computer ein DHCP-Server oder ein WINS-Server installiert ist. DHCP- und WINS-Server müssen Sie mit fixen IP-Adressen konfigurieren.

> **hinweis**
>
> Beachten Sie, daß die Parameter, die Sie im Dialogfeld EIGENSCHAFTEN VON MICROSOFT TCP/IP außer der IP-Adresse und der Subnet Mask festlegen, bestehen bleiben und die Einstellungen vom DHCP-Server überschreiben.

Wenn Sie DHCP benutzen, können Sie an der Eingabeaufforderung `ipconfig` eingeben, um herauszufinden, welche Adresse Sie benutzen (Windows-95-Nutzer sollten `winipcfg` eingeben). Sie können auch den Befehl `ipconfig /all` einsetzen, um alle Informationen zu sehen. Sie erfahren dann unter anderem, wann Ihre Lease abläuft, wo sich Ihr DHCP-Server befindet etc. (Windows-95-Benutzer setzen die Schaltfläche WEITERE OPTIONEN ein.)

11.2.3 Aktive Leases einsehen und verwalten

Nachdem Sie alle Konfigurationen vorgenommen haben, können Sie nun mit der Verwaltung beginnen. Zunächst möchten Sie sicherlich die Leases einsehen, die ein DHCP-Server vergeben hat.

Gehen Sie wie folgt vor, um die aktiven Leases zu betrachten:

1. Wählen Sie im Feld DHCP-SERVER einen Bereich aus.
2. Wählen Sie den Menübefehl AKTIVE LEASES aus dem Menü BEREICH.

Bild 11.7 zeigt einen Bereich mit einer aktiven Lease.

Abbildung 11.7

Aktive Leases in einem Bereich

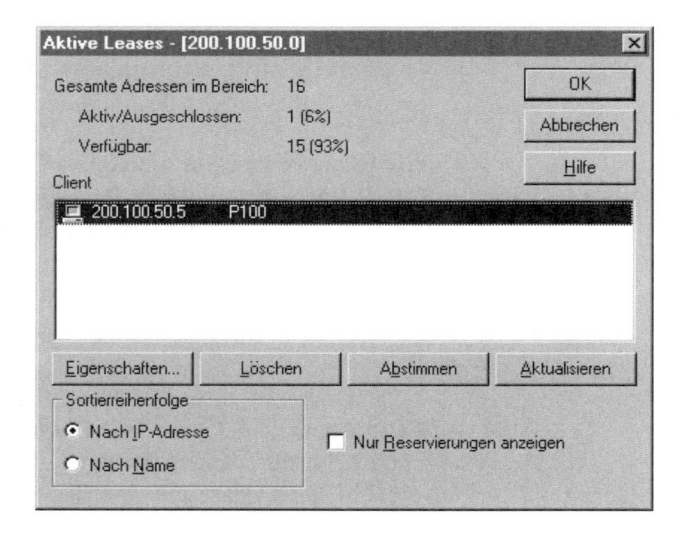

Im Dialogfeld AKTIVE LEASES stehen Ihnen die folgenden Informationen zur Verfügung:

▶ **Gesamte Adressen im Bereich:** Die Gesamtanzahl der Adressen, die im Bereich verfügbar sind.

▶ **Aktiv/Ausgeschlossen:** Die Anzahl der Adressen, die augenblicklich nicht geleast werden können. Die Gesamtanzahl der aktiven Leases, der ausgeschlossenen und der reservierten Adressen.

> **hinweis:** Es gibt keine direkte Möglichkeit, um die Anzahl der aktiven Leases festzustellen. Gehen Sie deshalb wie folgt vor. Ermitteln Sie zuerst die Anzahl der aktiven/ausgeschlossenen Adressen. Aktivieren Sie dann die Option NUR RESERVIERUNGEN ANZEIGEN, um die Anzahl der reservierten Adressen zu ermitteln, die in den aktiven/ausgeschlossenen Adressen enthalten sind. Ziehen Sie dann die Anzahl der ausgeschlossenen Adressen von der Anzahl der aktiven/ausgeschlossenen Adressen ab, um die Anzahl der aktiven Leases zu erhalten.

- **Verfügbar:** Dies ist die Anzahl der Adressen, die der DHCP-Server für Clients verfübar hat.

- **Client.** Der NetBIOS-Name und die geleaste Adresse der Computer, die eine DHCP-Lease erhalten haben.

- **Sortierreihenfolge:** Bestimmen Sie, ob die Leases nach ihrer IP-Adresse oder ihrem Namen sortiert werden sollen.

- **Nur Reservierungen anzeigen:** Gibt an, ob normale DHCP-Leases und DHCP-Reservierungen angezeigt werden sollen oder nur die Reservierungen.

Wenn ein DHCP-Client startet, hängen die Ereignisse, die stattfinden, davon ab, ob der Client eine Lease für eine IP-Adresse innehat:

- Wenn der DHCP-Client keine Lease für eine IP-Adresse innehat, betritt er einen Initialisierungszustand, in dem er versucht, eine Lease für eine IP-Adresse zu erhalten.

- Wenn der DHCP-Client eine Lease innehat, sendet er eine Meldung an den DHCP-Server, um seine Konfiguration zu deklarieren. Der DHCP-Server muß diese Information bestätigen, damit der Client die Lease weiter benutzen kann. Wenn der DHCP-Server eine negative Antwort sendet, muß der Client sich wieder in den Initialisierungszustand begeben und eine neue Lease erwerben.

Normalweise darf der Client die ihm zugewiesene IP-Adresse behalten und kann sie unbegrenzt nutzen. Änderungen der Bereichseigenschaften können den DHCP-Client jedoch dazu zwingen, eine neue IP-Adresse anzunehmen, wenn er neu gestartet wird.

DHCP-Server installieren

> **hinweis**
>
> Wenn ein Client TCP/IP startet, übermittelt er einen ARP-Anfragerahmen, um festzustellen, ob die IP-Adresse im Netzwerk aktiv ist. Wenn er feststellt, daß ein anderer Host die IP-Adresse benutzt, wird TCP/IP nicht gestartet und der Client liefert eine Fehlermeldung zurück. Sie müssen den Konflikt lösen, bevor Sie versuchen, den Client neu zu starten. Geben Sie an der Eingabeaufforderung den Befehl `ipconfig /renew` ein, um den Client zu zwingen, den Initialisierungszustand einzunehmen.

11.2.4 Die Eigenschaften einer aktiven Lease verändern

Wenn Sie die Eigenschaften einer Lease betrachten oder verändern möchten, markieren Sie die Lease im Dialogfeld AKTIVE LEASES und wählen die Schaltfläche EIGENSCHAFTEN. Es öffnet sich nun das Dialogfeld CLIENT-EIGENSCHAFTEN (siehe Bild 11.8).

Abbildung 11.8

Die Eigenschaften einer Client-Konfiguration ändern

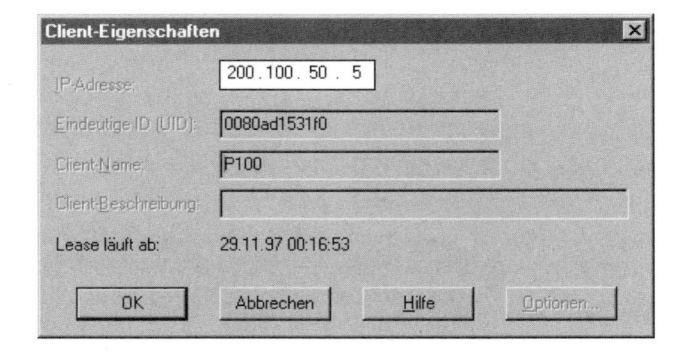

Bei Leases, die aus dem Adress-Pool eines Bereichs zugewiesen werden, können Sie im Dialogfeld CLIENT-EIGENSCHAFTEN keinerlei Änderungen vornehmen. Wenn die Lease einer reservierten Adresse zugewiesen wurde, können Sie jedoch die folgenden drei Felder verändern:

▶ Eindeutige ID (UID)

▶ Client-Name

▶ Client-Beschreibung

Das Feld IP-ADRESSE können Sie nicht ändern. Wenn Sie die IP-Adresse, die für diesen Client reserviert wurde, verändern müssen, müssen Sie die aktuelle Reservierung löschen und eine neue erzeugen. Sie müssen den Client außerdem dazu zwingen, die alte Adresse freizugeben und eine neue IP-Adresse zu beziehen. Geben Sie dazu an der Eingabeaufforderung des Client-Computers den Befehl `ipconfig /renew` ein. Windows-95-Benutzer können das Programm WINIPCFG ausführen und die Schaltfäche AKTUALISIEREN wählen, um das gleiche Ergebnis zu erhalten.

11.2.5 Aktive Leases löschen

Aktive Leases lassen sich nicht so leicht löschen, wie Sie es vielleicht annehmen. Es reicht nicht aus, die Lease im Dialogfeld AKTIVE LEASES zu markieren und die Schaltfläche LÖSCHEN zu wählen. Damit wird die Lease zwar nicht mehr am Bildschirm angezeigt, aber der Client kann sie weiterhin bis zum Ende der aktuellen Sitzung nutzen.

Der Client wird nicht gezwungen, das Netzwerk zu verlassen, sondern er kann seine IP-Adresse weiterhin benutzen, bis er neu gestartet wird. Wenn der Client das nächste Mal gestartet wird, befindet er sich im Aktualisierungsstatus. Der DHCP-Server lehnt die Anfrage des Clients ab, die alte Adresse zu aktualisieren. Dadurch wird der DHCP-Client gezwungen, eine neue Adress-Lease vom DHCP-Server anzufordern.

> **hinweis**
>
> Löschen Sie niemals eine aktive Lease, wenn ein Client bei ihr angemeldet ist. Der Client kann die IP-Adresse so lange weiterbenutzen, bis er sich beim Netzwerk abmeldet. Die IP-Adresse dagegen wird an den Pool der verfügbaren IP-Adressen zurückgegeben und kann von einem anderen DHCP-Client geleast werden. Es kann dann passieren, daß zwei aktive Clients die gleiche IP-Adresse benutzen.
>
> Um einen Client dazu zu zwingen, seine aktuelle Lease und die damit verbundene IP-Adresse freizugeben, geben Sie an der Eingabeaufforderung des Clients den Befehl `ipconfig /release` ein. Windows-95-Nutzer sollten das Programm `Winipcfg` an der MS-DOS-Eingabeaufforderung starten und die Schaltfläche FREIGEBEN wählen. Dadurch verliert der Client die ihm zugewiesene IP-Adresse und hat somit keine Verbindung zum Netzwerk mehr. Der Client muß neu gestartet werden und sich erneut beim Netzwerk anmelden, um eine neue IP-Adresse zu erhalten.

11.2.6 Reservierungen einrichten

Manchmal ist es wichtig, daß der Client immer die gleiche IP-Adresse erhält, aber es bleibt trotzdem von Vorteil, die anderen IP-Konfigurationseigenschaften über DHCP zu verwalten. Um Clients zu unterstützen, die eigentlich feststehende Adressen benötigen, können Sie Reservierungen im DHCP-Manager hinzufügen. Eine Reservierung besteht im wesentlichen aus einer IP-Adresse und den damit verbundenen Eigenschaften, die mit der physischen Adresse (MAC-Adresse) eines bestimmten Computers verbunden werden. Es kann dann nur dieser Computer eine Lease für die IP-Adresse erhalten.

Sie können alle Computer so konfigurieren, daß sie Adressen vom DHCP-Server erhalten. Das gilt natürlich nicht für Computer, die selbst einen DHCP- oder einen WINS-Server betreiben. Hier nun einige Beispiele für Situationen, in denen reservierte IP-Adressen erforderlich sein könnten:

- ▶ Es wird eine konstante Adresse benötigt, wie z.B. die Adresse eines Standard-Gateways oder eines DNS-Servers.

- ▶ Ein Domänen-Controller erhält seine Adresse von einer LMHOSTS-Datei.

- ▶ Ein Host erhält seine Adresse nicht vom DHCP-Server, und Adreßkonflikte müssen verhindert werden.

Um eine Reservierung zu definieren, muß die physische Adresse – d.h. die Adresse der Netzwerkkarte oder MAC-Adresse – des Clients bestimmt werden. Nachdem die TCP/IP-Protokolle auf einem Computer installiert sind, kann die physische Adresse anhand einer der folgenden Prozeduren ermittelt werden:

- ▶ Aktivieren Sie den Computer als DHCP-Client, und beziehen Sie eine Lease für eine IP-Adresse in einem aktiven Bereich. Betrachten Sie dann die Eigenschaften des Clients wie im Abschnitt »Aktive Leases einsehen und verwalten« beschrieben. Eine dieser Eigenschaften ist die physische Adresse, d.h. die eindeutige ID (UID), des Hosts. Sie können diese Adresse über die Tasten Strg + C markieren (Tastenkürzel für BEARBEITEN/KOPIEREN), in die Zwischenablage kopieren und im Dialogfeld RESERVIERTE CLIENTS HINZUFÜGEN in das Textfeld EINDEUTIGE ID (UID) einfügen.

▶ Öffnen Sie auf dem Client-Host die Eingabeaufforderung, und geben Sie den Befehl `ipconfig/all` ein. In der Liste, die nun ausgegeben wird, finden Sie die physische Adresse des Computers. Das Hilfsprogramm WINIPCFG von Windows 95 zeigt ähnliche Daten an. Es kann über die MS-DOS-Eingabeaufforderung gestartet werden.

Gehen Sie wie folgt vor, um eine Reservierung zu erzeugen:

1. Starten Sie den DHCP-Manager.

2. Wählen Sie im Feld DHCP-SERVER des DHCP-Managers den Bereich, für den Sie eine Reservierung definieren möchten.

3. Wählen Sie den Menübefehl RESERVIERUNG HINZUFÜGEN im Menü BEREICH, um das Dialogfeld RESERVIERTE CLIENTS HINZUFÜGEN zu öffnen (siehe Bild 11.9).

Abbildung 11.9

Einen reservierten Client hinzufügen

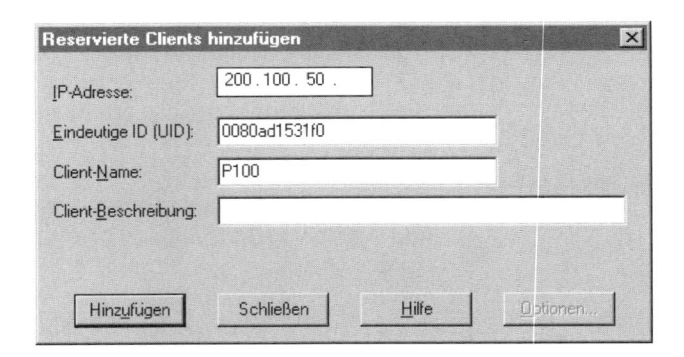

4. Geben Sie im Feld IP-ADRESSE die IP-Adresse ein, die reserviert werden soll. Diese Adresse muß in den Bereich der verfügbaren und nicht ausgeschlossenen Adressen fallen, der in Schritt 2 ausgewählt wurde.

5. Geben Sie im Feld EINDEUTIGE ID (UID) die physische Adresse des Clients ein, für den die IP-Adresse reserviert werden soll. Diese Adresse wird häufig mit Gliederungszeichen dargestellt, wie z.B. 00-00-6e-44-9f-4f. Lassen Sie diese Zeichen jedoch weg, wenn Sie die Adresse im UID-Feld eingeben. Wenn Sie die Adresse eines Computers in die Zwischenablage kopiert haben, können Sie sie über das Tastenkürzel `Strg+V` dort einfügen.

DHCP-Server installieren 265

6. Geben Sie den Namen des Clients in das entsprechende Feld ein.

7. Wenn Sie möchten, können Sie noch eine Beschreibung in das Feld CLIENT-BESCHREIBUNG eingeben.

8. Wählen Sie die Schaltfläche HINZUFÜGEN, um die Reservierung zu speichern.

Die Reservierungen werden im Dialogfeld AKTIVE LEASES aufgeführt. Wie Bild 11.10 zeigt, sind reservierte Leases an der Beschriftung »Reservierung« zu erkennen.

Abbildung 11.10

Ein DHCP-Bereich, der eine Reservierung enthält

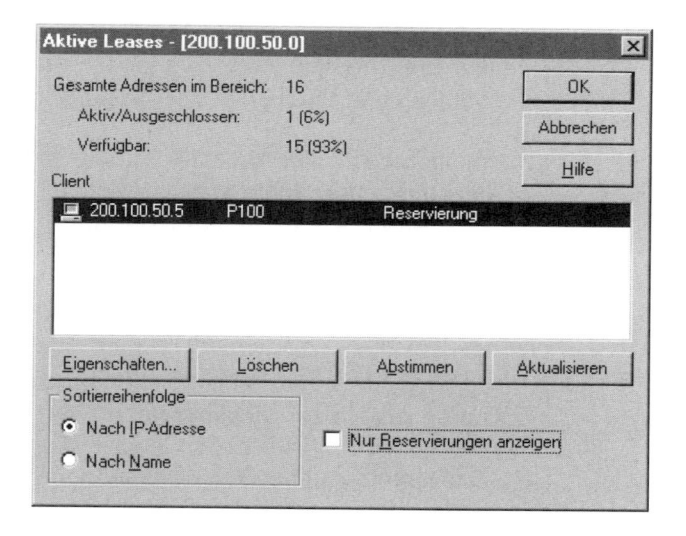

hinweis

Wenn für einen Client, der augenblicklich mit dem Server verbunden ist, eine IP-Adresse aus dem Adreß-Pool reserviert wird, muß der Client seine aktuelle Lease nicht freigeben. Statt dessen läuft die aktuelle Lease aus, wodurch der Client bei der nächsten Anmeldung eine Lease für eine neue Adresse beantragen muß. Dann wird dem Client die IP-Adresse zugewiesen, die für ihn reserviert wurde.

Wie beim Löschen von aktiven Leases sollten Sie auch Reservierungen erst dann zuweisen, nachdem der Client seine aktuelle Lease freigegeben hat. Ansonsten kann die IP-Adresse von einem weiteren Client geleast werden.

11.2.7 Bereiche aktivieren, deaktivieren und löschen

Bereiche können aktiv oder inaktiv sein. Ein aktiver Bereich bedient Anfragen an den DHCP-Server und wird im DHCP-Manager durch ein gelbes Glühbirnensymbol links neben dem Bereichsnamen gekennzeichnet. Ein inaktiver Bereich dient nicht dem DHCP-Server, und wird durch ein graues Glühbirnensymbol links neben dem Bereichsnamen dargestellt.

Wenn Sie einen aktiven Bereich deaktivieren möchten, markieren Sie den Bereich im DHCP-Manager und wählen den Menübefehl DEAKTIVIEREN im Menü BEREICH. Um den Bereich wieder zu aktivieren, markieren Sie ihn im DHCP-Manager, und wählen den Menübefehl AKTIVIEREN im Menü BEREICH.

Wenn Sie einen Bereich löschen möchten, müssen Sie ihn zuvor deaktivieren. Wählen Sie anschließend den Menübefehl LÖSCHEN aus dem Menü BEREICH.

Nachdem ein Bereich deaktiviert oder gelöscht wurde, können die aktuell angemeldeten Clients die Adress-Leases weiterbenutzen, die ihnen zugewiesen wurden. Wenn ein Client neu gestartet wird oder eine abgelaufene Lease erneuern muß, erhält er die Lease aus einem anderen Bereich.

Nachdem Sie einen Bereich deaktiviert oder gelöscht haben, können Sie einen DHCP-Client dazu zwingen, eine Lease aus einem anderen Bereich zu beziehen. Geben Sie dazu den Befehl `ipconfig /renew` an der Eingabeaufforderung ein. Möglicherweise müssen Sie den Client neu starten. Beim Windows-95-Programm WINIPCFG können Sie die gleiche Aufgabe über die Schaltfläche AKTUALISIEREN erledigen.

11.3 Leases verwalten

Eine der Hauptaufgaben eines DHCP-Servers ist es, die Länge der Lease festzustellen. Obwohl Ihnen die Option der unbeschränkten Vergabe von Leases zur Verfügung steht, sollten Sie diese auf keinen Fall nutzen, da der Client dann seine Adresse nie erneuern muß und somit auch niemals die Konfigurationsparameter aktualisiert. Wenn Sie mit einer unbeschränkten Lease-Periode arbeiten, sollten Sie sich überlegen, den Befehl `ipconfig /renew` in die Netzwerkanmeldeskripts zu integrieren.

Wenn sich die Netzwerkkonfiguration sehr häufig ändert, sollten Sie eine kurze Lease-Dauer wählen, damit die Adressen schnell wieder verfügbar sind und neu zugewiesen werden können. Die TCP/IP-Parameter werden somit häufig aktualisiert.

Nachdem eine Client-Lease abgelaufen ist, verbleibt sie noch ca. einen Tag in der DHCP-Datenbank. Der DHCP-Client kann innerhalb dieser Zeitdauer versuchen, seine Lease zu erneuern. Durch diese Verzögerung können Konstellationen berücksichtigt werden, bei denen sich DHCP-Clients und -Server in unterschiedlichen Zeitzonen oder Zeitzonen ohne synchronisierte Uhren befinden.

Das Dialogfeld AKTIVE LEASES zeigt alle aktiven und ausgeschlossenen Adressen eines markierten Bereichs an.

11.4 Mehrere DHCP-Server verwalten

Ein Netzwerk kann beliebig viele DHCP-Server enthalten. Wenn mehrere DHCP-Server vorhanden sind, können Adressen auch dann zugewiesen werden, wenn ein DHCP-Server aus irgendeinem Grund ausfällt. Leider ist es nicht möglich, zwei DHCP-Server für den gleichen Bereich einzurichten. DHCP bietet keinen Mechanismus, durch den DHCP-Server Informationen darüber austauschen können, welche Adressen geleast wurden und welche noch verfügbar sind. Wenn IP-Adressen in den Bereichsdefinitionen von zwei DHCP-Servern auftauschen, werden die Adressen möglicherweise zweimal zugewiesen.

Microsoft schlägt vor, dieses Problem dadurch zu umgehen, daß Sie den Adreß-Pool eines Bereichs aufteilen. Auf diese Weise können Sie die meisten Adressen (ca. 75 Prozent) auf den DHCP-Server legen, der dem Teilnetz am nächsten steht, und den Rest auf einen anderen Server.

DHCP-Server könen zentral durch einen Manager verwaltet werden, der Administrator-Rechte für den Server hat. Um einen DHCP-Server zum DHCP-Manager hinzuzufügen, gehen Sie wie folgt vor:

1. Starten Sie den DHCP-Manager.

2. Wählen Sie im Menü SERVER den Menübefehl HINZUFÜGEN.

3. Geben Sie im Dialogfeld DHCP-SERVER ZUR SERVER-LISTE HINZUFÜGEN die IP-Adresse des DHCP-Servers ein, den Sie ergänzen möchten.

4. Klicken Sie auf OK.

11.5 Die DHCP-Datenbank verwalten

Die wichtigsten DHCP-Datenbankdateien werden als Standard im Verzeichnis C:\WINNT\SYSTEM32\DHCP gespeichert. (Wenn Ihre Systemdateien nicht im Verzeichnis C:\WINNT abgelegt werden, heißt der Verzeichnispfad entsprechend anders. Sie werden im DHCP-Verzeichnis die folgenden Dateien finden:

- ▶ DHCP.MDB. Die DHCP-Datenbankdatei.

- ▶ DHCP.TMP. Eine Datei, die von DHCP dazu benutzt wird, eine temporäre Arbeitsdatei zu speichern.

- ▶ JET.LOG und JET*.LOG. Diese Dateien zeichnen Transaktionen auf, die an der Datenbank vorgenommen werden. Sie können diese Daten ändern, um die DHCP-Datenbank bei Beschädigungen wiederherzustellen.

- ▶ SYSTEM.MDB. Diese Datei enthält Informationen über die Struktur der DHCP-Datenbank.

> **Warnung** Versuchen Sie nicht, diese Dateien zu öffnen. Da es sich um Datenbankdateien handelt, können sie beschädigt werden, wenn Sie geöffnet werden, solange der DHCP-Server abläuft.

Der Windows NT-Server fertigt in regelmäßigen Abständen eine Sicherheitskopie der DHCP-Datenbank und der Registrierungseinträge an. Das Standard-Intervall liegt bei 15 Minuten. Es kann über den passenden Registrierungsschlüssel geändert werden.

11.5.1 Die DHCP-Datenbank komprimieren

Windows NT 4 komprimiert die DHCP-Datenbank automatisch in regelmäßigen Abständen. Es ist selten erforderlich, die Komprimierung manuell vorzunehmen. Wenn Sie DHCP auf dem Windows NT Server 3.51 oder einer früheren Version betreiben, müssen Sie die Komprimierung jedoch manuell vornehmen. Microsoft empfiehlt eine Komprimierung, wenn die Datenbank DHCP.MDB größer als 10 Mbyte wird. Gehen Sie wie folgt vor, um die Datenbank zu komprimieren:

1. Öffnen Sie die Eingabeaufforderung.

2. Geben Sie den Befehl `net stop dhcpserver` ein, um den DHCP-Server zu stoppen. Während der DHCP-Server gestoppt ist, können DHCP-Clients keine neuen Leases erhalten oder diese aktualisieren. Sie können den Dienst auch über das Hilfsprogramm DIENSTE in der Systemsteuerung stoppen.

3. Ändern Sie das DHCP-Verzeichnis. Wenn es sich im Standardpfad befindet, geben Sie den folgenden Befehl an der Eingabeaufforderung ein: `cd \winnt\system32\dhcp`.

4. Geben Sie den Befehl `jetpack dhcp.mdb temp.mdb` ein, um die Datenbank zu komprimieren. *DHCP.MDB* ist die Datei, die komprimiert werden soll, und *TEMP.MDB* ist der Name einer temporären Datei, die `jetpack` benutzt, um die Daten zu komprimieren.

5. Starten Sie DHCP mit dem Befehl `net start dhcpserver` oder über das Hilfsprogramm DIENSTE neu, wenn Sie die Meldung erhalten, daß `jetpack` erfolgreich ausgeführt wurde.

6. Geben Sie den Befehl `exit` ein, um die Eingabeaufforderung zu schließen.

Warnung

> Mit dem Programm JETPACK können Sie nur die Datei DHCP.MDB komprimieren. Wenden Sie das Programm nicht auf die Datei SYSTEM.MDB an, weil diese verschlüsselt ist und sehr leicht beschädigt werden kann.

11.5.2 DHCP-Server starten und stoppen

Es gibt Fälle, bei denen Sie den DHCP-Server in regelmäßigen Abständen stoppen und neu starten müssen. Möglicherweise müssen Sie auch bestimmen, ob ein DHCP-Server aktiv ist. Wenn Benutzer keine IP-Adressen erhalten können, sollten Sie als erstes prüfen, ob der DHCP-Server gestartet ist.

Wie bereits im letzten Abschnitt erklärt, können Sie den DHCP-Server über die Eingabeaufforderung starten und stoppen. Sie können auch das Verwaltungsprogramm Server-Manager aus dem START-Menü verwenden. Über den Server-Manager können Sie Dienste starten und stoppen, die sich nicht unbedingt auf Ihrem System befinden müssen. Sie können auch auf anderen Computern im Netzwerk installiert sein. Den Server-Manager benutzen Sie wie folgt:

1. Wählen Sie aus dem START-Menü die Menübefehle PROGRAMME/VERWALTUNG/SERVER-MANAGER.

2. Wählen Sie im Server-Manager den Server, auf dem Sie einen Dienst starten oder stoppen möchten, und wählen Sie aus dem Menü COMPUTER den Menübefehl DIENSTE.

3. Durchsuchen Sie die Liste der Dienste, die auf dem Computer zur Verfügung stehen, bis Sie den Eintrag MICROSOFT DHCP-SERVER finden. Der Status des Servers wird in zwei Spalten beschrieben:

   ▶ In der Spalte STATUS wird angegeben, ob der Dienst gestartet wurde. Wenn diese Spalte keinen Eintrag enthält, wurde der Dienst auch nicht gestartet.

   ▶ Die Spalte STARTART kennzeichnet, ob der Dienst beim Systemstart automatisch gestartet wird. Die Angabe MANUELL kennzeichnet, daß der Dienst manuell von Ihnen gestartet werden muß. Einen deaktivierten Dienst können Sie über das Hilfsprogramm DIENSTE nicht starten.

4. Um die Startart eines Dienstes zu ändern, wählen Sie die gleichnamige Schaltfläche und aktivieren im Feld STARTART des Dialogfelds die gewünschte Option.

Die DHCP-Datenbank verwalten

5. Wählen Sie die Schaltfläche ANHALTEN, um einen markierten Dienst zu stoppen, und die Schaltfläche BEENDEN, um ihn zu beenden. Um einen angehaltenen Dienst wieder zu starten, markieren Sie diesen und wählen die Schaltfläche FORTSETZEN, um einen beendeten Dienst wieder zu starten, wählen Sie die Schaltfläche STARTEN.

6. Wählen Sie die Schaltfläche SCHLIESSEN, um die Liste der Dienste zu schließen, und den Menübefehl BEENDEN im Menü COMPUTER, um den Server-Manager zu verlassen.

11.5.3 Eine beschädigte DHCP-Datenbank reparieren

Von den DHCP-Datenbankdateien wird in regelmäßigen Abständen eine Sicherungskopie erstellt. Der Standardpfad für die Sicherungskopieren ist das Verzeichnis `C:\winnt\system32\dhcp\backup\jet`.

Wenn der DHCP-Server gestartet ist, die Benutzer aber trotzdem keine Leases von ihm erhalten können, ist die Datenbank vielleicht beschädigt. Möglicherweise läßt sich die DHCP-Datenbank aus der Sicherheitskopie wiederherstellen. Benutzen Sie die Techniken, die in den letzten beiden Abschnitten beschrieben wurden, um den DHCP-Server zu zwingen, seine Datenbank aus der Sicherungskopie zu beziehen und den Server zu stoppen und erneut zu starten. Wenn der DHCP-Server beim Start eine fehlerhafte Datenbank feststellt, versucht er automatisch, sie aus den Sicherungskopieren wiederherzustellen.

Im Abschnitt »DHCP in der Registrierung konfigurieren« später in diesem Kapitel wird der Schlüssel RESTOREFLAG der Registrierung beschrieben. Sie können den Wert dieses Schlüssels so festlegen, daß der DHCP-Server gewungen ist, seine Datenbank wiederherzustellen, wenn der Computer neu gestartet wird.

Wenn keine der Prozeduren die Datenbank zufriedenstellend wiederherstellen kann, sollten Sie den DHCP-Server stoppen. Kopieren Sie dann alle Dateien, die im Verzeichnis `C:\winnt\system32\dhcp\backup` enthalten sind, in das Verzeichnis `C:\winnt\system32\dhcp`. Starten Sie schließlich den DHCP-Server neu.

Kapitel 11 DHCP

Nachdem Sie die Datenbank wiederhergestellt haben, müssen Sie sie aktualisieren, um aktive Leases hinzuzufügen. Diese Prozedur wird »Abstimmung der DHCP-Datenbank« genannt. Gehen Sie wie folgt vor, um die Abstimmung vorzunehmen:

1. Starten Sie den DHCP-Manager.

2. Wählen Sie einen Bereich aus der Liste der DHCP-Server aus.

3. Wählen Sie den Menübefehl AKTIVE LEASES im Menü BEREICH.

4. Klicken Sie im Dialogfeld AKTIVE LEASES auf die Schaltfläche ABSTIMMEN.

> **hinweis** Die DHCP-Datenbank ist nicht fehlertolerant, obwohl sie in regelmäßigen Abständen aktualisiert wird. Durch einen System-Crash können beide Datenbanken beschädigt werden.

11.5.4 Eine neue DHCP-Datenbank erstellen

Wenn die Datenbank beschädigt und keine gültige Sicherungsdatei verfügbar ist, können Sie DHCP dazu zwingen, eine neue Datenbank zu erstellen. Gehen Sie dazu wie folgt vor:

1. Stoppen Sie den DHCP-Server.

2. Kopieren Sie die Datei `C:\winnt\system32\dhcp\dhcp.mdb` in ein anderes Verzeichnis.

3. Löschen Sie alle Dateien im Verzeichnis `C:\winnt\system32\dhcp`.

4. Löschen Sie alle Dateien im Verzeichnis `C:\winnt\system32\dhcp\backup\jet`. Das ist das Standardverzeichnis für die Sicherungskopien.

5. Kopieren Sie die Datei `System.mdb` von der Installations-CD-ROM oder -Diskette in das Verzeichnis `C:\winnt\system32\dhcp`.

6. Starten Sie den DHCP-Server neu. Mit den folgenden vier Schritten wird die neue DHCP-Datenbank mit den aktiven Leases abgestimmt.

7. Starten Sie den DHCP-Manager.
8. Markieren Sie in diesem einen Bereich.
9. Wählen Sie den Menübefehl AKTIVE LEASES im Menü BEREICH.
10. Wählen Sie im Dialogfeld AKTIVE LEASES die Schaltfläche ABSTIMMEN. Wenn die Leases erneuert werden, werden die Clients mit aktiven Leases mit dem Datenbankinhalt verglichen und eventuell in diese aufgenommen.

> **hinweis**
> Sie können den Client dazu zwingen, seine DHCP-Lease zu erneuern. Geben Sie dazu den Befehl `ipconfig /renew` an der Eingabeaufforderung ein. Unter Windows 95 können Sie zu diesem Zweck das Hilfsprogramm `winipcfg` benutzen

11.6 Konfigurationsoptionen des DHCP-Servers

Ihre Firma kann sich auch dann für die Implementation von DHCP entscheiden, wenn IP-Adressen nicht dynamisch zugewiesen werden. Über die DHCP-Optionen können Netzwerkadministratoren viele Einstellungen konfigurieren, die die TCP/IP-Protokolle beeinflussen (siehe Bild 11.11). Diese DHCP-Optionen können auf jeden Computer angewendet werden, der seine Adresse von einem DHCP-Server erhält. Das gilt sowohl für dynamisch zugewiesene als auch für reservierte Adressen.

Abbildung 11.11

Die Priorität der DHCP-Optionen

Client-Optionen überschreiben Bereichs- und globale Optionen

Global
Bereich
Client

Bereichsoperationen überschreiben globale Optionen

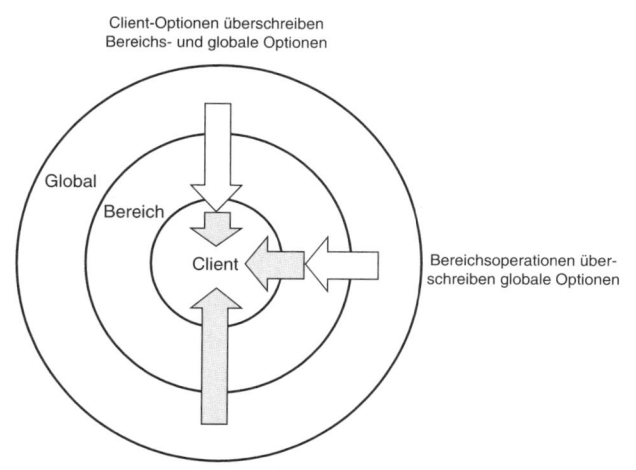

Globale Optionen werden nur angewendet, wenn sie nicht durch Bereichs- oder Client-Optionen überschrieben werden

▶ Globale Optionen beziehen sich auf alle Bereiche eines bestimmten DHCP-Servers, es sei denn, sie werden von einem Bereich oder Optionen des Clients überschrieben.

▶ Bereichsoptionen gelten für alle Clients in einem Bereich, solange sie nicht durch Optionen der Clients überschrieben werden. Bereichseigenschaften können auch benutzt werden, um Optionen für eine Abteilung oder Hosts in einem bestimmten Netzwerk festzulegen.

▶ Client-Optionen haben eine höhere Priorität als Bereichs- und globale Optionen. Client-spezifische Optionen können Sie für Clients mit reservierten Bereichen festlegen.

Sie können auch Standardoptionen festlegen. Dadurch werden Standardwerte für alle Parameter festgelegt, die mit der Option verknüpft sind, die Option wird aber nicht aktiviert. Optionen werden nur dann wirksam, wenn sie als globale, Bereichs- oder Client-Optionen festgelegt werden.

Ein Microsoft-DHCP-Paket kann bis zu 312 Byte Daten verwalten. Das reicht normalerweise aus. Wenn zu viele DHCP-Optionen konfiguriert werden und die Kapazität der 312 Byte überschritten wird, müssen die Optionen mit geringerer Priorität beschnitten werden.

11.6.1 DHCP-Optionen verwalten

Optionen werden über den DHCP-Manager hinzugefügt, konfiguriert und entfernt. Um die Optionen zu ändern, gehen Sie wie folgt vor:

1. Starten Sie den DHCP-Manager.

2. Wählen Sie einen bestehenden Bereich.

3. Um die Standardeinstellungen festzulegen, wählen Sie den Menübefehl STANDARDEINSTELLUNGEN im Menü OPTIONEN.

   Um die Optionen für alle Bereiche des DHCP-Servers festzulegen, wählen Sie den Menübefehl GLOBAL im Menü OPTIONEN.

Konfigurationsoptionen des DHCP-Servers   **275**

Um die Optionen für den markierten Bereich einzurichten, wählen Sie den Menübefehl BEREICH im Menü OPTIONEN.

4. Über das Dialogfeld DHCP-OPTIONEN können Sie Optionen hinzufügen und entfernen (siehe Bild 11.12). Der Titelzeile des Dialogfelds können Sie entnehmen, ob globale Optionen, Bereichsoptionen oder Standardwerte konfiguriert werden.

Abbildung 11.12

Das Dialogfeld DHCP-Optionen

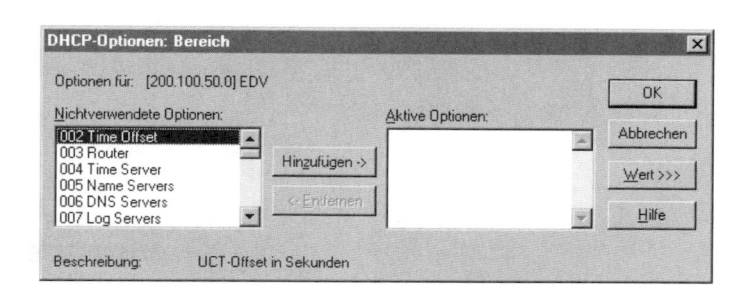

5. Um eine globale oder Bereichsoption hinzuzufügen, markieren Sie diese im Listenfeld NICHTVERWENDETE OPTIONEN und klicken auf die Schaltfläche HINZUFÜGEN.

6. Um eine Option zu entfernen, markieren Sie diese im Listenfeld AKTIVE OPTIONEN und wählen die Schaltfläche ENTFERNEN.

7. Bei vielen Optionen müssen Werte konfiguriert werden. Um die Werte einer Option zu verändern, markieren Sie die Option im Listenfeld AKTIVE OPTIONEN und klicken auf die Schaltfläche WERT. Das Dialogfeld DHCP-OPTIONEN vergrößert sich nun und zeigt den aktuell zugewiesenen Wert oder mehrere Werte an (siehe Bild 11.13).

Abbildung 11.13

Nachdem Sie die Schaltfläche Wert gewählt haben, können Sie Werte eingeben

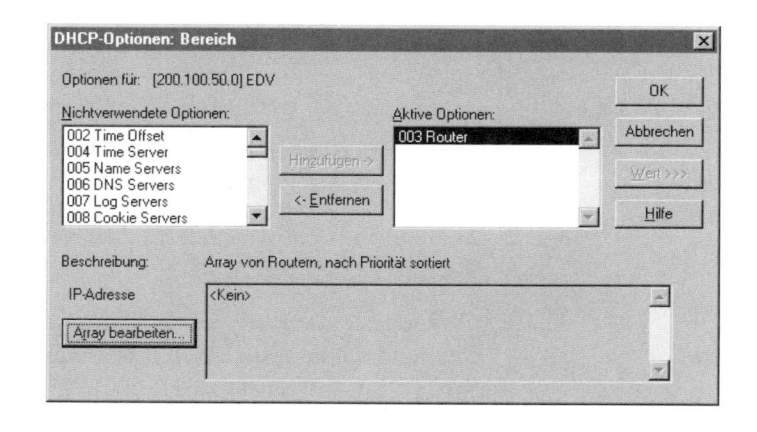

8. Falls erforderlich, können Sie die Schaltfläche ARRAY BEARBEITEN wählen. Es öffnet sich der entsprechende Editor. Bild 11.14 zeigt das Dialogfeld EDITOR FÜR IP-ADRESSEN-ARRAY. In diesem Dialogfeld können Sie Werte zum Adressen-Array hinzufügen oder aus diesem entfernen. Die Reihenfolge der Optionen bestimmt ihre Priorität, und die Werte sollten in der Prioritätenrangfolge eingegeben werden.

Abbildung 11.14

Das Dialogfeld Editor für IP-Adressen-Array

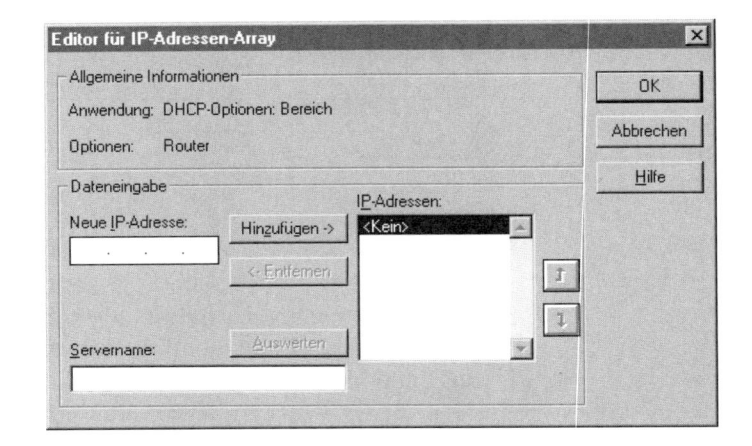

11.6.2 Clientspezifische Reservierungsoptionen verwalten

Sie können clientspezifische Optionen auch ausschließlich Reservierungen zuweisen. Leases können Sie Optionen nur über globale Optionen und Bereichsoptionen und Standardeinstellungen für Optionen zuweisen.

Um einer Reservierung Optionen zuzuweisen, gehen Sie wie folgt vor:

1. Markieren Sie den Bereich, der die Reservierung unterstützt, im DHCP-Manager.

2. Wählen Sie den Menübefehl AKTIVE LEASES im Menü BEREICH.

3. Wählen Sie die Reservierung im Dialogfeld AKTIVE LEASES, und wählen Sie anschließend die Schaltfläche EIGENSCHAFTEN, um das Dialogfeld CLIENT-EIGENSCHAFTEN zu öffnen.

Konfigurationsoptionen des DHCP-Servers

4. Bei Reservierungen ist die Schaltfläche OPTIONEN aktiv. Wählen Sie diese, um das Dialogfeld DHCP-OPTIONEN: RESERVIERUNG zu öffnen, das dem Dialogfeld in Bild 11.12 gleicht. Fügen Sie über dieses Dialogfeld Optionen zu Reservierungen hinzu, und konfigurieren Sie diese.

5. Wählen Sie die Schaltfläche OK, um das Dialogfeld DHCP-OPTIONEN zu verlassen.

11.6.3 DHCP-Optionen für Microsoft TCP/IP

Tabelle 11.1 faßt die üblichsten DHCP-Optionen zusammen, die auf Microsoft TCP/IP-Clients angewendet werden. In den Dialogfeldern BEREICH ERSTELLEN und BEREICHSEIGENSCHAFTEN werden die folgenden RFC1533-DHCP-Optionen konfiguriert:

- ▶ 1. Subnet Mask
- ▶ 51. DHCP Lease time
- ▶ 58. DHCP Renewal (T1) time
- ▶ 59. DHCP Rebinding (T2) time

Die Optionen 51, 58 und 59 sind Funktionen der Lease-Dauer, die in den Dialogfeldern BEREICHSEIGENSCHAFTEN und BEREICH ERSTELLEN festgelegt werden.

> **hinweis**
> Die RFC1533 spezifiziert viele andere Optionen, die nicht auf Microsoft-TCP/IP-Clients angewendet werden können. Wenn Nicht-Microsoft-Clients Adressen vom Microsoft-DHCP-Server erhalten sollen, sollten Sie auch Nicht-Microsoft-Optionen in die Eigenschaften der entsprechenden Bereichsreservierungen aufnehmen.

Tabelle 11.1
DHCP-Optionen für Microsoft-Clients

Code	Name	Beschreibung
1	Subnet Mask	Gibt die Subnet Mask des Clients an. Diese Option wird in den Dialogfeldern BEREICH ERSTELLEN und BEREICHSEINSTELLUNGEN konfiguriert und kann nicht direkt als Bereichsoption konfiguriert werden.
3	Router	Gibt eine Liste der IP-Adressen für Router im Netzwerk des Clients aus.

Code	Name	Beschreibung
6	DNS servers	Gibt eine Liste mit IP-Adressen für die verfügbaren DNS-Server aus.
15	Domain name	Legt den Domänennamen fest, der benutzt werden soll, wenn DNS-Host-Namen aufgelöst werden.
44	WINS/NBNS	Spezifiziert eine Liste mit IP-Adressen für NetBIOS-Name-Server (NBNS).
46	WINS/NBT	Gibt die Knotentypen für NetBIOS über TCP/IP an. Werte: 1=b-Knoten, 2=p-Knoten, 4=m-Knoten, 8=h-Knoten.
47	NetBIOS ID	Legt einen String fest, der als NetBIOS über CP/IP-Bereichs-ID verwendet werden kann.

11.7 DHCP in der Registrierung konfigurieren

Die Registrierung ist eine Datenbank, in der Daten für Windows NT-Computer gespeichert werden. Verschiedene Registrierungsparameter sind mit DHCP verbunden und können, wie alle Registrierungsparameter, über den Registrierungseditor verändert werden.

> **Warnung**
>
> Die Registrierung enthält Konfigurationsdaten für so gut wie jeden Teil des Windows NT-Systems. Sie können großen Schaden anrichten, wenn Fehler in die Registrierung eingebaut werden. Deshalb sollten Sie den Menübefehl SCHREIBGESCHÜTZT im Menü OPTIONEN wählen, bevor Sie mit der Registrierung arbeiten. Wenn Ihre Registrierung beschädigt wird und Sie keine Sicherungskopie besitzen, müssen Sie das gesamte Betriebssystem neu installieren.

Die Registrierung ist in vier Zweige aufgeteilt. Jeder dieser Zweige hat im Registrierungseditor ein Fenster (siehe Bild 11.15). Im folgenden sind die einzelnen Zweige aufgeführt:

▶ HKEY_LOCAL_MACHINE. Aktuelle Konfigurationsparameter für den Computer. Dies ist der wesentliche Zweig der Registrierung.

▶ HKEY_CURRENT_USER. Das Benutzerprofil des atuellen Benutzers. Die Informationen werden auch im Zweig HKEY_USERS gespeichert.

► HKEY_USERS. Speichert Benutzerprofile für den momentan angemeldeten und den Standardbenutzer.

► HKEY_CLASSES_ROOT. Führt OLE und die Zuweisung der Dateiklassen aus. Beides finden Sie auch unter HKEY_LOCAL_MACHINE\SOFTWARE\ CLASSES.

Abbildung 11.15

Die Windows NT-Registrierung

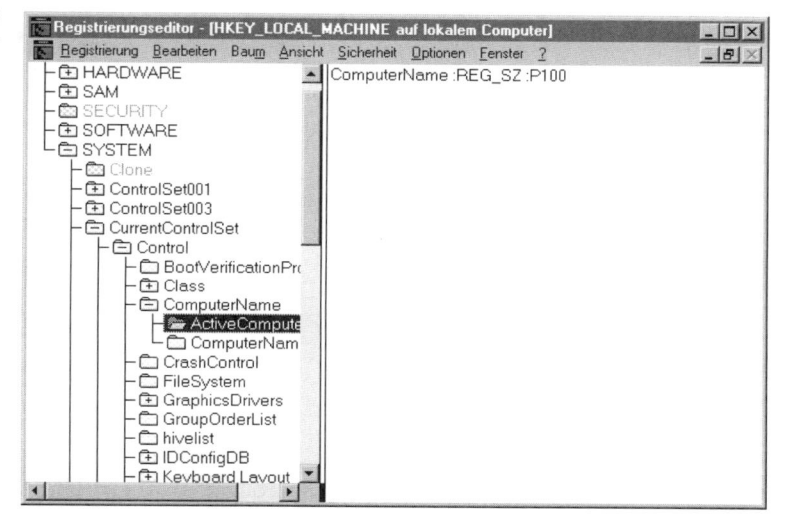

```
Registrierungseditor - [HKEY_LOCAL_MACHINE auf lokalem Computer]
Registrierung  Bearbeiten  Baum  Ansicht  Sicherheit  Optionen  Fenster  ?
─ HARDWARE                        ComputerName :REG_SZ :P100
─ SAM
─ SECURITY
─ SOFTWARE
─ SYSTEM
   ├─ Clone
   ├─ ControlSet001
   ├─ ControlSet003
   └─ CurrentControlSet
      └─ Control
         ├─ BootVerificationPro
         ├─ Class
         ├─ ComputerName
         │  ├─ ActiveCompute
         │  └─ ComputerNam
         ├─ CrashControl
         ├─ FileSystem
         ├─ GraphicsDrivers
         ├─ GroupOrderList
         ├─ hivelist
         ├─ IDConfigDB
         └─ Keyboard Layout
```

Daten, die mit DHCP in Verbindung stehen, werden im Zweig HKEY_LOCAL_MACHINE gespeichert. In Bild 11.15 wurde das Fenster für diesen Zweig erweitert. Beachten Sie die Ähnlichkeit zwischen der Struktur der Registrierung und des hierarchischen Dateisystems von Windows NT. Die Gegenstücke der Ordner des Explorers werden in der Registrierungsdatenbank »Schlüssel« genannt.

Schlüssel können auch andere Schlüssel enthalten. In Bild 11.15 enthält z.B. der Schlüssel SYSTEM verschiedene weitere Schlüssel, wie z.B. CONTROLSET001 und CURRENTCONTROL-SET.

In Bild 11.15 wurden mehrere Ebenen des Zweigs CURRENT-CONTROLSET geöffnet. Dieser Schlüssel enthält den Schlüssel COMPUTERNAME. Der Schlüssel COMPUTERNAME enthält als Wert den NetBIOS-Namen des Computers. Die Anzahl der Werte, die ein Schlüssel aufnehmen kann, ist unbegrenzt. Alle Werte setzen sich aus den folgenden drei Komponenten zusammen:

- Ein Name, im Beispiel COMPUTERNAME
- Ein Datentyp, z. B. REG_SZ
- Ein Wert, im Beispiel P100

Die Daten in der Registrierung weisen einen der folgenden fünf Datentypen auf:

- REG_BINARY. Rohe Binärdaten. In diesem Datenformat werden die meisten Hardware-Daten gespeichert.
- REG_DWORD. Numerischer Datentyp mit bis zu 4 Byte Länge in dezimaler, hexadezimaler oder binärer Form.
- REG_EXPAND_SZ. Daten-Strings, die erweitert werden können und Systemvariablen enthalen. Ein Beispiel für diesen Variablentyp ist `%SystemRoot\system32`.
- REG_MULTI_SZ. In dieser Liste bestehen die Daten aus mehreren Strings. Das Datenformat wird häufig eingesetzt, um Daten in lesbarer Form zu speichern.
- REG_SZ. Buchstabendaten, die normalerweise lesbar sind.

Die Datentypen der einzelnen DHCP-Registrierungseinträge werden mit den entsprechenden Werten im Abschnitt »Registrierungseinträge, die in Verbindung mit DHCP stehen« besprochen.

11.7.1 Registrierungseinträge in Verbindung mit DHCP

Registrierungseinträge, die mit DHCP in Verbindung stehen, werden im Zweig HKEY_LOCAL_MACHINE wie folgt gespeichert:

`SYSTEM\CurrentControlSet\Services\DHCPServer\Parameters`

Um die Werte von Registrierungseinträgen zu betrachten oder zu verändern, gehen Sie wie folgt vor:

DHCP in der Registrierung konfigurieren

1. Wählen Sie den Menübefehl AUSFÜHREN aus dem START-MENÜ. Geben Sie im Textfeld AUSFÜHREN den Befehl `regedt32` ein, und klicken Sie auf OK.

2. Wenn keine Zweige angezeigt werden, wählen Sie den Menübefehl LOKAL ÖFFNEN im Menü REGISTRIERUNG.

3. Erweitern Sie das Fenster für den Zweig HKEY_LOCAL_MACHINE.

   Klicken Sie nacheinander auf die folgenden Schlüssel, um die entsprechenden Zweige zu erweitern.

   ▶ SYSTEM

   ▶ CurrentControlSet

   ▶ Services

   ▶ DHCPServer

   ▶ Parameters

   Das fertige Fenster sieht aus wie das in Bild 11.16.

Abbildung 11.16

DHCP-Werte in der Registrierung

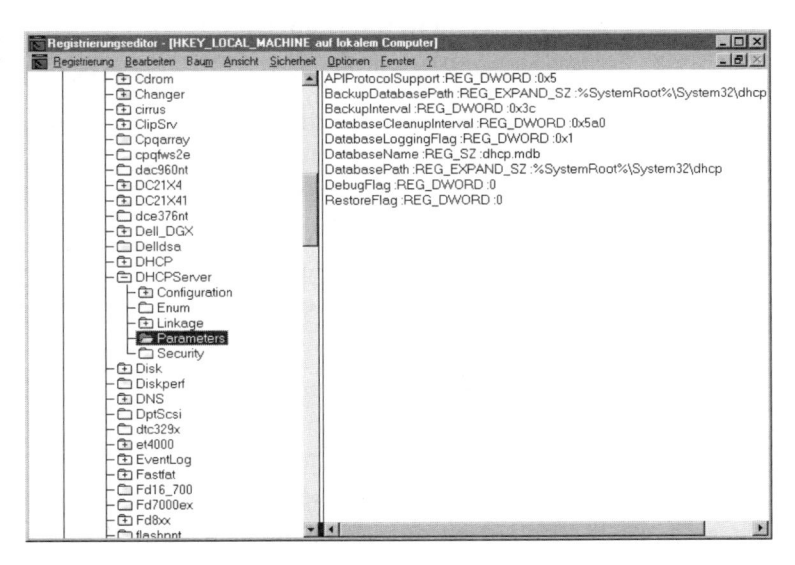

4. Klicken Sie doppelt auf den Wert eines Eintrags, um diesen zu verändern. Der Editor, der sich nun öffnet, unterstützt nur die Eingabe von Daten, die dem Datentyp dieses Werts entsprechen. Das Beispiel in Bild 11.17 zeigt den

DWORD-Editor, der nur binäre, dezimale, hexadezimale Werte annimmt. Ein Zeichenketten-Editor wird verwendet, um Zeichenketten einzugeben.

Abbildung 11.17

Eines der Dialogfelder zur Bearbeitung von Registrierungseinträgen

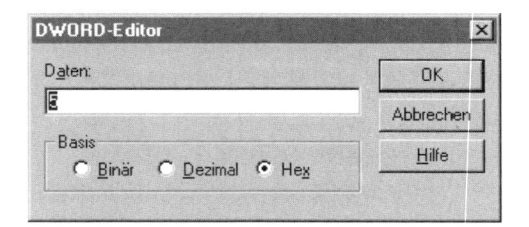

4 Bearbeiten Sie den Wert, und klicken Sie, falls erforderlich, auf die Schaltfläche, die mit dem Datenformat verknüpft ist. Wählen Sie dann OK, um den Wert in der Registrierung zu speichern.

5. Wählen Sie den Menübefehl SCHLIESSEN im Menü REGISTRIERUNG, um die Änderungen zu speichern.

11.7.2 Werte in der Registrierung, die mit DHCP in Verbindung stehen

In diesem Abschnitt werden alle Werte der Registrierung aufgelistet, und ihre Spezifikationen werden detailliert beschrieben. Sie können die Werte anhand der Prozedur einsehen und verändern, die im letzten Abschnitt beschrieben wurde.

APIProtocolSupport

Datentyp:	REG_DWORD
Wertebereich:	0x1, 0x2, 0x4, 0x5, 0x7
Standard:	0x7

Der Wert APIPROTOCOLSUPPORT legt das Protokoll fest, das vom DHCP-Server unterstützt wird. Bearbeiten Sie diesen Parameter, damit verschiedene Computer auf den DHCP-Servern zugreifen können. Folgende Werte stehen zur Verfügung:

0x1	RPC über TCP/IP
0x2	RPC über benannte Pipes

0x4	RPC über lokale Prozeduraufrufe (LPC)
0x5	RPC über TCP/IP und RPC über LPC
0x7	RPC über TCP/IP, benannte Pipes und LPC

BackupDatabasePath

Datentyp:	REG_EXPAND_SZ
Wertebereich:	Pfad
Standard:	`%SystemRoot%\system32\dhcp\backup`

Über den Eintrag BACKUPDATABASEPATH können Sie angeben, in welchem Verzeichnis DHCP-Backup-Dateien gespeichert werden sollen. Standard ist der Pfad, in dem sich auch die Hauptdaten befinden. Dadurch reagieren sowohl die Hauptdaten als auch die Backups empfindlich gegenüber Hardwareversagen. Wenn das System mit mehr als einer Festplatte ausgestattet ist, sollten die Backup-Dateien lieber auf einer anderen Festplatte abgelegt werden. Netzwerklaufwerke sind nicht zulässig, da der DHCP-Manager darauf nicht zugreifen kann.

BackupInterval

Datentyp:	REG_DWORD
Wertebereich:	unbegrenzt
Standard:	15 Minuten

Diese Option richtet das Intervall ein, in dem Backups der DHCP-Datenbank erzeugt werden.

DatabaseCleanupInterval

Datentyp:	REG_DWORD
Wertebereich:	unbegrenzt
Standard:	0x15180

DHCP räumt die Datenbank in regelmäßigen Abständen auf und entfernt Datensätze, die abgelaufen sind. Dieser Parameter legt das Intervall in Minuten fest, in dem die Aufräumarbeiten durchgeführt werden. Standard ist einmal täglich (0x15180 ist 86.400 Sekunden, d.h. 24 Stunden).

DatabaseLoggingFlag

Datentyp:	REG_DWORD
Wertebereich:	0 oder 1
Standard:	1

Wenn dieser Parameter den Wert 1 hat, werden Änderungen in der Datei JET.LOG aufgezeichnet. Wenn der Wert 0 beträgt, werden Änderungen nicht aufgezeichnet. Die Datei JET.LOG wird benutzt, um Änderungen festzustellen, die noch nicht an der Datenbankdatei vorgenommen wurden. Es wäre günstig, die Protokollierung zu deaktivieren und dadurch die Systemleistung zu erhöhen.

DatabaseName

Datentyp:	REG_SZ
Bereich:	Dateiname
Standard:	*DHCP.MDB*

Der Wert entspricht dem Namen der DHCP-Datenbankdatei.

DatabasePath

Datentyp:	REG_EXPAND_SZ
Wertebereich:	Pfadname
Standard:	*%SYSTEMROOT%\SYSTEM32\DHCP*

Der DHCP-Server erfährt, in welchem Verzeichnis die Datenbankdateien erzeugt und geöffnet werden.

RestoreFlag

Datentyp:	REG_DWORD
Wertebereich:	0 oder 1
Standard:	0

Wenn der Wert 0 beträgt, wird die Datenbank nicht aus den Backup-Dateien wiederhergestellt, wenn der Dienst DHCP-Server gestartet wird. Setzen Sie diesen Wert auf 1, um den DHCP-Server zu zwingen, ein Backup der Datenbank zu empfangen. Dieser Parameter wird automatisch auf 0 gesetzt, nachdem die Datenbank erfolgreich widerhergestellt wurde.

11.8 Der DHCP-Relay-Agent

Wenn Sie mit mehreren Teilnetzen arbeiten, benötigen Sie eine Möglichkeit, die DHCP-Anfrage von einem Teilnetz zum nächsten weiterzuleiten. In diesem Kapitel haben Sie gesehen, daß dies häufig dem Router überlassen bleibt. Der Windows NT Server verfügt jedoch ebenfalls über eine Methode dazu.

In der Konfiguration des TCP/IP-Protokolls ist die Registerkarte DHCP-Relay-Agent enthalten. Wie in Bild 11.18 gezeigt, ist die Konfiguration ziemlich einfach. Bevor die Konfiguration wirksam werden kann, müssen Sie jedoch den Dienst installieren.

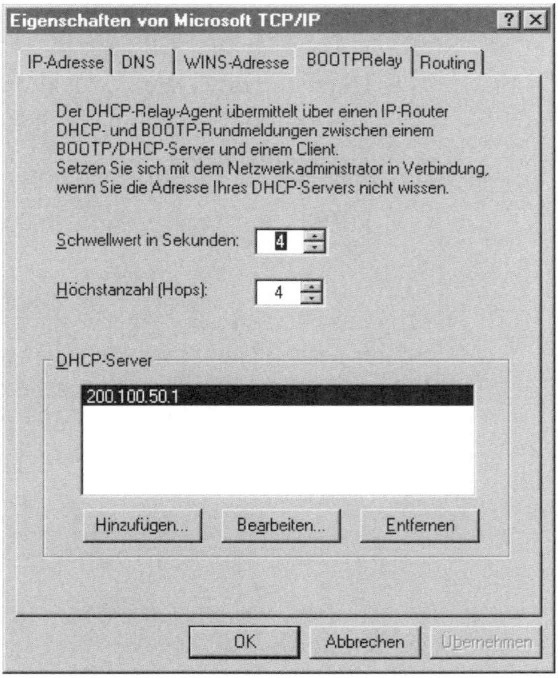

Abbildung 11.18

Die Konfiguration des DHCP-Relay-Agent

Gehen Sie wie folgt vor, um den DHCP-Relay-Agent zu installieren:

1. Öffnen Sie das Dialogfeld NETZWERK, und aktivieren Sie die Registerkarte DIENSTE.

2. Klicken Sie auf die Schaltfläche HINZUFÜGEN, und wählen Sie den DHCP-RELAY-AGENT aus der Liste aus.

3. Klicken Sie auf OK, und geben Sie im nächsten Dialogfeld das Verzeichnis an, in dem sich die Quelldateien befinden.

4. Schließen Sie das Dialogfeld NETZWERK, und starten Sie Ihr System neu.

Auf der Registerkarte BOOTPRELAY des Dialogfelds EIGENSCHAFTEN VON MICROSOFT TCP/IP stehen Ihnen zur Konfiguration des DHCP-Relay-Agent die folgenden Optionen zur Verfügung (siehe Bild 11.18):

▶ **Schwellwert in Sekunden.** Maximaler Zeitbedarf für den DHCP-Relay-Agent, um Kontakt zum DHCP-Server aufzubauen.

▶ **Höchstanzahl (Hops).** Maximalzahl an Hops-Abschnitten, die der Relay-Agent überwinden muß, um zum DHCP-Server zu gelangen.

▶ **DHCP-Server.** Die Adresse des DHCP-Servers in Ihrem Netzwerk.

Mit dem DHCP-Relay-Agent können Sie die BOOTP-Relay im Router deaktivieren. Das kann sehr nützlich sein, weil es den Übertragungsverkehr auf das lokale Teilnetz beschränkt. Bitte beachten Sie auch, daß der Relay-Agent mit BOOTP und DHCP-Anfragen zusammenarbeitet.

Übungen

In diesen Übungen werden Sie einen DHCP-Server installieren und konfigurieren. Weil die verschiedenen Leser mit unterschiedlichen Netzwerken arbeiten, müssen Sie keinen Client installieren. Wenn Sie über mehrere Arbeitsstationen verfügen, können Sie die Übungen jedoch auch an einem Client nachvollziehen.

Wenn Sie kein Netzwerk installiert haben, sollten Sie in Kapitel 9 den Abschnitt »Der Internet Information Server« lesen.

Übung 11.1: Den DHCP-Server installieren

1. Öffnen Sie das Dialogfeld NETZWERK. Wählen Sie auf der Registerkarte DIENSTE die Schaltfläche HINZUFÜGEN.

2. Markieren Sie den Eintrag MICROSOFT DHCP-Server, und klicken Sie auf OK.

3. Geben Sie im nächsten Dialogfeld den Pfad zu den Windows NT-Quelldateien ein.

4. Wählen Sie aus dem START-Menü die Menübefehle PROGRAMME/VERWALTUNG. Vergewissern Sie sich, daß der DHCP-Manager installiert ist.

Übung 11.2: Einen DHCP-Bereich konfigurieren

1. Starten Sie den DHCP-Manager, und klicken Sie doppelt auf den Eintrag LOKALER COMPUTER, um festzustellen, ob Sie mit diesem verbunden sind.

2. Wählen Sie den Menübefehl ERSTELLEN aus dem Menü BEREICH. Es öffnet sich das Dialogfeld BEREICH ERSTELLEN.

3. Geben Sie die folgenden Informationen für den IP-Adreßpool ein.

Anfangsadresse	148.53.66.1
Endadresse	148.53.127.254
Subnet Mask	255.255.192.0

4. Geben Sie im Feld ANSCHLUSSBEREICH unter Anfangs- und Endadresse die Werte 148.53.90.0 und 148.53.90.255 ein, um einen Adreßbereich auszuschließen, und klicken Sie auf die Schaltfläche HINZUFÜGEN.

5. Belassen Sie die Standardangabe im Feld DAUER DER LEASE, und geben Sie als Namen »Subnet1 testen« ein. Klicken Sie auf die Schlaltfläche OK, nachdem alles eingegeben wurde.

6. Sie werden nun gefragt, ob Sie den Bereich aktivieren möchten. Beantworten Sie dies mit JA.

Übung 11.3: Eine Bereichs- und eine globale Option zum Server hinzufügen

1. Klicken Sie auf den Bereich, den Sie in der letzten Übung erzeugt haben.

> **hinweis**
> Wenn Sie eine Fehlermeldung erhalten, klicken Sie auf OK, um fortzufahren. Dies ist ein undokumentiertes Merkmal, d.h. ein Programmfehler. Schließen Sie den DHCP-Manager, und öffnen Sie ihn erneut, um diese Fehlermeldung zu entfernen.

2. Wählen Sie aus dem Menü OPTIONEN den Menübefehl BEREICH.

3. Wählen Sie aus dem Listenfeld der NICHTVERWENDETEN OPTIONEN den Eintrag 003 ROUTER aus, und klicken Sie auf die Schaltfläche HINZUFÜGEN.

4. Klicken Sie auf die Schaltfläche WERT, um den Rest des Dialogfelds zu sehen. Augenblicklich ist kein Router aufgeführt.

5. Wählen Sie die Schaltfläche ARRAY BEARBEITEN, und geben Sie in das Dialogfeld EDITOR FÜR IP-ADRESSEN-ARRAY die IP-Adresse 148.53.64.1ein. Klicken Sie auf die Schaltfläche HINZUFÜGEN, um die Adresse in die Liste zu integrieren.

6. Klicken Sie auf OK, um das Dialogfeld zu schließen und anschließend noch einmal auf OK, um das Dialogfeld DHCP-OPTIONEN zu schließen.

Im Fenster OPTIONSKONFIGURATION sollte für den Bereich nun die Option ROUTER angezeigt werden.

7. Wählen Sie den Menübefehl GLOBAL aus dem Menü OPTIONEN, und geben Sie die folgenden Optionen ein:

   006 DNS Servers

   015 Domain Name

   044 WINS/NBNS SERVERS (Wenn Sie diese Option hinzufügen, erhalten Sie eine Meldung)

   046 WINS/NBT Node Type

8. Nachdem Sie die Optionen eingegeben haben, konfigurieren Sie diese nun wie folgt:

DNS SERVER	148.53.64.8
DOMAIN NAME	mcp.com
WINS/NBNS SERVERS	198.53.64.8
WINS/NBT NODE TYPE	0x8

9. Klicken Sie auf OK.

Es sollten nun alle Optionen im Fenster OPTIONSKONFIGURATION sichtbar sein.

Übung 11.4: Einen zweiten DHCP-Bereich konfigurieren

1. Fügen Sie einen weiteren Bereich mit den folgenden Werten hinzu:

IP-Addresse	Pool
Anfangsadresse	148.53.140.0
Endadresse	148.53.191.255
Subnet Mask	255.255.192.0

2. Legen Sie als Dauer der Lease 14 Tage fest, und nennen Sie den Bereich »Subnet 2 testen« ein.

   Im DHCP-Manager sollte nun für jeden Bereich eine Nummer aufgeführt werdne. Diese Nummer ist die Teilnetz-ID für den Bereich. In diesem Szenario wurde eine Adresse verwendet, die in die zwei Teilnetze 148.53.64.0 und 148.53.128.0 aufgeteilt ist.

3. Legen Sie als Standard-Gateway für diesen Bereich den Wert 148.53.128.1 fest.

4. Dieser Bereich wird nicht sofort benutzt. Sie können ihn also deaktivieren. Wählen Sie dazu den Menübefehl DEAKTIVIEREN im Menü BEREICH.

Übung 11.5: Client-Reservierungen einrichten

1. Markieren Sie das erste Teilnet (148.53.64.0).

2. Wählen Sie den Menübefehl RESERVIERUNG HINZUFÜGEN aus dem Menü BEREICH.

3. Geben Sie im Dialogfeld RESERVIERTE CLIENTS HINZUFÜGEN die folgende IP-Adresse ein: 148.53.66.7.

4. Geben Sie als EINDEUTIGE ID den Wert 0000DE7342FA ein, und nennen Sie den Client Rob.

5. Klicken Sie auf die Schaltfläche HINZUFÜGEN.

6. Geben Sie die IP-ADRESSE 148.53.66.9 und als EINDEUTIGE ID den Wert 00D4C9C57D34 ein. Der CLIENT-NAME lautet Judy. Klicken Sie anschließend auf die Schaltfläche HINZUFÜGEN.

7. Klicken Sie schließlich auf die Schaltfläche SCHLIESSEN.

Übung 11.6: Die Informationen prüfen

Wählen Sie den Menübefehl AKTIVE LEASES im Menü BEREICH. Sehen Sie die beiden Reservierungen, die Sie in der letzten Übung eingegeben haben? Wenn alles funktioniert hat, sollten sie aufgeführt sein.

Wie viele Adressen gibt es insgesamt? Wie viele sind Aktiv/Ausgeschlossen? Insgesamt sollten es 15.870 Adressen sein, wobei 258 aktiv oder ausgeschlossen sind.

Zusammenfassung

In diesem Kapitel wurden die Implementierung und Anwendung von DHCP und der allgemeine Einsatz beschrieben. Denken Sie bei DHCP immer an die Optionen, die Sie mit den Paketen an den Client übertragen können. Diese Möglichkeit, die Hosts im lokalen Teilnetz und in entfernten Netzen dynamisch zu konfigurieren, macht die Verwendung von TCP/IP relativ einfach.

Wiederholungsfragen

1. Wie heißen die fünf möglichen Broadcasts im DHCP-Prozeß?
2. Was muß auf dem DHCP-Server konfiguriert sein, bevor ein Client eine DHCP-Adresse erhalten kann?
3. Was muß ein Router unterstützen, um DHCP-Broadcasts zu übermitteln?
4. Welche Methode wird empfohlen, um Sicherungskopien des DHCP-Servers zu erstellen?
5. Was bewirkt eine unbeschränkte Dauer der Leases?
6. In welcher Umgebung ist es ratsam, mit kurzen Lease-Dauern zu arbeiten?
7. Welche Teile des DHCP-Prozesses werden vom Server angestoßen?
8. Wie muß ein Windows NT-Server konfiguriert sein, bevor Sie einen DHCP-Server installieren können?
9. Welche Informationen benötigen Sie, um einen Bereich zu definieren?
10. Welche Clients können einen DHCP-Server benutzen?
11. Wie konfigurieren Sie einen Client, um DHCP zu nutzen?
12. Was ist der Unterschied zwischen einer globalen und einer Bereichsoption?
13. Warum sollten Sie eine Client-Reservierung einsetzen?
14. Was ist für eine Client-Reservierung erforderlich?
15. Was geschieht mit dem Client, wenn Sie seine Lease löschen?
16. Was müssen Sie tun, bevor Sie eine Datenbank komprimieren können? Wie lautet der Befehl, um eine Datenbank zu komprimieren?
17. Wie kann ein Client Informationen über die DHCP-Leases einsehen?

Lösungen

1. Die fünf Broadcasts heißen DHCPDISCOVER, DHCPOFFER, DHCPREQUEST, DHCPACK und DHCPNACK.

2. Der Server muß mit einem Bereich ausgestattet sein, der das Teilnetz des Clients umfaßt.

3. Router müssen BOOTP-Relay unterstützen (wie in RFC1542 definiert).

4. Auf dem Hauptserver eines Teilnetzes konfigurieren Sie den Server mit 75 % der Adressen und auf einem anderen Server mit 25 % der Adressen.

5. Der Client muß seine Lease niemals erneuern und kann deshalb die Konfigurationsparameter auch nicht aktualisieren.

6. In Situationen, in denen sich das Netzwerk häufig ändert, sollten Sie eine kurze Lease-Dauer wählen.

7. Keine. Der Client initialisiert alle Schritte im DHCP-Prozeß.

8. Der Server muß mit mindestens einer Netzwerkkarte ausgestattet und mit einer statischen IP-Adresse konfiguriert werden.

9. Sie müssen eine Folge von IP-Adressen, eine Subnet Mask und die Zeitdauer der Gültigkeit angeben.

10. Windows NT- und Windows-95-Clients, Windows-for-Workgroups-Clients mit dem TCP/IP-Protokoll der Windows NT-Server-CD-Rom, MS Client 3.0 für MS-DOS (und Windows 3.1) und MS-LAN Manager Client 2.2c für DOS.

11. Meistens wählen Sie IP-ADRESSE VON EINEM DHCP-SERVER BEZIEHEN. Bei Windows for Workgroups (und NT 3.51) wählen Sie AUTOMATISCHE DHCP-KONFIGURIERUNG AKTIVIEREN. Bei den DOS-Clients SETUP AUSFÜHREN und für das TCP/IP-Protokoll DHCP-KONFIGURIERUNG.

12. Globale Optionen betreffen alle Bereiche des Servers und Bereichsoptionen betreffen nur einen einzigen Bereich. Die Adresse des DNS-Servers ist ein Beispiel für eine globale Option und der Router ein Beispiel für eine Bereichsoption.

13. In Fällen, in denen das System eine statische IP-Adresse benötigt, und Sie die anderen Parameter dynamisch aktualisieren wollen, können Sie eine Client-Reservierung einsetzen.

14. Sie benötigen eine eindeutige MAC-Adresse für den Client.

15. Es geschieht nichts, bis der Client versucht, die Lease zu erneuern. Der Server sendet dann eine DHCPNACK, und der Client muß mit dem Prozeß von vorne beginnen.

16. Bevor Sie die DHCP-Datenbank komprimieren können, müssen Sie den Dienst DHCP anhalten. Der Befehl `jetpack dhcp.mdb temp.mdb` dient dazu, die Datenbank zu komprimieren. Diesen Befehl können Sie im Verzeichnis \%WINROOT%\SYSTEM32\DHCP ausführen.

17. Über den Befehl `ipconfig /all` kann der Client alle Informationen zu DHCP einsehen.

Kapitel 12
NetBIOS-Namensauswertung

Wie Sie gesehen haben, gibt es für Computer eigentlich zwei verschiedene Arten, um über Microsoft TCP/IP zu kommunizieren. In diesem Buch wurden WinSock und NetBIOS bereits beschrieben. Ein wesentliches Merkmal von NetBIOS-Netzen ist die Verwendung von NetBIOS-Computernamen. In diesem Kapitel erfahren Sie Details über die Namensauflösung.

Die Namensauswertung ist ein ziemlich einfacher Prozeß, bei dem der Datentransport für einen bestimmten NetBIOS-Namen mit einer TCP/IP-Adresse über TCP- oder UDP-Name vorgenommen wird. Problematisch daran ist, daß der Name anhand des Transportmediums ermittelt werden muß.

Wenn Sie mit Microsoft-Netzwerken arbeiten, hat jeder Computer und jeder Benutzer einen Namen. Die Namen können sechzehn Zeichen lang sein, wobei eines der Zeichen den Namenstyp kennzeichnet. Genauso, wie Sie Port-Nummern im Zusammenhang mit der WinSock-Schnittstelle einsetzen, verwenden Sie die sechzehn Zeichen, um einen Endpunkt für die Kommunikation zu bieten. Tabelle 12.1 faßt einige häufig benutzte Namenstypen zusammen und zeigt, wie die sechzehn Zeichen für diese Dienste aussehen würden. Die Werte werden als Hexadezimalzahlen angegeben.

Tabelle 12.1
NetBIOS-Namenstypen

Häufige NetBIOS-Namen	Dienst, der die Namen registriert
<Computername>[00h]	Workstation (Ihr NetBIOS-Redirector)
<Computername>[03h]	Nachrichtendienst (hört Nachrichten ab, die an den Computer gesendet wurden)
<Computername>[20h]	Server (stellt Ihre Ressourcen dem Netzwerk zur Verfügung)
<Benutzername>[03h]	Nachrichtendienst (hört Nachrichten ab, die an Ihre Anmeldekennung gesendet wurden)
<Domänenname>[1Dh]	Hauptsuchdienst (siehe Kapitel 14, »Der Suchdienst und TCP/IP«)
<Domänenname>[1Bh]	Hauptsuchdienst der Domäne (siehe Kapitel 14)

Kapitel 12 NetBIOS-Namensauswertung

Wenn Ihr System startet oder sogar, wenn Sie sich anmelden, muß der Computer den Namen registrieren lassen, den Sie im Netzwerk benutzen. Dies kann auf zwei Weisen erfolgen: durch die Rundsendung einer Namensregistrierung oder durch die Versendung einer Namensregistrierung an einen NetBIOS-Namens-Server. Diese Abfragen werden von WinSock über den Port des NetBIOS-Namensdienst-UDP-Port 137 – behandelt. Dieser Port ist auf Routern normalerweise deaktiviert. Router müssen keine Rundsendungen weiterleiten, die sie als Verunreinigung betrachten.

Der Port des NetBIOS-Namensdienstes übt im wesentlichen die folgenden vier Funktionen aus:

- **Namensregistrierung**. Diese tritt auf, wenn ein System startet oder wenn sich ein Benutzer anmeldet. Es wird sichergestellt, daß alle Namen, die eindeutig sein müssen, dies auch sind. Das gilt für Computer- und Benutzernamen.

- **Namensabfrage**. Wenn Sie Verbindung mit einem anderen Computer im Netzwerk aufnehmen wollen, muß Ihr System in der Lage sein, diesen Computer zu finden. Bei TCP/IP ist dafür die IP-Adresse erforderlich. Die Namensabfrage wird an das Netzwerk gesendet – wie das ARP-Paket, das folgt –, und es wird eine Antwort von dem Computer gefordert, der diesen Namen registriert hat. Die aktuelle Beschränkung für registrierte NetBIOS-Namen auf einem Computer liegt bei 250.

- **Positive Antwort auf die Namensabfrage**. Wie der Name schon sagt, ist dies die Antwort auf die Namensabfrage, die soeben beschrieben wurde. Beachten Sie, daß das Namensabfragepaket, das als Rundsendungspaket gesendet wurde, von jedem Host im lokalen Netzwerk empfangen und akzeptiert wird. Jeder Host übergibt das Paket an IP, das das Paket an UDP weiterreicht, das das Namensabfragepaket an den Port des NetBIOS-Namensdienstes übergibt. Das bedeutet, daß jeder Computer CPU-Zeit zur Verfügung stellen muß, um zu prüfen, ob der gesuchte Name zu den Namen gehört, die von diesem Computer verwaltet werden.

▶ **Namensfreigabe.** Wenn Sie Ihr System ausschalten, wird eine Namensfreigabe-Rundsendung abgeschickt. Damit werden Hosts, mit denen Sie kommunizieren, darüber informiert, daß Ihr Gerät abgeschaltet ist. Bemerkenswerterweise wird dadurch auch Ihr Benutzername freigegeben, der ebenfalls registriert ist. Dadurch können keine Probleme mit Namensduplikaten entstehen, wenn Sie sich bei einer anderen Workstation anmelden.

> Um die NetBIOS-Namen zu betrachten, die bei Ihrem Computer registriert sind, geben Sie den Befehl `nbtstat -n` ein. Das »n« muß klein geschrieben werden.

12.1 Methoden der Namensauswertung

Unter Windows NT gibt es sechs verschiedene Methoden der NetBIOS-Namensauswertung, die in der folgenden Liste aufgeführt sind:

▶ Cache-Information über NetBIOS-Namen

▶ Die Datei LMHOSTS

▶ Broadcast

▶ NetBIOS-Namens-Server

▶ Die Datei HOSTS

▶ Ein DNS-Server

12.1.1 Cache-Information über NetBIOS-Namen

Der NetBIOS-Namen-Cache ist ein Speicherbereich, der eine Liste mit NetBIOS-Computernamen und den zugehörigen IP-Adressen enthält. Adressen können auf zwei Weisen in den Namen-Cache gelangen. Entweder haben Sie die Adresse ausgewertet oder sie wurde vorgeladen. Der Namen-Cache bietet einen Schnellzugriff auf IP-Adressen, die häufig benutzt werden.

Der NetBIOS-Namen-Cache kann jedoch nicht jede Adresse in Ihrem Netzwerk behalten. Die Adressen werden in diesem Cache-Speicher ähnlich wie bei ARP nur für kurze Zeit gespeichert. Der Standard liegt bei 10 Minuten. Eine Ausnahme bilden bereits geladene Einträge, die im Cache-Speicher bleiben. Diese werden im folgenden Abschnitt besprochen.

Den NetBIOS-Namen-Cache können Sie nicht direkt verändern. Sie können jedoch Einträge in die Datei LMHOSTS einfügen, die in den NetBIOS-Namen-Cache geladen werden. Mit dem Befehl `nbtstat -R` (Vorsicht: Groß-/Kleinschreibung beachten) können Sie den Namen-Cache aufräumen und neu laden. Die ausgewerteten Namen können Sie mit dem Befehl `nbtstat -r` betrachten.

Sie sollten einige Registrierungseinträge kennen, die die Funktionsweise des Namen-Cache beeinflussen. Die Einträge finden Sie unter

`HKEY_LOCAL_MACHINE\SYSTEM\CurrentControlSet\Services\NetBT\Parameters`

- ▶ SIZE/SMALL/MEDIUM/LARGE. Legt die Anzahl der Namen fest, die im Namen-Cache gespeichert werden. Zur Verfügung stehen die Größen SMALL (1 enthält nur 16 Namen), MEDIUM (2 enthält 64 Namen) und LARGE (3 enthält 128 Namen). Der Standard ist 1. Das reicht auch für die meisten Client-Workstations aus.

- ▶ CACHETIMEOUT. Die Zeit in Millisekunden, die ein Eintrag im Cache bleibt. Standard ist der Wert 927c0 (hex) oder 600.000 (was 10 Minuten entspricht).

12.1.2 Rundsendungen

Wenn der Name nicht im NetBIOS-Namen-Cache gefunden werden kann, versucht das System, ihn durch eine Rundsendung im lokalen Netzwerk zu ermitteln. Rundsendungen sind ein notwendiges Übel. Obwohl sie sehr viel Bandbreite beanspruchen, ist es häufig die einfachste Methode, Informationen zu versenden.

NetBIOS-Namensabfragen setzen UDP ein, um ein Paket an jeden Computer im lokalen Netzwerk zu versenden. Das Paket muß dann jeder Computer im Protokollstapel nach oben an das NetBIOS reichen, damit der Name mit der lokalen Namenstabelle verglichen werden kann. Ein Problem bei diesem System ist die Belastung durch Netzwerkverkehr und die verschwendeten CPU-Zyklen bei der Überprüfung von Namen, die gar nicht existieren.

UDP behandelt die Rundsendung von NetBIOS-Namen insbesondere an den Ports 137 und 138. Das Problem dabei ist, daß diese Ports normalerweise durch Router blockiert sind und diese Auswertungsform nicht in einem Internet funktioniert.

Sie werden Methoden kennenlernen, die Namen ohne Rundsendungsverkehr auswerten. Beachten Sie, daß Rundsendungen einen Rückschritt in die Anfangstage von Netzwerken darstellen, in denen Computer sehr langsam waren und es genug Bandbreite gab, um die gelegentlichen Rundsendungen zu verarbeiten.

Die Broadcast-Funktion können Sie über verschiedene Registrierungseinträge anpassen. Diese Einträge sind im Pfad

```
HKEY_LOCAL_MACHINE\SYSTEM\CurrentControlSet\Services\NetBT\Parameters
```

abgelegt und lauten wie folgt:

- ▶ BCASTNAMEQUERYCOUNT. Diese Einstellung gibt an, wie häufig das System die Rundsendung für den Namen wiederholen soll. Der Standard liegt bei 3.

- ▶ BCASTQUERYTIMEOUT. Die Zeitdauer, die das System wartet, bevor es die Namensabfrage noch einmal versendet. Der Standardwert liegt bei 7,5 Sekunden.

12.1.3 Die Datei LMHOSTS

Microsoft erstellt nun schon seit langer Zeit Betriebssysteme. Der Vorgänger von Windows NT ist der LAN-Manager, der auf NetBEUI aufbaut. Wie Sie sich vielleicht erinnern werden, hat NetBEUI ein großes Problem: Es kann Daten nicht von Netzwerk zu Netzwerk weiterleiten. NetBEUI wurde in erster Linie deshalb eingesetzt, weil es mit dem NetBIOS-Netzwerkmodell kompatibel ist.

Kapitel 12 NetBIOS-Namensauswertung

Um den LAN-Manager als Netzwerkbetriebssystem attraktiver zu machen, integrierte Microsoft TCP/IP als alternatives Protokoll für mittlere bis große Unternehmen, die das Microsoft-Betriebssystem nutzen wollten. Der LAN-Manager basierte auf der Microsoft-OS/2-Version 1.3). Es gab jedoch ein Problem: Wie lassen sich NetBIOS-Namen, die TCP/IP in einem System mit Routern verwenden, auswerten? Im lokalen Netzwerk war das unproblematisch, weil das System den Port des NetBIOS-Namensdienstes nutzen und eine Namensabfrage als Rundsendung verschicken konnte.

> **hinweis**
> Windows NT prüft nur die Datei LMHOSTS, um festzustellen, ob eine Rundsendung im lokalen Netzwerk bei der Auswertung der Adresse fehlschlägt.

Die Lösung war relativ einfach: Erstelle eine Liste der Systeme, mit denen der Computer kommunizieren müßte, vorausgesetzt, Peer-to-Peer-Netzwerke wären nicht in Mode gekommen, die sowieso nur eine begrenzte Anzahl zulassen. In dieser Datei könnten Sie die IP-Adresse und den NetBIOS-Namen ablegen. Es war eine transparente Lösung, die funktionieren konnte. Es traten jedoch Situationen ein, in denen ein Client nicht direkt mit einem anderen Computer kommunizieren wollte, sondern eher alle Computer suchen wollte, auf denen ein bestimmter Dienst installiert war (der Dienst `Netlogon` z.B.).

Die Liste ist natürlich die Datei LMHOSTS (ohne Erweiterung), die sich im Verzeichnis \%WINROOT%\SYSTEM32\DRIVERS\ETC befindet. Eine Beispieldatei wird während der Installation auf die Festplatte kopiert. Diese Datei heißt LMHOSTS.SAM. Sie sollten die Datei LMHOSTS lieber mit dem `edit`-Befehl statt mit dem NOTEPAD bearbeiten. (NOTEPAD speichert Textdateien im Unicode-Format. Dadurch wird die Datei LMHOSTS ungültig.

> **hinweis**
> Stellen Sie sich einmal vor, daß früher alle Hosts im Internet in einer einzigen Datei im Network Information Center des Stanford Research Instituts gespeichert waren. Wenn Sie versucht haben, Verbindung mit einem anderen Host aufzunehmen, mußte Ihr System diese Datei auf dem Rechner des Network Information Center konsultieren, um die passende IP-Adresse zu finden. Die Datei hieß HOSTS.TXT.

Das Problem der Kontaktaufnahme mit einem Dienst anstatt mit einem bestimmten Computer wurde durch die Integration von Tags gelöst. Es wurden verschiedene Tags eingeführt, die es den Systemen ermöglichten, eine Anfrage an alle Computer zu senden, auf denen ein bestimmter Dienst ablief. (Das #DOM-Tag z.B. teilt Ihrem System mit, daß ein bestimmtes System den `Netlogon`-Dienst starten sollte.)

Das Ergebnis war ein System, das über Router hinweg kommunizieren konnte, obwohl es intern NetBIOS einsetzte. Das war ein Kompromiß, der gut funktionierte. Im Laufe der Zeit wuchs der Zeitbedarf für die Aktualisierung der Datei LMHOSTS. Daß diese Datei auf jedem Host vorhanden sein muß, erschwert die Aufgabe sogar noch.

Tags waren einmal eine gute Lösung. Es wurden neue Tags hinzufügt, mit denen Computer eine zentrale LMHOSTS-Datei lesen konnten. Es wurde aber trotzdem noch eine lokale LM-HOSTS-Datei benötigt, damit das System wußte, wo die zentrale Datei zu finden war. Dadurch reduzierte sich jedoch der Dateiinhalt von 70 bis 80 auf 5 bis 6 Zeilen.

Windows NT unterstützt und verwendet verschiedene Tags. Tabelle 12.2 liefert eine Tag-Liste mit Erklärung der einzelnen Funktionen.

Tabelle 12.2

Tags, die unter Windows NT zur Verfügung stehen

Tag	Funktion
#PRE	Dieses Tag kennen Sie bereits aus dem Abschnitt über den NetBIOS-Namen-Cache. Ein #PRE-Tag teilt dem Computer mit, den Eintrag während der Initialisierung oder nachdem der Befehl `nbtstat -R` ausgeführt wurde, in den Cache-Speicher zu laden. Einträge mit dem #PRE-Tag haben eine Lebensdauer von -1, d.h., sie befinden sich immer im Cache-Speicher.
#DOM: Domäne_Name	Dieses Tag verweist auf das System, für das der Computer ein Domänen-Controller ist, und die Domäne, die er kontrolliert. Dadurch kann Windows NT Domänenfunktionen, Anmeldungen bei der Domäne und Suchdienste behandeln.
#NOFNR	Verhindert die Verwendung von NetBIOS-gerichteten Namensabfragen im LAN-Manager für Unix-Umgebungen.

Kapitel 12 NetBIOS-Namensauswertung

Tag	Funktion
#INCLUDE	Teilt dem Computer den Ort mit, an dem sich die zentrale *LMHOSTS*-Datei befindet. Die Datei wird mit einem UNC-Namen wie z.B. wie folgt angegeben: *MIS\INFORMATION\LMHOSTS*. Es ist wichtig, daß MIS als Computername in eine IP-Adresse aufgelöst werden kann. Der Computername sollte in die lokale *LMHOSTS*-Datei integriert werden und muß beim Systemstart geladen werden, um von Windows NT berücksichtigt zu werden..
#BEGIN_ALTERNATE	Dieses Tag wird in Verbindung mit dem Tag #INCLUDE verwendet. Der Eintrag kennzeichnet den Anfang einer Liste mit anderen Speicherorten der zentralen *LMHOSTS*-Datei, die genutzt werden kann, wenn der erste Eintrag nicht verfügbar ist. Es wird nur eine zentrale *LMHOSTS*-Datei eingesetzt.
#END_ALTERNATE	Sie haben es sich vermutlich bereits gedacht, daß mit diesem Eintrag die Liste der alternativ nutzbaren Speicherorte für die zentrale *LMHOSTS*-Datei beendet wird. Zwischen den beiden Tags können Sie beliebig viele Speicherorte angeben. Windows NT probiert jeden davon aus (die Namen müssen natürlich in IP-Adressen aufgelöst werden).
#MH	Mehrfach vernetzte Computer können in der Datei *LMHOSTS m*ehrfach erscheinen. Dieses Tag teilt dem System mit, daß die anderen Listeneinträge auf keinen Fall ignoriert werden sollten.

> **hinweis**
> Die Datei LMHOSTS wird vom Anfang bis zum Ende durchsucht. Deshalb sollten die Benutzer, die am häufigsten auf das Netzwerk zugreifen, als erstes aufgeführt werden. Einträge, mit denen Server-Adressen geladen werden, sollten am Ende der Liste plaziert werden, weil sie bereits im NetBIOS-Namen-Cache enthalten sind.

Das folgende Listing zeigt ein Beispiel für den Inhalt einer LMHOSTS-Datei:

```
152.42.35.2      victoria1    #DOM:MYCORP
152.42.9.255     london2      #DOM:MYCORP
152.42.160.45    ottawa8
152.42.97.56     houston4
#INCLUDE \\victoria1\INFO\LMHOSTS
#BEGIN_ALTERNATE
```

Methoden der Namensauswertung

```
#INCLUDE \\ottawa8\INFO\LMHOSTS
#INCLUDE \\houston4\INFO\LMHOSTS
#END_ALTERNATE
152.42.193.5     capetown4      #PRE #DOM:MYCORP
152.42.194.255   capetown8      #PRE #DOM:MYCORP
```

> **hinweis**
>
> Nur zur Erinnerung seien Sie hier noch einmal darauf hingewiesen, daß Sie den NetBIOS-Namen-Cache mit dem Befehl `nbtstat -R` löschen und die Datei LMHOSTS erneut in den Namen-Cache laden können. Auf diese Weise können Sie eine LMHOSTS-Datei testen, nachdem Sie sie erstellt haben.

Natürlich ist nichts auf der Welt perfekt. Deshalb sollten Sie die folgenden Dinge berücksichtigen, wenn Sie mit der Datei LMHOSTS arbeiten:

▶ Wenn die IP-Adresse falsch ist, wertet Ihr System die Adresse zwar aus, aber Sie können keine Verbindung herstellen. Normalerweise wird dann die Fehlermeldung `Netzwerkname nicht gefunden` ausgegeben.

▶ Obwohl Windows NT sehr leistungsfähig ist, kann es einen Namen nicht auflösen, wenn dieser in der Datei *LMHOSTS* falsch geschrieben ist. (Die Groß-/Kleinschreibung wird bei Namen übrigens nicht berücksichtigt.)

▶ Wenn die Datei *LMHOSTS* mehrere Einträge enthält, wird die Adresse des ersten Eintrags zurückgeliefert. Ist diese Adresse falsch, wird wie im ersten Fall eine Fehlermeldung zurückgeliefert.

Es gibt nur einen Registrierungseintrag für die Datei *LMHOSTS*. Dieser läßt sich jedoch leicht im Dialogfeld NETZWERK ändern. Aktivieren Sie die Option LMHOSTS-ABFRAGE AKTIVIEREN. Wenn diese Option nicht aktiviert ist, ignoriert das System die *LMHOSTS*-Datei. Von Windows NT und Windows 95 wird die Option als Standard aktiviert, bei Windows for Workgroups dagegen nicht.

Um die Einstellung LMHOSTS-ABFRAGE AKTIVIEREN zu ändern, gehen Sie wie folgt vor:

1. Öffnen Sie das Dialogfeld NETZWERK.

2. Wählen Sie die Registerkarte PROTOKOLLE, und öffnen Sie das Dialogfeld EIGENSCHAFTEN VON MICROSOFT TCP/IP.

3. Aktivieren Sie die Option LMHOSTS-ABFRAGE AKTIVIEREN auf der Registerkarte WINS-ADRESSE. Wenn Sie die Datei *LMHOSTS* nicht benutzen möchten, deaktivieren Sie diese Option.

4. Schließen Sie das Dialogfeld EIGENSCHAFTEN VON MICROSOFT TCP/IP und das Dialogfeld NETZWERK.

5. Starten Sie Ihren Computer neu.

12.1.4 Der NetBIOS-Namens-Server

Für die Datei *LMHOSTS* gibt es einige Beschränkungen. Auch wenn Sie eine zentrale *LMHOSTS*-Datei nutzen, muß diese häufig aktualisiert werden. Wenn Sie keine zentrale *LMHOSTS*-Datei verwenden und versuchen, die Adresse eines Hosts zu aktualisieren, müssen Sie jede Workstation im Netzwerk aufsuchen und die Einträge in der jeweiligen *LMHOSTS*-Datei verändern. Es gibt auch das Problem des Netzwerkverkehrs, der durch Rundsendungen verursacht wird. Die *LMHOSTS*-Datei reduziert diesen Verkehr nicht, falls sie nicht beim Systemstart geladen wird und das System dadurch keine Rundsendungen zur NetBIOS-Namensabfrage versenden muß.

Als die Größe von Netzwerken weltweit zu wachsen begann, wurde eine andere Methode der Namensauswertung eingeführt. Die Methode sollte den Rundsendungsverkehr reduzieren und sich selbst unabhängig aktualisieren. TCP/IP verfügte bereits über einen DNS-Dienst. Es handelte sich um ein einfaches System, das Computer befragen konnte, um die IP-Adresse für einen bestimmten Host-Namen zu finden. Bei DNS bestand das Problem, daß es nur den Basis-Hostnamen gab. Manchmal ließen sich bestimmte Dienste nicht finden.

Das DNS-System benötigte eine umfangreiche Datei, die eine Auflistung aller IP-Adressen und der zugehörigen Hostnamen enthielt. Die Datei war aber zumindest zentral. Wenn man die drei Funktionen der NetBIOS-Namensvergabe – Registrierung, Namensauswertung und Namensfreigabe – betrachtet, kann der DNS-Dienst nur zwei der Kriterien erfüllen.

Es mußte deshalb ein neuer Namensdienst eingerichtet werden, bei dem Systeme ihre eigenen IP-Adressen registrieren und auf Anfragen nach der IP-Adresse anderer Systeme reagieren konnten. Es entstand der NetBIOS-Namen-Server (NBNS). Windows NT implementiert diesen in Form von WINS WINS (Windows Internet Naming Service). Dieses Benennungssystem wird in Kapitel 13 besprochen.

Wie bei TCP/IP hatten Hosts immer einen DNS-Server-Eintrag. Die NetBIOS-Welt konnte nun einen NBNS- (oder WINS-)Server-Eintrag benutzen. Der Prozeß wurde durch die Fähigkeit von Routern unterstützt, die zielgerichtete Übertragungen über die UDP-Ports 137 und 138 weiterleiten konnten. Es wurde ein Satz von drei Grundbefehlen eingerichtet, und NetBIOS-Netzwerke konnten nun wirklich Kontakt mit dem Internet aufnehmen.

Bild 12.1 zeigt das Dialogfeld EIGENSCHAFTEN VON MICROSOFT TCP/IP, in dem Sie Adressen für den primären und den sekundären WINS-Server eingeben. Mehr müssen Sie nicht tun, um Ihren WINS-Server als NBNS nutzen zu können.

Es sind folgende Befehle vorhanden:

▶ **Namensregistrierung.** Die Übertragung registriert einen Computernamen beim NBNS. Der NBNS wurde als dynamisches System eingerichtet, das kaum oder gar nicht von einem Netzwerk-Administrator gewartet wird.

▶ **Namensabfrage.** Normalerweise verwenden alle Systeme in einer Unternehmung den gleichen NBNS. Das macht es leicht, Namen auszuwerten und die NetBIOS-Namensabfrage an den NBNS zu senden. Der Server liefert die IP-Adresse zurück, wenn das System bei ihm registriert wurde. (Die Replikation wird im nächsten Kapitel detaillierter beschrieben. Im nächsten Kapitel wird auch erklärt, wie Sie eine Gruppe von NBNS-Servern so zusammenfassen können, daß sie als Einheit agieren.

Kapitel 12   NetBIOS-Namensauswertung

> ▶ **Namensfreigabe.** Einige Namen, wie z. B. Benutzernamen, können zu verschiedenen Computern versetzt werden. Das gilt auch für die IP-Adresse. Durch die Funktion, registrierte Namen freizugeben, werden Konflikte in der Datenbank vermieden.

Abbildung 12.1

Das Dialogfeld Eigenschaften von Microsoft TCP/IP

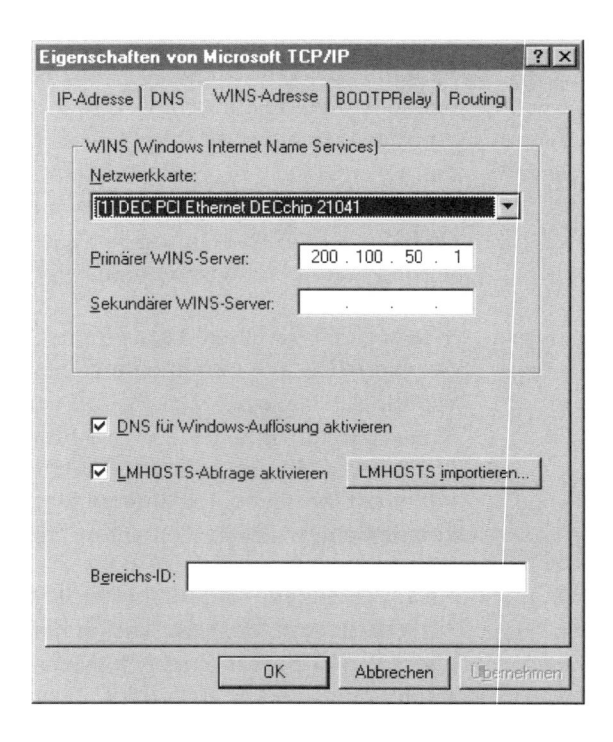

Wenn Sie unter Windows mit TCP/IP als Netzwerkprotokoll arbeiten, bietet Ihnen der NBNS in Form des WINS die folgenden Vorteile:

- ▶ Eine Reduktion des Rundsendungsverkehrs
- ▶ Weniger administrativen Overhead für die Wartung
- ▶ Domänenaktivität über ein WAN
- ▶ Suchdienst über mehrere Teilnetze hinweg

> **hinweis**
>
> In den nächsten beiden Kapiteln werden diese Vorteile ausführlich beschrieben.
>
> Für den NBNS können Sie zahlreiche Registrierungseinträge konfigurieren. Darunter befinden sich die folgenden:
>
> HKEY_LOCAL_MACHINE\SYSTEM\CurrentControlSet\Services\NetBT\Parameters

- ▶ NAMESERVERPORT. Dieser UDP-Port wird für NetBIOS-Namensabfragen verwendet. Der Standardwert ist 137 (89 im Hexadezimalsystem).

- ▶ NAMESRVQUERYCOUNT. Kennzeichnet die Häufigkeit, mit der Ihr System jeden NBNS abfragen sollte. Der Standardwert ist 3.

- ▶ NAMESRVQUERYTIMEOUT. Die Zeit, die Ihr Computer auf eine Antwort vom NBNS warten sollte. Der Standardwert liegt bei 15 Sekunden (5DC Millisekunden im Hexadezimalsystem).

12.1.5 Die Datei *HOSTS*

Weil Sie gerade die NetBIOS-Namensauswertung betrachten, werden Sie vielleicht glauben, daß es unangebracht ist, die Datei HOSTS hier zu besprechen. Die Datei HOSTS wird normalerweise mit der Host-Namensauswertung in Zusammenhang gebracht und sogar hauptsächlich für diese eingesetzt.
Windows NT verwendet die Datei HOSTS jedoch, wenn alle anderen Methoden der Namensauswertung fehlgeschlagen sind.

Host-Namen sind TCP/IP-Namen, die einem Computer verliehen wurden. Normalerweise entspricht der Host-Name dem NetBIOS-Namen (ohne das sechzehnte Zeichen), aber das muß nicht so sein. Der Host-Name beinhaltet auch den Internet-Domänennamen. Aus diesen beiden Teilen besteht dann der vorqualifizierte Domänenname (FQDN). Der Host-Name kann beliebig lang sein. DiesisteinWeb-Server.MeineFirma.com ist z.B. ein gültiger FQDN, jedoch als NetBIOS-Namen nicht zulässig (mehr hierzu erfahren Sie in Kapitel 15, »Der Microsoft-DNS-Server«).

Die Datei *HOSTS* befindet sich im Verzeichnis \%*WINROOT%\SYSTEM32\DRIVERS\ETC* und ähnelt der Datei LMHOSTS sehr stark, die in diesem Kapitel bereits besprochen wurde. Der Unterschied ist jedoch, daß die Datei HOSTS einfacher aufgebaut ist:

▶ Die HOSTS-Datei enthält keine Tags.

▶ Einem Host kann mehr als ein Name zugewiesen werden, indem die Namen getrennt durch ein Leerzeichen in der gleichen Zeile eingegeben werden.

Eine HOSTS-Datei könnte z.B. wie folgt aussehen:

```
160.16.5.3 www www.scrimtech.com # firmeneigener
                                 # Web-Server
38.25.63.10 www.NTworld.com # Seiten mit Bezug
                            # zu NT
127.0.0.1 localhost
```

Wie bereits erwähnt, ist der Aufbau einfach. Der erste Eintrag wertet die Angaben `www` und `www.scrimtech.com` zur IP-Adresse 160.16.5.3 aus. Das #-Symbol kennzeichnet Kommentare. In HOSTS-Dateien werden sie immer ans Zeilenende gesetzt.

Der Eintrag für `localhost` unter der IP-Adresse 127.0.0.1 ist ein Standardeintrag, den Windows NT hinzufügt. Durch diesen Eintrag können Sie mit `ping` die TCP/IP-Verbindung zu Ihrem eigenen Computer herstellen und so sicherstellen, daß die HOSTS-Datei funktioniert.

12.1.6 DNS

Genau wie bei der Datei *HOSTS* werden Sie vielleicht auch glauben, daß der DNS etwas unangebracht ist, um NetBIOS-Namen aufzulösen. Windows NT kann mit dem DNS-Server jedoch Host-Namen auswerten. In Umgebungen, die fast ausschließlich mit dem Internet arbeiten, ist es sinnvoll, einen DNS-Server zu haben. Sie können ihn sogar besser einsetzen als den WINS. Aktivieren Sie dazu einfach auf der Registerkarte WINS die Option DNS FÜR WINDOWS-AUFLÖSUNG AKTIVIEREN (siehe Bild 12.1).

Reihenfolge der Namensauswertung

> **hinweis**
>
> Unter Windows NT 4 lassen sich der WINS- und der DNS-Server leicht so integrieren, daß Sie das beste aus beiden Welten nutzen können. Es gibt auch Gerüchte, daß die Produkte in der nächsten Version von Windows NT zu einem einzigen Namens-Server-Produkt verschmelzen werden.

Windows NT läßt sich sehr leicht so konfigurieren, daß der DNS-Server verwendet werden kann. Sie brauchen dazu nur auf der Registerkarte DNS des Dialogfelds EIGENSCHAFTEN VON MICROSOFT TCP/IP die Adresse des DNS-Servers anzugeben (siehe Bild 12.2).

Abbildung 12.2

Die Registerkarte DNS des Dialogfeldes Eigenschaften von Microsoft

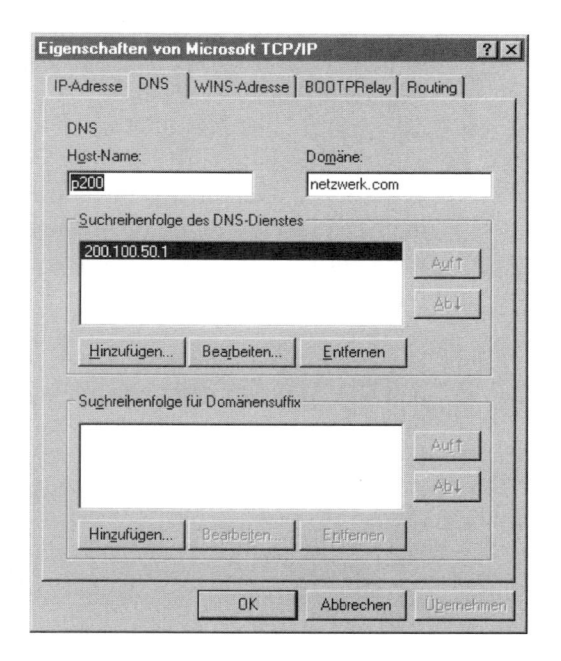

12.2 Reihenfolge der Namensauswertung

Unter Windows NT gibt es also sechs verschiedene Möglichkeiten, um einen NetBIOS-Namen in eine IP-Adresse auszuwerten. Obwohl alle Möglichkeiten genutzt werden können, gibt es bei einigen starke Einschränkungen zu beachten, wodurch sie für große WANS nicht praktikabel sind. Glücklicherweise ist das nicht bedeutsam, weil die Auswertungsmethoden einander absichern.

Probleme können jedoch auftreten, wenn Sie nicht vorsichtig sind. Ist es z.B. sinnvoll, daß Sie zuerst die Datei HOSTS lesen und dann die NetBIOS-Namensabfrage als Rundsendung in das lokale Netzwerk stellen? Vielleicht sollte der nächste Schritt besser die Prüfung des DNS-Servers sein. Zu beachten ist, daß die Reihenfolge, in der Sie die Auswertungsmethoden einsetzen, wichtiger ist als die Auswertung selbst. Sie können sicher sein, daß der Name ausgewertet wird, wenn Sie ihn richtig geschrieben haben. Wenn die Auswertungsmethoden in der falschen Reihenfolge durchlaufen werden, verlangsamt sich der Prozeß.

Bedenken Sie, daß es sich hier nur um die Reihenfolge der Auswertung der NetBIOS-Namen handelt. Die Host-Namen werden mit einer anderen Methode aufgelöst. Dieses Thema wird in Kapitel 15 näher beschrieben. Im Augenblick sollten Sie sich nur merken, daß dies die NetBIOS-Namensauswertung ist. Das, was beschrieben wurde, tritt ein, wenn Sie NetBIOS anstatt WinSock als Schnittstelle benutzen. Diese Methode der Namensauswertung wird von allen normalen Microsoft-Produkten, wie dem Windows NT Explorer, dem Benutzer-Manager und NET.EXE, eingesetzt.

Die eigentliche Reihenfolge der Namensauswertung wird durch den NetBIOS-Knotentyp festgelegt. Sie können diesen entweder in der Registrierung oder über den DHCP-Server festlegen (wenn Sie DHCP nutzen, um IP-Adressen und Dienste zuzuweisen). Der Standardwert ist der B-Knoten, falls keine WINS-Server-Adresse angegeben wird. Ist diese vorhanden, wird als Standardwert der H-Knoten eingesetzt. Es stehen die folgenden Knotentypen als Optionen zur Verfügung:

- B-Knoten (Knotentyp *Broadcast*).

- P-Knoten (Knotentyp *Peer-to-Peer*). Benutzt den NBNS.

- M-Knoten (Knotentyp *Mixed*). Zuerst wird der B- und dann der P-Knoten ausprobiert.

- H-Knoten (Knotentyp *Hybrid*). Zuerst wird der P- und dann der B-Knoten ausprobiert.

> **hinweis** Microsofts Version des B-Knotens stellt eine Erweiterung des Standards dar. Weil es bereits unter dem LAN-Manager eine LMHOSTS-Datei gab, die erfolgreich eingesetzt wurde, integrierte Microsoft die Suche nach dieser Datei in die B-Knoten-Form der Namensauswertung.

12.2.1 B-Knoten

Die einfachste Form, einen Namen im Netzwerk auszuwerten, ist, alle Teilnehmer des Netzwerks nach ihrem Namen zu fragen. Das muß natürlich als Rundsendung erfolgen, wobei jeder Host im Netzwerk auf die Rundsendung antworten sollte.

NetBIOS-Namensabfragen, die als Rundsendung verschickt werden, können im Netzwerk einen beachtlichen Anteil der Bandbreite beanspruchen und nehmen auch allen Hosts im Netzwerk CPU-Zeit weg. Daß sich dadurch die Systemleistung des Netzwerks insgesamt verringert, scheint nicht nur so, sondern ist tatsächlich so. Windows NT versucht dreimal, den Namen über eine Rundsendung auszuwerten, und wartet zwischen den Versuchen jeweils 7,5 Sekunden.

Bei der Namensauswertung des B-Knoten-Systems werden folgende Schritte ausgeführt:

1. NetBIOS-Namen-Cache
2. Rundsendung einer NetBIOS-Namensabfrage
3. Prüfung der Datei *LMHOSTS* (nur beim erweiterten B-Knoten von Microsoft)
4. Prüfung der Datei *HOSTS*
5. Prüfung eines DNS-Servers

12.2.2 P-Knoten

Wie Sie bereits gesehen haben, gibt es bessere Wege, einen NetBIOS-Namen aufzulösen. Am besten ist es, ein zentrales System zu befragen, das über eine Liste der IP-Adressen und NetBIOS-Namen aller Hosts im Netzwerk verfügt. Das geschieht mit dem P-Knoten.

Beim P-Knoten wird eine NetBIOS-Namensabfrage ebenfalls über das Netzwerk verschickt. Allerdings nicht als Rundsendung, sondern direkt an einen NBNS. Auf diese Weise wird die Auswertung wesentlich schneller durchgeführt, und von den anderen Hosts im Netzwerk wird weniger CPU-Zeit abgezogen. Wie der B-Knoten unternimmt auch der P-Knoten drei Versuche, Kontakt mit einem NBNS aufzunehmen. Zwischen den einzelnen Versuchen wartet er 15 Sekunden.

Die Reihenfolge der Auswertung für P-Knoten lautet wie folgt:

1. NetBIOS Namen-Cache
2. Abfrage eines NetBIOS-Namens-Servers
3. Datei *HOSTS*
4. DNS

12.2.3 M-Knoten

Beim M-Knoten-System wird jede Methode der Namensauswertung ausprobiert. Dieses und das H-Knoten-System sind Kombinationen des B-Knoten- und des P-Knoten-Systems. Der einzige Unterschied zu diesen Systemen besteht in der Reihenfolge, in der Windows NT die Namen auswertet.

Die Reihenfolge der Auswertung für M-Knoten lautet wie folgt:

1. NetBIOS-Namen-Cache
2. Rundsendung einer NetBIOS-Namensabfrage
3. Prüfung der Datei *LMHOSTS*
4. Abfrage eines NetBIOS-Namens-Servers
5. Prüfung der Datei *HOSTS*
6. Prüfung eines DNS-Servers

12.2.4 H-Knoten

Das H-Knotensystem ist eine Kombination aus den Auswertungsmethoden P- und B-Knoten. Anders als das H-Knotensystem reduziert das P-Knotensystem das Aufkommen des Netzwerkverkehrs, indem vor der Rundsendung der NBNS befragt wird.

Wenn Sie eine WINS-Adresse in der TCP/IP-Konfiguration angeben, verwendet Windows NT automatisch den H-Knoten. Bei der H-Knoten-Auswertung werden folgende Schritte ausgeführt:

1. NetBIOS-Namen-Cache
2. Abfrage eines NetBIOS-Namens-Servers
3. Rundsendung einer NetBIOS-Namensabfrage
4. Prüfung der Datei *LMHOSTS*
5. Prüfung der Datei *HOSTS*
6. Abfrage des DNS

12.2.5 Knotentypen betrachten und verändern

Da der Knotentyp für die Systemleistung wichtig ist, sollten Sie prüfen, welcher augenblicklich in Gebrauch ist, und Sie sollten ihn auch ändern können.

Den Knotentyp können Sie mit dem Befehl `ipconfig/all`, den Sie bereits kennen, in Erfahrung bringen. Bild 12.3 zeigt die Befehlsausgabe. Beachten Sie, daß der Knotentyp *Hybrid* (H-Knoten) ist, also ein WINS-Server aufgelistet ist.

Abbildung 12.3

Die Ausgabe des Befehls ipconfig/all

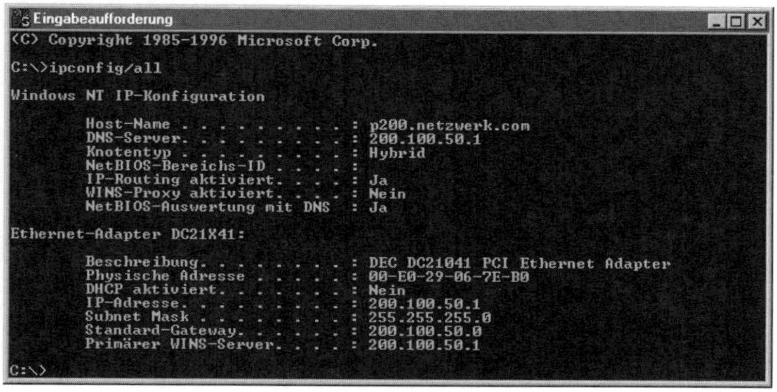

```
Eingabeaufforderung
(C) Copyright 1985-1996 Microsoft Corp.

C:\>ipconfig/all

Windows NT IP-Konfiguration

        Host-Name . . . . . . . . . . . : p200.netzwerk.com
        DNS-Server. . . . . . . . . . . : 200.100.50.1
        Knotentyp . . . . . . . . . . . : Hybrid
        NetBIOS-Bereichs-ID . . . . . . :
        IP-Routing aktiviert. . . . . . : Ja
        WINS-Proxy aktiviert. . . . . . : Nein
        NetBIOS-Auswertung mit DNS    . : Ja

Ethernet-Adapter DC21X41:

        Beschreibung. . . . . . . . . . : DEC DC21041 PCI Ethernet Adapter
        Physische Adresse . . . . . . . : 00-E0-29-06-7E-B0
        DHCP aktiviert. . . . . . . . . : Nein
        IP-Adresse. . . . . . . . . . . : 200.100.50.1
        Subnet Mask . . . . . . . . . . : 255.255.255.0
        Standard-Gateway. . . . . . . . : 200.100.50.0
        Primärer WINS-Server. . . . . . : 200.100.50.1

C:\>
```

Kapitel 12 NetBIOS-Namensauswertung

Den Knotentyp können Sie manuell festlegen. Als Standard wird das B-Knotensystem verwendet. Wenn Sie das H-Knotensystem wünschen, brauchen Sie im Dialogfeld EIGENSCHAFTEN VON MICROSOFT TCP/IP nur die Adresse eines WINS-Servers anzugeben (siehe Bild 12.1). Wenn Sie einen anderen Knotentyp benutzen möchten, müssen Sie die Registrierung bearbeiten. Den Eintrag finden Sie im Pfad

```
HKEY_LOCAL_MACHINE\SYSTEM\CurrentControlSet\Services\NetBT\
Parameters
```

Der Eintrag lautet NodeType und kann die folgenden Werte annehmen:

- 0x1 – B-Knoten
- 0x2 – P-Knoten
- 0x4 – M-Knoten
- 0x8 – H-Knoten

Sie können den Knotentyp auch automatisch über den DHCP-Server festlegen. Wie in Bild 12.4 und Bild 12.5 gezeigt, sollten Sie die Optionen 044 – WINS/NBNS SERVERS und 046 – WINS/NBT NODE TYPE aktivieren. Diese Optionen ermöglichen es dem Administrator, den Knotentyp aller Computer einzurichten, die DHCP einsetzen.

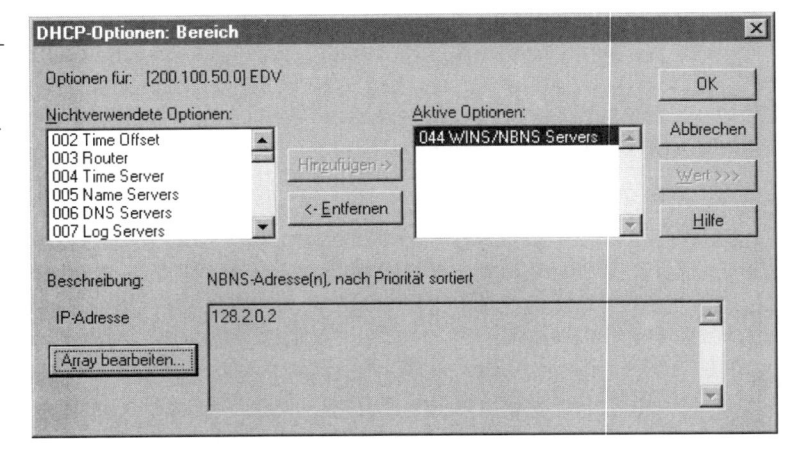

Abbildung 12.4

Die WINS/NBNS-Adresse des DHCP-Servers festlegen

Abbildung 12.5

Den WINS/NBT-Knotentyp beim DHCP-Server einrichten

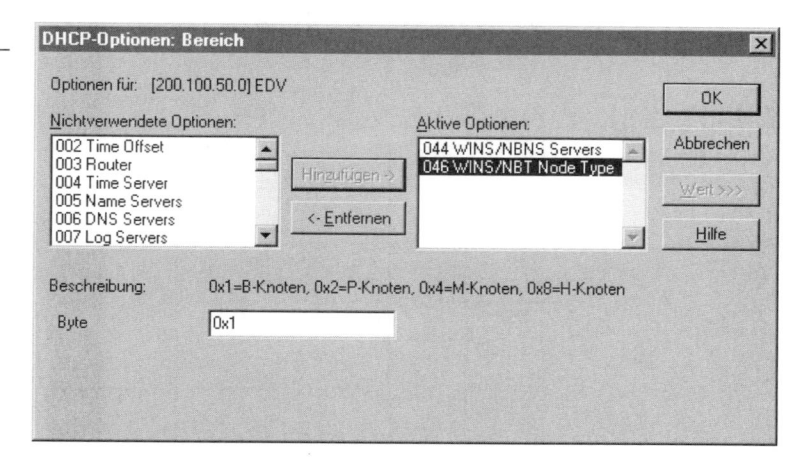

Übungen

Dieser Übungsteil konzentriert sich auf die Dateien *LMHOSTS* und *HOSTS:* Andere Abschnitte decken sowohl WINS als auch DNS ab.

Übung 12.1: Beispiel für die Datei *LMHOSTS*

In dieser Übung betrachten Sie die Datei *LMHOSTS*, die im Lieferumfang von Windows NT enthalten ist.

1. Öffnen Sie die Eingabeaufforderung.
2. Wechseln Sie in das Verzeichnis \%WINROOT%\SYSTEM32\DRIVERS\ETC.
3. Öffnen Sie die Datei *LMHOSTS.SAM* mit dem Befehl
   ```
   edit lmhosts.sam.
   ```
4. Überprüfen Sie die Datei.

Übung 12.2: Eine einfache *LMHOSTS*-Datei erzeugen

In dieser Übung erzeugen Sie eine einfache *LMHOSTS*-Datei.

hinweis: Wenn Sie augenblicklich eine LMHOSTS-Datei benutzen, sollten Sie eine Sicherungskopie erstellen, bevor Sie fortfahren.

Kapitel 12 NetBIOS-Namensauswertung

1. Betrachten Sie das Beispielnetzwerk in Bild 12.6 etwas genauer.

Abbildung 12.6

Ein Beispielnetzwerk

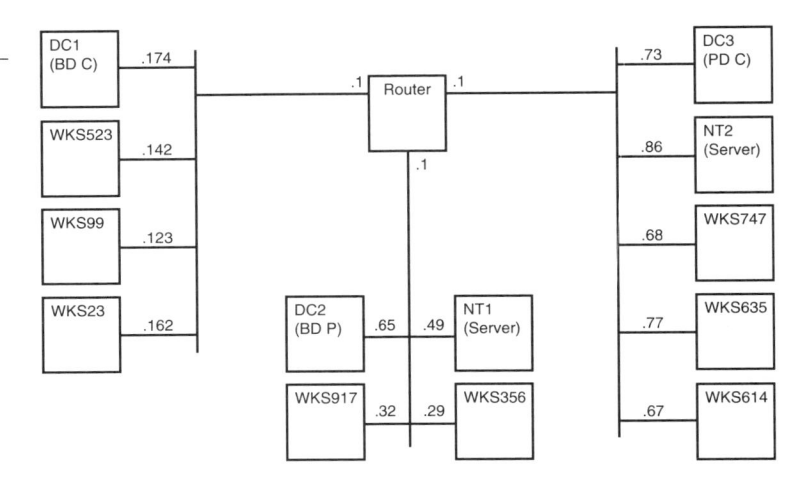

```
DC1           .174                             .73      DC3
(BD C)                      .1          .1              (PD C)
                           Router
WKS523        .142                             .86      NT2
                                                        (Server)
                            .1
WKS99         .123                             .68      WKS747

WKS23         .162    DC2        .65   .49  NT1    .77  WKS635
                      (BD P)               (Server)

                      WKS917  .32   .29  WKS356   .67  WKS614
```

2. Wenn Sie eine zentrale LMHOSTS-Datei einsetzen sollten, wo sollte diese abgelegt werden?

   Der beste Ort wäre in diesem Fall der Windows NT Server, der als Router zwischen den beiden Netzwerken fungiert.

3. Wenn Sie annehmen, daß nur Windows NT Server oder Domänen-Controller Netzwerkdienste anbieten, welche Systeme werden das sein?

   Die folgenden Systeme bieten Netzwerkdienste an:

   Primärer Domänen-Controller unter 148.53.96.86.

   Weitere Domänen-Controller unter 148.53.32.174 und 148.53.64.65.

   Windows NT Servers unter 148.53.64.49 und 148.53.96.73.

   Der Router an .1 für alle Teilnetze.

4. Welche Einträge in der Datei LMHOSTS benötigen Tags?

   Nur drei Domänen-Controller benötigen Tags. Möglicherweise hätten Sie vorgeschlagen, daß der Computer mit der zentralen LMHOSTS-Datei als #PRE ergänzt werden sollte. Weil die Datei jedoch in allen Teilnetzen vorhanden ist, wird der Name durch normale Rundsendungen ausgewertet.

5. Erzeugen Sie die Datei LMHOSTS.

   Ihre Datei sollte wie folgt aussehen:

   ```
   148.53.32.174    DC1    #DOM:Training
   148.53.64.65     DC2    #DOM:Training
   148.53.96.86     DC3    #DOM:Training
   148.53.64.49     NT1
   148.53.96.73     NT2
   ```

6. Fügen Sie das #PRE-Tag zu allen Einträgen hinzu. Speichern Sie die Datei unter \%WINROOT%\SYSTEM32\DRIVERS\ETC\LMHOSTS. (Setzen Sie den Punkt ans Ende, damit nicht auf eine Erweiterung gewartet wird.)

7. Öffnen Sie eine weitere Eingabeaufforderung.

8. Prüfen Sie die Namen in Ihrem NetBIOS-Namen-Cache, indem Sie den Befehl nbtstat -c ausführen. (Beachten Sie, daß die Option -r dafür sorgt, daß alle Namen angezeigt werden, die aufgelöst wurden. Mit -c werden alle Namen angezeigt, die sich im Cache befinden.)

9. Löschen Sie den Cache-Speicher nun, und laden Sie die Datei LMHOSTS neu. Dazu dient der Befehl nbtstat -R.

10. Prüfen Sie die Namen noch einmal. Was haben Sie erhalten?

    Sie sollten die folgenden Angaben erhalten:

    ```
    Knoten-IP-Adresse: [0.0.0.0] Bereichs-ID: [ ]

    NetBIOS Remote-Cache-Namenstabelle
    ```

Name	Typ	Host-Adresse	Dauer [s]
DC3 <03>	UNIQUE	148.53.96.86	-1
DC3 <00>	UNIQUE	148.53.96.86	-1
DC3 <20>	UNIQUE	148.53.96.86	-1
DC2 <03>	UNIQUE	148.53.64.65	-1
DC2 <00>	UNIQUE1	48.53.64.65	-1

DC2	<20>	UNIQUE	148.53.64.65	-1
DC1	<03>	UNIQUE	148.53.32.174	-1
DC1	<00>	UNIQUE	148.53.32.174	-1
DC1	<20>	UNIQUE	148.53.32.174	-1
NT2	<03>	UNIQUE	148.53.96.73	-1
NT2	<00>	UNIQUE	148.53.96.73	-1
NT2	<20>	UNIQUE	148.53.96.73	-1
NT1	<03>	UNIQUE	148.53.64.49	-1
NT1	<00>	UNIQUE	148.53.64.49	-1
NT1	<20>	UNIQUE	148.53.64.49	-1

11. Welche Einträge werden benötigt, wenn alle Windows-Clients das Peer-Netzwerk aktiviert haben?

Die Datei LMHOSTS würde dann wie folgt aussehen:

148.53.32.174	DC1	#DOM:Training
148.53.64.65	DC2	#DOM:Training
148.53.96.86	DC3	#DOM:Training
148.53.64.49	NT1	
148.53.96.73	NT2	
148.53.32.142	WKS523	
148.53.32.123	WKS99	
148.53.32.162	WKS23	
148.53.64.32	WKS917	
148.53.64.29	WKS356	
148.53.96.68	WKS747	
148.53.96.77	WKS635	
148.53.96.67	WKS614	

12. Wenn Sie einen WINS-Server installieren und allen Clients die Möglichkeit bieten wollten, diesen zu aktivieren. Was müßte dann in der Datei LMHOSTS enthalten sein?

Nichts, da WINS alle Auswertungen vornehmen kann.

Zusammenfassung

Wenn Sie die Microsoft-Netzwerktechnologie betrachten, ist es absolut wichtig, NetBIOS-Namen aufzulösen. Sie sollten jedoch daran denken, daß dies nur eine Form der Namensauflösung ist. Kapitel 15 behandelt die Host-Namensauswertung. Die NetBIOS-Namensauswertung findet bei allen Anwendungen statt, die die NetBIOS-API benutzen. Die Host-Namensauswertung findet bei allen Anwendungen statt, die WinSock direkt benutzen. Sie haben auch erfahren, wie die Host-Namensauswertung die NetBIOS-Auswertung absichert. Sie werden sehen, daß das Gegenteil ebenfalls wahr ist. Diese Funktion ist sehr wichtig bei WANs, die mit Windows NT erzeugt werden. Im nächsten Kapitel erfahren Sie mehr über WINS, Microsofts NBNS. Im darauffolgenden Kapitel werden die Suche und die Domänenaktivität in einem WAN betrachtet.

Wiederholungsfragen

1. Wofür wird das sechzehnte Zeichen des NetBIOS-Namens eingesetzt?
2. Welcher WinSock-Port wird für den Namensdienst eingesetzt?
3. Wie heißen die vier NetBIOS-Namensfunktionen?
4. Warum gibt es keine negative Antwort auf eine Namensabfrage?
5. Wie können Sie feststellen, welche Namen für Ihren Computer registriert sind?
6. Wie viele Namen kann ein Computer in einem Netzwerk registrieren?
7. Wie heißen die sechs Methoden der NetBIOS-Namensauflösung über TCP/IP?
8. Welcher Befehl wird benutzt, um festzustellen, welche Namen Ihr System im Netzwerk ausgewertet hat?
9. Zu welcher Schicht muß eine Rundsendung des Typs NetBIOS-Namensabfrage gelangen?

Kapitel 12 NetBIOS-Namensauswertung

10. Wie häufig versucht Ihr Computer, eine Rundsendung zu starten?

11. Wo wird die Datei *LMHOSTS* abgelegt?

12. Wann wird die Datei *LMHOSTS* benötigt?

13. Was bewirken die Tags #BEGIN_ALTERNATE und #END_ALTERNATE in der Datei *LMHOSTS*?

14. Wenn es eine zentrale Datei *LMHOSTS* auf einem Server namens NCRSRV43 in einem Bereich namens INFO gibt, welche Zeile muß dann in der Datei *LMHOSTS* enthalten sein, damit Ihr System die Datei *LMHOSTS* auf diesem Server nutzt?

15. Was bewirkt das #PRE-Tag?

16. Wenn es in der Datei *LMHOSTS* zwei Einträge für den gleichen Computer gibt und zwei verschiedene IP-Adressen angegeben sind, welcher Eintrag wird dann benutzt?

17. Nennen Sie ein Beispiel für einen NetzBIOS-Namens-Server.

18. Was sind die Vorteile von WINS?

19. Wie unterscheidet sich die Datei *HOSTS* von der Datei *LMHOSTS*?

20. Wie heißen die vier Knotentypen?

21. Wenn für den Host der H-Knotentyp festgelegt wurde: Welche Reihenfolge der NetBIOS-Namensauswertung werden Sie einsetzen?

Lösungen

1. Das sechzehnte Zeichen wird eingesetzt, um den Server zu identifizieren, der den Namen im Netzwerk registriert hat.

2. Der NetBIOS-Namensdienst läuft auf dem UDP-Port 137 ab.

3. Die NetBIOS-Namensfunktionen sind die Namensregistrierung, die Namensabfrage, die positive Namensabfrage und die Namensauswertung.

4. Namensabfragen werden an alle Hosts im lokalen Netzwerk gesendet und nicht an einen spezifischen Host. Wenn jeder Host, der diesen Namen nicht hat, antworten würde, würde der Netzwerkverkehr das Netzwerk sprengen.

5. Mit dem Befehl `nbtstat -n`. Dieser Befehl zeigt Ihnen alle Namen, die NetBIOS beim lokalen Computer registriert hat.

6. Die aktuelle Begrenzung liegt bei 250 Namen, die bei einem Computer registriert werden können.

7. Die Methoden, die Microsoft TCP/IP nutzen kann, enthalten den NetBIOS-Namen-Cache, den NetBIOS-Name-Server, Rundsendungen, die Datei *LMHOSTS,* die Datei *HOSTS* und der Einsatz eines DNS-Servers.

8. Der Befehl lautet `nbtstat -r`. Damit werden alle ausgewerteten Namen im Cache aufgelistet.

9. NetBIOS-Namensabfragen müssen in die NetBIOS-Schicht gebracht werden.

10. Dreimal mit jeweils 7,5 Sekunden Abstand. Diese Werte können in der Registrierung geändert werden.

11. Die Datei *LMHOSTS* ist im Verzeichnis `\%winroot%\system32\drivers\etc` abgelegt.

12. Die Datei *LMHOSTS i*st erforderlich, wenn Sie Dienste von Remote Hosts benötigen und kein WINS-Server verfügbar ist.

13. Diese Tags umgeben eine Liste alternativer Sites, auf denen Ihr System eine Kopie der zentralen *LMHOSTS*-Datei finden kann. Es wären eine oder mehrere #INCLUDE-Zeilen unter ihnen.

14. Die Zeile würde wie folgt lauten:

    #INCLUDE \\NCRSRV43\INFO\LMHOSTS

15. Dies teilt NetBIOS over TCP/IP mit, den Eintrage in Ihren Namen-Cache zu laden, wenn er initialisiert oder mit dem Befehl `nbtstat -R` neu geladen wird.

16. Die Datei wird von Anfang bis zum Ende gelesen. Deshalb wird der erste Eintrag verwendet. Eine Ausnahme gibt es in Fällen, in denen die Adresse bereits geladen ist.

17. WINS ist der eigentliche NetBIOS-Namens-Server von Windows NT.

18. WINS reduziert den Rundsendungsverkehr. Es registriert Namen außerdem dynamisch, d.h. es muß keine *LMHOSTS*-Datei aktualisiert werden. WINS erleichtert außerdem die Suche in einem WAN und bietet eine Basis für Domänenaktivität (NT-Domänen) in einer umgeleiteten Umgebung.

19. Die Datei *HOSTS* enthält keine Tags. Außerdem wird sie nicht hauptsächlich für die Namensauswertung eingesetzt.

20. In Microsoft-Netzwerken stehen die folgenden Knotentypen zur Verfügung: B-Knoten (Broadcast), P-Knoten (Peer-to-Peer), M-Knoten (Mixed) und H-Knoten (Hybrid).

21. Bei der Namensauswertung nach dem H-Knotensystem werden folgende Elemente abgefragt:

Der NetBIOS-Namen-Cache

Der NetBIOS-Namens-Server

Rundsendung im lokalen Teilnetzwerk

Die Datei *LMHOSTS*

Die Datei *HOSTS*

Ein DNS-Server

Kapitel 13
WINS

Wie im letzten Kapitel beschrieben, müssen Computer in einem Netzwerk in der Lage sein, die Namen anderer Computer in IP-Adressen aufzulösen. Bisher wurden zwei wichtige Methoden besprochen: Rundsendungen (Broadcast) und der NetBIOS-Namens-Server.

Bei Rundsendungen hat sich herausgestellt, daß sehr viel unnötiger Mehrbedarf bei der Methode involviert ist. Das gilt sogar für lokale Netzwerke, weil sich der NetBIOS-Namens-Dienst in der Anwendungsschicht befindet. Das bedeutet, daß die Systeme nicht nur Rundsendungen empfangen, sondern auf diese auch reagieren und im Protokollstapel nach oben leiten müssen.

Ein weiteres großes Problem, das Sie im letzten Kapitel kennengelernt haben, war, daß Rundsendungen IP-Router nicht passieren konnten. Das ist aber eigentlich kein Problem, weil NetBIOS für kleine Netzwerke entwickelt wurde, die nur aus einem einzigen Segment bestehen. Die Bandbreite muß in solchen Netzwerken nicht berücksichtigt werden. Deshalb verwendet NetBIOS sehr viele Rundsendungen. Der Datenverkehr, den ein einziges System mit Rundsendungen verursacht, ist ziemlich bedeutungslos. Wenn das Netzwerk jedoch 300 bis 400 Hosts umfaßt, die alle Rundsendungen verschicken, muß eine enorme Informationsmenge verarbeitet werden.

Es wurde deshalb beschlossen, daß Router Rundsendungen überhaupt nicht weiterleiten. Es gibt dafür zwei Gründe. Der erste ist, daß Router wesentlich mehr Informationspakete weiterleiten müßten. Die Chancen, daß ein Router dadurch überlastet wurde, sind sehr hoch. Zweitens wurden Router häufig eingesetzt, um Pakete über geleaste Leitungen zu senden. Diese Leitungen hatten häufig eine beschränkte Bandbreite und manchmal mußte pro versendetem Paket bezahlt werden. Diese beiden Faktoren führten dazu, daß Router keine NetBIOS-Rundsendungen weiterleiten.

Da Microsoft aber weiterhin Netzwerk-Betriebssysteme verkaufen wollte, wurden zwei andere Ansätze entwickelt. Die Idee dazu wurde dem Internet entlehnt. Die erste Methode mit der *LMHOSTS*-Datei, die von der *HOSTS*-Datei abgeleitet wurde, haben Sie bereits kennengelernt. Die zweite Methode ist der NetBIOS-Namens-Server WINS. In diesem Kapitel wird WINS ausführlich besprochen, und es wird beschrieben, wie WINS auf Server- und Client-Seite konfiguriert wird. Die Beschreibungen werden anhand von Beispielen aus der Praxis nachvollzogen.

In diesem Kapitel erfahren Sie sowohl, wie Sie WINS in einem kleinen Netzwerk einer Unternehmung als auch in einem weltumspannenden Netzwerk einsetzen können.

13.1 Der WINS-Prozeß

Der Prozeß, der bei WINS eingesetzt wird, ist ganz einfach. Ein NetBIOS-Server muß drei Hauptfunktionen zur Namensauswertung ausführen. Diese lauten wie folgt:

▶ Namensregistrierung und -aktualisierung

▶ Freigabe von Namen

▶ Namensauswertung

13.1.1 Namensregistrierung

Wenn ein WINS-Client initialisiert wird, sendet NetBT eine Anforderungmeldung für die Registrierung des Namens, auch NAMEREGISTRATIONREQUEST genannt, direkt an den primären WINS-Server für diesen Client. Die Anfrage zur Namensregistrierung enthält die IP-Adresse der Quelle (WINS-Client), die IP-Adresse des Ziels (WINS-Server) und den NetBIOS-Namen, der registriert werden soll.

Wie Sie bereits früher gesehen haben, sind NetBIOS-Namen sechzehn Zeichen lang. Die ersten fünfzehn Zeichen werden vom Benutzer definiert. Das letzte Zeichen ist eine Hexadezimalzahl zwischen 00 und FF, die den NetBIOS-Dienst kennzeichnet, der den NetBIOS-Namen registriert. Die WINS-Datenbank könnte z.B. die Namen FRODO[00h] und FRODO[03h] enthalten, bei denen es sich um die Computernamen eines WINS-Clients handelt, der beim Arbeitsstationsdienst und dem Nachrichtendienst des Clients registriert ist. Tabelle 13.1 zeigt andere NetBIOS-Namen und -Dienste, die diese registrieren.

Tabelle 13.1
NetBIOS-Namen, die in der WINS-Datenbank registriert sind

NetBIOS-Namen	Dienst, der NetBIOS-Namen registriert
<Computername>[00h]	Arbeitsstationsdienst
<Computername>[03h]	Nachrichtendienst
<Computername>[06h]	RAS-Server
<Computername>[1Fh]	Netzwerk-DDE-Dienst
<Computername>[20h]	Server-Dienst
<Computername>[21h]	RAS-Dienst
<Computername>[BEh]	Netzwerkmonitoragent
<Computername>[BFh]	Netzwerkmonitordienst
<Benutzername>[03h]	Nachrichtendienst
<Domänenname>[1Dh]	Computer-Suchdienst
<Domänenname>[1Bh]	Suchdienst für Domänen
< Domänenname >[00h]	Arbeitsstationsdienst
< Domänenname >[1Ch]	Domänen-Controller
< Domänenname >[1Eh]	Auswahl des Suchdiensts

Wenn der WINS-Server verfügbar ist und der NetBIOS-Name noch nicht in der Datenbank registriert wurde, antwortet der Server dem Client mit einer positiven Registrierungsmeldung, auch NAMEREGISTRATIONRESPONSE genannt). Diese Antwort enthält die IP-Adresse des WINS-Clients und des WINS-Servers, um die Meldung an den WINS-Client weiterzuleiten, den NetBIOS-Namen, der registriert wurde, und das Erneuerungsintervall, bei dem es sich um eine TTL-Dauer (TTL = Time to Live) für die NetBIOS-Namensregistrierung handelt. Nachdem das Erneuerungsintervall ausgelaufen ist, wird der NetBIOS-Name aus der Datenbank entfernt, falls der WINS-Client die Registrierung nicht erneuert und ein neues Erneuerungsintervall erhält. Es gibt natürlich keinen Grund für den WINS-Server, den Namen nicht zu erneuern. Der Client wird nur dann entfernt, wenn er für eine längere Zeit abgeschaltet wird oder wenn Probleme beim Verbindungsaufbau zum Server auftreten.

Wenn der WINS-Server verfügbar ist und die Datenbank bereits ein Duplikat eines NetBIOS-Namens enthält, der vom WINS-Client registriert werden sollte, sendet der WINS-Server dreimal im Abstand von 500 Millisekunden eine Abfrage an den augenblicklich registrierten Besitzer des fraglichen NetBIOS-Namens (NAMEQUERYREQUEST). Der Zweck der Abfrage ist es, festzustellen, ob der ursprüngliche Besitzer des NetBIOS-Namens diesen noch immer benutzt. Wenn ein Computer versucht, seinen Namen bei einem WINS-Server zu registrieren, der diesen Namen bereits in seiner Datenbank enthält, sendet der WINS-Server eine Meldung an den ursprünglichen Benutzer des Computernamens, um festzustellen, ob er im Netzwerk noch immer in Benutzung ist.

Ein mehrfach vernetzter Computer ist laut TCP/IP-Technologie ein Computer, der mehr als eine Netzwerkkarte installiert hat, die an TCP/IP gebunden ist. Wenn der registrierte Benutzer eines NetBIOS-Namens ein mehrfach vernetzter Computer ist, sendet der WINS-Server bis zu drei Abfragen an jede Netzwerkkarte dieses Computers, um sicherzustellen, daß die Anfrage den mehrfach vernetzten Computer erreicht. Der WINS-Server stoppt die Versendung der Anfrage, sobald er eine Antwort von einer der Adressen erhält.

Wenn der aktuelle Besitzer eines registrierten NetBIOS-Namens auf die Namensabfrage reagiert, sendet der WINS-Server eine negative Antwort auf die Namensabfrage (NAMEQUERYRESPONSE) des WINS-Clients, der gerade versucht, den bereits vorhandenen NetBIOS-Namen zu registrieren, und der WINS-Client erhält eine Fehlermeldung.

Wenn der WINS-Server nicht auf die erste Anforderung einer Namensregistrierung antwortet, sendet der WINS-Client zwei weitere Anforderungen und versucht es schließlich noch bis zu dreimal beim sekundären WINS-Server, wenn dieser für den WINS-Client konfiguriert wurde. Wenn keiner der beiden WINS-Server antwortet, stößt der WINS-Client eine B-Knoten-Rundsendung an, um seinen NetBIOS-Namen beim lokalen Netzwerk zu registrieren.

> **hinweis** Der LAN-Manager 2.2c für MS-DOS und Microsoft Network Client 3.0 WINS-Clients registrieren NetBIOS-Namen nicht bei einem WINS-Server, obwohl sie die WINS-Server-Datenbank zur NetBIOS-Namensauswertung benutzen können.

13.1.2 NetBIOS-Namenserneuerung

Um einen registrierten NetBIOS-Namen weiterhin nutzen zu können, muß ein WINS-Client seine Namensregistrierung bei der WINS-Datenbank in regelmäßigen Abständen wiederholen. Versäumt der Client dies während des Erneuerungsintervalls, läuft die Namensregistrierung aus, und der NetBIOS-Name sowie die zugehörige IP-Adresse werden in der WINS-Server-Datenbank als freigegeben markiert. Das Erneuerungsintervall wird über das Dialogfeld WINS-SERVER-KONFIGURATION des WINS-Managers festgelegt. Den WINS-Manager können Sie über die Menübefehle VERWALTUNG/WINS-MANAGER im START-Menü öffnen. Als Standardwert wird für das Erneuerungsintervall ist ein Zeitraum von 144 Stunden (entspricht 4 Tagen) festgelegt.

Normalerweise sollte der Standardwert von 144 Stunden für das Erneuerungsintervall beibehalten werden. Wenn das Intervall verkürzt wird, wächst der Datenverkehr im Netzwerk, und die Systemleistung wird sich vermutlich verringern. Das Intervall kann auch verlängert werden, aber die Datenbank wird dann vermutlich an Genauigkeit verlieren. Sie sollten immer sicherstellen, daß das Erneuerungsintervall für den primären und den Backup-WINS-Server identisch ist. Der Backup-WINS-Server wird also erst eingesetzt, wenn es erforderlich ist.

Wenn ein WINS-Client erstmals seinen Namen bei einem WINS-Server registriert, erhält er kein Erneuerungsintervall. Statt dessen versucht er, die Registrierung alle zwei Minuten zu erneuern oder aufzufrischen. Dieser Wert ergibt sich als 1/8 der anfänglichen Zeitüberschreitung für die Erneuerung. Der Wert wird durch die Windows NT-Registrierung festgelegt. Die anfängliche Zeitüberschreitung für die Erneuerung beträgt sechzehn Minuten. Die anfängliche Erneuerung der Registrierung wird also zwei Minuten nach der anfänglichen Registrierung durchgeführt.

Der WINS-Client sendet eine Namenserneuerungsanfrage direkt an den primären WINS-Server. Die Namenserneuerungsanfrage enthält die IP-Adresse der Quelle (WINS-Client) und des Ziels (WINS-Server) und den NetBIOS-Namen, der erneuert werden muß. Wenn der WINS-Client keine Antwort erhält, versucht er es jeweils nach 1/8 der anfänglichen Erneuerungs-Zeitüberschreitung noch einmal, bis 50 Prozent der anfänglichen Erneuerungs-Zeitüberschreitung abgelaufen sind. Dann beginnt er mit einem neuen Erneuerungsintervall noch einmal und handelt so, als ob null Prozent des Erneuerungsintervalls abgelaufen wären. Diesmal sendet er seine Namenserneuerungsanforderung jedoch an den sekundären WINS-Server, falls einer konfiguriert wurde, und wiederholt die Anforderung nach 1/8 der anfänglichen Erneuerungs-Zeitüberschreitung. Dann geht der WINS-Client zurück und versucht wieder, sich beim primären WINS-Server zu registrieren.

> **hinweis**
>
> Der WINS-Client versucht so lange in einem Rhythmus von 1/8 der anfänglichen Erneuerungs-Zeitüberschreitung, seine Namensregistrierung zu erneuern, bis er vom primären oder dem sekundären WINS-Server eine Antwort erhält. Unabhängig von dieser Tatsache kennzeichnen die WINS-Server die Registrierung trotzdem als freigegeben, wenn das erste Erneuerungsintervall abgelaufen ist und sie keine Erneuerungsanforderung vom WINS-Client erhalten.

Wenn ein WINS-Server eine Anforderung für eine Namenserneuerung erhält, sendet er die Antwort direkt an den WINS-Client. Die Antwort auf die Anforderung der Namenserneuerung enthält die IP-Adresse des WINS-Clients als Ziel, die IP-Adresse des WINS-Servers als Quelle, den registrierten NetBIOS-Namen und das neue Erneuerungsintervall, das als Standard auf 144 Stunden gesetzt wird.

Nachdem ein WINS-Client seine erste Erneuerung vom WINS-Server erhalten hat, kann er künftig erst dann versuchen, die Registrierung zu erneuern, nachdem 50 Prozent des Erneuerungsintervalls abgelaufen sind oder der WINS-Client neu gestartet wurde.

> **hinweis** Einer WINS-Client-Registrierung wird kein Erneuerungsintervall oder TTL zugewiesen, nachdem sie einmal erneuert wurde. Bis zu diesem Zeitpunkt versucht der Client alle zwei Minuten, die Registrierung zu erneuern.

13.1.3 Die Namensauswertung

Wenn ein WINS-Client anstößt, daß der Host normal heruntergefahren wird, was besagt, daß das Betriebssystem vor dem erneuten Booten heruntergefahren wird, sendet der WINS-Client für jeden seiner registrierten NetBIOS-Namen eine Namensfreigabeanforderung direkt an den WINS-Client. Die Freigabe der NetBIOS-Namen enthält die IP-Adressen des WINS-Clients und des WINS-Servers sowie den NetBIOS-Namen, der in der Datenbank freigegeben werden soll.

Wenn der WINS-Server eine Namensfreigabeanforderung erhält, konsultiert er die WINS-Datenbank, um sicherzustellen, daß der Name existiert und beim WINS-Client registriert wurde, der die Namensfreigabeanforderung gesendet hat. Wenn der Name, der freigegeben werden soll, in der Datenbank gefunden wird und der IP-Adresse des Clients, der die Namensfreigabeaufforderung sendet, zugewiesen wird, markiert der WINS-Server diesen Datenbankeintrag als freigegeben und sendet eine positive Namensfreigabeantwort an den WINS-Client, der die Namensfreigabeanforderung gesendet hat. Die positive Namensfreigabeantwort wird an die IP-Adresse des WINS-Clients geleitet. Sie enthält den freigegebenen NetBIOS-Namen und ein Erneuerungsintervall oder ein TTL mit dem Wert Null.

Wenn der NetBIOS-Name, dessen Freigabe angefordert wurde, nicht in der WINS-Datenbank oder aber mit einer anderen IP-Adresse registriert wurde, antwortet der WINS-Server mit einer negativen Freigabeantwort an den WINS-Client, der die Namensfreigabeanforderung gesendet hat.

Der WINS-Client behandelt eine negative Namensfreigabeantwort genauso wie eine positive. Nachdem der WINS-Client eine Namensfreigabeantwort vom WINS-Server erhält, egal, ob negativ oder positiv, reagiert er nicht mehr auf Aufforderungen zur Namensregistrierung vom WINS-Server, wenn ein anderer Host den gleichen NetBIOS-Namen registrieren möchte.

Wenn der WINS-Client keine Namensfreigabeantwort vom primären WINS-Server erhält, sendet er bis zu drei B-Knoten-Rundsendungen der Namensfreigabeabforderung an das lokale Netzwerk. Alle B-Knoten-fähigen Clients, wie z.B. auch WINS-Clients, die die Namensfreigabeanforderung erhalten, stellen anschließend sicher, daß der NetBIOS-Name aus ihrem lokalen NetBIOS-Namen-Cache entfernt wird.

13.1.4 Namensauflösung

Wenn ein Host, der NetBT betreibt, versucht, einen Befehl auszuführen, der einen NetBIOS-Namen enthält, muß er diesen zu einer IP-Adresse auswerten. Wenn z.B. der Befehl `net use p: \\server01\public` ausgeführt wird, muß NetBT eine Verbindung zum Computer *SERVER01* herstellen, um das Laufwerk P: mit dem Verzeichnis *PUBLIC* des *SERVER01* zu verbinden. Um diese Verknüpfung einzurichten, benötigt NetBT die IP-Adresse des Computers *SERVER01*. D.h. NetBT muß den NetBIOS-Namen zu einer IP-Adresse auswerten.

Der Prozeß der NetBIOS-Namensauwertung beinhaltet die Prüfung der NetBIOS-Namenszuweisungstabellen an verschiedenen Stellen, bis ein Eintrag gefunden wird, der den NetBIOS-Namen auf eine IP-Adresse abbildet. Wie Sie bereits gesehen haben, finden Sie Paare aus NetBIOS-Namen und IP-Adressen an den folgenden Orten:

- ▶ In dem lokalen NetBIOS-Namen-Cache im Arbeitsspeicher des lokalen oder des Quell-Hosts.

- ▶ In einer WINS-Server-Datenbank.

- ▶ In einer *LMHOSTS*-Datei. *LMHOSTS*-Dateien enthalten Paare von NetBIOS-Namen und IP-Adressen.

- ▶ In einer *HOSTS*-Datei. *HOSTS*-Dateien sind Textdateien auf dem lokalen Host, die Paare aus Host-Namen und den zugeordneten IP-Adressen enthalten. Der Host-Name ist häufig identisch mit dem NetBIOS-Computernamen.

- ▶ In einer DNS-Datenbank, die auch Paare aus Host-Namen und IP-Adressen enthält.

▶ In dem Host mit dem bestimmten NetBIOS-Namen. er kann eine Namensabfrage beantworten, die als B-Knoten-Rundsendung versendet wurde, wenn sich dieser Host im gleichen Teilnetz befindet wie der Host, der die Rundsendung verschickt hat.

Welche und wie viele der Methoden eingesetzt werden können, hängt von der Konfiguration der NetBT-Implementation ab. Die Reihenfolge der Methoden wird durch den NetBIOS-Knotentyp festgelegt.

> **hinweis**
> Wie Sie wissen, ist die Standardreihenfolge der NetBIOS-Namensauswertung bei einem Host, der WINS für die NetBIOS-Namensauswertung einsetzt, der H-Knoten (Hybrid).

Um festzustellen, welcher NetBIOS-Namensauswertungstyp von einem Host eingesetzt wird, geben Sie `ipconfig /all` an der Eingabeaufforderung ein. Die Konfiguration könnte z.B. wie folgt aussehen:

```
Windows NT IP-Konfiguration
    Host-Name . . . . . . . . . : frodo.m_earth.com
    DNS-Server  . . . . . . . . : 200.20.16.122
    Knotentyp . . . . . . . . . : Hybrid
    NetBIOS-Bereichs-ID. . . . :
    IP-Routing aktiviert  . . . : Nein
    WINS-Proxy aktiviert. . . . : Nein
    NetBIOS-Auswertung mit DNS  : Ja
```

In diesem Beispiel für eine Ausgabe ist der NetBIOS-Knotentyp Hybrid, d.h. es kommt das H-Knotensystem zum Einsatz, und es werden ein NetBIOS-Namens-Server (WINS) und B-Knoten-Rundsendungen eingesetzt, um NetBIOS-Namen auszuwerten.

Nachdem ein NetBIOS-Name zu einer IP-Adresse ausgewertet wurde, fügt NetBT das Paar aus NetBIOS-Namen und IP-Adresse zum lokalen NetBIOS-Namen-Cache hinzu und muß keine anderen Abfragemethoden benutzen. Die NetBIOS-Namen werden in regelmäßigen Abständen aus dem NetBIOS-Namen-Cache gelöscht. Der Standardwert liegt dabei bei einem Intervall von 10 Minuten, aber Sie können in der Registrierung auch einen anderen Wert festlegen (siehe Abschnitt »WINS-Registrierungseinträge« in diesem Kapitel).

Der NetBIOS-Namen-Cache enthält verschiedene Namen, die beim lokalen Host registriert sind. Darunter befinden sich der Computername, der Benutzername, der Domänenname und alle anderen Namen, die vor kurzem ausgewertet und zum NetBIOS-Namen-Cache hinzugefügt wurden. Den aktuellen Inhalt des NetBIOS-Namen-Cache können Sie mit dem folgenden Befehl nbtstat -n betrachten. Hier ein Beispiel für eine Ausgabe:

```
Knoten-Ip-Adresse: [200.20.1.30] Bereichs-ID: []
            NetBIOS Lokale Namenstabelle
      Name              Typ          Status
      ----------
      FRODO           <00>  UNIQUE   Registriert
      FRODO           <20>  UNIQUE   Registriert
      HOBBITS         <00>  GROUP    Registriert
      HOBBITS         <1C>  GROUP    Registriert
      HOBBITS         <1B>  UNIQUE   Registriert
      BILBO           <03>  UNIQUE   Registriert
      ADMINISTRATOR   <03>  UNIQUE   Registriert
```

Betrachten Sie noch einmal die Auswertungsreihenfolge beim H-Knotensystem. Die NetBIOS-Namensabfrage wird in der folgenden Reihenfolge ausgeführt:

1. Der lokale Namen-Cache wird nach einem Paar befragt, das aus einem NetBIOS-Namen und einer IP-Adresse besteht.

2. Wenn das gesuchte Paar nicht gefunden wird, wird eine Namensabfrageanforderung direkt an den primären WINS-Server gesendet. Die Namensabfrageanforderung enthält den NetBIOS-Namen, der ausgewertet werden soll, und die IP-Adressen der Quelle (WINS-Client) und des Ziels (WINS-Server).

   Wenn der primäre WINS-Server nicht auf die Anforderung zur Namensabfrage reagiert, sendet der WINS-Client die Anforderung zwei weitere Male. Wenn der primäre WINS-Server dann noch immer nicht reagiert, sendet der WINS-Client bis zu drei Namensabfrageanforderungen an den sekundären WINS-Server, wenn für den Client eine Anforderung konfiguriert wurde.

Wenn einer der WINS-Server den Namen auswertet, wird eine Abfrageantwort an den WINS-Client gesendet, die den NetBIOS-Namen und die zugehörige IP-Adresse enthält.

Wenn ein WINS-Server eine Namensabfrageanforderung erhält und der Namen nicht in der WINS-Datenbank existiert, sendet der WINS-Server eine Fehlermeldung des Typs ANGEFORDERTER NAME EXISTIERT NICHT.

3. Wenn kein WINS-Server die Namensabfrageanforderung beantwortet oder der WINS-Client eine Antwort des Typs ANGEFORDERTER NAME EXISTIERT NICHT ernhält, sendet er drei B-Knoten-Rundsendungen der Namensabfrageanforderung an das lokale Netzwerk.

4. Wenn er keine Namensabfrageanforderung erhält, prüft der WINS-Client die lokale LMHOSTS-Datei, die HOSTS-Datei und anschließend den DNS-Server. Voraussetzung ist, daß der Client für die Verwendung dieser Methoden konfiguriert wurde.

Nachdem der WINS-Client eine IP-Adresse zum NetBIOS-Namen erhalten hat, integriert er diese in den lokalen NetBIOS-Namen-Cache. Er kann dann das IP-Protokoll einsetzen, um Datagramme an den Ziel-NEtBIOS-Host weiterzuleiten.

Wenn der angeforderte NetBIOS-Name nicht in eine IP-Adresse ausgewertet werden kann, kann NetBIOS auch nicht über TCP/IP mit diesem Host kommunizieren. Wenn TCP/IP das einzige Protokoll ist, das den Host erreichen kann, weil das Protokoll NetBEUI z.B. nicht verwendet wird, schlägt der angeforderte NetBIOS-Befehl fehl, und der Host empfängt eventuell eine Fehlermeldung wie die folgende: DER NETZWERKPFAD KONNTE NICHT GEFUNDEN WERDEN.

13.2 Den WINS-Server installieren

Von allen Diensten, die im Lieferumfang des Windows NT Server enthalten sind, ist der WINS-Server vermutlich am leichtesten zu installieren und zu konfigurieren. Sie müssen nur die folgenden Dinge beachten, bevor Sie den WINS-Server installieren können:

▶ Der Windows NT Server muß installiert sein

▶ TCP/IP muß auf dem Server mit einer statischen IP-Adresse ablaufen.

> **hinweis**
>
> WINS kann auf einem mehrfach vernetzten System, d.h. einem System mit mehreren Netzwerkkarten, installiert werden. Dadurch können Sie WINS auf einem Windows NT-Router nutzen, der die Auflösungsgeschwindigkeit beschleunigen kann, weil Anforderungen Router nicht passieren müssen. Diese Funktionalität wurde zu Windows NT 3.51 mit dem Service Pack 4 und in verfeinerter Form mit dem Service Pack 5 hinzugefügt. (Siehe hierzu den Abschnitt »Statisches Routing« in Kapitel 7, um mehr Informationen über die Installation mehrerer Netzwerkkarten zu erhalten.)

Nachdem Sie diese beiden einfachen Kriterien erfüllt haben, können Sie den WINS-Server unter Windows NT installieren. Die Installation verläuft nach demselben Muster wie bei allen anderen Diensten, die Sie bisher betrachtet haben. Gehen Sie wie folgt vor:

1. Öffnen Sie das Dialogfeld NETZWERK.

2. Wählen Sie auf der Registerkarte DIENSTE die Schaltfläche HINZUFÜGEN.

3. Wählen Sie aus dem Listenfeld, das sich nun öffnet, den Eintrag WINS-DIENST aus. Den Eintrag finden Sie am Ende der Liste.

4. Klicken Sie auf OK, und geben Sie im nächsten Dialogfeld den Pfadnamen für die Quelldateien an.

5. Klicken Sie auf die Schaltfläche OK, um das Dialogfeld NETZWERK zu schließen.

6. Wählen Sie schließlich im Dialogfeld, in dem Sie gefragt werden, ob das System neu gestartet werden soll, die Schaltfläche JA.

Nachdem der WINS-Server nun installiert ist, kann Ihr Client ihn benutzen – vorausgesetzt, er ist dafür konfiguriert. Mehr brauchen Sie nicht zu tun. In einfachen Netzwerkumgebungen muß nichts konfiguriert werden. Die einzige Ausnahme bildet die Datei *LMHOSTS*, die importiert werden muß. Auf diese Weise könnte Ihr System statische Einträge erzeugen, die bereits in der Datei aufgelistet sind. (Dies wird im nächsten Abschnitt genauer beschrieben.)

Wenn Sie WINS in einem größeren Intranet installieren, sollten Sie erst einige Dinge planen, bevor Sie fortfahren. Die erste Frage ist, wie viele WINS-Server das Netzwerk benötigt. Nach den Richtlinien von Microsoft kann ein Computer, der ausschließlich als WINS-Server verwendet wird, bis zu 10.000 Computer unterstützten.

Da die WINS-Auswertung den Datenverkehr im Netzwerk erhöht, sollten Sie jedoch überlegen, ob es nicht sinnvoller wäre, mehrere WINS-Server im Netzwerk zu verteilen. Sie könnten z.B. in jedes Netzwerksegment einen WINS-Server setzen, um den WINS-Datenverkehr zu reduzieren, der geroutet werden muß. Das gilt insbesondere bei langsamen WAN-Verbindungen.

Sie sollten zumindest zwei WINS-Server im Netzwerk installieren, die so konfiguriert sind, daß sie wechselseitig ihre Datenbanken replizieren. Dadurch hat das Netzwerk eine größere Fehlertoleranz, wenn ein WINS-Server ausfällt. Achten Sie darauf, daß bei den Netzwerk-Clients die IP-Adressen beider WINS-Server konfiguriert sind. Am einfachsten ist dies, wenn Sie die Clients mit dem DHCP-Manager konfigurieren.

Wenn ein WINS-Client ausgeschaltet wird, gibt er seine WINS-Registrierung frei. Wenn der Client wieder angeschaltet wird, registriert er sich beim WINS-Server und erhält eine neue ID. Diese Neuregistrierung resultiert in einem Eintrag in der WINS-Datenbank, der beim anderen WINS-Server repliziert werden muß. Denken Sie daran, daß ein NetBIOS-Computer mit mehreren NetBIOS-Namen ausgestattet werden kann, die mit Diensten verbunden sind, die auf dem Client ablaufen. Jeder NetBIOS-Name, der bei WINS registriert ist, steigert den Datenverkehr der WINS-Replikation, d.h. des Abgleichs der Inhalte der Server-Datenbanken.

WINS-Clients erzeugen Datenverkehr auf eine andere Weise. Wenn ein Client in ein anderes Netzwerk versetzt und neu gestartet wird, was z.B. bei Benutzern von Laptops häufig vorkommen kann, versucht er, seinen Namen beim WINS-Dienst zu registrieren. Im alten Netzwerk existiert für diesen Client bereits eine Registrierung. WINS muß die bestehende Registrierung des Namens zuerst abfragen, bevor sie für die Benutzung im neuen Netzwerk freigegeben werden kann. Diese Abfrage ist eine weitere Quelle für erhöhten Datenverkehr durch WINS.

hinweis — In einer Umgebung mit mehreren WINS-Servern kann diese Art von Abfragen auch dann hervorgerufen werden, wenn die Namensfreigabe, die vom Client beim Abschalten durchgeführt wurde, nicht beim WINS-Server im neuen Netzwerk repliziert wurde.

Die Botschaft, die Sie hier mitnehmen sollen, ist, daß Sie sehr sorgsam bei WINS-Datenverkehrsanforderungen sein müssen, wenn Sie Ihr Netzwerk planen und überwachen. In kleinen Netzwerken ist der Datenverkehr, der durch WINS verursacht wird, wahrscheinlich unbedeutend. Das kann sich jedoch ändern, wenn das Netzwerk wächst. Wenn WINS-Server geschickt plaziert werden, kann der Datenverkehr, der durch WINS produziert wird, reduziert werden. Außerdem kann die Durchführung der WINS-Replikation in Zeiten mit schwacher Nachfrage die Bandbreitenanforderungen durch WINS reduzieren.

WINS-Server, die durch WAN-Verbindungen getrennt sind, sollten so häufig wie möglich repliziert werden. Betrachten Sie z.B. ein WAN, das Sites in Deutschland und New York unterhält. Normalerweise werden die Clients so konfiguriert, daß ihre primären Dienste von lokalen Servern geliefert werden, und WINS-Server müßten in jedem Teilnetzwerk enthalten sein. Jedes Teilnetzwerk sollte mit mindestens zwei WINS-Servern ausgestattet werden, die häufig synchronisiert werden. Günstig wäre z.B. ein 15-Minuten-Intervall. Bei einer guten Planung, sollte es ausreichen, die WINS-Server zwischen Deutschland und New York in längeren Intervallen zu synchronisieren, wie z.B. alle sechs bis zwölf Stunden. Bei langen Replikationsintervallen erhöht sich jedoch der Zeitbedarf, um das gesamte Netzwerk an eine Änderung anzupassen. Es könnte nötig sein, die Replikation zu erzwingen, wenn signifikante Änderungen auftreten.

13.3 WINS-Clients installieren

Nachdem der Server nun konfiguriert ist und funktioniert, müssen Sie die Clients im Netzwerk so konfigurieren, daß sie den WINS-Server nutzen können. Das kann auf zwei verschiedene Weisen geschehen. Sie können entweder jeden Client im Netzwerk aufsuchen und die WINS-Server-Adresse in die TCP/IP-Konfiguration eingeben, oder Sie können den Adreß- und den Knotentyp über den DHCP-Server festlegen., damit die Clients die Information automatisch erhalten.

13.3.1 WINS-Clients mit einer statischen Adresse konfigurieren

Clients, die mit statischen IP-Adressen konfiguriert werden, werden dadurch zu WINS-Clients, daß eine oder mehr WINS-Server-Adressen in der TCP/IP-Konfiguration des Clients angegeben werden. Bild 13.1 zeigt die TCP/IP-Konfiguration eines Computers, bei dem eine IP-Adresse für einen primären WINS-Server angegeben ist. Wenn Sie einen mehrfach vernetzten Computer konfigurieren, sollten Sie sicherstellen, daß für jede Netzwerkkarte mindestens ein WINS-Server vorhanden ist.

Abbildung 13.1

Einen TCP/IP-Host als WINS-Client konfigurieren

13.3.2 WINS-Proxies konfigurieren

Über WINS-Proxies können Nicht-WINS-Clients Namen im Internetwerk auswerten. Wenn ein WINS-Proxy eine B-Knoten-Rundsendung empfängt, mit der versucht wird, einen Namen in einem Remote-Netzwerk auszuwerten, leitet der WINS-Proxy diese Namensanforderung an einen WINS-Server weiter und liefert die Antwort an den Nicht-WINS-Client zurück. Dieses Verfahren ähnelt dem DHCP-Relay-Agent, den Sie im letzten Kapitel kennengelernt haben.

Windows NT-, Windows-95- und Windows-for-Workgroups-Computer können als WINS-Proxies konfiguriert werden. Sie können so Namensanforderungen über B-Knoten-Rundsendungen von Nicht-WINS-Clients empfangen und diese über H-Knoten-Abfragen des WINS-Servers auswerten. WINS-Proxies ermöglichen es B-Knoten-Computern, die Namensauswertung über WINS durchzuführen.

Bei Computern, die unter Windows for Workgroups und Windows NT 3.5x betrieben werden, wird die WINS-Proxy-Funktion im Dialogfeld ERWEITERTE MICROSOFT TCP/IP-EIGENSCHAFTEN aktiviert, in dem die Option ENABLE WINS PROXY AGENT gewählt wird.

Bei Computern, die unter Windows NT und Windows 95 betrieben werden, müssen Sie die Registrierung bearbeiten. Ändern Sie den Wert des Eintrags ENABLEPROXY auf 1 (geben Sie REG_DWORD ein). Diesen Eintrag finden Sie im folgenden Registrierungsschlüssel:

```
HKEY_LOCAL_MACHINE\SYSTEM\CurrentControlSet\Services\Netbt\Parameters
```

13.3.3 DHCP-Clients als WINS-Client konfigurieren

Wenn Sie mit dem DHCP-Server arbeiten, ist es sinnvoll, WINS zu nutzen. Denn es besteht bei DHCP die Möglichkeit, daß sich die IP-Adresse von Computern ändert. Das bedeutet, daß eine Methode zur dynamischen Namensauswertung zur Verfügung stehen muß. Es ist ganz normal, WINS und DHCP auf dem gleichen Server-Computer zu installieren.

Wenn Sie DHCP nutzen, ist es einfach, Clients zu konfigurieren. Sie müssen den Clients nur die beiden folgenden DHCP-Optionen zuweisen:

- ▶ 44 WINS/NBNS SERVERS. Diese Option legt die WINS-Server fest, die versuchen werden, die Computer zu benutzen. Weil Hosts in verschiedenen Bereichen vermutlich auf verschiedene Server zugreifen werden, sollte diese Option am besten auf der Bereichsebene zugewiesen werden.

▶ 46 WINS/NBT Node Type. Diese Option gibt den Adreß-auswertungsmodus an, den der WINS-Client einsetzen wird. In den meisten Fällen sollten die Hosts im H-Knotenmodus konfiguriert werden, und es könnte günstig sein, dies als globale Option allen Bereichen eines DHCP-Servers zuzuweisen.

Gehen Sie wie folgt vor, um die Option 44 einem Bereich zuzuweisen:

1. Starten Sie den DHCP-Manager.

2. Wählen Sie im Listenfeld DHCP-Server einen Bereich aus.

3. Wählen Sie den Menübefehl Bereich im Menü Optionen.

4. Wählen Sie im Dialogfeld DHCP-Optionen: Bereich im Listenfeld Nichtverwendete Optionen den Eintrag 044 WINS/NBNS Servers aus, und klicken Sie anschließend auf die Schaltfläche Hinzufügen (siehe Bild 13.2). Bevor die Option in das Listenfeld Aktive Optionen eingefügt wird, erhalten Sie den Warnhinweis Achtung: Damit der WINS-Dienst korrekt ausgeführt werden kann, müssen Sie jetzt die Option 46 (WINS/BT-Knotentyp) entweder auf den Wert 0x02(P-Knoten), 0x04(M-Knoten) oder 0x08(H-Knoten) setzen. Klicken Sie auf OK, um fortzufahren.

Abbildung 13.2

Das Dialogfeld DHCP-Optionen: Bereich

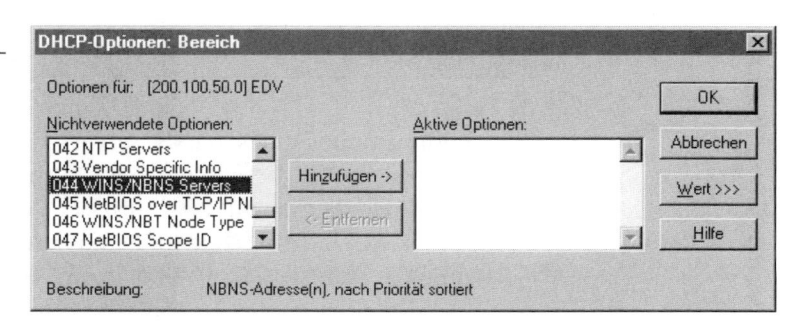

5. Wählen Sie die Schaltfläche Wert, um das Dialogfeld zu erweitern und die aktuellen Werte der Option einzusehen (siehe Bild 13.3). Zuerst ist die Liste der IP-Adressen natürlich leer. Ihre nächste Aufgabe besteht darin, die Adressen der WINS-Server hinzuzufügen.

Abbildung 13.3

Die Option WINS/NBNS im Dialogfeld DHCP-Optionen

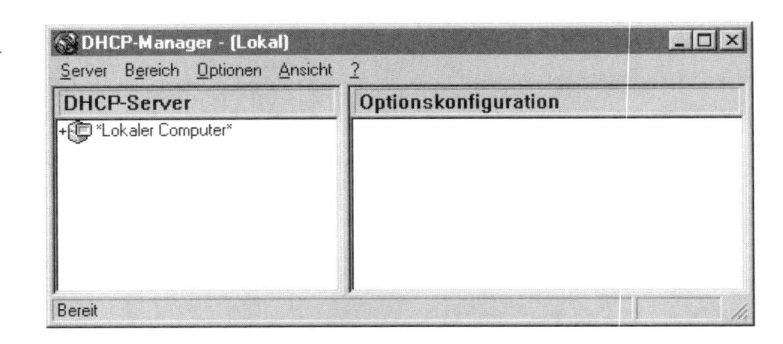

6. Die Option 44 akzeptiert eine oder mehrere Adressen von WINS-Servern. Um die Werte zu verändern, wählen Sie die Schaltfläche ARRAY BEARBEITEN. Es öffnet sich das Dialogfeld EDITOR FÜR IP-ADRESSEN-ARRAY (siehe Bild 13.4).

Abbildung 13.4

Das Dialogfeld Editor für IP-Adressen-Array

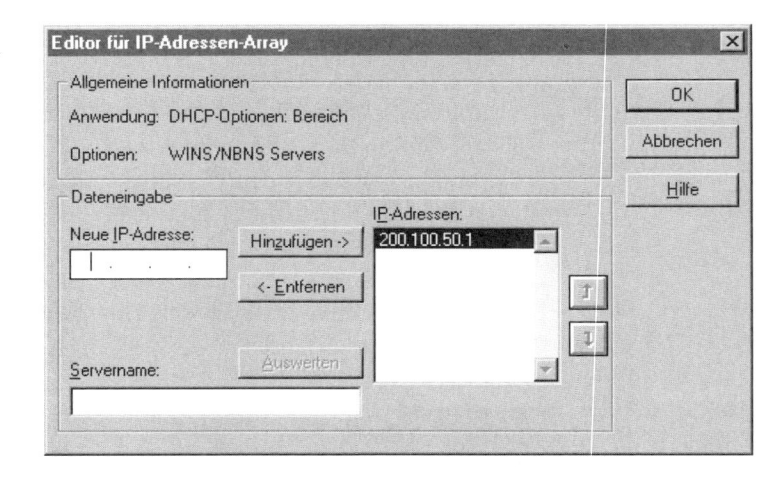

7. Um die Adresse eines WINS-Servers zum Array hinzuzufügen, geben Sie diese in das Feld NEUE IP-ADRESSE ein und wählen die Schaltfläche HINZUFÜGEN, um die Adresse in das Textfeld IP-ADRESSEN zu kopieren. In Bild 13.4 wurde die Adresse 200.100.50.1 zum Array hinzugefügt.

Sie können auch den Namen eines WINS-Servers in das Textfeld SERVERNAME eingeben. Wählen Sie dann die Schaltfläche AUSWERTEN, so wird die mit diesem Namen verbundene IP-Adresse in das Feld NEUE IP-ADRESSE gesetzt. Sie können die IP-Adresse nun wieder über die Schaltfläche HINZUFÜGEN in das Listenfeld IP-ADRESSEN integrieren.

WINS-Clients installieren

Wollen Sie eine Adresse entfernen, markieren Sie diese im Listenfeld IP-ADRESSEN, und wählen Sie die Schaltfläche ENTFERNEN.

8. Klicken Sie auf OK, nachdem die Adressen konfiguriert wurden, und kehren Sie zum Hauptfenster des DHCP-Managers zurück.

Globale Optionen werden auf alle Bereiche angewendet, falls sie nicht von Bereichsoptionen überschrieben werden. Da alle WINS-Clients so konfiguriert werden, daß sie die H-Knoten-Namensauswertung einsetzen müssen, sollten Sie die Option 46 wie folgt als globale Option einfügen:

1. Starten Sie den DHCP-Manager.

2. Wählen Sie im Listenfeld DHCP-SERVER einen Bereich.

3. Wählen Sie die Option GLOBAL im Menü OPTIONEN.

4. Wählen Sie im Listenfeld NICHTVERWENDETE OPTIONEN des Dialogfelds DHCP-OPTIONEN: GLOBAL den Eintrag 046 WINS/NBT NODE TYPE. Klicken Sie anschließend auf die Schaltfläche HINZUFÜGEN.

5. Wählen Sie die Schaltfläche WERT, um das Dialogfeld zu erweitern und den aktuellen Wert der Option zu betrachten (siehe Bild 13.5). Sie können im Feld BYTE für die Option 46 einen von vier Werten angeben. Im allgemeinen ist die Wahl der Option 0x8, H-Knoten ratsam. Geben Sie den gewünschten Wert ein, und klicken Sie auf OK.

Abbildung 13.5

Die Option WINS/NBT Node Type bearbeiten

Nachdem Sie die erforderlichen Optionen eingegeben haben, werden sie im Hauptfenster des DHCP-Managers angezeigt (siehe Bild 13.6). Beachten Sie, daß die Option 046, die als globale Option eingegeben wurde, auch mit dem entsprechenden Symbol gekennzeichnet wird. Diese Option ist für alle Bereich gültig, die auf diesem DHCP-Server definiert wurden, falls sie nicht von einer Option auf Bereichsebene überschrieben wird.

Abbildung 13.6

Der DHCP-Manager, nachdem die WINS-Optionen hinzugefügt wurden

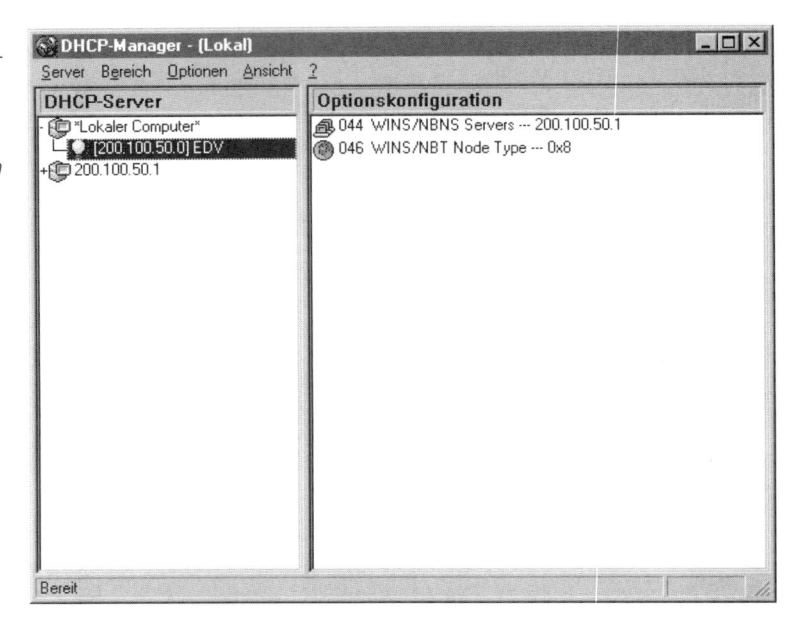

Nachdem die WINS-Optionen zu den entsprechenden DHCP-Bereichen hinzugefügt wurden, ist es notwendig, die DHCP-Clients zu zwingen, ihre Leases freizugeben, damit sie neue Leases mit den WINS-Optionen beziehen können. Die Leases können Sie über das Dialogfeld AKTIVE LEASES löschen, aber die Clients können so lange keine neuen Leases beziehen, bis ihre aktuellen Leases auslaufen.

> **hinweis**
>
> Um Windows NT- oder Windows-3.1x-DHCP-Clients zu zwingen, ihre aktuellen Konfigurationen zu aktualisieren, geben Sie an der Eingabeaufforderung des Clients den Befehl `ipconfig /renew` ein. Geben Sie unter Windows 95 den Befehl `winipcfg` an der MS-DOS-Eingabeaufforderung ein, und wählen Sie die Schaltfläche AKTUALISIEREN.

13.4 WINS-Server verwalten

WINS-Funktionen werden über den WINS-Manager verwaltet. Den WINS-Manager starten Sie über den Menübefehl PROGRAMME/VERWALTUNG/WINS-MANAGER im START-Menü. Mit dem WINS-Manager können Sie WINS-Server überwachen, statische Adreßzuweisungen einrichten und die Replikation von Datenbanken verwalten. Ein paar Aufgaben der Datenbankverwaltung, wie z.B. die Komprimierung einer Datenbank, werden über die Eingabeaufforderung ausgeführt.

13.4.1 Den WINS-Manager um den WINS-Server ergänzen

Bild 13.7 zeigt das Hauptfenster des WINS-Managers. Er wurde zur Verwaltung von zwei WINS-Servern konfiguriert. Sie können mit einem einzigen WINS-Manager alle WINS-Server in Ihrem Intranet überwachen.

Abbildung 13.7
Der WINS-Manager

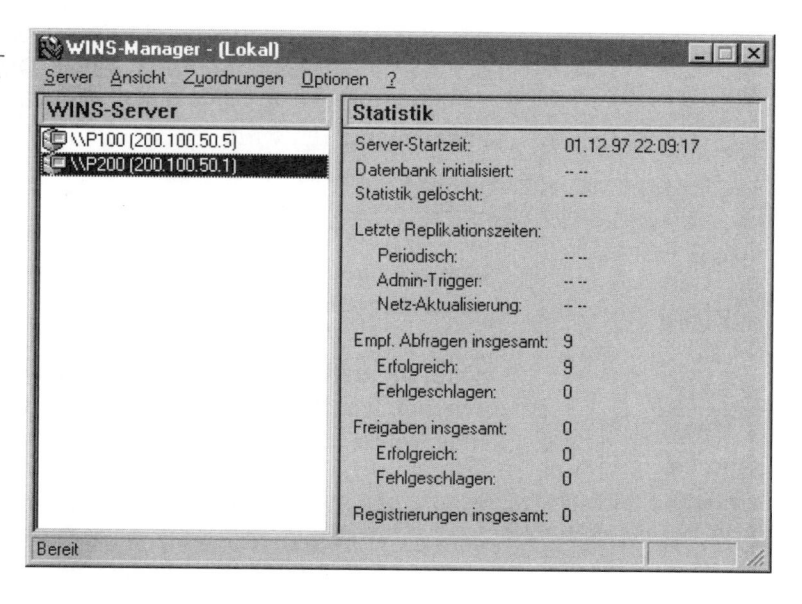

Wenn der WINS-Manager auf einem Computer betrieben wird, auf dem auch ein WINS-Server installiert ist, wird der Computer in der Liste der WINS-Server aufgeführt. Um einen WINS-Server in die Liste der verwalteten Server zu integrieren, gehen Sie wie folgt vor:

1. Wählen Sie den Menübefehl WINS-SERVER HINZUFÜGEN aus dem Menü SERVER. Es öffnet sich das Dialogfeld WINS-SERVER HINZUFÜGEN.

2. Geben Sie die IP-Adresse des neuen WINS-Servers in das Dialogfeld ein, und wählen Sie OK. Der Server wird nun im Listenfeld WINS-SERVER ergänzt.

   Um einen WINS-Server aus der Liste zu entfernen, markieren Sie ihn, und wählen den Menübefehl WINS-SERVER ENTFERNEN aus dem Menü SERVER.

13.4.2 WINS überwachen

Das Hauptfenster des WINS-Managers zeigt verschiedene Statistiken über den WINS-Server an, der gerade im Listenfeld WINS-SERVER markiert ist. Die Statistik enthält die folgenden Angaben:

- **Server-Startzeit.** Der Zeitpunkt (Datum und Uhrzeit), zu dem der Server gestartet wurde. Dies entspricht der Zeit, zu der der Computer angeschaltet wurde. Dieser Wert wird nicht zurückgesetzt, wenn der WINS-Manager gestoppt und neu gestartet wird.

- **Datenbank initialisiert:** Statische Zuordnungen können aus *LMHOSTS*-Dateien importiert werden. Dieser Wert kennzeichnet, wann die statischen Zuordnungen zuletzt importiert wurden.

- **Statistik gelöscht.** Das Datum und die Uhrzeit, zu denen der Befehl STATISTIK LÖSCHEN im Menü ANSICHT ausgeführt wurde.

- **Letzte Replikationszeiten:** PERIODISCH. Der Zeitpunkt, zu dem die WINS-Datenbank zuletzt durch eine im Zeitplan eingetragene Replikation aktualisiert wurde.

- **Letzte Replikationszeiten:** ADMIN-TRIGGER. Der Zeitpunkt, zu dem die Replikation der WINS-Datenbank durch einen Administrator hervorgerufen wurde.

- **Letzte Replikationszeiten: Netz-Aktualisierung.** Der Zeitpunkt, zu dem die WINS-Datenbank zuletzt bedingt durch eine Push-Anforderung von einem anderen WINS-Server aktualisiert wurde.

- **Empf. Abfragen insgesamt.** Die Anzahl der Namensabfragen, die dieser WINS-Server von WINS-Clients erhalten hat. Die Statistik kennzeichnet die Anzahl der Abfragen, die erfolgreich durchgeführt wurden, und diejenige der Anfragen, die fehlgeschlagen sind.

- **Freigaben insgesamt.** Die Anzahl der Meldungen, die einen ordentlichen Abschluß einer NetBIOS-Anwendung kennzeichnen. Die Statistik kennzeichnet die Anzahl der Namen, die der WINS-Server erfolgreich freigegeben hat, und derjenigen, die er nicht freigeben konnte.

- **Registrierungen insgesamt.** Die Anzahl der Registrierungsmeldungen, die von Clients eingegangen sind.

Wählen Sie den Menübefehl STATISTIK AKTUALISIEREN aus dem Menü ANSICHT, um die Statistik aufzufrischen, oder drücken Sie die Taste [F5].

13.4.3 Die Datenbank betrachten

Wenn WINS einmal konfiguriert ist, ist nur wenig Wartungsaufwand erforderlich. Einige Aufgaben sollten jedoch in regelmäßigen Abständen durchgeführt werden, um die Effizienz von WINS zu verbessern und die Größe der WINS-Datenbankdatei zu reduzieren. Auch wenn Clients Probleme mit der Namensauswertung haben, müssen Sie den Inhalt der WINS-Datenbank eventuell betrachten, um Probleme zu diagnostizieren.

Um die Datenbank eines WINS-Servers einzusehen, markieren Sie den Server im Hauptfenster des WINS-Managers. Wählen Sie dann den Menübefehl DATENBANK ANZEIGEN im Menü ZUORDNUNGEN. Es öffnet sich das Dialogfeld DATENBANK ANZEIGEN (siehe Bild 13.8).

Abbildung 13.8

Die Datenbank eines WINS-Servers

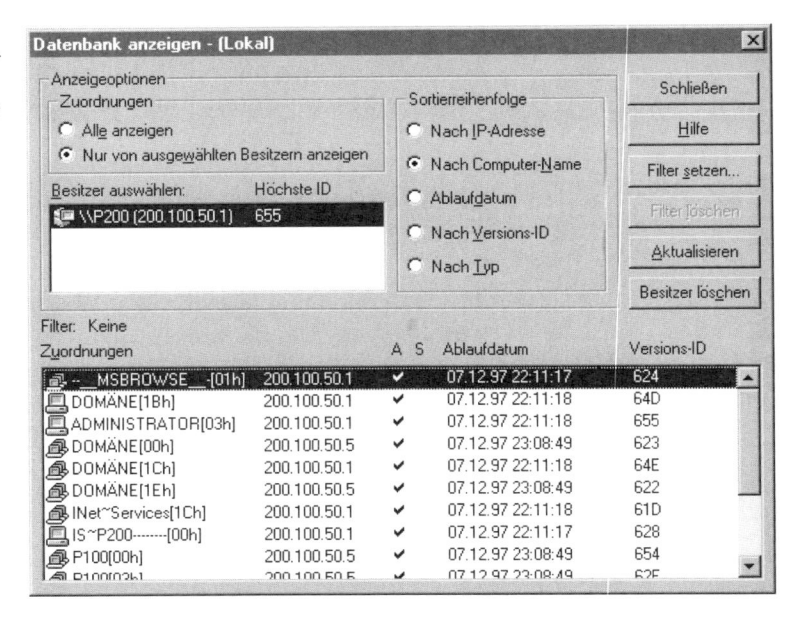

Wenn Sie alle Datenbankeinträge aller verwalteten WINS-Server betrachten wollen, wählen Sie die Option ALLE ANZEIGEN im Feld ZUORDNUNGEN. Wollen Sie dagegen nur die Datenbankeinträge eines bestimmten WINS-Servers einsehen, wählen Sie im Feld ZUORDNUNGEN die Option NUR VON AUSGEWÄHLTEN BESITZERN ANZEIGEN. Ein Datensatz gehört immer dem WINS-Server, der die Zuordnung zuerst aufgezeichnet hat.

Die Datensätze im Listenfeld ZUORDNUNGEN enthalten alle die folgenden Datenfelder:

- **Symbol.** Ein einzelnes Terminalsymbol kennzeichnet einen eindeutigen Namen. Ein Symbol mehrerer Terminals kennzeichnet eine Gruppe, eine Internet-Gruppe oder einen mehrfach vernetzten Namen. (Siehe hierzu den Abschnitt »Besondere Namen« in diesem Kapitel.)

- **Computername.** Einige Computernamen, wie z.B. _MSBROWSE_, sind besondere Namen. Benutzernamen werden ebenfalls in dieser Auflistung angezeigt. Alle Einträge sind mit der Hexadezimalzahl versehen, die im Byte 16 gespeichert wird, um den NetBIOS-Namenstyp zu kennzeichnen. (Siehe hierzu die Ausführung im Abschnitt »Besondere Namen«.)

- **IP-Adresse.** Die IP-Adresse, die dem Namen zugeordnet ist. Beachten Sie, daß einige Namen mit der gleichen IP-Adresse verknüpft sind.

- **A.** Kennzeichnet, ob das System aktiv ist oder nicht. Wenn sich in der Spalte ein Häkchen befindet, ist der Name aktiv.

- **S.** Zeigt an, ob der Name statisch aufgebaut wird. Wenn es sich um eine statische Zuordnung handelt, befindet sich in der Spalte ein Häkchen.

- **Ablaufdatum.** Das Datum und die Uhrzeit, zu denen der Datensatz ausläuft.

- **Versions-ID.** Eine Angabe, die die Reihenfolge kennzeichnet, in der die Einträge erstellt wurden. Wenn ein Replikationspartner neue Daten anfordert, fragt er die Einträge ab, deren Versions-ID höher ist als der Datensatz, der zuletzt vom Push-Partner empfangen wurde.

> **hinweis**
> Die Anzeige der Datenbank wird nicht automatisch aktualisiert. Wählen Sie die Schaltfläche AKTUALISIEREN, um die Anzeige auf den neuesten Stand zu bringen.

Das Feld SORTIERREIHENFOLGE bietet verschiedene Optionen, um Datensätze zu sortieren. Sie können die Anzeige der Datensätze auch filtern. Wählen Sie dazu die Schaltfläche FILTER SETZEN, und geben Sie im Dialogfeld FILTER SETZEN einen Computernamen oder eine IP-Adresse ein, um die Anzeige darauf zu beschränken.

Wenn ein WINS-Server nicht mehr verfügbar ist, können Sie dessen Einträge aus der Datenbank entfernen, indem Sie den Server im Feld BESITZER AUSWÄHLEN markieren und anschließend die Schaltfläche BESITZER LÖSCHEN wählen.

Wie im Kapitel »Besondere Namen« dargestellt wird, fallen NetBIOS-Namen in verschiedene Kategorien, die durch das Byte 16 des NetBIOS-Namens gekennzeichnet werden. Jeder Name im Feld ZUORDNUNGEN des Dialogfelds DATENBANK ANZEIGEN wird mit dem Wert gekennzeichnet, der dem Byte 16 seines Namens zugewiesen wird. (Im Fenster DATENBANK ANZEIGEN des WINS-Dienstes werden Hexadezimalzahlen mit dem Buchstaben »h« gekennzeichnet. Der Wert 01h entspricht 0x1.)

13.4.4 Die Einstellungen des WINS-Managers bearbeiten

Über den Menübefehl EINSTELLUNGEN im Menü OPTIONEN stehen Ihnen optionale Funktionen des WINS-Managers zur Verfügung. Bild 13.9 zeigt das Dialogfeld EINSTELLUNGEN. (Im Bild wurde auf die Schaltfläche PARTNER geklickt, um Konfigurationsoptionen für Push- und Pull-Partner einzurichten.)

Abbildung 13.9

Das Dialogfeld Einstellungen des WINS-Managers

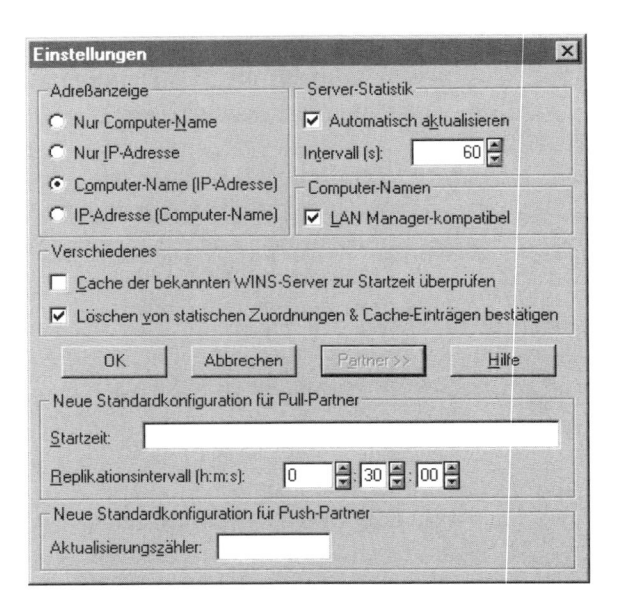

Im Dialogfeld EINSTELLUNGEN stehen Ihnen die folgenden Optionen zur Verfügung:

▶ **Adreßanzeige.** Enthält vier Optionen, die bestimmen, wie WINS-Server im Listenfeld WINS-SERVER aufgeführt werden. Die einzelnen Optionen heißen NUR COMPUTER-NAME, NUR IP-ADRESSE, COMPUTER-NAME (IP-ADRESSE) und IP-ADRESSE (COMPUTER-NAME).

▶ **Server-Statistik:** AUTOMATISCH AKTUALISIEREN. Aktivieren Sie diese Option, um anzugeben, daß die Statistik im WINS-Manager automatisch aktualisiert werden soll. Geben Sie im Listenfeld INTERVALL ein Aktualisierungsintervall in Sekunden an.

- **Computer-Namen:** LAN MANAGER-KOMPATIBEL. Im allgemeinen sollte diese Option aktiviert sein, um zu erzwingen, daß Computer-Namen den Benennungsregeln des LAN-Managers entsprechen, der Namen auf 15 Zeichen beschränkt. (Einige NetBIOS-Umgebungen setzen Namen ein, die aus 16 Zeichen bestehen. Der LAN Manager verwendet das sechzehnte Byte, um den Dienst zu kennzeichnen, der auf dem Computer ausgeführt wird (Server, Arbeitsstation, Nachrichtendienst etc.). Alle Windows-Netzwerkprodukte folgen den Benennungskonventionen des LAN-Managers.

- **Cache der bekannten WINS-Server zur Startzeit überprüfen.** Aktivieren Sie diese Option, falls das System alle bekannten Server abfragen sollte, um festzustellen, ob die Server verfügbar sind.

- **Löschen von statischen Zuordnungen & Cache-Einträgen bestätigen.** Aktivieren Sie diese Option, wenn beim Löschen von statischen Zuordnungen oder Namen, die sich im Cache-Speicher befinden, ein Warnhinweis ausgegeben werden soll.

- **Neue Standardkonfiguration für Pull-Partner:** STARTZEIT. Dieser Wert kennzeichnet eine Standard-Startzeit, die auf neuerstellte Pull-Partner angewendet wird. Geben Sie ein Standard-Replikationsintervall in das Feld REPLIKATIONSINTERVALL ein. Dieser Wert sollte gleich groß oder geringer sein als das kleinste Replikationsintervall, das für einen aktiven WINS-Replikationspartner vergeben wurde.

- **Neue Standardkonfiguration für Push-Partner. Aktualisierungszähler.** Dieser Wert gibt den Standard für die Anzahl der Registrierungen und Veränderungen vor, die den Push-Partner veranlassen, einen Replikationsaufruf zu senden. Der minimale Wert ist 5.

13.4.5 WINS-Server-Eigenschaften konfigurieren

Sie können bei jedem WINS-Server zahlreiche Eigenschaften anpassen. Diese Eigenschaften können Sie konfigurieren, indem Sie den WINS-Server im WINS-Manager auswählen und den Menübefehl KONFIGURATION im Menü SERVER wählen. Bild 13.10 zeigt das Dialogfeld WINS-SERVER-KONFIGURATION.

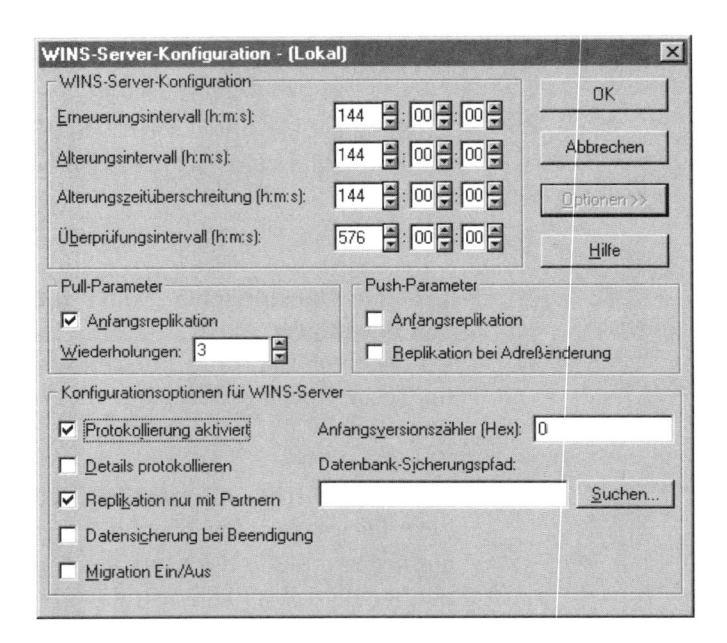

Abbildung 13.10

Das Dialogfeld WINS-Server-Konfiguration

(In Bild 13.10 wurde auf die Schaltfläche OPTIONEN geklickt, um die Konfigurationsoptionen für WINS-Server zu erweitern.) Im Dialogfeld stehen die folgenden Optionen zur Verfügung:

- **Erneuerungsintervall.** Diese Option bestimmt, wie häufig ein Client seinen Namen neu registrieren muß. Ein Name, der innerhalb des Erneuerungsintervalls nicht erneuert wurde, wird als freigegeben markiert. Wenn Clients dazu gezwungen werden, erhöht sich der Datenverkehr im Netzwerk. Ein Wert von 32 Stunden ermöglicht es dem Client, jeden Tag eine neue Registrierung zu beziehen, und die Registrierung wird in einem vernünftigen Zeitrahmen freigegeben, falls sie nicht benötigt wird. Der Maximalwert für dieses Feld ist 144 Stunden (4 Tage).

▶ **Alterungsintervall.** Diese Option legt fest, wie lange ein freigegebener Name in der Datenbank bleiben kann, bevor er als nicht mehr vorhanden markiert und zum Löschen gekennzeichnet wird. Versuchen Sie, diesen Wert auf ein Drei- oder Vierfaches des Erneuerungsintervalls zu setzen.

▶ **Alterungszeitüberschreitung.** Gibt das Intervall zwischen dem Zeitpunkt, an dem ein Datensatz als abgelaufen markiert wird, an und dem Zeitpunkt, wenn er aus der Datenbank entfernt wird. Der Minimalwert ist ein Tag.

▶ **Überprüfungsintervall.** Gibt an, wie häufig der WINS-Server die Korrektheit der Namen, die nicht in seiner Datenbank enthalten sind, überprüfen muß. Der Maximalwert liegt bei 24 Tagen.

> Die Festlegung des Erneuerungs- und Alterungsintervalls ist ein Balanceakt zwischen dem Bedarf, die WINS-Datenbank aktuell zu halten, und der Erzeugung von Datenverkehr im Netzwerk. Wenn beide Intervalle sehr klein sind, steigt der Datenverkehr im Netzwerk, und Benutzer können ihre Namensreservierungen verlieren, wenn sie ein paar Tage nicht im Büro sind. Auf der anderen Seite entsteht in der Datenbank ein Wirrwarr durch überflüssige Einträge, wenn die Intervalle zu lang sind.

▶ **Pull-Parameter:** ANFANGSREPLIKATION. Aktivieren Sie dieses Kontrollkästchen, damit der Server neue Daten von seinen Partnern beziehen kann, wenn er initialisiert wird oder wenn sich die Replikationsparameter ändern. Geben Sie dann im Feld WIEDERHOLUNGEN einen Wert an, um festzulegen, wie oft der Server versuchen soll, die Datenbank zu replizieren. Wenn der Server keinen Erfolg hat, wird die Replikation entsprechend der Konfiguration des Servers für die Replikation durchgeführt.

▶ **Push-Parameter:** ANFANGSREPLIKATION. Aktivieren Sie dieses Kontrollkästchen, falls der Server seine Push-Partner über seine Initialisierung informieren soll. Sollen Push-Partner benachrichtigt werden, wenn sich eine Adresse in einem zugeordneten Datensatz ändert, aktivieren Sie das Kontrollkästchen REPLIKATION BEI ADREẞÄNDERUNG.

- **Protokollierung aktiviert.** Aktivieren Sie dieses Kontrollkästchen, wenn Änderungen der Datenbank in der Datei JET.LOG protokolliert werden sollen.

- **Details protokollieren:** Aktivieren Sie dieses Kontrollkästchen, um eine ausführliche Protokollierung zu aktivieren. Diese Option sollten Sie nur dann einsetzen, wenn Sie die Leistung von WINS analysieren wollen, weil der Bedarf an Systemressourcen hoch ist.

- **Replikation nur mit Partnern.** Wenn diese Option aktiviert ist, kann ein Administrator einen WINS-Server nicht zwingen, Daten von einem WINS-Server zu beziehen oder an diesen zu senden, der nicht als Replikationspartner aufgeführt ist.

- **Datensicherung bei Beendigung.** Wenn diese Option aktiviert ist, wird die Datenbank beim Verlassen des WINS-Managers gesichert, falls das System nicht abgeschaltet wird.

- **Migration Ein/Aus.** Aktivieren Sie diese Option, falls Sie von einem Nicht-Windows NT-System auf Windows NT umsteigen. Wenn diese Option aktiviert ist, können statische Datensätze so behandelt werden, als wären sie dynamisch, und können somit überschrieben werden.

- **Anfangsversionszähler (Hex):** Dieser Wert muß nur dann angepaßt werden, wenn die WINS-Datenbank beschädigt ist und neu gestartet werden muß. Ist das der Fall, setzen Sie den Wert höher als die Versionsnummer dieses WINS-Servers, die bei allen Replikationspartnern des Servers erscheint, um die Replikation der Datensätze für diesen Server zu erzwingen. Die Versions-ID können Sie im Dialogfeld DATENBANK ANZEIGEN betrachten.

- **Datenbank-Sicherungspfad.** Legt das Verzeichnis fest, in dem die Sicherungsdateien der Datenbank gespeichert werden. Wenn ein Pfad angegeben wird, wird automatisch alle 14 Stunden eine Sicherungskopie angefertigt. Geben Sie jedoch kein Netzwerkverzeichnis als Pfad an.

> **hinweis** Wenn Sie Sicherungskopien benötigen, müssen Sie im Textfeld DATENBANK-SICHERUNGSPFAD einen Pfad angeben.

13.4.6 Detailinformationen des WINS-Servers betrachten

Sie können für jeden WINS-Server detaillierte Informationen anzeigen. Wählen Sie dazu den Menübefehl DETAILINFORMATIONEN im Menü SERVER. Bild 13.11 zeigt ein Beispiel für ein Dialogfeld DETAILINFORMATIONEN. Das Dialogfeld enthält die folgenden Optionen:

Abbildung 13.11

Detailinformationen über einen WINS-Server

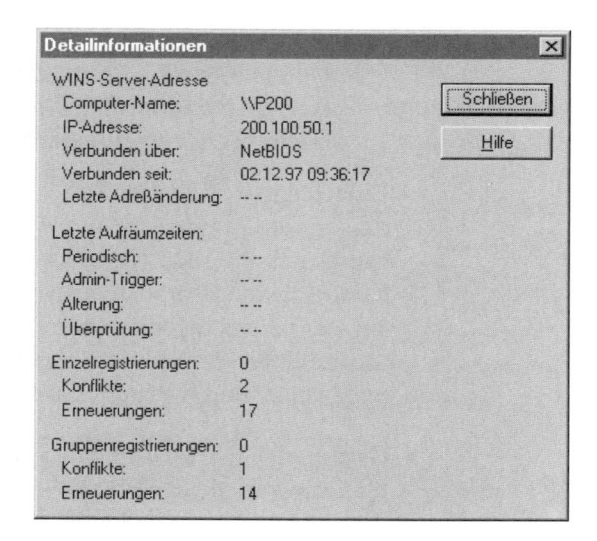

```
Detailinformationen
  WINS-Server-Adresse
    Computer-Name:        \\P200
    IP-Adresse:           200.100.50.1
    Verbunden über:       NetBIOS
    Verbunden seit:       02.12.97 09:36:17
    Letzte Adreßänderung: -- --

  Letzte Aufräumzeiten:
    Periodisch:           -- --
    Admin-Trigger:        -- --
    Alterung:             -- --
    Überprüfung:          -- --

  Einzelregistrierungen:  0
    Konflikte:            2
    Erneuerungen:         17

  Gruppenregistrierungen: 0
    Konflikte:            1
    Erneuerungen:         14

                          [Schließen]
                          [Hilfe]
```

- ▶ **Computer-Name.** Der NetBIOS-Name des Computers, auf dem der WINS-Server installiert ist.

- ▶ **IP-Adresse:** Die IP-Adresse des WINS-Servers.

- ▶ **Verbunden über.** Das Verbindungsprotokoll.

- ▶ **Verbunden seit.** Der Zeitpunkt, an dem der WINS-Server-Dienst letztmals aktiviert wurde. Anders als die Server-Startzeit in der Statistik des Hauptfensters wird die Option VERBUNDEN SEIT zurückgesetzt, wenn der WINS-Server-Dienst gestoppt oder gestartet wird.

- **Letzte Adreßänderung:** Der Zeitpunkt, an dem die Datenbankänderungen letztmals repliziert wurden.

- **Letzte Aufräumzeiten.** Der Zeitpunkt, zu dem die Datenbank zuletzt aufgeräumt wurde, um veraltete Daten zu entfernen. Für die folgenden Ereignisse werden Zeitpunkte angegeben:

  - PERIODISCH – Es wird zu einer festgelegten Zeit in regelmäßigen Abständen aufgeräumt.

  - ADMIN-TRIGGER – Die Aufräumarbeiten werden manuell vom Administrator initialisiert.

  - ALTERUNG – Freigegebene Datensätze wurden aufgeräumt, weil sie die Alterungszeit überschritten hatten.

  - ÜBERPRÜFUNG – Zeitpunkt, zu dem, basierend auf dem Überprüfungsintervall der WINS-Server-Konfiguration, zuletzt aufgeräumt wurde.

- **Einzelregistrierungen.** Die Anzahl der Namensregistrierungen für Gruppen, die der WINS-Server angenommen hat. Der Eintrag KONFLIKTE kennzeichnet die Anzahl der Konflikte, die auftraten, als Namen registriert werden sollten, die bereits registriert waren. Der Eintrag ERNEUERUNGEN zeigt die Anzahl der Erneuerungen an, die für eindeutige Namen durchgeführt wurden.

- **Gruppenregistrierung.** Die Anzahl der Anforderungen für Gruppen, die der WINS-Server angenommen hat. Der Eintrag KONFLIKTE zeigt die Anzahl der Konflikte an, die bei der Registrierung von Gruppennamen auftraten. Der Eintrag ERNEUERUNGEN kennzeichnet die Anzahl der Erneuerungen von Gruppennamen.

13.4.7 Statische Zuordnungen konfigurieren

Manchmal sind dynamische Zuordnungen von Namen zu IP-Adressen nicht wünschenswert. Dann erweisen sich statische Zuordnungen in der WINS-Datenbank als nützlich. Eine statische Zuordnung ist eine permanente Zuordnung eines Computernamens zu einer IP-Adresse. Statische Zuordnungen können nicht abgerufen werden und werden nur dann entfernt, wenn sie explizit gelöscht werden.

WINS-Server verwalten **355**

Um in WINS-Manager eine statische Zuordnung hinzuzufügen, gehen Sie wie folgt vor:

1. Wählen Sie den Menübefehl STATISCHE ZUORDNUNGEN im Menü ZUORDNUNGEN. Es öffnet sich das Dialogfeld STATISCHE ZUORDNUNGEN (siehe Bild 13.12), das alle aktiven statischen Zuordnungen anzeigt. Die Zuordnungen für P100 sind mit einem einzelnen Symbol gekennzeichnet, weil P100 als einzelne Zuordnung eingegeben wurde. Die Zuordnungen für P200 werden durch ein Gruppensymbol gekennzeichnet, weil P200 als mehrfach vernetzter Computer angegeben wurde. Bild 13.3 zeigt, wie die statische Zuordnung für P200 festgelegt wurde.

Abbildung 13.12

Statische Zuordnungen

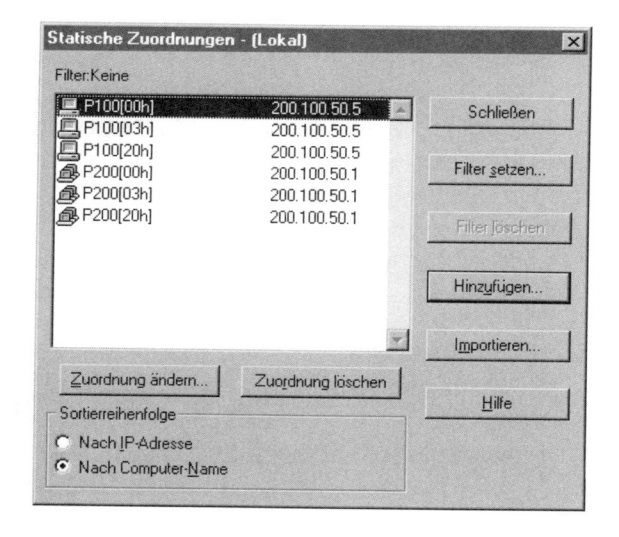

2. Wählen Sie im Dialogfeld STATISCHE ZUORDNUNGEN die Schaltfläche HINZUFÜGEN, um das Dialogfeld STATISCHE ZUORDNUNGEN HINZUFÜGEN zu öffnen (siehe Bild 13.13).

3. Geben Sie den Namen des Computers in das Feld NAME ein. Der WINS-Manager fügt die Zeichen \\ hinzu, um den UNC-Namen zu vervollständigen.

4. Geben Sie die IP-Adresse in das gleichnamige Feld ein.

5. Klicken Sie auf eine der Optionsschaltflächen im Feld TYP. Zur Verfügung stehen die Optionen EINZELN, GRUPPE, DOMÄNENNAME, INTERNET-GRUPPE und MEHRFACH VERNETZT:

- **Einzeln.** Der Name ist in der WINS-Datenbank einzigartig, und ihm ist nur eine IP-Adresse zugeordnet.

- **Gruppe.** Gruppen sind Ziele von Rundsendungsmeldungen und werden nicht mit IP-Adressen verknüpft. Wenn der WINS-Server eine Abfrage für die Gruppe erhält, liefert er FFFFFFFF zurück. Dies ist die IP-Rundsendungsadresse. Der Client sendet die Meldung dann im lokalen Netzwerk als Rundsendung.

- **Domänenname.** Eine Gruppe, die mit den IP-Adressen von bis zu 24 Windows NT-Domänen-Controllern und der Adresse des primären Domänen-Controllers verknüpft ist (insgesamt 25). Dadurch wird die Domänen-Aktivität erleichtert.

- **Internet-Gruppe.** Ähnlich wie Domänen-Gruppe. Es handelt sich aber um eine benutzerdefinierte Gruppe, die verschiedene Ressourcen, wie z.B. Router und Drucker, enthalten kann.

- **Mehrfach vernetzt.** Ein Name kann mit bis zu 25 Adressen verknüpft werden, die mit den IP-Adressen eines mehrfach vernetzten Computers übereinstimmen.

Abbildung 13.13

Das Dialogfeld Statische Zuordnungen hinzufügen

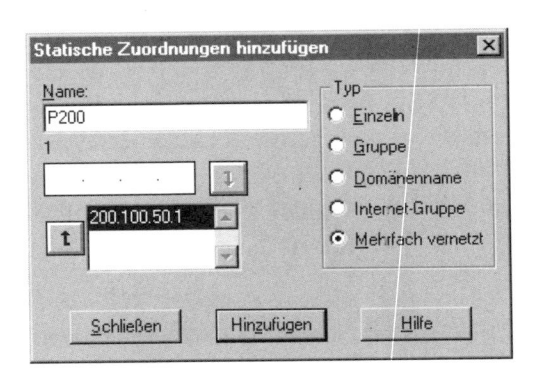

6. Wählen Sie die Schaltfläche HINZUFÜGEN.

Um eine statische Zuordnung zu bearbeiten, gehen Sie wie folgt vor:

1. Wählen Sie den Menübefehl STATISCHE ZUORDNUNGEN im Menü ZUORDNUNGEN.

2. Wählen Sie im Dialogfeld STATISCHE ZUORDNUNGEN die Zuordnung, die Sie verändern möchten, und klicken Sie auf die Schaltfläche ZUORDNUNG ÄNDERN.

3. Nehmen Sie im Dialogfeld STATISCHE ZUORDNUNG ÄNDERN alle erforderlichen Änderungen vor.

4. Klicken Sie auf OK, um die Änderungen zu speichern.

Sie können statische Zuordnungen für eindeutige und spezielle Gruppennamen auch aus Dateien importieren, die das gleiche Format wie LMHOSTS-Dateien benutzen. Wählen Sie die Schaltfläche IMPORTIEREN, um das Dialogfeld DATEI MIT STATISCHEN ZUORDNUNGEN AUSWÄHLEN zu öffnen und Zuordnungen zu importieren.

13.4.8 Besondere Namen

WINS erkennt eine große Bandbreite besonderer Namen, die durch das sechzehnte Byte der Microsoft-kompatiblen Namen gekennzeichnet werden. Auf besondere Namen stoßen Sie, wenn Sie statische Zuordnungen einrichten und Einträge in der WINS-Datenbank prüfen. Die besonderen Namen, die von WINS erkannt werden, werden in den folgenden Abschnitten besprochen.

Normaler Gruppenname

Der normale Gruppenname wird mit dem Wert 1Eh im sechzehnten Byte gekennzeichnet. Suchdienste senden Rundsendungen an diesen Namen und antworten, wenn sie einen Hauptsuchdienst wählen. In Reaktion auf Anfragen an diesen Namen liefert WINS immer die Rundsendungsadresse FFFFFFFF zurück.

Mehrfach vernetzte Namen

Ein mehrfach vernetzter Name ist ein einzelner Computer, der mehrere IP-Adressen beherbergt, die mit den verschiedenen Netzwerkkarten des Computers verknüpft sind. Jeder mehrfach vernetzte Name kann mit bis zu 25 IP-Adressen verbunden werden. Diese Information wird aufgebaut, wenn die TCP/IP-Konfiguration eingesetzt wird, um die IP-Adressen für den Computer festzulegen.

Wenn der WINS-Server-Dienst auf einem mehrfach vernetzten Computer betrieben wird, ist er immer mit der ersten Netzwerkkarte in der Computer-Konfiguration verknüpft. Alle WINS-Meldungen des Computers stammen deshalb von der gleichen Netzwerkkarte.

Mehrfach vernetzte Computer mit Verbindungen zu einem oder mehreren Netzwerken sollten nicht als WINS-Server konfiguriert werden. Wenn ein Client versucht, Verbindung mit einem mehrfach vernetzten WINS-Server aufzunehmen, liefert der Server die IP-Adresse möglicherweise an das falsche Netzwerk zurück, wodurch der Versuch, Verbindung aufzunehmen, fehlschlägt.

Domänen-Gruppennamen

Ein Domänen-Gruppenname wird benutzt, um Windows NT-Server-Computer in Domänen-Gruppen zu registrieren, wobei es sich in erster Linie um Windows NT-Server-Domänen handelt. Wenn die Domänengruppe nicht statisch konfiguriert wird, werden die zur Gruppe gehörigen Computer dynamisch registriert, wenn sie der Gruppe beitreten und sie verlassen. Internet-Gruppennamen werden durch den Wert 0x1C im sechzehnten Byte des NetBIOS-Namens gekennzeichnet. Eine Domänen-Gruppe kann bis zu 25 Mitglieder enthalten, wobei die am nächsten gelegenen Windows NT-Server-Computer bevorzugt werden. In einem großen Internetzwerk registriert die Domänen-Gruppe die 24 nächstgelegenen Windows NT-Server-Computer und den primären Domänen-Controller. Windows NT-Server-v3.1-Computer werden in dieser Gruppe nicht dynamisch registriert und müssen manuell über den WINS-Manager hinzugefügt werden. Wenn Computer manuell ergänzt werden, wird die Gruppe statisch und kann keine dynamischen Aktualisierungen mehr annehmen.

Andere besondere Namen

Es gibt noch weitere besondere Namen, die über das Byte 16 wie folgt gekennzeichnet werden:

> ▶ **0x0 (00h).** Kennzeichnet den Namen des Redirectors, der mit dem Arbeitsstationsdienst eines Computers verknüpft ist. Dieser Name wird häufig auch als NetBIOS-Name bezeichnet.

- **0x1 (01h).** Kennzeichnet _MSBROWSE_, den Namen, an den Hauptsuchdienste Rundsendungen verschicken, um ihre Domänen anderen Hauptsuchdiensten im lokalen Teilnetz bekanntzumachen. WINS beantwortet Anfragen von _MSBROWSE_ mit einer Rundsendung der Adresse FFFFFFFF.

- **0x3 (03h).** Kennzeichnet den Namen des Nachrichtendienstes, mit dem Meldungen verschickt werden.

- **0x6 (06h).** Kennzeichnet den Dienst RAS-Server.

- **0x1B (01Bh).** Kennzeichnet den Hauptsuchdienst der Domäne. WINS geht davon aus, daß es sich um den primären Domänen-Controller handelt. Ist das nicht der Fall, sollte der Domänen-Hauptsuchdienst in WINS statisch konfiguriert werden.

- **0x1F (01Fh).** Kennzeichnet den NetDDE-Dienst.

- **0x20 (020h).** Kennzeichnet den Server-Dienst, der Zugriff auf Dateien und Drucker bietet.

- **0x21 (021h).** Kennzeichnet einen RAS-Client

- **0xBE (0Beh).** Kennzeichnet den Netzwerküberwachungsagenten.

- **0xBF (0BFh).** Kennzeichnet das Hilfsprogramm NETZWERKÜBERWACHUNG.

13.4.9 Eine Sicherungskopie der Datenbank erstellen

WINS erstellt alle 24 Stunden eine Sicherungskopie seiner Datenbank. Der Dateiname und der Pfad werden, wie im Abschnitt »WINS-Registrierungseinträge« beschrieben, als Registrierungseinträge angegeben. Gelegentlich werden Sie eine nicht geplante Sicherung vornehmen wollen. Dazu müssen Sie die folgende Prozedur ausführen:

1. Wählen Sie den Menübefehl DATENBANK SICHERN im Menü ZUORDNUNGEN, um das Dialogfeld SICHERUNGSVERZEICHNIS zu öffnen (siehe Bild 13.14).

Abbildung 13.14

Ein Verzeichnis für die Sicherung der WINS-Datenbank wählen

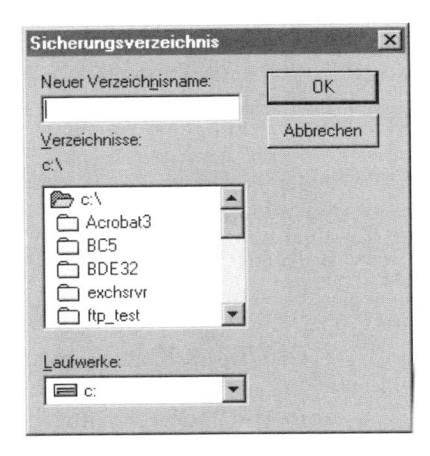

2. Wählen Sie, falls erforderlich, ein neues Laufwerk im Listenfeld LAUFWERKE. Der beste Ort für eine Sicherungskopie ist eine andere Festplatte, damit die Datenbankdateien verfügbar sind, wenn die erste Festplatte ausfällt.

3. Geben Sie das Verzeichnis im Listenfeld VERZEICHNISSE an, in dem die Sicherungsdateien gespeichert werden sollen. Der WINS-Manager macht Ihnen auch einen Vorschlag.

4. Sie können auch einen neuen Verzeichnisnamen angeben, der im Verzeichnis, das Sie in Schritt 3 angegeben haben, erstellt wird. Als Standard wird ein Unterverzeichnis namens WINS_BAK erstellt, um die Sicherungsdateien zu speichern.

5. Klicken Sie auf OK, um die Datenbank zu sichern.

13.4.10 Die WINS-Datenbank wiederherstellen

Wenn Benutzer keine Verbindung zu einem Server herstellen können, auf dem ein WINS-Server abläuft, ist die WINS-Datenbank eventuell beschädigt worden. Sie müssen die Datenbank dann möglicherweise aus der Sicherungskopie wiederherstellen. Das können Sie manuell oder über Menübefehle tun. Die Prozedur muß auf dem Computer ausgeführt werden, auf dem der WINS-Dienst betrieben wird.

Gehen Sie wie folgt vor, um die WINS-Datenbank über Menübefehle wiederherzustellen:

1. Stoppen Sie den WINS-Dienst mit einer der folgenden Methoden:

   ▶ Öffnen Sie das Dialogfeld DIENSTE über das gleichnamige Symbol in der Systemsteuerung, markieren Sie den WINS-Dienst im Listenfeld, und klicken Sie auf die Schaltfläche ANHALTEN.

   ▶ Öffnen Sie die Eingabeaufforderung, und geben Sie den Befehl `net stop wins` ein.

2. Starten Sie den WINS-Manager, und ignorieren Sie dabei die Warnmeldung WINS-DIENST WIRD AUF DEM ZIEL-COMPUTER NICHT AUSGEFÜHRT oder AUF DEN ZIEL-COMPUTER KANN NICHT ZUGEGRIFFEN WERDEN, indem Sie auf OK klicken.

3. Wählen Sie den Menübefehl LOKALE DATENBANK WIEDERHERSTELLEN im Menü ZUORDNUNGEN.

4. Geben Sie im Dialogfeld WIEDERHERSTELLUNGSVERZEICHNIS das Laufwerk und das Verzeichnis an, aus dem die Datenbank wiederhergestellt werden soll.

5. Klicken Sie auf OK, um die Datenbank wiederherzustellen.

6. Starten Sie den WINS-Dienst über eine der folgenden Methoden:

   ▶ Öffnen Sie das Dialogfeld DIENSTE über das gleichnamige Symbol in der Systemsteuerung, wählen Sie den Eintrag WINS-DIENST aus dem Listenfeld aus, und klicken Sie auf die Schaltfläche STARTEN.

   ▶ Öffnen Sie die Eingabeaufforderung, und geben Sie den Befehl `net start wins` ein.

Gehen Sie wie folgt vor, um die Datenbank manuell wiederherzustellen:

1. Stoppen Sie den WINS-Dienst.

2. Löschen Sie alle Dateien im Verzeichnis *C:\WINNT\SYSTEM32\WINS*.

3. Kopieren Sie die Datei *SYSTEM.MDB* von der Installationsdiskette in das Verzeichnis *C:\WINNT\SYSTEM32\WINS*.

4. Erstellen Sie eine Sicherungskopie der Datei *WINS.MDB* im Verzeichnis *C:\WINNT\SYSTEM32\WINS*.

5. Starten Sie den WINS-Dienst neu.

Die folgenden Hauptdateien der WINS-Datenbank werden im Verzeichnis *C:\WINNT\SYSTEM32\WINS* gespeichert (wenn Ihre Systemdateien in einem anderen Verzeichnis als *C:\WINNT* gespeichert werden, ersetzen Sie den Verzeichnispfad entsprechend):

- *WINS.MDB*. Die WINS-Datenbankdatei.

- *WINSTMP.MDB*. Wird von WINS benutzt, um temporäre Arbeitsdateien zu speichern.

- *J50.LOG*. Zeichnet Transaktionen auf, die an der Datenbank vorgenommen werden. (Unter dem Windows NT Server 3.5x. hieß die Datei JET.LOG)

> **Warnung:** Entfernen Sie niemals WINS-Dateien, und verändern Sie diese auch nicht. Es handelt sich nicht um normale Datenbanken. Wenn Sie versuchen, sie zu verändern, wird die gesamte Datenbank beschädigt oder gelöscht.

13.4.11 Die Datenbank aufräumen und komprimieren

Die WINS-Datenbank wird mit der Zeit von alten und freigegebenen Einträgen von anderen WINS-Servern verstopft. Beim Aufräumen der WINS-Datenbank werden diese alten Datensätze gelöscht, die aus Namen bestehen, die nicht erneuert wurden und alle drei Zeitüberschreitungen überlebt haben. Nach dem Aufräumen sollten Sie die Datenbank komprimieren, um die Größe der Datendatei zu reduzieren, weil sich dadurch die Größe der gesamten Datenbank verringert und sich die Geschwindigkeit erhöht, mit der Abfragen durchgeführt werden.

Die Datenbank wird in regelmäßigen Abständen gemäß der Parameter, die in der Registrierung festgelegt wurden, ausgeführt. Sie können die Aufräumarbeiten aber auch manuell initiieren, bevor Sie die Datenbank komprimieren. Unter Windows NT Server 3.51 oder einer früheren Version müssen die Aufräumarbeiten manuell durchgeführt werden.

Wählen Sie den Menübefehl AUFRÄUMPROZEß STARTEN im Menü ZUORDNUNGEN, um die Aufräumarbeiten zu starten.

Die WINS-Datenbank wird in der Datei namens *WINS.MDB* gespeichert, die als Standard im Verzeichnis *\WINNT\SYSTEM32\WINS* abgelegt wird. Gehen Sie wie folgt vor, um die WINS-Datenbank zu komprimieren:

1. Öffnen Sie die Eingabeaufforderung.

2. Geben Sie den Befehl `net stop wins` ein, um den WINS-Dienst auf dem Computer anzuhalten. Benutzer können Namen auf diesem Server nicht mehr auswerten, solange der WINS-Dienst angehalten ist.

3. Wechseln Sie in das WINS-Verzeichnis. Wenn es sich im Standardpfad befindet, geben Sie dazu den Befehl `CD \WINNT\SYSTEM32\WINS` ein.

4. Geben Sie den Befehl `jetpack wins.mdb temp.mdb` ein, um die Datenbank zu komprimieren. *WINS.MDB* ist die Datei, die komprimiert werden soll, und *TEMP.MDB* ist der Name einer temporären Datei, die `jetpack` während des Komprimierungsprozesses verwendet.

5. Starten Sie WINS mit dem Befehl `net start wins` neu, nachdem Sie die Meldung JETPACK COMPLETED SUCCESSFULLY erhalten haben.

6. Geben Sie den Befehl `Exit` ein, um die Eingabeaufforderung zu schließen.

> **warnung**
> `jetpack` sollte nur zur Komprimierung der Datei WINS.MDB eingesetzt werden. Komprimieren Sie damit nicht die Datei SYSTEM.MDB.

13.5 Die WINS-Datenbank replizieren

Jedes Netzwerk sollte mit zwei oder mehr WINS-Servern ausgestattet sein. Den zweiten Server können Sie benutzen, um eine Datensatzkopie der WINS-Datenbank zu unterhalten, die benutzt werden kann, wenn der primäre Server ausfällt. In großen Intranets führt der Einsatz mehrerer WINS-Server zu weniger geroutetem Datenverkehr und zu einer Verteilung der Arbeitslast auf mehrere Computer.

Sie können Paare von WINS-Servern auch als Replikationspartner konfigurieren. WINS-Server können zwei Arten von Replikationen ausführen: Push- und Pull-Replikationen. Ein Computer des Replikationspaares wird als Push-Partner eingesetzt und der andere als Pull-Partner.

Die Replikation von Datenbanken findet durch Datentransfers von einem Push-Partner an einen Pull-Partner statt. Ein Push-Partner kann Daten jedoch nicht einseitig »pushen«. Datenübertragungen können auf zwei Weisen erfolgen:

Ein Pull-Partner kann die Replikation initiieren, indem er sie von einem Push-Partner anfordert. Alle Datensätze in einer WINS-Datenbank werden mit Versionsnummern versehen. Wenn ein Pull-Partner eine Pull-Anforderung sendet, legt er die höchste Versionsnummer fest, die mit Daten verknüpft ist, die vom Push-Partner empfangen wurden. Der Push-Partner sendet dann alle neuen Daten aus seiner Datenbank, die eine höhere Versionsnummer aufweisen, als von der Pull-Anforderung angegeben wurde.

Ein Push-Partner kann die Replikation initiieren, indem er einen Pull-Partner benachrichtigt, daß der Push-Partner Daten zu senden hat. Der Pull-Partner kennzeichnet seine Bereitschaft, Daten zu empfangen, indem er eine Pull-Replikationsanforderung sendet, die es dem Push-Partner ermöglicht, Daten zu senden.

Zusammenfassend kann gesagt werden, daß

> ▶ die Replikation erst stattfinden kann, wenn der Pull-Partner zu erkennen gibt, daß er bereit ist, Daten zu empfangen. Eine Pull-Anforderung kennzeichnet nicht nur die Bereitschaft, Daten zu empfangen, sondern auch die Daten, die der Pull-Partner empfangen soll. Deshalb überprüfen Pull-Partner den Replikationsprozeß sogar.

Die WINS-Datenbank replizieren

▶ Daten werden von einem Push-Partner an einen Pull-Partner gesendet. Daten werden nur auf Pull-Anforderungen hin versendet.

Pulls sind geplante Ereignisse, die in regelmäßigen Abständen auftreten, Pushes werden hervorgerufen, wenn die Zahl der Änderungen, die repliziert werden müssen, eine bestimmte Schwelle überschreitet. Ein Administrator kann Pushes und Pulls jedoch auch manuell hervorrufen.

Bild 13.15 stellt ein Netzwerk dar, das fünf WINS-Server enthält. Im allgemeinen werden Replikationspartner für den Zwei-Wege-Transfer von Datensätzen konfiguriert. Jedes Element der Partnerschaft wird als Push- und als Pull-Partner konfiguriert. Dadurch können beide Server aktualisierte Daten an den anderen Partner senden.

Abbildung 13.15

Ein Netzwerk mit fünf WINS-Servern

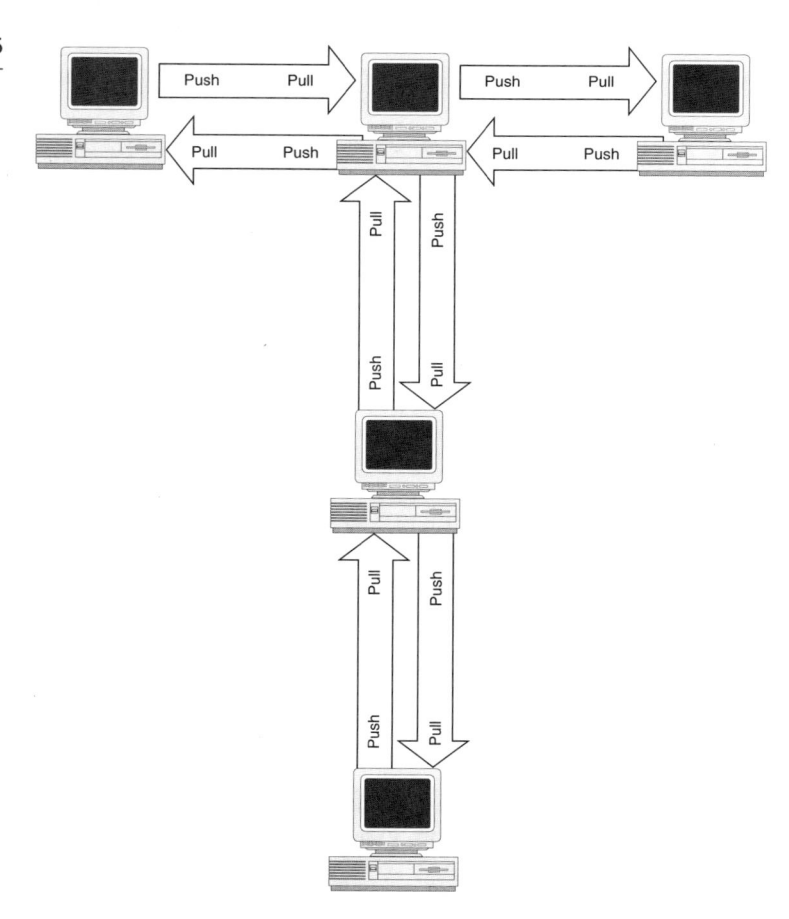

13.5.1 Replikationspartner ergänzen

Um die Replikation auf einem WINS-Server zu konfigurieren, gehen Sie wie folgt vor:

1. Wählen Sie einen WINS-Server im Hauptfenster des WINS-Managers.

2. Wählen Sie den Menübefehl REPLIKATIONSPARTNER im Menü SERVER, um das Dialogfeld REPLIKATIONSPARTNER zu öffnen (siehe 13.16).

Abbildung 13.16

Das Dialogfeld Replikationspartner

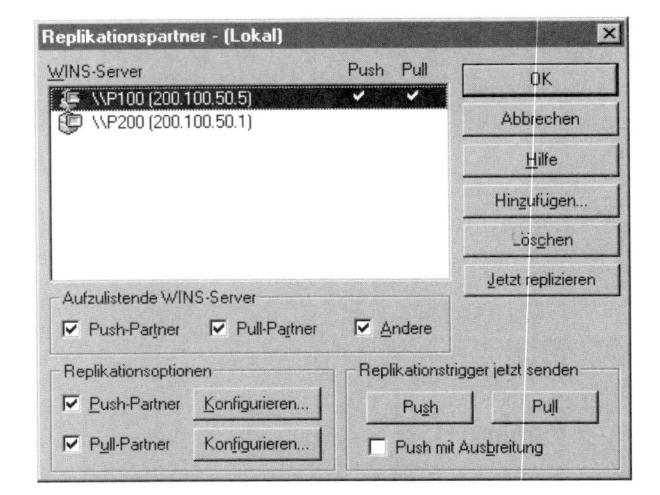

3. Das Dialogfeld REPLIKATIONSPARTNER listet alle WINS-Server auf, die zur Konfiguration dieses WINS-Managers hinzugefügt wurden.

4. Wählen Sie die Schaltfläche HINZUFÜGEN, um einen Replikationspartner zu ergänzen. Geben Sie in das Dialogfeld WINS-SERVER HINZUFÜGEN den Namen oder die Adresse eines WINS-Servers ein.

5. Markieren Sie einen WINS-Server im Listenfeld WINS-SERVER des Dialogfelds REPLIKATIONSPARTNER, um einen Replikationspartner anzugeben.

6a. Um den ausgewählten Server als Push-Partner zu konfigurieren, gehen Sie wie folgt vor:

I. Aktivieren Sie unter den REPLIKATIONSOPTIONEN die Option PUSH-PARTNER.

II. Klicken Sie auf die Schaltfläche KONFIGURIEREN, um das Dialogfeld PUSH-PARTNER-EIGENSCHAFTEN zu öffnen (siehe Bild 13.17).

Abbildung 13.17

Die Konfiguration eines Push-Partners

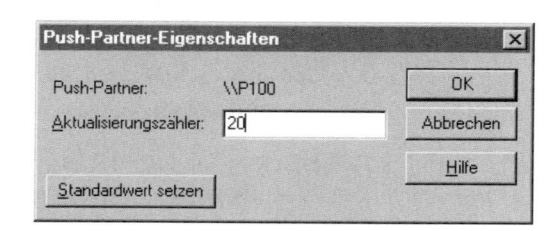

III. Geben Sie in das Feld AKTUALISIERUNGSZÄHLER einen Wert ein, der die Anzahl der Aktualisierungen kennzeichnet, die einen Push hervorrufen sollen. Der Minimalwert liegt bei 5. Wählen Sie die Schaltfläche STANDARDWERT SETZEN, um den Wert, den Sie als Standard ausgewählt haben, im EIGENSCHAFTEN-Dialogfeld festzulegen.

IV. Wählen Sie OK, um zum Dialogfeld REPLIKATIONS-PARTNER zurückzukehren.

6b. Um den markierten Server als Pull-Partner zu konfigurieren, gehen Sie wie folgt vor:

I. Aktivieren Sie das Kontrollkästchen PULL-PARTNER im Feld REPLIKATIONSOPTIONEN.

II. Klicken Sie auf die Schaltfläche KONFIGURIEREN, um das Dialogfeld PULL-PARTNER-EIGENSCHAFTEN zu öffnen (siehe Bild 13.18).

Abbildung 13.18

Die Konfiguration des Pull-Partners

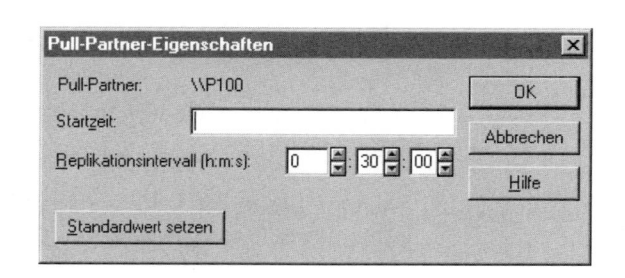

III. Geben Sie im Textfeld STARTZEIT einen Wert ein, der kennzeichnet, wann die Replikation beginnen soll. Das Zeitformat muß mit den Einstellungen der Option INTERNATIONAL in der Systemsteuerung übereinstimmen. Geben Sie außerdem im Feld REPLIKATIONSINTERVALL eine Zeit an, die die Häufigkeit der Replikation kennzeichnet. Wählen Sie die Schaltfläche STANDARDWERT SETZEN, um den Wert anzugeben, den Sie als Standard im Dialogfeld EIGENSCHAFTEN gewählt haben.

IV. Klicken Sie auf OK, um zum Dialogfeld REPLIKATIONSPARTNER zurückzukehren.

7. Konfigurieren Sie bei Bedarf weitere Replikationspartner. Sie können einen WINS-Server gleichzeitig als Push- und als Pull-Partner konfigurieren. Das ist erforderlich, wenn eine Zwei-Wege-Replikation stattfinden soll.

8. Klicken Sie auf OK, nachdem die Replikationspartner für diesen WINS-Server konfiguriert sind.

13.5.2 Die Replikation manuell hervorrufen

Nachdem Sie einen WINS-Server hinzugefügt, statische Zuordnungen aktualisiert oder einen WINS-Server wieder aktiviert haben, nachdem dieser eine bestimmte Zeit ausgeschaltet war, ist es vermutlich erforderlich, den Server zu zwingen, seine Daten beim Replikationspartner zu replizieren. Über den WINS-Manager können Administratoren sowohl die Push- als auch die Pull-Replikation manuell vorzunehmen.

Gehen Sie wie folgt vor, um die Replikation hervorzurufen:

1. Wählen Sie einen WINS-Server im Hauptfenster des WINS-Managers.

2. Wählen Sie den Menübefehl REPLIKATIONSPARTNER im Menü SERVER.

3. Wählen Sie in der WINS-Server-Liste des Dialogfelds REPLIKATIONSPARTNER eben diesen.

4. Aktivieren Sie das Kontrollkästchen PUSH MIT AUSBREI-
TUNG, wenn Sie wollen, daß eine Push-Replikation an alle
WINS-Server im Internetzwerk weitergeleitet wird. Wenn
Sie dieses Kontrollkästchen nicht aktivieren, erhalten nur
direkte Push-Partner die replizierten Daten.

5a. Klicken Sie im Feld REPLIKATIONSTRIGGER JETZT SENDEN
auf die Schaltfläche PUSH oder PULL, um die Replikation
anzustoßen.

Eine Push-Aufforderung benachrichtigt den Pull-Partner,
daß der Push-Partner Daten zum Übertragen hat. Er zwingt
den Pull-Partner nicht, einen Push anzunehmen. Daten werden erst übertragen, wenn der Pull-Partner eine Anforderung an den Push-Partner sendet, der den Trigger hervorgerufen hat.

Ein Pull-Trigger fordert aktualisierte Daten von einem
Push-Partner an.

5b. Um die Replikation sofort zu starten, wählen Sie die
Schaltfläche JETZT REPLIZIEREN.

13.6 WINS-Registrierungseinträge

Wenn es nicht anders angegeben wurde, werden Registrierungs-
parameter, die mit WINS verbunden sind, im Zweig
HKEY_LOCAL_MACHINE des übergeordneten Pfads
\SYSTEM\CURRENTCONTROLSET\SERVICES\ WINS\PARA-
METERS gespeichert. Nicht alle Parameter werden während der
WINS-Installation in die Registrierung eingefügt. Wenn Sie
wissen wollen, welche Merkmale ein Parameter hat, benutzen
Sie den Registrierungseditor, um den Wert in die Registrierung
einzugeben.

Der Schlüssel PARAMETERS enthält den Unterschlüssel DATA-
FILES, der die Dateien angibt, die WINS bei der Initialisierung
der Datenbank benutzen soll. Die Registrierungseinträge für den
WINS-Schlüssel PARAMETERS werden im nächsten Abschnitt
besprochen.

13.6.1 DbFileNm

Datentyp: REG_SZ oder REG_EXPAND_SZ
Wertebereich: Pfadname
Standardwert: %SysRoot%\system32\wins\wins.mdb

DbFileNm gibt den kompletten Pfadnamen für die WINS-Datenbankdatei an.

13.6.2 DoStaticDataInit

Datentyp: REG_DWORD
Wertebereich: 0 oder 1
Standardwert: 0

Wenn der Parameter 1 ist, wird die WINS-Datenbank aus Dateien initialisiert, die im Teilschlüssel *Datafiles* angegeben sind. Die Initialisierung erfolgt, wenn WINS gestartet wird oder wenn Parameter in den Teilschlüsseln *Paramters* oder *Datafiles* verändert werden. Wenn dieser Parameter den Wert 0 hat, initialisiert WINS die Datenbank nicht.

13.6.3 InitTimePause

Datentyp: REG_DWORD
Wertebereich: 0 oder 1
Standardwert: 0

Wenn dieser Parameter den Wert 1 hat, wird der WINS-Dienst in angehaltenem Status gestartet. Er wird erst richtig gestartet, nachdem einer seiner Replikationspartner eine Replikation durchgeführt hat oder die Replikatoin mindestens einmal fehlgeschlagen ist. Wenn dieser Parameter den Wert 1 hat, sollte der Parameter \WINS\Partners\Pul\InitTimeReplication auf den Wert 1 gesetzt oder aus der Registrierung entfernt werden.

13.6.4 LogDetailedEvents

Datentyp: REG_DWORD
Wertebereich: 0 oder 1
Standardwert: 0

Dieser Wert wird ordnungsgemäß über das Kontrollkästchen DETAILS PROTOKOLLIEREN im Dialofeld WINS-SERVER-KONFIGURATION festgelegt. Wenn der Wert 1 ist, wird die ausführliche Protokollierung aktiviert, beim Wert 0 die Standardprotokollierung.

13.6.5 LogFilePath

Datentyp: REG_SZ oder REG_EXPAND_SZ
Wertebereich: Pfadname
Standardwert: %SYSROOT%\SYSTEM32\WINS

Der Parameter *LogFilePath* gibt das Verzeichnis an, in dem WINS-Protokolldateien gespeichert werden.

13.6.6 LoggingOn

Datentyp: REG_DWORD
Wertebereich: 0 oder 1
Standardwert: 0

Wenn dieser Parameter den Wert 1 hat, erfolgt die Prokollierung in der Protokolldatei, die vom Parameter *LogFilePath* festgelegt wird. Dieser Wert wird ordnungsgemäß über das Kontrollkästchen PROTOKOLLIERUNG AKTIVIERT im Dialogfeld WINS-SERVER-KONFIGURATION festgelegt.

13.6.7 McastIntvl

Datentyp: REG_DWORD
Wertebereich: > = 2400
Standardwert: 2400

Dieser Parameter legt das Intervall in Sekunden fest, in dem der WINS-Server eine Multicast-Meldung versendet, um seine Präsenz anderen WINS-Servern mitzuteilen. Der Minimalwert von 2400 Sekunden entspricht einem Intervall von 40 Minuten.

13.6.8 McastTtl

Datentyp: REG_DWORD
Wertebereich: 1-32
Standardwert: 6

Legt fest, wie häufig Multicast-Ankündigungen einen Router passieren können.

13.6.9 NoOfWrkThds

Datentyp: REG_DWORD
Wertebereich: 1-40
Standardwerts: Anzahl der Prozessoren im Computer

Gibt die Anzahl der Arbeits-Threads an, die WINS zur Verfügung stehen. Kann geändert werden, ohne den WINS-Server-Computer neu zu starten.

13.6.10 PriorityClassHigh

Datentyp: REG_DWORD
Wertebereich: 0 oder 1
Standardwerts: 0

Wenn dieser Parameter den Wert 1 hat, läuft WINS mit einer hohen Priorität ab. Dadurch wird sichergestellt, daß der Dienst nicht durch andere Prozesse, die auf dem Computer ablaufen, gestört wird. Benutzen Sie diesen Parameter, um die WINS-

Systemleistung auf einem Computer zu erhöhen, der hauptsächlich als WINS-Name-Server eingesetzt iwrd. Ein Wert von 0 legt für den WINS-Dienst eine normale Priorität fest.

13.6.11 RefreshInterval

Datentyp: REG_DWORD
Wertebereich: Zeit in Sekunden, max. 96h, 59m, 59s (Hex)
Standardwert: 96 Stunden

Dieser Parameter ist ein Hexadezimalwert, der das Intervall in Sekunden angibt, in dem WINS-Namen auf dem Server erneuert werden müssen. Der Wert wird ordnungsgemäß über die Option ERNEUERUNGSINTERVALL im Dialogfeld WINS-SERVER-KONFIGURATION festgelegt.

13.6.12 TombstoneInterval

Datentyp: REG_DWORD
Wertebereich: Zeit in Sekunden, max. 96h, 59m, 59s
Standardwert: Variable

Dieser Parameter ist ein Hexadezimalwert, der das Intervall angibt, in dem nicht erneuerte Namen als abgelaufen markiert werden. Der Wert wird ordnungsgemäßt über die Option ALTERUNGSINTERVALL im Dialogfeld WINS-SERVER-KONFIGURATION festgelegt.

13.6.13 TombstoneTimeout

Datentyp: REG_DWORD
Wertebereich: Zeit in Sekunden, max. 96h, 59m, 59s
Standardwert: Variable

Dieser Parameter ist ein Hexadezimalwert, der das Intervall angibt, in dem nicht erneuerte Namen als abgelaufen werden. Der Wert wird ordnungsgemäßt über die Option ALTERUNGSZEITÜBERSCHREITUNG im Dialogfeld WINS-SERVER-KONFIGURATION festgelegt.

13.6.14 UseSelfFndPntrs

Datentyp: REG_DWORD
Wertebereich: 0 oder 1
Standardwerts: 0

Wenn dieser Parameter den Wert 1 trägt und die Netzwerk-Router Multicasting unterstützen, kann ein WINS-Server automatisch andere WINS-Server und Push- und Pull-Replikationspartner identifizieren. Wenn Router Multicasting nicht unterstützen, kann der WINS-Server automatisch nur die WINS-Server identifizieren, die sich im gleichen Netzwerk oder Teilnetzwerk befinden. Die automatische Identifikation von WINS-Servern paßt sich automatisch an, wenn WINS-Server gestartet oder ausgeschaltet werden.

Die automatische WINS-Server-Identifikation wird überschrieben, wenn die Replikation mit dem WINS-Manager eingerichtet wird.

13.6.15 VerifyInterval

Datentyp: REG_DWORD
Wertebereich: Hex-Wert für die Zeit in Sekunden
Standardwert: Variable

Dieser Parameter ist ein Hex-Wert, der das Intervall angibt, in dem der WINS-Server Einträge in seiner Datenbank verifizieren muß, die er nicht selbst besitzt. Der Wert wird ordnungsgemäß über die Option ÜBERPRÜFUNGSINTERVALL im Dialogfeld WINS-SERVER-KONFIGURATION festgelegt.

Übungen

Anhand dieser Übungen sollen Sie die Installation und Konfiguration des WINS-Servers ausprobieren. Wenn Ihre Netzwerkkonfiguration dies zuläßt, sollten Sie ausprobieren, mit den Proxy-Agents und der WINS-Replikation zu arbeiten.

> **hinweis**
> Wenn Sie noch kein Netzwerk installiert haben, sollten Sie Übung 9.1 in Kapitel 9, »Der Internet Information Server«, durchführen.

Übung 13.1: Den WINS-Server installieren

In dieser Übung installieren Sie den WINS-Server auf Ihrem Computer.

1. Öffnen Sie das Dialogfeld NETZWERK. Wählen Sie auf der Registerkarte DIENSTE die Schaltfläche HINZUFÜGEN.

2. Wählen Sie im Listenfeld NETZWERKDIENSTE den Eintrag WINS-DIENST am Ende der Liste, und klicken Sie auf OK.

3. Sie werden nun über ein Meldungsfenster nach dem Pfad der Windows NT-Quelldateien gefragt. Geben Sie diesen an.

4. Wählen Sie die Schaltfläche OK, um das Dialogfeld NETZWERK zu verlassen.

5. Starten Sie Ihr System neu.

Übung 13.2: Den WINS-Server konfigurieren

In dieser Übung betrachten Sie den WINS-Server genauer und erfahren mehr über die Konfiguration.

1. Wählen Sie aus dem START-Menü die Menübefehle PROGRAMME/VERWALTUNG/WINS-MANAGER. Klicken Sie auf den Server, der aufgeführt wird.

2. Wählen Sie den Menübefehl DETAILINFORMATIONEN im Menü SERVER, um ausführliche Konfigurationsinformationen einzusehen. Wählen Sie anschließend die Schaltfläche SCHLIESSEN, um zum WINS-Manager zurückzukehren.

3. Wählen Sie den Menübefehl KONFIGURATION aus dem Menü SERVER. Klicken Sie auf die Schaltfläche OPTIONEN, um den Rest des Dialogfelds betrachten zu können.

4. Klicken Sie auf die Schaltfläche SUCHEN neben der Option DATENBANK-SICHERUNGSPFAD. Geben Sie im Textfeld NEUER VERZEICHNISNAME im Dialogfeld SICHERUNGSVERZEICHNIS backup ein, und wählen Sie den Pfad *C:\WINNT\SYSTEM32\WINS*.

5. Klicken Sie auf OK, um die Information zu speichern. Beachten Sie, daß nun im Textfeld DATENBANK-SICHERUNGSPFAD der vollständige Pfad zu sehen ist.

6. Klicken Sie auf OK, um das Dialogfeld WINS-SERVER-KONFIGURATION zu schließen.

Übung 13.3: Statische Zuordnungen zur Datenbank hinzufügen

In dieser Übung ergänzen Sie statische Zuordnungen zur Datenbank. (Dadurch haben Sie etwas zu sehen, wenn Sie die Datenbank betrachten.)

1. Wählen Sie den Menübefehl STATISCHE ZUORDNUNGEN im Menü ZUORDNUNGEN. Es öffnet sich das Dialogfeld STATISCHE ZUORDNUNGEN.

2. Klicken Sie auf die Schaltfläche HINZUFÜGEN.

3. Geben Sie in das Feld NAME die Bezeichnung Rob und in das Feld IP-ADRESSE die Adresse 148.53.66.7 ein. Klicken Sie anschließend auf die Schaltfläche HINZUFÜGEN.

4. Ergänzen Sie eine weitere Zuordnung. Geben Sie als Namen Judy und als IP-Adresse 148.53.66.9 ein. Klicken Sie auf HINZUFÜGEN.

5. Klicken Sie auf die Schaltfläche SCHLIEßEN. Dadurch sollten Sie nun wieder zum Dialogfeld STATISCHE ZUORDNUNGEN gelangen.

   Wie viele Zuordnungen werden nun aufgeführt? Warum? Es sollten insgesamt sechs Zuordnungen vorhanden sein. WINS erzeugt für jedes System eine Zuordnung zum Arbeitsstationsdienst, zum Nachrichtendienst und zum Server-Dienst.

6. Klicken Sie auf die Schaltfläche SCHLIEßEN, um das Dialogfeld STATISCHE ZUORDNUNGEN zu verlassen.

7. Wählen Sie den Menübefehl DATENBANK ANZEIGEN im Menü ZUORDNUNGEN.

   Im Datenbankfenster sollten nun sechs Zuordnungen aufgeführt sein.

8. Klicken Sie auf die Schaltfläche SCHLIEßEN, und verlassen Sie den WINS-Manager.

Zusammenfassung

Wie erwähnt, werden in Microsoft-Netzwerken NetBIOS-Namen eingesetzt. NetBIOS benutzt Rundsendungen, um die Namensregistrierung, die Namensfreigabe und -auswertung zu bewältigen. In TCP/IP-Umgebungen gibt es ein Problem, weil Rundsendungen von Routern nicht weitergeleitet werden. In diesem Kapitel wurde WINS betrachtet. Dies ist ein Dienst, der die Verwendung von NetBIOS-Namen in WANs ermöglicht. Sie wissen nun, was WINS ist, und haben erfahren, wie man diesen Dienst installiert und konfiguriert. Der WINS-Dienst macht WANs mit Microsoft TCP/IP möglich.

Wiederholungsfragen

1. Wie viele WINS-Server werden in einem Netzwerk benötigt, das aus 26 Teilnetzwerken besteht?
2. Wie häufig versucht Ihr Client, Kontakt zum WINS-Server aufzunehmen?
3. Wann versucht ein WINS-Client, seinen Namen zu erneuern?
4. Müssen Sie den Knotentyp ändern, wenn Sie die WINS-Adresse in der TCP/IP-Konfiguration eines Clients angeben?
5. Kann ein WINS-Server eine dynamische Adresse haben?
6. Was muß auf einem WINS-Server konfiguriert werden, bevor dieser von Clients benutzt werden kann?
7. Wann müssen in der WINS-Datenbank statische Zuordnungen konfiguriert werden?
8. Kann ein Nicht-WINS-Client den WINS-Server benutzen, um eine Adresse auszuwerten?
9. Was müssen Sie tun, bevor WINS seine Datenbank automatisch sichert?
10. Wie können Sie ein Windows-for-Workgroups-System so konfigurieren, daß es als Proxy agiert?

11. Wozu dienen die drei Werte ERNEUERUNGSINTERVALL, ALTERUNGSINTERVALL und ALTERUNGSZEITÜBERSCHREITUNG?

12. Was geschieht, wenn der Name, den Sie registrieren möchten, sich bereits in der Datenbank befindet?

13. Welches Ereignis ruft eine Pull-Replikation hervor und welches eine Push-Replikation?

Lösungen

1. Im allgemeinen ist nur ein WINS-Server erforderlich. Ein zweiter Server bietet jedoch mehr Sicherheit.

2. Dreimal in 15-Sekunden-Intervallen.

3. Normalerweise findet die Erneuerung statt, wenn 50 Prozent der TTL abgelaufen sind.

4. Nein. Wenn eine gültige WINS-Server-Adresse vorhanden ist, ist der Standard der H-Knoten.

5. Nein. Der WINS-Server benötigt eine statische IP-Adresse.

6. Nichts. Die Konfiguration wird beim Client vorgenommen. Es wird nur eine WINS-Server-Adresse benötigt. Diese kann manuell angegeben oder über DHCP geliefert werden.

7. Wenn ein Client kein WINS-Client ist, ist eine statische Zuordnung erforderlich.

8. Ja. Wenn sich der Client im gleichen Teilnetz wie der WINS-Proxy befindet, nimmt der Proxy die Rundsendung an und prüft den Namen mit dem WINS-Server.

9. Sie müssen den Server mit einem Sicherungsverzeichnis konfigurieren. Wählen Sie dazu den Menübefehl KONFIGURATION im Menü SERVER des WINS-Managers, und klicken Sie im Dialogfeld WINS-SERVER-KONFIGURATION auf die Schaltfläche OPTIONEN. Geben Sie im Feld DATENBANK-SICHERUNGPFAD ein Sicherungsverzeichnis an.

10. Wählen Sie im Dialogfeld ERWEITERTE TCP/IP-EINSTEL-LUNGEN das Kontrollkästchen PROXY AKTIVIEREN.

11. Der Zweck dieser Werte ist:

    ERNEUERUNGSINTERVALL. Dieses Intervall legt den TTL für den Client-Namen fest. Der Client versucht nach der Hälfte der Zeit, eine Erneuerung zu erhalten.

    ALTERUNGSINTERVALL. Dieses Intervall legt fest, wie lange der WINS-Server die Adresse eines Computers speichert, der seinen Namen nicht erneuert hat, bevor dieser Computer als abgelaufen markiert wird.

    ALTERUNGSZEITÜBERSCHREITUNG. Die Zeitdauer zwischen der Markierung eines Eintrags als abgelaufen und der tatsächlichen Entfernung aus der Datenbank.

12. Der WINS-Server sendet drei Abrufe an das System, das augenblicklich den Namen registriert hat. Wenn das System nicht reagiert, wird Ihr System mit dieser IP-Adresse registriert. Reagiert das System, können Sie den Namen nicht verwenden.

13. Die Pull-Replikation wird nach Ablauf einer bestimmten Zeitdauer hervorgerufen, die Push-Replikation nach einer bestimmten Anzahl von Änderungen.

Kapitel 14
Der Suchdienst und TCP/IP

Wie Sie bereits wissen, verwendet Microsoft NetBIOS für seine internen Netzwerke, und NetBIOS benutzt für viele Funktionen Rundsendungen. Das verursacht natürlich Probleme, wenn ein Microsoft-Netzwerk über den TCP/IP-Protokollstapel betrieben wird, weil NetBIOS-Rundsendungen von Routern nicht weitergeleitet werden.

In diesem Kapitel werden diese Probleme und deren Umgehung genauer betrachtet. Es gibt dazu zwei Hauptmethoden: LM-HOSTS und WINS. Sie erfahren hier, wie diese beiden Methoden der Namensauswertung den Suchdienst und die Domänenaktivität über TCP/IP ermöglichen, obwohl beide auf Rundsendungen basieren.

14.1 Der Suchprozeß

Wenn Sie doppelt auf das Symbol NETZWERKUMGEBUNG klicken, erhalten Sie eine Liste aller Computer, die in Ihrem Netzwerk zur Verfügung stehen. Die Liste enthält einen Computer, der dem Netzwerk Dienste anbieten kann. Sich sollten sich dessen bewußt sein, daß die Fähigkeit, Ressourcen zu teilen, eine Funktion des Server-Dienstes ist. Im nächsten Abschnitt wird genauer betrachtet, wie ein Server-Dienst gestartet und ein Server in der Liste NETZWERKUMGEBUNG angezeigt wird. Am Ende dieses Kapitels werden Probleme beschrieben, die auftreten können, und Möglichkeiten, sie zu umgehen.

14.1.1 Der Microsoft-Suchdienst – Grundlagen

Bild 14.1 zeigt einen Server namens NTS99, der gestartet wird. Dieser Computer kündigt sich selbst beim Netzwerk an, wenn er den Server-Dienst initialisiert. Im Netzwerk wird er als NTS99(0x20) bezeichnet – wie Sie sich erinnern, kennzeichnet

0x20 den Server-Dienst. Der Server teilt dem Netzwerk seine Präsenz in den ersten fünf Minuten jede Minute mit. Nach der Initilisierungsperiode kündigt der Server sich nur noch alle 12 Minuten an. Diese Ankündigungen werden über den NetBIOS-Datagramm-Dienst-Port, d.h. Port 138, vorgenommen.

Abbildung 14.1

Ein Server startet und meldet seine Präsenz dem Netzwerk

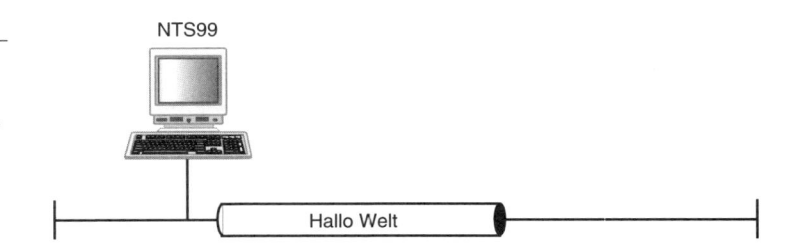

Natürlich sollte es, wenn ein Server sich beim Netzwerk ankündigt, auch Computer geben, die die Ankündigungen hören. In Microsoft-Netzwerken ist dies der Hauptsuchdienst (Master Browser). In Bild 14.2 können Sie sehen, daß sich der Hauptsuchdienst ebenfalls im Netzwerk befindet. Der Hauptsuchdienst listet alle Server, die sich ankündigen, in einer Liste auf.

Abbildung 14.2

Der Hauptsuchdienst nimmt alle Server in seine Liste auf, die sich ankündigen

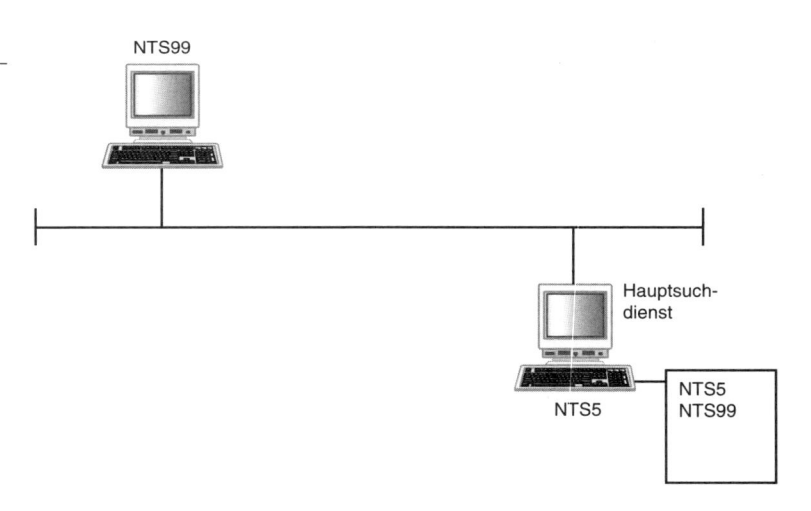

Der Hauptsuchdienst verfügt nun über eine Kopie aller Server im Netzwerk. Wie Bild 14.2 zeigt, ist der Hauptsuchdienst ebenfalls in der Liste enthalten (mit dem Computer-Namen NTS5). Wenn Sie einen weiteren Computer namens NTS3 in das Netzwerk aufnehmen, kündigt dieser sich selbst an, weil er ebenfalls über einen Server-Dienst verfügt (siehe Bild 14.3). Aus Gründen, die gleich deutlich werden, wird dieser Computer in der

Liste des Hauptsuchdienstes als Spezialsystem gekennzeichnet. Er erhält deshalb eine Kopie der Liste, die der Hauptsuchdienst aufgebaut hat. Dadurch wird der Computer zum Sicherungssuchdienst (Backup Browser).

Abbildung 14.3

Ein Sicherungssuchdienst wird in das Netzwerk aufgenommen

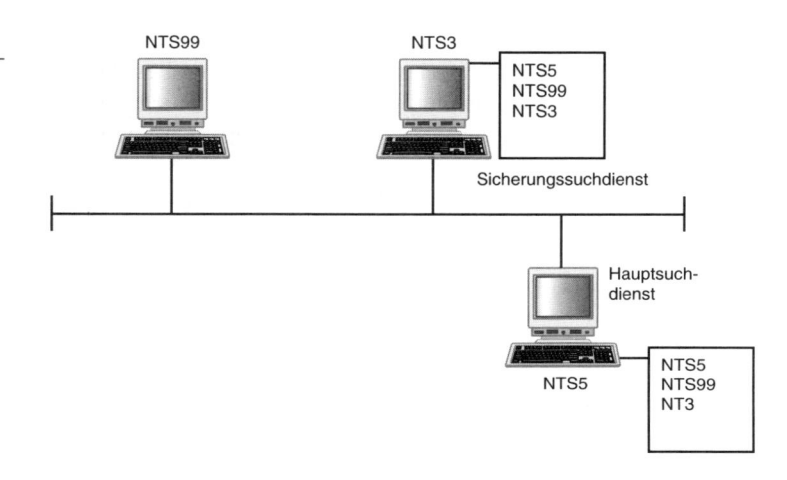

Der Sicherungssuchdienst erhält alle 15 Minuten eine neue Kopie der Liste vom Hauptsuchdienst. Auf diese Weise wird die Liste der Server immer aktualisiert. Das Zeitintervall, zu dem die Sicherungskopie verschickt wird, können Sie nicht verändern.

Nun sind alle Grundvoraussetzungen für den Suchdienst geschaffen. Es wird nur noch eine Arbeitsstation benötigt. In Bild 14.4 wird eine Arbeitsstation namens WKS454 hinzugefügt. Der Benutzer dieser Arbeitsstation möchte eine Datei bearbeiten, die sich in einem freigegebenen Verzeichnis des Servers NTS99 befindet.

Abbildung 14.4

Ein Client ist nun im Netzwerk enthalten

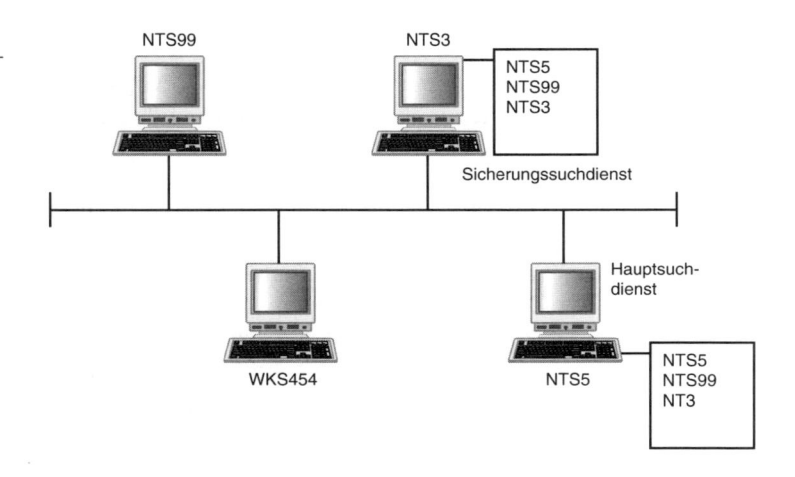

Wenn die Arbeitsstation noch nicht versucht hat, sich bei einer anderen Arbeitsstation im Netzwerk anzumelden, benötigt sie eine Liste der Sicherungssuchdienste (eine Liste aller besonders gekennzeichneten Systeme in der Liste des Suchdienstes). Die Arbeitsstation nimmt ab nun immer Kontakt zum Sicherungssuchdienst auf. Wenn alle gleichzeitig mit dem Hauptsuchdienst kommunizieren würden, würde dies die Ressourcen des Computers, auf dem er installiert ist, überlasten. Es gibt hier außerdem ein Problem: Der Client weiß nicht, wer der Hauptsuchdienst ist.

Der Hauptsuchdienst registriert einen weiteren NetBIOS-Namen im Netzwerk namens MBROWSE. Der Client muß zukünftig nur diese Liste anfordern (siehe Bild 14.5).

Abbildung 14.5

Der Client empfängt die Liste der Sicherungsdienste vom Hauptsuchdienst

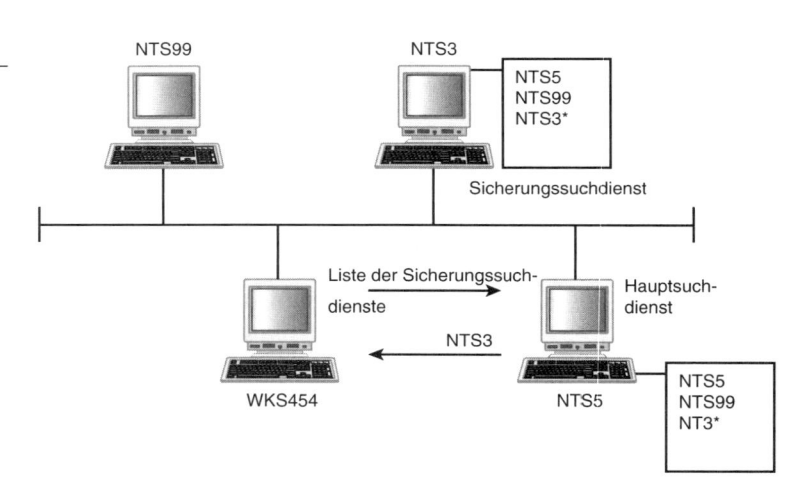

Da der Client nun über eine Liste der Sicherungssuchdienste verfügt, muß er nicht mehr mit dem Hauptsuchdienst kommunizieren. Das gilt natürlich nicht, wenn der Client neu gestartet wird oder wenn kein Sicherungssuchdienst antwortet. Der Client fordert nun eine Liste der Server von einem der Sicherungssuchdienste an, die er vom Hauptsuchdienst erhielt (siehe Bild 14.6).

Der Client verfügt nun über eine Liste aller Server, die im lokalen Teilnetzwerk enthalten sind. Denken Sie daran, daß die Ankündigungen Router nicht passieren können. Deshalb enthält die Liste nun das lokale Teilnetzwerk. Als nächstes zeigt der Client-Computer die Liste dem Benutzer an. Wenn der Benutzer einen Computer auswählt, mit dem er Verbindung aufnehmen möchte, nimmt sein Computer direkt Kontakt mit diesem Computer auf (siehe Bild 14.7). Der Benutzername und das Kennwort des aktuellen Benutzers werden bei der Kontaktaufnahme angegeben, damit nur die passenden Ressourcen angezeigt werden.

Abbildung 14.6

Der Client bezieht eine Server-Liste vom Sicherungs-Suchdienst

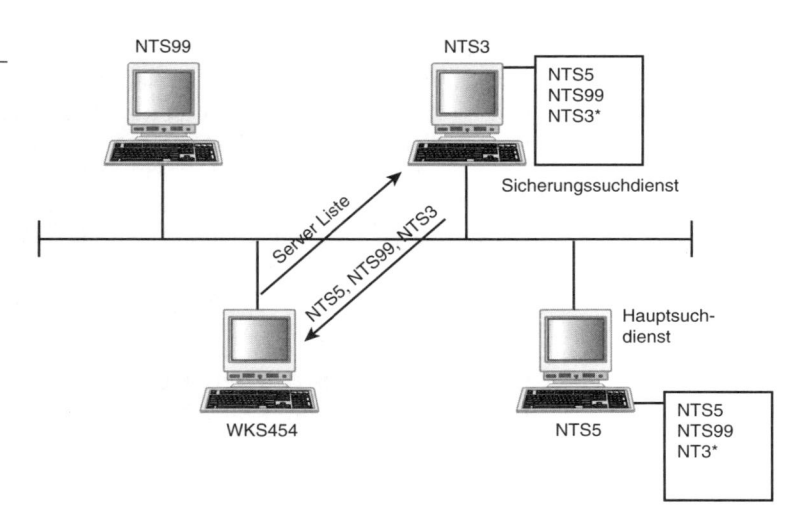

Abbildung 14.7

Der Client kommuniziert direkt mit dem Server

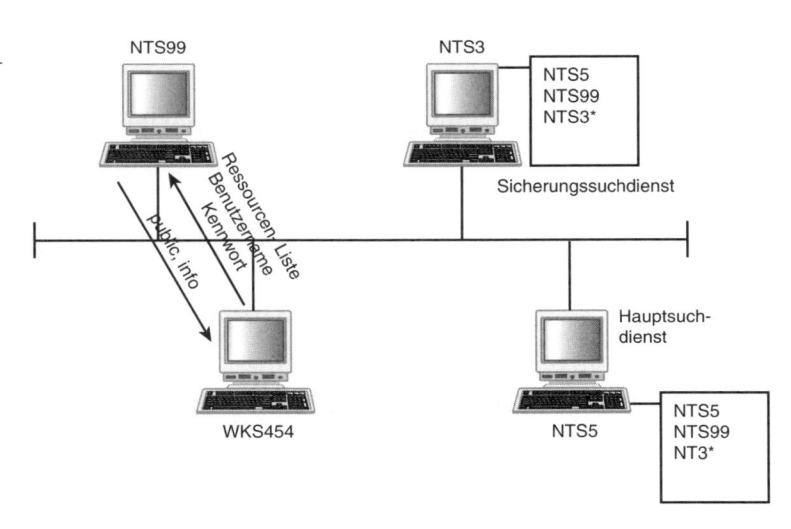

Der Benutzer kann nun in der Regel direkt auf die Ressource zugreifen. Manchmal erhalten Sie, wenn Sie in der Liste der NETZWERKUMGEBUNG auf den Namen eines Computers klicken, eine Fehlermeldung, daß der Name im Netzwerk nicht gefunden werden kann. Das geschieht, wenn der Computer nicht mehr aktiv ist. Warum ist aber der Name in der Liste enthalten?

> **hinweis** Eines der Hauptprobleme – oder besser gesagt, Unzulänglichkeiten – dieser Methode der Namensfreigabe ist, daß die Information nicht sofort aktualisiert wird. Der Hauptsuchdienst behält einen Eintrag mindestens über drei Ankündigungsperioden in seiner Liste. Da jede Periode 12 Minuten dauert, kann ein Eintrag noch 36 Minuten in der Liste verbleiben, obwohl der Computer bereits nicht mehr aktiv ist. Da der Sicherungssuchdienst nur alle 15 Minuten ein neues Exemplar der Liste erhält, kann sich der Zeitverschub auf 51 Minuten ausdehnen.
>
> Das bedeutet, daß ein System, das abgestürzt ist, noch 51 Minuten in der Liste des Hauptsuchdienstes verbleiben kann. Beachten Sie, daß der Name eines Computers, der ordnungsgemäß über das START-Menü und nicht über den Einschaltknopf heruntergefahren wird, aus allen Listen entfernt wird. Erinnern Sie sich noch an die NetBIOS-Namensfreigabe?

14.1.2 Suchdienste konfigurieren

Bisher wurden zwei Typen von Suchdiensten besprochen. In der nun folgenden Beschreibung werden zunächst einige Typen von Suchdiensten vorgestellt, die Sie in einem Netzwerk finden. Dann wird beschrieben, wie Sie sie in einer Domäne und in einem Workgroup-Modell konfigurieren.

Typen von Suchdiensten

Die folgende Liste beschreibt die verschiedenen Typen von Suchdiensten:

- HAUPTSUCHDIENST DER DOMÄNE. Dies ist der Hauptsuchdienst, der für die gesamte Domäne verantwortlich ist. Der PDC (Primärer Domänen-Controller) einer Domäne wird automatisch zum Hauptsuchdienst der Domäne.

- HAUPTSUCHDIENST. Wie Sie bereits gesehen haben, ist der Hauptsuchdienst das System, das die Liste der Computer im Netzwerk aufbaut und an den Sicherungssuchdienst weiterleitet. Im Teilnetzwerk, in dem sich der PDC befindet, behandelt der Hauptsuchdienst der Domäne diese Funktionen; in anderen Domänen ist das normalerweise ein BDC (Backup Domain Controller = Sicherungs-Domänen-

Controller). Wenn jedoch kein BDC verfügbar ist, kann das fast jedes andere System sein, inklusive Windows für Workgroups, Windows 95, Windows NT Workstation oder Windows NT Server, installiert als Server.

▶ SICHERUNGSSUCHDIENST. Im Domänenmodell ist dies fast immer der Sicherungs-Domänen-Controller. Wie der Hauptsuchdienst kann auch der Sicherungssuchdienst fast jede Windows-Version sein. Der Sicherungssuchdienst erhält alle 15 Minuten eine Kopie der Computerliste, die der Hauptsuchdienst erstellt. Der Sicherungssuchdienst stellt diese Liste Clients auf Anfrage zur Verfügung.

▶ POTENTIELLER SUCHDIENST. Dies ist ein System, das als Suchdienst agieren kann, augenblicklich aber kein Suchdienst ist. In diese Kategorie fallen die meisten Computer.

▶ Kein Suchdienst. Sie können einen Computer auch so konfigurieren, daß er nicht am Suchsystem teilnimmt. Der Computer ist dann kein Suchdienst.

Den Suchdiensttyp konfigurieren

Die Konfiguration des Suchdienstes auf einem bestimmten Computer hängt vom Betriebssystem ab. Bei Windows NT und Windows 95 wird die Konfiguration über die Registrierung vorgenommen. (In Kapitel 11, »DHCP«, wurde beschrieben, wie Registrierungseinträge bearbeitet werden.) Der Schlüssel lautet:

```
HKEY_LOCAL_MACHINE\System\CurrentControlSet\Services\Browser\
Parameters
```

Mit den folgenden Einstellungen können Sie den Suchdienst konfigurieren:

▶ ISDOMAINMASTER. Dieser Eintrag fordert das System auf, zu versuchen, der Hauptsuchdienst zu werden. Im Teilnetzwerk, das den PDC enthält, wird dadurch nur sichergestellt, daß das System Sicherungssuchdienst wird. (Der PDC hat immer die höhere Priorität.) Dieser Eintrag kann entweder den Wert TRUE oder FALSE haben. Standard ist der Wert FALSE.

> ► MAINTAINSERVERLIST. Diese Einstellung teilt Ihrem Suchdienst mit, ob die Suchliste aufrechterhalten werden soll. Es gibt drei Werte: YES, NO und AUTO. Bei den meisten Computern belassen Sie diesen Wert auf dem Standard oder auf AUTO. Wenn Sie den Wert YES wählen, wird der Computer normalerweise zum Sicherungssuchdienst. Wenn Sie in einem bestimmten Teilnetzwerk einen Computer haben, der leistungsfähiger ist, können Sie den Wert YES wählen. Der Wert NO stellt sicher, daß der Computer nicht an der Suche teilnimmt. Benutzen Sie diese Einstellungen für Arbeitsstationen, die bereits völlig ausgelastet sind.

14.1.3 Wahl des Suchdienstes

Der Hauptsuchdienst wird äußerst demokratisch gewählt. Die Computer in einem Teilnetzwerk halten eine Wahl ab. Der Hauptsuchdienst wird über eine Rundsendung ermittelt. Anders als bei einer regulären Wahl stimmen die Computer nicht füreinander, sondern für sich selbst. Der erste, der eine Stimme erhält, gewinnt. Zwei Hauptkriterien legen fest, wie lange ein Computer wartet, bevor er seine Stimme erhält:

> ► **Die aktuelle Rolle**. Der Sicherungssuchdienst gewinnt gegenüber einem potentiellen Suchdienst.
>
> ► **Die Art und Version des Betriebssystems**.
> Windows NT 4 gewinnt gegenüber 3.51. Beide gewinnen vor Windows 95, und Windows 95 gewinnt vor Windows für Workgroups.

> **hinweis**
>
> Die ursprünglichen Netzwerkkomponenten von Windows für Workgroups enthielten Code, der mit dem Erscheinen von Windows NT 3.5 ungültig wurde. Auf der Windows NT-CD ist ein Pfad mit Code enthalten, der dies korrigiert. Er sollte auf jede Arbeitsstation angewendet werden, die unter Windows für Workgroups betrieben wird.

Das bedeutet natürlich, daß manchmal eine Konfliktsituation entstehen kann. Es gibt jedoch Methoden, diese aufzubrechen. Ein Konflikt wird nach den folgenden Regeln entschieden:

- **Laufzeit**. Das System, das schon länger betrieben wird, gewinnt.

- **Computer-Name**. Wenn die Systeme die gleiche Zeit aktiv sind, gewinnt das System, dessen Name in der alphabetischen Reihenfolge vorne liegt.

Als nächstes werden Sie sich mit der Zeiteinteilung des Wahlprozesses vertraut machen. Es gibt drei Gründe, aus denen eine Wahl abgehalten werden sollte:

- **Der Hauptsuchdienst wird heruntergefahren**. Wenn der Hauptsuchdienst normal heruntergefahren wird, ruft er als letzte Handlung einen Wahlvorgang auf, der bestimmen soll, durch wen der Hauptsuchdienst ersetzt werden soll.

- **Der Sicherungssuchdienst kann seine Kopie der Suchliste nicht aktualisieren**. Wenn der Sicherungssuchdienst versucht, Kontakt mit dem Hauptsuchdienst aufzunehmen, um die Suchliste zu aktualisieren, ruft er einen Wahlvorgang hervor.

- **Ein Client kann keinen Kontakt zum Hauptsuchdienst aufbauen**. Wenn ein Client versucht, eine Liste aller Sicherungssuchdienste zu bekommen und dabei fehlschlägt, ruft er einen Wahlvorgang hervor.

Es ist sehr einfach, einen Wahlvorgang hervorzurufen. Es muß dazu nur eine Rundsendung abgeschickt werden. Alle Netzwerk-Computer erhalten die Rundsendung, und das System, das die Kriterien am besten erfüllt, sendet als erstes eine Antwort zurück und wird dadurch zum Hauptsuchdienst.

Arbeitsgruppen und Domänen durchsuchen

Ein letztes Konzept muß abgedeckt werden, bevor Sie genauer betrachten, wie TCP/IP in den Suchprozeß involviert ist. Sie müssen verstehen, daß Suchdienste und Clients, die miteinander kommunizieren, sich in der gleichen Domäne oder Arbeitsgruppe befinden müssen. Wenn ein Netzwerk mehr als eine Domäne oder Arbeitsgruppe enthält, hat jede davon ihren eigenen Haupt- und Sicherungssuchdienst.

Es gibt immer nur einen Hauptsuchdienst. Beim Domänenmodell ist der Primäre Domänen-Controller (PDC) der Hauptsuchdienst in seinem Netzwerksegment. In den anderen Netzwerken ist es normalerweise der Sicherungs-Domänen-Controller (BDC). Warum Microsoft Sicherungs-Domänen-Comtroller eingeführt hat, wird offensichtlich, wenn Sie die Domänenaktivität betrachten.

In einem Domänenmodell sind die Sicherungssuchdienste die Sicherungs-Domänen-Controller. Sie können bis zu drei Sicherungs-Domänen-Controller in jedem Teilnetzwerk einsetzen, die als Sicherungssuchdienste agieren, aber nicht mehr als drei. Obwohl das dumm klingen mag, müssen der Primäre Domänen-Controller und die Sicherungs-Domänen-Controller in der Lage sein, miteinander zu kommunizieren, um Domänenaktivitäten zu gestatten. Da die Systeme miteinander kommunizieren können, können sie Suchlisten austauschen. Die andere Überlegung, die Sicherungs-Domänen-Controller als Sicherungssuchdienste einzusetzen, ist einfach. Meistens handelt es sich um leistungsfähigere Computer, die die zusätzliche Arbeitslast durch den Sicherungssuchdienst besser handhaben können.

Das Arbeitsgruppenmodell ist etwas anders. Es gibt keinen Computer, der immer die Hauptlast trägt. Der Wahlvorgang ist hier folglich sehr wichtig und kommt häufig vor. In diesem Szenarium wissen Sie jedoch nicht, welche Arten von Computern als Sicherungssuchdienst agieren werden. Es gibt deshalb keine Garantie, daß sie über genügend Ressourcen verfügen, um die Anforderungen zu handhaben. Um das Problem schon im Keim zu ersticken, hat Microsoft das System entwickelt, daß ein Sicherungssuchdienst für jeweils 32 aktive Computer gewählt wird. In einem Netzwerk mit 78 Computern gibt es folglich einen Hauptsuchdienst und drei Sicherungssuchdienste. Auf diese Weise wird kein System jemals mit Anfragen nach Informationen überladen.

14.2 Domänenaktivitäten unterstützen

Bevor wir das Problem der Suchdienste in multiplen Teilnetzwerken untersuchen, wird das zweite wichtige Thema behandelt, das angesprochen werden muß, wenn Router in Windows NT-Domänen eingesetzt werden. Windows NT wird normalerweise als Domänen-Controller oder Server in einem Domänenmodell konfiguriert. Das Domänenmodell hat gegenüber dem Arbeitsgruppenmodell viele Vorzüge. Die meisten davon behandeln das Thema zentrale Sicherheit, das die Directory Services von Windows NT bieten. In einem Netzwerk, das mehrere Teilnetzwerke umspannt, besteht jedoch die Notwendigkeit, daß Domänen-Controller – sogar über Router – miteinander kommunizieren. Die Router leiten jedoch NetBIOS-Rundsendungen nicht weiter, auf denen die Domänenaktivitäten basieren.

14.2.1 Eine kurze Wiederholung der Windows NT Directory Services

Im Domänenmodell arbeitet Windows NT mit einem Primären Domänen-Controller und meistens einem oder mehreren Sicherungs-Domänen-Controllern. Der Vorteil dieses Modells ist, daß es nur eine Benutzerdatenbank gibt. Die Benutzerkonten werden also zentral verwaltet.

Es gibt somit für jeden Benutzer nur ein Konto. Benutzer werden nicht von einem einzelnen Server, sondern von Domänen überprüft und haben entsprechend ihren Zugriffsrechten Zugriff auf alle Computer in der Domäne.

Damit dies funktioniert, muß der Domänen-Controller eine Benutzerkonten-Datenbank zur Verfügung stellen. Die Kontendatenbank befindet sich immer auf dem Primären Domänen-Controller. Deshalb müssen Änderungen an der Kontendatenbank auf dem Primären Domänen-Controller vorgenommen werden (das gilt z.B. für einen Administrator, der ein Konto hinzufügt, oder einen Benutzer, der sein Kennwort ändert.)

Die Sicherungs-Domänen-Controller verfügen über eine Kopie der Benutzerkonten-Datenbank. Anhand dieser Kopie können sie die Echtheit der Benutzeranmeldungen ebenfalls bestätigen.

Es muß also einen Prozeß geben, der die Datenbanken der Sicherungs-Domänen-Controller mit der eigentlichen Benutzerkonten-Datenbank auf dem Primären Domänen-Controller synchronisiert. Dieser Prozeß ist der NETLOGON-Dienst, der auf allen Domänen-Controllern betrieben wird. Der Netlogon-Dienst liefert drei Grundfunktionen:

- ▶ ANMELDUNGSBESTÄTIGUNG. Die eigentliche Anmeldung des Benutzers. Der Anmeldeprozeß erzeugt ein Zugriffs-Token für den Benutzer, das die Sicherheit des Benutzers aufbaut.

- ▶ ECHTHEITSBESTÄTIGUNG WEITERLEITEN. In einem Modell mit mehreren Domänen wird die Anfrage zur Anmeldung an die vertraute Domäne geleitet, die das Benutzerkonto enthält.

- ▶ SYNCHRONISIERUNG. Damit ist der Prozeß der Synchronisierung aller Sicherungs-Domänen-Controller mit dem Primären Domänen-Controller gemeint.

Alle diese Prozesse basieren auf der Fähigkeit des Systems, daß jeder Prozeß jeden beliebigen anderen Prozeß ausfindig machen kann. Dafür ist die NetBIOS-Namensauswertung erforderlich, die NetBIOS-Rundsendungen für die Namensauswertung einsetzt.

14.2.2 Die Benutzeranmeldung

Der Prozeß, der abläuft, wenn ein Benutzer versucht, sich beim Netzwerk anzumelden, greift auch auf die NetBIOS-Rundsendung zu. Beim Entwurf des Netzwerksystems hat Microsoft beschlossen, daß Benutzer nicht von einem bestimmten Server überprüft werden sollten. Statt dessen sollte jeder Domänen-Controller in der Lage sein, die Anforderung zu behandeln. Das ist sinnvoll. Wenn ein Server heruntergefahren wird oder beschäftigt ist, kann der Benutzer sich trotzdem bei der Domäne anmelden.

Sie müssen jedoch bedenken, daß die Anmeldung keine Router passieren kann, weil es sich um eine Rundsendung handelt. Das führt zu einem Problem, wenn der Benutzer sich in einem Teilnetzwerk mit einem Domänen-Controller befindet, der heruntergefahren wird. Der Benutzer kann nicht überprüft werden und kann das Netzwerk deshalb auch nicht benutzen.

14.3 Mehrere Teilnetzwerke durchsuchen

Sie können das Problem des Suchdienstes und das der Domänenaktivität auf zwei Weisen lösen. Sie können die Datei *LMHOSTS* einsetzen, die in Kapitel 13 beschrieben wurde, oder einen NetBIOS-Name-Server wie WINS verwenden. Im Rest dieses Kapitels wird beschrieben, wie Sie diese Methoden der NetBIOS-Namensauswertung einsetzen können, um die soeben beschriebenen Probleme zu lösen.

14.3.1 Die Datei LMHOSTS

Domänenaktivität läßt sich sehr leicht mit der Datei LMHOSTS verwalten. Wie Sie sich vielleicht erinnern werden, läßt sich eine Folge von Tags in die LMHOSTS-Datei integrieren, um mit verschiedenen Anforderungen umgehen zu können. Eines der Tags, #DOM:DOMÄNE_NAME, bietet Ihnen die Möglichkeit, das Problem der Domänenaktivität in einem Netzwerk mit Routern zu lösen.

Das Beispiel für ein Netzwerk, das Sie in Bild 14.8 sehen, enthält drei Teilnetzwerke. In jedem Teilnetzwerk gibt es einen Domänen-Controller, der die Überprüfung der Domäne vornehmen kann.

In diesem Fall können die drei Domänen-Controller nicht miteinander kommunizieren, weil sie ihre gegenseitige Lage nicht kennen. Es gibt keine Möglichkeit für Rundsendungen, Router zu passieren. Deshalb kann die Domäne nicht synchronisiert werden.

Sie sollten sich hier über einige Dinge im klaren sein. Die Benutzer, die sich im Teilnetzwerk 148.53.32.0 und im Teilnetzwerk 148.53.64.0 befinden, können keine Änderungen an der Benutzerkontendatenbank vornehmen, weil sie keinen Kontakt zum primären Domänen-Controller aufnehmen können. Das bedeutet, daß diese Benutzer ihre Kennwörter nicht ändern können.

Kapitel 14 Der Suchdienst und TCP/IP

Abbildung 14.8

Beispiel für ein Netzwerk

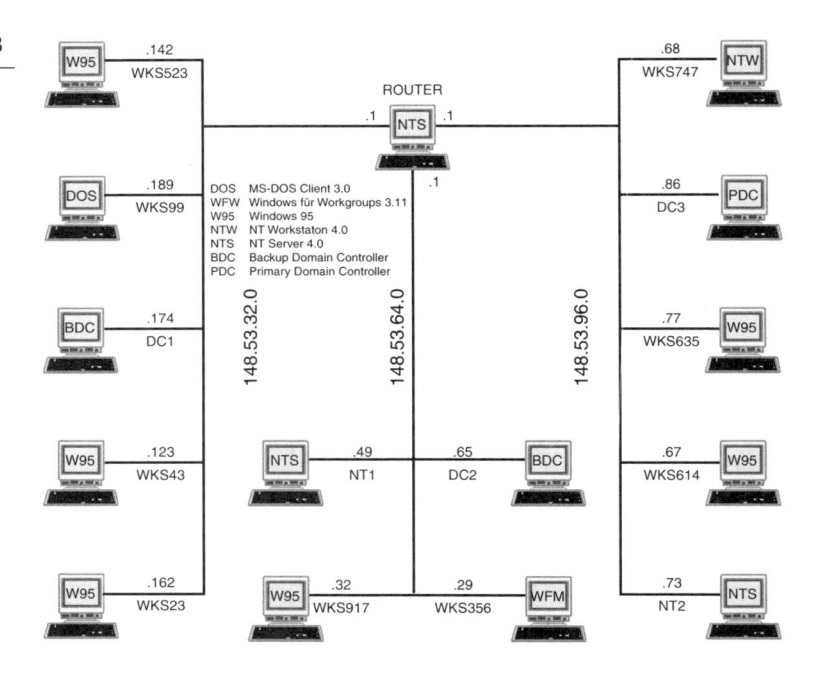

```
DOS  MS-DOS Client 3.0
WFW  Windows für Workgroups 3.11
W95  Windows 95
NTW  NT Workstation 4.0
NTS  NT Server 4.0
BDC  Backup Domain Controller
PDC  Primary Domain Controller
```

Netzwerksegmente: 148.53.32.0, 148.53.64.0, 148.53.96.0

- W95 .142 WKS523
- NTW .68 WKS747
- NTS .1 ROUTER
- DOS .189 WKS99
- PDC .86 DC3
- BDC .174 DC1
- W95 .77 WKS635
- W95 .123 WKS43
- NTS .49 NT1
- BDC .65 DC2
- W95 .67 WKS614
- W95 .162 WKS23
- W95 .32 WKS917
- WFM .29 WKS356
- NTS .73 NT2

Hinweis

Wenn sich Benutzer bei Ihnen darüber beschweren, daß sie ihr Kennwort nicht ändern können, sollen Sie überprüfen, ob die Benutzer den primären Domänen-Controller nutzen können.

Damit sich die Domänen-Controller synchronisieren können, müssen sie in eine LMHOSTS-Datei eingefügt werden, mit der jeder der Controller ausgestattet wird. Die Datei sollte die Adressen der Controller angeben und den Computer mit dem #DOM-Tag als Domänen-Controller identifiziert. Die Datei würde wie folgt aussehen:

```
148.53.32.174    DC1    #DOM:training
148.53.64.65     DC2    #DOM:training
148.53.96.86     DC3    #DOM:training
```

Ohne diese Datei gibt es keine Möglichkeit für Domänenaktivität. Beachten Sie, daß alle drei Controller aufgelistet sind und daß der primäre Domänen-Controller nicht speziell als solches gekennzeichnet ist. Das liegt natürlich daran, daß der PDC sich von Zeit zu Zeit ändert und die Controller alle in der Lage sein müssen, miteinander zu kommunizieren.

Sie sollten die LMHOSTS-Datei auf alle Arbeitsstationen von Benutzern kopieren. Auf diese Weise könnten sich die Benutzer trotzdem noch bei einem der anderen Domänen-Controller einwählen, wenn der lokale Domänen-Controller nicht funktionsfähig wäre. Dadurch hätten Benutzer auch die Möglichkeit, Kontakt zum PDC aufzunehmen, unabhängig davon, welcher Computer diese Rolle innehat. Und so könnten sie auch ihr Kennwort ändern.

Suchen mit der Datei *LMHOSTS*

Wie bereits erwähnt, können Rundsendungen des Suchdienstes nur im lokalen Teilnetzwerk versendet werden. Selbst die Datei LMHOSTS kann diese Tatsache nicht ändern.

Um dieses Problem zu lösen, müssen Sie den Suchdienst erweitern. Als erstes gibt es pro Domäne immer nur einen Hauptsuchdienst. Betrachten Sie das Netzwerk in Bild 14.8. Da Sie wissen, daß der Primäre Domänen-Controller der Hauptsuchdienst ist, nehmen Sie vielleicht an, daß die Suchliste nur Computer des Teilnetzwerkes 148.53.96.0 enthält. Das ist nicht der Fall. Deshalb muß etwas anderes ins Spiel kommen.

Was passiert, ist, daß der primäre Domänen-Controller die Rolle des Hauptsuchdienstes übernimmt. Dadurch kann ein anderer Computer als Hauptsuchdienst agieren. Es gibt sogar einen Hauptsuchdienst in jedem Teilnetzwerk der Domäne. Der primäre Domänen-Controller, der als Hauptsuchdienst der Domäne fungiert, koordiniert die Suchlisten aller Hauptsuchdienste und erzeugt einen Domänen-Suchdienst. Dann kann er die Liste an alle Hauptsuchdienste im Netzwerk senden. Die Hauptsuchdienste übergeben die Liste dann an die Sicherungssuchdienste.

Auf diese Weise kann jeder Host in einem Teilnetzwerk alle verfügbaren Ressourcen einsehen. Das Problem, daß sich die Hauptsuchdienste und die Domänen-Hauptsuchdienste nicht finden können, besteht noch immer. Wie bereits früher besprochen, wird ein Sicherungs-Domänen-Controller zum Sicherungssuchdienst. Wenn sich der Sicherungs-Domänen-Server in einem anderen Teilnetzwerk befindet, kann er zum Hauptsuchdienst dieses Systems werden.

Sie kennen die Datei LMHOSTS bereits und wissen, daß sie Domänenaktivität über das geroutete Netzwerk hinweg ermöglicht. Nun ist es sinnvoll, den Sicherungs-Domänen-Controller als Hauptsuchdienst der Domäne einzusetzen. Neben der Tatsache, daß das #DOM-Tag ebenfalls Domänenaktivität ermöglicht, teilt es dem System auch mit, wo sich die anderen Hauptsuchdienste befinden. Der Hauptsuchdienst jedes Teilnetzwerks kann alle 15 Minuten Listen mit dem Domänen-Suchdienst austauschen.

Ein kleines Problem besteht immer noch. Betrachten Sie noch einmal Bild 14.8. Nehmen Sie z.B. an, daß der Benutzer des Computers WKS23 Verbindung zu einem Dateibereich auf dem Computer NT2 aufnehmen möchte. Die folgenden Schritte würden ausgeführt werden:

1. Wenn das System NT2 startet, kündigt es sich selbst an.

2. Der Hauptsuchdienst für das Teilnetzwerk (hier der Hauptsuchdienst der Domäne) hört die Rundsendung und nimmt NT2 in die Liste auf.

3. Nun kann der Hauptsuchdienst der Domäne die Liste mit dem Hauptsuchdienst im entfernten Teilnetzwerk austauschen.

4. Der Sicherungssuchdienst im Teilnetzwerk ruft den Hauptsuchdienst auf und empfängt die Liste mit den Suchergebnissen.

5. Der Client WKS23 startet und nimmt Kontakt zum Hauptsuchdienst auf, um eine Liste der Sicherungssuchdienste zu erhalten.

6. Aus der Liste der Sicherungssuchdienste wählt der Client einen aus und nimmt Kontakt zu ihm auf.

7. Der Client zeigt die Liste der Suchergebnisse für den Benutzer an, der in der Liste auf den Computer NT2 klickt.

8. Der Client WKS23 versucht nun, Kontakt zum Server aufzunehmen. Weil die LMHOSTS-Datei des Clients keine Zuordnungen enthält, gibt es keinen WINS-Server. Weil sich der Computer NT2 in einem anderen Teilnetzwerk befindet, kann der Client den Namen nicht auswerten.

9. Nun liefert die Arbeitsstation eine Fehlermeldung zurück.

Mehrere Teilnetzwerke durchsuchen

Offensichtlich bildet die Suchdienst-Liste nur einen Teil des Problems. Der Client kann noch immer nicht mit dem Server zusammenarbeiten, weil es keine Möglichkeit für den Client gibt, die Namen, die er empfängt, in eine IP-Adresse zurückzuführen. Wenn der Client mit den Remote Hosts kommuniziert, muß die Datei LMHOSTS verändert werden. Die neue Datei würde wie das folgende Listung aussehen:

```
148.53.32.174      DC1     #DOM:training
148.53.64.65       DC2     #DOM:training
148.53.96.86       DC3     #DOM:training
148.53.96.73       NT2
```

Dies löst jedoch nur dieses spezielle Problem. Wenn der Client-Computer WKS635 mit dem Server NT1 kommunizieren möchte, muß er die soeben beschriebenen Schritte durchlaufen. Er kann die Namen jedoch nicht auswerten. Der Prozeß verschlimmert sich noch, wenn das Datei- und Drucker-Sharing bei allen Windows-Arbeitsstationen im Netzwerk aktiviert ist.

> **hinweis**
>
> Wenn es keinen triftigen Grund gibt, dies nicht zu tun, sollte die Datei-/Druckerfreigabe deaktiviert werden. Wenn Sie darüber nachdenken, sendet jeder Computer, auf dem ein Server-Dienst installiert ist, alle 12 Minuten eine Rundsendung, in der er seine Präsenz mitteilt. Das bedeutet, daß in einem Netzwerk, das 400 Computer enthält, alle 12 Minuten 400 Rundsendungen verschickt werden.
>
> Es gibt außerdem noch das Problem, daß die Suchliste sehr umfangreich wird. Wenn alle Arbeitsstationen in Ihrem Intranet die Datei-/Druckerfreigabe aktiviert haben, sind sie Server und werden in der Suchliste aufgeführt. Das ist in kleinen Netzwerken mit 10 bis 15 Computern kein Problem, in Netzwerken mit 10.000 oder 15.000 Computern aber schon.
>
> Die CPU-Zeit wird verwendet, um die Liste zu koordinieren, und die Zeit, die aufgewendet wird, um die Liste alle 15 Minuten zwischen dem Hauptsuchdienst der Domäne und dem Hauptsuchdienst in jedem Teilnetzwerk und dem Sicherungssuchdienst zu übertragen, reduziert die Systemleistung Ihres Netzwerks beträchtlich. Es tritt auch ein Problem auf, wenn Benutzer versuchen, ein System in einer Liste zu finden, die 15.000 Einträge enthält.
>
> Als Faustregel sollten Sie die Datei-/Druckerfreigabe nur dann aktivieren, wenn dies unbedingt erforderlich ist.

Wenn Sie möchten, daß alle Computer in allen Netzwerken alle Server sehen können, müssen Sie die Datei LMHOSTS verändern. Sie müssen jedes System integrieren, das Dateien über einen NetBIOS-Server-Dienst freigeben kann (also alle Microsoft-basierten Systeme). Im Beispiel müßte die Datei LMHOSTS dann so aussehen:

```
198.53.32.142    WKS523
198.53.32.174    DC1       #DOM:training
198.53.32.123    WKS43
198.53.32.162    WKS23
198.53.64.49     NT1
198.53.64.32     WKS917
198.53.64.65     DC2       #DOM:training
198.53.64.29     WKS356
198.53.96.68     WKS747
198.53.96.86     DC3       #DOM:training
198.53.96.77     WKS635
198.53.96.67     WKS614
198.53.96.73     NT2
```

Sie müssen die Datei auf jedem Computer bearbeiten. Sie können aber auch eine zentrale LMHOSTS-Datei benutzen. Wenn Sie einen neuen Host in das Netzwerk integrieren, der Dateien freigeben kann, müssen Sie ihn in die Datei aufnehmen. Wenn Sie ein System von einem Netzwerk in ein anderes versetzen, müssen Sie die Datei ebenfalls aktualisieren.

Ganz offensichtlich eignet sich diese Methode nicht, um NetBIOS-Ressourcen in einem gerouteten Netzwerk zu teilen.

14.3.2 NBT mit WINS ermöglichen

Wie Sie gesehen haben, können viele Probleme auftreten, wenn Sie mit NetBIOS-Netzwerktechnologie in Netzwerken arbeiten, die mit TCP/IP geroutet werden. Diese Probleme haben (zu Zeiten des LAN-Managers) dazu geführt, daß Systemadministratoren unzählige Stunden an Arbeit mit der Wartung des Netzwerkes zubringen mußten. Glücklicherweise ist Windows NT mit dem Dienst WINS ausgestattet. In diesem Abschnitt wird geprüft, wie WINS diese Probleme lösen und es ermöglichen kann, große Intranets mit TCP/IP einzurichten und trotzdem NetBIOS-Netzwerktechnologie zu handhaben.

Wie Sie sich vielleicht erinnern, ist WINS der NetBIOS-Name-Server. Das bedeutet, daß er die Auswertung von Computer-Namen in TCP/IP-Adressen vornimmt. Sogar wenn das alles gewesen wäre, würde dies einen großen Teil des Problems lösen. WINS kann jedoch mehr als das.

WINS hilft Ihnen, das Problem der Domänenaktivität zu umgehen, und erleichtert die Suche. Wie Sie sich vielleicht erinnern werden, registriert eine Arbeitsstation ihren Namen beim WINS-Server, wenn sie gestartet wird. Da der WINS-Server alle NetBIOS-Namenstypen registrieren kann, kann er auch Dienste als separate Einträge in der WINS-Datenbank registrieren, die auf dem Computer ablaufen.

Die WINS-Datenbank enthält eine spezielle Gruppe von Einträgen namens Domain Name Group. Diese Gruppe wird verwendet, um Domänen-Controller zu registrieren, die sich in der Nähe des WINS-Servers befinden. Die Gruppe hat Raum für 25 IP-Adressen inklusive des primären Domänen-Controllers und bis zu 24 Sicherungs-Domänen-Controllern. Diese werden mit NetBIOS-Namen gekennzeichnet, die auf 0x1C enden. Wenn ein Client einen Benutzer überprüfen muß, kann er den WINS-Server befragen. Der WINS-Server liefert daraufhin die Liste der IP-Adressen zurück. Der PDC ist speziell dafür vorgesehen, die Einträge zu differenzieren, damit die Anforderung, das Kennwort zu ändern, direkt gesendet werden kann.

> **hinweis**
> Das impliziert, daß Sie mehr als einen WINS-Server benötigen, wenn das Netzwerk mehr als 25 Domänen-Controller enthält.

Der Sicherungs-Domänen-Controller kann den Primären Domänen-Controller auf die gleiche Weise ermitteln und so dem `netlogon`-Dienst die Möglichkeit bieten, die Synchronisierung der Domäne zu behandeln. Nebenbei gesagt, registriert der `netlogon`-Dienst den Computer-Namen mit der Hexadezimalzahl 0x1C.

Mit WINS suchen

Der WINS-Server erleichtert auch den Suchprozeß. Offensichtlich bildet die Fähigkeit, den Computer-Namen in der Suchliste auszuwerten, einen wichtigen Bestandteil des Ganzen. Durch die Registrierung des Domänen-Controllers als Mitglied in der Domänen-Gruppe kann der Hauptsuchdienst sehr leicht mit dem Hauptsuchdienst der Domäne kommunizieren.

Neben der Suche, die bereits vorgestellt wurde, nimmt der Domänenhauptsuchdienst auch alle 15 Minuten eine Domänen-Ankündigung vor. Das geschieht normalerweise durch eine lokale Rundsendung. Da der Domänenhauptsuchdienst beim WINS-Server registriert ist (wie der PDC bei der Domäne), kann der Domänen-Hauptsuchdienst in der Datenbank des WINS-Servers nach den Domänen und ihren PDCs schauen.

Da die Domänenankündigung den Domänennamen und die Adresse des Domänensuchdienstes enthält, hebt WINS den Bedarf für diese Rundsendung auf.

Zusammenfassung

Die Netzwerkbetriebssysteme von Microsoft wurden im Laufe der Zeit immer mehr verbessert, während NetBIOS als Grundlage erhalten blieb. Das bedeutet, daß der Betriebssystemkern gleich geblieben ist. In diesem Kapitel wurden verschiedene Probleme dargestellt, die auftreten können, wenn NetBIOS und TCP/IP zusammen eingesetzt werden. Ihnen wurden auch Lösungen zu diesen Problemen aufgezeigt. Sie haben sowohl den Suchdienst als auch die Domänenaktivität betrachtet. Während der Suchdienst ignoriert werden könnte, ist es von äußerster Bedeutung, die Domänenaktivität zu erleichtern, um Windows NT die Möglichkeit zu bieten, die Domänenumgebung zentral zu verwalten.

Wiederholungsfragen

1. Von welchem Computer erhalten Sie eine Liste der Server?

2. Wie viele Sicherungssuchdienste sind in einem Arbeitsgruppenmodell vorgesehen?

3. Welche drei Funktionen hat `netlogon`?

4. Welcher Computer muß in der Datei *LMHOSTS* enthalten sein, wenn kein WINS-Server eingesetzt wird?

5. Welches Tag in der Datei *LMHOSTS* ermöglicht Domänenaktivität über TCP/IP?

Lösungen

6. Was ist die Ursache für die Meldung, daß der Netzwerkname nicht gefunden werden kann, wenn ein Benutzer auf einen Computer in der Netzwerkumgebung klickt?

7. Wie häufig kündigt sich der Server-Dienst an?

8. Wann werden Computer aus der Suchliste entfernt?

9. Welche Art von Gruppen registrieren Domänen-Controller beim WINS-Server?

10. Welche Computer benötigen eine Datei *LMHOSTS*, um eine synchronisierte Benutzerkontendatenbank zu gewährleisten?

11. Wie lassen sich andere Domänen in der Netzwerkumgebung sichtbar machen?

12. Wie viele Domänen-Controller können in einer Domänen-Gruppe registriert werden?

13. Welche Computer-Typen kündigen sich beim Suchdienst an?

Lösungen

1. Die Liste der Server stammt vom Sicherungssuchdienst.

2. Es gibt einen Sicherungssuchdienst für jeweils 32 Computer in einer Arbeitsgruppe.

3. Die Funktionen von `netlogon` sind die Benutzerüberprüfung, die Weiterleitung von Echtheitsbestätigungen und die Synchronisierung von Benutzerkontendatenbanken.

4. Die Datei *LMHOSTS* muß allen Computern, die einen Server-Dienst registrieren, Adreßauswertung anbieten.

5. Das Tag #DOM:Domäne_Name erleichtert die Domänenaktivität über ein TCP/IP-Netzwerk.

6. Der Computer konnte entweder den NetBIOS-Namen nicht in eine IP-Adresse auflösen, oder das System ist abgestürzt.

7. Der Server-Dienst kündigt sich in den ersten fünf Minuten jede Minute an. Anschließend kündigt er sich alle 12 Minuten an.

8. Wenn der Computer korrekt heruntergefahren wird, verschickt er die Namensfreigabe als Rundsendung. Dadurch wird er von der Suchliste entfernt. Ein Computer wird außerdem auch dann von der Suchliste entfernt, wenn er drei Ankündigungen verpaßt.

9. Domänen-Controller registrieren Sie in der Domänengruppe.

10. Jeder Domänen-Controller benötigt eine LMHOSTS-Datei.

11. Dies wird von der Domänenankündigung erledigt, die vom Hauptsuchdienst der Domäne alle 15 Minuten vorgenommen wird.

12. In der Domänen-Gruppe können sich ein Primärer Domänen-Controller und bis zu 24 Sicherungs-Domänen-Controller registrieren.

13. Alle Computer, auf denen ein Server-Dienst installiert ist, machen Ankündigungen unabhängig davon, ob es sich um Windows-für-Workgroups-, Windows-95- oder Windows-NT-PCs handelt.

Kapitel 15
Der Microsoft-DNS-Server

Der DNS-Server hat sich aus der Datei HOSTS heraus entwickelt. DNS-Server (DNS = Domain Name System) ermöglichen es Computern, auf denen WinSock-Anwendungen, wie z.B. FTP oder den Internet Explorer, ablaufen, Host-Namen einfach auszuwerten, indem sie eine Abfrage an einen zentralen Server senden.

Windows NT 4 beinhaltet einen DNS-Server. Um den Windows NT-DNS-Server vollständig zu verstehen, sollten Sie sich jedoch zunächst einen Gesamteindruck verschaffen.

15.1 Überblick über das Domain Name System

Das Domain Name System, kurz DNS genannt, das kürzlich in der RFC 1034/1035 standardisiert wurde, wurde bereits 1983 als Standard eingeführt. Das DNS indiziert Host-Namen in einer hierarchischen Datenbank, die verteilt verwaltet werden kann. Bevor Sie das DNS im Detail prüfen, sollten Sie die Merkmale von Hierarchien im allgemeinen und der DNS-Hierarchie im besonderen genauer betrachten.

15.1.1 Hierarchien

Die allgemeine Form der hierarchischen Organisation kennen Sie bereits. Die hierarchische Verzeichnisstruktur wird von fast allen Betriebssystemen inklusive Unix, DOS und Windows benutzt. Bild 15.1 veranschaulicht eine Windows NT-Verzeichnishierarchie, häufig auch Verzeichnisbaum genannt. Auch wenn echte und Stammbäume – vermutlich die älteste hierarchische Datenbank – ihre Wurzeln meistens in den Boden schlagen, stehen Datenbankbäume immer auf dem Kopf (siehe Bild 15.1). Diese Art von Bäumen, die im allgemeinen zur Darstellung von Computer-Datenstrukturen verwendet werden, werden inverse Bäume (*inverted trees*) genannt.

Kapitel 15 Der Microsoft-DNS-Server

Abbildung 15.1

Beispiele für einen Verzeichnisbaum

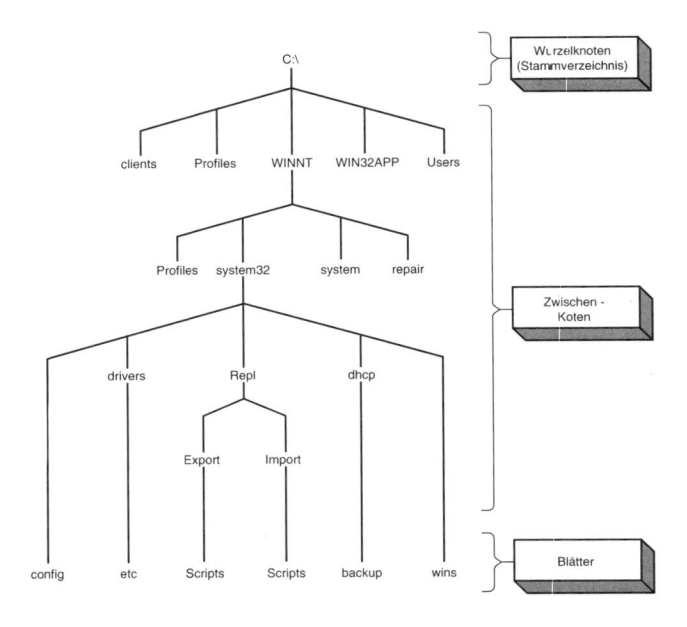

Die Daten werden im Baum durch die Schnitt- oder Endpunkte der Linien repräsentiert. Diese Punkte werden Knoten (nodes) genannt. Es gibt drei Sorten davon:

- ▶ **Wurzelknoten**. Jeder Baum hat genau einen Wurzelknoten. In einem Verzeichnissystem wird dieser Knoten »Hauptverzeichnis« genannt. Unter DOS und Windows wird er durch den umgekehrten Schrägstrich (\) und unter UNIX durch den normalen Schrägstrich (/) repräsentiert.

- ▶ **Zwischenknoten**. Die Anzahl der Knoten, die unter einem Wurzelknoten angeordnet werden können, ist nicht beschränkt. Zwischenknoten können selbst untergeordnete Knoten haben. In Dateisystemen werden Zwischenknoten auch »Unterverzeichnisse« genannt, und ihnen werden logische Bezeichner, wie z.B. WINNT, zugewiesen.

- ▶ **Blätter**. Ein Blattknoten ist das Ende eines Zweigs in einem Baum.

Bei Knoten wird häufig die Einteilung in übergeordnete und untergeordnete Knoten oder auch in Eltern- und Kindknoten benutzt. Blätter sind immer untergeordnete Knoten. Zwischenknoten können übergeordnete und untergeordnete Knoten sein. Der Wurzelknoten ist der übergeordnete Knoten aller Zwischenknoten der ersten Ebene. Knoten, die von einem übergeordneten Knoten abstammen, werden als »Geschwister« bezeichnet.

Alle Knoten im Baum können vollständig durch Auflistung der Knoten, die zwischen dem Wurzelknoten und dem Knoten selbst liegen, beschrieben werden. Bild 15.1 zeigt ein Beispiel für den Knoten \WINNT\SYSTEM32\REPL\EXPORT (ein Unterverzeichnis). Namen, die alle Knoten zwischen einen Wurzel- und einem Endknoten auflisten, werden »vollqualifizierte Namen« genannt.

> **hinweis**
>
> Beachten Sie, daß vollqualifizierte Namen für Dateisysteme mit der Wurzel beginnen und im Baum bis zum fraglichen Knoten nach unten wandern.

Ein vollqualifizierter Name kann jeden Knoten in einem Baum eindeutig identifizieren. Die Namen \WINNT\CLIENTS und \WINNT\SYSTEM beschreiben z. B. verschiedene Knoten (Unterverzeichnisse) in einem Verzeichnisbaum.

Bild 15.2 illustriert eine wichtige Hierarchieregel: Geschwister dürfen keine identischen Knotennamen haben. Somit kann auch das Verzeichnis \WINNT nicht zwei Unterverzeichnisse namens SYSTEM haben. Die zwei Knoten namens CLIENTS können eingesetzt werden, sofern sich ihre vollqualifizierten Namen unterscheiden. Es ist z. B. zulässig, ein Verzeichnis \CLIENTS und eines \WINNT\CLIENTS zu nennen.

Abbildung 15.2

Jede Hierarchie muß einen vollqualifizierten Namen tragen

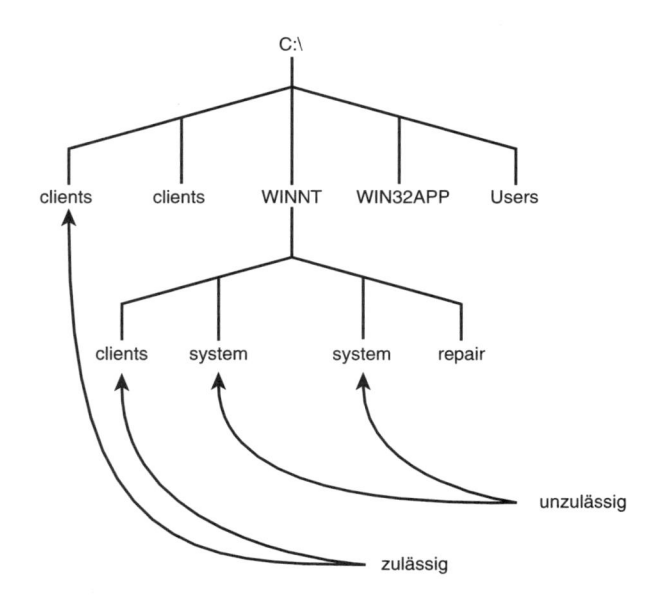

15.1.2 Der Domain Name Space

Die hierarchische Datenbank des DNS wird Domain Name Space. Jeder Host im Domain Name Space hat einen eindeutigen, vollqualifizierten Namen. Bild 15.3 zeigt eine einfache DNS-Hierarchie, die von einer Organisation eingesetzt werden könnte. Der Wurzelknoten eines DNS-Baums wird entweder »Wurzel« (»Root«) oder »Hauptdomäne« (»Root Domain«) genannt. Die »Hauptdomäne« wird auch häufig mit leeren Anführungszeichen (» «) bezeichnet.

Abbildung 15.3

Der DNS-Baum einer Organisation

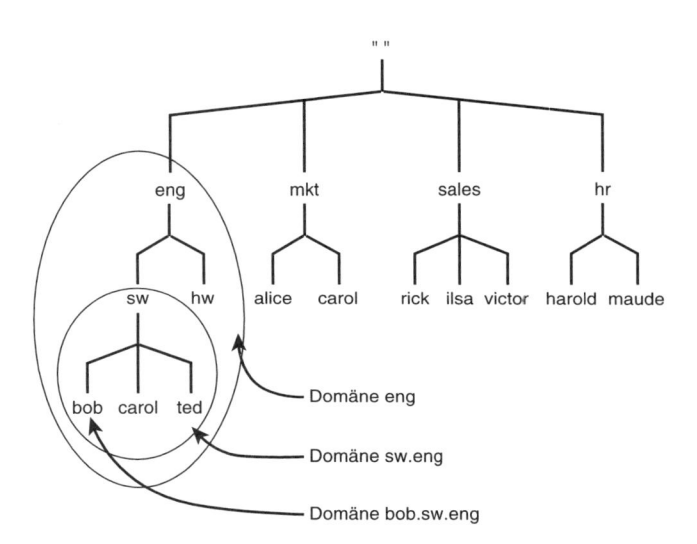

```
                        " "
         ┌───────┬───────┴───────┬───────┐
        eng     mkt            sales     hr
        ┌┴┐    ┌┴┐            ┌─┴─┐    ┌─┴─┐
       sw hw  alice carol    rick ilsa victor  harold maude
      ┌─┼─┐
     bob carol ted      ── Domäne eng
                        ── Domäne sw.eng
                        ── Domäne bob.sw.eng
```

Jeder Knoten im Baum trägt einen Namen, der bis zu 63 Zeichen lang ist. Der vollqualifizierte Name für einen DNS-Knoten wird (FQDN = Fully Qualified Domain Name) genannt. Anders als vollqualifizierte Pfadnamen in Dateisystemen, die beim Hauptverzeichnis beginnen, beginnen vollqualifizierte Pfadnamen im DNS mit dem fraglichen Knoten und gehen zum Hauptverzeichnis zurück. Bild 15.3 veranschaulicht den Pfad bob.sw.eng als Beispiel eines vollqualifizierten Namens. Bei DNS-Namen besteht die Konvention, die einzelnen Knoten durch Punkte (engl. dot) zu trennen. Das Wurzelverzeichnis kann durch einen nachgestellten Punkt gekennzeichnet werden (wie im Namen bob.sw.eng.), der nachgestellte Punkt wird normalerweise aber weggelassen.

DNS-Bäume können auch in Begriffen von Domänen betrachtet werden, die einfache Unterbäume der gesamten Datenbank sind. Bild 15.3 veranschaulicht, wie Subdomänen von Domänen definiert werden können. Die Domäne eng hat zwei Subdomänen namens sw.eng und hw.eng. Der Name einer Subdomäne ist einfach der vollqualifizierte Name des obersten Knotens in der Domäne. Subdomänen bestehen immer aus vollständigen Teilbäumen, d.h. einem Knoten und allen seinen untergeordneten Knoten. Eine Subdomäne kann nicht so festgelegt werden, daß sie die Knoten eng und mkt enthält, die sich beide auf der gleichen Ebene eines Baums befinden.

Subdomänen sind DNS-Verwaltungsstrukturen. Es ist möglich, die Verwaltung einer Subdomäne zu delegieren, um die Verwaltungsverantwortlichkeit für den kompletten Domain Name Space zu verteilen.

Bild 15.4 zeigt, daß DNS-Bäume den gleichen Benennungsregeln gehorchen wie Verzeichnisbäume: Die Namen von Geschwistern müssen eindeutig sein. Untergeordnete Knoten verschiedener übergeordneter Knoten können die gleichen Namen tragen.

Abbildung 15.4

Benennungsregeln für DNS-Knoten

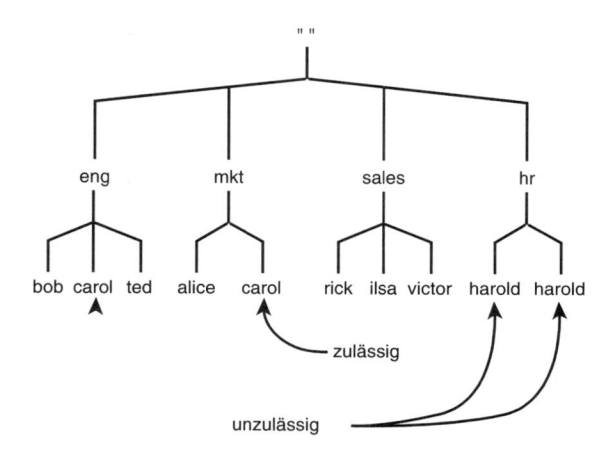

hinweis

Domänennamen können Alias-Namen zugewiesen werden. Es handelt sich dabei um Zeiger von einer auf eine andere Domäne. Die Domäne, auf die der Alias-Name zeigt, wird auch der kanonische Domänenname genannt.

Domänen und Subdomänen sind relative Begriffe und werden austauschbar verwendet. Technisch gesprochen ist buchstäblich jede Domäne außer der Wurzel eine Subdomäne. Wenn ein bestimmter Knoten diskutiert wird, wird dieser im allgemeinen jedoch als Domäne bezeichnet. Der Gebrauch der Begriffe »Domäne« und »Subdomäne« ist hauptsächlich eine Frage der Perspektive. DNS-Domänen werden normalerweise mit unterschiedlichen Ebenen bezeichnet:

- DOMÄNEN AUF OBERSTER EBENE: Domänen, die direkt dem Wurzelknoten untergeordnet sind. Häufig wird auch der Begriff der Top Level Domain gebraucht.

- DOMÄNEN AUF DER ZWEITEN EBENE: Domänen, die den Domänen auf oberster Ebene untergeordnet sind.

- DOMÄNEN AUF DER DRITTEN EBENE. Domänen, die den Domänen auf zweiter Ebene untergeordnet sind, etc.

Beachten Sie, daß die Angabe eng.widgets zwei Funktionen haben kann. Sie kann für einen Host in der DNS-Hierarchie stehen und auch auf eine bestimmte IP-Adresse verweisen. eng.widgets ist auch eine Struktur in der DNS-Datenbank, die eingesetzt wird, um die untergeordneten Verzeichnisse in der Datenbankhierarchie zu organisieren. (Das funktioniert ähnlich wie ein Dateisystem. Ein Verzeichnis kann Dateien oder aber andere Verzeichnisse enthalten.)

> **hinweis**
>
> Beachten Sie, daß der Begriff »Domänen« im Zusammenhang mit DNS nichts mit den Windows NT-Server-Domänen zu tun hat. Windows NT-Server-Domänen bieten eine Möglichkeit, Windows NT-Computer in übersichtlichen Gruppen zu organisieren, die eine allgemeine Sicherheitsdatenbank teilen. DNS-Domänen werden nur durch den Internet-Benennungsdienst miteinander verbunden. Ein Windows NT-Computer kann unter einem bestimmten Namen in einer Windows NT-Domäne angemeldet sein und unter einem anderen Namen in einer DNS-Domäne.

15.1.3 Die Verwaltung von Domänen

Das DNS wurde entwickelt, um das Internet zu verwalten, das zu umfangreich ist, um zentral als einzelner Name Space verwaltet zu werden. Deshalb war es unbedingt erforderlich, die Verwaltung von Subdomänen delegieren zu können.

Name-Server sind Programme, die Daten über den Domain Name Space speichern und Informationen zu DNS-Abfragen liefern. Der gesamte Name Space kann in Zonen aufgeteilt werden, bei denen es sich um Untermengen des DNS-Baums handelt. Ein Name-Server ist für eine oder mehrere Zonen verantwortlich. Bild 15.5 zeigt einen Beispielbaum, der in drei Zonen organisiert ist. Beachten Sie, daß Zonen keine normalen Grenzlinien benötigen. Im Beispiel wird eng in einer separaten Zone auf einem eigenen Name-Server unterhalten. Beachten Sie, daß Zonen, anders als Domänen, nicht ein einfaches Stück des DNS-Baums sein müssen, sondern verschiedene Ebenen unterschiedlicher Zweige enthalten können.

Abbildung 15.5

Zonen und die Delegation von Zuständigkeiten

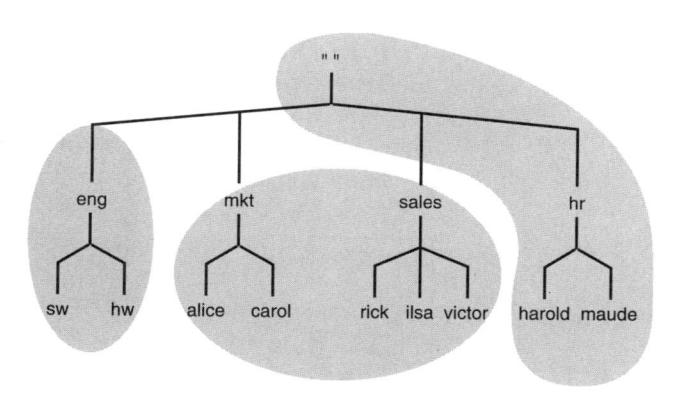

Falls erforderlich, kann die Verwaltung für Zonen an Name-Server delegiert werden. Falls die Verwaltung für eine Domäne an einen Name-Server delegiert wird, wird dieser auch verantwortlich für die Subdomänen, falls die Verwaltung für diese nicht delegiert wurde.

Jede Zone muß von einem primären Master-Name-Server bedient werden, der die Daten für die Zone aus Dateien erhält, die sich auf seinem Host befinden. Sekundäre Master-Name-Server erhalten Zonendaten über Transfers vom primären Master-Name-Server. Sie müssen ihre Datenbank in regelmäßigen Abständen aktualisieren, um die verschiedenen Name-Server der Zone synchronisiert zu halten.

DNS ist flexibel in der Art, wie Name-Server und Zonen verbunden werden können. Denken Sie daran, daß Name-Server für mehr als eine Zone verantwortlich sein können. Darüber hinaus kann ein Name-Server in einer Zone der primäre Name-Server und in anderen Zonen der sekundäre Name-Server sein.

Die Vorkehrungen für mehrere Name-Server bieten eine Ebene der Redundanz, durch die der DNS eines Netzwerks auch dann funktionieren kann, wenn der primäre Name-Server ausfällt.

15.1.4 DNS-Abfragen auswerten

Wenn eine Anwendung Daten vom DNS abfragt, benutzt sie dazu einen Resolver. Ein Resolver ist die Client-Seite der DNS-Client-Server-Verbindung. Der Resolver erzeugt eine DNS-Abfrage und sendet sie an einen Name-Server, verarbeitet die Antwort vom Name-Server und leitet die Information an das Programm weiter, von dem die Daten angefordert wurden.

Resolver-Abfragen werden von DNS-Servern ausgeführt (siehe Bild 15.6). Der Resolver in einem Host wird mit der IP-Adresse von mindestens einem DNS-Server konfiguriert. Wenn der Resolver eine IP-Adresse benötigt, nimmt er Kontakt zu einem bekannten DNS-Server auf, der für die Verarbeitung der Anforderung verantwortlich ist.

Abbildung 15.6

Auswertung einer DNS-Abfrage

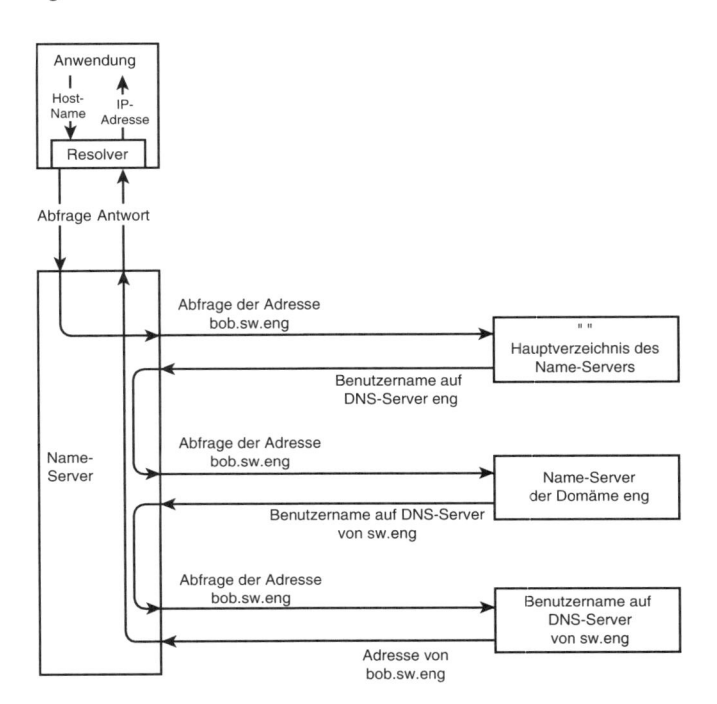

Die Auswertung erfolgt, indem ausgehend vom DNS-Server für das Hauptverzeichnis DNS-Server abgefragt werden. Der Server des Hauptverzeichnisses liefert die Adresse der Domäne der obersten Ebene des abgefragten Namens. Falls erforderlich, liefert die erste Ebene die Adresse des Domain-Name-Servers der zweiten Ebene etc., bis ein Domain-Name-Server erreicht wird, der die Anfrage befriedigen kann.

> **hinweis**
>
> Die bekannteste Implementation von DNS ist die Berkeley Internet Name Domain (BIND), die ursprünglich für 4.3 BSD UNIX geschrieben wurde und nun in der Version 4.8.3 verfügbar ist. BIND wurde auf die meisten UNIX-Versionen portiert, und eine Windows NT-Version ist im Windows NT Resource Kit enthalten. BIND unterstützt Baumstrukturen mit bis zu 127 Ebenen. Das reicht aus, um BIND auf den Root-Name-Servern für das Internet einzusetzen.
>
> BIND benutzt sogenannte Stub-Resolver. Ein Stub-Resolver hat keine DNS-Suchkapazität. Er weiß nur, wie er eine Anfrage an einen DNS-Server sendet. Der Name-Server führt die aktuelle Auswertung der Anfrage durch.

Um den Aufwand zu verringern, der entsteht, um eine DNS-Anfrage auszuwerten, speichert der DNS-Server die Ergebnisse der letzten Anfragen. Daten, die sich im Zwischenspeicher befinden, können den Server dazu bringen, eine DNS-Anfrage lokal zu befriedigen oder die Suche dadurch abzukürzen, daß sie bei einem DNS-Server begonnen wird, der für eine Domäne auf niedrigerer Ebene verantwortlich ist. Im Ereignis kann diese gespeicherte Information nicht genutzt werden, um eine Suche zu starten. Der Prozeß beginnt bei der Hauptdomäne. Einträgen in einer DNS-Cache-Tabelle wird ein TTL zugewiesen, den der Domänen-Administrator konfiguriert. Einträge, die den TTL überschreiten, werden gelöscht. Das nächste Mal, wenn ein Resolver eine Anfrage für diese Domäne startet, muß der Server die Daten aus dem Netzwerk abrufen.

Resolver sind eigentlich Komponenten von Anwendungen und Prozesse, die auf Hosts ablaufen. Wenn Programme kompiliert werden, beziehen Entwickler Bibliotheksroutinen für den Name-Dienst ein, der unterstützt werden soll. Auf diese Weise werden Programme wie FTP und Telnet mit der Fähigkeit kompiliert, DNS-Anfragen zu erzeugen und die Antworten zu verarbeiten. Der DNS-Server ist jedoch für die Suche in der Datenbank verantwortlich.

Selbstverständlich ist die Fähigkeit, sekundäre DNS-Server in Domänen zu unterstützen, für die Gewährleistung eines zuverlässigen Name-Dienstes von großer Bedeutung. Wenn kein DNS-Server für das Wurzelverzeichnis verfügbar ist, schlägt eventuell die gesamte Name-Auswertung fehl, weil die Einträge in den Cache-Tabellen in einem DNS-Server auf geringerer Ebene auslaufen und erneuert werden müssen.

15.1.5 Die Organisation des Domain Name Space

Alle diskutierten DNS-Funktionen werden im Internet benötigt. Das Internet ist natürlich der größte Name-Raum aller Netzwerke.

Die Wichtigkeit von Haupt-Domain-Name-Servern zusammen mit dem Volumen an DNS-Abfragen im Internet diktiert die Notwendigkeit für eine umfangreiche, weit verbreitete Basis von Haupt-Name-Servern (Root Name Server). Augenblicklich wird das Internet von neun Haupt-Name-Servern betrieben. Unter ihnen sind Computer im NSFnet, MILNET, SPAN und in Europa.

Die Haupt-Name-Server sind verantwortlich für die oberste Ebene der Domänen. TLDs (Top-Level-Domänen) organisieren den Name Space anhand von Kategorien.

Die einzigen Domänen, die Verantwortliche für das Internet zuweisen, sind die Domänen auf oberster Ebene. Die Verwaltung der Domänen auf der zweiten und auf tieferen Ebenen wird delegiert. Die Internet Assigned Numbers Authority (IANA) ist autorisiert, Domänennamen zu registrieren. Die Registrierung wird über die Internet Registry (IR) verwaltet. Die zentrale IR ist `internic.net`.

Der Internet Name Space entwickelt sich zu schnell, um zentral verwaltet werden zu können. Es wurde gezeigt, wie der DNS Name Space in Subdomänen und Zonen organisiert werden kann, um eine effiziente, flexible und lokale Verwaltung zu ermöglichen. Nachdem eine neue Domäne eingerichtet wurde, wird eine Verwaltungsautorität für die Domäne bestimmt. Sehr häufig werden Domänen auf der zweiten und tieferen Ebenen von juristischen Personen verwaltet, deren Einrichtung erforderlich war. Organisationen wie Universitäten, Regierungsbüros unterhalten Name-Server, die die DNS-Datenbank für ihren Teil des DNS-Baums unterstützen.

RFC 1591, *Domain Name System Structure and Delegation,* beschreibt die Struktur der Domänennamen für das Internet und die Richtlinien der Verwaltung und Zuweisung von Domänen. TLDs fallen in die folgenden drei Kategorien:

▶ Generische, weltweite Domänen

▶ Generische Domänen in den USA

▶ Landesspezifische Domänen

Bild 15.7 zeigt die Gesamtorganisation des Internet DNS Name Space.

Abbildung 15.7

Organisation des DNS Name Space

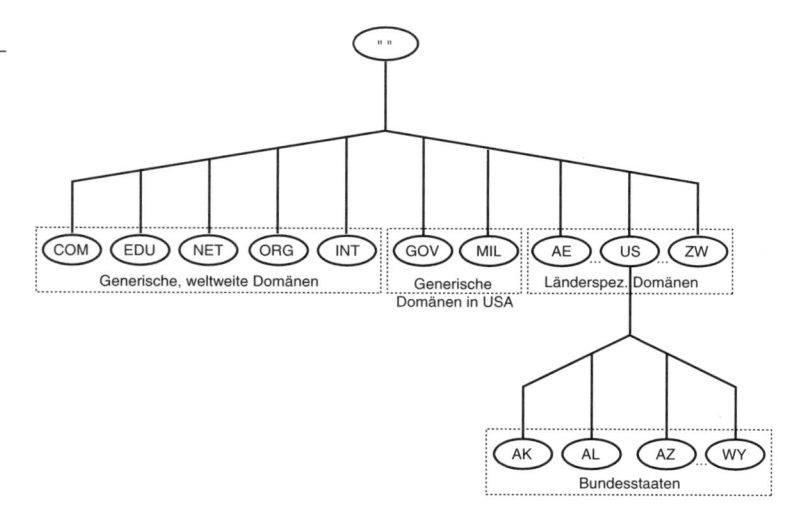

Generische, weltweite Domänen

Wenn Sie sich mit dem Internet auskennen, sind Sie bereits auf diese Domänen der obersten Ebene gestoßen, die den Großteil des Internet DNS Name Space in die folgenden fünf Kategorien aufteilen:

- COM. Kennzeichnet kommerzielle Rechtspersönlichkeiten. Da diese Domäne fast jede Firma beinhaltet, die im Internet präsent ist, wird der com-Name Space sehr lang. Es wurde deshalb bereits überlegt, ob dieser Name Space nicht in weitere Subdomänen organisiert werden soll.

- EDU. Ursprünglich umfaßte diese Domäne alle Bildungseinrichtungen. Da diese Domäne ebenfalls immer umfangreicher wird, ist die Registrierung nun auf Colleges und Universitäten mit einer vierjährigen Ausbildung beschränkt. Andere Bildungseinrichtungen und Colleges mit einer zweijährigen Ausbildung werden unter ihren entsprechenden landesspezifischen Domänen registriert.

- NET. Diese Domäne beinhaltet Internet-Provider und Verwaltungscomputer für das Internet (wie z.B. internic.net).

- ORG. Alles, was in keine andere generische Kategorie paßt, wie z.B. *un.org* für United Nations.

- INT. Organisationen, die von internationalen Bündnissen eingerichtet wurden, wie z.B. nato.int.

Die Registrierung von Domänen der zweiten Ebene in diesen Kategorien unterliegt der Verantwortlichkeit des InterNIC, zu dem Sie über die Internet-Adresse hostmaster@internic.net Kontakt aufnehmen können. Das InterNIC ist auch verantwortlich für die Registrierung aller Domänen auf oberster Ebene.

Generische Domänen in den USA

Die folgenden Domänen auf oberster Ebene sind für die US-amerikanische Regierung reserviert:

- ▶ GOV. Wurde früher für alle Regierungsstellen benutzt. Bei Registrierungen werden nur noch Regierungsstellen der Bundesregierung aufgenommen. Regierungsstellen von Bundesstaaten und Gemeinden werden unter deren Landesnamen registriert, wie z.B. nsf.gov.

- ▶ MIL. Das Militär der USA.

Die Registrierung von Domänen auf der zweiten Ebene gehört in den Zuständigkeitsbereich des InterNIC, das Sie über die E-Mail-Adresse hostmaster@internic.net erreichen).

Militärische Domänen auf der zweiten Ebene werden vom DDN registriert. Die Adresse lautet nic.ddn.mil.

Landesspezifische Domänen

Landesspezifische Domänennamen werden aus der ISO 3166 abgeleitet. IANA erkennt die ISO als internationale Organisation an, um Bona-Fide-Länder zu identifizieren.

Die regionale Registrierungsstelle für Europa ist das RIPE NCC, zu der Sie unter der E-Mail-Adresse ncc@ripe.net Kontakt aufnehmen können. Die Registrierungsstelle für den asiatischen und pazifischen Raum ist APNIC (siehe hostmaster@apnic.net). Das InterNIC ist auf Nordamerika und andere nicht delegierte Regionen beschränkt.

Tabelle 15.1 listet die meisten der Internet-Domänen auf oberster Ebene auf. Diese ändern sich jedoch häufig. Die Information wurde vom WHOIS-Server des rs.internic.net empfangen. Später in diesem Kapitel erfahren Sie, wie man WHOIS-Suchen durchführt. Der Suchbefehl lautet whois root-dom)

Kapitel 15 Der Microsoft-DNS-Server

Tabelle 15.1
Internet-Top-Level-Domänen

Domäne	Land
AD	Andorra
AE	Vereinigte Arabische Emirate
AG	Antigua und Barbuda
AI	Anguilla
AL	Albanien
AM	Armenien
AN	Niederländische Antillen
AO	Angola
AQ	Antarktis
AR	Argentinien
ARPA	Advanced Research Projects Agency Domain
AT	Österreich
AU	Australien
AW	Aruba
AZ	Aserbaidschan
BA	Bosnien-Herzegovina
BB	Barbados
BE	Belgien
BF	Burkina Faso
BG	Bulgarien
BH	Bahrain
BI	Burundi
BJ	Benin
BM	Bermuda
BN	Brunei
BO	Bolivien
BR	Brasilien
BS	Bahamas
BW	Botswana
BY	Weißrußland
BZ	Belize
CA	Kanada

Domäne	Land
CF	Zentralafrikanische Republik
CH	Schweiz
CI	Elfenbeinküste
CK	Cook Islands
CL	Chile
CM	Kamerun
CN	China
CO	Kolumbien
COM	Kommerziell
CR	Costa Rica
CU	Kuba
CV	Kap Verde
CY	Zypern
CZ	Tschechien
DE	Deutschland
DJ	Djibuti
DK	Dänemark
DM	Dominica
DO	Dominikanische Republik
DZ	Algerien
EC	Ekuador
EDU	Bildungseinrichtung (USA)
EE	Estland
EG	Ägypten
ER	Eritrea
ES	Centro de Comunicaciones CSIC RedIRIS (ESNIC)
ET	Äthiopien
FI	EUnet Finland Oy
FJ	Fiji
FM	Mikronesien
FO	Färöer
FR	Frankreich

Domäne	Land
GB	Großbritannien
GD	Granada
GE	Georgien
GF	Französisch Guyana
GG	Guernsey (Kanalinseln)
GH	Ghana
GI	Gibraltar
GL	Grönland
GN	Guinea
GOV	Regierung
GP	Guadeloupe
GR	Griechenland
GT	Guatemala
GU	Guam
GY	Guyana
HK	Hong Kong
HN	Honduras
HR	Kroatien
HU	Ungarn
ID	Indonesien
IE	Irland
IL	Israel
IM	Isle of Man
In	Indien
INT	International
IR	Iran
IS	Island
IT	Italien
JE	Jersey (Kanalinseln)
JM	Jamaica
JO	Jordanien
JP	Japan

Domäne	Land
KE	Kenia
KH	Kambodscha
KI	Kiribati
KN	Saint Kitts & Nevis
KR	Korea
KW	Kuwait
KY	Cayman Islands
KZ	Kasachstan
LA	Laos
LB	Libanon
LC	Santa Lucia
LI	Liechtenstein
LK	Sri Lanka
LS	Lesotho
LT	Litauen
LU	Luxemburg
LV	Lettland
MA	Marokko
MC	Monaco
MD	Moldavien
MG	Madagaskar
MH	Marshall Islands
MIL	Militärisch
MK	Mazedonien
ML	Mali
MN	Mongolei
MO	Macau
MP	Northern Mariana Islands
MR	Mauretanien
MT	Malta
MU	Mauritius
MV	Malediven

Domäne	Land
MX	Mexico
MY	Malaysia
MZ	Mozambique
NA	Namibia
NC	Neukaledonien
NE	Niger
NET	Netzwerk
NF	Norfolk-Inseln
NG	Nigeria
NI	Nicaragua
NL	Niederlande
NO	Norwegen
NP	Nepal
NZ	Neuseeland
OM	Oman
ORG	Organisation
PA	Panama
PE	Peru
PF	Französisch Polynesien
PG	Papua Neuguinea
PH	Philippinen
PK	Pakistan
PL	Polen
PR	Puerto Rico
PT	Portugal
PY	Paraguay
QA	Katar
RO	Rumänien
RU	Rußland
RW	Ruanda
SA	Saudi-Arabien
SB	Salomonen

Domäne	Land
SE	Schweden
SG	Singapur
SK	Slowakei
SM	San Marino
SN	Senegal
SR	Telesur
SV	El Salvador
SY	Syrien
SZ	Swaziland
TG	Togo
TH	Thailand
TN	Tunesien
TO	Tonga
TR	Türkei
TT	Trinidad & Tobago
TV	Tuvalu
TW	Taiwan
TZ	Tansania
UA	Ukraine
UG	Uganda
UK	Großbritannien
US	USA
UY	Uruguay
ZU	Usbekistan
VA	Vatikanstaat
VC	Saint Vincent & the Grenadines
VE	Venezuela
VI	Virgin Islands (USA)
VN	Vietnam
VU	Vanuatu
WS	Samoa
YE	Yemen

Domäne	Land
YU	Jugoslawien
ZA	South Africa (Republic of)
ZM	Zambia
ZR	Zaire
ZW	Zimbabwe

Subdomänen der Domäne US

Innerhalb der Domäne US wurden auf zweiter Ebene Domänen für jeden Bundesstaat eingeführt. Die Bundesstaaten werden anhand der Kürzel des Post-Codes gekennzeichnet. NY.US steht z.B. für den Bundesstaat New York.

RFC 1480 beschreibt einige Konventionen, nach denen Subdomänen in Bundesstaaten eingerichtet werden können. Die folgenden Beispiele sind dem RFC entnommen:

- **Ortscode**. Städte, Landkreise, Gemeinden und Bezirke (wie z.B. `los-angeles.ca.us` oder `portland.or.us`).

- **CI**. Stadtverwaltungen, die als Subdomänen in einem Ort eingesetzt werden (z.B. `Fire-Dept.CI.Los-Angeles.CA.US`).

- **CO**. Landkreisbehörden, die als Subdomänen in Orten verwendet werden (z.B. `Fire-Dept.CO.San-Diego.CA.US`).

- **K12**. Schulbezirke (z.B. `John-Muir.Middle.Santa-Monica.K12.CA.US`).

- **CC**. Colleges von Bundesstaaten.

- **PVT**. Privatschulen, Subdomänen von K12 (z.B. `St-Michaels.PVT.K12.CA.US`).

- **TEC**. Technische Hochschulen.

- **LIB**. Bibliotheken (z.B. `<Bibliothek-Name>.LIB.<Staat>.US`).

- **STATE**. Bundesbehörden (z.B. `State-Police.STATE.<state>.US`).

- **GEN**. Alles, was in keine andere Kategorie paßt.

Parallel zu den Namen von Bundesstaaten wurden noch einige besondere Namen der Domäne US untergeordnet:

- **FED.** Bundesbehören.

- **DNI.** Verteilte nationale Institute, Organisationen mit mehr als einer Niederlassung in einem Staat oder einer Region.

Bild 15.8 Beschreibt die Struktur der Domäne inklusive der Bundesstaaten und Codes auf tieferen Ebenen.

Abbildung 15.8

Organisation der US-Domänen

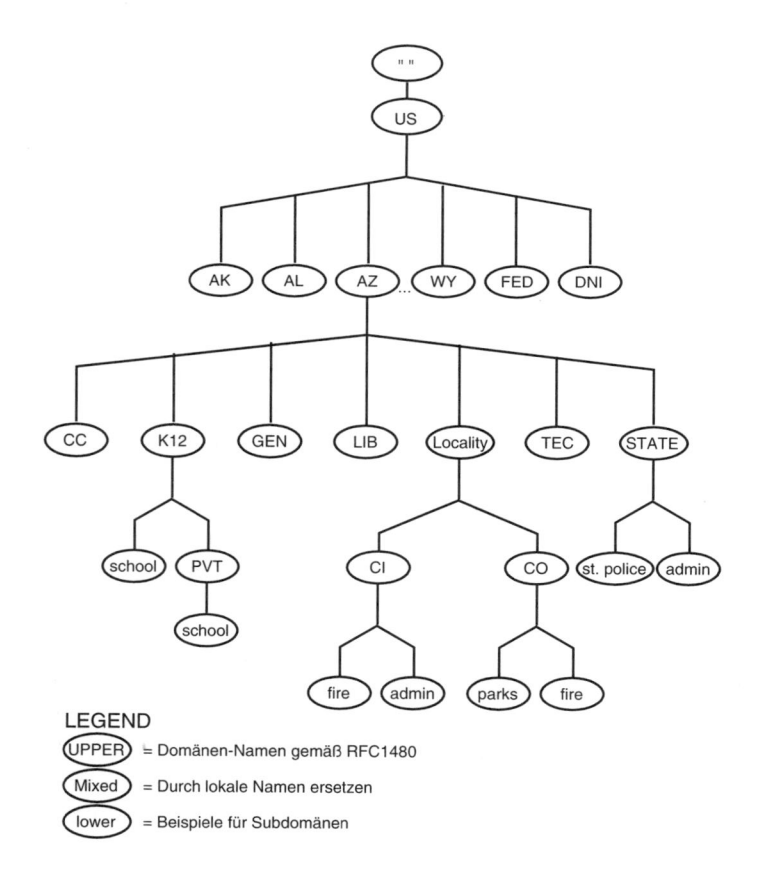

LEGEND
(UPPER) = Domänen-Namen gemäß RFC1480
(Mixed) = Durch lokale Namen ersetzen
(lower) = Beispiele für Subdomänen

Die Verwaltung von Subdomänen der Domäne US wurde sehr stark an lokale Einrichtungen delegiert. Eine Liste dieser Einrichtungen erhalten Sie auf dem FTP-Server `ftp://venera.isi.edu` im Verzeichnis `In-notes/us-domain-delegated.txt`. Auf diesem Host befinden sich auch andere nützliche Dateien. Es lohnt sich, diesem FTP-Server einen Besuch abzustatten.

Sie erhalten diese Liste auch, wenn Sie die folgende E-Mail-Nachricht an die Adresse `rfc-info@isi.edu` senden:

```
Help: us_domain_delegated_domains
```

> **hinweis**
> Über den Dienst RFC-INFO erhalten Sie auch andere Internet-Dokumente wie RFCs, FYIs, STDs und IMRs. Um weitere Instruktionen zu erhalten, senden Sie eine E-Mail-Nachricht an die Adresse `rfc-info@isi.edu` und geben als Nachrichtentext `Help` ein.

Subdomänen in Organisationen, die nicht zur US-amerikanischen Regierung gehören

Unterhalb der zweiten Ebene werden Domänennamen von der InterNIC-Registratur zugewiesen. Die Organisation, die einen Namen erhält, ist verantwortlich für die Verwaltung der Subdomänen und hat völlige Freiheit, eine Struktur aus Subdomänen aufzubauen. Organisationen, die eine Subdomäne einrichten möchten, müssen einen Name-Server arrangieren, der den Name Space der Subdomänen unterstützt.

DNS-Dienste werden normalerweise von DNS-Servern unterstützt, die von der Organisation einer Domäne betrieben werden. Da ein DNS-Server verschiedene Zonen unterstützen kann, ist es jedoch möglich, auf einem bestehenden DNS-Server eine neue Domäne einzurichten, wie z.B. eine, mit der ein Internet-Provider operiert.

Am Anfang erklärten Organisationen, die einen Name Space beanspruchten, den obersten Knoten als Wurzelknoten (siehe Bild 15.3). Das ist heutzutage nicht mehr möglich. Organisationen müssen einen Domänennamen beantragen, die Subdomänen zu Standarddomänen bilden. Eine Organisation namens Widgets, Inc. könnte z.B. den Namen `widgets.com` beantragen. Ihr Teil des Internet Name Space würde sich dann wie in Bild 15.9 dargestellt gestalten. Es läge im Verantwortungsbereich der Firma Widgets, Inc., ihren Teil des Name Space aufzuteilen, der mit dem Knoten `widgets.com` beginnt.

Auf diese Weise kann jedem Host im Internet ein eindeutiger, vollqualifizierter Name zugewiesen werden. Bobs Arbeitsstation hätte z.B. die Adresse `bob.sw.eng.widgets.com`.

Abbildung 15.9

Organisation der US-Domänen

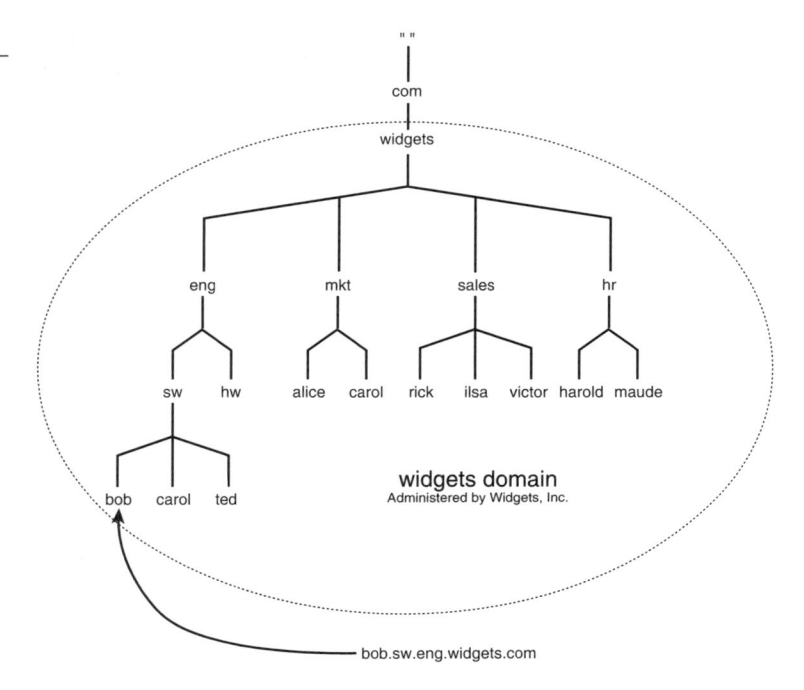

15.1.6 Domäneninformationen über WHOIS beziehen

WHOIS ist ein eine Art »Telefonbuch«-Verzeichnis für Personen und Organisationen im Internet. WHOIS kann z. B. eingesetzt werden, um Informationen über die Domänen auf der obersten Ebene inklusive der Kontaktstellen zu erhalten.

Suchläufe in WHOIS basieren auf Schlüsselwörtern. Jedes Schlüsselwort ist mit dem Domänennamen indiziert, an den die Bezeichnung »-dom« angehängt wird. Um z. B. Informationen über die Domäne *com* zu erhalten, müssen Sie `com-dom` eingeben.

Wenn Ihr Host an das Internet angeschlossen und auf ihm WHOIS-Client-Software installiert ist, können Sie WHOIS direkt befragen. Um z. B. die Kontaktperson für die Domäne *edu* zu finden, geben Sie die folgende WHOIS-Anfrage ein:

```
whois -h rs.internic.net edu-dom
```

Dieser Befehl sendet eine WHOIS-Abfrage mit dem Schlüsselwort `edu-dom` an den Host `rs.internic.net`. Domänen auf oberster Ebene können Sie mit dem Befehl `whois root-dom` abfragen.

Im World Wide Web können Sie über die Adresse `http://www.internic.net` auf die Web Site von InterNIC zugreifen. Über die AT&T DIRECTORY AND DATABASES SERVICES können Sie zu den INTERNIC DIRECTORY SERVICES (»White Pages«) gelangen. Hier erhalten Sie Informationen oder können nach den Adressen von Firmen und anderen Organisationen suchen. Sie können über diese Seite Informationen von zwei WHOIS-Servern abfragen:

- ▶ DISA NIC für die Domäne `mil`

- ▶ InterNIC Registration Services (`rs.internic.net`) für Informationen zur Registrierung

Eine weitere, exzellente Möglichkeit, auf die InterNIC-WHOIS-Datenbank zuzugreifen, ist, über Telnet Kontat zum Server `rs.internic.net` aufzunehmen. Sie müssen sich nicht anmelden. Geben Sie einfach den Befehl `whois` ein, um den WHOIS-Client zu starten. Nachfolgend sehen Sie das Ergebnis der Abfrage von `edu-dom`:

```
Whois: edu-dom
Education top-level domain (EDU-DOM)
   Network Solutions, Inc.
   505 Huntmar park Dr.
   Herndon, VA 22070
   Domain Name: EDU
   Administrative Contact, Technical Contact, Zone Contact:
      Network Solutions, Inc. (HOSTMASTER)
HOSTMASTER@INTERNIC.NET
      (703) 742-4777 (FAX) (703) 742-4811
   Record last updated on 02-Sep-94.
   Domain servers in listed order:
   A.ROOT-SERVERS.NET         198.41.0.4
   H.ROOT-SERVERS.NET         128.63.2.53
   B.ROOT-SERVERS.NET         128.9.0.107
   C.ROOT-SERVERS.NET         192.33.4.12
   D.ROOT-SERVERS.NET         128.8.10.90
   E.ROOT-SERVERS.NET         192.203.230.10
   I.ROOT-SERVERS.NET         192.36.148.17
   F.ROOT-SERVERS.NET         39.13.229.241
   G.ROOT-SERVERS.NET         192.112.36.4
Would you like to see the known domains under this top-level
domain? n
```

Wie Sie hier anhand der Server-Adressen sehen können, die mit Hyperlinks unterlegt sind, ist es manchmal möglich, zu Domänen zu springen, die auf tieferen Ebenen liegen, obwohl die Anzahl der Subdomänen häufig die Darstellungskapazitäten überschreitet.

Die vorherige Liste enthält die Namen und Adressen von neun Name-Servern, die die Internet-Wurzel-Domäne bedienen. Wenn Sie mehr über einen dieser Hosts wissen wollen, können Sie WHOIS wie folgt abfragen:

```
Whois: 128.63.2.53
Army Research Laboratory (BRL-AOS)
   Aberdeen Proving Ground, MD  21005-5066
   Hostname: H.ROOT-SERVERS.NET
   Address: 128.63.2.53
   System: SUN running UNIX
   Host Administrator:
      Fielding, James L. (JLF)  jamesf@ARL.MIL
      (410)278-8929 (DSN) 298-8929 (410)278-6664 (FAX) (410)278-5077
   domain server
   Record last updated on 17-Aug-95.
Would you like to see the registered users of this host? N
Whois:
```

15.1.7 Adressen Namen zuordnen

Wie bereits beschrieben, ist DNS ein Meister darin, Domänennamen in IP-Adressen auszuwerten. Manchmal jedoch ist genau das Gegenteil gefordert: Es muß der Domänenname ermittelt werden, der einer vorgegebenen IP-Adresse zugeordnet ist. Für umgekehrte Zuordnungen steht eine spezielle Domäne im Internet zur Verfügung: die Domäne `in-addr.arpa`.

Bild 15.10 veranschaulicht die Struktur von `in-addr.arpa`. Knoten in der Domäne werden nach IP-Adressen benannt. Die Domäne `in-addr.arpa` kann 256 Subdomänen haben, wobei jede dem ersten Oktett einer IP-Adresse entspricht. Jede Subdomäne von `in-addr.arpa` kann ihrerseits 256 Subdomänen haben, die mit den möglichen Werten des zweiten Oktetts von IP-Adressen übereinstimmt. In ähnlicher Weise kann die nächste Subdomäne in der Hierarchie 256 Subdomänen haben, die dem dritten Oktett von IP-Adressen entsprechen. Schließlich enthält die letzte Subdomäne Datensätze, die dem vierten Oktett von IP-Adressen entsprechen.

Abbildung 15.10

Eine Adressen mit in-addr.arpa auswerten

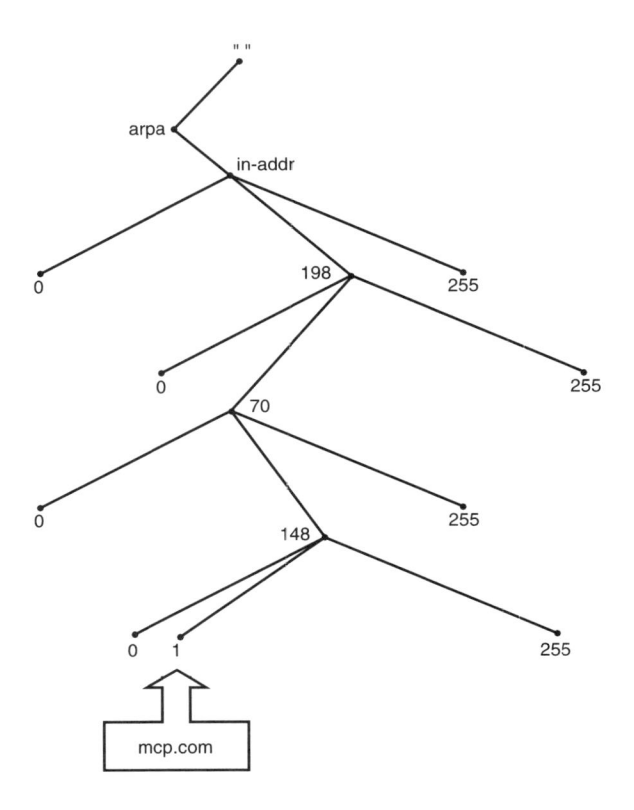

Der Wert eines Datensatzes aus dem vierten Oktett ist der vollständige Domänenname der IP-Adressen, die den Quelldatensatz definiert.

Bild 15.10 zeigt, wie ein Datensatz in der IN-ADDR.ARPA-Hierarchie gespeichert werden könnte. Der Domänenname mcp.com ist mit der IP-Adresse 198.70.148.1 verknüpft. Um den Domänennamen zu ermitteln, durchsucht DNS den Baum und beginnt mit dem Knoten 198.in-addr.arpa. Die Suche wird so lange fortgeführt, bis der Datensatz 1.148.70.198.in-addr.arpa erreicht ist. Der Wert dieses Datensatzes ist mcp.com.

15.2 DNS unter Windows NT 4

Der Rest dieses Kapitels richtet sich auf zwei Themen. Es wird die Frage geprüft, ob Sie in Ihrem Netzwerk DNS implementieren müssen. Falls ja, wird erklärt, wie Sie DNS auf einem Computer implementieren, der unter Windows NT betrieben wird.

Vor der Version 4 fiel die Unterstützung von DNS ziemlich mager aus. Ein Beta-DNS-Server, der mit BIND vergleichbar war, war im Windows NT Resource Kit für den NT Server 3.5 enthalten. Diese Software harmonierte schlecht mit der Art von Verwaltung, die von NT gefördert wird. Die Konfiguration erfolgte über eine BIND-kompatible Datenbankdatei. Es gab keine grafische Benutzeroberfläche. Die Stabilität war auch nicht gewährleistet, was natürlich bei einer Beta-Version auch nicht überraschend ist.

Im Lieferumfang des Windows NT Server 4 ist inzwischen ein stabiler DNS-Server mit einer grafischen Benutzeroberfläche enthalten. Er ist noch immer mit BIND kompatibel und kann BIND-Datenbankdateien lesen. Die Benutzeroberfläche müßte Ihnen vertraut sein, und es stehen Assistenten zur Verfügung, die die Aufgabe vereinfachen, die Datenbankeinträge zu verwalten, aus denen ein Domain Name Space besteht.

Der DNS-Server unterstützt außerdem ein Merkmal, das für die Netzwerkumgebung von Microsoft einzigartig ist: Die Computer im Netzwerk werden anhand von NetBIOS-Namen identifiziert. Der DNS-Server unterstützt Verbindungen zu WINS. Dadurch steht dem DNS-Server die Namensauswertung für Namen zur Verfügung, die er über WINS kennenlernt. Was Microsoft-Netzwerk-Clients betrifft, können Sie einen DNS-Server in ein Netzwerk integrieren, ohne die Computernamen manuell in die statische DNS-Datenbank eingeben zu müssen. Alle Ihre Microsoft-Hosts werden dynamisch über die Verbindung vom DNS- und WINS-Server gewartet.

> In Zukunft sollten Sie damit rechnen, engere Bindungen zwischen WINS und DNS vorzufinden. Das kann sogar so weit gehen, daß WINS völlig verschwindet. Microsoft hat versprochen, Internet-Standards zu unterstützten, wie z.B. DNS. WINS wird möglicherweise vollständig eliminiert.

15.3 Entscheiden, ob ein DNS-Server installiert werden soll

Wenn Ihr Windows-TPC/IP-Netzwerk nicht mit einem Netzwerk verbunden ist, das auf einem anderen Netzwerkbetriebssystem aufbaut, benötigen Sie keinen DNS-Server. WINS kann alle Namensdienste liefern, die für ein Microsoft Windows-Netzwerk benötigt werden. Da WINS Zuordnungen von Namen zu IP-Adressen dynamisch konfiguriert, ist nur wenig oder gar kein Verwaltungsaufwand erforderlich, um mit Änderungen in der Netzwerkausrüsung zurechtzukommen. Ein Benutzer kann einen tragbaren Computer von einem Netzwerk entfernen und in ein anderes integrieren, ohne daß Änderungen an der WINS-Datenbank vorgenommen werden müßten. WINS erkennt den neuen Platz des Hosts und paßt seine Datenbank entsprechend an.

Wenn Sie jedoch Ihre TCP/IP-Hosts an das Internet oder ein auf UNIX basierendes TCP/IP-Netzwerk anbinden und den Benutzern von außen Zugriff auf Ihr Windows-Netzwerk bieten wollen, müssen Sie mit einem DNS-Server arbeiten. Wenn Benutzer von außen keine Dienste verwenden, die auf Ihrem Computer ablaufen, oder wenn es akzeptabel ist, Ihren Computer über die IP-Adresse zu kennzeichnen, müssen Ihre Host-Computer nicht in der DNS-Datenbank abgelegt werden.

Mit anderen Worten heißt das: Wenn Ihr Netzwerk mit dem Internet verbunden ist, brauchen Sie Ihre Hosts nicht in den Internet-DNS-Baum zu integrieren, damit Ihre Benutzer Verbindung zu Ressourcen außerhalb aufnehmen können. Den DNS-Dienst benötigen Sie nur, wenn Benutzer von außerhalb auf Ressourcen in Ihrem Netzwerk zugreifen wollen.

Wenn Sie beschließen, daß die Hosts in Ihrem Netzwerk im DNS identifiziert werden müssen, sollten Sie sich die folgenden Fragen stellen:

- ▶ Müssen alle Hosts in die DNS-Datenbank integriert werden, oder reichen ein paar ausgewählte aus?

- ▶ Wie häufig verändert sich die Zuordnung eines Host-Namens zu einer IP-Adresse?

- Sollten die Namen der lokalen Hosts von WINS geliefert werden?

- Werden Sie einen Domänennamen im Internet erhalten?

- Sind die Hosts unter Ihrem Domänennamen geographisch verstreut, oder befinden sie sich alle an einem Ort?

Die Antworten auf diese Fragen werden Ihnen möglicherweise sagen, daß Sie sich bei einem Internet Service Provider einmieten können, der Ihren Teil des DNS-Baums verwaltet. Erinnern Sie sich aus früheren Diskussionen, daß ein einzelner DNS-Server mehrere Zonen im DNS-Baum verwalten kann. Viele kommerzielle Internet Service Provider können Ihre Zone für eine Gebühr verwalten, die weit unter den Kosten liegt, zwei private DNS-Server zu unterhalten. (Um Fehlertoleranz zu gewährleisten, benötigen Sie mindestens zwei DNS-Server.)

Sie sollten sich überlegen, die Verwaltung Ihres Teils des DNS-Baums zusammenzuziehen, wenn einige oder alle der folgenden Umstände bestehen:

- Sie beziehen Ihren Zugang zum Internet über einen Internet-Provider, der die DNS-Verwaltung als Dienst anbietet.

- Sie möchten für TCP/IP-Hosts keine lokalen Namen verwenden, die von WINS geliefert werden. Die meisten Internet Access Provider beteiben DNS unter UNIX, das Verknüpfungen zu WINS nicht unterstützt.

- Ihr Netzwerk ist zu klein, um die Ausbildung zweier DNS-Administratoren, die Verwendung von Teilen ihrer Arbeitszeit und die Unterhaltung zweier Computer mit der Fähigkeit, als DNS-Server zu agieren, zu rechtfertigen.

- Ihr Netzwerk ist ziemlich stabil, und Sie müssen nicht unbedingt etwas ändern.

Überlegen Sie, einen eigenen DNS-Server zu betreiben, falls überhaupt eine, mehrere oder alle der folgenden Aussagen zutreffen:

► Sie wollen WINS benutzen, um die Host-Namen Ihrer Windows-Computer bereitzustellen.

► Sie wünschen lokale Kontrolle über den Teil des DNS-Baums, den Ihre Firma nutzt.

► Ihre Netzwerkkonstellation ändert sich häufig.

► Ihre Firma kann die Ausgabe für die administrative Arbeit und die DNS-Server-Hardware rechtfertigen.

► Ihr Netzwerk ist lokal und ändert sich selten, so daß HOSTS-Dateien eingesetzt werden können.

Lokale Netzwerke, die UNIX-Hosts beinhalten, können WINS nicht zur Namensauswertung einsetzen. Obwohl DNS die Lösung zu sein scheint, um eine lokale Datenbank zu erhalten, bleiben HOSTS-Dateien eine Option, die nur unter bestimmten Umständen wählbar ist. Durch HOSTS-Dateien entsteht bei der Namensauswertung kein Problem durch übermäßigen Datenverkehr im Netzwerk, und die Dateien lassen sich in stabilen Netzwerken leicht unterhalten. Wenn sich das Netzwerk häufig verändert, ist es einfacher, einen DNS-Server zu betreiben, als die HOSTS-Dateien auf alle Computer im Netzwerk zu verteilen.

15.4 Die Namensauswertung mit *HOSTS*-Dateien

Bevor es den DNS-Dienst gab, wurde die Namensauswertung anhand von Dateien namens HOSTS vorgenommen. Diese Dateien wurden auf UNIX-Computern im Verzeichnis \ETC\HOSTS und unter Windows NT im Verzeichnis C:\WINNT\ SYSTEM32\DRIVERS\ETC gespeichert.

Die Namensauswertung kann dadurch unterstützt werden, daß eine Master-HOSTS-Datei bearbeitet und auf alle Computer verteilt wird. Dazu können Sie die Datei kopieren, wenn ein Benutzer sich bei einer Domäne anmeldet, oder Sie können ein Software-Verteilungssystem wie den System Management Server von Microsoft verwenden.

Zur Wartung einer *HOSTS*-Datei und von DNS-Datenbankdateien müssen einige Aufgabe erledigt werden. DNS erspart Arbeit, weil die DNS-Datenbankdateien nicht auf alle Hosts kopiert, sondern nur auf dem primären DNS- und dem Sicherungsserver installiert werden müssen. DNS beginnt sich deshalb dann auszuzahlen, wenn Ihr Netzwerk so groß wird, daß es zu arbeitsintensiv ist, jedermanns *HOSTS*-Datei aktuell zu halten.

15.5 Vorbereitungen für DNS

Wenn Ihr Netzwerk niemals mit dem Internet verbunden werden wird, können Sie beliebige Namenskonventionen für DNS einsetzen. Wenn eine Anbindung an das Internet gegenwärtig oder zukünftig erforderlich ist, müssen Sie die folgenden Dinge tun:

▶ Eine oder mehrere Internet-IP-Netzwerkadressen beantragen.

▶ Eine Verbindung zum Internet einrichten.

▶ Einen Domänennamen auf der passenden Internet-Ebene erhalten.

Wenn eine Organisation, die bereits an das Internet angebunden ist, Ihnen die Möglichkeit bietet, Ihre Verbindung zum Internet über deren Netzwerk herzustellen, müssen Sie sich um die IP-Adressen und Domänennamen kümmern. Die Richtlinien für die Identifikation und Kontaktaufnahme der zuständigen Stellen für Ihre übergeordnete Domäne wurden bereits besprochen. In diesen Fällen werden die IP-Adressen vom InterNIC-Registrierungsdienst zugewiesen.

Es gibt jedoch immer mehr Möglichkeiten, eine Anbindung an das Internet über einen Internet Access Provider (IAP) vorzunehmen. IAPs werden Blöcke von IP-Adressen zugewiesen. Sie erhalten Ihre IP-Adresse dann von Ihrem IAP, der auch möglicherweise den Domänennamen für Sie beantragt. Ein guter IAP kann es Ihnen erheblich erleichtern, eine Verbindung zum Internet aufzubauen.

Im Rahmen Ihrer Bemühungen müssen Sie Kontakt zu den Betreibern der übergeordneten Domäne Ihrer Domäne und mit `in-addr.arpa` aufnehmen, um eine Autorisierung für Ihre Domäne im DNS-Baum zu erhalten. Bevor Sie versuchen, sich an das Internet-DNS-System anzuhängen, sollte Ihr DNS-System in Betrieb sein.

15.6 Den Microsoft-DNS-Server verwalten

Bild 15.11 illustriert ein Internetzwerk, das als Beispiel für die Konfiguration des DNS dient. Das Netzwerk wird von der School of Music der University of Southern North Dakota at Hoople betrieben. Die Universität hat den Domänennamen `hoople.edu`. Die einzelnen Hosts wurden nach den bevorzugten Komponisten der Fakultät benannt.

Abbildung 15.11

Ein Beispiel für ein Internetzwerk

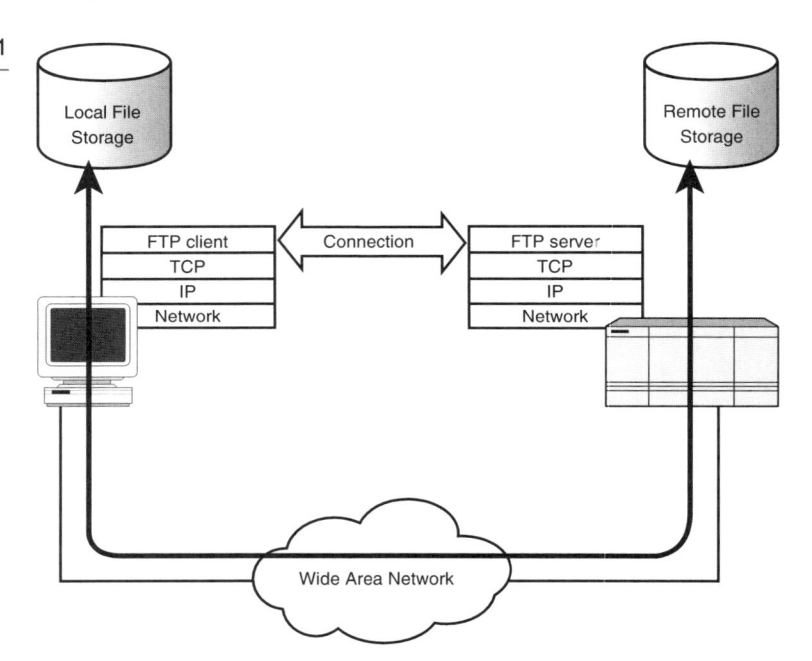

Das Internetzwerk besteht aus zwei Netzwerken, die über einen mehrfach vernetzten Host verbunden sind, der als IP-Router dient. Das Internetzwerk ist über einen Cisco-Router mit dem Internet verbunden. Der primäre DNS-Server ist `mozart`. Die Dateien, die für `mozart` konfiguriert werden, gehen davon aus, daß ein sekundärer Name-Server vorhanden ist, und sind auf den Server `schubert` eingestellt. Die Details für die Konfiguration des sekundären Name-Servers werden später in diesem Kapitel besprochen.

Nur die folgenden drei Computer benötigen fixe IP-Adressen:

- ► mozart ist der primäre DNS-Server.

- ► schubert ist der sekundäre DNS-Server und soll auch als WINS-Server genutzt werden.

- ► mail1 ist der Mail-Server.

Die Datei HOSTS für dieses Internetzwerk hat den folgenden Inhalt:

```
127.0.0.1               localhost
200.250.199.1           haydn.hoople.edu haydn papa1
200.190.50.1            haydn.hoople.edu haydn papa2
200.250.199.2           beethoven.hoople.edu beethoven
200.250.199.3           jsbach.hoople.edu jsbach jsb
200.250.199.4           mozart.hoople.edu mozart
200.190.50.2            chopin.hoople.edu chopin
200.190.50.3            pdqbach.hoople.edu pdqbach pdq
200.190.50.4            schubert.hoople.edu schubert
```

Sehr viele Informationen in der Datei HOSTS tauchen auch in den Konfigurationsdateien für DNS auf.

hinweis

Sie können HOSTS-Dateien mit jedem Texteditor erzeugen und verändern. Unter Windows sollten Sie jedoch vorsichtig vorgehen. Die meisten Windows-basierten Texteditoren hängen an den Dateinamen eine Erweiterung an, wenn sie die Datei speichern. Wenn Sie eine Datei namens HOSTS mit Notepad speichern, wird automatisch die Erweiterung .TXT angehängt.

In Notepad können Sie dieses Verhalten überschreiben, indem Sie den Dateinamen mit Anführungszeichen umgeben, wenn Sie ihn speichern.

Sie sollten auf jeden Fall die Dateinamen über den Windows NT-Explorer überprüfen, wenn die Namensauswertung über die HOSTS-Datei nicht funktioniert. Um die Erweiterungen der Dateinamen zu sehen, müssen Sie das Dialogfeld OPTIONEN über den Menübefehl OPTIONEN im Menü ANSICHT öffnen und in diesem die Option KEINE ERWEITERUNGEN FÜR REGISTRIERTE DATEIEN deaktivieren.

15.6.1 Optionen für die Konfiguration des DNS-Servers

Der DNS-Server des Windows NT Server 4 kann auf zwei Weisen konfiguriert werden:

- Über Datenbankdateien; Textdateien werden mit einem beliebigen Texteditor gewartet. Der DNS-Server nimmt Datenbankdateien an, die mit BIND kompatibel sind. BIND ist der am weitesten verbreitete DNS-Dienst im Internet.

- Über eine grafische Benutzeroberfläche, über die Sie alle Merkmale des DNS-Servers einstellen können. Falls gewünscht, brauchen Sie sich noch nicht einmal mit den Formaten für die BIND-Datenbankdateien zu befassen.

Es ist sinnvoll, sich mit beiden Techniken vertraut zu machen. Wenn Sie wissen, wie man BIND-Dateien erzeugt und wartet, haben Sie gewisse Vorteile. Wenn Ihr Netzwerk augenblicklich einen BIND-DNS-Server betreibt, können Einträge in der bestehenden Datenbank in den Windows NT-4-DNS-Server importiert werden. Auf ähnliche Weise können Sie BIND-Datenbankdateien vom DNS-Server erzeugen, wenn Sie die Daten zu einem BIND-basierten DNS-Server exportieren möchten. Ein weiterer wichtiger Vorteil besteht darin, daß BIND sehr gut dokumentiert ist und Sie sehr leicht Unterstützung von anderen DNS-Managern erhalten.

Andererseits hat die grafische Benuterzoberfläche gewisse Vorteile gegenüber BIND. Anstatt eine Datenbankdatei in einem Text-Editor zu erstellen – ein Prozeß, der sehr fehleranfällig ist –, benutzen Sie vertraute Dialogfelder und Assistenten, um Datenbankeinträge zur Datenbank hinzuzufügen. Einige Operationen werden über Drag&Drop sehr stark vereinfacht. Sie können die Datenbank auch dynamisch aktualisieren, ohne den Name-Server neu starten zu müssen. BIND-Server müssen gestoppt und neu gestartet werden, um die neuen Einträge in die Datenbank zu laden.

In der folgenden Diskussion werden zunächst die BIND-Datenbankdateien betrachtet. Sie werden verschiedenen Besonderheiten begegnen, wenn Sie Daten über die GUI des DNS-Managers eingeben. Diese seltsamen Dinge sind viel leichter verständlich, wenn Sie die Daten bereits im Kontext einer BIND-Datenbankdatei gesehen haben. Kenntnisse über die BIND-Datendateien sind Ihnen auch dann nützlich, wenn Sie die Konfiguration eines bestehenden BIND-DNS-Servers auf einen Microsoft-DNS-Server übertragen müssen.

Während Sie die BIND-Datenbankdateien erkunden, erfahren Sie auch etwas über die Struktur der DNS-Datenbanken. Dieses Wissen können Sie anwenden, wenn Sie mit der grafischen Benutzeroberfläche arbeiten. In diesem Kapitel sehen Sie, wie der DNS-Server über eine grafische Benutzeroberfläche verwaltet wird und wie Sie über diese eine ganze Datenbank aufbauen können.

15.6.2 BIND-Datenbankdateien erzeugen

Wenn Sie DNS-Server über BIND-Datenbankdateien konfigurieren, werden die Dateien im Verzeichnis *%SYSTEMROOT%\SYSTEM32\DNS* gespeichert. Normalerweise handelt es sich dabei um den Pfad *C:\WINNT\SYSTEM32\DNS*. (Beachten Sie, daß sich dieses Verzeichnis von demjenigen unterscheidet, das in der Windows NT 3.51-Beta verwendet wird. Dort hieß der Pfad *%SYSTEM ROOT%\SYSTEM 32\DRIVERS\ETC*. Wenn Sie den Windows NT-Server aktualisieren, müssen Sie die bereits vorhandenen BIND-Datenbankdateien an den neuen Ablageort kopieren.) Sie benötigen die folgenden DNS-Dateien:

> ▶ **boot.** Diese Datei die die Hauptkonfigurationsdatei. Sie deklariert die verschiedenen Dateien, mit denen der DNS-Server initialisiert wird.

> ▶ **cache.dns.** Diese Datei enthält Host-Informationen, die die Grundlagen für DNS-Verbindungen liefern. Im Prinzip definiert diese Datei die Adressen der Haupt-Name-Server des DNS.

- **127.0.0.dns.** Diese Datei enthält die Daten für die IP-Nummern im 127-(Loopback)-Netzwerk in umgekehrter Darstellung, wie z.B. *localhost*.

- **reverse-netid.in-addr.arpa.dns.** Für jede Netzwerk-ID, die vom DNS-Server verwaltet wird, wird eine umgekehrte Nachschlagedatei benötigt, um Zuordnungen von Adressen zu Namen festzulegen.

- **domain.dns.** In jeder Domäne, die vom DNS-Server verwaltet wird, wird eine Nachschlagedatei benötigt, um die Zuordnungen von Namen zu Adressen festlegen zu können.

> **hinweis**
> BIND-Server setzen die gleichen Dateien ohne die Erweiterung .DNS ein. Der Microsoft DNS-Manager hängt die Erweiterung .DNS an alle Datendateien an, die er erzeugt. Dieses Kapitel folgt dieser Konvention.

Die Windows NT-DNS-Server-Software enthält Beispieldateien für jeden Dateityp. Die meisten Dateien müssen bearbeitet werden, um sie an die lokalen Gegebenheiten anzupassen. In den folgenden Abschnitten werden alle diese Dateien genauer betrachtet.

15.6.3 Die Datei *BOOT*

Die Datei *BOOT* ist für die folgenden Aufgaben verantwortlich:

- Angabe des Verzeichnisses, das die DNS-Konfigurationsdateien enthält, falls dieses vom Standardverzeichnis abweicht.

- Deklaration der Domänen, für die der Server zuständig ist, und die Datendatei, die jede Domäne beschreibt.

- Angabe des Namens und Pfades, in dem die Datei abgelegt ist, die die DNS-Root-Name-Server kennzeichnet.

Den Microsoft-DNS-Server verwalten

hinweis — Der Microsoft-DNS-Server benutzt die Datei BOOT nur einmal, wenn er Daten erstmals aus bestehenden BIND-Datenbankdateien importiert. Anschließend werden die Daten, die mit der Datei BOOT verknüpft sind, in der Registrierung gespeichert.

Nachfolgend sehen Sie eine BOOT-Datei, die aus dem Beispielnetzwerk stammen könnte:

```
;  DNS BOOT FILE
cache    .                         cache.dns
primary  hoople.edu                hoople.edu.dns
primary  199.250.200.in-adr.arpa   199.250.200.in-addr.arpa.dns
primary  50.190.200.in-adr.arpa    50.190.200.in-addr.arpa.dns
primary  0.0.127.in-adr.arpa       127.in-addr.arpa.dns
```

Die Datei BOOT hat zwei Direktiven: *primary* und *cache*. (Die Direktive *secondary* erscheint in BOOT-Dateien von sekundären DNS-Servern.)

Die primäre Direktive deklariert die Domänen, für die der DNS-Server autorisierend ist, und die Datendatei, die Daten für jede Domäne enthält. Dieser Server ist für vier Domänen autorisierend:

- ▶ **hoople.edu.** Die Datei HOOPLE.EDU.DNS enthält die Zuordnungen der Namen zu IP-Adressen für die Domäne.

- ▶ **199.250.200.in-adr.arpa.** Die Datei 199.250.200.IN-ADDR.ARPA.DNS enthält Zuordnungen von Adressen zu Namen für diese Reverse-Lookup-Domäne.

- ▶ **50.190.200.in-adr.arpa.** Eine weitere Reverse-Lookup-Domäne, die von der Datei 50.190.200.IN-ADDR.AR PA.DNS bedient wird.

- ▶ **127.in-adr.arpa.** Dies ist eine Reverse-Lookup-Domäne, die mit den Loopback-Adressen verknüpft ist. Sie wird unterstützt von der Datei 127.IN-ADDR.ARPA.DNS.

Die Direktive *primary* wird für jede dieser Domänen benötigt. Jeder DNS-Server ist autorisierend für die Loopback-Domäne (127.0.0), so daß Versuche, Loopback-Adressen auszuwerten, nicht über den lokalen DNS-Server hinausgehen.

Die Direktive *cache* nennt die Datei, die autorisierend für die Hauptdomäne ist. Anders als Dateien, die durch primäre Direktiven festgelegt werden, die während der Namensauswertung durchsucht werden, werden Einträge in der Cache-Datei im Speicher gehalten, um sie umgehend verfügbar zu haben.

> **hinweis**
> Im Beispiel wurden die Dateinamenskonventionen benutzt, die in der Windows NT-Version des DNS eingeführt wurden: DOMAIN.DNS-Dateien werden für Name-Domänen benutzt und REVERSE-ADDRESS.IN-ADDR.ARPA.DNS-Dateien für Domänen mit umgekehrter Zuordnung (IN-ADDR.ARPA).

15.6.4 Datenbankdateien der Domäne

DNS-Server sind verantwortlich für Teile des Domänennamensraums. Die einzelnen Teile werden »Zone« genannt. Zonen bestehen aus spezifischen Domänen. Das gilt entweder für den Domänennamensraum, der Adressen Namen zuordnet, oder für Name-Raum in-addr.arpa, in dem Namen Adressen zuordnet werden. Die Datenbankdateien, die in diesem Kapitel gezeigt werden, wurden mit dem DNS-Manager erstellt. Sie hätten aber auch manuell erzeugt werden können.

Jede Zone, für die der Server autorisierend ist, muß in einer Datenbankdatei beschrieben werden. Als Standard weist der DNS-Manager diesen Datenbankdateien die Dateinamenserweiterung *.DNS* zu. Die Datenbankdatei *HOOPLE.EDU.DNS* für den Server *HOOPLE.EDU* hat z.B. folgenden Inhalt:

```
;   Database file hoople.edu.dns for hoople.edu zone.
;
@           N SOA    haydn.hoople.edu. peters.hoople.edu. (
            10            ; serial number
            3600          ; refresh
            600           ; retry
            86400         ; expire
            3600      ) ; minimum TTL
;
```

Den Microsoft-DNS-Server verwalten

```
;   Zone NS records
;
@           IN   NS   haydn
;
;   WINS lookup record
;
@           0  IN   WINS   200.250.199.4
;
;   Zone records
;
@           IN   MX     10   mail1.
ftp         IN   CNAME  jsbach.
haydn       IN   A      200.250.199.1
jsbach      IN   A      200.250.199.3
mail1       IN   A      200.190.50.254
mozart      IN   A      200.190.199.4
papa        IN   CNAME  haydn.
papa190     IN   A      200.190.50.1
papa250     IN   A      200.250.199.1
schubert    IN   A      200.190.50.4
```

Die folgenden Abschnitte prüfen alle Bestandteile der Domänen-Datenbank. In diesem Beispiel sind nur ein paar der möglichen Eintragstypen enthalten. Tabelle 15.2 listet alle Ressourceneintragstypen auf, die vom Microsoft-DNS-Server unterstützt werden.

Tabelle 15.2
Ressourceneintragstypen

Eintragstypen	Beschreibung
A	Ein Adreßeintrag ordnet einen Host-Namen einer IP-Adresse zu.
AAAA	Auch ein Adreßeintrag, der einen Host-Namen einer IPv6-Adresse zuordnet.
AFSDB	Ein AFS-(Andrew File System)-Datenbankeintrag gibt an, wo sich der Datenbankserver einer AFS-Zelle oder der Name-Server von DCE-Zellen (DCE = Distributed Computing Environment) befindet.
CNAME	Ein CNAME-Datenbankeintrag (CNAME = Canonical Name) richtet einen Alias-Namen ein, d.h. ein Synonym für einen Host-Namen.
HINFO	Ein HINFO-Datenbankeintrag (HINFO = Host Information) liefert Informationen über den Namen, das Betriebssystem und den CPU-Typ eines Hosts. RFC 1700 liefert Standardcomputer- und Systemnamen.

Eintragstypen	Beschreibung
ISDN	Ein ISDN-Datenbankeintrag (ISDN = Integrated Services Digital Network) ordnet einen Host-Namen einer ISDN-Adresse zu, d.h. einer Telefonnummer für die angegebene ISDN-Ressource.
MB	Ein MB-Eintrag (MB = Mailbox) ist ein experimenteller Datensatz, der einen DNS-Host bei der angegebenen Mailbox registriert. Der MB-Datenbankeintrag wird in Verbindung mit den Datenbankeinträgen MG und MINFO eingesetzt.
MG	Ein MG-Datenbankeintrag (MG = Mail Grouped) ist ein experimenteller Datenbankeintrag, der eingesetzt wird, um eine Mailbox zu identifizieren, die in einer bestimmten Mailing-Gruppe enthalten ist. Mailing-Listen werden mit einem DNS-Namen identifiziert.
MINFO	Ein MINFO-Datenbankeintrag (MINFO = Mailbox Information) ist ein experimenteller Datenbankeintragstyp, der die Mailbox angibt, die für eine bestimmte Mail-Gruppe oder Mailbox zuständig ist.
MR	Ein MR-Datenbankeintrag (MR = Mailbox Rename) ist ein experimenteller Eintrag, der eine Mailbox bzw. den passenden Namen für eine ganz bestimmte Mailbox identifiziert.
MX	Ein MX-Datenbankeintrag (MX = Mail Exchanger) identifiziert den Mail-Server für eine bestimmte DNS-Domäne.
NS	Ein NS-Datenbankeintrag (NS = Name Server) identifiziert einen Name-Server für eine bestimmte DNS-Domäne.
PTR	Ein PTR-Datenbankeintrag (PTR = Pointer) verbindet eine IP-Adresse mit einem Host in einer DNS-Datenbank mit umgekehrter Zuordnung.
RP	Ein RP-Datenbankeintrag (RP = Responsible Person) identifiziert die Person, die für eine DNS-Domäne oder einen Host verantwortlich ist. Der Datenbankeintrag beinhaltet die E-Mail-Adresse und einen DNS-Namen, der auf die Zusatzinformationen über die verantwortliche Person verweist.
RT	Ein RT-Datenbankeintrag (RT = Route) identifiziert einen Zwischen-Host, der dazu verwendet wird, Datagramme an einen bestimmten Ziel-Host weiterzuleiten. Der RT-Datenbankeintrag wird zusammen mit den ISDN- und X.25-Datenbankeinträgen eingesetzt.
SOA	Ein SAO-Datenbankeintrag (SOA = Start Of Authority) legt eine Domäne fest, für die ein DNS-Server verantwortlich ist. Er gibt außerdem eine Anzahl von Parametern an, die die Operationen des DNS-Servers regeln.

Eintragstypen	Beschreibung
TXT	Ein TXT-Datenbankeintrag (TXT = Text) verknüpft Textinformationen mit einem Datenbankeintrag in der DNS-Datenbank. TXT-Datenbankeinträge könnten z. B. Zusatzinformationen über einen Host liefern.
WINS	Ein WINS-Datenbankeintrag (WINS = Windows Internet Name Server) identifiziert einen WINS-Server, der zu Rate gezogen werden kann, um Namen zu erhalten, die nicht im DNS Name Space aufgezeichnet sind.
WINS_R	Ein WINS_R-Datenbankeintrag (WINS_R = Reverse WINS) veranlaßt Microsoft DNS, Reverse-Lookup-Client-Abfragen (d.h. Adresse-zu-Name-Abfragen) mit dem Befehl nbstat auszuwerten.
WKS	Ein WKS-Datenbankeintrag (WKS = Well-known Service) beschreibt Dienste, die von einem bestimmten Protokoll von einer bestimmten Netzwerkkarte zur Verfügung gestellt werden. Alle Protokolle, die im Verzeichnis *%SYSTEM-ROOT%\SYSTEM32\DRIVERS\ETC* angegeben werden, können in diesem Typ von Datenbankeinträgen angegeben werden.
X.25	Ein X.25-Datenbankeintrag ordnet einen Namen einer X.121-Adresse zu. X.121 ist das Adreßformat, das in X.25-Netzwerken eingesetzt wird.

Der SOA-Datenbankeintrag

SAO-Datenbankeinträge finden Sie am Anfang jeder Zuordnungsdatenbankdatei. Dieser Informationsblock deklariert den autorisierenden Host, Kontaktinformationen und einige DNS-Server-Parameter.

Ein @-Symbol am Anfang des SOA-Headers deklariert, daß diese Datei Elemente der Domäne definiert, die mit der Datei in der *BOOT*-Datei verknüpft sind. Rufen Sie sich den Eintrag in der *BOOT*-Datei noch einmal ins Gedächtnis:

```
primary    hoople.edu              hoople.edu.dns
```

Als Ergebnis dieser Deklaration bezieht sich @ auf die Domäne hoople.edu. Entsprechend deklariert die Datei *HOOPLE.EDU* *.DNS* einen Eintrag für den Host haydn. Die Direktive definiert Informationen für haydn in der Domäne hoople.edu. Das heißt, die Direktive definiert die Domäne haydn.hoople.edu. Da die Domäne im Kontext enthalten ist, der von der Datei *BOOT* erstellt wird, ist die Struktur der Datenbankdatei vereinfacht, und es entsteht weniger administrativer Aufwand. Der Eintrag IN A für `haydn` hätte mit dem gleichen Effekt auch wie folgt eingegeben werden können:

`haydn.hoople.edu.        IN  A  200.250.199.4`

Beachten Sie, daß `haydn.hoople.edu.` mit einem Punkt endet, der anzeigt, daß er von der Haupt-Domäne abstammt. Ohne den Punkt hätte DNS den Namen als Abkürzung von `haydn.hoople.edu.hoople.edu` interpretiert, weil der Kontext der Domäne `hoople.edu domain` zugrunde gelegt worden wäre.

> **hinweis**
>
> Eine häufige Fehlerursache bei DNS-Datenbankdateien ist die falsche Verwendung von Punkten als Platzhalter für Verzeichnisse. Sie sollten deshalb folgendes beachten:
>
> ▶ Lassen Sie den Verzeichnispunkt weg, wenn der Host-Name in eine Domäne fällt, die durch diese Datenbankdatei definiert wird (was fast immer der Fall ist).
>
> ▶ Benutzen Sie den Verzeichnispunkt, falls der Datenbankeintrag den Domänennamen des Hosts, der definiert wird, vollständig spezifiziert, d.h. der Datenbankeintrag gibt den vollqualifizierten Domänennamen des Hosts an.

Die Direktive IN steht natürlich für Internet, eine Datenklasse, die in der Datenbankdatei enthalten sein kann. Der Direktive IN folgt die Direktive SOA, die den Abschnitt als SOA-Header deklariert.

Der Direktive SOA folgen zwei Internet-Namen:

▶ Der erste davon, `haydn.hoople.edu.`, ist der Domänenname des Name-Server-Hosts, der für die Domäne in erster Linie autorisierend ist.

▶ Der zweite Name, `peters.hoople.edu.`, ist die E-Mail-Adresse der Kontaktperson für diesen Name-Server. Die eigentliche E-Mail-Adresse ist `peters@hoople.edu`. Das @-Zeichen wurde durch einen Punkt ersetzt. An diesen E-Mail-Namen können Benutzer Nachrichten senden, wenn Probleme mit dem Name-Server auftreten.

Dem E-Mail-Namen folgen fünf Parameter, die die operationalen Charakteristika des DNS-Servers festlegen. Damit sie auf mehrere Zeilen verteilt werden können, sind sie von Klammern umgeben. Auf diese Weise kann auch jeder Eintrag mit einem Kommentar beschriftet werden. Kommentare beginnen mit einem Semikolon (;) und erstrecken sich bis zum Zeilenende. Kommentare dienen dem menschlichen Verständnis und werden von Computern ignoriert.

Beachten Sie, daß die schließende Klammer dem letzten Parameter unmittelbar folgt und nicht dem Kommentar dieses Parameters. Eine Klammer innerhalb des Kommentars würde ignoriert werden.

Ohne Kommentare könnte der SOA-Datenbankeintrag wie folgt aussehen:

```
@  IN  SOA  haydn.hoople.edu. peters.hoople.edu.(8 3600 600 86400 3600)
```

Sie stimmen wahrscheinlich zu, daß Kommentare die Interpretation von Datenbankeinträgen erleichtern. Es stehen folgende fünf numerischen Parameter zur Verfügung:

- **Serial number.** Eine Seriennummer, die den Überarbeitungsstand der Datei anzeigt. Der DNS-Administrator erhöht den Wert jedes Mal, wenn die Datei verändert wird.

- **Refresh.** Das Intervall in Sekunden, mit dem ein sekundärer Name-Server eine Kopie der Zonendaten kopiert, die auf dem primären Name-Server abgelegt sind. Der Standardwert für DNS-Server liegt bei 3600, was einem stündlichen Aktualisierungsintervall entspricht.

- **Retry.** Die Zeit in Sekunden, die ein Server wartet, nachdem ein Kopiervorgang fehlgeschlagen ist, bevor er einen neuen Versuch startet, die Zonendatenbank zu kopieren. Der Standardwert für DNS-Server liegt bei 600, was einem Wiederholungsintervall von 10 Minuten entspricht.

- **Expire.** Die Zeitdauer in Sekunden, die ein sekundärer Name-Server versucht, eine Zonendatenbank zu kopieren. Der Standardwert für DNS-Server liegt bei 86400, was einem 24-Stunden-Intervall entspricht.

▶ **Minimum TTL.** Die minimale Lebenszeit (Minimum Time to Live) eines Datenbankeintrags in Sekunden. Dieser Parameter bestimmt, wie lange ein DNS-Server eine Adreßzuordnung im Zwischenspeicher behält. Wenn die TTL eines Datenbankeintrags abgelaufen ist, wird der Datenbankeintrag gelöscht. Kurze TTL-Werte ermächtigen den DNS, Veränderungen im Netzwerk besser zu berücksichtigen. Wenn sich das Netzwerk stabilisiert, werden Sie die TTL wahrscheinlich verlängern wollen. Der Standardwert für DNS-Server liegt bei 3600, was einer TTL von einer Stunde entspricht.

Der WINS-Datenbankeintrag

Der WINS-Datenbankeintrag ist spezifisch für die Windows NT-Server-4-Version des DNS. Wenn ein Host außerhalb des Netzwerks eine Anfrage an Ihren DNS-Server stellt, versucht der Server zuerst, den Namen über die DNS-Datenbankdatei auszuwerten. Wenn das nicht gelingt, versucht der DNS-Server, den Namen über WINS auszuwerten. Wenn ein Name über WINS ausgewertet wird, wird für die zukünftige Verwendung ein Adreßeintrag in der Domänendatenbank vorgenommen.

Der WINS-Datenbankeintrag ermöglicht es DNS, WINS und DHCP zu kooperieren. Die DNS-Namensauswertung erfolgt normalerweise statisch und basiert auf Datenbankdateien, die manuell gewartet werden. Mit dem Datenbankeintrag WINS können Sie IP-Adressen über DHCP dynamisch zuweisen, NetBIOS-Namen mit WINS in dynamische Adressen zurückführen und die Zuordnung der Namen zu Adressen dem DNS verfügbar machen. Mit anderen Worten müssen Sie die Vorteile der dynamischen Adreßzuweisung von DHCP nicht aufgeben, damit Ihr Netzwerk die DNS-Namensauswertung unterstützen kann.

Der WINS-Datenbankeintrag akzeptiert eine oder mehrere IP-Adressen, die die WINS-Server angeben, den der DNS fragen sollte, wenn er eine Adresse nicht auswerten kann. Der folgende WINS-Datenbankeintrag legt zwei WINS-Server fest:

```
@           IN   WINS  200.190.50.2  200.190.50.201
```

Wie beim SOA-Datenbankeintrag bezieht sich das @-Zeichen auf die Domäne, die von dieser Datendatei definiert wird. Die Direktive WINS legt fest, daß, »wenn DNS einen Host nicht in der `keystone.com`-Domäne seiner Datenbank finden kann, der DNS den folgenden WINS-Server nach den Namenseintragungen befragen sollte«.

Wenn DNS von WINS etwas über einen Host erfährt, wird in der DNS-Datenbank ein Ressourcen-Datenbankeintrag erzeugt. Datenbankeinträge, die auf diese Weise erstellt werden, sind nicht permanent und werden nicht archiviert, wenn die Datenbankdateien mit der aktiven DNS-Datenbank aktualisiert werden. DNS wird jedoch WINS nicht mehr bezüglich dieses Namens befragen, so lange der Ressourcen-Datenbankeintrag vorhanden ist.

> **hinweis**
>
> Der Name Space Windows ist, anders als hierarchische Struktur, die vom DNS unterstützt wird, ein »flacher« Name Space. Entsprechend müssen alle Namen des Name Space eindeutig sein, die von einem WINS-Server oder einer Gruppe von Servern unterstützt werden, die eine allgemeine Datenbank replizieren.
>
> Da die WINS-Datenbank DNS-Domänennamen nicht mit Host-Namen aufzeichnet, können Sie einen bestehenden WINS Name Space nicht einsetzen, um Namen in mehreren DNS-Domänen auszuwerten. Sie können den Host 200.190.50.2 zum Beispiel nicht als WINS-Server für die Domänen `alpha.com` und `beta.com` einsetzen.

Der NS-Datenbankeintrag

NS-Datenbankeinträge müssen jeden primären und jeden sekundären Name Server deklarieren, der autorisierend für die Zone ist. Name-Server werden durch IN-NS-Datenbankeinträge definiert. Beachten Sie, daß die DNS-Server mit Punkten enden, was kennzeichnet, daß der Name von der Wurzel abstammt.

NS-Datenbankeinträge können mit dem @-Zeichen beginnen. Damit wird »die Domäne dieser Datenbank« angegeben. Das @-Zeichen kann auch weggelassen werden. Dann ist die Domäne impliziert. Wenn das @-Zeichen weggelassen wird, sollte die Angabe IN nicht in der ersten Spalte der Zeile stehen. Das heißt, die folgenden Deklarationen sind in diesem Zusammenhang äquivalent:

```
hoople.edu.   IN NS   mozart.hoople.edu.
@             IN NS   mozart.hoople.edu.
              IN NS   mozart.hoople.edu.
```

Der A-Datenbankeintrag

Jeder Host-Name, den DNS auswertet, muß mit einem Ressourceneintrag des Typs A angegeben werden, falls der Name nicht über WINS ausgewertet wird. In der Datenbankdatei *HOOPLE.EDU.DNS DATABASE* ist diesbezüglich z. B. der folgende Eintrag enthalten:

```
haydn      IN   A   200.250.199.1
```

Mehrfach vernetzte Hosts benötigen wie beim Host `haydn` in der Beispieldatenbankdatei für jeden Netzwerkadapter eine Adreßdeklaration.

> **hinweis**
>
> Die meisten Host-Namen stammen von WINS. Nur wichtige Hosts, wie DNS-Server, werden mit festen Adreßeinträgen konfiguriert. Die Zuordnungen für diese Hosts müssen verfügbar sein, wenn der DNS-Server gestartet wird, und können deshalb nicht von WINS abgefragt werden, nachdem der Server in Betrieb ist.

Der CNAME-Datenbankeintrag

Viele Netzwerke setzen Alias-Namen ein. Meistens werden diese mit CNAME-Ressourceneinträgen deklariert. Im Netzwerk `hoople.edu` wird der Host `jsbach` als FTP-Server konfiguriert. Damit Benutzer auf diesen Server über die Adresse `ftp.hoople.edu` zugreifen können, muß ein Alias-Name wie folgt eingerichtet werden:

```
ftp         IN   CNAME   jsbach
```

Bei mehrfach vernetzten Computern ist der Fall komplexer. Der Alias-Bereich der Beispieldatenbankdatei enthält drei Deklarationen, die mit dem Host haydn.edu in Bezug stehen:

```
papa            IN   CNAME  haydn
papa250         IN   A      200.250.199.1
papa190         IN   A      200.190.50.1
```

Die CNAME-Deklaration definiert papa als einen Alias-Namen für den mehrfach vernetzten Host haydn. DNS-Abfragen nach papa oder haydn werden in die erste IP-Adresse der Konfiguration von haydn ausgewertet. Eine CNAME-Deklaration wird einem kanonischen Namen zugeordnet, nicht jedoch einer spezifischen Netzwerkschnittstelle eines mehrfach vernetzten Hosts.

Normalerweise kümmern sich Anwendungen nicht darum, in welche Host-Adresse sie einen Namen auswerten. Wenn Sie in einem Netzwerk jedoch nach Ursachen von Fehlern suchen, möchten Sie vielleicht gerne eine spezifische Schnittstelle diagnostizieren, weshalb zwei IN A vorhanden sind. Mit den Namen papa250 und papa190 kann ein Administrator z.B. über ping eine bestimmte Netzwerkverbindung von haydn prüfen.

Der Vorteil der Kodierung von Alias-Namen mit CNAME ist, daß die eigentliche IP-Adresse des Hosts nur an einer Stelle vorkommt. Wenn sich die IP-Adresse verändert, können die primäre Adreßzuordnung und der Alias mit einem einzigen Handgriff angepaßt werden. CNAME-Datenbankeinträge geben keine besondere Schnittstelle an. Bei mehrfach vernetzten Hosts müssen Sie A-Datenbankeinträge verwenden, um einen Namen für eine bestimmte Schnittstelle einzurichten. Wenn sich die Adresse von haydn ändert, müssen die A-Datenbankeinträge für papa250, papa190 und haydn jedoch manuell bearbeitet werden.

Der MX-Datenbankeintrag

Die beliebteste Umgebung für E-Mails basiert in der TCP/IP-Welt auf einem Programm namens sendmail. Wenn Ihr Netzwerk ein elektronisches Mail-System beinhaltet, das sendmail verwendet, sollten Sie die passenden Datenbankeinträge in die Datenbankdateien der Zone integrieren.

Im Beispielnetzwerk wird sendmail auf dem Host mail1.keystone.com betrieben. Der folgende Ressourceneintrag unterstützt diesen Host:

```
@               IN  MX 10  mail1.
mail1           IN  A  200.190.50.254
```

Der A-Datenbankeintrag gibt die IP-Adresse für mail1.keystone.com an.

Der MX-Datenbankeintrag gibt an, daß mail1 ein E-Mail-Server für die Domäne keystone.com ist (festgelegt durch das @-Zeichen). Wenn die Domäne von mehr als einem E-Mail-Server unterstützt wird, wird jeder in einem MX-Datenbankeintrag festgelegt:

```
@               IN  MX  10  mail1
@               IN  MX  20  mail2
```

Die Zahlen, die dem Schlüsselwort MX folgen, geben die Priorität jedes Mail-Servers an.

E-Mail wird zum aktiven Server mit der geringsten Priorität geleitet. Der Wert 1 (im Beispiel 10) kennzeichnet den bevorzugten Server. Mit anderen Worten heißt das, wenn mail1 und mail2 aktiv sind, wird die E-Mail an den Server mail1 weitergeleitet. Der Zahlparameter legt die Reihenfolge der Prioritäten fest. Die Prioritäten 2 und 7 haben dabei genau das gleiche Ergebnis wie die Prioritäten 10 und 20.

Durch MX-Datenbankeinträge können Sie es Außenstehenden erleichtern, E-Mails an Ihre Domäne zu senden. E-Mails können z.B. an peters@hoople.edu adressiert werden. Es besteht keine Notwendigkeit, den Namen des Mail-Servers wie in der folgenden Adresse anzugeben: peters@mail1.hoople.edu. Eingehende Mails werden an den verfügbaren Server mit der höchsten Priorität weitergeleitet.

15.6.5 Datenbankdateien mit umgekehrter Zuordnung

Eine Datenbankdatei mit umgekehrter Zuordnung (Reversematching) der IP-Adresse zum Namen wird für jede Netzwerk-ID benötigt, für die der DNS-Server autorisierend ist. Wie Sie sich vielleicht erinnern, ist die Datei namens 200.250.199 die Datenbank für das Netzwerk 200.250.199, das im umgekehrten Datenbankbaum als 199.250.200.IN-ADR.ARPA vorkommt.

Die Datei 199.250.200.IN-ADDR.ARPA.DNS ist wie folgt aufgebaut:

```
;  Database file arpa-200.250.199 for 199.250.200.in-addr.arpa.
;  Zone version: 5
@ IN SOA mozart.hoople.edu. peters.hoople.edu. (
                 1        ;serial
                 10800    ;refresh after 3 hours
                 3600     ;retry after 1 hour
                 691200   ;expire in 8 days
                 86400)   ;minimum TTL 1 day
;name servers
@                IN  NS   mozart.hoople.edu.
;addresses mapped to canonical names
1                IN  PTR  haydn.hoople.edu.
3                IN  PTR  jsbach.hoople.edu.
4                IN  PTR  mozart.hoople.edu.
```

In ähnlicher Weise ist die Datei *200.190.50.IN-ADDR.ARPA.DNS* wie folgt aufgebaut:

```
;  Database file arpa-200.190.50 for 50.190.200.in-addr.arpa.
;  Zone version: 5
@ IN SOA mozart.hoople.edu. peters.hoople.edu. (
                 1        ;serial
                 10800    ;refresh after 3 hours
                 3600     ;retry after 1 hour
                 691200   ;expire in 8 days
                 86400)   ;minimum TTL 1 day
;name servers
@                IN  NS   mozart.hoople.edu.
;addresses mapped to canonical names
4                IN  PTR  schubert.hoople.edu.
254              IN  PTR  mail1.hoople.edu.
```

Die Dateien mit umgekehrter Namenszuordnung benutzten den SAO-Header als Datenbankdatei der Domäne. Wie bereits erwähnt, bedeutet das @-Zeichen »Die Domäne, die in der Datei *BOOT* angegeben wird«. Es müssen auch alle Host-Namen im Kontext des Domänennamens aufgefaßt werden. Deshalb bezieht sich die »4« im Datenbankeintrag IN PTR auf den Host 200.250.199.4 (der im Datenbankbaum mit der umgekehrten Benennung 4.199.250.200.IN-ADDR.ARPA entspricht).

NS-Datenbankeinträge deklarieren die Name-Server, die maßgeblich für diese Domäne sind.

PTR-Datenbankeinträge liefern umgekehrte Zuordnung von IP-Adressen zu Host-Namen. Beachten Sie, daß Host-Namen ausgehend von der Haupt-Domäne vollständig spezifiziert werden müssen.

15.6.6 Die Datenbankdatei *LOCALHOST*

Die Datei *127.0.0.IN-ADDR.ARPA.DNS* enthält für den Host-Namen `localhost` eine umgekehrte Zuordnung. Im Format ähnelt sie den Dateien mit der umgekehrten Zuordnung:

```
@ IN SOA mozart.hoople.edu. peters.hoople.edu. (
                1       ;serial
                10800   ;refresh after 3 hours
                3600    ;retry after 1 hour
                691200  ;expire in 8 days
                86400)  ;minimum TTL 1 day
;name servers
@               IN  NS  mozart.hoople.edu.
;addresses mapped to canonical names
1               IN  PTR localhost.
```

15.6.7 Die Datei *CACHE*

Die Datei CACHE.DNS deklariert Zuordnungen von Namen zu Adressen, die im Zwischenspeicher des DNS-Servers abgelegt werden. Im Cache abgelegte Einträge definierten im wesentlichen DNS-Server, die autorisierend für die Haupt-Domäne sind.

Wenn Sie ein privates TCP/IP-Netzwerk einrichten, wird die Haupt-Domäne von den DNS-Servern in Ihrem Netzwerk unterstützt. Die Datenbankeinträge in der Datei CACHE.DNS spiegeln dies wieder und deklarieren Einträge für lokale DNS-Server, die für die Haupt-Domäne autorisierend sind.

Bei der Domäne `hoople.edu` ist das Netzwerk jedoch mit dem Internet verknüpft, und die Datei CACHE.DNS enthält den Internet-Haupt-Name-Server. Diese Haupt-Name-Server ändern sich von Zeit zu Zeit, und ein DNS-Administrator sollte die verbundenen Informationsdateien in der lokalen Cache-Datenbank in regelmäßigen Abständen prüfen, um sicherzustellen, daß sie auf dem neuesten Stand sind. Sie haben drei Möglichkeiten, die offizielle Root-Name-Server-Liste zu beziehen:

- **FTP**. Laden Sie die Datei /DOMAIN/NAMED.ROOT vom FTP-Server FTP.RS.INTERNIC.NET herunter.

- **Gopher**. Beziehen Sie die Daten NAMED.ROOT vom RS.INTERNIC.NET über die Verknüpfungen INTERNIC REGISTRATION SERVICES (NSI)/ INTERNIC REGISTRATION ARCHIVES.

- **E-Mail**. Senden Sie eine E-Mail an die Adresse `service @nic.ddn.mil`, und geben Sie als Betreff »netinfo root-servers.txt« an.

Die Datei NAMED.ROOT können Sie unverändert als Cache-Datenbankdatei einsetzen. Möglicherweise möchten Sie die Datei basierend auf den Benennungskonventionen der lokalen Datenbank anpassen. Als dieser Text geschrieben wurde, hatte die Datei NAMED.ROOT folgenden Inhalt:

```
;       This file holds the information on root name servers
;       needed to
;       initialize cache of Internet domain name servers
;       (e.g. reference this file in the "cache  . <file>"
;       configuration file of BIND domain name servers).
;
;       This file is made available by InterNIC registration
;       services under anonymous FTP as
;           file                /domain/named.root
;           on server           FTP.RS.INTERNIC.NET
;       -OR- under Gopher at    RS.INTERNIC.NET
```

```
;               under menu         InterNIC Registration Services
;                                  (NSI)
;               submenu            InterNIC Registration Archives
;               file               named.root
;
;       last update:    Sep 1, 1995
;       related version of root zone:   1995090100
;
;
; formerly NS.INTERNIC.NET
;
.                       3600000  IN  NS    A.ROOT-SERVERS.NET.
A.ROOT-SERVERS.NET.     3600000      A     198.41.0.4
;
; formerly NS1.ISI.EDU
;
.                       3600000      NS    B.ROOT-SERVERS.NET.
B.ROOT-SERVERS.NET.     3600000      A     128.9.0.107
;
; formerly C.PSI.NET
;
.                       3600000      NS    C.ROOT-SERVERS.NET.
C.ROOT-SERVERS.NET.     3600000      A     192.33.4.12
;
; formerly TERP.UMD.EDU
;
.                       3600000      NS    D.ROOT-SERVERS.NET.
D.ROOT-SERVERS.NET.     3600000      A     128.8.10.90
;
; formerly NS.NASA.GOV
;
.                       3600000      NS    E.ROOT-SERVERS.NET.
E.ROOT-SERVERS.NET.     3600000      A     192.203.230.10
;
; formerly NS.ISC.ORG
;
.                       3600000      NS    F.ROOT-SERVERS.NET.
F.ROOT-SERVERS.NET.     3600000      A     39.13.229.241
;
; formerly NS.NIC.DDN.MIL
;
.                       3600000      NS    G.ROOT-SERVERS.NET.
G.ROOT-SERVERS.NET.     3600000      A     192.112.36.4
;
; formerly AOS.ARL.ARMY.MIL
;
.                       3600000      NS    H.ROOT-SERVERS.NET.
```

```
H.ROOT-SERVERS.NET.         3600000       A     128.63.2.53
;
; formerly NIC.NORDU.NET
;
.                           3600000       NS    I.ROOT-SERVERS.NET.
I.ROOT-SERVERS.NET.         3600000       A     192.36.148.17
; End of File
```

Beachten Sie, daß die Namen der Root Name Server verändert wurden. In der TCP/IP-Literatur werden Sie noch immer auf die alten Namen von Servern stoßen. Die Dateistruktur wird klarer, wenn die Kommentare wie folgt entfernt werden:

```
.                           3600000   IN  NS    A.ROOT-SERVERS.NET.
A.ROOT-SERVERS.NET.         3600000       A     198.41.0.4
.                           3600000       NS    B.ROOT-SERVERS.NET.
B.ROOT-SERVERS.NET.         3600000       A     128.9.0.107
.                           3600000       NS    C.ROOT-SERVERS.NET.
C.ROOT-SERVERS.NET.         3600000       A     192.33.4.12
.                           3600000       NS    D.ROOT-SERVERS.NET.
D.ROOT-SERVERS.NET.         3600000       A     128.8.10.90
.                           3600000       NS    E.ROOT-SERVERS.NET.
E.ROOT-SERVERS.NET.         3600000       A     192.203.230.10
.                           3600000       NS    F.ROOT-SERVERS.NET.
F.ROOT-SERVERS.NET.         3600000       A     39.13.229.241
.                           3600000       NS    G.ROOT-SERVERS.NET.
G.ROOT-SERVERS.NET.         3600000       A     192.112.36.4
.                           3600000       NS    H.ROOT-SERVERS.NET.
H.ROOT-SERVERS.NET.         3600000       A     128.63.2.53
.                           3600000       NS    I.ROOT-SERVERS.NET.
I.ROOT-SERVERS.NET.         3600000       A     192.36.148.17
```

Jeder Host wird mit zwei Direktiven deklariert:

▶ **Direktive NS.** Deklariert den Server als Name Server für die Hauptdomäne.

▶ **Direktive A.** Deklariert die Zuordnung der Server-Namen zu Adressen.

Die Direktiven NS und A enthalten einen zusätzlichen Parameter in der Datei CACHE.DNS. In früheren Versionen von DNS zeigte ein numerischer Parameter (hier 3600000) an, wie lang die Daten im Zwischenspeicher verbleiben sollten. In aktuellen Versionen von DNS werden die Einträge beim Root-Name-Server zeitlich unbegrenzt aufbewahrt. Der numerische Parameter bleibt Bestandteil der Dateisyntax, hat aber keine Funktion mehr.

Die Erzeugung einer Cache-Datei vervollständigt die Konfiguration der DNS-Datenbankdateien.

15.7 Einen sekundären Name-Server einrichten

Sie sollten sich überlegen, zwei oder mehr sekundäre Name-Server einzurichten, um zu verhindern, daß die Namensauswertung für Ihre Domäne durch den Ausfall des primären Name-Servers unterbrochen wird. Der Unterschied zwischen primären und sekundären Name-Servern besteht darin, daß sekundäre Name-Server ihre Daten von anderen Name-Servern in einem Prozeß namens Zonenübertragung erhalten. Sekundäre Name-Server erhalten ihre Daten von primären oder sekundären Name-Servern. Diese Fähigkeit macht es möglich, die Daten auf verschiedenen Name-Servern mit nur einem Satz von Master-Datenbankdateien zu unterhalten.

Mit den Beispieldateien in diesem Kapitel wurde der primäre Name-Server mozart konfiguriert. In ihnen ist auch die Einrichtung eines sekundären Name-Servers auf dem Host schubert vorgesehen. Dies ist Thema dieses Abschnitts.

Installieren Sie die DNS-Software auf dem sekundären Name-Server. Gehen Sie dabei gleich vor wie bei der Installation des primären Name-Servers. Primäre und sekundäre Name-Server unterscheiden sich in der Struktur der *BOOT*-Datei.

Das DNS-Verzeichnis des sekundären Name-Servers benötigt Kopien der folgenden Dateien:

- *BOOT*

- *CACHE.DNS*

- *127.IN-ADDR.ARPA.DNS*

Die Dateien *CACHE.DNS* und *127.IN-ADDR.ARPA.DNS* sind auf allen DNS-Servern identisch, und Sie müssen sie nicht erzeugen. Bei der Installation des Microsoft-DNS-Servers wird eine *CACHE.DNS*-Datei auf jedem Server erzeugt. Die benötigten Reverse-Look-Zonen, wie z.B. `127.in-addr.arpa`, werden eingerichtet, wenn ein Server zur Konfiguration des DNS-Managers hinzugefügt wird.

Die *BOOT*-Datei wird für den sekundären Server auf dem Host `schubert` wie folgt geändert:

```
; DNS BOOT FILE
cache       .    cache
secondary   hoople.edu                200.250.199.4
hoople.edu.dns
secondary   199.250.200.in-adr.arpa   200.250.199.4
200.250.199.in-addr.arpa.dns
secondary   50.190.200.in-adr.arpa    200.250.199.4
200.190.50.in-addr.arpa.dns
primary     0.0.127.in-adr.arpa       arpa-127.0.0.in-addr.arpa
```

`schubert` ist ein sekundärer Name-Server für drei Zonen, die in der sekundären Direktive festgelegt werden. In den drei sekundären Direktiven wird eine IP-Adresse zur Syntax hinzugefügt. Diese IP-Adresse nennt den Computer, auf dem die Datenbankdatei abgelegt werden soll. `schubert` lädt die Domäne `hoople.edu` von `mozart` (IP-Adresse 200.250.199.4). Während der Operation macht `schubert` eine Sicherungskopie der Datenbankdateien im lokalen DNS-Verzeichnis. Dadurch kann `schubert` gestartet werden, wenn `mozart` nicht mehr arbeitet.

Ein Name-Server kann für einige Zonen primär und für andere sekundär sein. Die Rolle des Name-Servers wird vom Einsatz der primären und sekundären Direktiven in der Datei *BOOT* angegeben.

schubert ist nur primär für die Zone `127.0.0.in-addr.arpa`. Weil diese Information auf allen Servern gleich ist, ist es nicht sinnvoll, die Datenbankeinträge in die Zonenübertragung miteinzubeziehen.

Weil die Information in der Datei *CACHE.DNS* für alle DNS-Server identisch ist, ergibt es keinen Sinn, Zonenübertragungen für Daten von Root-Name-Servern durchzuführen. Jeder DNS-Server wird mit einer lokalen *CACHE.DNS*-Datei konfiguriert.

Neben der Anpassung der *BOOT*-Datei für den sekundären Server müssen Sie NS-Datenbankeinträge für den sekundären Server in die Datenbankdatei auf dem primären DNS-Server integrieren. Im Beispielnetzwerk müssen Sie die folgenden Ressourceneinträge in die Dateien *HOOPLE.EDU.DNS*, *200.190.50.IN-ADDR.ARPA.DNS* und *200.250.199.IN-ADDR.ARPA.DNS* einfügen:

```
@                       IN  NS  schubert.hoople.edu.
```

15.8 Den DNS-Server verwalten

Nachdem Sie die Konfigurationsdateien vervollständigt, und sie drei- oder viermal nach Fehlern durchsucht und die korrekte Verwendung von angehängten Punkten in Host-Namen überprüft haben, können Sie damit beginnen, mit dem DNS-Manager zu arbeiten. Ab jetzt können Sie wieder die grafische Benutzeroberfläche nutzen.

15.8.1 Den Microsoft DNS-Server installieren

1. Installieren Sie TCP/IP auf dem DHCP-Server-Computer. DNS-Server müssen mit statischen IP-Adressen konfiguriert werden, damit die Adressen in die Host-Konfigurationen eingegeben werden können.

2. Öffnen Sie das Dialogfeld NETZWERK.

3. Wählen Sie die Registerkarte DIENSTE.

4. Wählen Sie die Schaltfläche HINZUFÜGEN.

5. Wählen Sie in der Liste der Netzwerkdienste den MICROSOFT DNS-SERVER, und klicken Sie auf OK.

6. Geben Sie im nächsten Dialogfeld den Pfad an, in dem sich die Installationsdateien befinden.

7. Schließen Sie das Hilfsprogramm NETZWERK, und starten Sie den Server neu.

15.8.2 Den DNS-Server initialisieren

Als Standard werden die Datenbankdateien des Microsoft-DNS-Servers im Pfad *%SYSTEMROOT%\ SYSTEM32\DNS* installiert. Nach der Installation des DNS-Servers befindet sich nur die Datei *CACHE.DNS* in diesem Verzeichnis.

Wenn der DNS-Manager das erste Mal gestartet wird, versucht er, sich anhand von Datenbankdateien aus dem Verzeichnis *%SYSTEMROOT%\SYSTEM32\DNS* zu initialisieren. Abhängig vom Inhalt dieses Verzeichnisses können zwei Dinge geschehen:

▶ Wenn das Verzeichnis *DNS* nur die Datei *CACHE.DNS* enthält, wird der DNS-Server mit einer leeren Datenbank initialisiert. In diesem Abschnitt wird davon ausgegangen, daß nur die Standarddateien im Verzeichnis DNS vorhanden sind.

▶ Wenn Sie einen Satz *BIND*-Datendateien in dieses Verzeichnis setzen, initialisiert der DNS-Manager die Server-Datenbank aus diesen Dateien. Im Abschnitt »Daten von BIND-Servern portieren« in diesem Kapitel wird der Prozeß der Initialisierung des Servers aus *BIND*-Datenbankdateien heraus besprochen.

Das Symbol für den DNS-Manager wird in der Gruppe der Verwaltungsprogramme im START-Menü installiert. Zunächst sind keine DNS-Server aufgeführt, und die Anzeige ist völlig uninteressant (deshalb wird an dieser Stelle auch kein Bild präsentiert.) Der erste Schritt besteht darin, einen Server in den DNS-Manager aufzunehmen. Bild 15.12 zeigt den DNS-Manager, nachdem ein DNS-Server hinzugefügt wurde.

Abbildung 15.12

Der DNS-Manager, nachdem ein DNS-Server hinzugefügt wurde

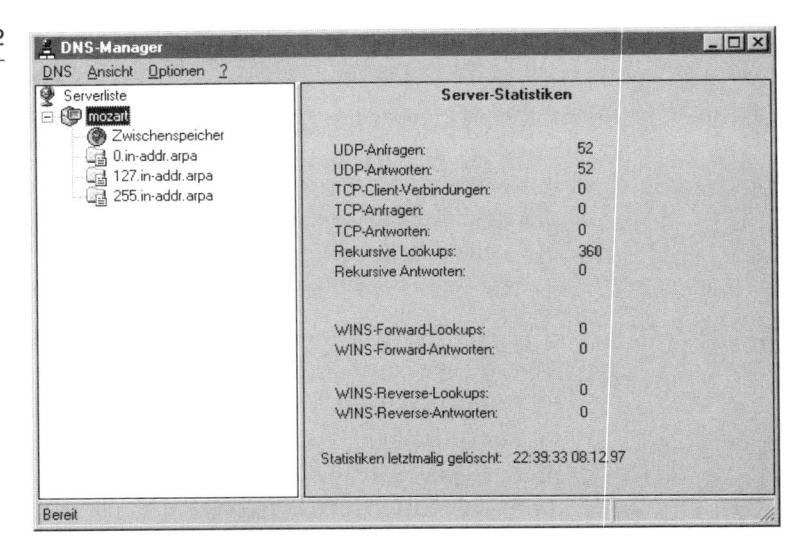

Um einen DNS-Server einzurichten, gehen Sie wie folgt vor:

1. Klicken Sie mit der rechten Maustaste auf das Symbol SERVERLISTE, und wählen Sie den Eintrag NEUER SERVER aus dem Kontextmenü aus.

2. Geben Sie im Dialogfeld DNS-SERVER HINZUFÜGEN den Host-Namen oder die IP-Adresse des DNS-Servers an. Wenn Sie einen Host-Namen nennen, muß der Microsoft-DNS-Server auf diesem installiert sein. Außerdem muß dieser Host in der Lage sein, den Host-Namen über WINS oder eine andere Methode in eine IP-Adresse auszuwerten.

Wenn Sie den neuen Server hinzufügen, wird ein Symbol für das DNS-Server-Objekt erzeugt, dem ein Standardsatz von Eigenschaften zugewiesen wird. Außerdem werden die folgenden Zonen automatisch erzeugt:

- **Zwischenspeicher.** Diese Zone wird mit Datensätzen gefüllt, die die Root-Name-Server für das Internet definieren.

- **0.in-addr.arpa.** Diese Zone verhindert, daß Reverse-Lookup-Abfragen nach der Adresse 0.0.0.0 an den Root-Name-Server übergeben werden.

- **127.in-addr.arpa.** Diese Zone unterstützt Reverse-Lookup-Abfragen nach Loopback-Adressen.

- **255.in-addr.arpa.** Diese Zone verhindert, daß Broadcast-Name-Abfragen an den Root-Name-Server weitergeleitet werden.

> **hinweis**
>
> Mit Ausnahme der Zone ZWISCHENSPEICHER werden die automatisch erzeugten Zonen als Standard verborgen gehalten. Um die Anzeige dieser Zonen zu ermöglichen, wählen Sie den Menübefehl EINSTELLUNGEN im Menü OPTIONEN und aktivieren die Option AUTOMATISCH ERZEUGTE ZONEN ANZEIGEN. Das wurde auch gemacht, um Bild 15.12 zu erzeugen. Drücken Sie schließlich die Taste [F5], um die Anzeige zu aktualisieren und die Zonen-Symbole angezeigt zu bekommen.
>
> Da diese Zonen von Ihnen nicht gewartet werden müssen, können Sie sie so wie in den anderen Bildern verborgen lassen.

Es besteht keine Notwendigkeit, etwas zu erzeugen, das der BIND-Datei ähnelt. Die Information, die benötigt wird, um den DNS-Server zu starten, wird kontinuierlich aktualisiert, während Sie die Konfiguration des Servers vornehmen.

15.8.3 Rollen, die Server einnehmen können

Nachdem Sie nun wissen, wie der DNS-Server installiert wird, müssen Sie die verschiedenen Rollen verstehen, die der DNS-Server spielen kann. Da der Server augenblicklich konfiguriert wird, agiert er als reiner Zwischenspeicher-Server. Das bedeutet, daß der Server Anfragen auswerten kann, die von Client-Computern an ihn gesendet wurden, indem einen autorisierenden Server für die Domäne befragt, nach der Sie suchen.

Wenn Sie damit beginnen, eigene Domänen zu erzeugen, konfigurieren Sie zumindest einen Server als primären Server für Ihre Domäne. Dieser Server lädt alle Zoneninformationen aus lokalen Dateien und ist die Autorität der Domäne.

Sie können DNS-Server auch als Sicherungs-Server für Ihren primären DNS konfigurieren. Das ist nötig, um den primären Server beim InterNIC anmelden zu können (es besteht die Anforderung, daß Sie über zwei separate Name-Server verfügen.) Der sekundäre Server nimmt Kontakt zu seinem Master-Name-Server auf. Meistens handelt es sich dabei um den primären Server. Wenn Sie einen sekundären Server verwenden, muß dieser zunächst einen Zonentransfer beantragen.

15.8.4 Reverse-Lookup-Zonen hinzufügen

Bevor Sie eine Zone für die Domäne erzeugen, die verwaltet werden muß, sollten Sie die Zonen erstellen, die Reverse-Lookups unterstützen. Das sind die in-addr.arpa-Zonen. Wenn Sie diese Zonen erstmals erzeugen, können Sie sie automatisch mit PTR-Datensätzen füllen, wenn Sie A-Datenbankeinträge zur primären Zone der Domäne hinzufügen.

Um eine primäre Reverse-Lookup-Zone zu erzeugen, gehen Sie wie folgt vor:

1. Klicken Sie mit der rechten Maustaste auf das Symbol des primären DNS-Servers.

2. Wählen Sie den Befehl NEUE ZONE aus dem Kontextmenü, um das Dialogfeld NEUE ZONE FÜR MOZART ERSTELLEN zu öffnen (siehe Bild 15.13).

Abbildung 15.13

Angeben, ob eine Zone primär oder sekundär ist

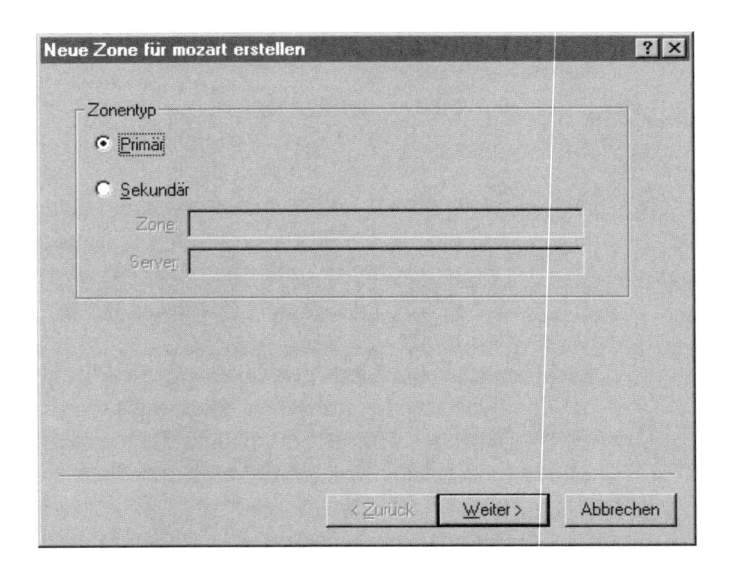

Den DNS-Server verwalten

3. Klicken Sie auf die Optionsschaltfläche PRIMÄR, und wählen Sie die Schaltfläche WEITER, und das Dialogfeld ZONENINFO zu öffnen (siehe Bild 15.14).

Abbildung 15.14

Mit der ⇥-Taste den Namen der Zonendatei automatisch eingeben

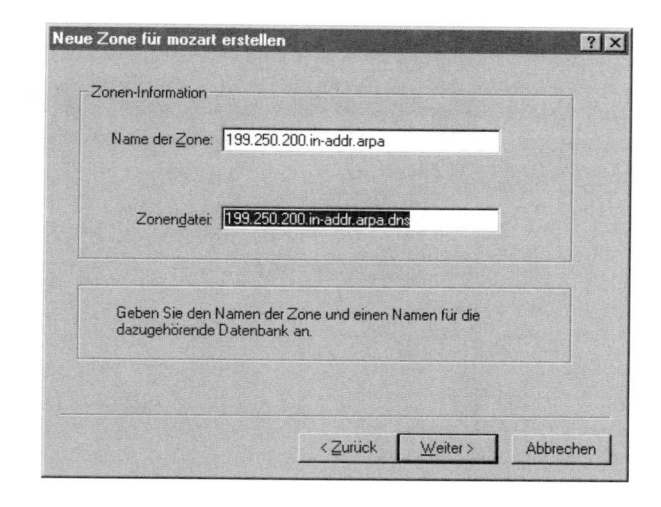

![Dialogfeld "Neue Zone für mozart erstellen" mit Zonen-Information: Name der Zone: 199.250.200.in-addr.arpa, Zonendatei: 199.250.200.in-addr.arpa.dns]

4. Geben Sie in das Feld NAME DER ZONE den Namen der Reverse-Lookup-Zone ein. Da es sich um eine Reverse-Lookup-Zone handelt, sollten Sie sich an die Namenskonventionen halten (reverse-network_ID.in-addr.arpa). Der DNS-Server erkennt, daß es sich um eine Reverse-Naming-Zone handelt, und konfiguriert sie entsprechend. Um eine Reverse-Lookup-Zone für das Netzwerk 200.250.199.0 zu erstellen, geben Sie `199.250.200.in-addr.arpa` in das Feld NAME DER ZONE ein.

Benutzen Sie unbedingt die Taste ⇥, um zum nächsten Feld zu gelangen.

5. Drücken Sie die ⇥-Taste, um im Feld ZONENDATEI automatisch einen Dateinamen zu erzeugen. Den Dateinamen können Sie beliebig wählen, aber der Standard genügt den Konventionen, die für den Microsoft DNS-Server aufgestellt wurden.

6. Wählen Sie die Schaltfläche WEITER.

7. Klicken Sie auf die Schaltfläche FERTIGSTELLEN, um die Zone zu erstellen, oder klicken Sie auf die Schaltfläche ZURÜCK, um Informationen zu ändern, die Sie eingegeben haben.

Bild 15.15 zeigt den DNS-Manager, nachdem ein Eintrag für die Reverse-Lookup-Zonen eingegeben wurde. Beachten Sie, daß die NS- und SOA-Ressourceneinträge für Sie eingegeben wurden. Sie können die Standardwerte wahrscheinlich für beide Datenbankeinträge belassen.

Abbildung 15.15

Eine neu erzeugte Reverse-Naming-Zone

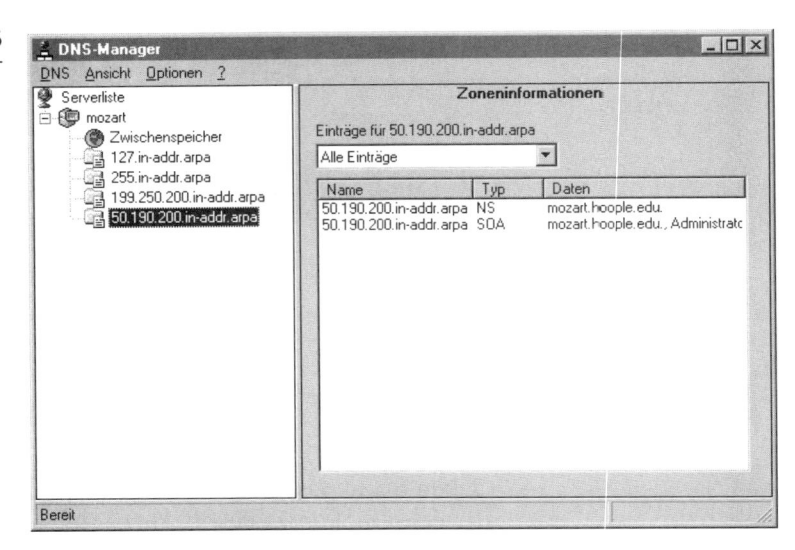

15.8.5 Eine primäre Zone hinzufügen

Nachdem die Reverse-Lookup-Zonen erstellt wurden, können Sie damit beginnen, Name-Lookup-Zonen einzurichten. Die Prozedur ähnelt der ziemlich stark, die im letzten Abschnitt beschrieben wurde.

1. Klicken Sie mit der rechten Maustaste auf das Symbol des primären DNS-Servers.

2. Wählen Sie aus dem Kontextmenü den Menübefehl NEUE ZONE aus, um den NEUE ZONE-Assistenten zu öffnen.

3. Klicken Sie auf das Optionsfeld PRIMÄR, und wählen Sie die Schaltfläche WEITER.

4. Geben Sie den Namen der Zone in das gleichnamige Feld ein, und drücken Sie die ⇥-Taste, um die Name-Datei zu erzeugen. Klicken Sie dann auf die Schaltfläche WEITER.

5. Klicken Sie auf die Schaltfläche FERTIGSTELLEN, um die Zone zu erstellen, oder klicken Sie auf die Schaltfläche ZURÜCK, um bereits eingegebene Informationen zu verändern.

Bild 15.16 zeigt die Zone `hoople.edu` nach ihrer Erzeugung. Beachten Sie, daß die Ressourceneinträge NS und SOA für Sie erstellt wurden. Sie müssen nur die benötigen A-Datenbankeinträge manuell erzeugen.

Abbildung 15.16

Der DNS-Manager mit primären und Reverse-Lookup-Zonen

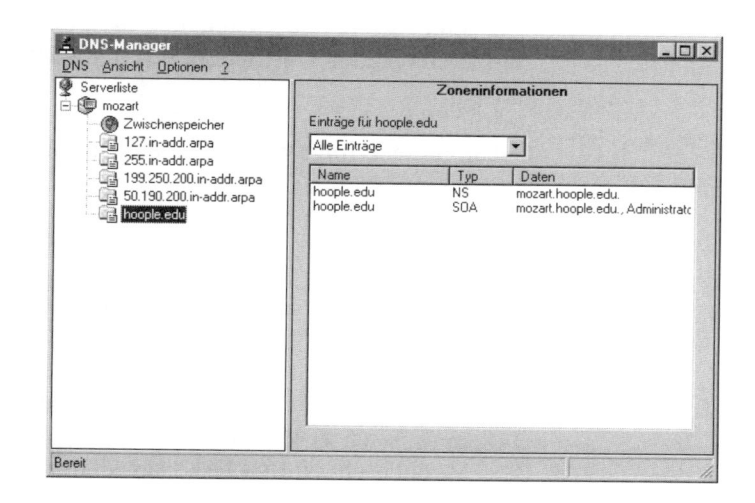

15.8.6 Ressourceneinträge hinzufügen

Bild 15.17 zeigt den DNS-Manager, nachdem verschiedene Ressourceneinträge in der Domäne `hoople.edu` vorgenommen wurden. In diesem und den folgenden Abschnitten erfahren Sie, wie Adreß-, CNAME-, MX- und WINS-Ressourceneinträge erzeugt werden.

Abbildung 15.17

Der DNS-Manager mit einem neuen Host und anderen Einträgen

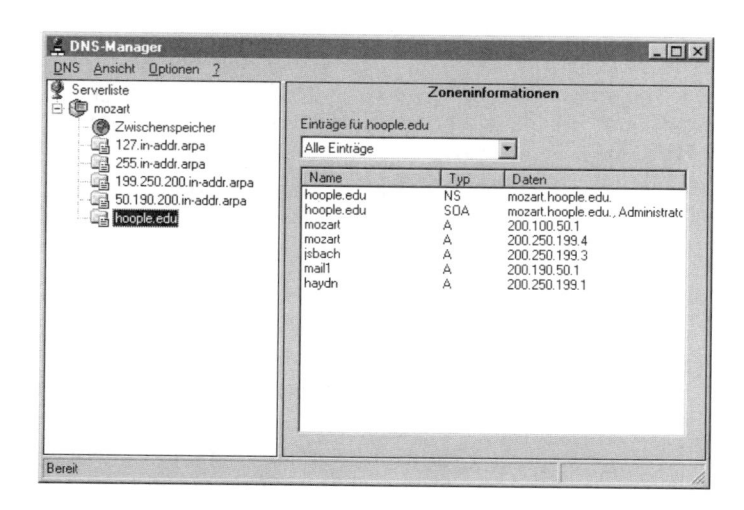

Adreßeinträge vornehmen

Als nächstes müssen Sie wichtige Adreßeinträge (A-Einträge) in der Name-Lookup-Zone vornehmen. Adreßeinträge müssen Sie nur für Hosts mit festen IP-Adressen oder solchen, die nicht bei WINS registriert sind, erstellen. Hosts, die bei WINS registriert sind, können über WINS-Lookups in die Datenbank eingegeben werden.

Gehen Sie wie folgt vor, um einen Adreßressourceneintrag vorzunehmen:

1. Klicken Sie mit der rechten Maustaste auf das Symbol der Name-Lookup-Zone (im Beispiel `hoople.edu`), und wählen Sie den Menübefehl NEUER HOST aus dem Kontextmenü.

   Oder:

   Klicken Sie mit der rechten Maustaste auf das Listenfeld im Bereich ZONENINFORMATION, und wählen Sie den Menübefehl NEUER HOST aus dem Kontextmenü.

2. Geben Sie im Dialogfeld NEUER HOST den Host-Namen in das Feld NAME ein (siehe Bild 15.18).

Abbildung 15.18

Einen neuen Host-Eintrag erzeugen

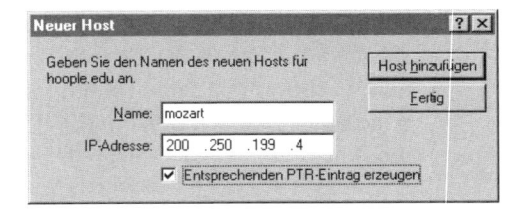

hinweis — Wenn Sie einen Host-Namen eingeben, erwartet der DNS-Manager meistens nur den Bestandteil des Host-Namens des vollqualifizierten Domänennamens. Falls nötig, wird der Host-Name mit dem Domänennamen kombiniert, um den vollqualifizierten Domänennamen zu erzeugen.

3. Geben Sie die IP-Adresse des Hosts in das gleichnamige Feld ein.

4. Wenn Sie einen Eintrag in der entsprechenden Reverse-Lookup-Datenbank vornehmen möchten, müssen Sie das Kontrollkästchen ENTSPRECHENDEN PRT-EINTRAG ERZEUGEN aktivieren. Zuvor muß jedoch die Reverse-Lookup-Zone erstellt werden.

5. Wählen Sie die Schaltfläche HOST HINZUFÜGEN, um die Datenbankeinträge vorzunehmen.

6. Wiederholen Sie die Schritte 2 bis 5, um zusätzlich benötigte Adreßeinträge einzugeben.

7. Klicken Sie auf die Schaltfläche FERTIG, wenn Sie alle benötigten Eintragungen vorgenommen haben.

Wann werden PTR-Einträge erzeugt? Sie werden in den meisten Fällen Host-Adressen zu den Reverse-Lookup-Zonen hinzufügen wollen, aber es gibt einige Ausnahmen. In den Beispielen, die in diesem Kapitel erzeugt werden, wurden Pointer Einträge für alle A-Datensätze außer für papa250 und papa190 erzeugt. Weil diese Datensätze ergänzt wurden, um die Verwaltung zu erleichtern und ein PTR-Datenbankeintrag für haydn bereits existiert, wurden die Einträge nicht in die Reverse-Lookup-Verzeichnisse eingetragen. Sonst wären widersprüchliche Zuordnungen entstanden, da eine IP-Adresse zwei Host-Namen zugeordnet worden wäre.

Andere Ressourceneinträge ergänzen

Alle Adreßressourcen außer den Ressourceneinträgen werden über das Dialogfeld NEUER RESSOURCENEINTRAG hinzugefügt (siehe Bild 15.19). Die Felder, die Sie im Bereich WERT sehen, hängen vom Eintragstyp ab, den Sie im gleichnamigen Listenfeld gewählt haben. In diesem Abschnitt wird die Prozedur für CNAME-, MX- und PTR-Ressourceneinträge beschrieben.

Abbildung 15.19

Einen CNAME-Eintrag hinzufügen

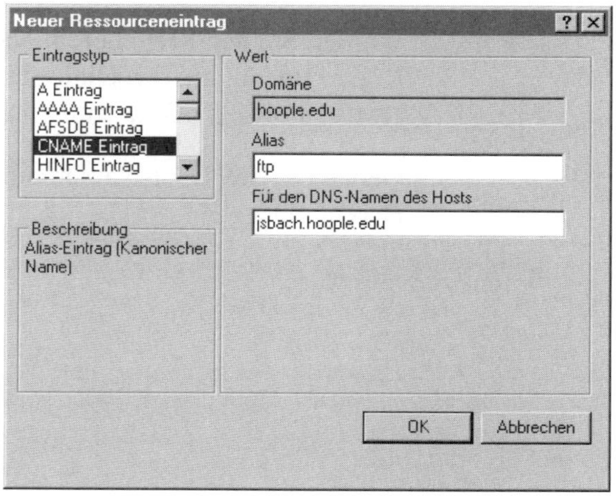

CNAME-Ressourceneinträge hinzufügen

Wenn Sie einen CNAME-Ressourceneintrag hinzufügen, wird ein Alias-Name erzeugt. Gehen Sie dazu wie folgt vor:

1. Klicken Sie mit der rechten Maustaste auf die Zone, die den Eintrag enthalten soll.

2. Wählen Sie den Menübefehl NEUER EINTRAG aus dem Kontextmenü aus, um das Dialogfeld NEUER RESSOURCENEINTRAG zu öffnen (siehe Bild 15.19).

3. Wählen Sie den Eintrag CNAME aus dem Listenfeld EINTRAGSTYP aus.

4. Geben Sie einen ALIAS in das gleichnamige Feld ein.

5. Geben Sie einen vollqualifizierten Domänennamen, d.h. den eigentlichen Host-Namen, in das Feld FÜR DEN DNS-NAMEN DES HOSTS ein. Denken Sie an den angehängten Punkt, wenn Sie den Namen eingeben.

6. Klicken Sie auf OK, um den Eintrag vorzunehmen.

MX-Einträge vornehmen

Um einen MX-Ressourceneintrag zu ergänzen, gehen Sie wie folgt vor:

1. Klicken Sie mit der rechten Maustaste auf die Zone, die den Eintrag enthalten soll.

2. Wählen Sie den Menübefehl NEUER EINTRAG aus dem Kontextmenü, um das Dialogfeld NEUER RESSOURCENEINTRAG zu öffnen (siehe Bild 15.20).

3. Geben Sie den Host-Namen nur in das Feld NAME DES HOSTS ein.

Abbildung 15.20

Einen MX-Ressourceneintrag konfigurieren

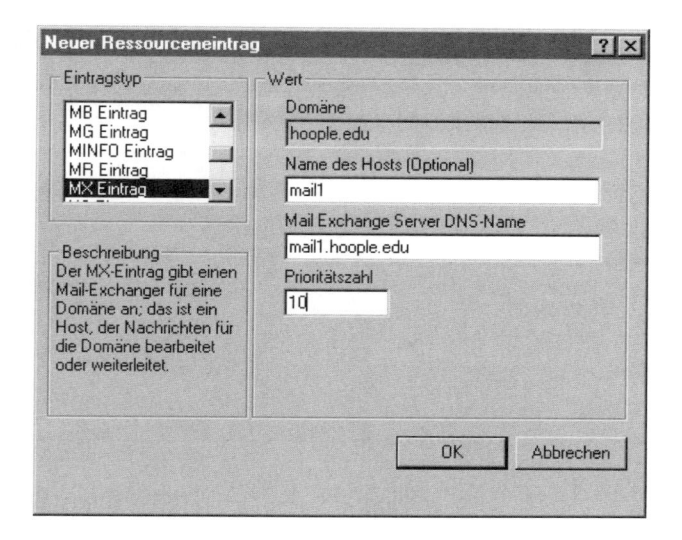

> **Hinweis:** Obwohl das Feld NAME DES HOSTS angeblich optional ist, war es mir nicht möglich, MX-Einträge vorzunehmen, ohne einen Host-Namen anzugeben.

4. Geben Sie den vollqualifizierten Domänennamen in das Feld MAIL EXCHANGE SERVER DNS-NAME ein (natürlich inklusive des angehängten Punktes).

5. Geben Sie eine PRIORITÄTSZAHL in das gleichnamige Feld ein.

6. Klicken Sie auf OK, um den Datensatz hinzuzufügen.

PTR-Einträge hinzufügen

Um einen PTR-Eintrag zur Reverse-Lookup-Zone hinzuzufügen, gehen Sie wie folgt vor:

1. Klicken Sie mit der rechten Maustaste auf die Reverse-Lookup-Zone, die den Eintrag enthalten soll. Wählen Sie aus dem Kontextmenü den Menübefehl NEUER EINTRAG aus. Im Dialogfeld NEUER RESSOURCENEINTRAG stehen nur drei Eintragstypen zur Verfügung (siehe Bild 15.21).

Abbildung 15.21

Einen PTR-Eintrag erzeugen

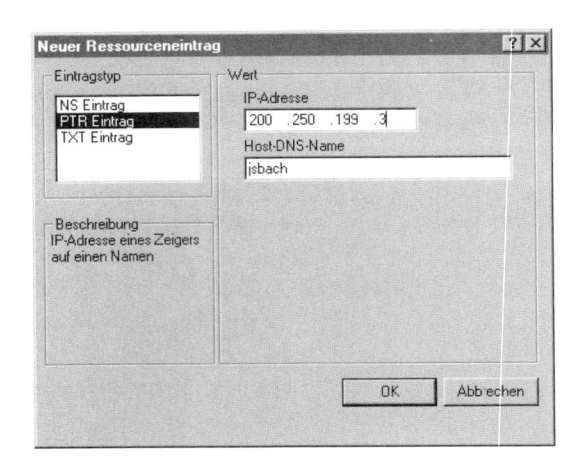

1. Wählen Sie im Listenfeld EINTRAGSTYP den PTR EINTRAG aus.

2. Geben Sie im Feld IP-ADRESSE die IP-Adresse des Hosts ein. Halten Sie dabei die konventionelle Reihenfolge der Adreßfelder ein.

3. Geben Sie in das Feld HOST-DNS-NAME nicht einfach den Host-Namen, sondern den vollqualifizierten Host-Namen ein. Die Revers-Lookup-Domänen sind nicht an eine bestimmte Name-Domäne gebunden.

4. Klicken Sie auf OK, um den Eintrag zu erzeugen.

Bild 15.22 zeigt die Einträge für eine Reverse-Lookup-Zone, nachdem PTR-Einträge erzeugt wurden.

Abbildung 15.22

Einen PTR-Eintrag erzeugen

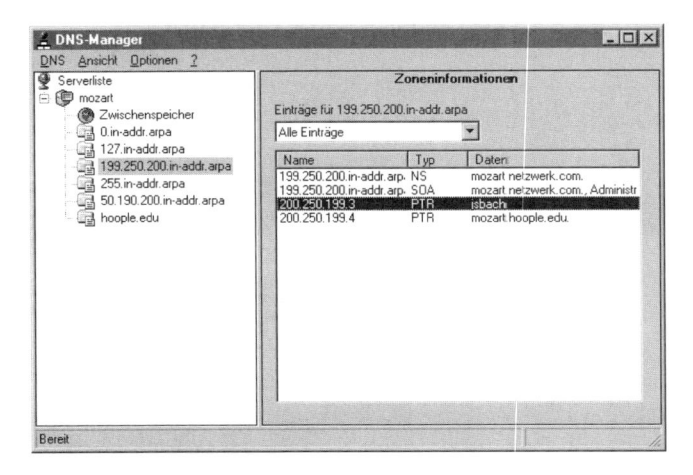

Ressourceneinträge verändern

Um einen Eintrag zu ändern, klicken Sie doppelt im Listenfeld ZONENINFORMATIONEN auf diesen. Es öffnet sich ein EIGENSCHAFTEN-Dialogfeld, über das Sie alle Eigenschaften verändern können.

15.8.7 Eigenschaften von Zonen verändern

Wenn eine Zone erzeugt wird, wird ihr ein Standardsatz von Eigenschaften zugeordnet, und es wird ein SOA-Eintrag erstellt. Sie sollten die Eigenschaften einer Zone und den SOA-Eintrag überprüfen, um sicherzustellen, daß die Eigenschaften für Ihr Netzwerk passend sind.

Um die Eigenschaften einer Zone zu überarbeiten, klicken Sie mit der rechten Maustaste auf das Zonensymbol und wählen den Menübefehl EIGENSCHAFTEN aus dem Kontextmenü. Bild 15.23 zeigt das Dialogfeld EIGENSCHAFTEN DER ZONE. Das Dialogfeld enthält vier Registerkarten. Diese werden in den folgenden Abschnitten überprüft.

Abbildung 15.23

Das Dialogfeld
EIGENSCHAFTEN DER ZONE

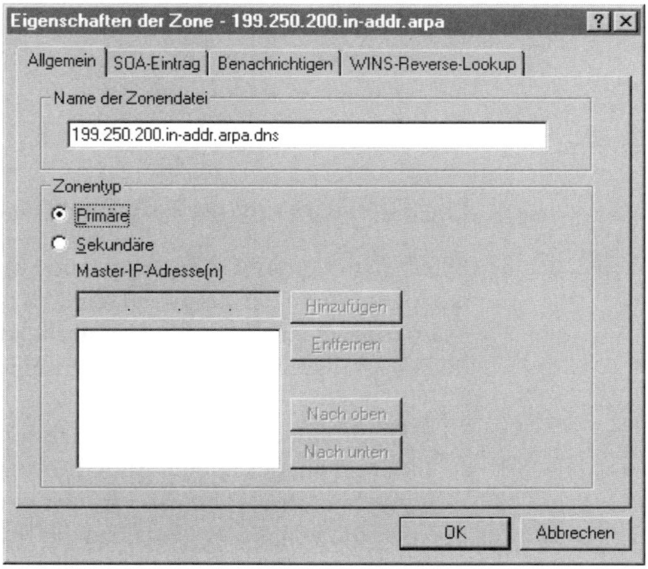

Allgemeine Eigenschaften der Zone

Die Registerkarte ALLGEMEIN, die Sie in Bild 15.23 sehen, enthält die folgenden Felder:

- **Name der Zonendatei.** Der Inhalt dieses Felds gibt den Dateinamen der ASCII-Datei dieser DNS-Zone auf dem DNS-Server an. Diesen Namen können Sie jederzeit verändern.

- **Primäre.** Wenn Sie dieses Optionsfeld wählen, geben Sie an, daß es sich um einen primären DNS-Server für die Zone handelt. Primäre DNS-Server unterhalten eine Datenbank für die Zone auf dem Computer, auf dem sie installiert sind.

- **Sekundäre.** Wenn das Optionsfeld SEKUNDÄRE aktiviert ist, ist dieser Server der sekundäre DNS-Server der Zone. Sekundäre DNS-Server erhalten ihre Daten von anderen DNS-Servern und unterhalten keine lokale Datenbank für die Zone.

- **Master-IP-Adresse(n).** Wenn das Optionsfeld SEKUNDÄRE aktiviert ist, ist diese Liste aktiv. Sie müssen die IP-Adressen von einem der Master-DNS-Server angeben, von dem aus eine Zonenübertragung zum sekundären Server durchgeführt wird.

Die Registerkarte SOA-EINTRAG

Die Registerkarte SOA-EINTRAG erzeugt Eigenschaften für den SOA-Eintrag in der Zonen-Datenbank (siehe Bild 15.24). Der SOA-Eintrag wurde bereits ausführlich besprochen. Es ist jedoch sinnvoll, die Felder hier aufzuführen:

- **DNS-Name des primären.** Dieses Feld gibt den Name-Server an, der in dem SOA-Eintrag erscheint, und kennzeichnet den Name-Server, der autorisierend für die Zone ist, die von dieser Datenbank definiert wird.

- **DNS-Name des Postfachs des.** Dieses Feld gibt die Kontaktperson für diese Domäne an. Normalerweise erfolgt dies über die Angabe einer E-Mail-Adresse. Da das @-Zeichen in BIND-Datenbankdateien eine besondere Bedeutung hat, wird es in der E-Mail-Adresse durch einen Punkt ersetzt. Im Beispiel steht der Wert `peters.hoople.edu.` für die E-Mail-Adresse `peters@hoople.edu`.

Abbildung 15.24

Die Registerkarte SOA-EINTRAG

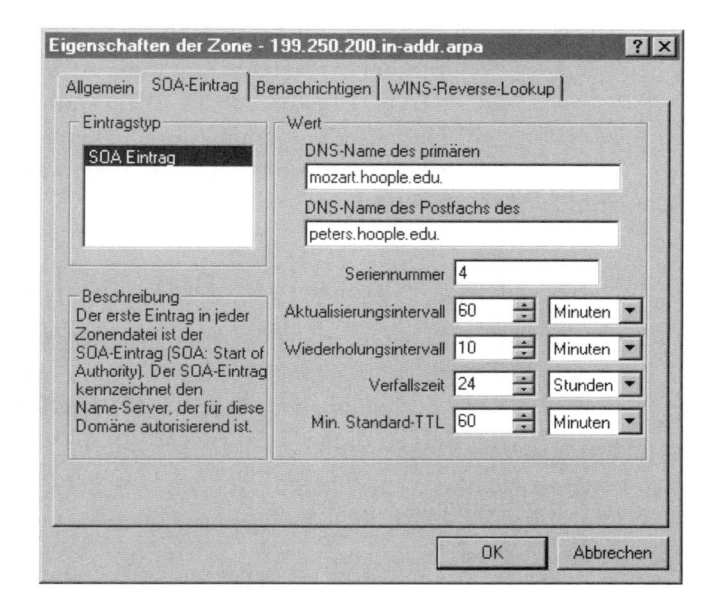

- ▶ **Seriennummer.** Die Seriennummer wird vom DNS-Manager jedesmal erhöht, wenn der Inhalt der Zonen-Datenbank verändert wird. Zonenübertragungen finden statt, wenn ein sekundärer DNS-Server erfährt, daß sich die Seriennummer verändert hat.

- ▶ **Aktualisierungsintervall.** Dieser Parameter gibt das Intervall an, mit dem ein sekundärer DNS-Server prüft, ob eine Zonenübertragung erforderlich ist.

- ▶ **Wiederholungsintervall.** Dieser Parameter gibt die Zeit an, die ein sekundärer Name-Server nach einem verfehlten Kopiervorgang abwartet, bevor er noch einmal versucht, die Zonen-Datenbank zu kopieren.

- ▶ **Verfallszeit.** Dieser Parameter gibt die Zeitdauer an, die ein sekundärer Name-Server weiterhin versucht, eine Zonen-Datenbank zu kopieren. Nachdem diese Zeit überschritten ist, löscht der sekundäre Name-Server die Daten für die Zone.

▶ **Min. Standard-TTL.** Dieser Parameter bestimmt, wie lange ein DNS-Server eine Adreßzuordnung im Zwischenspeicher hält. Nachdem die TTL für einen Eintrag ausgelaufen ist, wird er gelöscht. Kurze TTL-Zeiten bieten den DNS-Server die Möglichkeit, Veränderungen im Netzwerk schneller zu berücksichtigen, erhöhen aber auch den Datenverkehr im Netzwerk und die Arbeitslast auf dem DNS-Server. Ein kurzer TTL-Wert kann günstig sein, wenn ein Netzwerk eingerichtet wird. Wenn es sich dagegen stabilisiert, werden Sie den TTL-Wert wahrscheinlich erhöhen wollen.

Eigenschaften von Benachrichtigungen

Die Registerkarte BENACHRICHTIGUNGEN listet die IP-Adressen der sekundären DNS-Server auf, die Zonen-Daten von diesem Server erhalten (siehe Bild 15.25). Ein DNS-Server benachrichtigt Server, die im Feld BENACHRICHTIGUNGSLISTE enthalten sind, wenn Änderungen an der Zonendatenbank vorgenommen werden.

Abbildung 15.25

Einen sekundären DNS-Server in die Benachrichtigungsliste einfügen

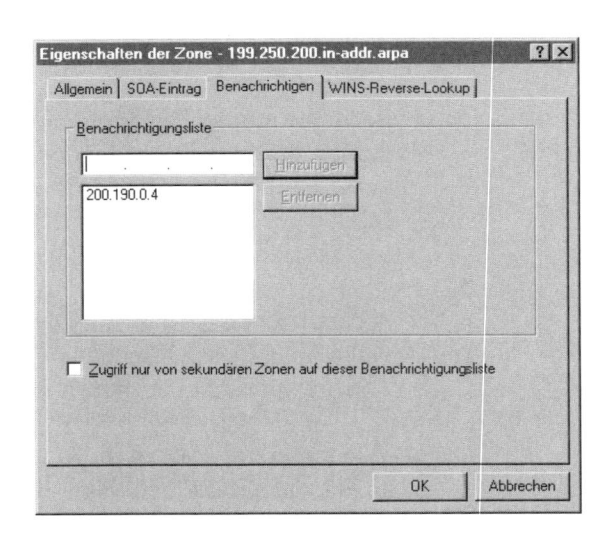

Zonenübertragungen können von sekundären DNS-Servern hervorgerufen werden, und es muß keine Benachrichtigung erfolgen. Wenn Sie jedoch die sekundären DNS-Server beschränken möchten, die Einträge von diesem Server übertragen können, aktivieren Sie das Kontrollkästchen ZUGRIFF NUR VON SEKUNDÄREN ZONEN AUF DIESER BENACHTICHTIGUNGSLISTE.

Eigenschaften von WINS-Lookup

Anhand dieser Registerkarte kann der DNS-Server WINS einsetzen, um Namen auszuwerten, die nicht in der Zonendatenbank aufgeführt sind (siehe 15.26). Die Registerkarte enthält drei Felder:

Abbildung 15.26

WINS-Lookup einrichten

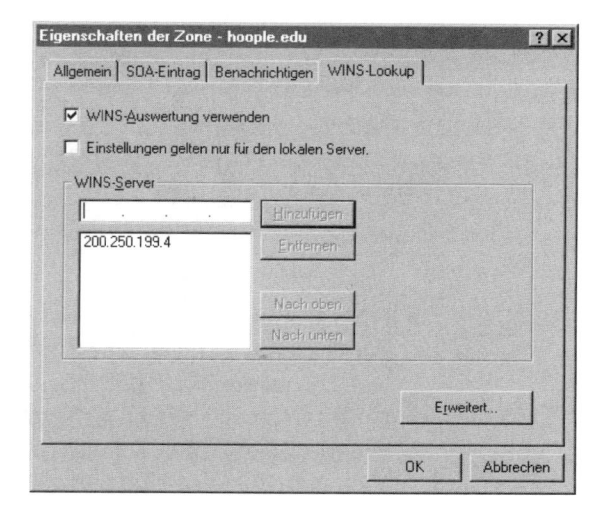

- ▶ **WINS-Auswertung verwenden.** Wenn sich in diesem Kontrollkästchen ein Häkchen befindet, ist WINS-Lookup aktiviert. Ein WINS-Ressourceneintrag wird zur Zonendatenbank hinzugefügt.

- ▶ **Einstellungen gelten nur für den lokalen Server.** Wenn die WINS-Auswertung aktiviert ist, legt dieses Feld fest, wie die Einträge von sekundären DNS-Servern behandelt werden. Normalerweise wird ein Eintrag, der von WINS ausgewertet wurde, mit einer Zonenübertragung an den sekundären DNS-Server gesendet und als Nur-Lesen-Eintrag gekennzeichnet. Wenn dieses Kontrollkästchen aktiviert ist, wird der Nur-Lesen-Schutz entfernt. Einträge können nun vom sekundären DNS-Server geändert werden, wobei verhindert wird, daß veränderte Einträge in einer Zonenübertragung überschrieben werden.

- ▶ **WINS-Server.** Wenn die WINS-Auswertung aktiviert ist, muß diese Liste die IP-Adresse eines oder mehrerer WINS-Server enthalten, die zur Namensauswertung eingesetzt werden.

Kapitel 15 Der Microsoft-DNS-Server

Verschiedene erweiterte WINS-Eigenschaften können konfiguriert werden, wenn Sie das Dialogfeld EIGENSCHAFTEN DER ZONE erweitern (siehe Bild 15.27). Klicken Sie dazu auf die Schaltfläche ERWEITERT. Das Dialogfeld enthält die folgenden Felder:

Abbildung 15.27

Erweiterte WINS-Lookup-Eigenschaften

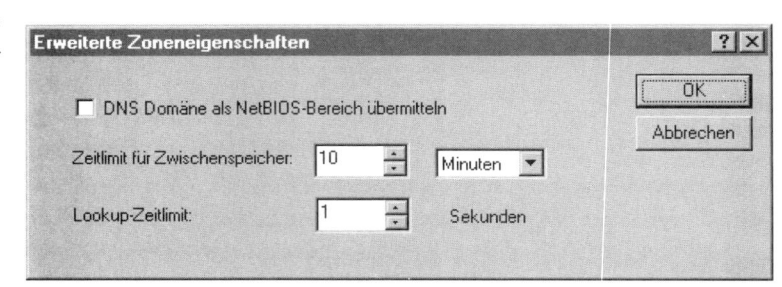

▶ **DNS Domäne als NetBIOS-Bereich übermitteln.** NetBIOS-Bereiche legen eine Zeichenfolge (eine Bereichs-ID) fest, die an den NetBIOS-Namen angehängt und für alle NetBT-Namen (NetBT = (NetBIOS over TCP/IP) verwendet wird. Der Effekt ist, daß nur Computer, die den gleichen NetBIOS-Bereich haben, über NetBIOS kommunizieren können. Diese Option sollten Sie laut Microsoft »nur dann verwenden, wenn Sie bereits den NetBIOS-Bereich in Ihrem Windows NT-Netzwerk verwenden«.

> **Warnung**
> Da die Verwendung von NetBIOS-Bereichen viele Probleme mit sich bringt, sollten Sie davon absehen. Das Kontrollkästchen muß nur dann aktiviert werden, wenn Sie NetBIOS-Bereiche benutzen.

▶ **Zeitlimit für Zwischenspeicher.** Der DNS-Server unterhält einen Zwischenspeicher für Adressen, die in letzter Zeit über WINS ausgewertet wurden. Diese Einträge werden so lange gespeichert, bis das in diesem Feld festgelegte Zeitlimit überschritten wird. Lange Zeitlimits können die Häufigkeit reduzieren, mit der WINS aufgerufen wird, aber die Speicheranforderung des DNS-Servers erhöhen. Als Standard beträgt dieser Wert 10 Minuten.

▶ **Lookup-Zeitlimit.** Dieser Wert bestimmt, wie lange ein DNS-Server auf eine Antwort von WINS wartet, bevor er aufgibt und eine Fehlermeldung an den Sender zurückliefert. Der Standardwert ist 1 Sekunde.

15.8.8 Namen mit WINS auswerten

Es gibt kaum Voraussetzungen, um einen Microsoft-DNS-Server mit WINS zu verknüpfen.

- ▶ Mindestens ein WINS-Server muß ablaufen, um Hosts in der Zone zu registrieren.
- ▶ WINS-Lookup muß in der Zonendatenbank aktiviert sein.

Im letzten Abschnitt »Eigenschaften von WINS-Lookup« wurde gezeigt, wie WINS-Lookup aktiviert wird. Bild 15.28 zeigt ein Beispiel für einen Datenbankeintrag, der von WINS empfangen wurde.

Abbildung 15.28

Ein Datenbankeintrag, der von WINS empfangen wurde

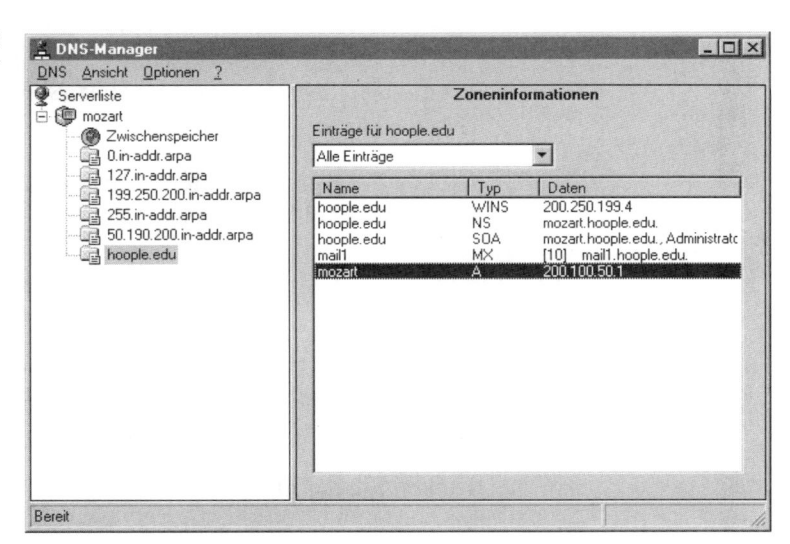

15.8.9 Mehrere DNS-Server verwalten

Der DNS-Manager kann zahlreiche DNS-Server verwalten. Diese Fähigkeit vereinfacht verschiedene Operationen, denn Sie können Daten per Drag&Drop kopieren. Wie das funktioniert, sehen Sie im nächsten Abschnitt namens »Sekundäre DNS-Server einrichten«.

Bild 15.29 zeigt den DNS-Manager mit zwei DNS-Servern. Für den zweiten Server wurden noch keine Zonen eingerichtet. Um einen Remote-DNS-Server zur Liste hinzuzufügen, gehen Sie wie folgt vor:

Kapitel 15 Der Microsoft-DNS-Server

Abbildung 15.29

Der DNS-Manager mit zwei Zonen

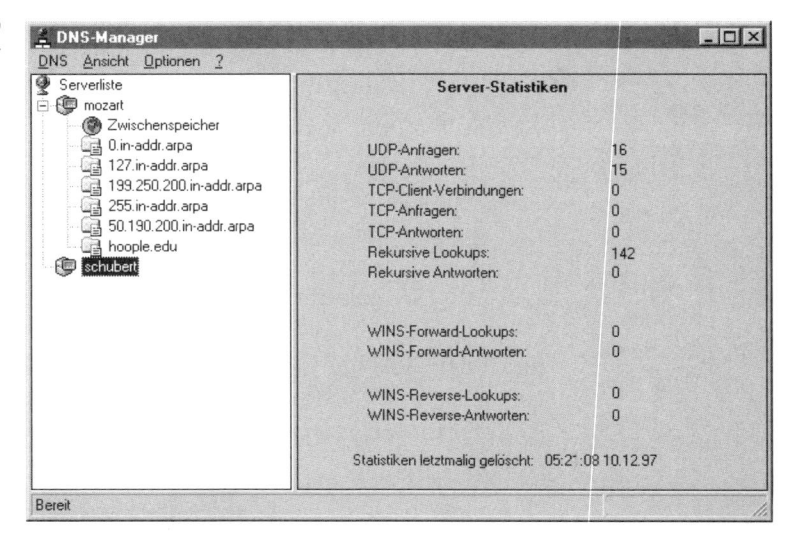

```
DNS-Manager
DNS  Ansicht  Optionen  ?

Serverliste                              Server-Statistiken
  mozart
    Zwischenspeicher
    0.in-addr.arpa              UDP-Anfragen:              16
    127.in-addr.arpa            UDP-Antworten:             15
    199.250.200.in-addr.arpa    TCP-Client-Verbindungen:    0
    255.in-addr.arpa            TCP-Anfragen:               0
    50.190.200.in-addr.arpa     TCP-Antworten:              0
    hoople.edu                  Rekursive Lookups:        142
  schubert                      Rekursive Antworten:        0

                                WINS-Forward-Lookups:       0
                                WINS-Forward-Antworten:     0

                                WINS-Reverse-Lookups:       0
                                WINS-Reverse-Antworten:     0

                                Statistiken letztmalig gelöscht: 05:2¹:08 10.12.97
Bereit
```

1. Installieren Sie den Microsoft DNS-Server auf dem Remote-Server.

2. Klicken Sie mit der rechten Maustaste im DNS-Manager auf das Symbol SERVERLISTE.

3. Wählen Sie den Menübefehl NEUER SERVER aus dem Kontextmenü aus.

4. Geben Sie den Host-Namen oder die IP-Adresse des Remote-Servers in das Textfeld DNS-SERVER des Dialogfelds DNS-SERVER HINZUFÜGEN ein.

5. Klicken Sie auf OK.

> **hinweis**
>
> DNS-Manager kommunizieren mit Remote-DNS-Servern über RPCs (Remote Procedure Calls). Um mit dem DNS-Manager zu kommunizieren, muß der DNS-Server auf dem Computer, der verwaltet werden soll, ablaufen. Wenn der DNS-Manager nicht mit einem DNS-Dienst kommunizieren kann, wird das Symbol dieses Servers mit einem roten Kreuz gekennzeichnet. Außerdem erscheint im Bereich SERVER-STATISTIKEN die Fehlermeldung DER RPC-SERVER IST NICHT VERFÜGBAR.

15.8.10 Sekundäre DNS-Server einrichten

Im Beispielnetzwerk wird der Host schubert als sekundärer DNS-Server der Domäne hoople.edu eingerichtet. Nun sollen Sie aber zwei Möglichkeiten kennenlernen, eine sekundäre Domäne einzurichten.

Wenn Sie lieber den kurzen, steinigen Weg gehen, vollziehen Sie nun diese Schrittfolge nach:

1. Klicken Sie mit der rechten Maustaste auf das Symbol des betroffenen Servers, und wählen Sie den Menübefehl NEUE ZONE aus dem Kontextmenü aus.

2. Klicken Sie im Dialogfeld NEUE ZONE ERSTELLEN auf das Optionsfeld SEKUNDÄR (siehe Bild 15.30).

Abbildung 15.30

Erzeugen Sie eine sekundäre Zone auf einem DNS-Server

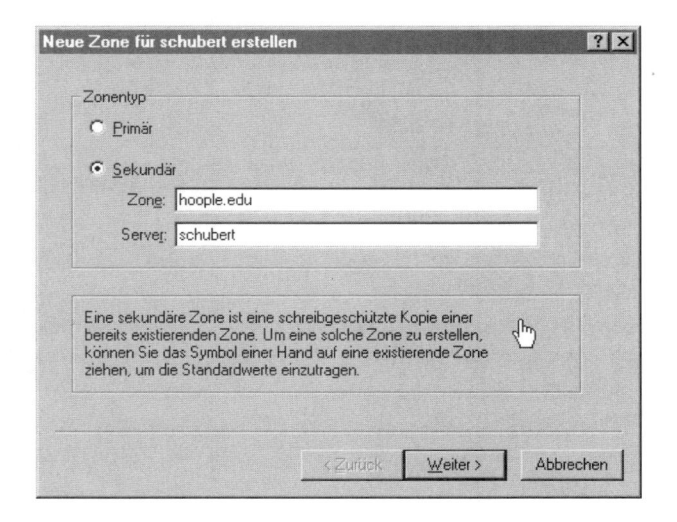

1. Geben Sie den Zonennamen in das Feld ZONE ein.

2. Geben Sie in das Feld SERVER den Namen des Servers ein, für den Zonenübertragungen vorgenommen werden sollen.

3. Wählen Sie die Schaltfläche WEITER.

4. Im Dialogfeld NEUE ZONE FÜR SCHUBERT ERSTELLEN ist das Textfeld NAME DER ZONE bereits mit der Angabe aus Schritt 3 ausgefüllt. Drücken Sie die ⇥-Taste, um den Namen der Datenbankdatei automatisch in das Textfeld ZONENDATEI einsetzen zu lassen.

Kapitel 15 Der Microsoft-DNS-Server

5. Wählen Sie die Schaltfläche WEITER.

6. Geben Sie im Feld IP-MASTER die IP-Adresse von mindestens einem DNS-Server an, der Master-Server aller sekundären DNS-Server sein wird.

7. Wählen Sie die Schaltfläche WEITER und anschließend FERTIGSTELLEN, um die Zone zu erzeugen.

Bild 15.31 zeigt den Server `schubert`, nachdem drei sekundäre Zonen hinzugefügt wurden. Beachten Sie, daß statt des bisherigen Zonensymbols zwei gestapelte Zonensymbole angezeigt werden, um die sekundären von primären Zonen zu unterscheiden.

Abbildung 15.31

Ein DNS-Server mit sekundären Zonen

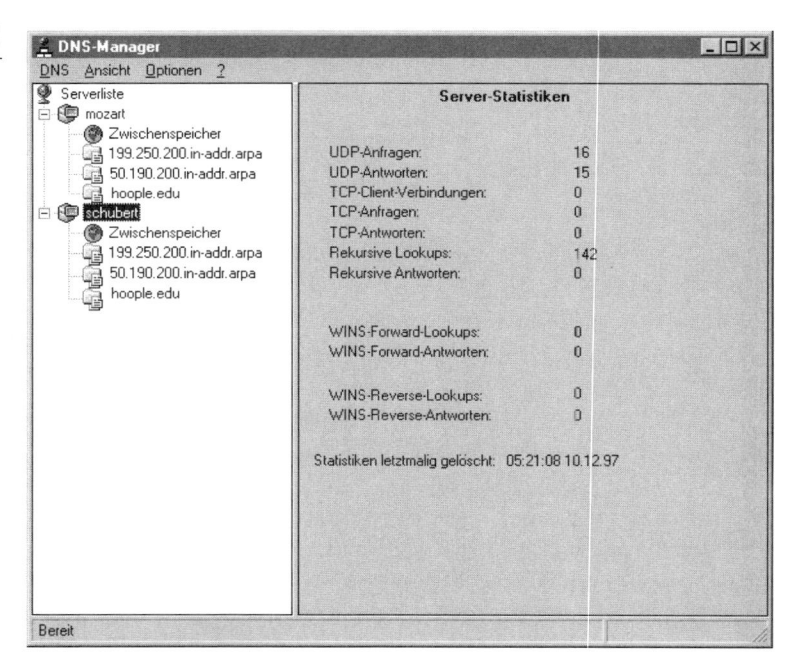

Wie bereits erwähnt, gibt es auch noch eine einfachere Methode, um sekundäre Zonen hinzuzufügen. Dazu muß die primäre Zone im DNS-Manager angezeigt werden. Falls nötig, fügen Sie den Server hinzu, der die primäre Zone unterstützt, und öffnen Sie das Server-Symbol, damit das Symbol für die primäre Zone angezeigt wird. Und hier nun die Prozedur:

Den DNS-Server verwalten

1. Klicken Sie mit der rechten Maustaste auf das Server-Symbol, und wählen Sie den Menübefehl NEUE ZONE aus dem Kontextmenü.

2. Klicken Sie im Dialogfeld NEUE ZONE ERSTELLEN auf das Optionsfeld SEKUNDÄR.

3. Wie in Bild 15.32 zu sehen, enthält das Dialogfeld einen erklärenden Text und das Symbol einer Hand. Klicken Sie auf dieses Symbol, und ziehen Sie die Maus auf die Zone, von der Sie eine schreibgeschützte Kopie als sekundäre Zone erstellen möchten. Die Felder im Dialogfeld NEUE ZONE ERSTELLEN werden automatisch mit den passenden Werten gefüllt.

Abbildung 15.32

Eine sekundäre Zone per Drag-und-Drop erstellen

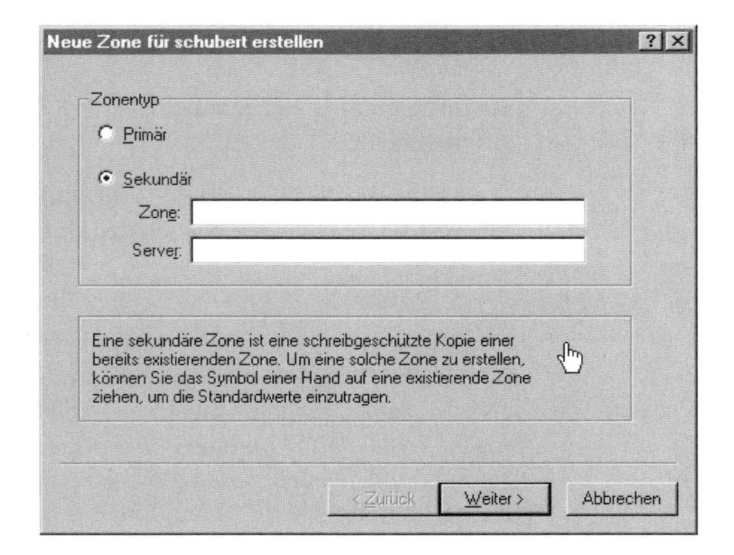

4. Klicken Sie auf die Schaltfläche WEITER, um die restlichen Felder im Dialogfeld NEUE ZONE ERSTELLEN einzusehen.

5. Wählen Sie die Schaltfläche FERTIGSTELLEN, um die Einrichtung der sekundären Zone zu beenden.

Wenn jede Netzwerkverwaltungsaufgabe so leicht wäre, wären Netzwerk-Administratoren arbeitslos.

15.8.11 Zonen für Subdomänen hinzufügen

Wie Sie bereits erfahren haben, ist der Domain Name Space hierarchisch aufgebaut, und Sie können diese Hierarchie erweitern, indem Sie Domänen unterhalb von bestehenden Domänen hinzufügen. Obwohl das Beispielnetzwerk nur eine einzige Domäne hat, sollten Sie sich die Technik ansehen, Domänen auf tieferer Ebene hinzuzufügen.

Angenommen, sie wollten zwei Domänen wie `classic.hoople.edu` und `jazz.hoople.edu` hinzufügen, um für die verschiedenen Abteilungen Unterdomänen bereitzustellen. In diesem Abschnitt wird die Vorgehensweise dazu beschrieben:

1. Klicken Sie mit der rechten Maustaste auf die Zone HOOPLE.EDU.

2. Wählen Sie den Menübefehl NEUE DOMÄNE aus dem Kontextmenü.

3. Geben Sie in das Textfeld DOMÄNENNAME des Dialogfelds NEUE DOMÄNE den Namen der Domäne ein.

4. Klicken Sie auf OK.

Anschließend können Sie der Subdomäne, die Sie soeben erzeugt haben, Adreßeinträge hinzufügen. Bild 15.33 zeigt den DNS-Manager, nachdem zwei Subdomänen erzeugt wurden. Beachten Sie, daß SOA- und NS-Einträge nicht vorhanden sind. Die Subdomäne benutzt den gleichen Name-Server und die SOA-Parameter wie die Hauptdomäne.

Subdomänen haben keine Auswirkung auf Reverse-Lookup-Dateien. Die Reverse-Lookup-Datenbank ist flach und enthält alle Hosts mit der gleichen Netzwerk-ID unabhängig davon, ob sie sich in der gleichen Name-Domäne befindet. Bild 15.34 zeigt, wie `ellington.hoople.edu` in die Reverse-Lookup-Datenbank eingefügt wurde.

Den DNS-Server verwalten

Abbildung 15.33

Der DNS-Manager mit zwei Subdomänen

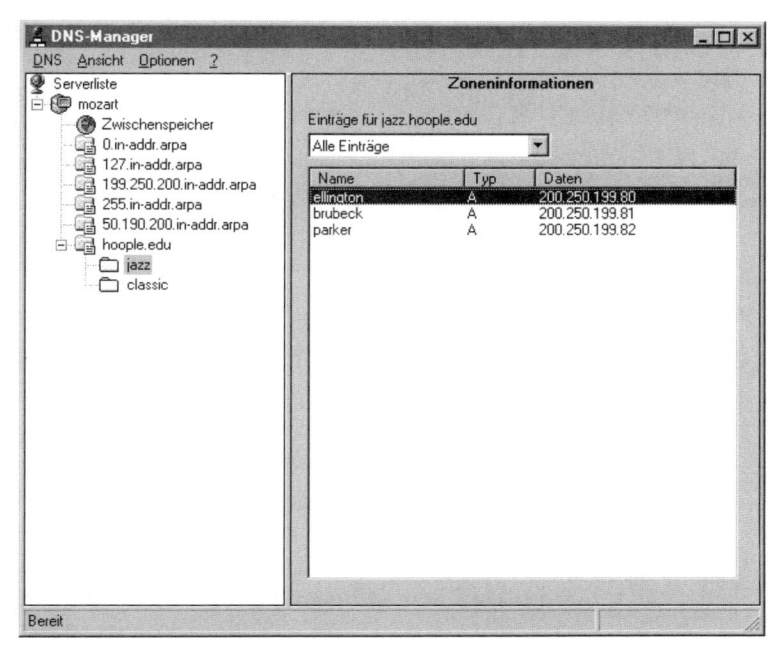

Abbildung 15.34

Reverse-Lookup-Einträge für Subdomänen

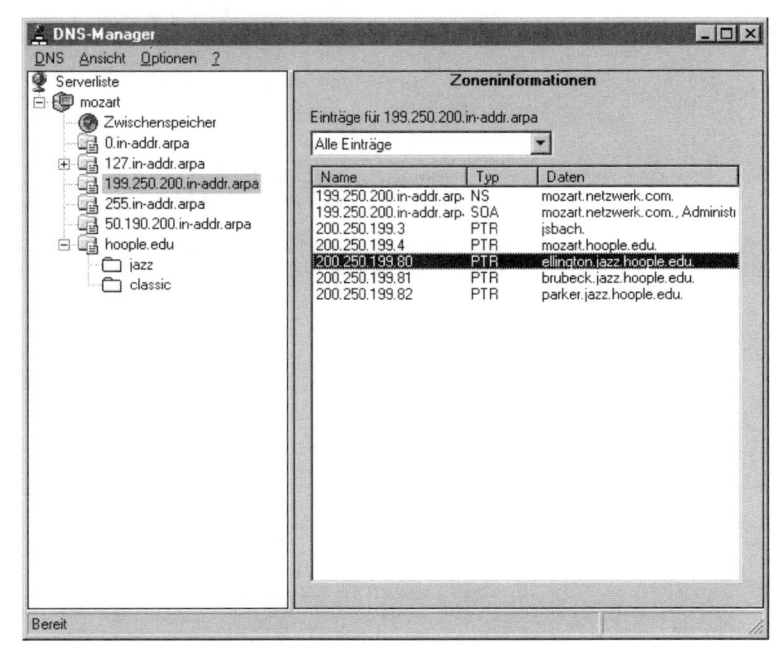

15.8.12 Datenbankdateien aktualisieren

Der DNS-Manager unterhält einen Standardsatz von *BIND*-Datendateien, die eingesetzt werden können, um eine Sicherungskopie der Server-Datenbank zu erstellen oder die Konfiguration an einen BIND-Name-Server zu exportieren. Wählen Sie den Menübefehl SERVER-DATENDATEI AKTUALISIEREN aus dem Menü DNS, um die Sicherungskopie zu erstellen.

15.8.13 Einstellungen des DNS-Managers festlegen

Es gibt verschiedene Einstellungen, die das Verhalten des DNS-Managers festlegen. Um sie zu verändern, öffnen Sie das Dialogfeld EINSTELLUNGEN über den Menübefehl EINSTELLUNGEN im Menü OPTIONEN (siehe Bild 15.35). Im Dialogfeld EINSTELLUNGEN stehen Ihnen die folgenden Optionen zur Verfügung:

Abbildung 15.35

Statistiken im Dialogfeld EINSTELLUNGEN

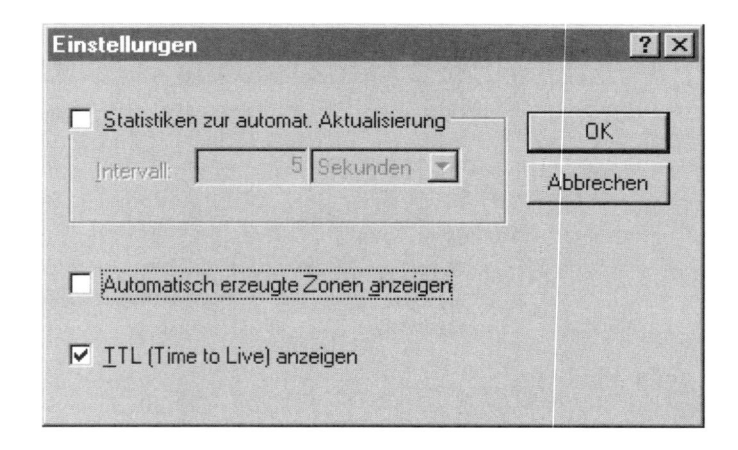

- ▶ STATISTIKEN ZUR AUTOMAT. AKTUALISIERUNG. Normalerweise aktualisiert der DNS-Manager die Server-Statistiken nur, wenn Sie auf das Symbol des Servers klicken. Wenn Sie jedoch dieses Kontrollkästchen aktivieren, werden die Statistiken in regelmäßigen Abständen aktualisiert.

- ▶ AUTOMATISCH ERZEUGTE ZONEN ANZEIGEN. Aktivieren Sie dieses Kontrollkästchen, um die Zonen anzuzeigen, die automatisch erzeugt werden, wenn ein neuer DNS-Server erstellt wird.

▶ TTL (TIME TO LIVE) ANZEIGEN. Jedem Ressourceneintrag wird eine Lebenszeit zugewiesen. Normalerweise sehen Sie die Werte des Parameters TTL nicht. Wollen Sie diese betrachten, müssen Sie das Kontrollkästchen TTL ANZEIGEN aktivieren. Wenn Sie das tun, wird dem Dialogfeld EIGENSCHAFTEN ein TTL-Feld hinzugefügt (siehe Bild 15.36). Den TTL-Wert können Sie ändern.

Abbildung 15.36
Ein TTL-Feld hinzufügen

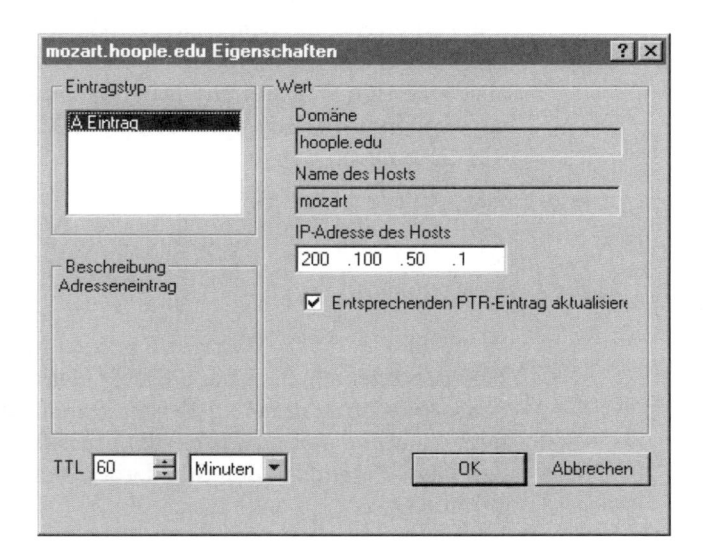

15.8.14 DNS-Server-Statistiken

Der DNS-Manager unterhält verschiedene Statistiken, die die Funktionsweise des DNS-Servers beschreiben. Normalerweise aktualisiert der DNS-Manager die Statistiken nicht automatisch. Sie können dies aber manuell tun, indem Sie ein Server-Symbol markieren und die Taste [F5] drücken. Alternativ können Sie die Einstellungen des DNS-Managers auch so konfigurieren, daß die Statistiken in regelmäßigen Abständen aktualisiert werden. Siehe hierzu den letzten Abschnitt »Einstellungen des DNS-Managers festlegen«.

Die DNS-Server-Statistiken werden initialisiert, wenn der Microsoft-DNS-Server gestartet wird. Wenn Sie die Statistiken initialisieren möchten, ohne den DNS-Server zu stoppen und neu zu starten, öffnen Sie die Eingabeaufforderung, und geben Sie den Befehl `DNSSTAT servername /CLEAR` ein. *Servername* ist dabei der Name des Computers, auf dem der DNS-Server abläuft. Der Befehl DNSSTAT ist im Windows NT Server Resource Kit enthalten.

15.9 Daten von BIND-Servern portieren

Der DNS-Manager kann Daten von BIND-Datenbankdateien importieren. Dieses Merkmal ist sehr nützlich, wenn Sie von einem BIND-Name-Server auf einen Microsoft-DNS-Server umsteigen möchten. Bevor Sie versuchen, die Daten zu portieren, sollten Sie alle benötigten BIND-Konfigurationsdateien zusammenfassen. Sie benötigen keinen Zwischenspeicher, dafür aber eine BOOT-Datei und Datenbankdateien für die verschiedenen Domänen. Bevor Sie den DNS-Manager starten, sollten Sie diese Dateien in das Verzeichnis %SYSTEMROOT%\SYSTEM32\DNS kopieren. Prüfen Sie die Formate dieser Dateien sorgfältig, und nehmen Sie alle Änderungen vor, die nötig sind, um die Dateien mit dem Microsoft-DNS-Server kompatibel zu machen.

Wenn Sie den DNS-Manager das erste Mal starten, sucht er im Unterverzeichnis DNS nach BIND-Dateien. Kann er diese finden, versucht er, die DNS-Server-Datenbank aus den BIND-Dateien zu initialisieren. Ansonsten initialisiert der DNS-Manager den DNS-Server mit den Standardeinstellungen aus der Registrierung.

Wenn der DNS-Server anschließend gestartet wird, konsultiert er die Registrierung wegen der DNS-Server-Daten. Die BIND-Dateien im Verzeichnis DNS werden ignoriert.

Sie können den DNS-Server auch zwingen, die Initialisierung von den BIND-Dateien im Verzeichnis DNS vorzunehmen. Dazu müssen Sie einen Wert in der Registrierung verändern. Öffnen Sie dazu den Registrierungseditor, und erzeugen oder verändern Sie den folgenden Wert:

```
\HKEY_LOCAL_MACHINE\SYSTEM\CurrentControlSet\Services\DNS\Parameters\EnableRegistryBoot
```

Wenn der Schlüssel ENABLEREGISTRYBOOT den Wert 1 hat, nimmt der DNS-Server die Initialisierung anhand der Registrierung vor. Hat der Schlüssel dagegen den Wert 0, werden die BIND-Dateien zur Initialisierung verwendet.

Nachdem Sie als Wert des Schlüssels ENABLEREGISTRYBOOT 0 festgelegt haben, können Sie den Microsoft DNS-Server über das Symbol DIENSTE in der Systemsteuerung starten und stoppen.

15.10 DNS-Clients aktivieren

Windows NT-Clients werden über das Dialogfeld EIGENSCHAFTEN VON MICROSOFT TCP/IP für die Verwendung von DNS konfiguriert (siehe Bild 15.37). Es stehen dabei die folgenden Felder zur Verfügung:

Abbildung 15.37

Das Register DNS für die TCP/IP-Eigenschaften

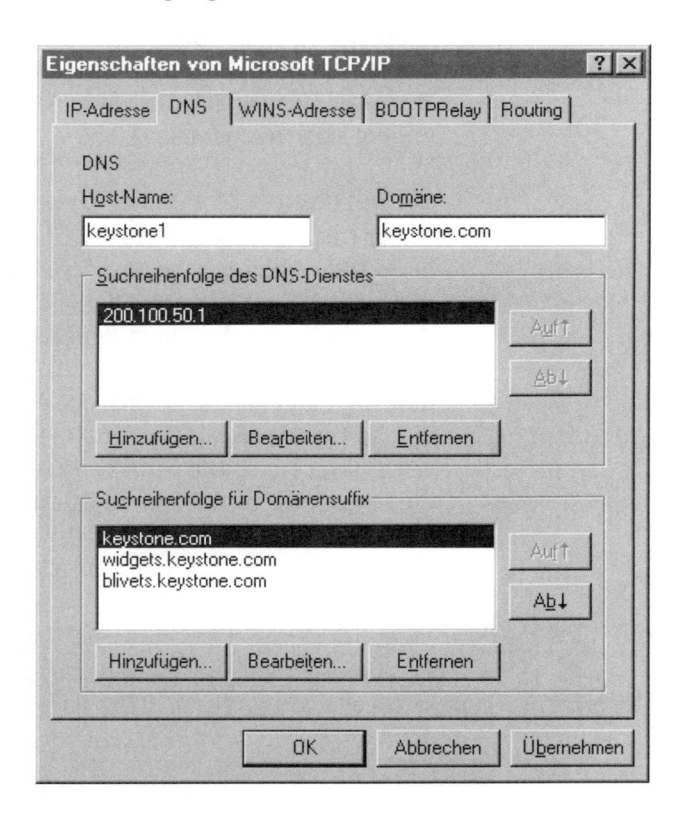

- ► HOST-NAME. Unter Windows NT ist der DNS-Host-Name identisch mit den NetBIOS-Computer-Namen, nachdem das sechzehnte Hexadezimalzeichen entfernt wurde, das den Diensttyp kennzeichnet. Sie können diesen Standardnamen auch ändern, indem Sie in dieses Feld einen neuen Namen eingeben.

- ► DOMÄNE. Geben Sie in diesem Feld den Domänennamen an, unter dem der Host im DNS Name Space aufgeführt wird.

hinweis Der aus 15 Zeichen bestehende NetBIOS-Name wird mit dem angegebenen Domänennamen kombiniert, um den vollqualifizierten Domänennamen des Hosts zu erhalten.

- SUCHREIHENFOLGE DES DNS-DIENSTES. In dieser Liste können Sie die IP-Adresse eines oder mehrerer DNS-Name-Server angeben. Bei der Auswertung wird versucht, Name-Server in der aufgeführten Reihenfolge abzufragen. Benutzen Sie die Schaltflächen AUF und AB, um die Suchreihenfolge anzupassen.

- SUCHREIHENFOLGE FÜR DOMÄNENSUFFIX. Geben Sie in dieser Liste eine oder mehrere Domänennamen an, die beim Versuch eingesetzt werden, Namen auszuwerten, die nicht als vollqualifizierte Domänennamen angegeben wurden. (Ein Name, der einen Punkt enthält, wird als FQDN betrachtet.) Wenn der Eintrag keystone.com in der Liste enthalten ist und versucht wird, den Namen oliver auszuwerten, befragt der Resolver den DNS mit dem Namen oliver.keystone.com. Die Suffixe werden in der Reihenfolge eingesetzt, die im Listenfeld SUCHREIHENFOLGE FÜR DOMÄNENSUFFIX aufgeführt ist. Die Suchreihenfolge können Sie über die Schaltflächen AUF und AB anpassen.

hinweis Wenn Sie den DNS-Server als einzige Methode der Namensauswertung festlegen möchten, können Sie auf der Registerkarte WINS-ADRESSE das Kontrollkästchen DNS FÜR WINDOWS-AUFLÖSUNG AKTIVIEREN aktivieren.

Das Listenfeld SUCHREIHENFOLGE FÜR DOMÄNENSUFFIX sollte immer mindestens einen Eintrag enthalten, auch wenn dieser mit dem Namen identisch ist, der im Feld DOMÄNE angegeben wurde.

15.11 Windows NT-Namensauswertung

Wie Sie bereits in diesem und in Kapitel 12 gesehen haben, gibt es verschiedene Mechanismen, um Namen in der Microsoft-TCP/IP-Umgebung auszuwerten.

- NetBIOS-Name-Cache
- NetBIOS-Name-Server (WINS)
- NetBIOS-Rundsendungen
- LMHOSTS-Dateien
- HOSTS-Dateien
- DNS-Server

In Kapitel 12 wurde bereits beschrieben, welche Reihenfolge der Namensauswertung unter NetBIOS benutzt wird. Die genaue Reihenfolge wird jedoch vom Knotentyp bestimmt, der für den Client festgelegt wurde. Diese Reihenfolge der Namensauswertung wird hauptsächlich für Anfragen von der NetBIOS-API verwendet. Normalerweise ändert sich die Reihenfolge der Namensauswertung, wenn Winsock eine Anfrage vornimmt:

1. LOCALHOST. Zuerst wird geprüft, ob das System, nach dem Sie suchen, Ihr eigenes ist.

2. *HOSTS*-DATEI. Wenn Ihr System eine *HOSTS*-Datei enthält, sollte sie geprüft werden, um festzustellen, ob der Name ausgewertet werden kann.

3. DNS-SERVER. Als nächstes benachrichtigt Ihr System den DNS-Server, daß Sie ihn gerade eingerichtet haben.

4. WINS-SERVER. Wie die NetBIOS-Namensauswertung die Host-Namensauswertung zur Sicherung einsetzt, benutzt die Host-Namensauswertung die NetBIOS-Namensauswertung zur Sicherung.

5. RUNDMELDUNGEN. Diese Methode ist nur in lokalen Teilnetzwerken relevant.

6. LMHOSTS. Wenn Ihr System mit einer LMHOSTS-Datei ausgestattet ist, ist dies der letzte Bereich, der befragt wird, bevor ein Fehler zurückgeliefert wird.

Kapitel 15 Der Microsoft-DNS-Server

Unter Windows NT 4 gibt es jedoch die Möglichkeit, NetBIOS-Befehle an Host-Namen auszugeben. Sie müssen deshalb einige Richtlinien betrachten, die das System einsetzt, um den Typ der Namensauswertung festzulegen, die eingesetzt wird (Host- oder NetBIOS-Namensauswertung).

▶ Wenn ein NetBIOS-Befehl, wie z.B. net use, verwendet wird und der Host-Name länger als 15 Zeichen ist oder einen Punkt enthält, wendet Windows NT die Host-Namensauswertung an.

▶ Wenn ein NetBIOS-Befehl, wie z.B. net use, eingegeben wird und der Host-Name kürzer als 15 Zeichen ist und keine Punkte enthält, setzt Windows NT die NetBIOS-Namensauswertung ein.

▶ Wenn eine WinSock-Anwendung, wie z.B. FTP, benutzt wird, greift Windows NT auf die Host-Namensauswertung zurück.

15.12 Nslookup

Der Windows NT Server 4 ist mit dem Hilfsprogramm nslookup ausgestattet, das von *BIND* übernommen wurde und zur Fehlersuche auf DNS-Servern eingesetzt werden kann. nslookup ist ein genau durchdachtes Werkzeug. In diesem Abschnitt können nur die Grundlagen abgedeckt werden. Wenn Sie detailliertere Informationen benötigen, sollten Sie die Windows NT-Hilfe konsultieren.

nslookup wird als Eingabeaufforderung eingesetzt und kann im interaktiven und im nichtinteraktiven Modus betrieben werden. Der folgende Abschnitt nimmt die nichtinteraktive Methode etwas unter die Lupe.

15.12.1 Nichtinteraktive Abfragen vornehmen

Der folgende Dialog zeigt zwei nslookup-Abfragen. Der erste ist die Abfrage einer Adresse durch einen Namen. Der zweite ist eine Abfrage eines Namens durch eine Adresse. (Wenn Sie eine IP-Adress eingeben, invertiert nslookup diese, hängt in-addr.arpa an und schaut bei den PTR-Einträgen nach.) Der nichtinteraktive Einsatz des Programms nslookup ist ziemlich einfach:

```
C:\>nslookup mozart
Server:      mozart.hoople.edu
Address:     200.250.199.4
Name:        mozart.hoople.edu
Address:     200.250.199.4
C:\>nslookup 200.190.50.4
Server:      mozart.hoople.edu
Address:     200.250.199.4
*** mozart.hoople.edu can't find 200.190.50.4: Non-existent
domain
```

Das erste, was nslookup tun muß, ist, den Name-Server zu lokalisieren. Das geschieht, indem die Adressen befragt werden, die im Listenfeld SUCHREIHENFOLGE DES DNS-DIENSTES der Registerkarte DNS des Dialogfelds EIGENSCHAFTEN VON MICROSOFT TCP/IP angegeben sind. Wenn nslookup keinen Kontakt zu einem Name-Server aufbauen kann, der in der Liste aufgeführt wird, unternimmt das Programm verschiedene Versuche, bis es zum nächsten Name-Server übergeht. Im folgenden Beispiel war der DNS-Server abgeschaltet. Sie können sehen, wie der Versuch, Verbindung aufzunehmen, wiederholt wird, nachdem eine bestimmte Zeit überschritten wurde.

```
C:\>nslookup mozart
DNS request timed out.
    timeout was 2 seconds.
DNS request timed out.
    timeout was 4 seconds.
DNS request timed out.
    timeout was 8 seconds.
*** Can't find server name for address 200.250.199.4: Timed out
DNS request timed out.
    timeout was 2 seconds.
DNS request timed out.
    timeout was 4 seconds.
DNS request timed out.
    timeout was 8 seconds.
*** Can't find server name for address 200.250.199.4: Timed out
*** Default servers are not available
Server:  UnKnown
Address: 200.250.199.4
DNS request timed out.
    timeout was 2 seconds.
DNS request timed out.
    timeout was 4 seconds.
DNS request timed out.
    timeout was 8 seconds.
*** Request to UnKnown timed-out
```

15.12.2 Interaktive Abfragen vornehmen

Das Programm NSLOOKUP können Sie auch im interaktiven Modus einsetzen. Der nächste Dialog zeigt den Anfang einer interaktiven Sitzung. Das >-Zeichen ist die nslookup-Eingabeaufforderung.

```
C:\>nslookup
Default Server:  mozart.hoople.edu
Address:  200.250.199.4
>
```

Von der nslookup-Eingabeaufforderung aus können Sie verschiedene Befehle und Abfragen eingeben. Ganz grundlegend sind z.B. Namens- und Adreßabfragen wie in diesem Beispiel:

```
> mozart
Server:  mozart.hoople.edu
Address:  200.250.199.4
Name:    mozart.hoople.edu
Address:  200.250.199.4
```

In der Standardeinstellung sucht nslookup nach Einträgen in Adreßressourceneinträgen (A-Einträge). Sie können die Abfrage ändern, indem Sie verschiedene Ressourceneintragstypen festlegen. Sie können auch alle Einträge durchsuchen. Das Ziel der Suche wird durch den Wert der Variablen querytype festgelegt. Standard ist der Wert a, was in Adreßeintrag-Lookups resultiert. Das nächste Listing zeigt, wie Sie den SOA-Eintrag einer Domäne prüfen können. Der erste Schritt dazu besteht darin, den Befehl set q=soa zu benutzen, der als Abfragetyp soa festlegt. Eine Abfrage nach dem Domänennamen liefert dann den Inhalt eines SOA-Ressourceneintrags zurück.

```
> set q=soa
> hoople.edu
Server:  mozart.hoople.edu
Address:  200.250.199.4
hoople.edu
        primary name server = mozart.hoople.edu
        responsible mail addr = peters.hoople.edu
        serial  = 15
        refresh = 3600 (1 hour)
        retry   = 600 (10 mins)
        expire  = 86400 (1 day)
        default TTL = 3600 (1 hour)
```

In diesem Kapitel wurde ein weiterer Eintragstyp, MX, benutzt. Hier sehen Sie einen Austausch, bei dem zwei Abfragen von mail1 vorgenommen werden. Beachten Sie, daß wenn mx festgelegt wird, der Inhalt des MX-Datensatzes angezeigt wird.

```
> set q=mx
> mail1
Server:  mozart.hoople.edu
Address:  200.250.199.4
mail1.hoople.edu        MX preference = 10, mail exchanger =
mail1.hoople.edu
mail1.hoople.edu        Internet address = 200.190.50.254
```

Als letztes Beispiel des Befehls set querytype können Sie alle Einträge eines Hosts prüfen, indem Sie die Variable querytype auf den Wert any setzen. Das Ergebnis wird im nächsten Dialog gezeigt.

```
> set q=any
> mail1
Server:  mozart.hoople.edu
Address:  200.250.199.4
mail1.hoople.edu        Internet address = 200.190.50.254
mail1.hoople.edu        MX preference = 10, mail exchanger =
mail1.hoople.edu
mail1.hoople.edu        Internet address = 200.190.50.254
```

Wollen Sie die Einträge in einer Domäne direkt prüfen? Das ist Dank des Befehles ls glücklicherweise kein Problem. ls kann auf ganz verschiedene Argumente angewendet werden, die darauf abzielen, eine Abfrage auszuweiten. Im nächsten Beispiel wird der Parameter -d eingesetzt, und alle Ressourceneinträge in der angegebenen Domäne werden angezeigt. In diesem Beispiel paßt alles auf einen Bildschirm. Bei langen Listen werden die einzelnen Seiten nacheinander angezeigt.

```
> ls -d hoople.edu
 hoople.edu.                    WINS
        WINS lookup info
          flags = 0 ( )
          lookup timeout = 5
          cache TTL     = 600
          server count  = 1
          WINS server = (200.190.50.4)
 hoople.edu.                    NS     mozart.hoople.edu
```

```
ftp                         CNAME   jsbach.hoople.edu
haydn                       A       200.190.50.1
haydn                       A       200.250.199.1
brubeck.jazz                A       200.250.199.81
ellington.jazz              A       200.250.199.80
parker.jazz                 A       200.250.199.82
jsbach                      A       200.250.199.3
mail1                       A       200.190.50.254
mail1                       MX      10    mail1.hoople.edu
mozart                      A       200.250.199.4
papa                        CNAME   haydn.hoople.edu
papa190                     A       200.190.50.1
papa250                     A       200.250.199.1
schubert                    A       200.190.50.4
hoople.edu.                 SOA     mozart.hocple.edu
peters.hoople.edu. (15      _3600 600 86400 3600)
```

Beim folgenden Befehl wird der Parameter -t im Zusammenhang mit ls eingesetzt. Der Parameter -t nimmt ein Argument an und konfiguriert Abfragen wie die Variable querytype im letzten Beispiel. In diesem Beispiel werden nur die Adreßeinträge ausgegeben. Beachten Sie jedoch, daß der Befehl auch Adreßeinträge in Subdomänen gefunden hat.

```
> ls -t a hoople.edu.
[mozart.hoople.edu]
hoople.edu.                      NS    server = mozart.hoople.edu
haydn.hoople.edu.                A     200.190.50.1
haydn.hoople.edu.                A     200.250.199.1
brubeck.jazz.hoople.edu.         A     200.250.199.81
ellington.jazz.hoople.edu.       A     200.250.199.80
parker.jazz.hoople.edu.          A     200.250.199.82
jsbach.hoople.edu.               A     200.250.199.3
mail1.hoople.edu.                A     200.190.50.254
mozart.hoople.edu.               A     200.250.199.4
papa190.hoople.edu.              A     200.190.50.1
papa250.hoople.edu.              A     200.250.199.1
schubert.hoople.edu.             A     200.190.50.4
```

Sie können die Ausgabe von ls an eine Datei umlenken, falls nötig. Nslookup beinhaltet einen Befehl view, der es Ihnen erlaubt, Dateiinhalte ohne nslookup aufzulisten. Wenn Sie die folgenden Ergebnisse mit dem letzten Listing vergleichen, werden Sie feststellen, daß der Parameter view seine Ausgabe in alphabetischer Reihenfolgen sortiert.

```
> ls -t a hoople.edu > templist
[mozart.hoople.edu]
Received 18 records.
> view templist
 brubeck.jazz              A        200.250.199.81
 ellington.jazz            A        200.250.199.80
 haydn                     A        200.190.50.1
 haydn                     A        200.250.199.1
 hoople.edu.              NS        server = mozart.hoople.edu
 jsbach                    A        200.250.199.3
 mail1                     A        200.190.50.254
 mozart                    A        200.250.199.4
 papa190                   A        200.190.50.1
 papa250                   A        200.250.199.1
 parker.jazz               A        200.250.199.82
 schubert                  A        200.190.50.4
[mozart.hoople.edu]
```

Nslookup **kann immer nur auf einen Name-Server zugreifen. Wenn Sie eine Abfrage bei einem weiteren Name-Server starten möchten, geben Sie den Befehl** server **oder** lserver **an der** nslookup-**Eingabeaufforderung ein:**

```
> server schubert.hoople.edu
Server:     schubert.hoople.edu
Address:    200.190.50.4
```

Die nachfolgenden Abfragen werden an den Server schubert.hoople.edu **gerichtet. Die Befehle** server **und** lserver **bewirken beide auf unterschiedliche Weisen das gleiche: Der Befehl** lserver **fragt den lokalen Server ab, bei dem Sie eine** nslookup-**Sitzung gestartet haben, um die Adresse des Servers zu erhalten, zu dem gewechselt werden soll. Wenn Sie zu einem Server wechseln, der nicht antwortet, wird** nslookup **von einem arbeitenden Name-Server abgeschnitten. Wenn der aktuelle Standard-Server nicht antwortet, können Sie den Befehl** lserver **nutzen, um auf den Name-Server zuzugreifen, der eingesetzt wurde, um** nslookup **zu starten. Damit sind Sie wieder einsatzbereit**

Über nslookup **könnte noch viel mehr gesagt werden, aber viele der Optionen sind ziemlich weit fortgeschritten oder sehr speziell und überschreiten den Rahmen dieses Buches.**

Übungen

In diesem Übungsteil erstellen Sie einen DNS-Server und konfigurieren verschiedene Hosts auf ihm. Sie richten die Namensauswertung in beiden Richtungen ein und testen schließlich den Einsatz von `nslookup`.

Übung 15.1: Den DNS-Server installieren

In dieser Übung installieren Sie den DNS-Server. Sie konfigurieren außerdem Ihr System, um es als DNS-Server einzusetzen, den Sie später testen können.

Wenn Sie noch kein Netzwerk installiert haben, sollten Sie im Übungsteil in Kapitel 9 nachschlagen.

> **hinweis**
> Wenn Sie den DNS-Server bereits installiert und entfernt oder mit BIND-kompatiblen Dateien gearbeitet haben, speichern Sie alle Dateien, die wichtig sind, und entfernen alle Dateien aus dem Verzeichnis \%WINROOT%\DNS. Während Sie den DNS-Server in dieser Übung einrichten, werden alle Dateien im besagten Verzeichnis überschrieben. Ist eine BOOT-Datei vorhanden, kann diese sogar bewirken, daß die Installation versagt.

1. Öffnen Sie das Dialogfeld NETZWERK. Wählen Sie die Registerkarte PROTOKOLLE, und klicken Sie doppelt auf das TCP/IP-Protokoll.

2. Geben Sie in das Dialogfeld EIGENSCHAFTEN VON MICROSOFT TCP/IP den NetBIOS-Namen Ihres Computers als HOST-NAME und die Bezeichnung `mcp.com` als DOMÄNE ein. Klicken Sie im Bereich SUCHREIHENFOLGE DES DNS-DIENSTES auf die Schaltfläche HINZUFÜGEN, und geben Sie die IP-Adresse Ihres Computers ein. Klicken Sie anschließend auf OK.

3. Klicken Sie im Dialogfeld NETZWERK auf die Registerkarte DIENSTE, und wählen Sie die Schaltfläche HINZUFÜGEN. Wählen Sie den Dienst Microsoft-DNS-Server, und klicken Sie auf OK.

4. Geben Sie das Verzeichnis der Quelldateien an.

5. Schließen Sie das Dialogfeld NETZWERK, und starten Sie Ihren Computer neu.

Übung 15.2: DNS-Domänen konfigurieren

In dieser Übung konfigurieren Sie eine Reverse-Lookup-Domäne und eine neue primäre Domäne namens `mcp.com`.

1. Wählen Sie aus dem START-Menü die Menübefehle PROGRAMME / VERWALTUNG (ALLGEMEIN) / DNS-MANAGER.

2. Wählen Sie im DNS-MANAGER den Menübefehl NEUER SERVER aus dem Menü DNS. Geben Sie in das Dialogfeld DNS-SERVER HINZUFÜGEN die IP-Adresse Ihres Computers ein, und klicken Sie auf OK.

3. Um eine Reverse-Lookup-Domäne zu erstellen, klicken Sie auf die Adresse Ihres Systems und wählen den Menübefehl NEUE ZONE aus dem Menü DNS.

4. Wählen Sie im Dialogfeld NEUE ZONE ERSTELLEN das Optionsfeld PRIMÄR, und klicken Sie auf die Schaltfläche WEITER.

5. Geben Sie im nächsten Dialogfeld 53.148.IN-ADDR.ARPA als NAME DER ZONE ein, und drücken Sie die ⇥-Taste. Das Feld ZONENDATEI wird nun für Sie ausgefüllt.

6. Klicken Sie auf die Schaltfläche WEITER und anschließend auf die Schaltfläche FERTIGSTELLEN.

7. Vergewissern Sie sich, daß die Angabe 53.148.IN-ADDR.ARPA markiert ist, und wählen Sie dann den Menübefehl EIGENSCHAFTEN aus dem Menü DNS.

8. Nehmen Sie sich einen Augenblick Zeit, und klicken Sie im Dialogfeld EIGENSCHAFTEN DER ZONE auf alle Registerkarten, um sich mit diesen vertraut zu machen. Aktivieren Sie auf der Registerkarte WINS-REVERSE-LOOKUP das Kontrollkästchen WINS-REVERSE-LOOKUP VERWENDEN. Geben Sie MCP.COM als DNS HOST-DOMÄNE ein, und klicken Sie auf OK. Es sollte nun ein neuer Host-Eintrag erzeugt werden.

9. Markieren Sie die Adresse des DNS-Servers, und wählen Sie den Menübefehl NEUE ZONE aus dem Menü DNS.

10. Wählen Sie im Dialogfeld NEUE ZONE ERSTELLEN das Optionsfeld PRIMÄR und anschließend die Schaltfläche WEITER. Geben Sie mcp.com als NAME DER ZONE ein, und drücken Sie die ⇥-Taste, um das Feld ZONENDATEI auszufüllen. Klicken Sie nun auf die Schaltfläche WEITER und anschließend auf FERTIGSTELLEN.

11. Achten Sie darauf, daß die Domäne MCP.COM markiert ist, und klicken Sie dann mit der rechten Maustaste auf den Namen der Domäne. Wählen Sie den Menübefehl EIGENSCHAFTEN aus dem Kontextmenü aus.

12. Wählen Sie die Registerkarte WINS-LOOKUP.

13. Aktivieren Sie das Kontrollkästchen WINS-AUSWERTUNG VERWENDEN. Geben Sie nun unter WINS-SERVER die IP-Adresse Ihres Computers ein, und wählen Sie die Schaltfläche HINZUFÜGEN.

14. Klicken Sie auf OK, um das Dialogfeld zu schließen. Die Domäne MCP.COM sollte nun einen WINS-Eintrag enthalten.

Übung 15.3: Hosts hinzufügen

Nachdem die Domänen nun vorhanden sind, müssen Sie diesen ein paar Hosts hinzufügen. Gehen Sie dazu wie folgt vor:

1. Klicken Sie mit der rechten Maustaste auf MCP.COM, und wählen Sie den Menübefehl NEUER HOST aus dem Kontextmenü.

2. Geben Sie im Dialogfeld Rob als NAME und 148.53.66.7 als IP-ADRESSE ein.

3. Aktivieren Sie das Kontrollkästchen ENTSPRECHENDEN PTR-EINTRAG ERZEUGEN.

4. Wählen Sie die Schaltfläche HOST HINZUFÜGEN. Geben Sie nun Judy als NAME und 148.53.66.9 als IP-ADRESSE ein.

5. Klicken Sie auf die Schaltfläche HOST HINZUFÜGEN. Klicken Sie dann auf die Schaltfläche FERTIG, um das Dialogfeld zu schließen. Sie sollten die zwei neuen Datensätze nun im DNS-Manager sehen.

Übungen

6. Klicken Sie auf die Domäne 53.148.IN-ADDR.ARPA, und drücken Sie auf die Taste [F5], um die Anzeige zu aktualisieren. Es sollte nun eine neue Subdomäne 66 vorhanden sein.

7. Klicken Sie doppelt auf die Subdomäne 66. Welche neuen Hosts sehen Sie?

8. Es sollten PTR-Einträge für die beiden Hosts vorhanden sein.

9. Wählen Sie noch einmal die Domäne mcp.com. Ergänzen Sie die folgenden Hosts, und achten Sie darauf, die entsprechenden PRT-Einträge zu erzeugen.

Mail1	148.53.92.14
Mail2	148.53.101.80
Mail3	148.53.127.14
Web1	148.53.65.7
Web2	148.53.72.14
FTP_Pub1	148.53.99.99
FTP_Pub2	148.53.104.255
DEV	148.53.82.7

10. Schließen Sie das Dialogfeld NEUER HOST. Überprüfen Sie, ob die Einträge in die Domäne mcp.com und die Reverse-Lookup-Domäne eingetragen wurden.

Übung 15.4: Andere Einträge vornehmen

Nachdem Sie nun einige Hosts ergänzt haben, müssen Sie noch eine Subdomäne und einige Einträge verschiedener Typen, wie z.B. CNAME- und MX-Einträge, hinzufügen.

1. Markieren Sie die Domäne MCP.COM, und wählen Sie den Menübefehl NEUE DOMÄNE aus dem Menü DNS.

2. Geben Sie als DOMÄNENNAME DEV ein, und klicken Sie auf OK.

3. Klicken Sie mit der rechten Maustaste auf die Unterdomäne DEV, und wählen Sie den Menübefehl NEUER EINTRAG aus dem Kontextmenü aus. Wählen Sie als Eintragstyp CNAME.

4. Geben Sie WWW als ALIAS und web2.mcp.com als Host ein. (Dieser Eintrag richtet WWW.DEV.MCP.COM ein, das auf WEB2.MCP.COM verweist.)

5. Klicken Sie auf OK, um den Eintrag hinzuzufügen. Der Eintrag sollte nun im Fenster ZONENINFORMATION angezeigt werden.

6. Erstellen Sie den folgenden CNAME-Eintrag in der Domäne mcp.com. Klicken Sie für jeden Eintrag mit der rechten Maustaste auf mcp.com, und wählen Sie den Menübefehl NEUER EINTRAG.

Alias	Host
WWW	web1.mcp.com
FTP	FTP_PUB1.mcp.com
DEV_FTP	FTP_PUB2.mcp.com

7. Erzeugen Sie einen neuen Eintrag in der Domäne mcp.com. Wählen Sie dieses Mal als Eintragstyp MX.

8. Lassen Sie das Feld HOST frei, und geben Sie in das Feld MAIL EXCHANGE SERVER DNS-NAME mail1.mcp.com ein. Legen Sie als PRIORITÄTSZAHL 10 fest.

9. Klicken Sie auf OK, um den Eintrag zu ergänzen. Fügen Sie einen zweiten MX-Eintrag hinzu, bei dem Sie als Mail-Server mail2.mcp.com und als Prioritätszahl 20 eingeben.

10. Fügen Sie nun noch einen MX-Eintrag für dev.mcp.com hinzu. Klicken Sie dazu mit der rechten Maustaste auf mcp.com, und wählen Sie den Menübefehl NEUER EINTRAG aus dem Kontextmenü.

11. Im Gegensatz zu den anderen MX-Einträgen geben Sie nun einen Host-Namen ein: DEV. Geben Sie als MAIL EXCHANGE SERVER DNS-NAME mail3.mcp.com ein, und wählen Sie die PRIORITÄTSZAHL 10.

12. Vergewissern Sie sich, daß alle Einträge an der richtigen Stelle stehen, und schließen Sie den DNS-Manager.

Übung 15.5: Den DNS-Server testen

Nachdem nun alle Domänen-Einträge beim DNS-Server vorgenommen wurden, können Sie die Einträge mit dem Befehl NSLOOKUP testen.

1. Starten Sie die Eingabeaufforderung.

2. Geben Sie den Befehl `nslookup 148.53.101.80` ein, und drücken Sie die ⏎-Taste.

   Welche Antwort haben Sie erhalten?

   Die Antwort sollte zeigen, daß die Adresse `148.53.101.80` und der Name `mail2.mcp.com` lautet. Hier haben Sie ein Reverse-Lookup anhand der IP-Adresse durchgeführt.

3. Finden Sie mit dem Befehl `nslookup` heraus, welche Antworten auf die folgenden Befehle ausgegeben werden:

   `148.53.66.7`

   `148.53.99.99`

   `www.mcp.com`

   `www.dev.mcp.com`

   `ftp.mcp.com`

   Die Ergebnisse sollten wie folgt aussehen:

`148.53.66.7`	`rob.mcp.com`
`148.53.99.99`	`ftp_publ.mcp.com`
`www.mcp.com`	`148.53.65.7 (web1.mcp.com)`
`www.dev.mcp.com`	`148.55.72.14 (web2.mcp.com)`
`ftp.mcp.com`	`148.53.99.99 (ftp_publ.mcp.com)`

4. Starten Sie eine interaktive Sitzung mit dem Name-Server, indem Sie `nslookup` eingeben und die ⏎-Taste drücken.

5. Probieren Sie einmal die folgenden Befehle aus:

   `ls mcp.com`

   `ls -t mx mcp.com`

   `ls -d`

```
q=soa
mcp.com
q=mx
mcp.com
Wo ist der dritte Mail-Server?
dev.mcp.com
```

6. Drücken Sie die Tasten [Strg] + [C], um die interaktive Abfrage zu verlassen.

7. Schließen Sie die Eingabeaufforderung.

Zusammenfassung

Obwohl der Dienst DNS-Server neu in Windows NT ist, enthält er alle benötigten Funktionen. Der DNS-Server bietet Ihnen eine einfach zu bedienende Benutzeroberfläche und die Integration von WINS sowie die Fähigkeit, mehrere Zonen mit einem einzigen Server zu konfigurieren. Die Integration von DNS-Server und WINS wird vermutlich in der nächsten Version von Windows NT realisiert werden. Die beiden Dienste werden dann vermutlich zusammengefaßt werden. In diesem Kapitel wurde der DNS-Server detailliert beschrieben, und Sie haben erfahren, wie die Basisdateien konfiguriert werden. Mit dem DNS-Manager läßt sich vieles automatisieren, und die Konfiguration ist sehr einfach.

Wiederholungsfragen

1. Welche Organisation kontrolliert die Hauptserver?

2. Wie heißen weltweit die generischen Domänen auf erster Ebene?

3. Wie sollten die Domänen auf erster Ebene für Länder außerhalb der USA heißen?

4. Wie heißen die Top-Level-Domänen der folgenden Länder?

    Singapur

    Grönland

Costa Rica

Tonga

Sambia

5. Wie können Sie einen Domänennamen abfragen, um festzustellen, wer ihn kontrolliert?

6. Was ist der Unterschied zwischen einem Lookup und einem Reverse-Lookup?

7. Wann sollten Sie den DNS intern implementieren?

8. Auf welche zwei Weisen kann DNS unter Windows NT Server 4 konfiguriert werden?

9. Was ist der Zweck jeder der folgenden Dateien?

    BOOT

    CACHE.DNS

    127.0.0.DNS

    REVERSE-NETWORK_ID.IN-ADDR-ARPA

    DOMAIN_NAME.DNS

10. Was ist ein SOA-Eintrag?

11. Ihr Benutzer ist ein Computer namens `prod172`. Die IP-Adresse lautet `152.63.85.5`, und der Computer soll das Web für eine Domäne namens `gowest.com` publizieren. Nennen Sie die Dateinamen und Einträge, die der Benutzer benötigt.

12. Wie können Sie den Microsoft-DNS-Server so einrichten, daß er die bestehenden *BIND*-Dateien nutzt?

13. Wozu dient ein MX-Eintrag?

14. Woher bezieht ein sekundärer DNS-Server Zoneninformationen?

15. Können Sie im DNS-Manager mehr als einen DNS-Server sehen?

16. Wie integriert man die WINS-Auswertung in den DNS-Server?

17. Mit welchem Befehl können Sie den DNS-Server testen?

Lösungen

1. Stamm-Server werden vom InterNIC unterhalten.

2. Die auf der ganzen Welt gültigen generischen Domänen heißen `com`, `edu`, `net`, `org` und `int`.

3. Normalerweise gilt für Länder außerhalb der USA der zweistellige Länder-Code als Top-Level-Domäne.

4. Die Domänen-Suffixe heißen:

Singapur	SG
Grönland	GL
Costa Rica	CR
Tonga	TO
Sambia	ZM

5. Sie können eine WHOIS-Suche einsetzen. Das kann z.B. über eine Telnet-Verbindung zu `rs.internic.net` realisiert werden.

6. Beim Lookup wird ein Host-Name einer IP-Adresse und beim Reverse-Lookup eine IP-Adresse einem wirklichen Namen zugeordnet.

7. Wenn Sie Verbindung zum Internet aufnehmen und die Namensauswertung mehrerer Computer kontrollieren möchten, sollten Sie einen eigenen DNS-Server einrichten. Ansonsten können Sie diesen Dienst auch von Ihrem ISP in Anspruch nehmen.

8. Der DNS-Server von Windows NT 4 kann so konfiguriert werden, daß er auf die Registrierung zugreift. Er kann aber auch Standard-*BIND*-Dateien verwenden.

9. Die Dateien haben den folgenden Zweck:

    BOOT. Diese Datei enthält die Konfiguration des DNS-Servers. Sie enthält die Namen der Dateien, mit denen der DNS-Server eingerichtet wird.

    CACHE.DNS. Diese Datei legt die Grundkonfiguration fest und verweist auf den Stamm-Server.

    127.0.0.DNS. Die Reverse-Lookup-Datei für das Netzwerk 127.0.0.0. Sie enthält die Einträge für localhost.

Lösungen

REVERSE-NETWORK_ID.IN-ADDR-ARPA. Diese Datei enthält die Reverser-Lookup-Information des gesamten Netzwerks. Sie wird eingesetzt, um Abfragen von IP-Adressen zu verarbeiten.

DOMAIN_NAME.DNS. Diese Datei enthält Zuordnungen von Namen zu IP-Adressen der Domäne.

10. Der SOA-Eintrag (Start-of-Authority-Eintrag) konfiguriert den DNS-Server, indem er ihm Informationen wie den Namen des primären Name-Servers, die E-Mail-Adresse des Administrators und verschiedene andere Parameter liefert.

11. Die Domäne `gowest.com.dns` würde die folgenden Einträge enthalten:

    ```
    prod172    IN   A      152.63.85.5
    www        IN   CNAME  prod172
    ```

    `63.152.in-addr.arpa` würde nur den folgenden Eintrag enthalten:

    ```
    5.85              IN   PTR    prod172.gowest.com
    ```

12. Klicken Sie die Dateien in das Verzeichnis *\%WINROOT%\SYSTEM32\DNS,* bevor Sie den DNS-Server starten. Der DNS-Server findet die Dateien und integriert sie automatisch.

13. Der MX-Eintrag (Mail-Exchange-Eintrag) verweist auf einen Mail-Server, der Mail für eine bestimmte Domäne empfangen kann.

14. Der sekundäre Server wird konfiguriert, um Zoneninformationen über den primären Server für die Zone zu erhalten.

15. Ja. Mit dem DNS-Manager können Sie mehrere Server verwalten. Integrieren Sie diese über dem Menübefehl NEUER SERVER im Menü DNS.

16. Nachdem Sie eine Zone erstellt haben, können Sie deren Eigenschaften bearbeiten. Auf der Registerkarte WINS-Lookup können Sie DNS so einrichten, daß WINS für die Namensauswertung eingesetzt wird.

17. DNS-Server können Sie mit dem Befehl `nslookup` testen und sicherstellen, daß Namen ausgewertet werden.

Kapitel 16
TCP/IP-Dienstprogramme

Sie haben bereits einige der Dienstprogramme kennengelernt, die im Lieferumfang von Windows NT 4 enthalten sind. In diesem Kapitel werden alle Dienstprogramme detailliert beschrieben, und ihre Einsatzgebiete werden genannt. Wo dies erforderlich ist, enthält das Kapitel auch Beispiele. Die Dienstprogramme lassen sich fünf Hauptkategorien zuordnen: Dateiübertragungsprogrammen (ftp, tftp und rcp), interaktiven Programmen (Internet Explorer, Telnet, rsh und rexec), Druckprogrammen (LPR und LPQ), Dienstprogrammen zur Fehlersuche (ping, ipconfig, finger, nslookup, hostname, netstat, nbtstat, route, tracert und arp) und schließlich der Netzwerküberwachung. Mit diesem Werkzeug können Sie den Datenverkehr im Netzwerk betrachten und die versendeten Daten analysieren.

16.1 Das Dienstprogramm FTP

Eine Tätigkeit, die Netzwerk-Administratoren mit am häufigsten ausführen müssen, ist das Verschieben von Dateien. Sie können dazu natürlich den Windows NT-Explorer benutzen oder den Copy-Befehl an der Eingabeaufforderung eingeben.

In diesem Abschnitt lernen Sie wesentlich mehr Befehle zur Dateiübertragung kennen, als Sie benutzen können. Mit allen drei neuen Optionen können Sie Dateien zu und von einem fremden Host kopieren. Das bedeutet, daß Sie Dateien zu oder von einem UNIX-System oder einem anderen System kopieren können, das mit diesen Dienstprogrammen statt mit den Standard NetBIOS-Dateien und Druckern arbeitet.

16.1.1 FTP

FTP (File Transfer Protocol) überträgt Dateien zu oder von einem Computer, auf dem FTP abläuft. FTP ist ein interaktives System. Sie können jedoch auch alle Parameter an der Eingabeaufforderung eingeben, damit die Übertragung aufgezeichnet werden kann. Der FTP-Client, der im Lieferumfang von Windows NT enthalten ist, ist ein zeichenbasierter Client (so daß er als Skript benutzt werden kann).

Der Grundbefehl lautet:

```
FTP Hostname
```

Dieser Befehl öffnet eine interaktive FTP-Sitzung. Bild 16.1 zeigt eine solche Sitzung, in der der Hilfebildschirm aufgerufen wurde.

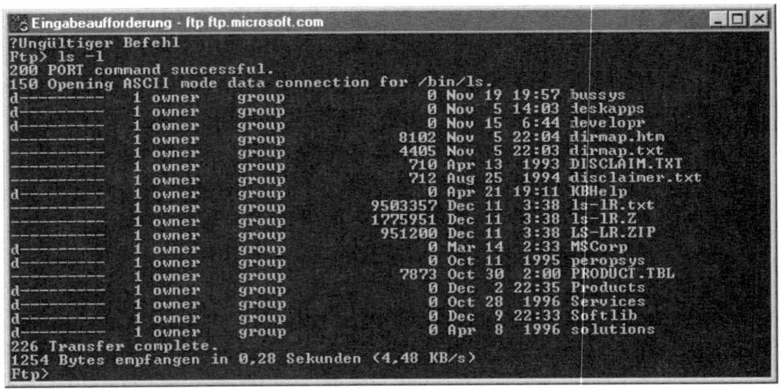

Abbildung 16.1

Eine FTP-Sitzung

Wenn Sie FTP in einem Skript nutzen möchten, stehen die folgenden Schalter zur Verfügung:

```
ftp [-v] [-d] [-i] [-n] [-g] [-s:Dateiname] [-a]
[-w: Puffergröße] [Host]
```

Tabelle 16.1 faßt die Parameter zusammen, die Sie eingeben können.

Das Dienstprogramm FTP

Tabelle 16.1
FTP-Befehlszeilenparameter

Parameter	Beschreibung
-v	Antworten des Remote-Hosts werden nicht angezeigt.
-n	Die Auto-Anmeldung wird bei der ersten Verbindung deaktiviert.
-I	Die Frage nach Informationen wird deaktiviert, wenn mehrere Dateien übertragen werden.
-d	Aktiviert den Fehlersuchmodus, der alle Befehle anzeigt, die zwischen Client und Server übertragen werden
-g	Deaktiviert das Globbing von Dateinamen. Dadurch können Sie Platzhalter in lokalen Dateinamen verwenden.
-s: Dateiname	Teilt FTP mit, den angegebenen Text als Skript zu benutzen. Die Befehle werden nach dem Start von FTP automatisch ausgeführt.
-a	Weist FTP an, eine lokale Schnittstelle zu benutzen, wenn die Datenverbindung aufgebaut wird.
-w: Puffergröße	Erlaubt die Verwendung von Fenstergrößen, die die Größe des Zwischenspeichers zur Übertragung von 4096 überschreitet.
Host	Teilt FTP den Computernamen oder die IP-Adresse des Remote-Hosts mit, mit dem Verbindung aufgenommen werden soll.

Den FTP-Client benutzen Sie die meiste Zeit im interaktiven Modus. Wenn Sie in diesem Modus sind, sollten Sie einige Befehle kennen. Tabelle 16.2 listet alle gültigen FTP-Befehle für den Microsoft FTP-Client auf.

Tabelle 16.2
FTP-Befehle

Befehl	Beschreibung
!	! *Befehl* Gibt einen Befehl an, der auf einem lokalen Computer ausgeführt werden kann. Wenn die Angabe *Befehl* weggelassen wird, wird die lokale Eingabeaufforderung geöffnet.
?	? *Befehl* Zeigt die Beschreibungen der FTP-Befehle an. Wenn ein Befehl eingegeben wird, wird die Hilfeinformation zu diesem angezeigt. Ansonsten erscheint eine allgemeine Hilfeinformation.
append	append *lokaler_Dateiname remote_Dateiname* Teilt FTP mit, die lokale Datei zu übertragen und an das Ende der Remote-Datei anzuhängen. Wenn der Name der Remote-Datei nicht angegeben ist, verwendet FTP den lokalen Dateinamen. Wenn diese Datei nicht existiert, erzeugt FTP sie.

Befehl	Beschreibung
ascii	ASCII Weil verschiedene Systeme intern unterschiedliche Bit-Reihenfolgen verwenden, kann es gelegentlich Probleme bei der Übertragung von Dateien geben. FTP hat zwei Modi: ASCII und Binär. ASCII ist der Standardmodus, mit dem die Übertragung von Zeichen durchgeführt wird.
bell	bell Dieser Befehl schaltet die Klingel ein und aus. Als Standard ist die Klingel deaktiviert. Wenn sie aktiviert ist, klingelt sie bei jeder Dateiübertragung.
binary	binary Ändert den Modus von Binär in ASCII um. Das sollte bei jeder Dateiübertragung gemacht werden, damit die Konvertierung von Zeichen nicht in ausführbaren oder komprimierten Dateien erfolgt.
bye	bye Schließt die FTP-Sitzung und das Fenster ab. Äquivalent zu [Strg]+[C].
cd	cd *verzeichnisname* Wechselt das Arbeitsverzeichnis auf dem FTP-Server. Identisch mit dem Windows NT-Befehl cd.
close	close Beendet die FTP-Sitzung beim Remote-Host, hält FTP aber weiterhin aktiv.
debug	debug Startet den Debug-Modus. In diesem Modus werden alle Befehle, die zwischen den beiden Hosts ausgetauscht werden, auch an den lokalen Drucker gesendet. Normalerweise ist der ausgeschaltet.
delete	delete *dateiname* Fordert FTP auf, die Datei vom Remote-Host zu löschen.
dir	dir *verzeichnis dateiname* Liefert ein Listing des Verzeichnisses auf dem Remote-System, das Sie angeben. Die Ausgabe kann an eine Datei geleitet werden, wenn ein Dateiname angegeben wird. Es muß jedoch weder der Datei- noch der Verzeichnisname angegeben werden. Wenn der Dateiname weggelassen wird, wird nur die Liste angezeigt. Wird der Verzeichnisname weggelassen, wird der Inhalt des aktuellen Verzeichnisses angezeigt.
disconnect	disconnect Bewirkt das gleiche wie close.
get	get *remote_datei lokale_datei* Bezieht eine Datei von einem Remote-Host. Der Parameter *lokale_datei* ist optional. Wird er nicht angegeben, wird der gleiche Name benutzt.

Befehl	Beschreibung
glob	glob Schaltet die Glob-Einstellungen an und aus. Globbing erlaubt Ihnen die Verwendung von Wildcards in Dateinamen. Als Standard ist dieser Parameter deaktiviert.
hash	hash Schaltet die Anzeige der Hash-Symbole (»#«) an und ab. Ein Hash-Symbol wird für jeden Block (2048 Byte) übertragener Daten angezeigt. Die Standardeinstellung für hash ist es, ausgeschaltet zu sein.
help	help *Befehl* Hat die gleiche Funktion wie ?.
lcd	lcd *verzeichnis* Ändert das Verzeichnis, in dem Sie sich augenblicklich auf Ihrem lokalen Rechner befinden. Wenn Sie keinen Verzeichnisnamen angeben, wird das aktuelle Verzeichnis angezeigt.
literal	literal *parameter* Sendet eine buchstabengetreue Zeichenkette an den Remote-FTP-Server. Normalerweise wird ein einzelner Antwortcode zurückgesendet.
ls	ls *verzeichnis dateiname* Dieser Befehl hat die gleiche Funktion wie der Befehl dir, der bereits besprochen wurde.
mdelete	mdelete *dateiname dateiname dateiname* mdelete (Multiple delete) funktioniert gleich wie delete, außer daß mehrere Dateinamen angegeben werden.
mdir	mdir *dateiname dateiname dateiname* mdir (Multiple directory) funktioniert gleich wie dir, es wird jedoch eine Liste von Dateinamen angezeigt, die dem angegebenen Muster entsprechen.
mget	mget *dateiname dateiname dateiname* mget (Multiple get) empfängt mehrere Dateien.
mkdir	mkdir *verzeichnisname* Erzeugt ein neues Verzeichnis mit den angegebenen Namen auf dem Remote-Host.
mls	mls *dateiname dateiname dateiname* Identisch mit mdir.
mput	mput *dateiname dateiname dateiname* mput (Multiple put) legt mehrere Dateien auf einem Remote-Host ab.
open	open *hostname port* Öffnet eine FTP-Sitzung mit dem angegebenen Host. Die Port-Nummer, mit der die Verbindung geöffnet werden soll, kann angegeben werden, wenn der Server einen anderen als den Standard-Port 21 benutzt.

Befehl	Beschreibung
prompt	prompt Aktiviert oder deaktiviert die Aufforderung für jede Datei, wenn Sie mget oder mput verwenden. Dieser Parameter ist als Standard aktiviert.
put	put *lokaler_dateiname remote_dateiname* Gegenteil des get-Befehls. Legt die Datei lokaler_dateiname auf dem FTP-Server ab. Wenn kein Remote-Dateiname angegeben ist, benutzt das System den aktuellen Dateinamen.
pwd	pwd Zeigt den Namen des Verzeichnisses an, in dem Sie sich augenblicklich auf dem FTP-Server befinden.
quit	quit Wie der Befehl bye. Beendet die Verbindung und die FTP-Software.
quote	quote *parameter* Identisch mit dem Befehl literal.
recv	recv *remote_dateiname lokaler_dateiname* Identisch mit get.
Remotehelp	remotehelp *command* Funktioniert gleich wie die Befehle help oder ?. remotehelp, listet jedoch die spezifischen Befehle auf, die auf Remote-Hosts unterstützt werden.
rename	rename *alter_dateiname neuer_dateiname*. Anders als der Befehl ren dient dieser Befehl dazu, eine Datei umzubenennen.
rmdir	rmdir *verzeichnisname* Dieser Befehl ist identisch mit dem Befehl rd von DOS. Er entfernt das angegebene Verzeichnis.
send	send *lokaler_dateiname remote_dateiname* Identisch mit dem Befehl put.
status	status Liefert den aktuellen Status Ihrer FTP-Verbindung zurück.
trace	trace Schaltet die Anzeige jedes Pakets, das gesendet oder empfangen wird, an oder ab. Als Standard ist die Anzeige abgeschaltet.
type	type binary/ascii Schaltet zwischen den beiden Datenmodi um.
user	user *benutzername kennwort* Meldet Sie beim Remote-FTP-Server an. Beachten Sie, daß diese Art der Anmeldung nicht sicher ist, und daß der Benutzername und das Kennwort als reiner Text an den Remote-Host gesendet werden.
verbose	verbose Aktiviert und deaktiviert den ausführlichen Anzeigemodus. Im ausführlichen Anzeigemodus wird mehr Information angezeigt.

Der FTP-Client muß natürlich mit einem FTP-Server kommunizieren. FTP setzt zur Kommunikation natürlich TCP ein und erzeugt eine Sitzung zwischen den beiden Hosts. FTP unterscheidet sich von vielen anderen Protokollen insofern, als es zwei Ports verwendet. FTP benutzt den TCP-Port 21 als Kontroll-Port, über den der interaktive Teil der Verbindung fließt. FTP benutzt außerdem den TCP-Port 20, um die Dateien zu übertragen.

16.1.2 TFTP

TFTP (Trivial File Transfer Protocol) wird nicht eingesetzt, um unwichtige Dateien zu transportieren. Es handelt sich eher um ein verbindungsloses Dateiübertragungsprotokoll. TFTP ist ein Befehlszeilensystem, mit dem Sie eine Folge von Dateiübertragungen durchführen können, ohne ein Skript erzeugen zu müssen. Letzteres wäre bei FTP erforderlich.

TFTP benötigt einen Host, der den TFTP-Server ausführt. Es benutzt nur einen Port, den UDP-Port 69. Die TFTP-Befehlszeile lautet:

```
tftp [-i] computer [get | put] Quelle [Ziel]
```

Tabelle 16.3 faßt die Befehlszeilenparameter zusammen.

Tabelle 16.3
TFTP-Befehlszeilenparameter

Parameter	Beschreibung
-I	Versetzt TFTP in einen binären Übertragungsmodus. Wie bei FTP werden die Daten dann byteweise übertragen. Wenn der Parameter -i nicht gesetzt wird, wird die Datei im ASCII-Modus übertragen. Dieser Modus konvertiert die EOL(End of Line)-Zeichen in ein CR (carriage return) für UNIX und ein CR/LF (carriage return/line feed) für PCs.
Computer	Gibt den Namen des Remote-Computers an.
Put	Legt die Datei namens Quelle auf dem Remote-Host unter dem Namen Ziel ab.
Get	Überträgt die Datei Ziel vom Remote-Host zum lokalen Computer. Wenn keine Quelle angegeben ist, wird der lokalen Datei der gleiche Name wie der Remote-Datei verliehen.
Quelle	Der Name der Datei auf dem lokalen Computer.
Ziel	Der Name der Remote-Datei.

16.1.3 RCP

RCP ist eine weitere Methode, Dateien von oder an einen Remote-Host zu übertragen. Dieser Befehl kopiert Dateien zwischen einem Windows NT-Computer und einem Remote-Computer, auf dem `rshd`, d.h. ein remote shell daemon, abläuft.

Die Befehlsparameter werden nun gezeigt und in Tabelle 16.4 beschrieben.

```
rcp [-a | -b] [-h] [-r] [Host][.Benutzer:]Quelle
[Host][.Benutzer:] Pfad\Ziel
```

Tabelle 16.4
Befehlszeilenparameter von RCP

Parameter	Beschreibung
-a	Legt zur Übertragung den ASCII-Modus fest. Konvertiert werden dadurch die CR/LF-Zeichen in CR bei abgehenden Dateien und LF-Zeichen zu CR/LF-Zeichen bei ankommenden Dateien.
-b	Richtet den binären Übertragungsmodus ein. Es wird keine Konvertierung durchgeführt.
-h	Überträgt Quelldateien, die auf dem Windows NT-Computer als versteckt markiert sind. Ohne diesen Parameter hat die Angabe einer versteckten Datei in der RCP-Befehlszeile den gleichen Effekt wie eine nicht vorhandene Datei.
-r	Dieser Parameter kopiert den Inhalt aller Unterverzeichnisse beginnend bei der Quelle bis zum Ziel.
Quelle Pfad/Ziel	Dieser Parameter wird in der Form `[Host[.Benutzer:]` `Quelle` eingegeben. Ohne den Teil `[Host[.Benutzer:]` geht Windows NT davon aus, daß es sich um einen lokalen Computer handelt. Wenn kein Benutzer angegeben wird, wird der aktuelle Windows NT-Benutzername verwendet. Wenn ein vollqualifizierter Domänenname eingegeben wird, muß die Angabe `[.Benutzer]` vorhanden sein, ansonsten wird der Domänenname auf oberster Ebene als Benutzername interpretiert.

Wenn Sie keinen Schrägstrich (/) für UNIX oder einen Backslash (\) für DOS, Windows oder Windows NT angeben, wird der Pfad relativ zum aktuellen Verzeichnis interpretiert, d.h. in dem Sie den Befehl eingegeben haben. Wenn Sie den Befehl also im Verzeichnis C:\USERS\DEFAULT ausführen und keinen Backslash (\) in dem Verzeichnis nutzen, in das Sie die Dateien kopieren möchten, wird die Datei in das Verzeichnis C:\USERS\DEFAULT oder in ein Unterverzeichnis davon kopiert.

Privilegien auf dem Remote-Host

Damit der Befehl `rcp` funktioniert, benötigen Sie einen gültigen Benutzernamen für den Remote-Host. Das kann entweder der Benutzername sein, mit dem Sie sich bei Windows NT angemeldet haben, oder einer, der in der Befehlszeile angegeben wird.

Der Benutzername, den Sie verwenden, muß in der Datei *.RHOSTS* auf dem Remote-Host enthalten sein. Diese Datei wird unter UNIX eingesetzt, um zu bestimmen, welche Computer oder Benutzer einen Zugang benutzen dürfen, über den Sie Zugriff auf den Befehl `rcp` oder `rsh` haben.

Die Datei *.RHOSTS*

Wie die Dateien *HOSTS* und *LMHOSTS* ist die Datei *.RHOSTS* eine Textdatei. Jede Zeile ist ein Eintrag, der aus dem Computernamen, einem Benutzernamen und eventuellen Kommentaren besteht. Die folgende Zeile ist ein Beispiel für eine *.RHOSTS*-Datei mit einem Eintrag ohne Kommentare:

```
WKS917    mario
```

Die Datei *.RHOSTS* wird im Basisverzeichnis des Benutzers auf dem UNIX-System gespeichert. Wenn Sie mehr Informationen über eine spezielle Herstellerversion der Datei *.RHOSTS* wissen möchten, sollen Sie die Herstellerdokumentation lesen. Denken Sie daran, daß das Remote-System in der Lage sein muß, die Herstellerdokumentation zu prüfen. Denken Sie daran, daß das Remote-System in der Lage sein muß, den Namen Ihres Computers auszuwerten. Deshalb sollte der Name Ihres Computers in der Datei *HOSTS* der anderen Computer enthalten sein oder Ihr Computer sollte im DNS integriert sein.

16.2 Interaktive Programme

Es kommt häufig vor, daß Sie mit dem Remote-Host mehr anfangen möchten als einfach nur Dateien zu kopieren. Eines der großartigsten Beispiele hierfür ist augenblicklich das World Wide Web. Im Lieferumfang von Windows NT ist der Internet Explorer enthalten, mit dem Sie interaktiv auf Remote-Hosts zugreifen können, auf denen ein Web-Server installiert ist. Das ist selbstverständlich auch mit anderen World-Wide-Web-Browsern möglich, wie z.B. dem Netscape Navigator. Diese sind jedoch nicht im Lieferumfang von Windows NT enthalten.

Im Lieferumfang von Windows NT sind jedoch weitere Dienstprogramme enthalten, anhand derer Sie interaktiv mit anderen Systemen arbeiten können. Ein häufig eingesetztes Programm ist z. B. telnet, ein Terminal-Emulationsprogramm, mit dem Sie ein Fenster öffnen können, das mit einem anderen System zusammenarbeitet.

Weiterhin gibt es die zwei Dienstprogramme rsh und rexec. Diese ermöglichen es Ihnen, mit anderen Systemen zusammenzuarbeiten. Mit rsh können Sie eine Remote-Shell öffnen, so daß Sie Programme auf dem Remote-Host ablaufen lassen können. rexec ist ein Befehlszeilen-Dienstprogramm, mit dem Sie Programme und Befehle auf einem anderen Computer ausführen können.

Wenn Sie lesen, daß telnet, rsh und rexec auf einem anderen Computer ablaufen, ist das wörtlich gemeint. Die Anweisungen für das Programm werden nicht von Ihrem Computer, sondern vom Prozessor auf dem anderen Computer ausgeführt. Das ähnelt den guten alten Tagen der dummen Terminals, die nur ein Fenster öffneten, über das Sie sehen konnten, was der Mainframe-Rechner für Sie erledigte.

16.2.1 Der Internet Explorer 4

Während Sie sich den Internet Explorer 4 näher anschauen, sollten Sie überlegen, was passiert, wenn Sie im Web surfen. Im wesentlichen sind alle Web Sites, die Sie besucht haben, einfache Textdateien, die in HTML geschrieben sind. Es ist sogar möglich, Homepages mit Notepad, edit oder sogar edlin (dem früheren DOS-Zeileneditor) zu erzeugen.

Die Magie des Web liegt nicht im Dateiformat oder den phantastischen Grafiken begründet, sondern in dem, was Sie mit einfachen Werkzeugen machen können. In einem Zeitalter, in dem Dinosaurier auf der Kinoleinwand lebendig werden, kann man sich leicht vorstellen, daß das Web mehr von diesen Computertricks bietet. Das Problem ist jedoch, daß bisher nicht genügend Bandbreite zur Verfügung steht, um überhaupt nur damit zu beginnen, die Daten, die benötigt werden, um die wahren Computertricks zu verarbeiten, zu versenden.

Interaktive Programme

Und so schwindeln Sie einfach. Sie nehmen ein einfaches Dateiübertragungsprogramm und bauen in dieses einen Mechanismus ein, um Dateitypen und die Stellen zu beschreiben, an denen sie sich am Bildschirm befinden sollen oder wohin die Reise gehen soll, wenn ein Benutzer auf eine bestimmte Stelle klickt. Und schon haben Sie die Magie des Web. Es folgt nun ein Beispiel für eine Textdatei, die der Web Site von Markt & Technik entnommen ist:

```
<html>
<TITLE>Markt&Technik - A Viacom Company</TITLE>
<body BGCOLOR=FFFFFF>
<center>
<TABELLE WIDTH=40% CELLSPACING=0 CELLPADDING=0 BORDER=0>
 <TR>
  <TH COLSPAN=3><img alt="Markt&Technik"
  →src="http://www.mut.ch/IMAGES/M&T85.jpg" WIDTH=118
  →HEIGHT=65><br></TD>
 </TR>
 <TR>
  <TH COLSPAN=3><br><font size=4>Ihr Spezialist
für<br>Computer- und
    →Informatikliteratur</TD>
 </TR>
 <TR>
  <TH COLSPAN=3><br><IMG SRC="http://www.mut.ch/images/
logo.gif"
    →ALT="Markt&Technik LOGO" BORDER=0 HEIGHT=210
WIDTH=140><br><br></TD>
 </TR>
 <TR>
 <TD></TD>
  <TH NOWRAP><font size=4>Bitte wählen Sie:<br><br></TD>
 <TD></TD>
 </TR>
 <TR>
etc ...
```

> **hinweis** Die ist nur ein Teil der Homepage von Markt & Technik. Die gesamte Homepage umfaßt mehrere HTML-Seiten. Wenn Sie mit dem Internet Explorer den Quellcode einer Site betrachten möchten, wählen Sie den Menübefehl QUELLTEXT ANZEIGEN aus dem Menü ANSICHT.

Wenn Sie die Site öffnen, indem Sie in das Dialogfeld ÖFFNEN (DATEI/ÖFFNEN) die Adresse www.mut.com eingeben, sehen Sie die Site so, wie sie auch sein sollte (siehe Bild 16.2).

Abbildung 16.2

Die Homepage von Markt & Technik im Internet Explorer

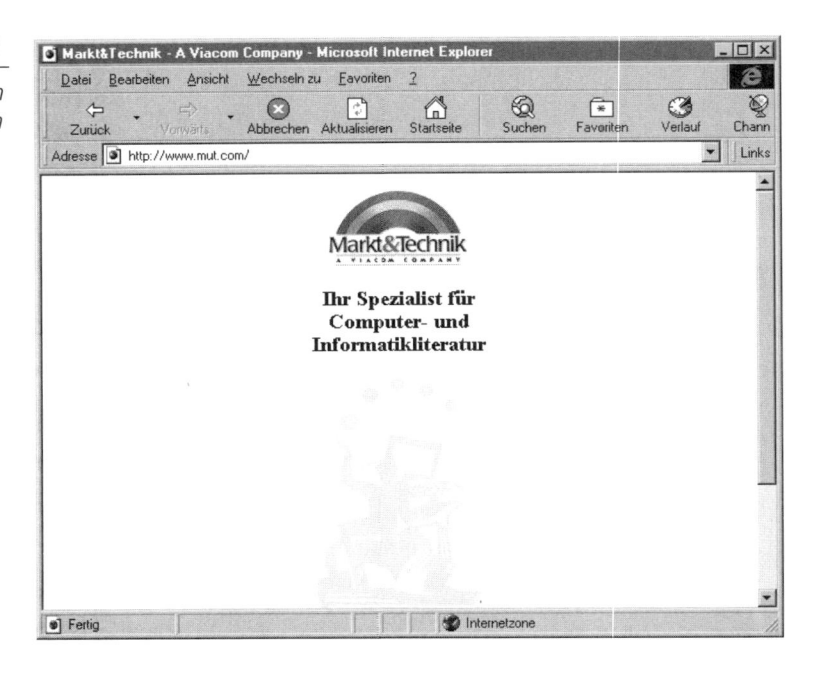

Den Internet Explorer konfigurieren

Beim Internet Explorer können Sie verschiedene Elemente konfigurieren. Im folgenden Abschnitt werden die verschiedenen Konfigurationsbildschirme beschrieben, und Sie erfahren, was die einzelnen Teile bedeuten.

Alle Optionen finden Sie im Dialogfeld INTERNET-OPTIONEN, das Sie über den Menübefehl ANSICHT/INTERNETOPTIONEN öffnen. Im Dialogfeld INTERNET-OPTIONEN ist nach dem Öffnen die Registerkarte ALLGEMEIN aktiv (siehe Bild 16.3). Auf dieser stehen Ihnen die folgenden Optionen zur Verfügung:

- ▶ **Startseite.** Über das Feld ADRESSE im Bereich STARTSEITE können Sie festlegen, welche Seite angezeigt wird, wenn Sie den Internet Explorer starten. Die STANDARDSEITE, die Sie über die gleichnamige Schaltfläche festlegen können, ist die Web Site von Microsoft Deutschland. Über die Schaltfläche AKTUELLE SEITE machen Sie die aktuelle

Interaktive Programme

Seite zur Startseite und über die Schaltfläche LEERE SEITE wird beim Start des Internet Explorer keine Seite geladen. Die Startseite können Sie aber auch ohne Schaltfläche festlegen, indem Sie eine Adresse Ihrer Wahl eingeben und auf die Schaltfläche ÜBERNEHMEN klicken.

Abbildung 16.3

Die Registerkarte Allgemein der Internet-Optionen des Internet Explorer

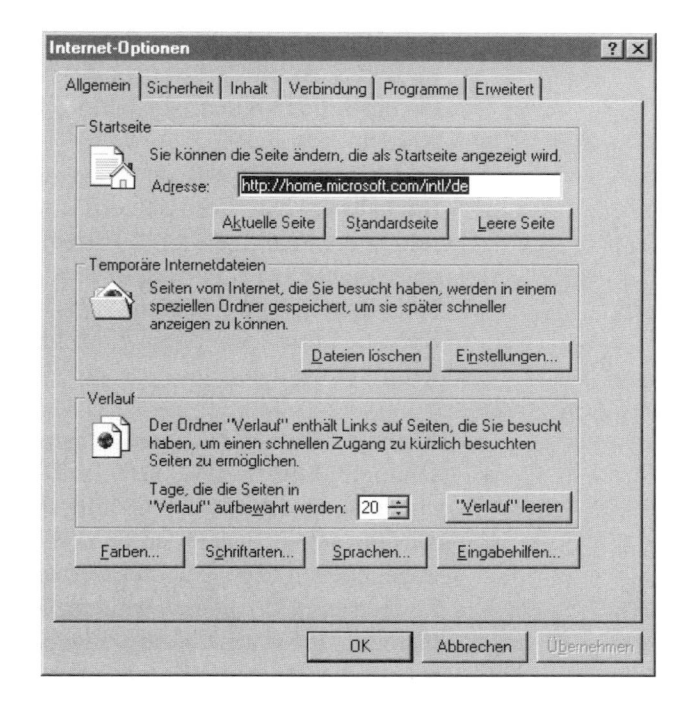

▶ **Temporäre Internetdateien.** Die Homepages, die Sie im Web besuchen, werden in einem speziellen Ordner auf der Festplatte Ihres Computers gespeichert, um beim nächsten Aufruf der Homepages einen schnelleren Zugriff zu haben. Da mit der Zeit dadurch sehr viel Festplattenspeicher belegt werden kann, können Sie das Verzeichnis auf Ihrer Festplatte über die Schaltfläche DATEIEN LÖSCHEN säubern. Über die Schaltfläche EINSTELLUNGEN können Sie bestimmen, ob und wann Seiten aktualisiert werden sollen, falls neuere Versionen vorliegen

▶ **Verlauf.** Im Ordner VERLAUF werden Dateien aufbewahrt, die Sie in den letzten 20 Tagen besucht haben. Sie können über diesen Bereich sowohl die Aufbewahrungszeit erhöhen oder verringern als auch den Ordner löschen, um nicht mehr benötigte Einträge zu entfernen.

- **Farben.** Über diese Schaltfläche können Sie die Farben für den Text, den Hintergrund, besuchte und nicht besuchte Links und Hover verändern. Diese Einstellungen wirken sich jedoch nur dann aus, wenn der Gestalter der Webseiten den Text in Standardfarben belassen hat.

- **Schriftarten.** Über diese Schaltfläche öffnen Sie das Dialogfeld SCHRIFTARTEN, über das Sie die Standardschriftarten einstellen können, die beim Surfen im Web verwendet werden.

- **Sprachen.** Über diese Schaltfläche öffnen Sie das Dialogfeld SPRACHEINSTELLUNG, in dem Sie wählen können, welche Sprache bei Sites ausgewählt werden soll, die mehrsprachige Inhalte anbieten. Sie können auch mehrere Sprachen festlegen, die in einer Liste nach ihrer Priorität geordnet werden.

- **Eingabehilfen.** Über diese Schaltfläche öffnen Sie das Dialogfeld EINGABEHILFEN. Im Dialogfeld können Sie angeben, ob die von Ihnen unter FARBEN und SCHRIFTARTEN festgelegten statt der auf den besuchten Webseiten angegebenen Eigenschaften verwendet werden sollen. Sie können sogar Vorlagen, genannt BENUTZERSTYLESHEETS, erstellen, die Formatierungsangaben für verschiedene Elemente der Webseiten enthalten.

Die Sicherheit des Internet Explorer wird in der Version 4 über die beiden Registerkarten SICHERHEIT und INHALT festgelegt. Diese Registerkarten bieten Ihnen die Möglichkeit, bestimmte Seiten, basierend auf den Inhalten oder dem Server, auf dem sie abgelegt sind, abzublocken. Sie können außerdem angeben, wie ActiveX-Steuerelemente, Java-Applets, Active Scripting u. a. behandelt werden sollen.

Die folgende Liste beschreibt die Inhalte der Registerkarte SICHERHEIT (siehe Bild 16.4):

- **Zone.** In diesem Listenfeld können Sie wählen, für welche Zone von Web-Inhalten Ihre Sicherheitseinstellungen gelten soll. Zur Verfügung stehen die LOKALE INTRANETZONE, die ZONE FÜR VERTRAUENSWÜRDIGE SITES, die INTERNETZONE und die ZONE FÜR EINGESCHRÄNKTE SITES.

Interaktive Programme | **521**

Abbildung 16.4

Die Registerkarte Sicherheit der Internet-Optionen des Internet Explorer

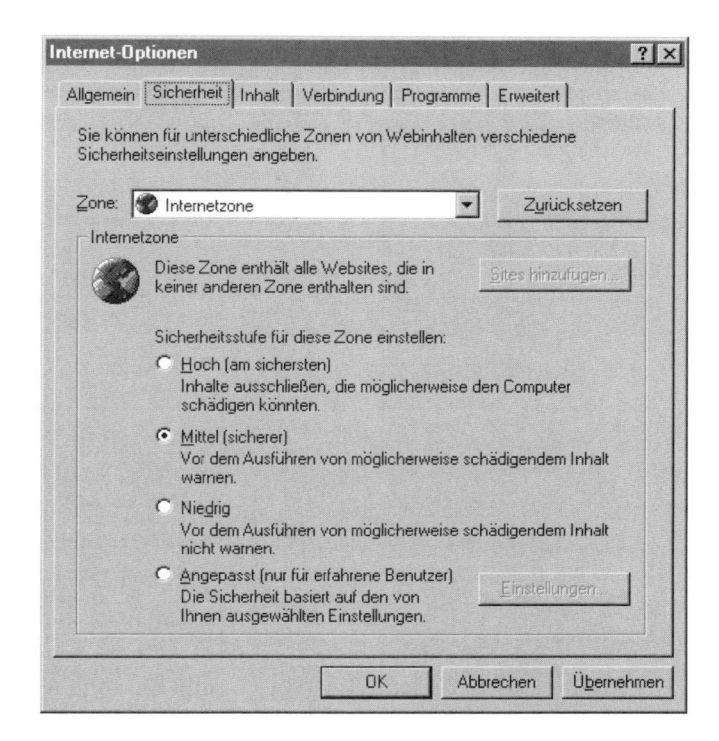

- **Sites hinzufügen.** Je nach gewählter Zone können Sie über diese Schaltfläche Web Sites zur Zone hinzufügen oder aus ihr entfernen. Die gewählten Sicherheitseinstellungen gelten für alle Computer in der Zone.

- **Sicherheitsstufe für diese Zone einstellen.** In diesem Bereich können Sie festlegen, daß Inhalte ausgeschlossen werden sollen (HOCH), daß Sie bei bestimmten Inhalten gewarnt werden sollen (MITTEL) oder daß gar nichts passieren soll (NIEDRIG). Aktivieren Sie die Option ANGEPASST, können Sie über die Schaltfläche EINSTELLUNGEN das Dialogfeld SICHERHEITSEINSTELLUNGEN öffnen (siehe Bild 16.5), in dem Sie für verschiedene Elemente wie ActiveX-Steuerelemente oder Java-Scripts angeben können, wie diese behandelt werden sollen.

Kapitel 16 TCP/IP-Dienstprogramme

Abbildung 16.5

Sicherheitseinstellungen des Internet Explorer selbst anpassen

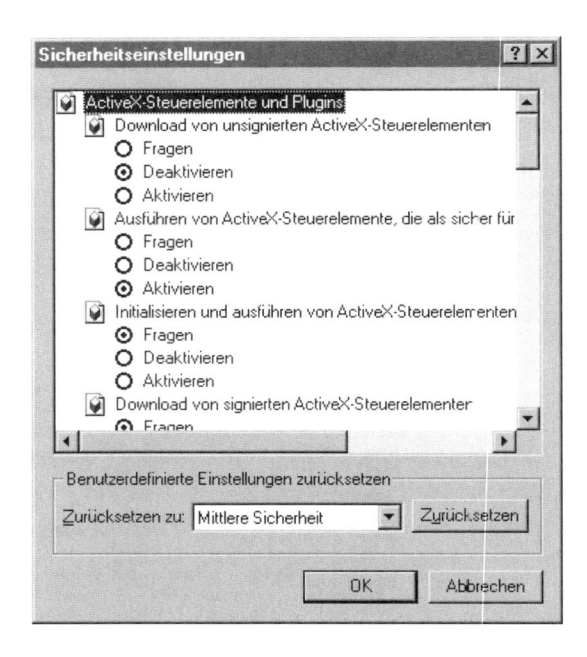

Die folgende Liste beschreibt die Inhalte der Registerkarte INHALT (siehe Bild 16.6):

Abbildung 16.6

Die Registerkarte Inhalt der Internet-Optionen des Internet Explorer

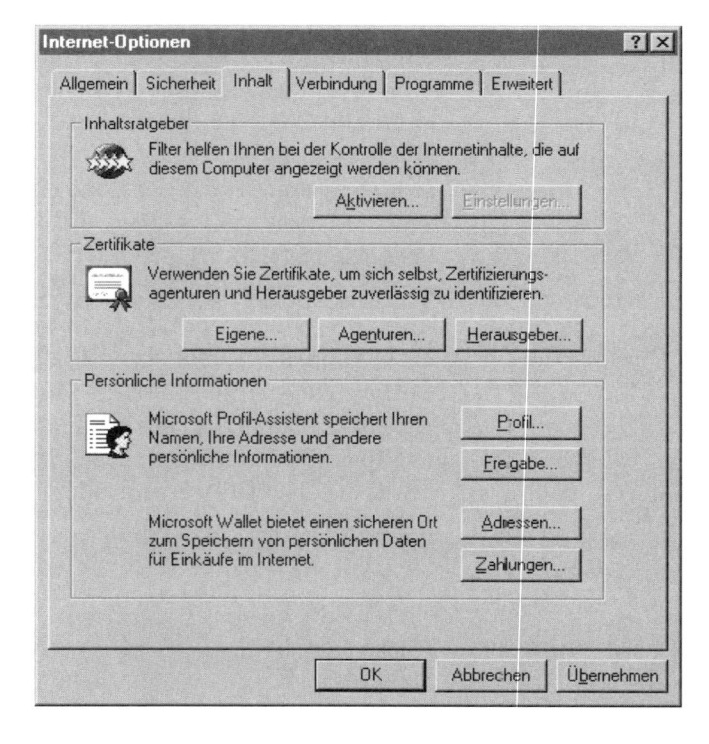

- **Inhaltsratgeber.** Über diesen Bereich aktivieren Sie die Kontrolle von Internet-Inhalten. Die beiden Schaltflächen AKTIVIEREN und EINSTELLUNGEN werden gesondert beschrieben.

- **Zertifikate.** Zertifikate sind spezielle Dateien, die eine verschlüsselte Unterschrift enthalten. Anhand dieser können Sie sicherstellen, daß die Site, die Sie besuchen, die korrekte Site ist. Sie können außerdem die Datenübertragung zu dieser Site verschlüsseln. Heutzutage werden drei Hauptformen der Verschlüsselung eingesetzt.

> **hinweis**
> Derzeit werden die Verschlüsselungsmethoden SSL (Secured Sockets Layer), PGP (Pretty Good Privacy) und SET (Secure Electronic Transactions) eingesetzt. Diese Methoden wurden entwickelt, um den Handel über das Internet zu ermöglichen. Es gibt viele gute Informationsquellen über diese Methoden. Auf der Site von Microsoft finden Sie z.B. Informationen zu allen drei Verfahren. Auf der Site von RSA wird außerdem der Prozeß sehr gut erklärt. Die Site finden Sie unter der Adresse www.rsa.com.

- **Persönliche Informationen.** Über diesen Bereich können Sie verschiedene persönliche Informationen angeben, auf die Web Sites zugreifen können, die Informationen über die Benutzer der Site erhalten wollen. Die beiden Schaltflächen ADRESSEN und ZAHLUNGEN dienen dazu, Informationen zu überarbeiten oder hinzuzufügen, die in Microsoft Wallet abgelegt sind.

Um den INHALTSRATGEBER zu aktivieren, gehen Sie wie folgt vor:

1. Wählen Sie im Internet Explorer den Menübefehl ANSICHT/INTERNETOPTIONEN.

2. Aktivieren Sie im Dialogfeld INTERNET-OPTIONEN die Registerkarte INHALT.

3. Klicken Sie im Bereich INHALTSRATGEBER auf die Schaltfläche AKTIVIEREN. Sie werden nun aufgefordert, ein Kennwort einzugeben (siehe Bild 16.7). Durch das Kennwort können Sie verhindern, daß andere Benutzer den Inhaltsratgeber deaktivieren.

Abbildung 16.7

Ein Kennwort eingeben, um zu verhindern, daß der Inhaltsratgeber unberechtigt deaktiviert wird

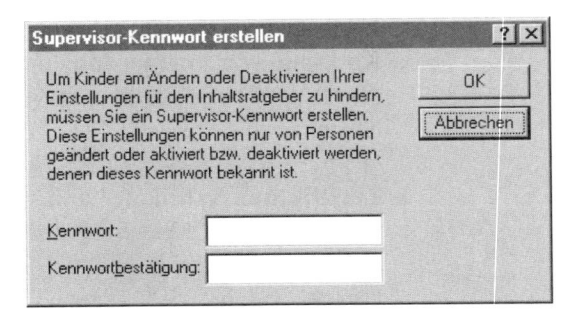

4. Klicken Sie auf die Schaltfläche OK bzw. im Dialogfeld INTERNET-OPTIONEN auf die Schaltfläche EINSTELLUNGEN, öffnet sich das Dialogfeld INHALTSRATGEBER, über das Sie den Inhaltsratgeber konfigurieren können.

5. Wählen Sie die vier Kategorien GEWALT, NACKTAUFNAHMEN, SEX und SPRACHE nacheinander aus, und legen Sie über den Schieberegler im Feld FILTER fest, bis zu welchem Niveau Inhalte aus dem jeweiligen Bereich angezeigt werden dürfen (siehe Bild 16.8).

Abbildung 16.8

Die Filterebene festlegen

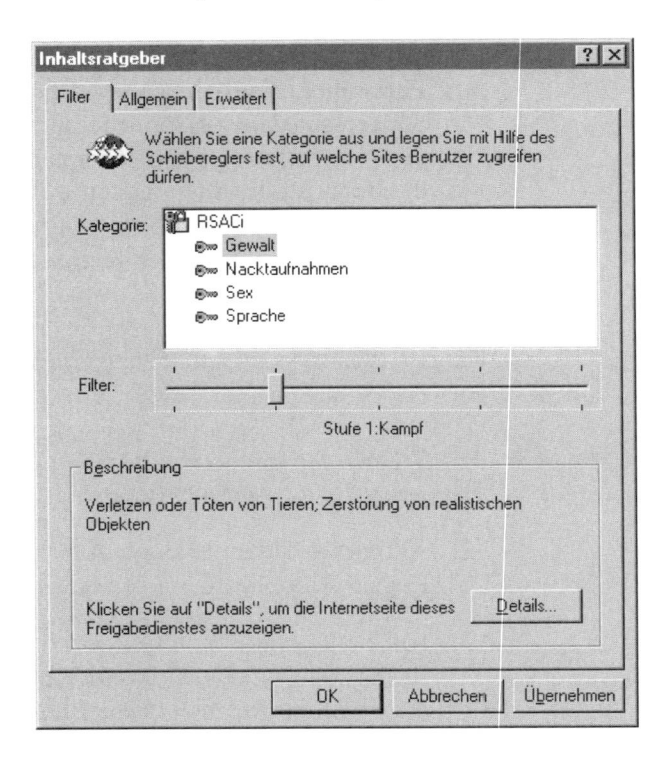

6. Wählen Sie die Registerkarte ALLGEMEIN (siehe Bild 16.9). Auf dieser können Sie die folgenden Benutzeroptionen angeben:

   ▶ ZUGANG ZU SITES, DIE NICHT KLASSIFIZIERT SIND, ZULASSEN. Wenn die Option gewählt wird, werden Sites angezeigt, die nicht klassifiziert sind.

Abbildung 16.9

Die Registerkarte Allgemein des Inhaltsratgebers

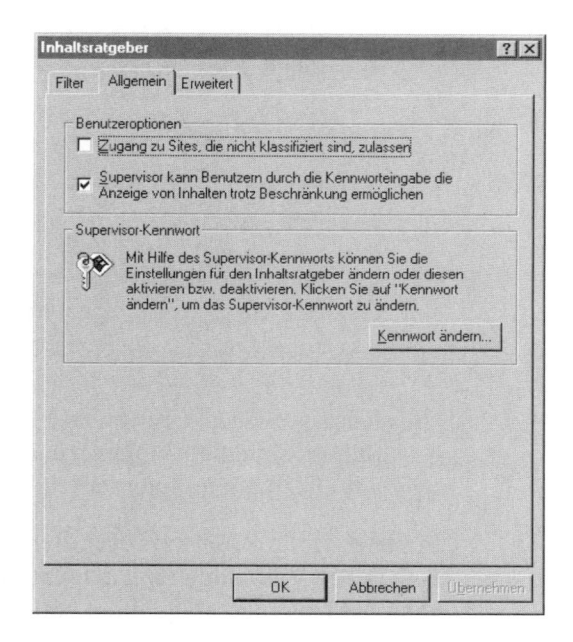

   ▶ SUPERVISOR KANN BENUTZERN DURCH DIE KENNWORTEINGABE DIE ANZEIGE VON INHALTEN TROTZ BESCHRÄNKUNG ERMÖGLICHEN. Diese Option ermöglicht es Benutzern, die das Kennwort kennen, die Site trotz Schutz zu besuchen.

7. Im Bereich SUPERVISOR-KENNWORT können Sie über die Schaltfläche KENNWORT ÄNDERN die Einstellungen des Inhaltsratgebers festlegen.

8. Auf der Registerkarte ERWEITERT (siehe Bild 16.10) können Sie dem Inhaltsratgeber über die Schaltfläche FILTERSYSTEME ein alternatives Filtersystem zugrundelegen. Wenn Sie ein Filtersystem verwenden, das auf eine Freigabeliste einer Freigabeinstitution zugreift, können Sie die Institution im Listenfeld FREIGABEINSTITUTION angeben.

Abbildung 16.10

Die Registerkarte Erweitert des Inhaltsratgebers

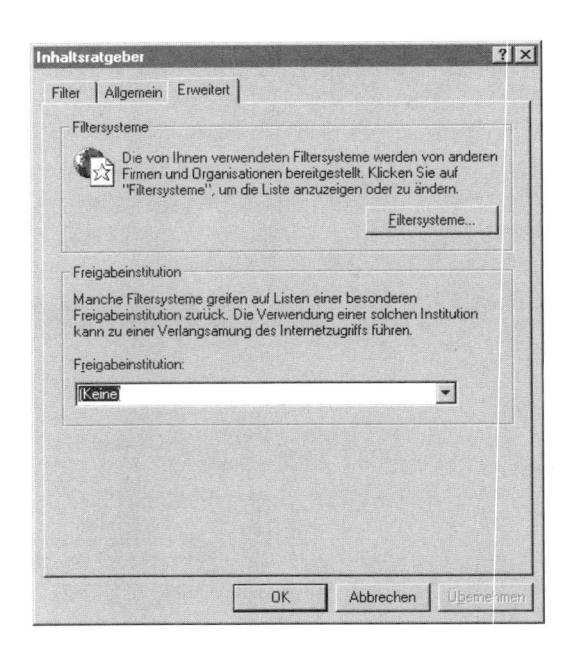

9. Klicken Sie auf OK, um zum Dialogfeld INTERNET-OPTIONEN des Internet Explorer, und anschließend noch einmal auf OK, um zum Internet Explorer selbst zurückzukehren

In vielen Unternehmen müssen Benutzer einen Proxy-Dienst benutzen, um Verbindung mit dem Internet aufzunehmen. Dadurch kann die Unternehmung intern beliebige IP-Netzwerkadressen verwenden und benötigt extern nur eine gültige IP-Adresse. Am Markt sind verschiedene Typen von Proxy-Servern erhältlich. Microsoft selbst bietet ebenfalls einen an. Über die Registerkarte VERBINDUNG im Dialogfeld INTERNET-OPTIONEN können Sie Ihren Browser so konfigurieren, daß er einen CERN-kompatiblen Proxy-Server benutzt (siehe Bild 16.11).

Auf der Registerkarte VERBINDUNG stehen die folgenden Optionen zur Verfügung:

▶ VERBINDUNG. Über die Schaltfläche VERBINDEN starten Sie den ASSISTENT FÜR DEN INTERNETZUGANG. Haben Sie einen Internetzugang installiert und greifen Sie über ein Modem auf das Internet zu, können Sie dessen Einstellungen über die gleichnamige Schaltfläche ändern. Sie können die Verbindung zum Internet aber auch über ein LAN herstellen.

Abbildung 16.11

Die Registerkarte Verbindung des Dialogfelds Internet-Optionen

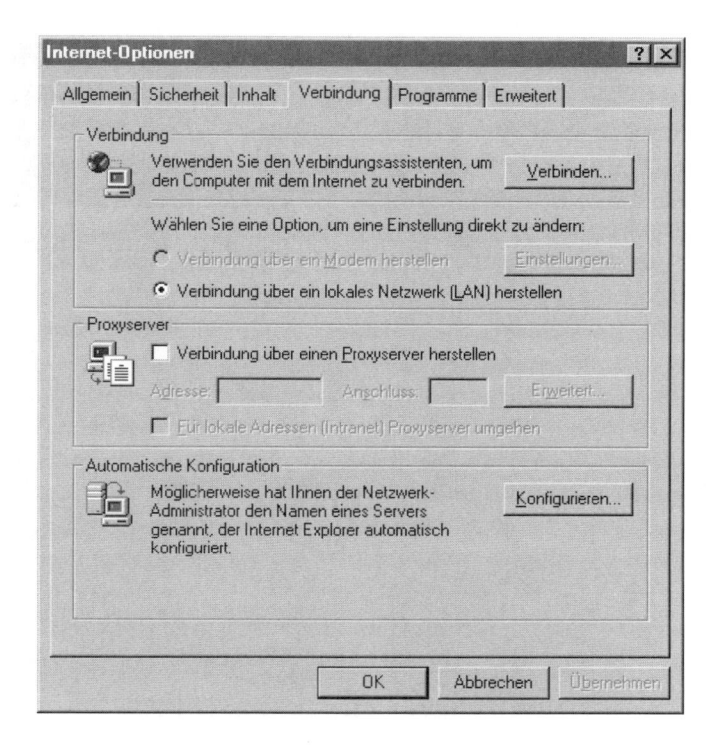

- PROXYSERVER. Wollen Sie die VERBINDUNG ÜBER EINEN PROXYSERVER HERSTELLEN, müssen Sie das Kontrollkästchen vor dieser Option aktivieren und die ADRESSE und ANSCHLUSSnummer (Port) des Proxyservers angeben. Über die Schaltfläche ERWEITERT öffnen Sie das Dialogfeld PROXY-EINSTELLUNGEN, in dem Sie Informationen über die Adresse und den Anschluß (Port) für alle wesentlichen Protokolle eingeben können, die den Proxy-Dienst nutzen können.

- AUTOMATISCHE KONFIGURATION. Hier können Sie die Adressen eingeben, für die Sie einen Proxy-Server benötigen. Es handelt sich dabei normalerweise um interne Web Sites in Ihrem Intranet.

Über die Registerkarte PROGRAMME können Sie festlegen, welche Programme Sie für E-Mails, News und Internet-Anrufe nutzen möchten (siehe Bild 16.12). Darüber hinaus können Sie bestimmen, mit welchen Programmen Sie Termine und Kontakte verwalten möchten:

Kapitel 16 TCP/IP-Dienstprogramme

Abbildung 16.12

Programme zur Nachrichten- und Informationsverwaltung festlegen

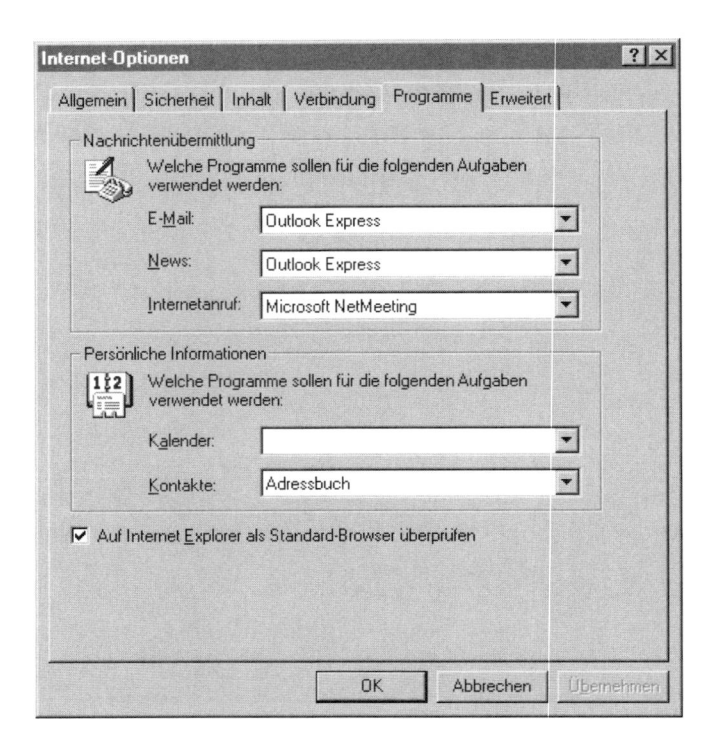

▶ **Nachrichtenübermittlung.** Diese Einstellungen sind wichtig, weil viele Sites auf eine Newsgruppe, wie z.B. `msnews.microsoft.com`, oder eine E-Mail-Adresse verweisen, über die Sie Kontakt zu jemandem aus der Unternehmung oder Einrichtung aufnehmen können.

▶ **Persönliche Information.** Über diesen Bereich können Sie bestimmen, welcher KALENDER und welches KONTAKT- oder Adreßverwaltungsprogramm Sie mit dem Internet Explorer verwenden möchten.

▶ **Auf Internet Explorer als Standard-Browser überprüfen.** Bei jedem Start des Internet Explorer wird geprüft, ob er der Standard-Browser, d.h. die ausführbare Datei ist, die mit HTML- und anderen Web-Dokumenten verknüpft ist. Ist das nicht der Fall, werden Sie gefragt, ob der Internet Explorer in Zukunft als Standard-Browser benutzt werden soll.

Die letzte Registerkarte der INTERNET-OPTIONEN des Internet Explorer ist die Registerkarte ERWEITERT (siehe Bild 16.13). Diese Registerkarte enthält die folgenden Optionen:

Abbildung 16.13

Die Registerkarte Erweitert der Internet-Optionen des Internet Explorer

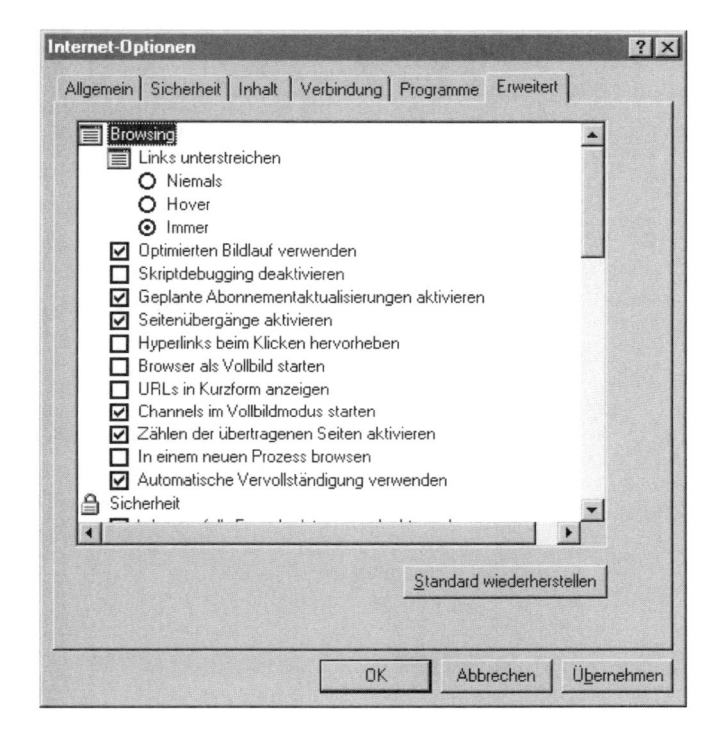

- ▶ **Browsing.** In diesem Bereich können Sie festlegen, ob Links unterstrichen werden sollen, ob der Browser im Vollbildmodus gestartet werden soll, und andere Eigenschaften, die Darstellung und Nutzung von Elementen beim Browsen betreffen.

- ▶ **Sicherheit.** In diesem Bereich können Sie Sicherheitseinstellungen wie die Warnung beim Herunterladen von Cookies, die Art der Verbindung, die akzeptiert werden soll (SSL 2 oder SSL 3), die Warnung beim Wechsel zwischen sicherem und unsicherem Modus etc. festlegen.

- ▶ **Einstellungen für HTTP 1.1.** In diesem Bereich geben Sie an, ob HTTP 1.1 verwendet werden und ob dies über eine Proxy-Verbindung geschehen soll.

- ▶ JAVA VM. In diesem Bereich geben Sie an, ob die Java-Protokollierung aktiviert werden soll und ob Java-Scripts erst nach dem vollständigen Herunterladen ausgeführt werden sollen, indem der Java-JIT-Compiler aktiviert wird.

- ▶ MULTIMEDIA. Diese Optionen können die Geschwindigkeit erhöhen, mit der Sie das Internet durchsuchen, indem die Anzeige von Bildern, Animationen, Videos und Sounds deaktiviert wird. Animierte GIFs werden aber trotzdem angezeigt, weil sie als Bilder betrachtet werden.

- ▶ DRUCKEN. Hier können Sie angeben, ob Hintergrundfarben und -bilder gedruckt werden sollen. Das kann erheblich mehr Zeit und Toner in Anspruch nehmen, als wenn nur der Text auf den Seiten gedruckt wird.

- ▶ SUCHEN. Mit den Optionen können Sie festlegen, was geschehen soll, wenn die Abfrage einer URL scheitert, und daß bei einer falsch angegebenen URL automatisch ein neuer Versuch mit einer gebräuchlichen Basisdomäne gestartet werden soll.

16.2.2 Telnet

Obwohl das erstaunlich klingen mag, kommt es häufiger vor, daß Sie über eine Terminal-Emulation Verbindung zu einem anderen System aufnehmen müssen. Über die Terminal-Emulation melden Sie sich beim System an.

Der Bildschirm von Telnet ist sehr einfach aufgebaut (siehe Bild 16.14). Es ist ein dummer Terminal, der unter Windows gestartet wird. Es gibt viele Versionen von Telnet. Einige davon sind Shareware-, andere Freeware-Versionen. Die im Lieferumfang von Windows enthaltene Version sollte jedoch für die meisten Zwecke ausreichend sein.

Im nächsten Abschnitt werden die Hauptfunktionen von Telnet besprochen.

Abbildung 16.14

Ein Beispiel für ein Telnet-Fenster

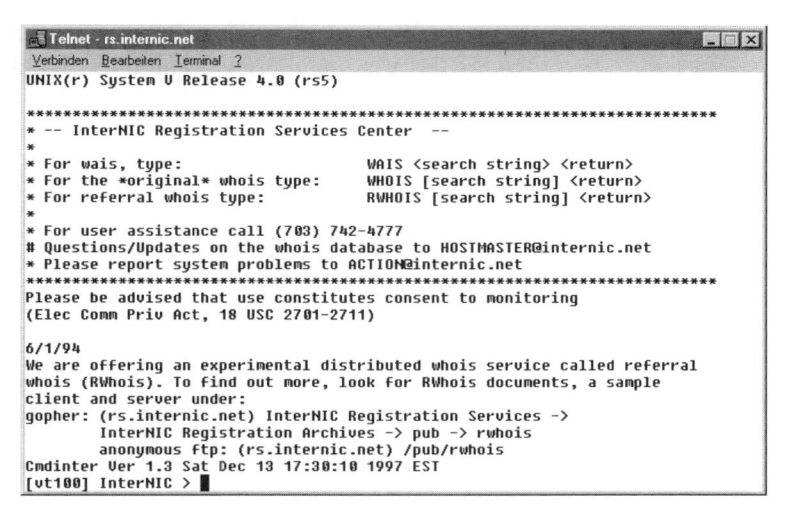

```
Telnet - rs.internic.net
Verbinden  Bearbeiten  Terminal  ?
UNIX(r) System V Release 4.0 (rs5)

********************************************************************
* -- InterNIC Registration Services Center --
*
* For wais, type:                    WAIS <search string> <return>
* For the *original* whois type:     WHOIS [search string] <return>
* For referral whois type:           RWHOIS [search string] <return>
*
* For user assistance call (703) 742-4777
# Questions/Updates on the whois database to HOSTMASTER@internic.net
* Please report system problems to ACTION@internic.net
********************************************************************
Please be advised that use constitutes consent to monitoring
(Elec Comm Priv Act, 18 USC 2701-2711)

6/1/94
We are offering an experimental distributed whois service called referral
whois (RWhois). To find out more, look for RWhois documents, a sample
client and server under:
gopher: (rs.internic.net) InterNIC Registration Services ->
        InterNIC Registration Archives -> pub -> rwhois
        anonymous ftp: (rs.internic.net) /pub/rwhois
Cmdinter Ver 1.3 Sat Dec 13 17:30:10 1997 EST
[vt100] InterNIC > ▌
```

Verbindung zu einem Remote-System aufnehmen

1. Als erstes müssen Sie Telnet natürlich öffnen. Wählen Sie dazu im START-Menü den Menübefehl AUSFÜHREN. Geben Sie in das Dialogfeld AUSFÜHREN `telnet` ein, und drücken Sie auf die ⏎-Taste. (Wenn Sie eine Verknüpfung erstellen möchten, finden Sie die Datei *TELNET.EXE* im Verzeichnis *\%WINROOT5\SYSTEM32.*)

2. Wählen Sie in TELNET aus dem Menü VERBINDEN den Menübefehl REMOTE-SYSTEM.

3. Geben Sie im Dialogfeld ZU REMOTE-SYSTEM VERBINDEN im Feld HOST-NAME den Namen oder die IP-Adresse des Systems ein, zu dem Sie eine Verbindung aufbauen möchten.

4. Falls erforderlich, können Sie im Feld ANSCHLUSS einen Anschluß (Port) angeben.

5. Geben Sie im Listenfeld TERMINAL an, welche Art von Terminal Telnet emulieren soll.

hinweis

Sie müssen diese Emulation auch im Bereich EMULATION des Dialogfelds TERMINAL-EINSTELLUNGEN wählen. Dadurch wissen die anderen Funktionen von Telnet Bescheid, welche Emulation sie verwenden sollen.

Kapitel 16 TCP/IP-Dienstprogramme

Wenn Sie Ihre Arbeit auf dem Remote-Host beendet haben, können Sie die Verbindung wieder trennen, indem Sie den Menübefehl TRENNEN aus dem Menü VERBINDEN wählen.

Die Terminal-Einstellungen festlegen

1. Wählen Sie den Menübefehl EINSTELLUNGEN im Menü TERMINAL (siehe Bild 16.15).

Abbildung 16.15

Das Dialogfeld Terminal-Einstellungen

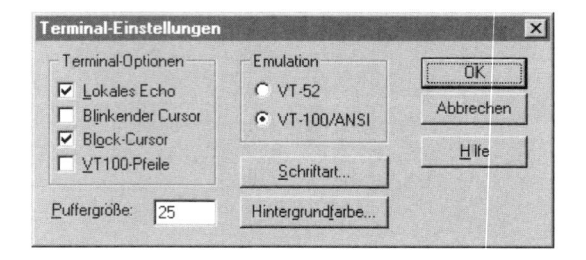

2. Wählen Sie die Emulation aus, indem Sie auf das Optionsfeld VT-52 oder auf VT-100/ANSI klicken.

3. Legen Sie die restlichen Optionen wie in der folgenden Liste angegeben fest.

> **hinweis**
> Sie sollten als Standard die Emulation VT-100/ANSI benutzen. Die meisten Systeme unterstützen diese Emulation.

Die folgende Liste definiert die anderen Einstellungen im Dialogfeld TERMINAL-EINSTELLUNGEN.

- ▶ LOKALES ECHO. Die Anzeige all Ihrer Tastatureingaben wird aktiviert.

- ▶ BLINKENDER CURSOR. Mit dieser Option wird festgelegt, daß der Cursor am Bildschirm blinken soll.

- ▶ BLOCK-CURSOR. Diese Option teilt dem Computer mit, einen Block statt eines Unterstrichs als Cursor zu verwenden.

- ▶ VT100-PFEILE. Hiermit wird die Zeichenfolge definiert, die für die Pfeiltasten gesendet wird.

- ▶ PUFFERGRÖSSE. Dies ist die Anzahl der Zeilen, die das Terminal im Zwischenspeicher behalten soll, damit Sie die Seiten durchsuchen können (der Wertebereich liegt zwischen 25 und 399).

Gelegentlich werden Sie Ihre Telnet-Sitzung aufzeichnen wollen, damit Sie diese später noch einmal betrachten können. Dazu müssen Sie die Protokollfunktion von Telnet aktivieren. Gehen Sie dazu wie folgt vor:

1. Wählen Sie den Menübefehl TERMINAL/PROTOKOLLIEREN.

2. Geben Sie im Dialogfeld PROTOKOLLDATEI ÖFFNEN den Namen und den Pfad ein, in dem die Protokolldatei gespeichert werden soll.

> **hinweis:** Wenn die Datei, die Sie angeben, bereits existiert, wird diese überschrieben.

3. Wenn Sie die Daten, die Sie benötigen, protokolliert haben, wählen Sie den Menübefehl TERMINAL, PROTOKOLLIEREN BEENDEN.

16.3 RSH

Wie bereits erwähnt, können Sie über dieses Programm eine Shell auf dem Remote-System öffnen. Der Befehl rsh wird von der Befehlszeile ausgeführt. Der Befehl und die Parameter lauten wie folgt:

```
rsh Host [-l Benutzername] [-n] Befehl
```

Tabelle 16.5 bietet Ihnen einen Überblick über die Parameter, die Sie angeben können.

Tabelle 16.5
Die Parameter des Befehls rsh.

Parameter	Beschreibung
Host	Teilt rsh mit, zu welchem Computer Sie eine Verbindung aufbauen möchten.
-l Benutzername	Dies ist der Benutzername, mit dem eine Verbindung zum Remote-Host aufgebaut wird. Als Standardwert wird der Benutzername eingesetzt, der auch bei der Anmeldung bei NT verwendet wurde.
-n	Leitet die Ausgabe des Remote-Systems auf NULL um.
Befehl	Dies ist der Befehl, der an die Remote-Sitzung gesendet wird.

rsh startet auf dem Remote-Host eine Sitzung und sendet Ihren Befehl als Standardeingabe. Dieser wird so interpretiert, als würde er auf dem Remote-Host über die Tastatur eingegeben werden. Rsh horcht auch auf die Antwort und gibt Sie auf Ihrem Bildschirm aus. Normalerweise endet die Sitzung, wenn der entsprechende Remote-Befehl eingegeben wird.

16.3.1 REXEC

Dieses Befehlszeilen-Dienstprogramm kann auf Remote-Hosts ausgeführt werden, auf denen der rexec-Dienst aktiv ist. rexec muß die Echtheit Ihres Benutzernamens auf dem Remote-Host bestätigen, bevor der Befehl ausgeführt werden kann. Der Befehl hat die folgende Syntax:

```
rexec Host [-l Benutzername] [-n] Befehl
```

Tabelle 16.6 umreißt die Parameter für den Befehl rexec.

Tabelle 16.6
Die Parameter des Befehls rexec

Parameter	Beschreibung
Host	Dies ist der Name des Remote-Host. auf dem Sie Ihren Befehl ausführen möchten.
-l Benutzername	Der Benutzername, mit dem Sie sich beim Remote-Host anmelden möchten. rexec gibt den Namen, mit dem der Benutzer augenblicklich bei Windows NT angemeldet ist, nicht automatisch weiter.
-n	Leitet die Information, die vom Befehl zurückgeliefert wird, auf NULL um.
Befehl	Der Befehl, den Sie auf dem Remote-Host ausführen möchten.

rexec fordert Sie auf, ein Kennwort einzugeben, und vergleicht den Benutzernamen und das Kennwort mit den Daten in seinem eigenen Sicherheitssystem. Der Befehl wird nur dann ausgeführt, wenn Sie einen gültigen Benutzernamen und ein Kennwort eingegeben haben.

16.4 Dienstprogramme zum Drucken

Sie wissen bereits, daß der Befehl lpr einen Druckauftrag an ein Remote-System sendet, auf dem der LPD-Dienst aktiv ist, und daß der Befehl lpq den Status des Druckauftrags prüft. In diesem Abschnitt werden die Druckbefehle und alle anderen Druckoptionen detaillierter betrachtet.

16.4.1 LPR

Wie Sie sich vielleicht erinnern, sendet lpr (Line Printer Request) die von Ihnen angegebene Datei an den von Ihnen genannten Netzwerkdrucker. Die vollständige Befehlszeile für lpr sieht wie folgt aus:

```
lpr -S Server  -P Drucker [-C Klasse] [-J Auftrag] [-o Option]
[-x] [-d] Dateiname
```

Tabelle 16.7 erklärt alle Parameter:

Tabelle 16.7 *Befehlszeilen-Parameter für lpr*

Parameter	Beschreibung
-S Server	Der Host-Name oder die IP-Adresse des Hosts, der den Drucker steuert.
-P Drucker	Der Name des Druckers, auf den Sie drucken möchten.
-C Klasse	Die Klassifikation des Auftrags. Diese Information erscheint auf der Trennseite.
-J Auftrag	Der Auftragsname, den Sie versenden. Der Auftragsname erscheint in der Druckerwarteschlange und normalerweise auch auf der Trennseite.
-o Option	Wie Sie bereits bei ftp, tftp und rcp gesehen haben, gibt es nur zwei Arten, Dateien zu versenden: als Text- oder als Binärdatei. Der Standard für lpr ist eine Textdatei, mit der Option -ol (das l muß klein geschrieben sein), um dem Remote-Host mitzuteilen, daß es eine Binärdatei ist (z.B: eine PCL- oder PostScript-Datei).
-x	Kompatibilität mit SunOSm Version 4.1.x oder früher.
-d Dateiname	Dies ist der Name der Datei, die Sie ausdrucken möchten.

16.4.2 LPQ

Mit `lpq` können Sie den Status der Druckerwarteschlange auf dem Remote-Host betrachten. Der vollständige Befehl lautet:

```
lpq -S Server -P Drucker [-l]
```

Tabelle 16.8 beschreibt die Parameter.

Tabelle 16.8
Befehlszeilen-Parameter für lpq

Parameter	Beschreibung
-S Server	Der Host-Name oder die IP-Adresse des Systems, das abgefragt werden soll.
-P Drucker	Der Druckername auf dem Remote-System.
-l	Eine ausführliche Ausgabe der Druckerwarteschlange.

16.5 Dienstprogramme zur Diagnose und Problembehebung

Zu den wichtigsten Hilfsprogrammen gehören diejenigen zur Problembehebung. Sie haben diese Dienstprogramme bisher noch nicht umfassend betrachtet.

16.5.1 Ping

`Ping` ist das wichtigste Diagnose-Dienstprogramm zur Problembehebung. `Ping` (Abkürzung für Packet Internet Groper) macht genau das gleiche wie sein Verwandter aus der Unterwasserwelt. Es sendet Signale und wartet darauf, daß das Echo zurückkommt. Dies ist eigentlich eine Funktion des ICMP-Protokolls, das sich, wie Sie wissen, in der IP-Schicht befindet. Das bedeutet, daß Sie die unterste Ebene des TCP/IP-Protokolls testen.

Als Standard nimmt `ping` vier Übertragungen vor, die jeweils 32 Byte umfassen. Sie verifizieren dadurch, daß eine Verbindung zu einem bestimmten Host hergestellt werden kann.

`Ping` ist mit zahlreichen Parametern ausgestattet.

```
ping [-t] [-a] [-n Anzahl] [-l Größe] [-f] [-i TTL] [-v TOS]
[-r Anzahl] [-s Anzahl] [[-j Host-Liste] | [-k Host-Liste]]
[-w Timeout] Zielliste
```

Tabelle 16.9 beschreibt die Parameter.

Tabelle 16.9
Parameter von ping

Parameter	Beschreibung
-t	Dieser Parameter teilt `ping` mit, daß so lange Signale zum Remote-Host gesendet werden sollen, bis eine Unterbrechung durch den Benutzer stattfindet. Das ist sehr nützlich, wenn Sie Probleme im Verbindungskabel vermuten, weil Sie an den Kabeln rütteln können, ohne den Befehl ständig wieder neu eingeben zu müssen.
-a	Dieser Parameter teilt `ping` mit, daß die Adresse in einen Host-Namen aufgelöst und angezeigt werden soll.
-n Anzahl	Dies ist die Anzahl der Echo-Anforderungen, die der Befehl senden sollte. Wie Sie bereits gesehen haben, liegt der Standardwert bei vier.
-l Größe	Als Standard sendet `ping` 32 Byte Daten (hier enthält die Dokumentation zu `ping` einen Fehler). Mit diesem Parameter können Sie die Größe des Echo-Pakets steigern, das gesendet wird. Dadurch können Sie Pakete testen, die bis zu 8192 Byte groß sind. Normalerweise werden Pakete bei der Größe zerteilt.
-f	Hiermit wird das Kontrollbit »nicht fragmentieren« im IP-Header eingerichtet. Mit diesem Parameter können Sie die maximale Größe eines Pakets festlegen, das an einen Host gesendet werden kann. Diese Information läßt sich einsetzen, um TCP/IP zu optimieren.
-i TTL	Richtet »Time to Live«-Parameter im IP-Header ein. Sie können damit kontrollieren, wie lange ein Paket in der Leitung bleibt. Sie können dieses Wissen einsetzen, um festzustellen, ob Ihre Pakete manchmal über alternative Routen gesendet werden, die zu einer Zeitüberschreitung führen.
-v TOS	Hiermit richten Sie das »Type of Service«-Feld im IP-Header ein. Damit können Sie feststellen, welche Dienste auf Routern und Remote-Hosts zur Verfügung stehen.
-r Anzahl	Hiermit wird die Route, die das Paket genommen hat, im Feld ROUTE AUFZEICHNEN abgelegt. Es können bis zu 9 Computer aufgezeichnet werden.
-s Anzahl	Teilt dem System mit, daß die Anzahl der Abschnitte (Hops) aufgezeichnet werden soll.
-j Host-Liste	Die Host-Liste umfaßt die Router, über die das Paket gesendet werden soll. Es können bis zu neun Hosts angegeben werden. Die Reihenfolge in der Host-Liste muß nicht genau eingehalten werden. Es können auch andere Hops dazwischenliegen.

Parameter	Beschreibung
`-k Host-Liste`	Dieser Parameter ähnelt der Option `-j`, die Reihenfolge der Host-Liste muß hier jedoch genau eingehalten werden, und es können keine anderen Hops zwischen den aufgelisteten Hosts liegen.
`-w Timeout`	Gibt die Zeitdauer in Millisekunden an, die `ping` wartet, bevor es bestimmt, daß der Host nicht antwortet.
`Zielliste`	Teilt `ping` mit, an welchen Computer Echo-Anfragen gesendet werden sollen.

Netzwerkverbindungen mit Ping testen

Normalerweise beginnt die Testserie mit `ping` mit einem Test der internen Loopback-Adresse (127.0.0.1). Das stellt sicher, daß die IP-Schicht korrekt funktioniert, und Sie können fortfahren. Als nächstes sollten Sie mit `ping` Ihre eigene IP-Adresse prüfen, um sicherzustellen, daß das Protokoll korrekt mit Ihrer Netzwerkkarte verknüpft wurde.

Wenn beide Befehle fehlschlagen, ist die Wahrscheinlichkeit groß, daß Ihr IP-Protokollstapel beschädigt ist oder nicht korrekt initialisiert wurde. Der erste Schritt sollte in einem solchen Fall darin bestehen, das System neu zu starten. Dann sollten Sie an der Eingabeaufforderung den Befehl `ipconfig` eingeben, um festzustellen, ob Ihr Computer mit einer IP-Adresse ausgestattet ist. Wenn keine Adresse aufgelistet wird, versuchen Sie es mit dem Befehl `ipconfig /renew`.

Wenn auch das nicht funktioniert, sollten Sie diese Gelegenheit wahrnehmen, die Neuinstallation der Protokolle zu üben. Vergessen Sie nicht, Ihren Computer neu zu starten, nachdem Sie das Protokoll entfernt und bevor Sie es wieder hinzugefügt haben.

Als nächstes prüfen Sie mit `ping` alle IP-Adressen. Beginnen Sie mit den lokalen Adressen. Nehmen Sie sich dabei einige Adressen vom oberen und vom unteren Ende des IP-Adressen-Bereichs vor. Wenn Sie mit `ping` keine Verbindung herstellen können, sind möglicherweise Ihre Netzwerkkarte, das Kabel oder die Netzwerktreiber fehlerhaft. Wenn Sie zu einigen Hosts Verbindung aufnehmen können und zu anderen nicht, sollten Sie einen Blick auf die Subnet Mask werfen und sicherstellen, daß die Teilnetzwerk-ID der Hosts korrekt ist. Wenn die Subnet Mask zu viele Bits benutzt, können Sie mit `ping` nicht zu allen lokalen Hosts eine Verbindung aufbauen.

Nun können Sie mit `ping` einen Remote-Computer anwählen. Sie prüfen dabei, ob Sie eine Verbindung über Ihren Standard-Gateway aufbauen können. D.h. also, Sie prüfen, ob das Routing funktioniert. Sie stellen außerdem sicher, daß Ihre Subnet Mask nicht zu wenig Bits benutzt. Wäre das der Fall, würden die Remote-Hosts wirken, als wären sie lokal. Prüfen Sie auch hier, ob die Subnet Mask die korrekte Subnet-ID extrahiert.

Nun müssen Sie versuchen, mit `ping` einen Remote-Host anzuwählen. Der Host-Name spielt dabei eigentlich keine Rolle, so lange er gültig ist. Sie versuchen damit zu testen, ob die Host-Namensauswertung korrekt funktioniert. Wenn Sie nur zu einem oder zwei Host-Namen Verbindung aufnehmen können, sollten Sie prüfen, ob die Namen dieser Hosts in der Datei *HOSTS* enthalten sind. Sind sie das, gibt es ein Problem mit dem DNS-Eintrag auf Ihrem lokalen Computer oder möglicherweise sogar mit dem DNS-Dienst selbst.

Wenn Sie mit `ping` zu verschiedenen Computern Kontakt aufnehmen können, sollten Sie `ping` mit einem NetBIOS-Namen ausprobieren. Damit prüfen Sie, ob es eine Methode der NetBIOS-Namensauswertung gibt. (Denken Sie daran, daß die NetBIOS-Namensauswertung die Host-Namensauswertung absichert und umgekehrt.) Wenn auch hier nur eine Verbindung zu ein paar Namen aufgebaut werden kann, sollten Sie die Datei *LMHOSTS* prüfen.

> **hinweis**
>
> Die Methode, die zum Test von TCP/IP mit `ping` beschrieben wurde, wird zur Prüfung der Netzwerkverbindungen mit `ping` empfohlen. Die meisten Leute (einschließlich mir selbst) gehen umgekehrt vor und prüfen mit `ping` zuerst die Verbindung zu einem Remote-Host über dessen Namen. Die möglichen Probleme werden dadurch in zwei Lager geteilt, und Sie erfahren schnell, ob die TCP/IP-Seite oder die Protokolle der darüberliegenden Schichten die Probleme verursachen.

Es folgen nun Beispiele für den Einsatz von `ping`.

```
C:\>REM Ping-Verbindung über die IP-Adresse aufbauen
C:\>ping 198.53.147.2
Pinging 198.53.147.2 with 32 bytes of data:
Reply from 198.53.147.2: bytes=32 time=766ms TTL=105
Reply from 198.53.147.2: bytes=32 time=281ms TTL=105
Reply from 198.53.147.2: bytes=32 time=297ms TTL=105
```

```
Reply from 198.53.147.2: bytes=32 time=281ms TTL=105
C:\>REM Ping-Verbindung über den Host-Namen aufbauen
C:\>ping www.ibm.com
Pinging www.ibm.com [204.146.17.33] with 32 bytes of data:
Reply from 204.146.17.33: bytes=32 time=235ms TTL=237
Reply from 204.146.17.33: bytes=32 time=219ms TTL=237
Reply from 204.146.17.33: bytes=32 time=219ms TTL=237
Reply from 204.146.17.33: bytes=32 time=219ms TTL=237
C:\>ping www.microsoft.com
Pinging www.microsoft.com [207.68.137.65] with 32 bytes of
data:
Reply from 207.68.137.65: bytes=32 time=234ms TTL=53
Reply from 207.68.137.65: bytes=32 time=218ms TTL=53
Reply from 207.68.137.65: bytes=32 time=219ms TTL=53
Reply from 207.68.137.65: bytes=32 time=219ms TTL=53
```

> **hinweis**
>
> Sie werden zwischen den TTL der Pakete, die an die Hosts www.ibm.com und www.microsoft.com gesendet werden, einen großen Unterschied feststellen. Das ist nicht ungewöhnlich. Obwohl Router die TTL normalerweise nur um eins pro Sekunde, die ein Paket in einem Router verbleibt, reduzieren sollen, verringern manche Router die TTL um wesentlich mehr.
>
> Dafür gibt es zahlreiche Gründe. Der erste ist das Datenverkehrsaufkommen, das ein Router bewältigen kann. Router, die sehr beschäftigt sind, verringern die TTL normalerweise um mehr als eins pro Sekunde, um das zu hohe Verkehrsaufkommen zu reduzieren. Wenn die TTL sehr stark reduziert wird, entfernt der Router alle Pakete, die er nicht in einer vernünftigen Zeit bearbeiten kann. Der Host sendet das Paket noch einmal, und hat statistisch gesehen eine faire Chance, das nächste Mal durchzukommen.
>
> Ein weiteres Problem sind die Leitungskosten. Wenn eine Organisation eine bezahlte Verbindung zum Internet hat, möchte sie, daß ihr eigener Datenverkehr bevorzugt behandelt wird. Das kann dadurch erreicht werden, daß die TTL von Paketen reduziert wird, die von außerhalb ins Netzwerk kommen.

16.5.2 Ipconfig

Ein weiteres wichtiges Diagnose-Hilfsprogramm, das Sie unbedingt kennen sollten, ist `ipconfig`. Mit ihm können Sie prüfen, ob alle Konfigurationsparameter im System korrekt eingerichtet sind. Sie sind dem Befehl `ipconfig` bereits einige Male begegnet. Hoffentlich haben Sie diesen Befehl sowie `ping` auch schon einmal ausprobiert. Die Befehlssyntax lautet wie folgt:

```
ipconfig [/all | /renew [adapter] | /release [adapter]]
```

Tabelle 16.10 beschreibt alle Parameter von `ipconfig`.

Tabelle 16.10 *Parameter des Befehls ipconfig*

Parameter	Beschreibung
all	Liefert alle Details der Konfiguration des Computers. Diese Ausgabe füllt häufig mehr als einen Bildschirm. Sie können jedoch den Pipe-Befehl nutzen, um die Information bildschirmweise anzeigen zu lassen. Geben Sie dazu den folgenden Befehl ein: `ipconfig /all	more`.
renew [adapter]	Mit diesem Parameter können Sie die IP-Lease für einen bestimmten Netzwerkadapter erneuern. Wenn kein Adapter angegeben wird, wird die Lease aller Adapter beim DHCP-Server erneuert.
release [adapter]	Gibt die IP-Lease frei, die vom DHCP-Server zugewiesen wurde. Diesen Befehl sollten Sie einsetzen, bevor Sie ein System herunterfahren, das in ein anderes Teilnetzwerk versetzt wird.

Wenn Sie keinen Parameter angeben, zeigt `ipconfig` Ihnen alle Werte der TCP/IP-Konfiguration inklusive der IP-Adresse und der Subnet Mask an.

16.5.3 Finger

Mit diesem Dienstprogramm können Sie auf andere Benutzer in Ihrem Netzwerk einen Finger legen. Der Befehl fragt vom Finger-Dienst, der auf einem Remote-System abläuft, Informationen über einen Benutzer ab. Der Befehl liefert die Grundinformationen über den Benutzer zurück, wie z.B. seinen Anmeldenamen, den vollständigen Namen, die Anmeldedauer etc. Das ist sehr nützlich, wenn Sie ein System von einem anderen System aus herunterfahren.

Kapitel 16 TCP/IP-Dienstprogramme

Die Syntax des Befehls lautet wie folgt:

```
finger [-l] [Benutzer]@Host [...]
```

Tabelle 16.11 beschreibt die Parameter des Befehls `finger`.

Tabelle 16.11
Parameter des Befehls finger

Parameter	Beschreibung
-l	Zeigt Informationen vom Remote-System im langen Listenformat an und bietet damit in den meisten Fällen mehr Details.
Benutzer	Teilt dem System mit, über welchen Benutzer Sie Informationen erhalten möchten. Wenn dieser Parameter nicht angegeben wird, werden Informationen über alle Benutzer auf dem angegebenen Host ausgegeben.
@Host	Der Server-Computer, mit dem die Benutzer augenblicklich arbeiten.

16.5.4 NSLOOKUP

Sie haben `nslookup` nicht nur bereits gesehen, sondern Sie haben den Befehl sogar bereits in einer der Übungen benutzt. Bis jetzt haben Sie jedoch nur die Grundfunktionen kennengelernt. Hier finden Sie nun alle Funktionen. Die Syntax lautet wie folgt:

```
nslookup [-Option ...] [Computer | - [Server]]
```

Tabelle 16.12 präsentiert die Befehlszeilenparameter des Befehls `nslookup`.

Modi der Funktion NSLOOKUP

Wie Sie wissen, kann `nslookup` in zwei Modi verwendet werden: dem interaktiven Modus, in dem Sie vom DNS zahlreiche Informationen beziehen können, und dem nichtinteraktiven Modus, der eingesetzt wird, wenn Sie nur eine einzige Information benötigen.

Tabelle 16.12
Parameter des Befehls nslookup

Parameter	Beschreibung
-Option	Bietet Ihnen die Möglichkeit, einen oder mehrere Befehle in der Befehlszeile einzugeben (eine Liste dieser Befehle folgt.) Stellen Sie jedem Parameter, den Sie hinzufügen möchten, einen Bindestrich voran. Zwischen dem Befehl und dem Bindestrich sollte kein Leerzeichen stehen. Beachten Sie außerdem, daß der gesamte Befehl maximal 256 Zeichen lang sein darf.
Computer	Dies ist der Host-Computer, über den Sie Informationen herausfinden möchten. Entwoder wird der Standard-Server oder der angegebene Server verwendet.

Interaktive Befehle

Den interaktiven Modus des Befehls `nslookup` haben Sie bereits kennengelernt. Um in den interaktiven Modus zu gelangen, brauchen Sie nur `nslookup` einzugeben. Es gibt noch einige Dinge, die Sie über den interaktiven Modus wissen sollten:

Sie können die Ausführung von Befehlen jederzeit beenden, wenn Sie die Tasten `Strg` + `C` drücken.

- ▶ Wie die Eingabeaufforderung muß die Länge der Befehlszeile kürzer als 256 Zeichen sein.

- ▶ Wenn ein Computer in Ihrem Netzwerk nach einem `nslookup`-Befehl benannt wurde, sollten Sie ihm einen Backslash (\) voranstellen, damit die Bezeichnung als Computer-Name behandelt wird.

- ▶ Befehle, die nicht interpretiert werden können, werden wie Computer-Namen behandelt.

Sie können verschiedene Fehlermeldungen erhalten. Die folgende Liste führt die wichtigsten davon auf:

- ▶ ZEITÜBERSCHREITUNG. Der DNS-Server antwortete nicht innerhalb der festgelegten Zeitdauer auf die Anforderung. (Die Zeitdauer wird mit dem Timeout-Parameter festgelegt.)

- SERVER ANTWORTET NICHT. Ihr System konnte auf dem angegebenen Computer oder dem Standard-DNS keinen DNS-Anschluß öffnen. Das könnte bedeuten, daß es ein Namensproblem gibt oder der Server nicht aktiv ist.

- KEINE EINTRÄGE. Der Name, den Sie angefordert haben, wurde entweder falsch eingegeben, oder es gibt für ihn keinen Eintrag in der Datenbank.

- DOMÄNE EXISTIERT NICHT. Der Name, den Sie nachschlagen möchten, befindet sich in einer Domäne, die nicht registriert ist. Für den Computer, den Sie eingegeben haben, gab es keinen Verweis auf die Domäne, auch wenn mit dem Stamm-Server begonnen wurde.

- VERBINDUNG VERWEIGERT. Sie können sich beim Server nicht anmelden, weil Sie keine Erlaubnis haben, diese Funktion auszuführen oder diese Einträge zu sehen.

- NETZWERK NICHT ERREICHBAR. Entweder lehnt das System Ihren Versuch, eine Verbindung aufzubauen, ab (wie bereits beschrieben), oder der Server, mit dem Sie versuchen zu arbeiten, ist im Netzwerk augenblicklich nicht verfügbar.

- SERVER-FEHLER. Der DNS-Server kann Ihre Anforderung wegen interner Datenbankprobleme nicht erfüllen. Das bedeutet, daß Sie sich um den Server kümmern sollten.

- VERWEIGERT. Im allgemeinen ist dies ein Autorisierungsproblem. Sie haben die Berechtigung, Teile der Datenbank abzufragen, aber nicht die gesamte Datenbank.

- FORMATFEHLER. Der DNS-Server hat die Anforderung nicht verstanden und vermutet, daß sie nicht korrekt formatiert war. Das könnte ein Problem von `nslookup` sein.

NSLOOKUP-Befehle

Wenn Sie im interaktiven Modus arbeiten, können Sie viele Befehle verwenden. Sie können auch einige Werte festlegen. Die folgende Liste erklärt dies:

- ▶ `help`. Sie erhalten eine Übersicht über die Befehle.

- ▶ `exit`. Die Verbindung wird beendet, und Sie kehren zur Eingabeaufforderung zurück (oder zum Desktop), wenn Sie den Befehl über START/AUSFÜHREN ausgeführt haben.

- ▶ `finger`. Mit diesem Befehl können Sie Informationen über einen oder mehrere Systembenutzer erhalten. Wenn Sie einfach `finger` eingeben, wird die Information von dem Server angezeigt, der bei der letzten Suche gefunden wurde. Syntax:
  `finger [Benutzername] [> Dateiname] | [>> Dateiname]@`

- ▶ `ls`. Dieser Befehl listet die Informationen einer DNS-Domäne auf. Als Standard enthält die Ausgabe die Host-Namen und die zugehörigen IP-Adressen. Syntax:
  `ls [Option] DNS-Domäne [> Dateiname] | [>> Dateiname]`

  - ▶ `-t Abfragetyp`. Listet alle Einträge eines bestimmten Typs auf. Der Eintragstyp wird unter dem Abfragetyp aufgeführt.

  - ▶ `-a`. Listet alle CNAME-Einträge des DNS-Servers auf.

  - ▶ `-d`. Listet alle Einträge des DNS-Servers auf.

  - ▶ `-h`. Listet alle Informationen über die CPUs und Betriebssysteme der DNS-Domäne auf.

  - ▶ `-s`. Listet die bekannten Dienste der Hosts in der DNS-Domäne auf.

  - ▶ `DNS-Domäne`. Listet die Informationen für die angegebene DNS-Domäne auf.

  - ▶ `Dateiname`. Gibt einen Dateinamen an, an den die Befehlsausgabe geleitet werden sollte.

- lserver. Basierend auf der Auswertung des lokalen Servers wird der Standard-Server auf die angegebene DNS-Domäne geändert. Beim server-Befehl dagegen wird der Standard-Server verwendet, um Informationen über die DNS-Domäne zu erhalten.

- root. Ändert den Standard-Server auf Server des Stammnamensbereichs für den Domain-Name-Space. Augenblicklich ist dies der Host ns.nic.ddn.mil. Syntax: root

- server. Wie im Abschnitt lserver beschrieben, ändert dieser Befehl den Standard-Server auf die angegebene Domäne, basierend auf den Informationen des aktuellen Standard-Servers.

- set. Dieser Befehl bietet Ihnen die Möglichkeit, Werte für alle Variablen festzulegen, die die Funktionsweise des Befehls nslookup beeinflussen. Der Befehl hat die Syntax: Aset Schlüsselwort[=Wert]

  Die folgende Liste enthält alle Schlüsselwörter, die Sie eingeben können:

  - all. Gibt die aktuellen Werte der Konfigurationseinstellungen aus. Diese Information beinhaltet den Standard-Server und den Host.

  - cl[ass]. Dieser Parameter ändert die Abfrageklasse. Der Standard ist es, alle Internet-Klassen zu integrieren (IN). Es stehen folgende Abfrageklassen zur Verfügung:

    - IN. Internet-Klasse.
    - CHAOS. Chaos-Klasse.
    - HESIOD. MIT Athena Hesiod-Klasse.
    - ANY. Alle vorgenannten Klassen.

  - [no]deb[ug]. Dieser Modus ähnelt dem Parameter verbose. Wenn der Debug-Modus eingeschaltet ist, werden mehr Informationen über die Pakete, die zum Server gesendet werden, und über die Information, die zurückgeliefert wird, ausgegeben. Syntax: set [no]deb[ug]

- [no]d2. Wie deb und nodeb aktiviert dieser Befehl den ausführlichen Debug-Modus. Es werden alle Felder aller Pakete ausgegeben. Syntax:
set [no]d2

- [no]def[name]. Aktiviert oder deaktiviert die Standard-Domänen-Option. Dadurch wird automatisch die Standard-Domäne angehängt, wenn Sie eine Abfrage für einen Namen ohne vollqualifizierten Domänennamen eingeben. Syntax:
set [no]def[name]

- do[main]. Mit diesem Befehl können Sie den Standard-Domänennamen auf den angegebenen Namen umändern. Wenn Sie z. B. in der Domäne ScrimTech.com nach verschiedenen Namen suchen, können Sie den Domänenwert festlegen und den Befehl set def so einrichten, daß die Standarddomänennamen benutzt werden. Syntax:
set do[main]=Name

- [no]ig[nore]. Wenn dieser Parameter gesetzt ist, werden Paketfehler ignoriert. Syntax:
set [no]ig[nore]

- po[rt]. Dieser Befehl ändert den Standard-Winsock-Anschluß, über den Abfragen an den DNS-Server gesendet werden. Syntax:
set po[rt]=Wert

- q[uerytype]. Dieser Befehl ändert den Standardabfragetyp. Es können verschiedene Werte eingegeben werden. Die folgende Liste nennt die Werte und erklärt sie. Syntax:
set q[uerytype]=Wert

- A. Suche nach A-Einträgen im DNS-Server. Dies ist der Standard-Wert.

- ANY. Liste aller Hosts, die im DNS-Server aufgeführt sind.

- CNAME. Suche nach Aliasnamen.

- GID. Suche nach Gruppenbezeichnern.

- ▶ HINFO. Suche nach dem CPU-Typ und dem Betriebssystem des DNS-Servers.
- ▶ MB. Suche nach dem Mailbox-Domänennamen.
- ▶ MG. Suche nach dem Mail-Gruppenmitglied.
- ▶ MINFO. Suche nach Informationen über die Mailbox oder die Maillist.
- ▶ MR. Suche nach Informationen über Mail-Rename-Domänenname.
- ▶ MX. Suche nach Mail-Exchange-Einträgen beim DNS-Server.
- ▶ NS. Suche nach DNS-Name-Server-Einträgen beim DNS-Server.
- ▶ PTR. Suche nach IP-Adresse zum angegebenen Host-Namen.
- ▶ SOA. Anzeige des SOA-Eintrags des DNS-Servers.
- ▶ TXT. Textinformationen, die auf dem DNS-Server abgelegt sind.
- ▶ UID. Informationen über Benutzer-ID auf dem DNS-Server.
- ▶ UINFO. Suche nach Benutzerinformationen auf dem DNS-Server.
- ▶ WKS. Befragung des DNS-Servers nach bekannten Dienstbeschreibungen.
- ▶ [no]rec[urse]. Wenn der Wert recurse gewählt wird, weiß der DNS-Server, daß er die Informationen bei anderen DNS-Servern abfragen muß. Dadurch wird Ihre Abfrage als rekursive Abfrage behandelt, die den DNS-Server zwingt, andere DNS-Server wiederholt abzufragen. Syntax:
  set [no]rec[urse]

- ret[ry]. Legt die Anzahl der Wiederholungen fest. Wenn die Antwortzeit auf eine Abfrage überschritten ist, startet das System eine neue Abfrage. Das geschieht so oft, bis die festgelegte Anzahl der Wiederholungen erreicht ist. (Hinweis: Beachten Sie, daß die Dauer der Zeitüberschreitung bei jeder Anfrage verdoppelt wird.) Syntax:
  `set ret[ry]=Anzahl`

- ro[ot]. Legt den Namen des Stamm-Servers fest. Dadurch ändert sich der Host, zu dem über den root-Befehl eine Verbindung aufgebaut wird. Syntax:
  `set ro[ot]=Host`

- [no]sea[rch]. Falls dieser Parameter gesetzt ist, hängt das System jeden Namen der DNS-Domänen-Suchliste an das Ende des Hosts an, wenn der Wert, nach dem Sie suchen, nicht mit einem Punkt endet. Syntax:
  `set [no]sea[rch]`

- set srchl[ist]. Bietet Ihnen die Möglichkeit, eine Domänen-Suffix-Reihenfolge anzugeben, die von der Reihenfolge abweicht, die auf der Registerkarte DNS des Dialogfelds MICROSOFT TCP/IP-EINSTELLUNGEN festgelegt wurde. Syntax:
  `set srchl[ist] Name1/Name2/..`

- ti[meout]. Konfiguriert die anfängliche Zeitdauer, nach der bei Abfragen des DNS-Servers eine Zeitüberschreitung eintritt. Wie bereits erwähnt, wird die Zeitdauer für die Zeitüberschreitung jedesmal verdoppelt, wenn eine Anfrage nicht beantwortet wird. Syntax:
  `set ti[meout]=Anzahl`

- ty[pe]. Dieser Typ ist gleich wie der Typ querytype, der bereits besprochen wurde. Syntax:
  `set ty[pe]=Wert`

- [no]v[c]. Gibt an, ob ein virtueller Kreis verwendet wird, um Anforderungen an den Server zu senden. Wenn ein virtueller Kreis angefordert wird, wird TCP benutzt, ansonsten UDP. Syntax:
  `set [no]v[c]`

- view. Dieser Befehl sortiert die Ausgabe der vorherigen ls-Befehle und listet sie auf.

16.5.5 Hostname

Dieser Befehl ist ganz einfach aufgebaut. Er zeigt den aktuellen Hostnamen an. Die Syntax lautet wie folgt:

```
hostname
```

Auf einem Computer sieht das wie folgt aus:

```
C:\>hostname
tawni
C:\>
```

> **hinweis** Im Falle dieses Computers wurde in der Registerkarte DNS des Dialogfelds MICROSOFT TCP/IP-EINSTELLUNGEN keine Domäneninformation eingegeben.

16.5.6 NETSTAT

Wie Sie bereits gesehen haben, ist der Befehl netstat nützlich, um die Verbindungstypen der Verbindungen festzustellen, die Sie auf dem TCP/IP-Stapel errichtet haben. Es werden alle Verbindungen inklusive der, die mit NetBIOS über TCP/IP erstellt wurden, angezeigt. Die Syntax dieses Befehls lautet wie folgt:

```
netstat [-a] [-e] [-n] [-s] [-p Protokoll] [-r] [Intervall]
```

Tabelle 16.13 faßt die Parameter zusammen, die für netstat zur Verfügung stehen.

Tabelle 16.13
Parameter des Befehls netstat

Parameter	Beschreibung
-a	Zeigt alle Verbindungen und horchenden Anschlüsse an. Diese werden normalerweise nicht angezeigt.
-e	Zeigt die Statistik der Netzwerkkarte an. Dieser Parameter kann mit dem Parameter -s kombiniert werden.
-n	Zeigt alle aktiven Verbindungen an, benutzt jedoch die IP-Adressen anstatt der Host-Namen.

Dienstprogramme zur Diagnose und Problembehebung

Parameter	Beschreibung
`-s`	Zeigt die Statistik protokollweise an. Normalerweise beinhaltet diese die Statistiken der Protokolle TCP, UDP, ICMP und IP. Der Parameter `-p` kann eingesetzt werden, um eine Teilmenge der Protokolle auszuwählen.
`-p Protokoll`	Zeigt die Verbindungen für das angegebene Protokoll an. Normalerweise ist das TCP oder UDP. In Kombination mit dem Parameter `-s` können Sie jedoch die Protokolle TCP, UDP, ICMP und IP auswählen.
`-r`	Diese Option zeigt den Inhalt der Routing-Tabelle an.
`Intervall`	Zeigt die gewählte Statistik wiederholt in aktualisierter Form im angegebenen Zeitintervall an.

Bild 16.16 zeigt ein Beispiel für die Ausgabe des Befehls `netstat`.

Abbildung 16.16

Ausgabe des Befehls netstat

```
Microsoft(R) Windows NT(TM)
(C) Copyright 1985-1996 Microsoft Corp.

C:\>netstat

Aktive Verbindungen

  Proto  Lokale Adresse       Remote-Adresse       Zustand
  TCP    mozart:1027          localhost:1036       ESTABLISHED
  TCP    mozart:1036          localhost:1027       ESTABLISHED
  TCP    mozart:nbsession     P100:1025            ESTABLISHED
  TCP    mozart:nbsession     P100:1036            ESTABLISHED

C:\>
```

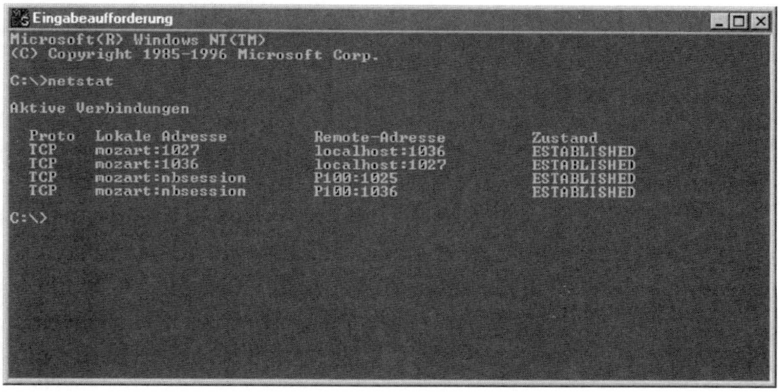

Die angezeigten Informationen haben die folgende Bedeutung:

- REMOTE-ADRESSE. Dies ist die IP-Adresse oder der Host-Name und der WinSock-Anschluß des Remote-Hosts, mit dem Sie kommunizieren. Wenn der Anschluß initialisiert wird, wird ein Sternchen (*) angezeigt.

- LOKALE ADRESSE. Diese Spalte enthält die IP-Adresse oder den Host-Namen Ihres Computers und den Anschluß, über den Sie eine Verbindung zum Remote-Host ausbauen.

- PROTO. Diese Spalte enthält die Namen der Protokolle, mit denen die Verbindung hergestellt wird.

- ZUSTAND. Diese Spalte zeigt den Zustand der TCP-Verbindungen an. Folgende Zustände sind möglich:
  - CLOSED. Die TCP-Sitzung wurde geschlossen.
  - FIN_WAIT_1. Die Verbindung ist beendet.
  - SYN_RECEIVED. Eine Anforderung für eine Sitzung wurde empfangen.
  - CLOSE_WAIT. Die Verbindung ist beendet.
  - FIN_WAIT_2. Die Verbindung ist beendet.
  - SYN_SEND. Eine Sitzung wurde angefordert.
  - ESTABLISHED. Zwischen den Systemen besteht augenblicklich eine Verbindung.
  - LISTEN. Ein Dienst hat einen Anschluß passiv geöffnet.
  - TIMED_WAIT. Die Sitzung wartet augenblicklich darauf, daß der Computer aktiv wird.
  - LAST_ACK. Ihr Computer hat eine letzte Bestätigung abgesandt.

16.5.7 NBTSTAT

Dieser Diagnosebefehl zeigt die Protokollstatistiken und die aktuellen TCP/IP-Verbindungen von NBT (NetBIOS over TCP/IP) an. Der Befehl steht nur zur Verfügung, wenn die TCP/IP installiert wurden.

```
nbtstat [-a Remote-Name] [-A IP-Adresse] [-c] [-n] [-R] [-r]
[-S] [-s] [Intervall]
```

Einige dieser Befehlszeilenparameter haben Sie bereits kennengelernt. Tabelle 16.14 beschreibt alle zur Verfügung stehenden Parameter.

Tabelle 16.14
Parameter des Befehls nbtstat

Parameter	Beschreibung
`-a Remote-Name`	Dieser Parameter listet die Namen auf, die ein anderer Host im Netzwerk registriert hat. Der Remote-Name ist der Computer-Name des anderen Hosts.
`-A IP-Adresse`	Dieser Parameter hat im wesentlichen den gleichen Effekt wie der vorherige Befehl. Sie können jedoch die IP-Adresse anstatt des Namens angeben.
`-c`	Dieser Parameter zeigt alle Namen an, die im NetBIOS-Namen-Cache enthalten sind, und die ihnen zugeordneten IP-Adressen.
`-n`	Dieser Parameter listet alle Namen an, die Ihr Computer trägt. Wenn sie registriert wurden, werden sie als solche gekennzeichnet.
`-R`	Dieser Befehl löscht den NetBIOS-Namen-Cache und lädt ihn anhand der Datei *LMHOSTS* erneut. Es werden die Einträge benutzt, die mit #PRE gekennzeichnet sind.
`-r`	Dieser Parameter listet alle Namen auf, die Ihr Computer aufgelöst hat, sowie die IP-Adresse, die ihnen zugeordnet wurde. Im Unterschied zum Parameter `-c` werden die Namen, die mit #PRE gekennzeichnet sind, nicht geladen.
`-S`	Listet alle aktuellen Sitzungen auf, die augenblicklich zu Ihrem Computer bestehen. Dazu gehören sowohl Client- als auch Server-Sitzungen.
`-s`	Dieser Parameter hat im wesentlichen die gleiche Funktion wie der Parameter -S, das System versucht jedoch, die IP-Adressen in einen Host-Namen auszuwerten.
`Intervall`	Dies ist das Intervall in Sekunden, in dem der Computer die Information erneut am Bildschirm anzeigen sollte.

Die Ausgabe des Befehls `nbtstat` wird in Bild 16.17 angezeigt.

Die Spaltenüberschriften, die vom Diagnose-Dienstprogramm `nbtstat` erzeugt werden, haben die folgenden Bedeutungen:

▶ EINGABE. Die Anzahl der empfangenen Bytes.

▶ AUSGABE. Die Anzahl der gesendeten Bytes.

▶ EIN/AUS. Die Richtung, in der die Verbindung erstellt wurde – mit AUS zum anderen Computer oder mit EIN von diesem.

▶ DAUER. Die Zeitdauer, die ein Eintrag im Namen-Cache gehalten wird.

▶ LOKALER NAME. Der lokale Name, der für diese Sitzung benutzt wird.

▶ REMOTE-HOST. Der Name des Remote-Hosts, der in dieser Sitzung benutzt wird.

▶ TYP. Die Art des Namens, der ausgewertet wurde.

Abbildung 16.17

Die Ausgabe des Befehls nbtstat

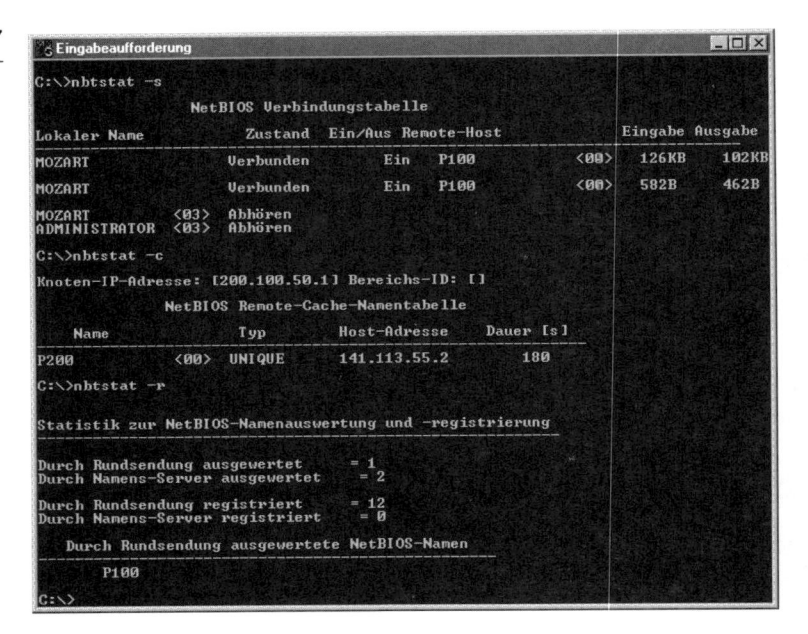

```
C:\>nbtstat -s
                    NetBIOS Verbindungstabelle
Lokaler Name            Zustand      Ein/Aus Remote-Host          Eingabe Ausgabe
MOZART                  Verbunden    Ein     P100        <00>     126KB   102KB
MOZART                  Verbunden    Ein     P100        <00>     582B    462B
MOZART         <03>     Abhören
ADMINISTRATOR  <03>     Abhören

C:\>nbtstat -c
Knoten-IP-Adresse: [200.100.50.1] Bereichs-ID: []
                    NetBIOS Remote-Cache-Namentabelle
      Name              Typ          Host-Adresse      Dauer [s]
P200           <00>     UNIQUE       141.113.55.2      180

C:\>nbtstat -r
Statistik zur NetBIOS-Namenauswertung und -registrierung

Durch Rundsendung ausgewertet     = 1
Durch Namens-Server ausgewertet   = 2

Durch Rundsendung registriert     = 12
Durch Namens-Server registriert   = 0

     Durch Rundsendung ausgewertete NetBIOS-Namen
        P100
C:\>
```

▶ ZUSTAND. Der Zustand der Verbindung. Folgende Zustände sind möglich:

▶ VERBUNDEN. Eine NetBIOS-Sitzung wurde zwischen zwei Hosts eingerichtet.

▶ ZUGEORDNET. Ihr Computer hat eine Verbindung angefordert und den Remote-Namen in eine IP-Adresse ausgewertet. Diese Verbindung ist aktiv geöffnet.

▶ ABHÖREN. Dieser Dienst auf Ihrem Computer wird augenblicklich nicht benutzt. Es handelt sich um eine passive Öffnung.

- LEERLAUF. Der Dienst, der den Anschluß geöffnet hat, pausiert seither oder hat aufgelegt. Es ist so lange keine Aktivität möglich, bis der Dienst fortgesetzt wird.

- VERBINDEN. Ihr Computer versucht, eine NetBIOS-Sitzung einzurichten. Der Computer versucht gerade, den Namen des Remote-Host in eine IP-Adresse auszuwerten.

- ANNEHMEN. Ein Dienst auf Ihrem Computer wurde aufgefordert, eine Sitzung zu starten, und verhandelt augenblicklich mit dem Remote-Host.

- WIEDERVERBINDEN. Nachdem eine Sitzung abgebrochen wurde (häufig nach einer Zeitüberschreitung), versucht Ihr Computer, die Verbindung wieder aufzubauen.

- SENDEN. Das TCP-Handshake wird gerade ausgeführt. Dadurch wird die Transportschicht-Sitzung eingerichtet, mit der die NetBIOS-Sitzung aufgebaut wird.

- EMPFANGEN. Gleich wie SENDEN. Es wird jedoch eine Verbindung zu einem Dienst auf Ihrem Computer aufgebaut.

- TRENNEN. Das Remote-System hat den Abbruch einer Verbindung angefordert. Deshalb wird die Sitzung beendet.

- GETRENNT. Ihr Computer fordert, daß die Verbindung getrennt wird.

16.5.8 ROUTE

Der Befehl route kann also zur Manipulation der Routing-Tabellen eines Computers benutzt werden, der unter Windows NT betrieben wird. Der Befehl hat das folgende Format:

```
route [-f] [-p] [Befehl] [Ziel] [mask Subnet Mask] [Gateway]
[metric Kostenanzahl]]
```

Tabelle 16.15 zeigt die Parameter des Befehls route.

Kapitel 16 TCP/IP-Dienstprogramme

Tabelle 16.15
Parameter des Befehls route

Parameter	Beschreibung
-f	Dieser Parameter löscht alle Einträge in der Routing-Tabelle.
-p	Wenn dieser Parameter in Kombination mit dem Befehl add eingesetzt wird, ist die Route auch nach dem Neustart des Systems vorhanden (indem sie in der Registrierung gespeichert wird.) Wenn sie mit dem print-Befehl eingesetzt wird, werden nur die registrierten gespeicherten Routen angezeigt.
Befehl	Dieser Parameter gibt die Aktivität an, die ausgeführt werden soll. Gültige Befehle sind print (zeigt die Routing-Tabelle am Bildschirm an), add (fügt eine Route zur Routing-Tabelle hinzu), delete (entfernt einen Befehl aus der Routing-Tabelle) und change (ändert die Gateway-Adresse für eine Route, die bereits existiert).
Ziel	Die Netzwerk-ID, an die die Pakete möglicherweise gesendet werden. IP berechnet die Netzwerk-ID für alle Pakete, die versendet werden sollen, und prüft die Routing-Tabelle, um festzustellen, wohin die Pakete gesendet werden sollen.
Maske Subnet Mask	Die Subnet Mask teilt der IP-Schicht mit, wie die Netzwerk-ID berechnet werden soll, an die der Computer die Information senden wird.
Gateway	Die IP-Adresse, an die Pakete für das beschriebene Netzwerk gesendet werden. Wenn es sich um ein Netzwerk handelt, dem der Computer angegliedert ist, ist die Adresse eine der Netzwerkkarten. Ansonsten ist die Adresse der nächste Router, der in einem Netzwerk vorhanden sein muß, an das das System angehängt ist.
metric Kostenanzahl	Mit diesem Parameter können Sie den Metrik-Wert zuweisen, der benutzt wird, um die Route eines Pakets zu bestimmen. Normalerweise werden Routen mit einem geringeren Kostenaufwand bevorzugt. Die Kosten können Werte zwischen 1 und 9.999 annehmen, obwohl jeder Wert über 15 unbedeutend ist.

hinweis

Sie können zwar Host-Namen für das Ziel oder den Gateway benutzen, Ihr Computer muß diese aber auswerten können. Das kann mit der Standard-Namensauswertung oder mit der Datei NETWORKS geschehen, die im Verzeichnis \%WINROOT%\SYSTEM32\DRIVERS\ETC abgelegt ist.

Wenn Sie den Befehl print oder delete verwenden, können Sie auch Platzhalter (Wildcards) für das Ziel oder die Gateway-Adressen einsetzen. Sie können die Gateway-Adresse auch weglassen.

Die Datei Networks

Nachfolgend finden Sie ein Beispiel für eine NETWORKS-Datei. Wie die Dateien HOSTS und LMHOSTS enthält die Datei NETWORKS reinen Text.

```
loopback    127
carleton    185.42
ottawa      207.122.108
youstern    162.25
```

Die Einträge in der Datei haben das folgende Format:

```
<Netzwerkname>  <Netzwerknummer>  [Alias...] [#<Kommentar<]
```

- ► NETWERZKNAME. Dies ist der Name des Netzwerks.

- ► NETZWERKNUMMER. Die Netzwerk-ID des Netzwerks. Führende Nullen sind nicht erforderlich.

- ► ALIASNAMEN. Andere Namen, mit denen möglicherweise auf dieses Netzwerk Bezug genommen wird.

- ► # KOMMENTARE. Alles, was nach dem #-Zeichen eingegeben wird, wird als Kommentar betrachtet.

16.5.9 TRACERT

Den Befehl `tracert` können Sie einsetzen, um einen Pfad zu betrachten, den ein Paket bei seiner Reise durch das Netzwerk nehmen würde. Der Befehl `tracert` teilt Ihrem Computer mit, daß er ICMP benutzen soll, um zu verfolgen, wie sich das Paket im Netzwerk fortbewegt. Der Befehl hat die folgende Syntax:

```
tracert [-d] [-h Abschnitte_max] [-j Host-Liste] [-w Timeout] Zielname
```

Tabelle 16.16 beschreibt die Parameter des Befehls `tracert`.

Tabelle 16.16
Die Parameter von tracert

Parameter	Beschreibung
-d	Teilt tracert mit, daß die Host-Namen für die Router nicht ausgewertet werden sollen.
-h Abschnitte_max	Nennt tracert die maximale Anzahl von Abschnitten, die bei der Zielsuche durchlaufen werden sollen.
-j Host-Liste	Teilt tracert mit, diese Computer-Liste als Route zum Ziel-Host zu benutzen.
-w Timeout	Der Zeitüberschreitungswert für jede Antwort, auf die tracert wartet, in Millisekunden.
Zielname	Der Name oder die IP-Adresse des Systems, das Sie erreichen möchten.

Der Befehl tracert bestimmt die Route, die zu einem Ziel-Computer genommen wird, indem er zahlreiche ICMP-Echo-Anforderungspakete sendet, die alle verschiedene TTL-Werte haben. Weil alle Router entlang des Pfads die TTL um mindestens 1 verringern müssen, bevor sie das Paket weiterleiten, wird die TTL zum Abschnittszähler. Wenn die TTL des Pakets den Wert 0 annimmt, sendet der Router eine Zeitüberschreitungsnachricht an das Quellsystem.

Der Befehl tracert sendet die erste Echo-Anforderung mit einem TTL von 1 und erhöht die TTL bei jeder nachfolgenden Übertragung um 1, bis das Ziel antwortet oder die maximale TTL erreicht ist. Die Route wird festgelegt, indem die ICMP-Zeitüberschreitungsnachrichten, die von den dazwischenliegenden Routern gesendet werden, geprüft werden. Beachten Sie, daß einige Router Pakete mit abgelaufenen TTLs still entfernen. Sie sind entsprechend in der Route, die von tracert ermittelt wird, nicht zu sehen.

Nachfolgend sehen Sie ein Beispiel für eine tracert-Sitzung:

```
C:\>REM Verfolgung über IP-Adresse
C:\>tracert 199.45.110.97
Verfolgung der Route zu 199.45.110.97 über maximal 30
Abschnitte
  1    141 ms    141 ms    140 ms  annex4.intranet.ca
[206.51.251.55]
  2    156 ms    141 ms    141 ms  cisco2.intranet.ca
[206.51.251.10]
  3    219 ms    171 ms    141 ms  spc-tor-6-Serial3-3.Sprint-
Canada.Net [206.186.248.85]
```

Dienstprogramme zur Diagnose und Problembehebung

```
  4   156 ms   156 ms   157 ms  core-spc-tor-1-fddi0/0.Sprint-
Canada.Net [204.50.251.33]
  5   219 ms   219 ms   219 ms  sl-pen-15-H11/0-
T3.sprintlink.net [144.228.165.25]
  6   421 ms   579 ms   609 ms  sl-pen-11-F8/0/0.sprintlink.net
[144.228.60.11]
  7     *        *        *     Request timed out.
  8   297 ms   453 ms     *     331.atm11-0.cr2.ewr1.alter.net
[137.39.13.230]
  9   250 ms   500 ms   469 ms  105.Hssi4-0.CR2.CLE1.Alter.Net
[137.39.58.173]
 10   250 ms   266 ms   266 ms  119.Hssi4-0.GW1.BUF1.Alter.Net
[137.39.31.61]
 11   281 ms   266 ms   297 ms  uunetcabuf-gw1.ALTER.NET
[137.39.142.6]
 12   250 ms   281 ms   282 ms  vl151.f000.bb1.tor1.uunet.ca
[205.150.242.94]
 13   266 ms   250 ms   281 ms
vl20.f000.backbone3.toronto.uunet.ca [142.77.180.1]
 14   250 ms   265 ms   266 ms  max1.toronto.uunet.ca
[142.77.1.210]
 15   281 ms   329 ms   390 ms  199.45.110.34
 16     *     312 ms      *     199.45.110.97
 17   422 ms   547 ms     *     199.45.110.97
 18   312 ms   360 ms   312 ms  199.45.110.97
Route-Verfolgung beendet.
C:\>REM Verfolgung über Host-Name
C:\>tracert www.Microsoft.com
Verfolgung der Route zu www.Microsoft.com [207.68.156.61] über
maximal 30 Abschnitte:

  1   140 ms   156 ms   141 ms  annex4.intranet.ca
[206.51.251.55]
  2   140 ms   141 ms   140 ms  cisco2.intranet.ca
[206.51.251.10]
  3   140 ms   157 ms   156 ms  spc-tor-6-Serial3-3.Sprint-
Canada.Net [206.186.248.85]
  4   156 ms   172 ms   156 ms  core-spc-tor-1-fddi0/0.Sprint-
Canada.Net [204.50.251.33]
  5     *     219 ms   250 ms  sl-pen-15-H11/0-T3.sprintlink.net
[144.228.165.25]
  6   219 ms   219 ms   250 ms  sl-pen-17-F6/0/0.sprintlink.net
[144.228.60.17]
  7     *        *        *     Request timed out.
  8   875 ms   250 ms     *     sl-chi-20-P0/0/0-
155M.sprintlink.net [144.232.0.134]
  9   218 ms   235 ms   234 ms  sl-chi-20-H1/0-T3.sprintlink.net
```

```
[144.228.10.61]
  10    219 ms    234 ms    235 ms  sl-sea-6-F0/0.sprintlink.net
[144.228.90.6]
  11    500 ms    281 ms    344 ms  sl-mic-3-h0-T3.sprintlink.net
[144.228.96.22]
  12    500 ms    375 ms    297 ms  207.68.145.53
  13    250 ms    250 ms    235 ms  207.68.156.61
Route-Verfolgung beendet.
C:\>
```

Das letzte Listing zeigt zwei verschiedene tracert-Sitzungen. Eine davon ist an eine IP-Adresse adressiert und die andere an einen Host-Namen. Beachten Sie im Falle des Host-Namens, daß der Host-Name in eine IP-Adresse ausgewertet und die Verfolgung der Route dann anhand dieser IP-Adresse durchgeführt wurde. Zu den Routen gibt es auch noch etwas zu sagen. Im ersten Beispiel durchläuft die gesendete Information einen lokalen Service-Provider (Intranet). Dieser nimmt Verbindung zu Sprint Canada auf, das die Information an Sprintlink in den USA weiterleitet. Die Information kehrt dann über Alter.Net wieder zurück nach Kanada, und wird dann an uunet weitergeleitet. Sie können nur an bestimmten Stellen von einem Provider zum nächsten wechseln, und Ihre Information muß zu dieser Stelle wandern, um sich im Internet fortzubewegen. Das ist einer der Hauptgründe für die langsame Geschwindigkeit, die Benutzer des Internet häufig frustriert.

16.5.10 ARP

Sie wissen, daß arp für die Zuordnung einer IP- zu einer MAC-Adresse verantwortlich ist. Mit dem Befehl arp können Sie die Übersetzungstabelle der IP-Adressen betrachten und verändern, die von arp ausgewertet wurden. Der Befehl hat die folgende Syntax:

```
arp -a [IP_Adr] [-N [Schnittst]]
arp -d IP_Adr [Schnittst]
arp -s IP_Adr Eth_Adr [Schnittst]
```

Tabelle 16.17 beschreibt die Parameter des arp-Befehls.

Der Netzwerkmonitor

Tabelle 16.17
Die Parameter des arp-Befehls

Parameter	Beschreibung
-a	Zeigt die IP-Adressen und physischen Adressen an, die ausgewertet wurden. Wenn eine einzelne IP-Adresse angegeben wird, wird nur die Auswertung dieser Adresse angezeigt.
-g	Führt die gleiche Funktion wie -a aus.
IP_Adr	Die IP-Adresse des Systems, das hinzugefügt oder gelöscht wird oder das Sie betrachten möchten.
-N Schnittst	Zeigt die ARP-Einträge für die angegebene Netzwerkschnittstelle an.
-Schnittst	Gibt die Internet-Adresse der Schnittstelle an, deren Übersetzungstabelle geändert werden soll.
-d	Löscht den Host-Eintrag, der durch die IP_Adr angegeben wird. Falls nur eine Karte vorhanden ist, kann dieser Parameter weggelassen werden.
-s	Fügt eine statische Zuordnung in den ARP-Speicher ein. Der Eintrag bleibt jedoch so lange im Speicher, bis das System neu gestartet wird oder der Eintrag explizit entfernt wird.
Eth_Adr	Eine physische Adresse (Ethernet-Adresse).

16.6 Der Netzwerkmonitor

Mit dem Netzwerkmonitor können Sie die Netzwerkverwaltung verbessern, da Sie damit Netzwerkdaten detailliert prüfen können. Sie können in die Rahmen hineinblicken, um die Netzwerkoperationen detailliert zu analysieren.

Der Netzwerkmonitor ist mit zahlreichen Protokollverarbeitungsfunktionen ausgestattet. Es handelt sich dabei um Module, die Netzwerkrahmen prüfen, um deren Inhalte zu dekodieren. Unter den ca. 62 enthaltenen Protokollen werden Sie viele aus den Diskussionen in diesem Buch wiedererkennen, wie z.B. Ethernet, Token Ring, IPX, IP, TCP und PPP. Eine vollständige Diskussion der Protokoll-Parser sprengt jedoch den Rahmen dieses Buches.

Der Netzwerkmonitor, der im Lieferumfang von Windows NT 4 enthalten ist, hat eine wichtige Beschränkung: er kann nur die Rahmen abfangen, die von dem Computer stammen oder an ihn geliefert werden, auf dem der Netzwerkmonitor betrieben wird. Sie können den Netzwerkmonitor nicht einsetzen, um Rahmen zu überwachen, die mit anderen Computern im Netzwerk verbunden sind.

hinweis Um das gesamte Netzwerk von einem Computer aus zu überwachen, benötigen Sie den Systems Management Server (SMS) von Microsoft, der eine leistungsfähigere Version des Netzwerkmonitors enthält. Der SMS kann den Netzwerkverkehr aller Computer überwachen, auf denen ein Netzwerkmonitor betrieben wird. Agenten sind Proxy-Programme, die Daten sammeln und an einen anderen Computer zur Analyse weiterleiten. Der Netzwerkmonitor ist im Lieferumfang von Windows NT enthalten.

Normalerweise sind Computer in einem Netzwerk selektiv und empfangen nur Rahmen, die an sie adressiert sind. Der Netzwerkmonitor, der im Lieferumfang von Windows NT 4 enthalten ist, ist für Standard-Netzwerkkarten ausgelegt. Deshalb kann er auch nur die Rahmen abfangen, die von dem Computer stammen oder an diesen gesendet werden, auf dem der Netzwerkmonitor abläuft. Der Netzwerkmonitor arbeitet mit NDIS 4.0 zusammen. NDIS 4.0 ist neu unter Windows NT 4, um Netzwerkdaten mit wenig oder keiner Verringerung der Systemleistung abzufangen.

Der SMS-Netzwerkmonitor (genauer gesagt, die Vollversion des Netzwerkmonitors, die Sie auch einzeln erwerben können), fängt den Datenverkehr im Netzwerk im Promiscuous-Modus ab. Das bedeutet, daß er alle Netzwerkdaten unabhängig vom Ziel der Rahmen abfangen kann. SMS ist dadurch in der Lage, alle Computer über einen Netzwerkmonitor zu überwachen. Die Arbeit im Promiscuous-Modus erfordert jedoch sehr viele Systemressourcen und die Systemleistung leidet, wenn der SMS auf einem Computer betrieben wird. Deshalb sollte die Netzwerküberwachung mit dem SMS-Netzwerkmonitor nur auf einem dedizierten Computer zur Netzwerkverwaltung betrieben werden. (In einigen Netzwerktypen, wie z.B. Token-Ring-Netzwerken, sind spezielle Netzwerkkarten erforderlich, die den Promiscuous-Modus unterstützen. Weil der Netzwerkmonitor, der in Windows NT enthalten ist, nicht im Promiscuous-Modus arbeitet, sind auch keine speziellen Netzwerkkarten erforderlich.)

SMS hat auch noch andere Fähigkeiten, die die Hardware- und Softwareverwaltung betreffen, und es kann auch eine Arbeitsstation über ein Netzwerk hinweg übernommen werden.

16.6.1 Den Netzwerkmonitor installieren

Die folgenden Schritte beschreiben detailliert, wie der Netzwerkmonitor installiert wird:

1. Öffnen Sie das Dialogfeld NETZWERK.

2. Wählen Sie die Registerkarte DIENSTE, und klicken Sie auf die Schaltfläche HINZUFÜGEN.

3. Wählen Sie im Listenfeld NETZWERKDIENST den Eintrag NETZWERKMONITORAGENT oder den Eintrag NETZWERKMONITORPROGRAMME UND -AGENT. Diese beiden Dienste unterscheiden sich wie folgt:

    - ▶ NETZWERKMONITORAGENT. Wählen Sie diese Option, wenn Ihr Computer bereits von einem anderen Computer überwacht wird, auf dem der SMS abläuft.

    - ▶ NETZWERKMONITORPROGRAMME UND -AGENT. Wählen Sie diese Option, wenn dieser Computer verwendet wird, um Netzwerkdaten zu sammeln und zu analysieren. Diese Option installiert den NETZWERKMONITORAGENT, der den SMS befähigt, diesen Computer aus der Ferne zu überwachen.

4. Klicken Sie auf OK, um den Dienst hinzuzufügen. Geben Sie, wenn Sie dazu aufgefordert werden, das Verzeichnis der Quelldateien an.

5. Klicken Sie auf OK, um das Dialogfeld NETZWERK zu schließen, und starten Sie anschließend den Computer neu.

Der Netzwerkmonitor wird nun zur Programmgruppe VERWALTUNG im START-Menü hinzugefügt. Den MONITORAGENT finden Sie außerdem als Symbol in der Systemsteuerung. Sie müssen den Computer neu starten, um den Netzwerkmonitor zu aktivieren.

16.6.2 Den Netzwerkmonitor konfigurieren

Die Daten, die vom Netzwerkmonitor abgefangen werden, können sehr sensible Informationen enthalten. Nehmen Sie einmal an, Sie würden sich zu einer Terminal-Sitzung bei einem Remote-Computer anmelden, der nicht mit einer verschlüsselten

Anmeldung arbeitet. Datenrahmen, die an den Remote-Computer gesendet werden, würden Ihr Kennwort als reinen Text enthalten, und das Kennwort könnte von jedem Benutzer mit Zugriff auf die Netzwerkmonitoren gelesen werden. Sie sollten deshalb verhindern, daß nichtautorisierte Benutzer auf den Netzwerkmonitor zugreifen können, indem Sie die folgenden beiden Arten von Kennwörtern zuweisen:

- SAMMELKENNWORT. Dieses Kennwort wird benutzt, um die Benutzer zu beschränken, die den Netzwerkmonitor nutzen dürfen, um Statistiken und Daten im Zusammenhang mit diesem Computer zu sammeln und anzuzeigen.

- ANZEIGEKENNWORT. Mit diesem Kennwort können Benutzer bereits gespeicherte Dateien öffnen.

Ein Sammelkennwort beschränkt auch den Zugriff des SMS auf den Netzwerkmonitor. Mit dem SMS lassen sich nur dann Daten eines Agenten sammeln, wenn das Sammelkennwort bekannt ist.

Gehen Sie wie folgt vor, um die Kennwörter des Netzwerkmonitors zuzuweisen oder zu ändern:

1. Öffnen Sie das Dienstprogramm MONITORAGENT in der Systemsteuerung, um das Dialogfeld NETZWERKMONITORAGENT KONFIGURIEREN anzuzeigen (siehe Bild 16.18).

Abbildung 16.18

Optionen zur Konfiguration des Netzwerkmonitoragenten

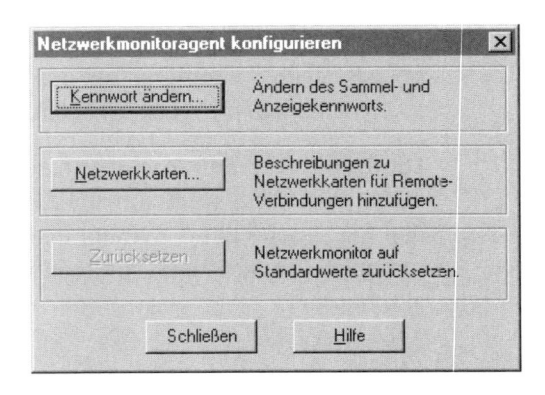

2. Wählen Sie die Schaltfläche KENNWORT ÄNDERN, um das Dialogfeld KENNWORTÄNDERUNG zu öffnen (siehe Bild 16.19).

Abbildung 16.19

Das Dialogfeld Kennwortänderung

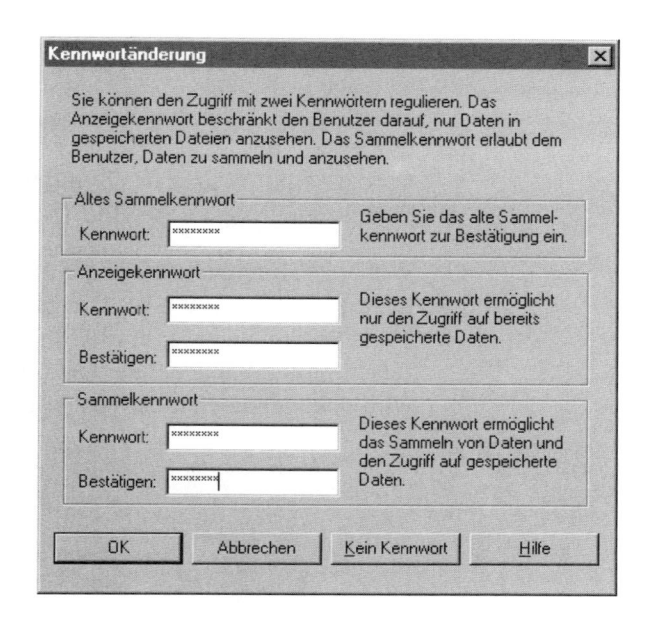

3. Klicken Sie auf die Schaltfläche KEIN KENNWORT, um alle Kennwörter zu entfernen. Klicken Sie anschließend auf OK.

4. Um das Sammelkennwort zu ändern, geben Sie zuerst im Bereich ALTES SAMMELKENNWORT das aktuelle Kennwort in das gleichnamige Feld ein.

5. Um das Sammel- oder das Anzeigekennwort festzulegen, geben Sie es im jeweiligen Bereich in die Textfelder KENNWORT und BESTÄTIGEN ein.

6. Klicken Sie auf OK, wenn Sie die Kennwörter wie gewünscht angegeben haben. Verlassen Sie anschließend das Dienstprogramm MONITORAGENT.

16.6.3 Die Netzwerkkarten beschreiben

Wenn ein Computer von einem anderen überwacht wird, sollten Sie im Netzwerkmonitoragenten für jede Netzwerkkarte eine Beschreibung hinterlegen. Anhand dieser Beschreibung kann der Administrator, der das Netzwerk überwacht, leichter die Netzwerkschnittstellen des Computers überwachen.

Kapitel 16 TCP/IP-Dienstprogramme

Gehen Sie wie folgt vor, um Beschreibungen für die Netzwerkkarten anzugeben:

1. Öffnen Sie das Dialogfeld NETZWERKMONITORAGENT KONFIGURIEREN über das Symbol MONITORAGENT in der Systemsteuerung (siehe Bild 16.18).

2. Wählen Sie die Schaltfläche NETZWERKKARTEN, um das Dialogfeld BESCHREIBUNG zu öffnen (siehe Bild 16.20). In der Abbildung wurde für die Netzwerkkarte DC21X41 eine Beschreibung eingegeben. Die Netzwerkkarte DC21X42 wird dagegen noch nicht beschrieben.

Abbildung 16.20

Die Netzwerkkarten beschreiben

3. Um die Beschreibung einer Netzwerkkarte zu ändern, wählen Sie den Eintrag der Karte aus, und klicken Sie auf die Schaltfläche BESCHREIBUNG. Es öffnet sich nun das Dialogfeld ÄNDERN DER BESCHREIBUNG, in dem Sie die Beschreibung eingeben können. Klicken Sie anschließend auf OK.

4. Wiederholen Sie Schritt 3 für jede Netzwerkkarte, die beschrieben werden soll.

16.6.4 Netzwerk-Rahmen sammeln

Bild 16.21 zeigt das Fenster des Netzwerkmonitors. Das Fenster ist in die folgenden vier Bereiche gegliedert:

Abbildung 16.21
Der Netzwerkmonitor

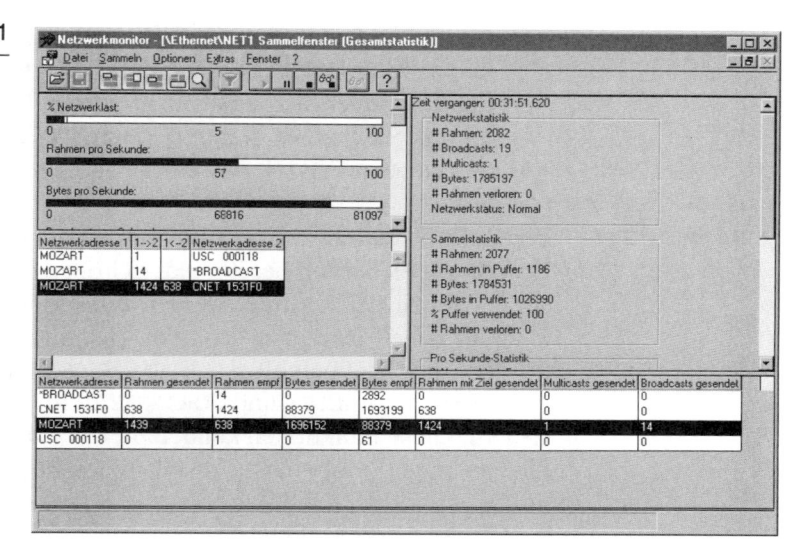

- ▶ GRAFIK. Dieser Bereich enthält Balkengrafiken, die die Aktivität dynamisch anzeigen. Die fünf Balken in diesem Bereich heißen % NETZWERKLAST, RAHMEN PRO SEKUNDE, BYTES PRO SEKUNDE, BROADCASTS PRO SEKUNDE und MULTICASTS PRO SEKUNDE. Sie können diesen Bereich über die Schaltfläche GRAFIK EIN/AUS in der Symbolleiste anzeigen oder verbergen. (Eine ausgefüllte Linie im Balkendiagramm kennzeichnet die höchste Nutzung während des aktuellen Sammelns.)

- ▶ LOKALE STATISTIK. Dieser Bereich zeigt die kumulative Netzwerkstatistik an. Diese Statistik faßt fünf Bereiche des Datenverkehrs im Netzwerk zusammen: NETZWERKSTATISTIK, SAMMELSTATISTIK, PRO-SEKUNDE-STATISTIK, NETZWERKKARTEN (MAC)-STATISTIK und NETZWERKKARTEN (MAC)-FEHLERSTATISTIK. Diesen Bereich können Sie über die Schaltfläche STATISTIK EIN/AUS ein- oder ausblenden.

- SITZUNGSSTATISTIK. Dieser Bereich zeigt statistische Informationen über die augenblicklich stattfindenden Operationen im Netzwerk an. Diesen Bereich können Sie über die Schaltfläche SITZUNGSSTATISTIK EIN/AUS ein- oder ausblenden.

- GESAMTSTATISTIK. Dieser Bereich zeigt statistische Informationen über Sitzungen an, an denen der Computer teilnimmt. Sie können diesen Bereich über die Schaltfläche STATIONSSTATISTIK EIN/AUS ein- und ausblenden.

Wenn das Sammeln aktiviert ist, werden die Rahmen in einen Zwischenspeicher mit beschränkter Größe kopiert. Wenn sich der Zwischenspeicher füllt, werden ältere Daten gelöscht, um Platz für neue Einträge zu schaffen. Den Sammelstatus können Sie über die Menübefehle STARTEN, BEENDEN, BEENDEN UND ANZEIGEN, ANHALTEN und FORTSETZEN im Menü SAMMELN steuern. Diese Funktionen können Sie aber auch über die Schaltflächen in der Symbolleiste ausführen (siehe Bild 16.21).

Bild 16.21 wurde während des Sammelns erstellt. Die Information in den verschiedenen Bereichen wird dynamisch aktualisiert.

Wenn Sie dies möchten, können Sie sich auch auf die Aktivität in einem dieser Bereiche konzentrieren. Wählen Sie dazu einfach den Bereich aus, und klicken Sie in der Symbolleiste auf die Schaltfläche FENSTERAUSSCHNITT VERGRÖSSERN. Der von Ihnen gewählte Bereich sollte nun das verfügbare Fenster ausfüllen. Um zur Normalansicht zurückzukehren, brauchen Sie nur noch einmal auf die Schaltfläche FENSTERAUSSCHNITT VERGRÖSSERN zu klicken.

16.6.5 Die gesammelten Daten speichern

Nachdem Sie fertig sind, wählen Sie den Menübefehl BEENDEN im Menü SAMMELN. Die Daten, die sich im Zwischenspeicher für das Sammeln befinden, können nun wie benötigt analysiert oder für zukünftige Studien gespeichert werden.

16.6.6 Eine Adreßdatenbank erzeugen

Wenn Sie erstmals Daten im Netzwerkmonitor sammeln, werden die meisten Geräte über ihre physische Netzwerkadresse, wie z.B. die MAC-Adresse, identifiziert (siehe Bild 16.21).

Weil es jedoch leichter ist, einen Namen mit einem Computer zu verbinden, anstatt sich MAC-Adressen merken zu müssen, enthält der Netzwerkmonitor auch eine Funktion, die die NetBIOS-Namen der Computer identifiziert, deren Daten gesammelt werden.

Um eine Adreßdatenbank aufzubauen, beginnen Sie mit dem Sammeln von Daten im Netzwerk, und lassen Sie den Netzwerkmonitor einige Zeit sammeln. Wenn Datenverkehr im Netzwerk entsteht, werden die entsprechenden Computer über ihre Netzwerkadresse in die Sitzungsstatistik und die Lokale Statistik mitaufgenommen.

Nachdem eine größere Menge von Rahmen gesammelt wurde, können Sie das Sammeln stoppen. Wählen Sie nun den Menübefehl ALLE NAMEN SUCHEN im Menü SAMMELN. Die Rahmen im Zwischenspeicher werden nun durchsucht, und die nicht doppelt vorhandenen Namen werden in die Adreßdatenbank aufgenommen. Wenn Sie zu einem späteren Zeitpunkt Daten sammeln, werden die Computer über ihre Namen identifiziert.

> **hinweis**
> Es ist etwas Glück erforderlich, um Rahmen zu sammeln, die Computernamen beinhalten. Sie sollten deshalb jedes Mal, wenn Sie Daten sammeln, Namen ermitteln und zur Datenbank hinzufügen, bis die Liste vollständig ist. Sie können die Namen speichern, damit sie erhalten bleiben, wenn der Netzwerkmonitoragent geschlossen wird.

Sie können die Adreßdatenbank auch betrachten (siehe Bild 16.22). Wählen Sie dazu den Menübefehl ADRESSEN im Menü SAMMELN. Beachten Sie im Bild, daß ein Computer durch mehrere Einträge repräsentiert werden kann, die mit verschiedenen Protokollen und Netzwerktypen verbunden sind.

Abbildung 16.22

Die Adreßdatenbank betrachten

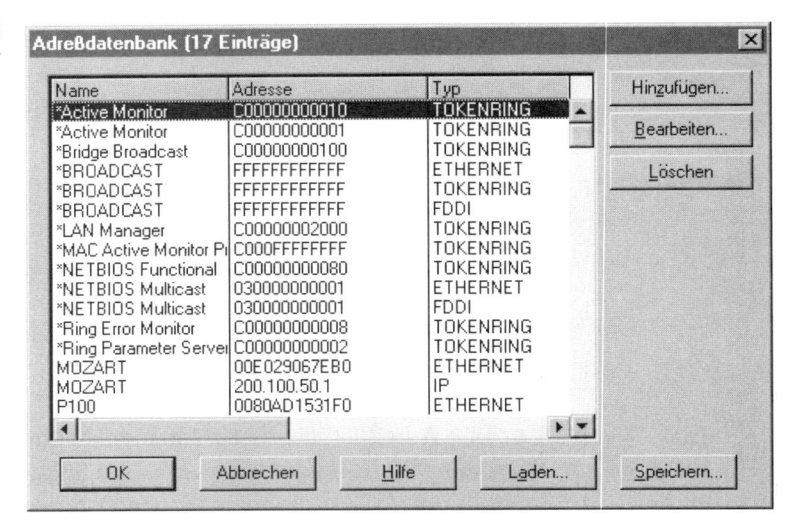

Name	Adresse	Typ
*Active Monitor	C00000000010	TOKENRING
*Active Monitor	C00000000001	TOKENRING
*Bridge Broadcast	C00000000100	TOKENRING
*BROADCAST	FFFFFFFFFFFF	ETHERNET
*BROADCAST	FFFFFFFFFFFF	TOKENRING
*BROADCAST	FFFFFFFFFFFF	FDDI
*LAN Manager	C00000002000	TOKENRING
*MAC Active Monitor P	C000FFFFFFFF	TOKENRING
*NETBIOS Functional	C00000000080	TOKENRING
*NETBIOS Multicast	030000000001	ETHERNET
*NETBIOS Multicast	030000000001	FDDI
*Ring Error Monitor	C00000000008	TOKENRING
*Ring Parameter Server	C00000000002	TOKENRING
MOZART	00E029067EB0	ETHERNET
MOZART	200.100.50.1	IP
P100	0080AD1531F0	ETHERNET

Im Dialogfeld ADRESSDATENBANK können Sie spezifische Einträge hinzufügen, bearbeiten und löschen. Sie können die Datenbank in einer Datei mit der Erweiterung .ADR speichern und bestehende Adreßdateien laden. Die Standard-Adreßdatenbank, die geladen wird, wenn Sie nichts anderes angeben, heißt DEFAULT.ADR.

16.6.7 Das Netzwerk auswählen, das überwacht werden soll

Wenn der Computer, auf dem der Netzwerkmonitor abläuft, in eines oder mehrere Netzwerke eingebunden wird, kann er immer nur ein Netzwerk überwachen. Über den Menübefehl NETZWERKE im Menü SAMMELN können Sie angeben, welches Netzwerk überwacht werden soll (siehe Bild 16.23). Das Netzwerk, das überwacht werden wird, wird in der Spalte VERBINDUNGSSTATUS mit der Bezeichnung VERBUNDEN gekennzeichnet.

Um zu einem anderen Netzwerk zu wechseln, markieren Sie dieses und wählen die Schaltfläche VERBINDEN.

Abbildung 16.23

Das zu überwachende Netzwerk auswählen

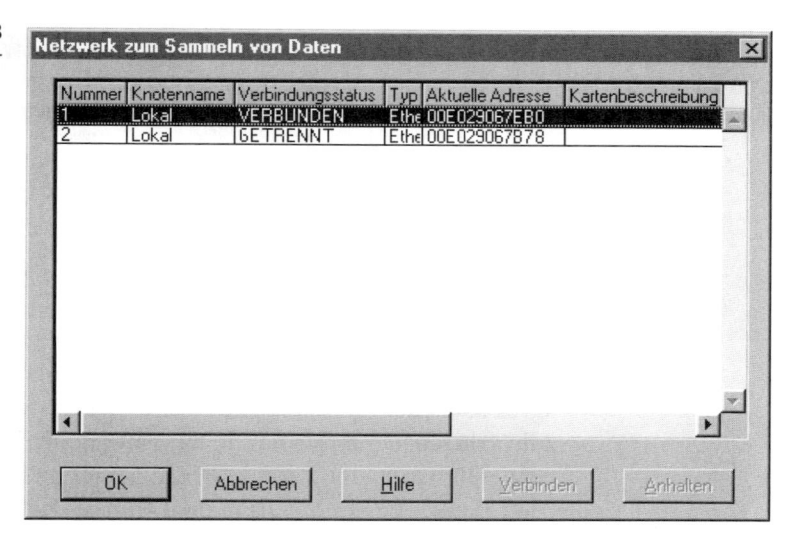

16.6.8 Den Sammelpuffer verwalten

Die Daten, die vom Netzwerkmonitor gesammelt werden, werden im Arbeitsspeicher in einem Sammelpuffer gespeichert. Bedingt durch die langsame Reaktionszeit von Festplatten kann der Festplattenspeicher nicht ohne das Risiko benutzt werden, Rahmen während des Sammelns zu verlieren.

Im Idealfall sollte sich der Sammelspeicher im RAM befinden. Virtueller Speicher kann zwar benutzt werden, aber es könnten so Rahmen verloren gehen. Deshalb ist die Wahl der Puffergröße mit einem Kompromiß verbunden. Wenn der Puffer zu klein ist, reicht er nicht aus, um genügend Daten zu sammeln. Ist er dagegen zu groß, wird ein Teil in den virtuellen Speicher ausgelagert, was die Effizienz des Sammelns beeinträchtigen könnte.

Um die Größe des Sammelpuffers anzupassen, wählen Sie den Menübefehl PUFFER im Menü SAMMELN (siehe Bild 16.24). Geben Sie im Feld PUFFERGRÖSSE (MB) die gewünschte Größe des Sammelpuffers ein. Als Standard ist der Wert um 8 MB kleiner als der RAM-Speicher, mit dem Ihr Computer ausgerüstet ist. Um das RAM zu maximieren, das für den Sammelpuffer zur Verfügung steht, sollten Sie so viele Anwendungen wie möglich stoppen. Im Idealfall sollte nur der Netzwerkmonitor aktiv sein.

Abbildung 16.24

Den Sammelpuffer konfigurieren

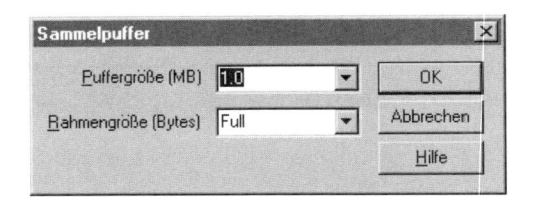

In einem Netzwerk mit hohem Netwerzkverkehrsaufkommen können die gesammelten Rahmen einen Sammelpuffer schnell ausfüllen. Die Menge an Rahmen, die benötigt wird, um sicherzustellen, daß alle benötigten Rahmen vorhanden sind, ist häufig größer als der Sammelpuffer. Glücklicherweise befinden sich die kritischsten Bytes häufig am Anfang der Rahmen. Sie können den Sammelpuffer häufig effizienter nutzen, wenn Sie nur den Header des Rahmens und einen begrenzten Teil des Datenfelds sammeln.

Im Listenfeld RAHMENGRÖSSE (BYTES) des Dialogfelds SAMMELPUFFER wird die Anzahl der Bytes festgelegt, die von jedem Rahmen ab seinem Beginn gesammelt werden. Als Standard enthält dieses Listenfeld den Wert FULL, was besagt, daß der vollständige Rahmen gesammelt werden soll. Nehmen Sie einmal an, daß Sie Daten in einem Ethernet-Netzwerk sammeln, und daß Sie nur die Bytes in den Kopfzeilen der Ethernet-Frames benötigen. Dies sind die ersten 22 Byte des Rahmens. In diesem Fall können Sie den Wert des Listenfelds RAHMENGRÖSSE (BYTES) auf 64 setzen. Dies ist der kleinste Wert, der zur Auswahl steht.

16.6.9 Vermeiden, daß Rahmen verlorengehen

Wenn Daten gesammelt werden, wird ein beträchtlicher Teil der Systemleistung benötigt, um die Anzeige des Netzwerkmonitors dynamisch zu aktualisieren. Wenn die CPU ausgelastet ist, können Rahmen verlorengehen. Sie können die Belastung der CPU reduzieren, indem Sie den Netzwerkmonitor in einem dedizierten Sammelmodus versetzen.

Wählen Sie dazu den Menübefehl NUR SAMMELN im Menü SAMMELN. Nachdem die Funktion SAMMELN aktiviert wurde, wird das Dialogfeld DEDIZIERTER MODUS ausgegeben (siehe Bild 16.25). Wenn die Funktion SAMMELN angehalten wurde, wird das Dialogfeld ausgegeben, wenn die Funktion wieder gestartet wird.

Abbildung 16.25

Daten im dedizierten Modus sammeln

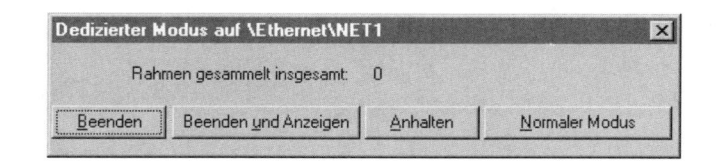

Wenn Sie Daten im dedizierten Modus sammeln, wird in der Statistik nur die Anzahl der Rahmen aktualisiert. Über das Dialogfeld DEDIZIERTER MODUS können Sie das Sammeln stoppen und unterbrechen. Wenn Sie die Schaltfläche NORMALER MODUS wählen, wird wieder das vollständige Fenster des Netzwerkmonitors angezeigt. Wählen Sie die Schaltfläche BEENDEN UND ANZEIGEN, wird das Sammeln gestoppt und das Fenster SAMMELN im Netzwerkmonitor ausgegeben. Siehe hierzu den Abschnitt »Gesammelte Daten prüfen« später in diesem Kapitel.

16.6.10 Filter beim Sammeln anwenden

In einem großen Netzwerk kann Sie das Datenvolumen überwältigen, wenn Sie keine Möglichkeit haben, sich auf bestimmte Datentypen zu konzentrieren. Mit Sammelfiltern können Sie angeben, welche Rahmentypen gesammelt werden sollen. Dadurch können Sie Daten aus einer bestimmten Teilmenge von Computern oder Protokollen sammeln.

> **hinweis**
>
> Sammelfilter bestimmen, welche Rahmen im Sammelspeicher abgelegt werden. In der Gesamtstatistik sind jedoch alle Rahmen unabhängig davon enthalten, welcher Filter angewendet wird.

Die Struktur von Sammelfiltern

Bild 16.26 zeigt den Standardsammelfilter, der als Auswahlbaum Kriterien, die durch das Schlüsselwort AND miteinander verbunden sind, zusammenfaßt. Rahmen werden nur dann gesammelt, wenn alle drei Kriterien erfüllt sind. Die Kriterien sind SAP/ETYPE, ADDRESS PAIRS und PATTERN MATCHES.

Abbildung 16.26

Der Standardsammelfilter

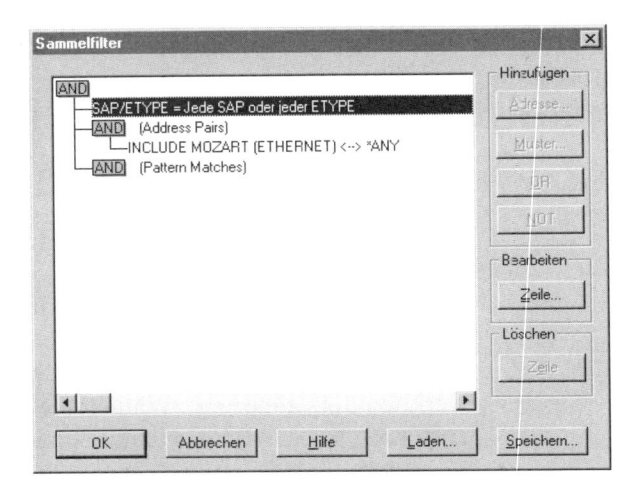

Der folgende Abschnitt beschreibt die Sammelfilterkriterien.

SAP/ETYPE-Filter

Rahmen sind mit bestimmten Protokollen verknüpft, die durch Hexadezimalzahlen gekennzeichnet sind. Als Standard sammelt der Netzwerkmonitor Rahmen aller unterstützten Protokolle. Sie können dies jedoch auf bestimmte Protokolle beschränken, indem Sie die SAPs und ETYPEs auswählen, die den Filter passieren sollen.

ETYPEs (EtherTypes) und SAPs (Service Access Points) werden benutzt, um Protokolle der obersten Schicht festzulegen, die mit einem Rahmen verbunden sind. Der EtherType x800 ist z.B. mit dem Protokoll IP verknüpft. Der EtherType x8137 dagegen ist mit dem Netware-Protokoll verknüpft, das unter einem Ethernet II LAN abläuft.

Um Sammelfilter für bestimmte SAPs oder ETYPEs einzurichten, markieren Sie im Dialogfeld SAMMELFILTER die Zeile SAP/ETYPE. Wählen Sie dann die Schaltfläche ZEILE im Bereich BEARBEITEN, um das Dialogfeld SAMMELFILTER – SAP UND ETYPE zu öffnen (siehe Bild 16.27). Der Netzwerkmonitor sammelt Rahmen, die mit den Protokollen verknüpft sind, die im Listenfeld AKTIVIERTE PROTOKOLLE angezeigt werden. Als Standard sind alle unterstützten ETYPEs und SAPs in diesem Listenfeld enthalten.

Um Protokolle zu deaktivieren, markieren Sie diese und wählen die Schaltfläche DEAKTIVIEREN. Ebenso markieren Sie Protokolle im Listenfeld DEAKTIVIERTE PROTOKOLLE und wählen die Schaltfläche AKTIVIEREN, um deaktivierte Protokolle wieder zu aktivieren. Bild 16.27 zeigt verschiedene Protokolle, die auf diese Weise deaktiviert wurden.

Abbildung 16.27

SAPs und ETYPEs filtern

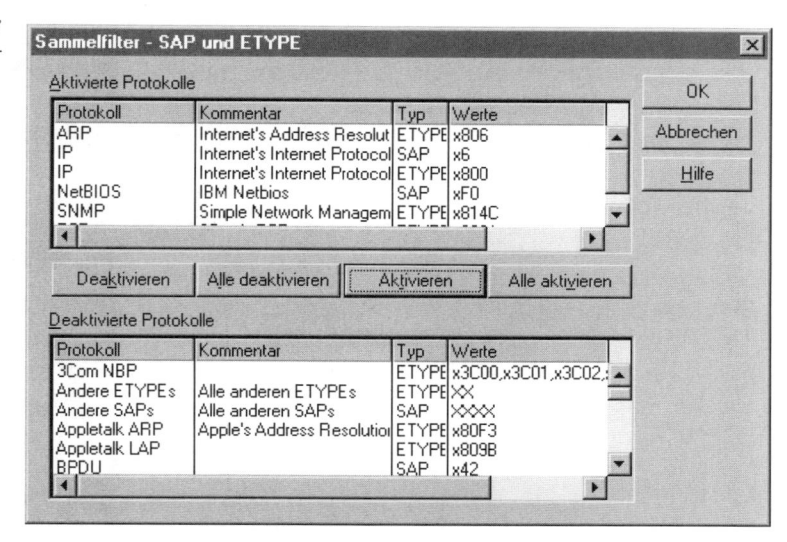

Über die Schaltflächen ALLE DEAKTIVIEREN und ALLE AKTIVIEREN können Sie sämtliche Protokolle aktivieren oder deaktivieren.

Adreßfilter

Jeder Rahmen ist mit einem Quelle-Ziel-Adreßpaar verknüpft. Als Standard werden die Rahmen aller Quelle-Ziel-Paare gesammelt. Sie können dies jedoch beschränken, indem Sie bestimmte Adressen festlegen.

Ein Adreßpaar besteht aus den folgenden Komponenten:

▶ Einer Quelladresse (oder dem Computer-Namen)

▶ Einer Zieladresse (oder dem Computer-Namen)

- Einem Richtungspfeil (-->, <-- oder <->), der die Richtung angibt, in der der Datenverkehr überwacht werden sollte.

- Die Schlüsselwörter INCLUDE und EXCLUDE geben an, ob bei diesem Adreßpaar Rahmen gesammelt werden sollten.

Adreßpaare werden im Dialogfeld ADRESSAUSDRUCK eingerichtet (siehe Bild 16.28). Dieses Dialogfeld öffnen Sie wie folgt:

Abbildung 16.28

Adreßpaare filtern

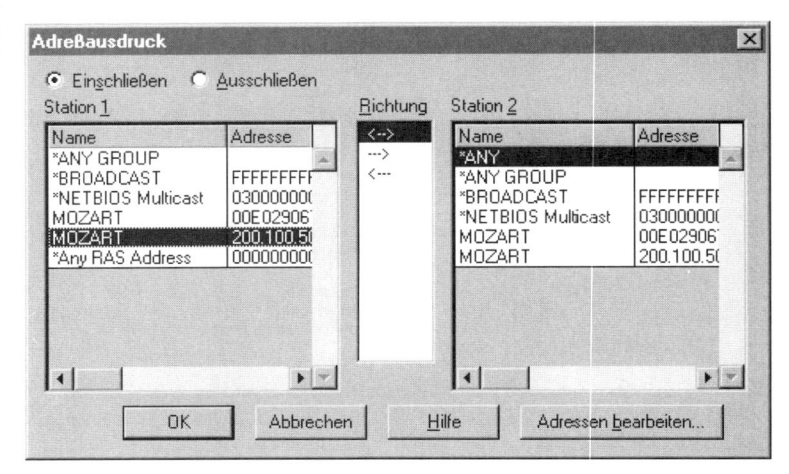

- Um ein bestehendes Adreßpaar zu bearbeiten, markieren Sie den Eintrag im Dialogfeld SAMMELFILTER unter (ADDRESS PAIRS) und klicken doppelt auf diesen.

- Um ein neues Adreßpaar zu erstellen, wählen Sie eine beliebige Zeile im Abschnitt (ADDRESS PAIRS) aus und klicken doppelt auf die Zeile (ADDRESS PAIRS).

Sie können bis zu vier Adreßpaare festlegen. Angenommen, Sie wollen den gesamten Datenverkehr zwischen dem Server haydn und den Clients anzeigen, der Datenverkehr mit dem Server mozart soll jedoch ausgeblendet werden. Den passenden Filter richten Sie mit den folgenden Adreßzeilen ein:

```
INCLUDE HAYDN <-> ANY
EXCLUDE HAYDN <-> MOZART
```

Bild 16.28 zeigt, wie Sie den Filter INCLUDE MOZART <-> ANY einrichten.

Wenn mehrere Adreßpaare festgelegt werden, haben die EXCLUDE-Anweisungen Vorrang. Wenn ein Rahmen mit einer EXCLUDE-Anweisung übereinstimmt, wird er nicht gesammelt, obwohl er möglicherweise zusätzlich mit einer oder mehreren INCLUDE-Anweisungen übereinstimmt.

Filtern von Datenmustern

In manchen Fällen werden Sie Rahmen abhängig davon filtern wollen, ob sie ein bestimmtes Byte-Muster enthalten. Dazu müssen Sie eines oder mehrere Muster im Abschnitt PATTERN MATCHES festlegen.

Ein Muster besteht aus den folgenden beiden Komponenten:

- ▶ MUSTER. Das Byte-Muster kann als Folge von Hexadezimalzahlen oder als ASCII-Zeichenfolge angegeben werden.

- ▶ OFFSET (IN HEX): Der Offset legt die Anzahl Bytes fest, ab der das Muster innerhalb des Rahmens beginnen soll. Der Offset kann relativ zum Anfang des Rahmens oder zum Ende des Topology-Headers festgelegt werden. (Ein Offset von 0 gibt das erste Byte an, das 0 Byte vom Anfang des Rahmens entfernt ist. Ein Offset von 19 legt entsprechend das zwanzigste Byte des Rahmens fest.) Geben Sie den Offset vom Anfang des Topology-Headers an, wenn das Topologie-Protokoll Kopfzeilen mit variabler Länge zuläßt, wie z. B. bei Ethernet- oder Token-Ring-MAC-Rahmen.

Sie erhalten nicht sehr viel Unterstützung, wenn Sie Sammelfilter, basierend auf Datenmustern, erstellen. Wenn Sie Rahmen aufgrund von Datenmustern analysieren müssen, wird es Ihnen vermutlich leichter fallen, statt dessen Datenfilter einzurichten. Wie der folgende Abschnitt zeigt, enthält der Ausdruckseditor sehr viel Fachwissen, da er die Struktur der Kopfzeilen aller unterstützten Protokolle kennt.

Um Filter einzurichten, müssen Sie die Struktur der Rahmen in Ihrem LAN verstehen. Es liegt leider außerhalb des Rahmens dieses Buches, Details der Nachrichtenstruktur zu betrachten, die mit den verschiedenen Protokollen verknüpft ist, die von Windows NT unterstützt werden.

Markieren Sie die Zeile (PATTERN MATCHES) und wählen das Dialogfeld MUSTER, oder klicken Sie doppelt auf die Zeile (PATTERN MATCHES), um das Dialogfeld MUSTER zu öffnen (siehe Bild 16.29).

Abbildung 16.29

Das Dialogfeld Muster

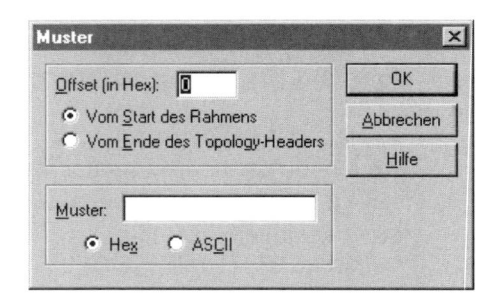

16.6.11 Logische Operatoren nutzen

Wenn Sie zwei Muster eingegeben haben, können Sie mit den logischen Operatoren AND, OR und NOT komplexe Filterkriterien einrichten. Nachdem Sie einen logischen Operator hinzugefügt haben, können Sie diesen und die logischen Ausdrücke mit der Maus durch Ziehen verschieben und so den gewünschten logischen Auswahlbaum erzeugen.

Die logischen Operatoren funktionieren wie folgt:

> ▶ Ein AND-Zweig des Baums hat den Wert true, wenn alle darunterliegenden Ausdrücke wahr sind. Ansonsten hat der Zweig den Wert false.

> ▶ Ein OR-Zweig des Baums hat den Wert true, wenn einer der Ausdrücke den Wert true hat. Der OR-Zweig hat den Wert false, wenn alle Ausdrucke den Wert false tragen.

> ▶ Eine NOT-Verknüpfung trägt den Wert true, wenn alle Ausdrücke, die darunter liegen, ebenfalls den Wert false tragen. Eine NOT-Verknüpfung trägt den Wert false, wenn alle darunterliegenden Ausdrücke den Wert true tragen.

Der Netzwerkmonitor | **579**

> **hinweis**
>
> Pattern matching ist ein Thema, das Sie mit der Booleschen Algebra in Berührung bringt. Die Programmierer unter Ihnen werden damit gut klarkommen, aber Leser, denen die Boolesche Logik bisher unbekannt war, sollten sehr vorsichtig sein, wenn sie komplexe Filter einrichten. Es kann sehr leicht passieren, daß durch falsche logische Verknüpfungen fehlerhafte Filter eingerichtet werden und auf mysteriöse Weise Fehlverhalten des Systems entsteht. Wenn nicht die Filter gesammelt werden, die Sie wünschen, sollten Sie die logische Struktur Ihres Sammelfilters überprüfen.

16.6.12   Auslöser zum Sammeln verwenden

In manchen Fällen werden Sie eine Aktion wünschen, wenn eine bestimmte Netzwerksituation eintritt. Ein Auslöser beschreibt einen Satz Netzwerkbedingungen und eine Aktion, die stattfindet, wenn die Bedingungen erfüllt werden.

Um einen Auslöser für das Sammeln zu erstellen, wählen Sie den Befehl AUSLÖSER Menü SAMMELN. Es öffnet sich nun das Dialogfeld AUSLÖSER (siehe Bild 16.30). Es stehen die folgenden Auslösertypen zur Auswahl:

Abbildung 16.30

Einen Auslöser einrichten

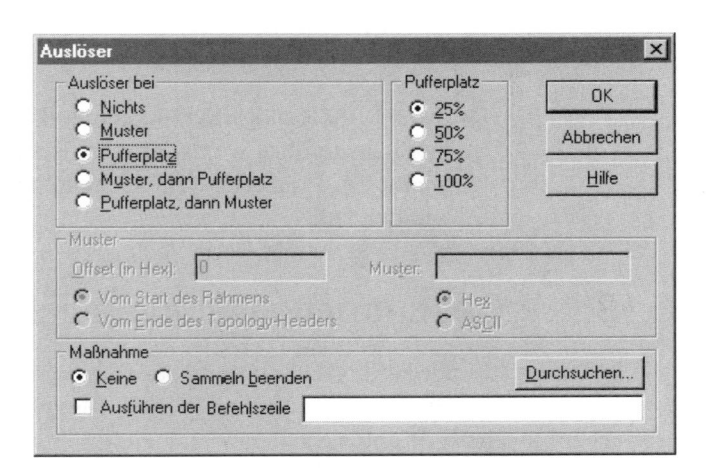

▶ NICHTS. Es werden keine Auslöser angegeben. Dies ist die Standardeinstellung.

▶ MUSTER. Der Auslöser wird initiiert, wenn ein bestimmtes Muster in einem gesammelten Rahmen identifiziert wird. Legen Sie das Muster im gleichnamigen Dialogfeld fest.

- ▶ PUFFERPLATZ. Der Auslöser wird initiiert, wenn der Pufferplatz unter den Schrankenwert fällt, der im Bereich PUFFERPLATZ angegeben wird.

- ▶ MUSTER, DANN PUFFERPLATZ. Die Aktion wird ausgelöst, wenn das Muster, das im gleichnamigen Dialogfeld festgelegt wurde, identifiziert wird und der Pufferplatz unter den im Bereich PUFFERPLATZ angegebenen Wert fällt.

- ▶ PUFFERPLATZ, DANN MUSTER. Die Aktion wird ausgelöst, wenn der freie Pufferplatz unter den Schrankenwert fällt, der im Bereich PUFFERPLATZ angegeben wird, und wenn außerdem ein Rahmen gefunden wird, der das Muster enthält, das im gleichnamigen Dialogfeld festgelegt wurde.

Wenn der Auslöser auftritt, kann entsprechend dem Dialogfeld AUSLÖSER eines der folgenden drei Ereignisse stattfinden:

- ▶ KEINE. Es erfolgt keine Maßnahme, wenn der Auslöser auftritt.

- ▶ SAMMELN BEENDEN. Das Sammeln wird gestoppt, wenn der Auslöser auftritt. Diese Option stellt sicher, daß die Rahmen initiiert werden, wenn der Auslöser im Pufferplatz bleibt.

- ▶ AUSFÜHREN DER BEFEHLSZEILE. Der angegebene Befehl wird ausgeführt, wenn der Auslöser auftritt. Vergessen Sie nicht, den Pfad und den Befehl anzugeben, der ausgeführt werden soll.

16.6.13 Gesammelte Daten speichern

Nachdem Sie das Sammeln der Daten gestoppt haben, können Sie den Inhalt des Sammelpuffers für spätere Analysen speichern. Wählen Sie den Menübefehl SPEICHERN UNTER im Menü DATEI, um die Daten in einer Datei mit der Erweiterung *.CAP* zu speichern. Laden Sie die bereits gespeicherten Daten mit dem Menübefehl ÖFFNEN im Menü DATEI.

16.6.14 Gesammelte Daten prüfen

Nachdem Rahmen gesammelt wurden, können Sie diese detailliert prüfen. Gehen Sie dazu wie folgt vor:

▶ Klicken Sie auf die Schaltfläche SAMMELN BEENDEN UND ANZEIGEN in der Symbolleiste, wählen Sie den Menübefehl BEENDEN UND ANZEIGEN im Menü SAMMELN oder drücken Sie die Tasten ⇧ + F11, während Daten gesammelt werden.

▶ Klicken Sie auf die Schaltfläche GESAMMELTE DATEN ANZEIGEN in der Symbolleiste, wählen Sie den Menübefehl GESAMMELTE DATEN ANZEIGEN im Menü SAMMELN, oder drücken Sie die Taste F12.

Bei allen diesen Maßnahmen öffnet sich das Dialogfeld SAMMELN (siehe Bild 16.31). Dieses Dialogfeld enthält zunächst nur einen Bereich, der alle Rahmen auflistet, die sich augenblicklich im Sammelspeicher befinden.

Abbildung 16.31

Das Dialogfeld Sammeln enthält die gesammelten Rahmen

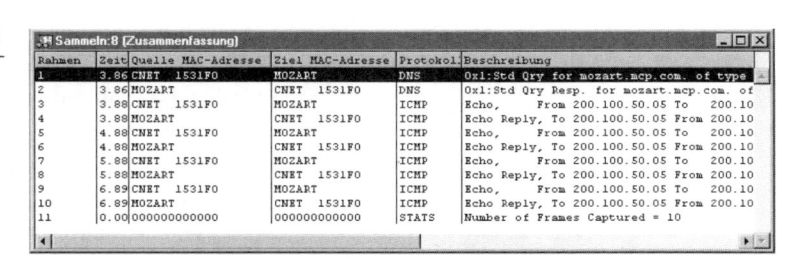

In der Abbildung wurden die Rahmen eines `ping`-Ereignisses gesammelt, bei dem von einer Arbeitsstation im Netzwerk eine Verbindung zum Server `mozart.hoople.edu` über den Namen aufgebaut wurde. Wie Sie der Spalte BESCHREIBUNG entnehmen können, beginnt die Folge mit einer DNS-Abfrage, um die IP-Adresse von `mozart` zu ermitteln. Es folgt eine Antwort des DNS-Servers. Es folgen vier ICMP-Echo- und Echo-Reply-Datagramme für die vier wiederholten `ping`-Aufrufe.

Um Details eines Rahmens zu prüfen, klicken Sie doppelt auf den Eintrag für diesen Rahmen. In Bild 16.32 wurde ein ICMP-Echo-Datagramm geöffnet. Es stehen die folgenden Bereiche zur Verfügung:

Kapitel 16 TCP/IP-Dienstprogramme

Abbildung 16.32

Das Dialogfeld Sammeln mit allen Bereichen

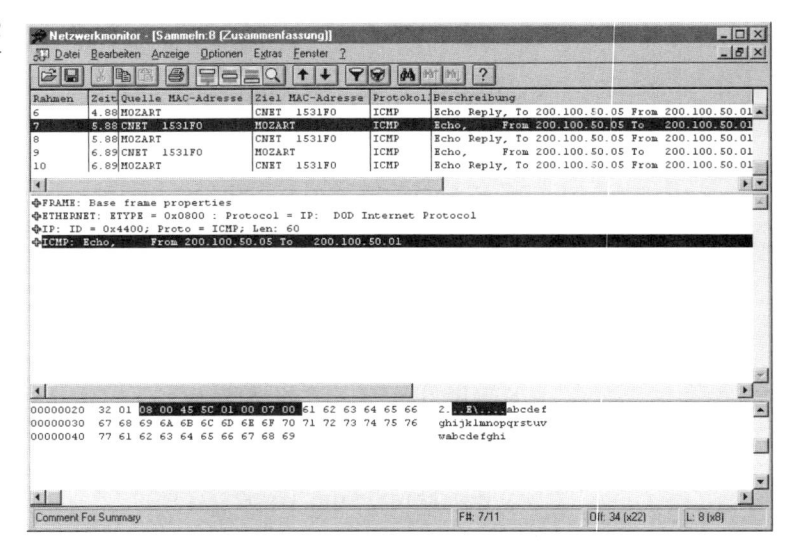

> ► ZUSAMMENFASSUNG. Dieser Bereich enthält eine einzeilige Zusammenfassung für jeden Rahmen im Sammelspeicher.
>
> ► DETAILS. In diesem Bereich wird der Inhalt eines Rahmens auf Protokollebene angezeigt.
>
> ► HEX. Dieser Bereich zeigt die Daten des Bereichs als Hexadezimalzahlen und als ASCII-Zeichen an. Die hervorgehobenen Bytes sind mit dem Protokollabschnitt verknüpft, der im Bereich DETAILS hervorgehoben ist.

Der folgende Abschnitt diskutiert die Bereiche ZUSAMMENFASSUNG und DETAILS.

Der Bereich Zusammenfassung

Der Bereich ZUSAMMENFASSUNG beschreibt kurz jeden Rahmen, der im Sammelpuffer gehalten wird. Um einen Rahmen zur detaillierten Analyse zu öffnen, markieren Sie den entsprechenden Eintrag im Bereich ZUSAMMENFASSUNG.

Die Quell- und Zielcomputer werden in den Spalten QUELLE MAC-ADRESSE und ZIEL MAC-ADRESSE genannt. Wenn eine Namensdatenbank erstellt wurde, erscheinen NetBIOS-Namen statt der hexadezimalen physikalischen Adressen.

In der Spalte PROTOKOLL wird das mit dem Rahmen verknüpfte Protokoll angegeben.

Wie Sie sehen können, sind die Einträge in der Spalte BESCHREIBUNG klar verständlich (z.B. ECHO REPLY, TO 200.190.50.01), sie können aber auch ziemlich obskur sein. Um die Beschreibungen zu dekodieren, müssen Sie die operationalen Details der Protokolle erlernen, die analysiert werden.

Der Bereich Details

Wenn Sie nicht bereits mit der Datenanalyse Byte-für-Byte vertraut sind, ist der Bereich DETAILS vermutlich derjenige, der die meisten Anstrengungen bei der Analyse erfordert. Dieser Bereich übersetzt die Daten in den verschiedenen Schichten der Kopfzeile in eine von Menschen lesbare Form.

Im Bild 16.33 wurde der Bereich DETAILS erweitert, indem er markiert und anschließend auf die Schaltfläche FENSTERAUSSCHNITT VERGRÖSSERN geklickt wurde.

Abbildung 16.33

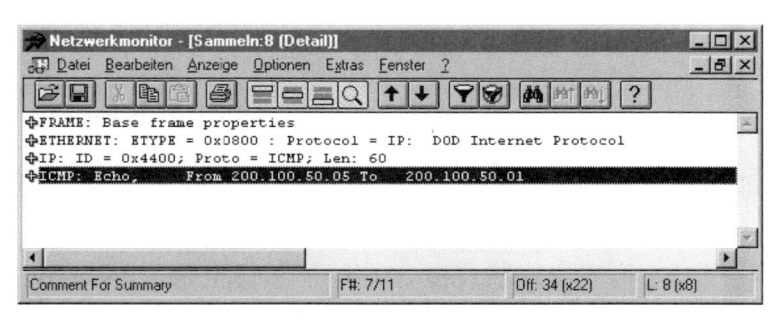

Der Bereich Details

Der Rahmen, der repräsentiert wird, ist ein ICMP-Echo-Rahmen. Beachten Sie in Bild 16.34, daß einigen Einträgen ein Pluszeichen vorangestellt ist, was besagt, daß der Eintrag erweitert werden kann, um mehr Details zu erfahren, indem Sie auf das Pluszeichen klicken. Um die Bedeutung der Diskussion in Teil I zu illustrieren, sollten Sie jeden Eintrag öffnen und die Details prüfen.

Abbildung 16.34

Ein Beispiel für die Frame-Schicht

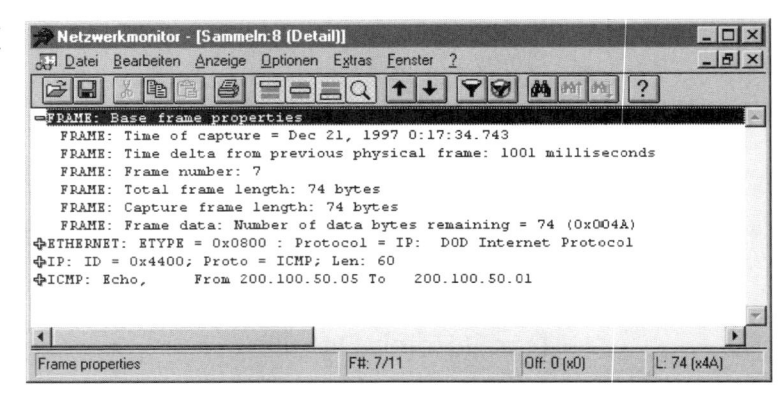

```
Netzwerkmonitor - [Sammeln:8 (Detail)]
Datei  Bearbeiten  Anzeige  Optionen  Extras  Fenster  ?

FRAME: Base frame properties
    FRAME: Time of capture = Dec 21, 1997 0:17:34.743
    FRAME: Time delta from previous physical frame: 1001 milliseconds
    FRAME: Frame number: 7
    FRAME: Total frame length: 74 bytes
    FRAME: Capture frame length: 74 bytes
    FRAME: Frame data: Number of data bytes remaining = 74 (0x004A)
ETHERNET: ETYPE = 0x0800 : Protocol = IP: DOD Internet Protocol
IP: ID = 0x4400; Proto = ICMP; Len: 60
ICMP: Echo,    From 200.100.50.05 To    200.100.50.01

Frame properties          F#: 7/11         Off: 0 (x0)     L: 74 (x4A)
```

Beachten Sie zunächst die oberste Schicht

▶ FRAME. Diese Schicht beschreibt die Merkmale des Rahmens der physischen Schicht.

▶ ETHERNET. Diese Schicht beschreibt die Merkmale der Unterschicht MAC.

▶ IP. Diese Schicht beschreibt die IP-Protokollverkapselung der ICMP-Nachricht.

▶ ICMP. Hier ist schließlich die ICMP-Nachricht.

Nun sollten Sie jede dieser Schichten genauer betrachten. (Wenn Sie einen Eintrag öffnen, wird das Pluszeichen durch ein Minuszeichen ersetzt, das anzeigt, daß der Eintrag nun vollständig angezeigt wird.) Die FRAME-Schicht enthält nur Rohdaten (siehe Bild 16.34). Beachten Sie in der Dekodierung, daß kein Hinweis über den Zweck des Rahmens oder den Datentyp in dieser Schicht gegeben wird. Sie erfahren nur, daß der Frame aus einer bestimmten Anzahl an Bytes besteht, die übertragen werden sollen.

In Bild 16.35 wurde der Eintrag ETHERNET erweitert. Jeder Eintrag unter der Überschrift ETHERNET entspricht einem Feld im Ethernet-Rahmenformat. Im Beispieleintrag können Sie sehen, wie der Netzwerkmonitor Einträge wie das Ziel und die Quelladresse, die Länge des Frames und die Länge des Datenfelds dekodiert hat.

Abbildung 16.35

Details des Ethernet-Rahmens

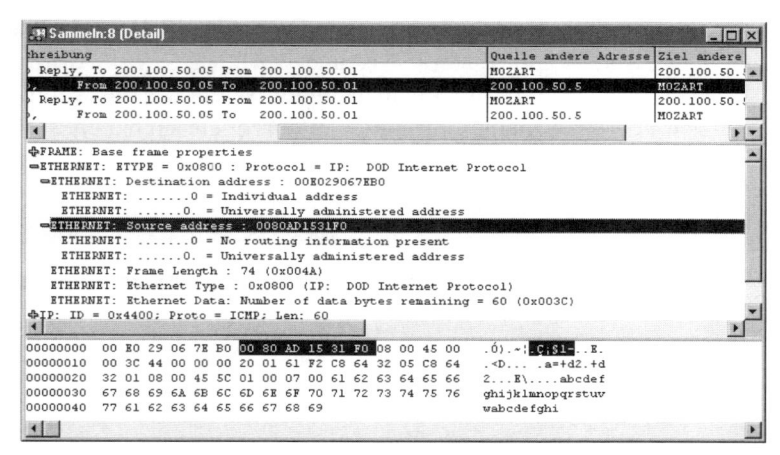

```
Sammeln:8 (Detail)
hreibung                                              Quelle andere Adresse  Ziel andere
 Reply, To 200.100.50.05 From 200.100.50.01           MOZART                 200.100.50.
         From 200.100.50.05 To   200.100.50.01        200.100.50.5           MOZART
 Reply, To 200.100.50.05 From 200.100.50.01           MOZART                 200.100.50.
         From 200.100.50.05 To   200.100.50.01        200.100.50.5           MOZART

 FRAME: Base frame properties
 ETHERNET: ETYPE = 0x08C0 : Protocol = IP: DOD Internet Protocol
   ETHERNET: Destination address : 00E029067EB0
     ETHERNET: .......0 = Individual address
     ETHERNET: ......0. = Universally administered address
   ETHERNET: Source address : 0080AD1531F0
     ETHERNET: .......0 = No routing information present
     ETHERNET: ......0. = Universally administered address
   ETHERNET: Frame Length : 74 (0x004A)
   ETHERNET: Ethernet Type : 0x0800 (IP: DOD Internet Protocol)
   ETHERNET: Ethernet Data: Number of data bytes remaining = 60 (0x003C)
 IP: ID = 0x4400; Proto = ICMP; Len: 60

00000000  00 E0 29 06 7E B0 00 80 AD 15 31 F0 08 00 45 00   .Ó).~:.C¡S1-..E.
00000010  00 3C 44 00 00 00 20 01 61 F2 C8 64 32 05 C8 64   .<D... .a=+d2.+d
00000020  32 01 08 00 45 5C 01 00 07 00 61 62 63 64 65 66   2...E\....abcdef
00000030  67 68 69 6A 6B 6C 6D 6E 6F 70 71 72 73 74 75 76   ghijklmnopqrstuv
00000040  77 61 62 63 64 65 66 67 68 69                     wabcdefghi
```

In diesem Bild ist auch der Bereich HEX enthalten, der die Daten in roher hexadezimaler Form anzeigt. Beachten Sie, daß jeder Eintrag, der im Bereich DETAILS markiert wurde, im Bereich HEX hervorgehoben wird. Das vermittelt Ihnen einen Eindruck von der Art und Weise, wie der Bereich DETAILS Daten übersetzt, um Ihnen die Analyse zu erleichtern.

Wenn Sie ein Feld im Bereich DETAILS auswählen, zeigt die Legende in der Statuszeile die folgenden nützlichen Informationen über das Feld:

▶ Eine Kurzbeschreibung des Felds.

▶ F#. Dieses Feld legt die Position des Rahmens im Sammelpuffer fest. F# 4/10 kennzeichnet z.B., daß dies der vierte Rahmen von zehn ist.

▶ OFF. Dieses Feld kennzeichnet den Offset des gewählten Bytes vom Anfang des Frames. Der Wert OFF: 74(x4A) kennzeichnet z.B., daß das gewählte Byte 74 (dezimale) Byte (4A hex) vom ersten Byte des Rahmens entfernt ist. Das erste Byte des Rahmens hat einen Offset von 0. (Dieses Feld bietet wertvolle Richtlinien, wenn Sie Filter einrichten und anzeigen.)

▶ L:. Dieses Feld kennzeichnet die Länge des Felds in Byte.

Bild 16.36 zeigt die Daten des IP-Datagramms an. Die Einträge `IP: Service Type` und `IP: Flags Summary` wurden erweitert, um ihre Inhalte anzuzeigen. Wenn Sie die Anfangskapitel dieses Buches aufmerksam durchgelesen haben, sollten Sie in der Lage sein, den Inhalt dieses Datagramms zu interpretieren.

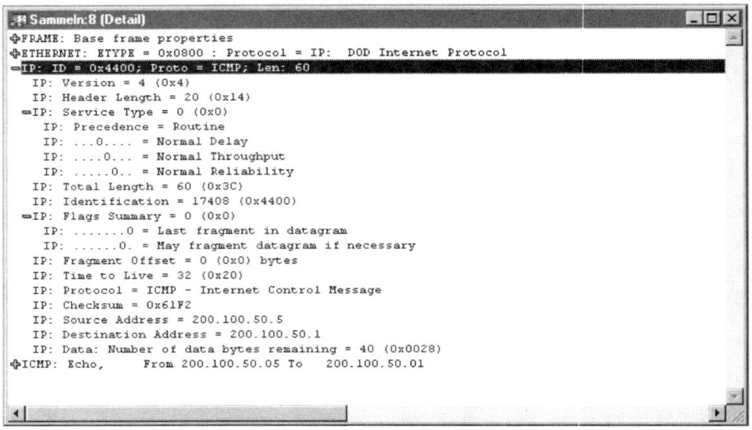

Abbildung 16.36

Details des IP-Datagramm-Headers

```
Sammeln:8 (Detail)
FRAME: Base frame properties
ETHERNET: ETYPE = 0x0800 : Protocol = IP:  DOD Internet Protocol
IP: ID = 0x4400; Proto = ICMP; Len: 60
   IP: Version = 4 (0x4)
   IP: Header Length = 20 (0x14)
   IP: Service Type = 0 (0x0)
      IP: Precedence = Routine
      IP: ...0.... = Normal Delay
      IP: ....0... = Normal Throughput
      IP: .....0.. = Normal Reliability
   IP: Total Length = 60 (0x3C)
   IP: Identification = 17408 (0x4400)
   IP: Flags Summary = 0 (0x0)
      IP: .......0 = Last fragment in datagram
      IP: ......0. = May fragment datagram if necessary
   IP: Fragment Offset = 0 (0x0) bytes
   IP: Time to Live = 32 (0x20)
   IP: Protocol = ICMP - Internet Control Message
   IP: Checksum = 0x61F2
   IP: Source Address = 200.100.50.5
   IP: Destination Address = 200.100.50.1
   IP: Data: Number of data bytes remaining = 40 (0x0028)
ICMP: Echo,        From 200.100.50.05 To    200.100.50.01
```

In Bild 16.37 kommen Sie nun schließlich zum ICMP-Teil.

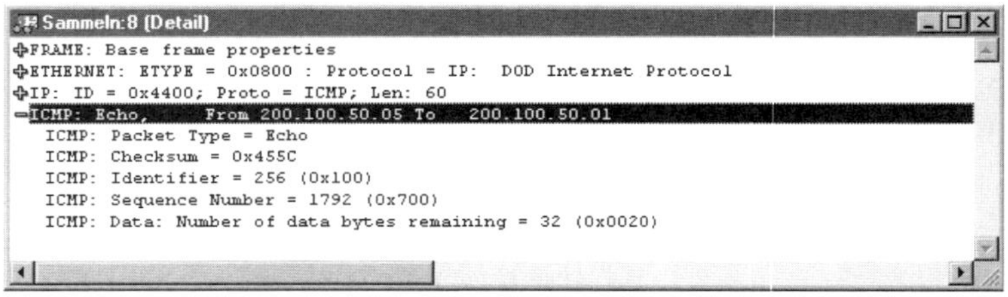

Abbildung 16.37

Details der ICMP-Echo-Nachricht

```
Sammeln:8 (Detail)
FRAME: Base frame properties
ETHERNET: ETYPE = 0x0800 : Protocol = IP:  DOD Internet Protocol
IP: ID = 0x4400; Proto = ICMP; Len: 60
ICMP: Echo,       From 200.100.50.05 To    200.100.50.01
   ICMP: Packet Type = Echo
   ICMP: Checksum = 0x455C
   ICMP: Identifier = 256 (0x100)
   ICMP: Sequence Number = 1792 (0x700)
   ICMP: Data: Number of data bytes remaining = 32 (0x0020)
```

Bei der Komplexität dieser Daten ist eine Protokollanalyse natürlich nicht leicht. Wenn Sie jedoch die Ursache von Fehlern im Netzwerk suchen müssen, kann dies sehr hilfreich sein.

Anzeigefilter

Nun haben Sie einen Puffer voll Rahmen gesammelt. Sie wollen sich aber nur mit einigen davon genauer befassen. Was können Sie tun, um nicht mehrere tausend Stück durchzusehen? Erstellen Sie einfach einen Anzeigefilter. Wählen Sie dazu im Menü ANZEIGE den Menübefehl FILTER. Es öffnet sich nun das Dialogfeld ANZEIGEFILTER, über das Sie Filter einrichten können. Anzeigefilter unterscheiden sich etwas von Sammelfiltern. Deshalb wird die Prozedur hier kurz beschrieben.

Bild 16.38 zeigt das Dialogfeld ANZEIGEFILTER, das die Rahmen aller Protokolle und Computeradressen anzeigt.

Abbildung 16.38

Der Standard für Anzeigefilter

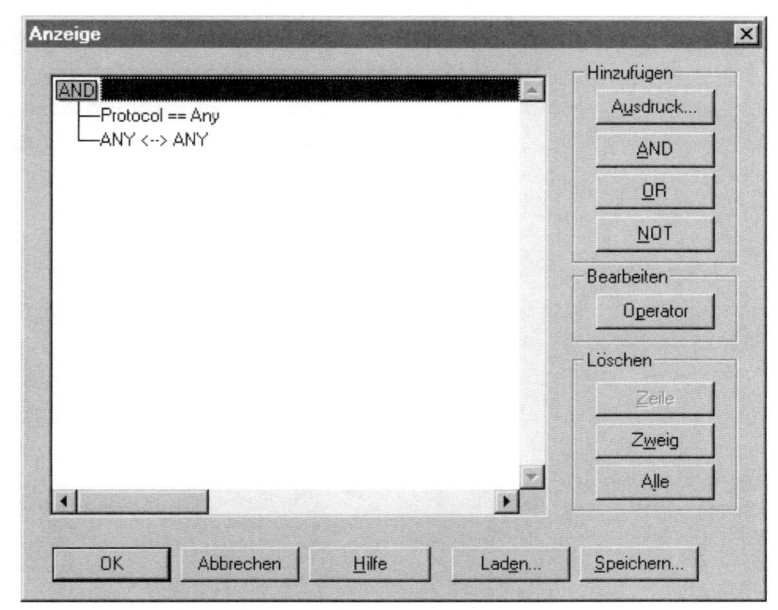

Ausdrücke hinzufügen

Um einen Ausdruck zu einem Anzeigefilter hinzuzufügen, markieren Sie die Zeile, die dem neuen Ausdruck vorangehen wird, und wählen Sie im Bereich HINZUFÜGEN die Schaltfläche AUSDRUCK. Es öffnet sich das Dialogfeld AUSDRUCK (siehe Bild 16.39). Dieses Dialogfeld enthält drei Registerkarten, über die Sie Ausdrücke, basierend auf den drei Arten von Eigenschaften, eingeben können: Adressen, Protokolle und Eigenschaften. Bild 16.39 zeigt die Registerkarte ADRESSE.

Adreßausdrücke legen die Adressen zweier Computer fest, deren Rahmen zusammen mit einer Richtungsangabe gesammelt werden sollen. Wenn Sie in den Spalten STATION 1, RICHTUNG und STATION 2 Einträge auswählen, wird der Ausdruck, den Sie erstellen, im Dialogfeld angezeigt.

Die Registerkarte PROTOKOLL bietet Ihnen die Möglichkeit, Filter für bestimmte Protokolle festzulegen (siehe Bild 16.40). Wenn ein Protokoll im Listenfeld DEAKTIVIERTE PROTOKOLLE aufgeführt wird, werden die Rahmen dieses Protokolls nicht angezeigt.

Abbildung 16.39

Einen Adreßausdruck für einen Anzeigefilter erstellen

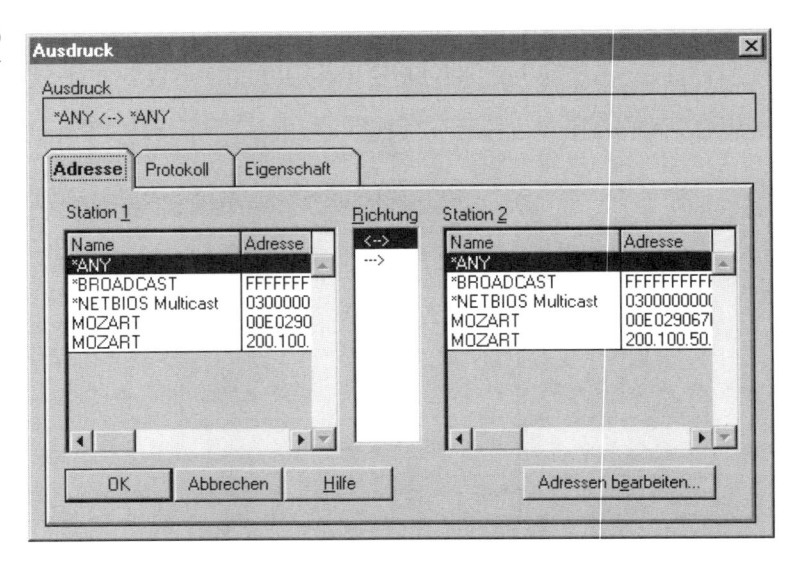

Abbildung 16.40

Einen Protokollausdruck für einen Anzeigefilter erstellen

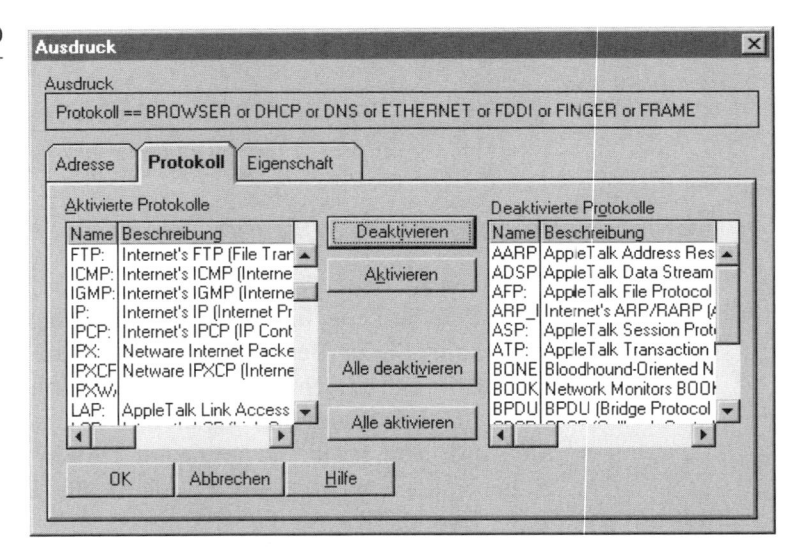

Über die Registerkarte EIGENSCHAFT können Sie Filter erzeugen, die auf Datenmustern basieren (siehe Bild 16.41). Wie Sie bereits gesehen haben, erhalten Sie keine Hilfe, wenn Sie ein Datenmuster für Sammelfilter erstellen. Das ist jedoch anders, wenn Sie Anzeigefilter einrichten.

Abbildung 16.41

Die Registerkarte Eigenschaft

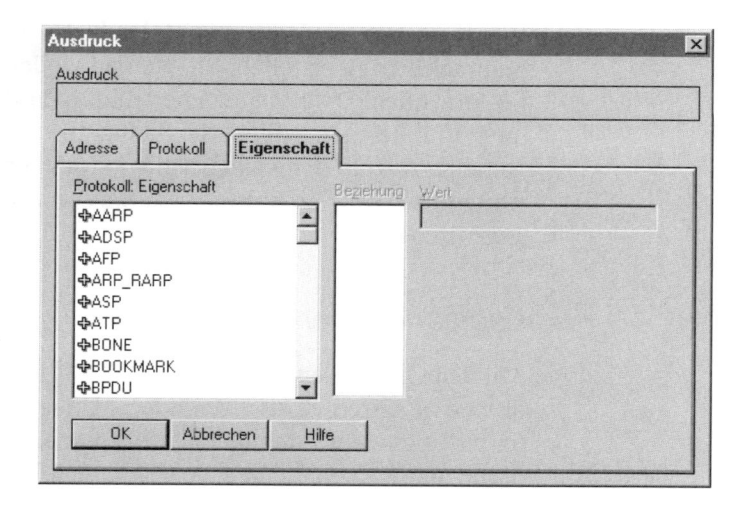

Sie können jedes der Protokolle im Listenfeld PROTOKOLL: EIGENSCHAFT öffnen, um die Datenfelder in der Protokoll-Kopfzeile aufzulisten. In Bild 16.42 wurde das IP-Protokoll erweitert, um die Felder der IP-Datagramm-Kopfzeile sichtbar zu machen. Nachdem Sie eine Zieladresse (DESTINATION ADDRESS) ausgewählt haben, werden im Listenfeld BEZIEHUNG alle gültigen Verknüpfungen genannt. Und obwohl Sie manuell eine Hexadezimalzahl ins Feld WERT (ADRESSE) eingeben können, können Sie normalerweise auch eine der vordefinierten Optionen, basierend auf der IP-Adresse, die der Netzwerkmonitor ermittelt hat, auswählen. Nachdem der Eintrag MOZART gewählt wurde, wurde die Adresse automatisch eingesetzt.

Abbildung 16.42

Einen auf Protokolleigenschaften basierenden Ausdruck erzeugen

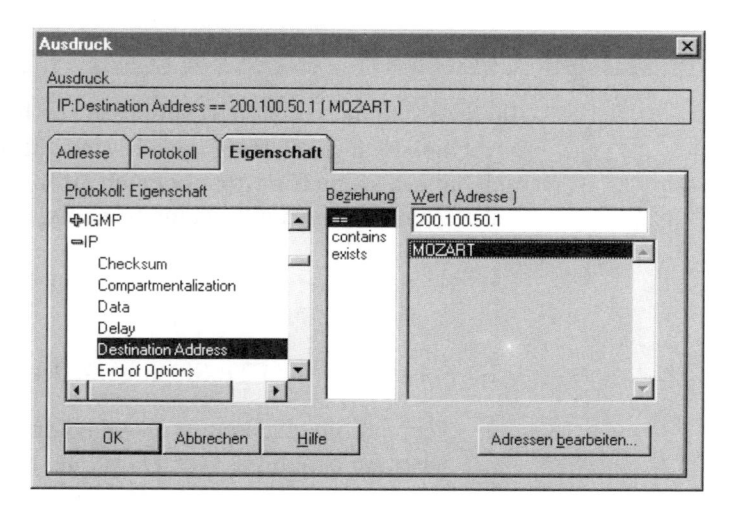

Wie Sie sehen, ist es wesentlich leichter, Anzeigefilter statt Sammelfilter zu erstellen. Sie werden vielleicht in zwei Stadien filtern wollen. Damit keine unerwünschten Rahmen den Sammelpuffer belegen, sollten Sie Sammelfilter erstellen, um die allgemeine Anzahl der Kategorien von Rahmen, die gesammelt werden, zu reduzieren. Benutzen Sie dann Anzeigefilter, um spezifische Rahmen zu isolieren.

Logische Operatoren nutzen

Mit den Operatoren AND, OR und NOT können Sie die Ausdrücke in Anzeigefiltern verändern. Um einen logischen Operator zu einem Ausdruck hinzuzufügen, markieren Sie den Ausdruck und wählen die gewünschte Schaltfläche AND, OR oder NOT. Die Struktur des logischen Baums läßt sich am leichtesten verändern, wenn Sie die Ausdrücke und Operatoren an die passende Stelle ziehen.

Um einen Operator in einem Auswahlfilter zu verändern, klikken Sie mehrfach auf das Operatorsymbol. Das Symbol ändert sich mit jedem Klick von AND zu OR und zu NOT:

Übungen

Die folgende Übung bietet Ihnen die Möglichkeit, verschiedene Befehle auszuprobieren, die Sie im Kapitel betrachtet haben. Sie müssen dazu ein Netzwerk und den IIS installiert haben.

Übung 16.1: Dateien mit dem ftp-Befehl verschieben

In dieser Übung arbeiten Sie mit dem `ftp`-Befehl, um Dateien zu verschieben. Diese Übung bezieht sich auf die Standard-Verzeichnisse. Wenn Sie Komponenten an anderen Stellen abgelegt haben, müssen Sie die Pfadangaben entsprechend anpassen.

1. Kopieren Sie einen Satz Dateien in das Verzeichnis *C:\INETPUB\FTPROOT*.

2. Starten Sie eine FTP-Sitzung mit dem Befehl `ftp 127.0.0.1`.

3. Nehmen Sie eine anonyme Anmeldung vor, und geben Sie dabei ein beliebiges Kennwort ein.

4. Versuchen Sie, die Dateien auf dem FTP-Server mit dem Befehl `ls -l` aufzulisten. Können Sie die Dateien sehen, die Sie kopiert haben? (Das sollte möglich sein).

5. Verlassen Sie die FTP-Sitzung (drücken Sie die Tasten [Strg] + [C]).

6. Wechseln Sie in das Verzeichnis *C:\WINNT\SYSTEM32\DRIVERS\ETC* und kopieren die Datei *SERVICES* in die Datei *SERVICES.GOOD*.

7. Bearbeiten Sie die Datei *SERVICES*, und löschen Sie die Zeile, die den FTP-Eintrag enthält. Belassen Sie jedoch den FTP_DATA-Eintrag.

8. Speichern Sie die Datei, fahren Sie den Computer herunter, und starten Sie ihn neu.

9. Gehen Sie zum Internet-Dienst-Manager, und klicken Sie doppelt auf den Dienst FTP. Ändern Sie den TCP-Anschluß auf der Registerkarte DIENST von 21 auf 9999. Stellen Sie sicher, daß die Option NUR ANONYME VERBINDUNGEN ERLAUBEN nicht aktiviert ist.

10. Klicken Sie auf der Registerkarte VERZEICHNISSE doppelt auf das Basis-Verzeichnis. Vergewissern Sie sich, daß die Kontrollkästchen LESEN und SCHREIBEN im Bereich ZUGRIFF aktiviert sind.

11. Klicken Sie auf OK. Sie sollten nun eine Warnmeldung erhalten, daß die Änderungen erst aktiv werden, wenn Sie den Dienst neu starten.

12. Stoppen Sie den Dienst FTP, und starten ihn erneut.

13. Versuchen Sie noch einmal, eine Verbindung mit dem Befehl `ftp 127.0.0.1` aufzubauen. Hat das geklappt? (Das darf nicht klappen, weil FTP-Clients über den Anschluß 21 versuchen, eine Verbindung aufzubauen.)

14. Starten Sie eine FTP-Sitzung, geben Sie `ftp` ein, und drücken Sie die [←]-Taste.

15. Versuchen Sie, Ihre Site mit dem Befehl `open 127.0.0.1 4021` zu öffnen. Funktioniert dies? Sie sollten eine Verbindung aufbauen können.

16. Öffnen Sie eine weitere Eingabeaufforderung, und geben Sie den Befehl `netstat` ein.

17. Geben Sie Ihren Administrator-Namen und die Kennung ein, um sich anzumelden.

18. Wechseln Sie in den Binärmodus, indem Sie `binary` eingeben.

19. Geben Sie den Befehl `ls -l` ein. Sie sollten nun eine Liste der Dateien erhalten, die Sie in das Verzeichnis kopiert haben.

20. Wählen Sie eine Datei aus, und geben Sie den Befehl `get dateiname.ext` ein. Die Datei sollte nun in das aktuelle Verzeichnis übertragen werden. Geben Sie `! dir` ein, um dies zu prüfen.

21. Benennen Sie den lokalen Dateinamen mit dem Befehl `! ren dateiname.ext dateiname.RJS` um.

22. Legen Sie mit dem Befehl `put dateiname.RJS` eine Kopie auf dem FTP-Server ab.

23. Verifizieren Sie die Übertragung mit dem Befehl `ls -l`.

24. Schließen Sie die FTP-Sitzung mit dem Befehl `bye`.

Sie werden nun den Anschluß wieder in seinen ursprünglichen Zustand versetzen wollen. Kopieren Sie auch die Datei *SERVICES.GOOD* über die Datei *SERVICES*.

Übung 16.2: Einträge in den ARP-Zwischenspeicher einfügen und aus ihm beziehen

---

Für diese Übung müssen Sie tatsächlich mit einem Netzwerk verbunden sein. Sie betrachten den ARP-Zwischenspeicher und versuchen, statische Einträge einzugeben und aus ihm zu entfernen.

1. Betrachten Sie die aktuellen ARP-Einträge mit dem Befehl `arp -a`.

2. Nehmen Sie mit dem Befehl `ping host_ip_adresse` Verbindung zu einem Host in Ihrem Netzwerk auf, und betrachten Sie die ARP-Einträge noch einmal mit dem Befehl `arp -a`.

3. Gibt es einen neuen Eintrag? (Es sollte ein Eintrag für das System vorhanden sein, zu dem Sie über `ping` eine Verbindung aufgebaut haben.)

4. Geben Sie den Befehl `ping www.microsoft.com` ein.

   Ist nun ein neuer Eintrag vorhanden? (Es sollte nun ein weiterer ARP-Eintrag vorhanden sein.)

5. Geben Sie den Befehl `ping www.intel.com` ein.

   Ist nun ein neuer Eintrag vorhanden? (Nein. Bei beiden Befehlen muß der Router gefunden werden und es wird die gleiche IP-MAC-Adresse für ihn ausgewertet.)

6. Nehmen Sie mit `ping` Verbindung zu Ihrem Standard-Gateway auf.

7. Geben Sie den folgenden Befehl mit Ihrer Gateway-Adresse ein: `arp -s ihre_gateway_adresse B4-D5-F7-D3-B4-B7`.

8. Prüfen Sie die ARP-Einträge mit dem Befehl `arp -a`.

9. Nehmen Sie mit `ping` Verbindung zu Ihrem Standard-Gateway auf. Hatten Sie Erfolg? (Nein. Das System versucht, den Standard-Gateway an der angegebenen MAC-Adresse zu erreichen.)

10. Versuchen Sie, mit `ping` Verbindung zu verschiedenen Sites aufzunehmen, die Sie im Internet kennen. Funktioniert das? (Nein, da Sie Ihren Standard-Gateway nicht benutzen können.)

Entfernen Sie die statische Adresse über den Befehl `arp -d ihre_gateway_adresse`.

Übung 16.3: Den Netzwerkmonitor und den Netzwerkmonitoragent nutzen

In dieser Übung benutzen Sie den Netzwerkmonitor und den -agent, um ARP-Anforderungen zu betrachten. Die Mindestvoraussetzung für diese Übung ist eine funktionsfähige Netzwerkkarte.

1. Öffnen Sie das Dialogfeld NETZWERK. Wählen Sie auf der Registerkarte DIENSTE die Schaltfläche HINZUFÜGEN.

2. Wählen Sie im Listenfeld NETZWERKDIENST den Eintrag NETZWERKPROGRAMME UND -AGENT, und klicken Sie auf OK.

3. Geben Sie im Meldungsfenster das Quellverzeichnis für die Windows NT-Quelldateien ein.

4. Klicken Sie auf OK, um das Dialogfeld NETZWERK zu schließen.

5. Starten Sie Ihren Computer neu, wenn Sie dazu aufgefordert werden.

Für diese Übung müssen Sie drei IP-Adressen (außer Ihrer eigenen) kennen. Eine der IP-Adressen muß aus Ihrem LAN stammen, eine Adresse sollte ein Remote-Host sein und eine die Adresse Ihres Routers.

Um die Adressen herauszufinden, sollten Sie die IP-Adressen für alle gültigen Hosts im Netzwerk berechnen (siehe hierzu Kapitel 6). Im folgenden Beispiel werden die Adressen verwendet, die in den meisten Übungen eingesetzt wurden:

Die IP-Adresse 148.53.66.7 mit einer Subnet Mask von 255.255.192.0

Gültige Hosts in diesem Teilnetzwerk sind 148.53.64.1 bis 148.53.127.254. Augenblicklich sind alle Adressen von der Adresse 148.53.128.1 bis zur Adresse 148.53.191.254 remote. Sie wären nicht remote, wenn 255.255.0.0 als Subnet Mask verwendet würde. Deshalb ist der lokale Host eine beliebige Nummer im ersten Wertebereich und der Remote-Host eine beliebige im zweiten.

Eine ARP-Rundsendung betrachten

In diesem Teil der Übung betrachten Sie einen einfachen ARP-Broadcast.

1. Öffnen Sie die Eingabeaufforderung und den Netzwerkmonitor.

2. Wählen Sie im Netzwerkmonitor den Menübefehl STARTEN im Menü SAMMELN.

3. Wechseln Sie zur Eingabeaufforderung, und nehmen Sie über `ping` Verbindung zum lokalen Host auf. (Es spielt keine Rolle, ob Sie ihn sehen.)

4. Wechseln Sie wieder zum Netzwerkmonitor, und wählen den Menübefehl BEENDEN UND ANZEIGEN im Menü SAMMELN.

5. Im Fenster SAMMELN ist nun eine Liste der Pakete zu sehen, die von Ihrem Computer gesendet oder empfangen wurden.

6. Eines der ersten Pakete sollte ARP: REQUEST sein. Führen Sie einen Doppelklick auf diesem Eintrag aus.

7. Erweitern Sie das Paket vollständig, indem Sie auf die Pluszeichen klicken, bis alle Pakete sichtbar sind.

8. Suchen Sie im Paket die Ziel-MAC- und IP-Adressen.

9. Handelt es sich bei der IP-Adresse um diejenige, die Sie eingegeben haben? Ja.

10. Wie lautet die MAC-Adresse? Alles Nullen. An dieser Stelle ist die Adresse unbekannt.

11. Wenn der `ping`-Befehl auf Ihrem System funktioniert hat, sollten Sie den Bereich ZUSAMMENFASSUNG am oberen Rand des Bildschirms betrachten. Welches Paket haben Sie als nächstes empfangen? Es sollte ein ARP: REPLY-Eintrag sein.

ARP-Rundsendungen an Remote-Hosts betrachten

Nun führen Sie die gleiche Übung noch einmal durch. Dieses Mal benutzen Sie jedoch die Adresse eines Remote-Host.

1. Wählen Sie im Netzwerkmonitor den Menübefehl SCHLIESSEN im Menü DATEI. Das Fenster mit den gesammelten Daten schließt sich nun.

2. Wählen Sie den Menübefehl SAMMELN/STARTEN. Es erscheint eine Meldung, mit der Sie gefragt werden, ob Sie die Daten speichern möchten. Wählen Sie die Schaltfläche NEIN.

3. Wechseln Sie zur Eingabeaufforderung, und nehmen Sie über `ping` Kontakt zu einem Remote-Host auf. (Es spielt keine Rolle, ob Sie ihn sehen.)

4. Wechseln Sie zum Netzwerkmonitor zurück. Wählen Sie den Menübefehl SAMMELN/BEENDEN UND ANZEIGEN.

5. Suchen Sie das Paket ARP:REQUEST, und führen Sie einen Doppelklick auf diesem aus.

6. Erweitern Sie das Paket vollständig.

7. Suchen Sie im Paket nach der MAC- und der IP-Adresse.

8. Ist die IP-Adresse identisch mit der, die Sie eingegeben haben? Nein, es sollte sich um die Adresse des Routers handeln.

9. Wie lautet die MAC-Adresse? Alles Nullen. An dieser Stelle ist die Adresse unbekannt.

10. Wenn der `ping`-Befehl auf Ihrem System funktioniert hat, sollten Sie in den Bereich ZUSAMMENFASSUNG am oberen Rand des Bildschirms blicken. Wie heißt das nächste Paket, das Sie empfangen haben? (Es sollte der Eintrag `ARP:Reply` von einem Router sein.)

Die Subnet Mask ändern

Nun ändern Sie die Subnet Mask, und prüfen die Pakete noch einmal.

Öffnen Sie das Dialogfeld NETZWERK. Führen Sie auf der Registerkarte PROTOKOLLE einen Doppelklick auf dem Eintrag TCP/IP-PROTOKOLL aus.

Ändern Sie die letzte Ziffer, die ungleich 0 ist, in eine 0. (Notieren Sie sich die Ausgangskonfiguration, damit Sie später zurückkehren können.) Im Beispiel hatte die Subnet Mask den Wert 255.255.192.0. Ändern Sie diesen in 255.255.0.0 um.

> **hinweis**
>
> Wenn Sie DHCP einsetzen, sollten Sie `ipconfig` an der Eingabeaufforderung starten und sich die Werte notieren. Geben Sie diese Information für die Übung als statische IP-Adresse ein. Vergessen Sie nicht, die Adresse später wieder zurückzusetzen.

Klicken Sie im Dialogfeld EIGENSCHAFTEN VON MICROSOFT TCP/IP und im Dialogfeld NETZWERK auf OK. Starten Sie dann Ihr System neu.

1. Starten Sie den Netzwerkmonitor, und öffnen Sie eine Eingabeaufforderung.

2. Wählen Sie im Netzwerkmonitor den Menübefehl SAMMELN/STARTEN.

3. Wechseln Sie zur Eingabeaufforderung, und nehmen Sie mit `ping` Verbindung zum lokalen Host auf.

4. Nehmen Sie anschließend mit `ping` Verbindung zum Remote-Host auf.

5. Wechseln Sie zum Netzwerkmonitor zurück. Wählen Sie den Menübefehl SAMMELN/BEENDEN UND ANZEIGEN. Es sollten nun zwei ARP: REQUEST-Pakete vorhanden sein.

6. Suchen Sie nach dem ersten Eintrag ARP:REQUEST, und führen Sie einen Doppelklick auf diesem aus.

7. Erweitern Sie das Paket vollständig.

8. Suchen Sie im Paket nach den Ziel-MAC- und IP-Adressen.

9. Hatten Sie diese IP-Adresse eingegeben? (Ja. Die lokale Host-IP-Adresse.)

10. Markieren Sie im Bereich ZUSAMMENFASSUNG den zweiten ARP: REQUEST-Eintrag.

11. An welche IP-Adresse wurde dieses Paket gesendet? (Sie wurde direkt an die IP-Adresse des Remote-Host gesendet.)

12. An welche IP-Adresse hätte dieses Paket gesendet werden sollen? (Den Router wie in der letzten Übung.)

13. Welche Auswirkungen hat dies auf die Kommunikation? Sie können so mit einigen, aber nicht allen Hosts kommunizieren, sondern nur mit allen lokalen Hosts und einigen Remote-Hosts. Die anderen Teilnetzwerke in dieser Organisation sind unsichtbar.

Zusammenfassung

Wenn Sie mit TCP/IP arbeiten, benötigen Sie zahlreiche Dienstprogramme. In diesem Kapitel wurden die wichtigsten davon beschrieben, die im Lieferumfang von Windows NT 4 enthalten sind. Sie sollten diese Programme nun kennen und wissen, unter welchen Umständen Sie die einzelnen Programme einsetzen müssen.

Wiederholungsfragen

1. Wie sollten Sie `ping` einsetzen, um eine TCP/IP-Verbindung zu testen?

2. Mit welchem Dienstprogramm können Sie alle Arten von IP-Verbindungen zu Ihrem Computer betrachten?

3. Mit welchem Befehl löschen Sie den NetBIOS-Namen-Cache und laden ihn erneut?

4. Mit welchem Dienstprogramm können Sie die Pakete betrachten, die an und von Ihrem Computer gesendet werden?

5. Mit welchen Dienstprogrammen können Sie Dateien kopieren?

6. Was ist der Hauptunterschied zwischen `ftp` und `tftp`?

7. Was ist der Zweck von `tracert`?

8. Welche Parameter stehen für das Dienstprogramm `ipconfig` zur Verfügung? Was bewirken sie?

9. Wie lange bleibt ein statischer ARP-Eintrag im Zwischenspeicher?

10. Wenn Sie die Befehle `rsh` und `rcp` einsetzen, wo muß dann Ihr Name aufgeführt sein?

11. Wenn ein FTP-Server so eingerichtet ist, daß er den Anschluß 6374 verwendet, wie starten Sie dann eine Sitzung mit ihm?

12. Welche beiden Emulationsmodi unterstützt `telnet`? Welcher der beiden ist gebräuchlicher?

13. Was kann der Netzwerkmonitor sammeln, der im Lieferumfang von Windows NT enthalten ist?

14. Wie verfolgt `tracert` eine Route?

15. Mit welchem Befehl können Sie Informationen über die Benutzer herausfinden, die augenblicklich bei Ihrem Computer angemeldet sind?

16. Welchen `lpr`-Befehl können Sie benutzen, um die Datei *MYFILE.TXT* auf einem Drucker namens *PRT23* auszudrucken, der an einem Computer mit der IP-Adresse 148.53.64.7 angeschlossen ist?

17. Wie starten Sie eine interaktive `nslookup`-Sitzung?

18. Wie listen Sie alle Mail-Server einer vorgegebenen Domäne auf?

19. Mit welchem Befehl können Sie den Zustand Ihres Druckauftrags auf einem Drucker namens PRT77 ermitteln, der auf einem UNIX-Print-Server namens BOX7 installiert ist?

20. Wie können Sie die Routing-Tabelle Ihres Computers einsehen?

21. Welche CPU führt die Instruktionen bei `rexec`-Befehlen aus?

Lösungen

1. Sie sollten mit `ping` eine Verbindung zu den folgenden Adressen aufbauen:

    ```
    ping 127.0.0.7
    ping ihre_IP_adresse
    ping lokaler_host_ip_adresse
    ping remote_host_ip_adresse
    ping host_name
    ping NetBIOS_name
    ```

2. Mit dem Befehl `netstat -a`. Damit werden alle Verbindungen für Clients und Dienste angezeigt, die WinSock verwenden.

3. Der Befehl nbtstat -r führt diese Funktion aus.

4. Der Netzwerkmonitor sammelt alle Pakete, die von und zu Ihrem Computer geschafft werden.

5. Es gibt drei Dienstprogramme, mit denen Dateien kopiert werden können: `ftp`, `tftp` und `rcp`.

6. `ftp` ist ein verbindungsorientiertes Dateiübertragungsprogramm, das TCP zur Übertragung benutzt. TFTP ist verbindungslos und verwendet UDP als Übertragungsprotokoll.

7. Das Dienstprogramm `tracert` bietet Ihnen die Möglichkeit, den Pfad zu verfolgen, den Ihre Pakete im Netzwerk nehmen.

8. Der Befehl hat die folgenden Parameter: `/all` (zeigt detaillierte Informationen über die Netzwerkkarten und das System im allgemeinen an), `/release` (gibt eine IP-Adresse frei, die von einem DHCP-Server geliefert wurde) und `/renew` (zwingt den DHCP-Client, seine IP-Adresse und damit die Konfigurationsinformation zu erneuern).

9. Statische ARP-Einträge bleiben, bis der Computer neu gestartet oder der Eintrag gelöscht wird.

10. Wenn Sie diese Befehle nutzen, muß Ihr Name in der Datei *.RHOSTS* des Computers enthalten sein, mit dem Sie kommunizieren.

11. Als erstes starten Sie den FTP-Client. Es folgt dann ein `open`-Befehl, in dem Sie den Host-Namen und den Anschluß angeben, wie z.B. `open ftp.host.net 6374`.

12. Telnet arbeitet mit den Emulationen VT100 und VT52. Die Emulation VT100 ist jedoch gebräuchlicher.

13. Der Netzwerkmonitor, der im Lieferumfang von Windows NT enthalten ist, kann nur Pakete sammeln, die an Ihren Computer gesendet oder von diesem versendet werden. Die Version des Netzwerkmonitors, die im Systems Management Server enthalten ist, kann Pakete aller Systeme sammeln, auf denen ein Netzwerkmonitoragent installiert ist.

Lösungen

14. Weil davon ausgegangen wird, daß ein Router, der ein Paket wegwirft, eine ICMP-Meldung versendet, die dieses besagt, kann `tracert` die Route verfolgen, indem er mehrere Pakete mit verschiedenen TTLs an das Zielsystem sendet. Das erste Paket könnte z.B. eine TTL von 1, das zweite eine von 2 usw. haben. Dadurch wird jeder Router im Pfad gezwungen, ein Paket wegzuwerfen und sich selbst mit einer ICMP-Meldung zu identifizieren.

15. Der `finger`-Befehl gibt Informationen über aktuelle Benutzer Ihres Systems.

16. Der Befehl würde wie folgt lauten:
    `lpr -s148.53.64.7 -pprt23 myfile.txt`.

17. Um eine interaktive `nslookup`-Sitzung zu starten, geben Sie `nslookup` ein und drücken die ⏎-Taste.

18. Sie können in einer `nslookup`-Sitzung den Befehl `ls -t mx domain` eingeben.

19. Der Befehl lautet `lpq -sbox7 -pprt77`.

20. Der Befehl lautet `route print`.

21. Die CPU des Remote-Hosts führt die Instruktionen aus.

Kapitel 17
Dienstprogramme zur Verwaltung: SNMP und der Systemmonitor

Zu den Arbeiten eines Netzwerkadministrators gehört die eigentliche Verwaltung des Netzwerks. Das bedeutet, daß er die Alltagsoperationen im Auge behalten muß. Bei kleinen Netzwerken mit 500 bis 600 Arbeitsstationen und 10 bis 20 Servern ist die Verwaltung ziemlich einfach.

Was geschieht jedoch, wenn Sie 5.000 oder 6.000 Arbeitsstationen und 500 oder 600 Server in Ihrem Netzwerk haben? Nehmen Sie an, diese Server würden unter Windows NT, UNIX und Netware betrieben werden. Die Verwaltung eines solchen Netzwerks ist natürlich wesentlich komplexer als die eines kleineren Netzwerks. Führen Sie das Beispiel nun noch einen Schritt weiter, indem Sie annehmen, Sie müßten eine größere Gruppe von Computern im Internet verwalten, die über die ganze Welt verstreut sind.

Wie Sie sich vielleicht bereits gedacht haben, können dabei enorme Probleme entstehen. Diese Probleme mußten zu der Zeit, als das Internet entstand, behandelt werden. Es wurden deshalb ein weiteres Protokoll und zusätzliche Standards entwikkelt, die es den Netzwerkadministratoren ermöglichen sollten, nicht nur Server, sondern auch Geräte wie Router und Brücken, Ethernet-Hubs und Token-Ring-Multistation-Access-Units (Maus) etc. zu erreichen.

17.1 Die Rolle von SNMP

Es wurde das Protokoll SNMP (Simple Network Management Protocol) entwickelt, das eigentlich zwei Hauptbestandteile hat:

- SNMP-MANAGER. Es gibt Arbeitsstationen, auf denen eine SNMP-Verwaltungssoftware installiert ist. Die Verwaltungssoftware behandelt die Abfrage von den verwalteten Geräten und sucht nach alarmierenden Bedingungen im Netzwerk.

- SNMP-AGENTS. Dieser Teil des Protokolls sitzt in den Geräten und antwortet auf die Anforderungen der Verwaltungssoftware. Der Agent ist auch verantwortlich dafür, beunruhigende Bedingungen im Netzwerk an die Verwalter weiterzuleiten.

SNMP ist ein sehr einfaches Protokoll. Das Protokoll verwendet UDP-Pakete (auf dem Anschluß 161), um die Informationen zu senden und zu empfangen, die zwischen der Verwaltungssoftware und dem SNMP-Agenten versendet werden.

Insgesamt können Sie die folgenden vier Befehle im SNMP-Protokoll verwenden:

- `get`. Dieser Befehl kommt von einem Manager und fordert den Agent auf, den aktuellen Wert für eine bestimmte Einstellung zurückzuliefern (z.B. die Anzahl der Anmeldungen beim System).

- `get-next`. Dieser Befehl fordert den Agent auf, den Wert für die nächste Einstellung zurückzuliefern. (Damit könnte der Name jedes Dienstes in Folge ermittelt werden.)

- `set`. Der Manager sendet mit diesem Befehl einen Wert. Der Agent nimmt die entsprechende Einstellung vor (es gibt nur sehr wenige Werte, die auf diese Weise eingerichtet werden können.)

- `trap`. Gelegentlich sendet der Agent einen `trap`. Dies kennzeichnet eine Alarmbedingung und dient dazu, den Manager zu warnen. (Es könnte sich z.B. um ein nicht autorisiertes System handeln, das ein SNMP-Paket an den Computer gesendet hat.)

17.1.1 MIBs (Management Information Base)

Wenn ein SNMP-Agent Werte an einen Manager zurückliefert oder Werte einrichtet, die er vom Manager erhält, muß es eine bekannte Datenstruktur geben, die leicht über das Netzwerk angesprochen werden kann. Die Struktur, die vom SNMP-Protokoll eingesetzt wird, ist die MIB (Management Information Base). Es können verschiedene MIBs unterstützt werden. Windows NT unterstützt die vier Haupt-MIBs.

MIBs wurden von der International Standards Organization ins Leben gerufen und werden auf dieselbe Weise aufgegliedert wie die DNS-Struktur. Das heißt, es gibt eine Wurzel, von der aus Sie eine Ebene tiefer gelangen können. Auf dieser finden Sie ein paar Zweige. Dieses Schema läßt sich fortsetzen, bis Sie zu den MIBs gelangen, die direkt mit dem Internet zu tun haben (siehe Bild 17.1).

Abbildung 17.1

Hierarchische Struktur der MIBs, die TCP/IP und Windows NT beeinflussen

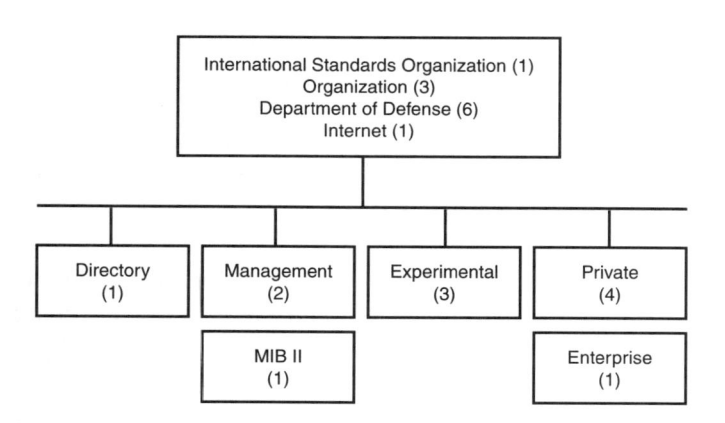

```
        International Standards Organization (1)
                  Organization (3)
                Department of Defense (6)
                       Internet (1)
    ┌───────────────┬─────────────────┬───────────────┐
 Directory      Management       Experimental      Private
   (1)            (2)               (3)              (4)
                   │                                  │
                 MIB II                           Enterprise
                  (1)                                (1)
```

In Bild 17.1 können Sie sehen, daß es eine Internet-MIB II gibt. Der vollständige Name der MIB lautet »International Standards Organization \ Organization \ Department of Defense \ Internet \ Management \ MIB II«. Wenn Sie das alles senden müßten, würden sich die SNMP-Pakete dramatisch vergrößern.

Sie haben vielleicht bereits festgestellt, daß alle aufgelisteten Teile der MIB auch numeriert sind. Wenn Sie den Namen auf diese Weise betrachten, sehen Sie die Angabe ».1.3.6.1.2.1.« Diese Angabe läßt sich aus Netzwerksicht wesentlich leichter verarbeiten. Für die Personen jedoch, die damit zu tun haben, wirkt die Angabe wenig oder nicht sinnvoll. Können Sie sagen, was ».1.3.6.1.4.1.311.1.2.1.18« bedeuten soll? Sicher nicht. Das ist nichts, was der durchschnittliche Computer-Benutzer wissen könnte. Das bedeutet, daß die Verwaltungssoftware eine Kopie der MIB benötigt, welche eine Übersetzung der Werte in die Namen der Objekte ermöglicht.

Windows NT 4 unterstützt die folgenden MIBs:

- INTERNET MIB II. Wird für die Standard-TCP/IP-Objekte verwendet. Dies macht die Verwaltung der Arbeitsstationen und Router über ein gesamtes Intranet oder im Internet möglich. Augenblicklich können mit dieser MIB 171 Objekte verwaltet werden.

- LAN MANAGER MIB II. Eine Gruppe mit 90 Objekten, die mit Windows NT zu tun haben. Dadurch wird die Verwaltung von Windows NT-Arbeitsstationen und Servern möglich, auf denen der SNMP-Agent installiert ist.

- DHCP MIB. Weil das Protokoll sehr einfach ist, können nur 14 Objekte in der MIB verwaltet werden.

- WINS MIB. Dieses Protokoll ist Microsoft-spezifisch. Deshalb kann eine Microsoft-MIB mit 70 Objekten verwaltet werden.

Windows NT enthält den SNMP-Agent. Ein Management-Werkzeug wurde noch nicht freigegeben. Statt dessen hat Microsoft eine Manager-API zur Verfügung gestellt, damit Drittanbieter Software produzieren können.

17.1.2 Community-Namen

Wenn das alles wäre, würde im Netzwerk das Chaos regieren. Sie werden vielleicht festgestellt haben, daß nichts über Sicherheit gesagt wurde. Wenn es bei SNMP keine Sicherheit gibt, kann dann nicht ein Hacker die IP-Adressen der Computer verändern? Und was ist mit den anderen Parametern? Die einfache Antwort ist ja. Es gibt jedoch einige Dinge, die dies verhindern. Das wesentliche dabei ist der Community-Name.

Ein SNMP-Agent reagiert nicht auf jedes System der Welt, das SNMP betreiben kann. Das System muß auch den gleichen Community-Namen tragen. Ein Community-Name ist einem Arbeitsgruppen-Namen von Windows NT sehr ähnlich. Er kennzeichnet eine Gruppe von Systemen, die als eine Einheit verwaltet werden. Die Management-Arbeitsstationen und die Agents müssen den gleichen Community-Namen tragen, bevor sie kommunizieren können (siehe Bild 17.2).

Abbildung 17.2

Ein Beispielnetzwerk mit Community-Namen

```
CA        CA        CB
CA        CA        CA
CB        CA        CB
          CA        CB
```

Bild 17.2 zeigt zwei Management-Arbeitsstationen. Die eine befindet sich in der Community CA, die andere in der Community CB. In der Community CA gibt es sechs weitere Arbeitsstationen, mit denen die CA-Management-Arbeitsstation zusammenarbeiten kann. Die CB-Management-Arbeitsstation hat nur drei Arbeitsstationen, mit denen sie arbeiten kann.

Sie können auch verschiedene andere Sicherheitsvorkehrungen treffen. Die wichtigste dabei ist, daß Sie den UDP-Port 161 am Router filtern. Das bedeutet, daß Sie das Netzwerk nicht über das Internet verwalten können (es sei denn, sie würden PPTP einsetzen, das im nächsten Kapitel besprochen wird).

Sie können außerdem dem Agent mitteilen, auf welches Management-System er reagieren soll. Auf diese Weise können Sie interne Hacker davon abhalten, die Verwaltung der Arbeitsstation zu übernehmen.

17.2 SNMP installieren und konfigurieren

Da Sie nun die Konzepte von SNMP kennen, sollten Sie sich mit der eigentlichen Installation befassen. Gehen Sie dazu wie folgt vor:

1. Öffnen Sie das Dialogfeld NETZWERK.

2. Wählen Sie auf der Registerkarte DIENSTE die Schaltfläche HINZUFÜGEN.

3. Wählen Sie im Listenfeld NETZWERKDIENST den Eintrag SNMP-Dienst (siehe Bild 17.3).

Abbildung 17.3

Den SNMP-Dienst hinzufügen

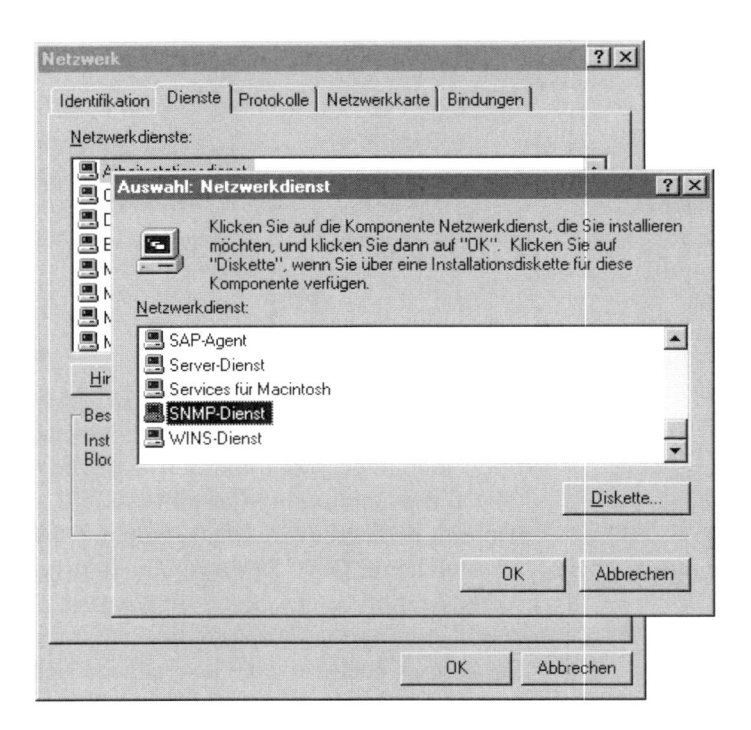

4. Klicken Sie auf OK, und geben Sie den Pfad zu den Quelldateien ein, wenn Sie dazu aufgefordert werden.

5. Klicken Sie auf OK, um das Dialogfeld NETZWERK zu schließen.

SNMP installieren und konfigurieren | **609**

6. Der SNMP-Dienst fragt seine Konfiguration ab. Geben Sie die Information für Ihr Netzwerk ein (siehe hierzu die folgenden Abschnitte), und wählen Sie OK.

7. Starten Sie Ihr System neu, wenn Sie dazu aufgefordert werden.

Das Dialogfeld EIGENSCHAFTEN VON MICROSOFT SNMP enthält drei Registerkarten. Im nächsten Abschnitt werden die Optionen dieser Registerkarten besprochen.

17.2.1 Die Registerkarte Agent

Die Registerkarte AGENT enthält die Basisinformationen über den SNMP-Dienst und das, was der SNMP-Agent behandelt. Bild 17.4 zeigt das Dialogfeld EIGENSCHAFTEN VON MICROSOFT SNMP mit der Registerkarte AGENT.

Abbildung 17.4

Die Registerkarte Agent

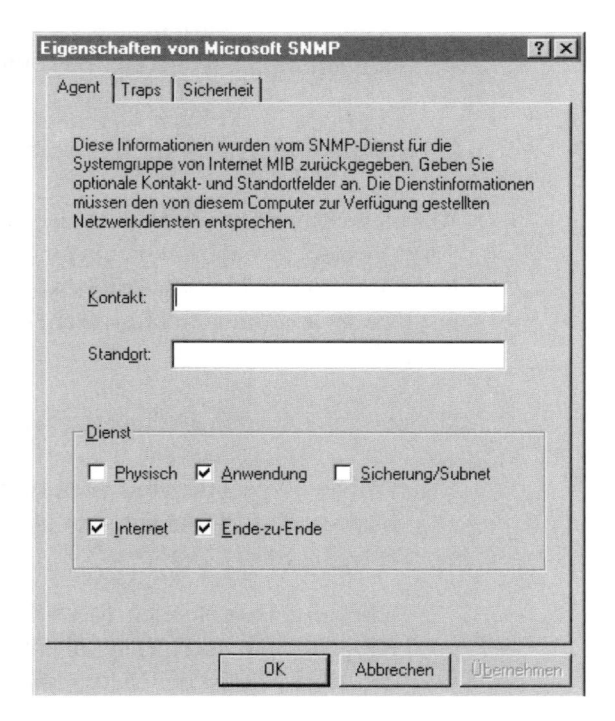

Diese Registerkarte hat zwei Hauptbereiche. Der erste ist der Bereich NAME, der Informationen zur Kontaktperson für dieses System enthält. Diese Information ist optional, obwohl sich das System bei einem Trap-Ereignis dann leichter finden läßt.

Es sind außerdem im Bereich DIENST fünf Kontrollkästchen enthalten, die den Dienst beschreiben, den der Computer im Netzwerk anbietet. Die folgende Liste bietet Ihnen eine kurze Beschreibung jedes dieser Dienste.

- PHYSISCH. Diese Option muß gesetzt sein, wenn das Windows NT-System physische Geräte, wie z.B. einen Netzwerk-Repeater, verwalten soll.

- ANWENDUNG. Dieses Kontrollkästchen sollte aktiviert sein. Es teilt dem Agenten mit, daß das Windows NT-System Software ablaufen läßt, die TCP/IP nutzt.

- SICHERUNG/SUBNET. Benutzen Sie dieses Kontrollkästchen, wenn das Windows NT-System eine Brücke verwaltet.

- INTERNET. Diese Option muß aktiviert sein, wenn das Windows NT-System an einer Ende-zu-Ende-Kommunikation teilnimmt. Diese Option sollte immer aktiviert sein.

17.2.2 Die Registerkarte TRAPS

Auf dieser Registerkarte werden die Ziele festgelegt, an die Traps gesendet werden. Weil ein einzelner Host möglicherweise mehreren Communities zugehört, können Sie für jeden Community-Namen ein Trap-Ziel festlegen. Bild 17.5 zeigt die Registerkarte TRAPS.

Um ein Trap-Ziel hinzuzufügen, gehen Sie wie folgt vor:

1. Wählen Sie den gewünschten Eintrag aus dem Listenfeld COMMUNITY-NAME aus, und klicken auf die Schaltfläche HINZUFÜGEN.

2. Klicken Sie im Bereich TRAP-ZIELE auf die Schaltfläche HINZUFÜGEN, und geben Sie entweder die IP-Adresse oder den Host-Namen der Management-Arbeitsstation ein, die die Traps erhalten sollte.

Abbildung 17.5

Die Registerkarte Traps

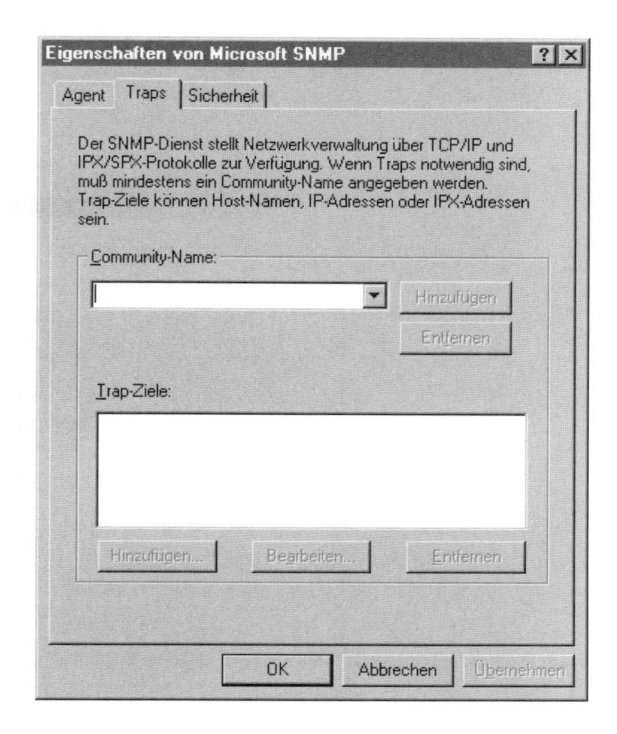

17.2.3 Die Registerkarte Sicherheit

Diese Registerkarte ist wichtig, weil sie den Community-Namen oder den Namen einrichtet, zu dem dieses System gehören wird. Sie können außerdem festlegen, daß ein Echtheitsbestätigungs-Trap gesendet werden soll und von welchen Hosts Pakete angenommen werden sollen. Bild 17.6 zeigt diese Registerkarte.

Auf der Registerkarte können die folgenden Optionen festgelegt werden:

- ► ECHTHEITSBESTÄTIGUNGS-TRAP SENDEN. Es wird ein Trap an den System-Manager gesendet, der auf der Registerkarte TRAPS festgelegt wurde, wenn ein Host sich nicht in Ihrer Community befindet oder nicht unter den Hosts aufgeführt ist, von denen SNMP-Pakete angenommen werden sollen.

- ► ANGENOMMENE COMMUNITY-NAMEN. Das Listenfeld enthält eine Liste aller Community-Namen, denen der Host antwortet. Der Standard-Community-Name ist »public«. Sie sollten diesen entfernen und einen neuen Namen eingeben.

Abbildung 17.6

Die Registerkarte Sicherheit

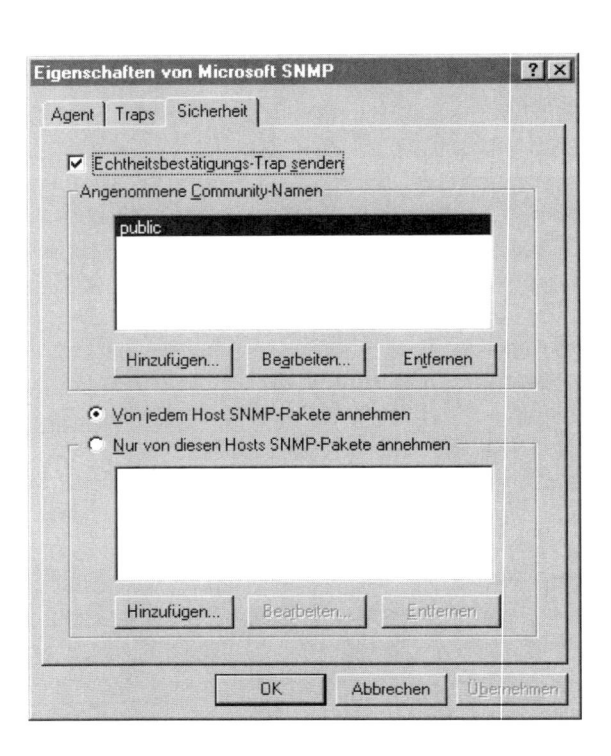

> **hinweis**
>
> Obwohl es ratsam ist, einen anderen Community-Namen anstatt »public« zu wählen, sollte diese Community in der Management-Software erhalten bleiben. Weil die Community »public« der Standard ist, können Sie das System auch dann noch kontrollieren, wenn der SNMP-Dienst entfernt und neu installiert wird.

- VON JEDEM HOST SNMP-PAKETE ANNEHMEN. Ist diese Option aktiviert, können alle Hosts, auf denen Management-Software installiert ist, den Community-Namen benutzen, um auf Systeminformationen zuzugreifen.

- NUR VON DIESEN HOSTS SNMP-PAKETE ANNEHMEN. Mit dieser Option wird die Anzahl der Hosts beschränkt, die das System remote verwalten dürfen. Um Ihr System besser abzusichern, sollten Sie diese Option wählen.

17.3 SNMP testen

Mit dem Dienstprogramm `snmputil` können Sie SNMP testen. Das Programm ist im Windows NT 4 Resource Kit enthalten. Der Befehl ist ganz einfach:

```
snmputil Befehl Community_Name Objekt_ID
```

Sie können die folgenden drei Befehle im Zusammenhang mit `snmputil` benutzen:

- ▶ `get`. Ermittelt den Wert des angeforderten Objekts.
- ▶ `getnext`. Ermittelt den Wert des nächsten Objekts.
- ▶ `walk`. Durchläuft den angegebenen MIB-Zweig.

Bild 17.7 zeigt, wie der Befehl `snmputil` eingesetzt werden kann, um Systeminformationen zu extrahieren. Die Information ist ziemlich rätselhaft. Denken Sie daran, daß Sie einen SNMP-Manager wie HPs Open View verwenden werden.

Abbildung 17.7

Die Ausgabe des Befehls snmputil

17.4 Der Systemmonitor

Es mag seltsam erscheinen, an dieser Stelle über den Systemmonitor zu informieren, ist aber sinnvoll, wenn Sie wissen, daß die TCP/IP-Zähler des Systemmonitors erst dann installiert werden, wenn auch der SNMP-Agent vorhanden ist.

In den nächsten Abschnitten werden die verschiedenen Zähler besprochen, die zum Systemmonitor hinzugefügt werden, wenn Sie den SNMP-Agent installieren. Es ist für jeden Zähler eine Kurzbeschreibung vorhanden. Zunächst soll aber der Systemmonitor kurz beschrieben werden.

> **hinweis**
>
> Achten Sie darauf, daß die Installation des Windows NT Service Pack 3 erneut durchgeführt werden muß, nachdem der SNMP-Dienst installiert wurde, damit die TCP/IP-Zähler im Systemmonitor angezeigt werden.

17.4.1 Den Systemmonitor benutzen

Der Systemmonitor ist ein leistungsfähiges Werkzeug, um die Leistung Ihres Systems zu prüfen. Weil eine ausführliche Diskussion des Systemmonitors unangebracht wäre, bietet dieser Abschnitt nur einen Überblick. (Dem Systemmonitor könnte ein eigenes Buch gewidmet werden.)

Wenn Sie den Systemmonitor öffnen, sehen Sie einen Bildschirm, der dem in Bild 17.8 gleichen sollte. Es handelt sich um eine der vier Ansichten, die Sie im Systemmonitor wählen können.

Mit der Diagrammansicht, die Sie im Bild sehen, können Sie Aktivitäten auf Ihrem Computer in Echtzeit betrachten. Obwohl der Bildschirm augenblicklich leer ist, lassen sich leicht Elemente in das Diagramm einfügen. Wählen Sie dazu den Menübefehl DIAGAMM ERWEITERN im Menü BEARBEITEN. Das Dialogfeld, das sich nun öffnet, sehen Sie in Bild 17.9.

Abbildung 17.8

Der Systemmonitor

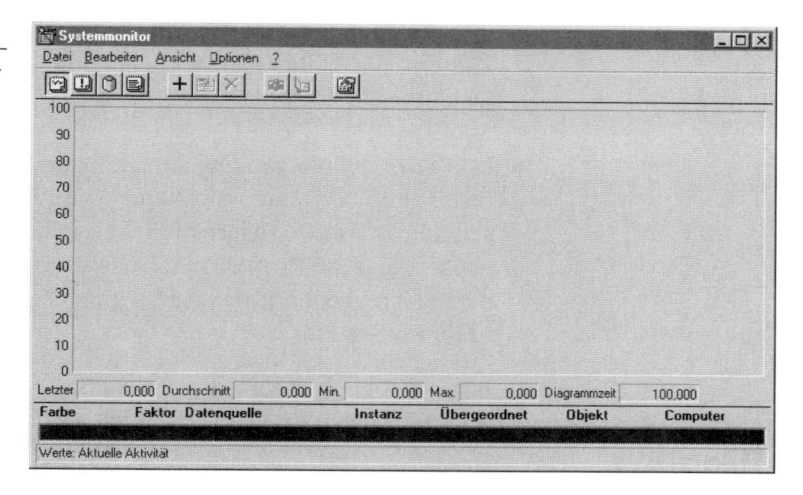

Abbildung 17.9

Einträge in das Diagramm einfügen

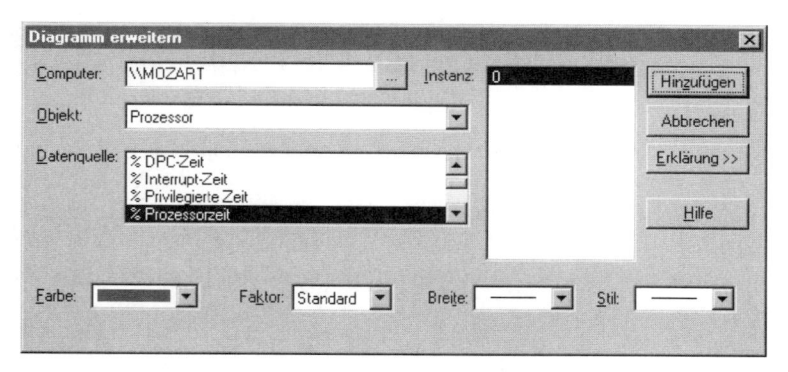

In diesem Dialogfeld stehen Ihnen zahlreiche Optionen zur Verfügung. Diese sind im folgenden zusammengefaßt:

- COMPUTER. Mit dieser Option können Sie den Computer auswählen, den Sie überwachen möchten. Auf diese Weise erhalten Sie einen besseren Eindruck von dem, was wirklich vor sich geht, weil der Überwachungsprozeß auch auf einem anderen Computer ablaufen kann als dem, der überwacht wird. Wollen Sie einen anderen Computer auswählen, klicken Sie neben dem gleichnamigen Textfeld auf die Auslassungspunkte. Es öffnet sich nun eine Liste mit den Computern, die in Ihrer Arbeitsgruppe enthalten sind.

- OBJEKT. Nachdem Sie den Computer ausgewählt haben, den Sie überwachen möchten, sollten Sie das Objekt wählen. Objekte repräsentieren Kategorien oder Bereiche, die Sie überwachen können.

Kapitel 17 Dienstprogramme zur Verwaltung: SNMP und der Systemmonitor

- ► DATENQUELLE. Jedes der Objekte enthält eine Folge von Zählern, die es Ihnen ermöglichen, die Leistung des Objekts zu betrachten.

- ► INSTANZ. Bei einigen Objekten können Sie wählen, welche Instanz Sie betrachten möchten. Wenn Ihr System mit mehreren Prozessoren ausgestattet ist, wollen Sie möglicherweise alle diese Prozessoren betrachten. Wählen Sie dazu die entsprechende Instanz. Das gleiche gilt für Festplatten in Ihrem System.

> **hinweis**
>
> Dieses Buch behandelt nicht nur den Systemmonitor. Es sollen jedoch einige Elemente kurz beschrieben werden. Festplattenobjekte (logischer und physischer Datenträger) können keine Informationen geben, wenn der Datenträger-Überwachungsmodus nicht aktiviert ist. Geben Sie dazu an der Eingabeaufforderung den Befehl `diskperf -y` ein, und starten Sie Ihren Computer neu.
>
> Beachten Sie auch, daß es für die Prozessoren im System zwei verschiedene Objekte gibt. Mit dem PROZESSOR-Objekt können Sie jeden einzelnen Prozessor betrachten und über ihn berichten. Das Objekt SYSTEM faßt alle Prozessoren zusammen und behandelt sie wie ein einzelnes Objekt.
>
> Ein letzter Hinweis: Es gibt keinen Bedarf, sich die Datenquellen des Systemmonitors zu merken. Sie brauchen nur die verschiedenen Typen zu kennen. Im Systemmonitor steht eine Beschreibung zur Verfügung. Die Datenquellen werden hier genannt, um Ihnen die Möglichkeit zu bieten, sie zu betrachten, und damit Sie wissen, welche Art von Informationen Ihnen zur Verfügung steht.

Bild 17.10 zeigt ein Diagramm, bei dem einige Optionen aktiviert wurden.

Abbildung 17.10

Ein aktiver Systemmonitor

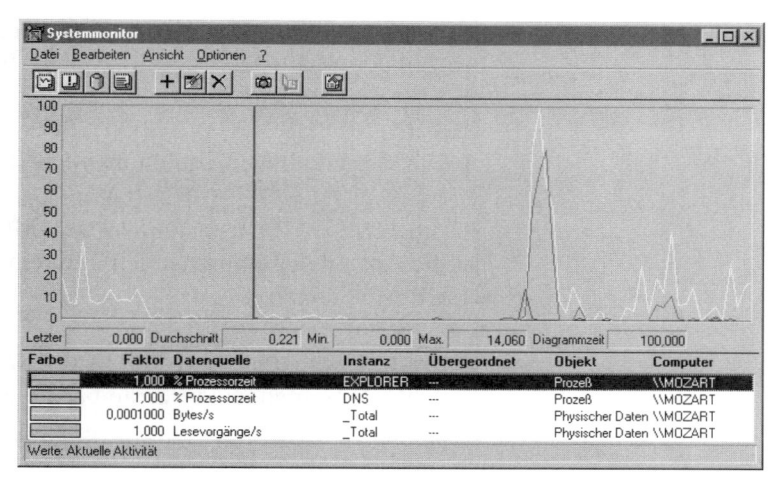

Datenquellen für das Objekt ICMP (Internet Control Messaging Protocol)

In der folgenden Liste sehen Sie die verfügbaren ICMP-Objekte:

- EMPFANGENE ZIEL-UNERREICHBAR-MELDUNGEN. Die Anzahl der empfangenen »Ziel unerreichbar«-ICMP-Meldungen.

- ERHALTENE ADRESSMASKE-ANTWORT-MELDUNGEN. Dies ist die Anzahl der erhaltenen »Adreßmaske-Antwort«-ICMP-Meldungen.

- ERHALTENE ADRESSMASKE-MELDUNGEN. Dies ist die Anzahl der empfangenen Adreßmasken-ICMP-Anforderungen.

- ERHALTENE ECHO-ANTWORT-MELDUNGEN/S. Dies ist die Anzahl der empfangenen »Echo-Antwort«-ICMP-Meldungen.

- ERHALTENE ECHO-MELDUNGEN/S. Dies ist die Anzahl der erhaltenen »Echo«-ICMP-Meldungen.

- ERHALTENE PARAMETER-PROBLEM-MELDUNGEN. Dies ist die Anzahl der empfangenen »Parameter-Problem«-ICMP-Meldungen.

- ► ERHALTENE QUELLDROSSELUNG-MELDUNGEN. Dies ist die Anzahl der erhaltenen Quelldrosselung-ICMP-Meldungen.

- ► ERHALTENE UMGELEITETE MELDUNGEN. Dies ist die Anzahl der erhaltenen Umleitungs-ICMP-Meldungen.

- ► ERHALTENE ZEITEINTRAG-ANTWORT-MELDUNGEN/S. Dies ist die Anzahl der empfangenen »Zeiteintrag-Antwort«-ICMP-Meldungen.

- ► ERHALTENE ZEITEINTRAG-MELDUNGEN/S. Dies ist die Anzahl der empfangenen »Zeiteintrag«-ICMP-Anforderungen.

- ► ERHALTENE ZEITÜBERSCHREITUNGS-MELDUNGEN. Dies ist die Anzahl der empfangenen Zeitüberschreitungs-ICMP-Meldungen.

- ► GESENDETE ADRESSMASKE-ANTWORT-MELDUNGEN. Dies ist die Anzahl der »Adreßmaske-Antwort«-ICMP-Meldungen.

- ► GESENDETE ADRESSMASKE-MELDUNGEN. Dies ist die Anzahl der gesendeten Adreßmasken-ICMP-Anforderungen.

- ► GESENDETE ECHO-ANTWORT-MELDUNGEN/S. Dies ist die Anzahl der gesendeten »Echo-Antwort«-ICMP-Meldungen.

- ► GESENDETE ECHO-MELDUNGEN/S. Dies ist die Anzahl der gesendeten »Echo«-ICMP-Meldungen.

- ► GESENDETE PARAMETER-PROBLEM-MELDUNGEN. Dies ist die Anzahl der gesendeten »Parameter-Problem«-ICMP-Meldungen.

- ► GESENDETE QUELLDROSSELUNG-MELDUNGEN. Dies ist die Anzahl der gesendeten »Quelldrosselung«-ICMP-Meldungen.

- ► GESENDETE UMGELEITETE MELDUNGEN. Dies ist die Anzahl der gesendeten Umleitungs-ICMP-Meldungen.

- GESENDETE ZEITEINTRAG-ANTWORT-MELDUNGEN/S. Dies ist die Anzahl der gesendeten »Zeiteintrag-Antwort«-ICMP-Meldungen.

- GESENDETE ZEITEINTRAG-MELDUNGEN/S. Dies ist die Anzahl der gesendeten »Zeiteintrag«-ICMP-Anforderungen.

- GESENDETE ZEITÜBERSCHREITUNGS-MELDUNGEN. Dies ist die Anzahl der gesendeten »Zeitüberschreitungs«-ICMP-Meldungen.

- GESENDETE ZIELUNERREICHBARKEITS-MELDUNGEN. Dies ist die Anzahl der gesendeten »Ziel unerreichbar«-ICMP-Meldungen.

- MELDUNGEN ERHALTEN, FEHLER. Dies ist die Anzahl der ICMP-Meldungen, die empfangen, aber als fehlerhaft erkannt wurden.

- MELDUNGEN ERHALTEN/S. Dies ist die Anzahl der ICMP-Meldungen, die empfangen wurden. Hier werden auch Meldungen berücksichtigt, die als fehlerhaft erkannt wurden.

- MELDUNGEN GESENDET, FEHLER. Dies ist die Anzahl der ICMP-Meldungen, die aufgrund von Fehlern nicht versendet wurden.

- MELDUNGEN GESENDET /S. Dies ist die Anzahl der ICMP-Meldungen, die vom System versendet wurden. Fehlerhafte Meldungen gehen in die Zählung mit ein.

- MELDUNGEN/S. Dies ist die Anzahl der Meldungen, die vom System gesendet oder empfangen wurden. Es werden auch Meldungen berücksichtigt, bei deren Versand oder Empfang ein Fehler auftrat.

Datenquellen für das Objekt IP (Internet Protocol)

Die folgende Liste beschreibt die Datenquellen, die für das Objekt IP zur Verfügung stehen:

- ABGELEHNTE ABGEHENDE DATAGRAMME. Dies ist die Anzahl der IP-Ausgabe-Datagramme, die abgelehnt wurden.

- DATAGRAMME ERHALTEN/S. Dies ist die Anzahl der Datagramme, die über die Schnittstelle empfangen werden.

- DATAGRAMME GESENDET/S. Dies ist die Anzahl der Pakete, die von Ihrem lokalen System an die IP-Schicht gesendet wurden und von der IP-Schicht für die Übertragung gebunden werden. Datagramme, die von Ihrem System geroutet werden, werden nicht berücksichtigt.

- DATAGRAMME/S. Dies ist die Gesamtanzahl der Datagramme, die zu oder von Ihrem System gesendet wurden. Geroutete Datagramme werden nicht berücksichtigt.

- ERHALTENE DATAGRAMME ABGELEHNT. Dies ist die Anzahl der IP-Diagramme, die an Ihr System gesendet, aber von diesem aufgrund von internen IP-Problemen, wie z.B. fehlendem Speicher, abgelehnt wurden.

- ERHALTENE DATAGRAMME MIT UNBEKANNTEM PROTOKOLL. Ein Teil des IP-Vorspanns beschreibt das Protokoll, an das das Datagramm ausgeliefert werden soll. Dies ist die Anzahl der IP-Datagramme, für die Ihr System das im Vorspann angegebene Protokoll nicht verfügbar hat. Das Datagramm wird deshalb abgelehnt.

- ERHALTENE DATAGRAMME ÜBERGEBEN/S. Dies ist die Anzahl der IP-Datagramme, die pro Sekunde empfangen und an das passende Protokoll übergeben wurden.

- ERHALTENE DATAGRAMME ADRESSFEHLER. Wenn das IP-Datagramm eine falsche Adresse enthält, wird es abgelehnt. Eine ICMP-Meldung wird gesendet und das Datagramm wird abgelehnt.

- ERHALTENE DATAGRAMME VORSPANNFEHLER. Dies ist die Anzahl der IP-Datagramme, die Ihr System erhalten hat und bei denen ein Fehler im IP-Vorspann enthalten war. Diese Datagramme wurden abgelehnt.

- ERZEUGTE FRAGMENTE/S. Die Anzahl der Fragmente, die Ihr System pro Sekunde erzeugt hat.

- FRAGMENTE ERHALTEN/S. Die Anzahl der IP-Datagramm-Fragmente, die Ihr System pro Sekunde erhalten hat.

- FRAGMENTE ZUSAMMENGESETZT/S. Dies ist die Anzahl der Fragmente, die Ihr System pro Sekunde zusammengesetzt hat.

- FRAGMENTIERTE DATAGRAMME. Dies ist die Anzahl der IP-Datagramme, die Ihr System pro Sekunde fragmentieren muß.

- FRAGMENTIERUNGS-FEHLER. Dies ist die Anzahl der IP-Datagramme, die Ihr System fragmentieren wollte, aber aus verschiedenen Gründen nicht konnte. Normalerweise ist die Ursache das aktivierte DF-Attribut (DF = Don't Fragment) im IP-Vorspann.

- FRAGMENT-ZUSAMMENSETZUNGSFEHLER. Dies ist die Anzahl der fragmentierten IP-Datagramme, die Ihr System zusammensetzen müßte, aber nicht dazu in der Lage ist.

- NICHT-ROUTER ABGEHENDE DATAGRAMME. Dies ist die Anzahl der IP-Datagramme, die Ihr System erhalten oder erzeugt hat und für die keine Route zum Zielnetzwerk gefunden werden konnte. Es wird eine ICMP-Meldung an den Host gesandt, von dem das Datagramm stammt. Dann wird das Datagramm abgelehnt.

- WEITERGELEITETE DATAGRAMME. Bei einem mehrfach vernetzten System, das als Router dient, ist dies die Anzahl der empfangenen Datagramme, wobei das eigentliche IP-Ziel ein anderes System war. Deshalb wurden die Pakete geroutet. Diese Datenquelle enthält alle Pakete, die im Netzwerk gebunden wurden und für die in Ihrer Routing-Tabelle eine Route enthalten ist.

NBT-Verbindung

Dieses Objekt hat nur ein paar Datenquellen:

- BYTES GESENDET/S. Die Anzahl der Bytes, die Ihr System über NBT-Verbindungen gesendet hat.

- BYTES/S. Die Gesamtanzahl an Bytes, die Ihr System über NBT-Verbindungen gesendet oder empfangen hat (die TCP-Anschlüsse 137, 138 und 139).

- ERHALTENE BYTES/S. Dies ist die Anzahl der Bytes, die Ihr System von der NBT-Verbindung erhalten hat, die es mit einem anderen System unterhält.

17.4.2 Datenquellen für TCP

Die folgende Liste nennt die Datenquellen, die TCP-Verbindungen zur Verfügung stehen:

- **Aktive Verbindungen**. Dies ist die Anzahl der TCP-Verbindungen, die vom Zustand CLOSED in den Zustand SYN-SENT gewechselt sind.

- **Momentan eingerichtete Verbindungen**. Dies ist die Anzahl der TCP-Verbindungen, deren aktueller Zustand ESTABLISHES oder CLOSE-WAIT ist.

- **Passive Verbindungen**. Dies ist die Anzahl der Verbindungen, die vom Zustand LISTEN direkt in den Zustand SYN-RCVD gewechselt sind.

- **Segment erhalten/s.** Die Gesamtanzahl der TCP-Segmente (Pakete), die pro Sekunde empfangen werden.

- **Segment gesendet/s**. Dies ist die Anzahl der TCP-Segmente, die Ihr System pro Sekunde sendet.

- **Segmente/s**. Dies ist die Anzahl der Segmente, die mit dem TCP-Protokoll pro Sekunde versendet oder empfangen werden.

Der Systemmonitor

- **Verbindungsfehler**. Dies ist die Häufigkeit, mit der TCP-Verbindungen vom Zustand SYN-SENT oder SYN-RCVD in den Zustand CLOSED gewechselt haben. Es werden auch die TCP-Verbindungen berücksichtigt, die vom Zustand SYN-RCVD in den Zustand LISTEN gewechselt sind.

- **Wiederübertragene Segmente/s**. Dies gibt an, wie oft pro Sekunde Ihr System TCP-Segmente weiter überträgt, weil keine Bestätigung empfangen wurde, die einen Zeitüberlauf beim Wiederübertragungs-Zeitgeber verursacht.

- ZURÜCKGESETZTE VERBINDUNGEN. Die Häufigkeit, mit der Verbindungen vom Zustand ESTABLISHED oder CLOSE-WAIT in den Zustand CLOSED gewechselt sind.

17.4.3 Datenquellen für UDP

Und die folgende Liste kennzeichnet schließlich die Datenquellen für UDP:

- **Datagramme erhalten/s**. Die Anzahl der UDP-Datagramme, die pro Sekunde an UDP-Benutzer übergeben wurden.

- **Datagramme gesendet/s**. Die Anzahl der UDP-Datagramme, die von Ihrem System pro Sekunde gesendet wurden.

- **Datagramme/s**. Die Gesamtanzahl der UDP-Datagramme, die gesendet oder empfangen wurden.

- **Erhaltene Datagramme, Fehler**. UDP-Datagramme, die aus einem anderen Grund als einer fehlenden Anwendung am Anschluß nicht angenommen werden konnten.

- **Erhaltene Datagramme, kein Anschluß/s**. Die Anzahl der UDP-Datagramme, für die keine Anwendung am Zielanschluß vorhanden war.

17.4.4 Die Diagrammoptionen des Systemmonitors

Es gibt verschiedene Einstellungen, die die Art und Weise beeinflussen, in der Diagramme erstellt werden. Um die Einstellungen für Diagramme zu verändern, wählen Sie den Menübefehl DIAGRAMM aus dem Menü OPTIONEN. Es öffnet sich ein Dialogfeld wie das in Bild 17.11 gezeigte.

Abbildung 17.11

Die Diagrammoptionen im Systemmonitor

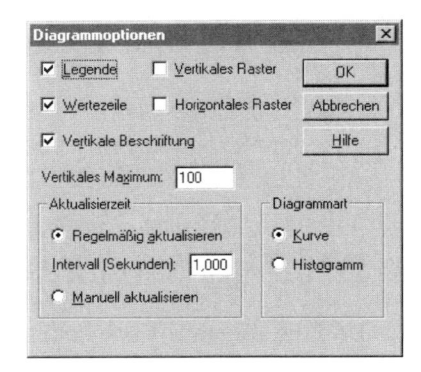

Es stehen die folgenden Optionen zur Verfügung:

- ▶ LEGENDE. Aktiviert die Anzeige der Legende am unteren Rand des Diagramms.

- ▶ WERTEZEILE. Steuert die Anzeige der folgenden Werte am unteren Rand des Diagramms:

    - ▶ LETZTER. Der zuletzt aufgezeichnete Wert.

    - ▶ DURCHSCHNITT. Der Durchschnitt aller Werte, die in der durch DIAGRAMMZEIT vorgegebenen Zeitspanne aufgezeichnet wurden.

    - ▶ MIN./MAX. Das Minimum und das Maximum aller Werte, die in dieser Sitzung aufgezeichnet wurden.

    - ▶ DIAGRAMMZEIT. Die Zeitdauer, die im Diagramm dargestellt wird.

- ▶ VERTIKALE BESCHRIFTUNG. Gibt an, ob die Werte entlang der y-Achse angezeigt werden oder nicht.

- ▶ VERTIKALES RASTER. Vertikale Gitternetzlinien.

- ▶ HORIZONTALES RASTER. Horizontale Gitternetzlinien.

- ▶ VERTIKALES MAXIMUM. Diese Option gibt den Maximalwert der y-Achse an.

- ▶ REGELMÄSSIG AKTUALISIEREN. Teilt dem Systemmonitor mit, daß das Diagramm regelmäßig aktualisiert werden soll.

- ▶ INTERVALL (SEKUNDEN). Teilt dem Systemmonitor mit, wie oft das Diagramm aktualisiert werden soll.

- ▶ MANUELL AKTUALISIEREN. Teilt dem Systemmonitor mit, daß das Diagramm nur bei Bedarf aktualisiert werden soll.

- ▶ DIAGRAMMART. Über diese Option können Sie zwischen der Darstellung als Kurvendiagramm und als Histogramm wechseln.

17.4.5 Die Protokolleinstellungen

Die Diagrammansicht des Systemmonitors eignet sich hervorragend dafür, die aktuellen Daten zu betrachten. Häufig werden Sie die Aktivität jedoch über einen längeren Zeitraum verfolgen wollen. Dazu können Sie eine Protokolldatei erzeugen, die alle Datenquellen der Objekte enthält, die von Ihnen ausgewählt wurden. Die Protokollansicht selbst ist nicht sehr aufschlußreich (siehe Bild 17.12) Nachdem die Daten gesammelt wurden, können Sie die Information jedoch in der Diagramm- oder der Report-Ansicht betrachten. Da in diesem Kapitel nur ein Überblick über den Systemmonitor gegeben werden soll, wird die Report-Ansicht nicht behandelt.

Abbildung 17.12

Die Protokollansicht des Systemmonitors

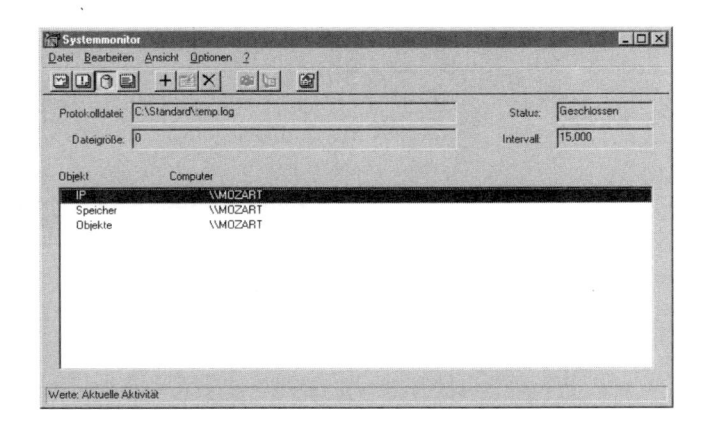

Es ist ziemlich leicht, ein Protokoll zu erzeugen. Gehen Sie dazu wie folgt vor:

1. Wählen Sie im Menü ANSICHT des Systemmonitors den Menübefehl PROTOKOLL.

2. Wählen Sie anschließend in der Protokollansicht den Menübefehl PROTOKOLL ERWEITERN im Menü BEARBEITEN. Es öffnet sich das Dialogfeld PROTOKOLL ERWEITERN, in dem Sie gefragt werden, welche Objekte Sie protokollieren möchten (siehe Bild 17.13).

Abbildung 17.13

Das Dialogfeld Protokoll erweitern

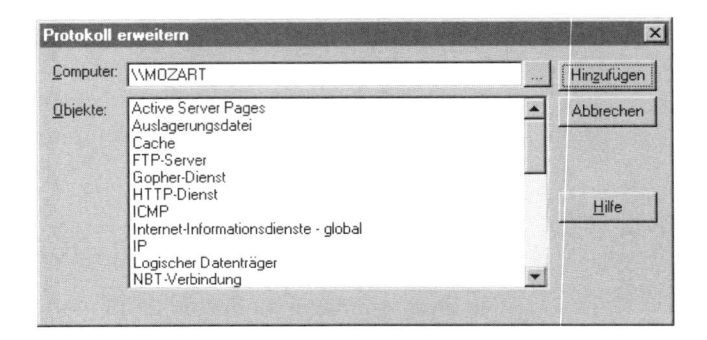

3. Wählen Sie die Objekte aus, die Sie von Ihrem oder einem anderen System im Netzwerk, bei dem Sie Administrator-Rechte haben, protokollieren möchten.

4. Klicken Sie auf die Schaltfläche FERTIG, wenn alles, was Sie protokollieren möchten, aufgeführt wird.

5. Wählen Sie den Menübefehl PROTOKOLL im Menü OPTIONEN. Es öffnet sich nun das Dialogfeld PROTOKOLLOPTIONEN, in dem Sie angeben können, wo und unter welchem Namen die Protokolldatei gespeichert werden soll (siehe Bild 17.14).

6. Geben Sie den Namen der Protokolldatei ein, und aktivieren Sie das Optionsfeld REGELMÄSSIG AKTUALISIEREN. Klicken Sie dann auf die Schaltfläche PROTOKOLLIERUNG STARTEN.

7. Wenn genug aufgezeichnet wurde und Sie die Protokollierung stoppen möchten, wählen Sie den Menübefehl PROTOKOLL im Menü OPTIONEN erneut und klicken auf die Schaltfläche PROTOKOLLIERUNG STOPPEN.

Abbildung 17.14

Das Dialogfeld Protokolloptionen

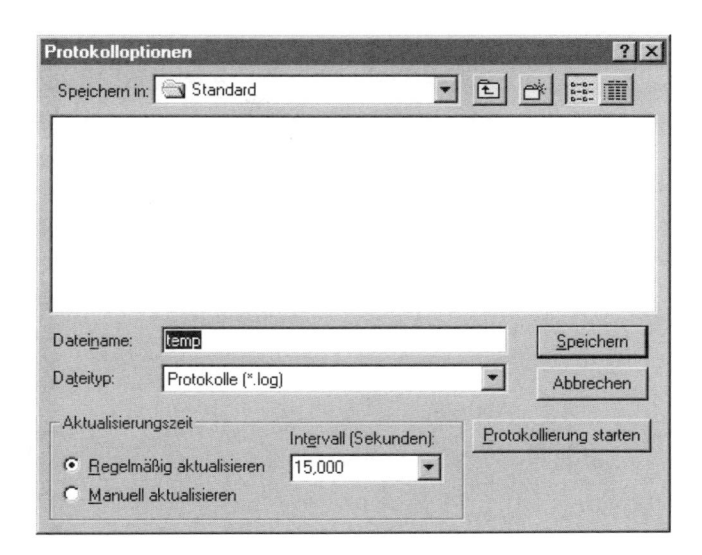

> **Warnung**
>
> Wenn Sie nicht aufpassen, können Protokolldateien sehr rasch anwachsen. Achten Sie deshalb darauf, daß das Intervall der Option REGELMÄSSIG AKTUALISIEREN groß genug ist, damit die Protokolldatei nicht Ihre Festplatte vollschreibt. Die Dateigröße können Sie dem gleichnamigen Feld in der Protokollansicht entnehmen.

17.4.6 Inhalte von Protokolldateien nutzen

Nachdem Sie eine Protokolldatei erzeugt haben, werden Sie deren Inhalt einsehen wollen. Das geschieht normalerweise mit der Diagrammansicht. Um die Informationen zu nutzen, die in einer Protokolldatei enthalten sind, gehen Sie wie folgt vor:

1. Öffnen Sie im Systemmonitor die Diagrammansicht.

2. Wählen Sie im Menü OPTIONEN den Menübefehl DATEN AUS. Es öffnet sich nun das Dialogfeld DATEN AUS.

3. Aktivieren Sie das Optionsfeld PROTOKOLLDATEI, und klicken Sie auf die Schaltfläche mit den Auslassungspunkten, um das Dialogfeld PROTOKOLLDATEI ÖFFNEN zu öffnen (siehe Bild 17.15). Wählen Sie in diesem den Pfad und den Namen Ihrer Protokolldatei, und klicken Sie auf die Schaltfläche ÖFFNEN und im Dialogfeld DATEN AUS auf OK.

Abbildung 17.15

Daten aus einer Protokolldatei beziehen

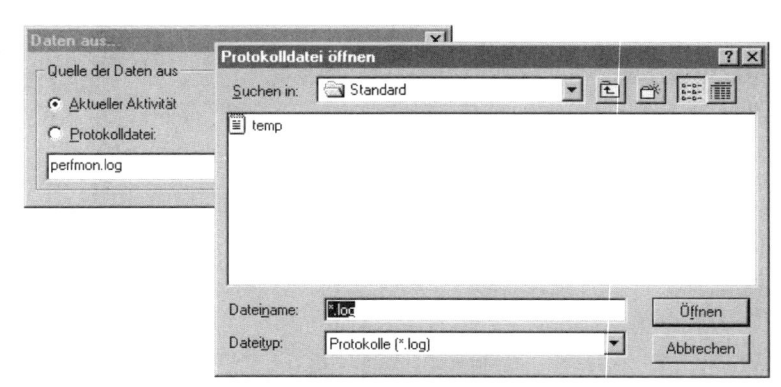

> **hinweis**: In der Diagrammansicht wird nichts angezeigt. Das ist normal.

Sie können das Diagramm nun wieder mit Objekten und Datenquellen erweitern. Es stehen jedoch nur die Objekte zur Verfügung, die protokolliert wurden.

Ein Vorteil der Protokollierung besteht darin, daß Sie einen bestimmten Zeitabschnitt genauer betrachten können. Gehen Sie dazu wie folgt vor:

1. Erweitern Sie das Diagramm mit den Datenquellen, die Sie betrachten möchten.

2. Wählen Sie den Menübefehl ZEITRAHMEN im Menü BEARBEITEN. Es öffnet sich das Dialogfeld ZEITRAHMEN FÜR PROTOKOLLDATEI (siehe Bild 17.16). Wählen Sie in diesem den Zeitabschnitt, den Sie genauer betrachten möchten.

3. Ziehen Sie das Bildlauffeld im Zeitfenster so, daß Sie den gewünschten Zeitabschnitt sehen. Schwarze Balken in der Diagrammansicht, die im Hintergrund liegt, zeigen Ihnen, wo Sie sich befinden.

4. Klicken Sie auf OK. Die Anzeige wird nun aktualisiert.

Abbildung 17.16

Das Dialogfeld Zeitrahmen für Protokolldatei

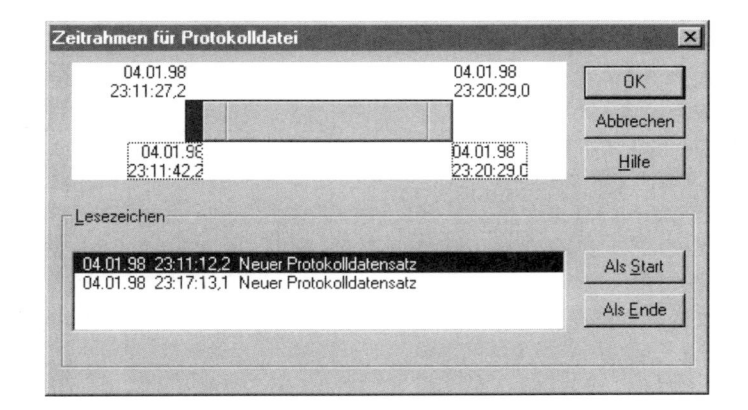

Übungen

In diesen Übungen wenden Sie den SNMP-Agenten an und arbeiten mit dem Systemmonitor. Für einige Übungsteile benötigen Sie eine Netzwerkverbindung. Außerdem sind mehrere Mbyte Festplattenspeicher erforderlich.

Übung 17.1: Das Protokoll installieren

Der erste Schritt, den Sie bei der Arbeit mit SNMP ausführen müssen, ist die Installation des Protokolls. In dieser Übung installieren Sie den SNMP-Agent.

1. Öffnen Sie das Dialogfeld NETZWERK, und klicken Sie auf die Registerkarte DIENSTE.

2. Wählen Sie die Schaltfläche HINZUFÜGEN, und wählen Sie im Dialogfeld AUSWAHL:NETZWERKDIENST den Eintrag SNMP-DIENST. Klicken Sie anschließend auf OK, und geben Sie den Pfad zu den Quelldateien korrekt an.

3. Geben Sie die im nächsten Dialogfeld geforderten Angaben ein, und klicken Sie im Dialogfeld NETZWERK auf die Schaltfläche SCHLIESSEN. Starten Sie Ihr System neu, wenn Sie dazu aufgefordert werden.

Übung 17.2: SNMP mit SNMPUTIL testen

In dieser Übung benötigen Sie das Dienstprogramm `snmputil`. Dieses ist im Windows NT Resource Kit enthalten. Wenn Sie das Resource Kit nicht besitzen, können Sie es auch im Internet finden.

1. Öffnen Sie die Eingabeaufforderung.

2. Geben Sie die folgenden Befehle ein:

   ```
   snmputil get 127.0.0.1 public .1.3.6.1.4.1.77.1.2.2.0
   
   snmputil get 127.0.0.1 public .1.3.6.1.4.1.77.1.2.24.0
   ```

3. Überprüfen Sie die Nummern, die Sie zurückerhalten. Um die erste Zahl zu überprüfen, öffnen Sie das Dialogfeld DIENSTE in der Systemsteuerung und zählen Sie, wieviele Dienste gestartet sind.

   Um die zweite Zahl zu überprüfen, öffnen Sie den Benutzer-Manager für Domänen und zählen die Anzahl der Benutzer.

4. Fügen Sie im Benutzer-Manager für Domänen einen Testbenutzer ein. Wechseln Sie zur Eingabeaufforderung, und geben Sie den zweiten `snmputil`-Befehl noch einmal ein. (Tip: Sie können auch die Taste [↑] benutzen, um den Befehl zu wiederholen.)

5. Überprüfen Sie, ob durch den neuen Benutzer, den Sie hinzugefügt haben, die zweite Zahl erhöht wurde. Geben Sie dazu den folgenden Befehl ein:

   ```
   snmputil walk 127.0.0.1 public .1.3.6.1.4.1.77.1.2.25
   ```

> **hinweis**
>
> Manchmal werden Sie bei der Eingabeaufforderung die Zeilenanzahl erhöhen wollen. Klicken Sie dazu auf das Symbol in der linken oberen Ecke des Fensters, und wählen Sie den Menübefehl EIGENSCHAFTEN. Wählen Sie im Dialogfeld EIGENSCHAFTEN die Registerkarte LAYOUT und erhöhen Sie im Bereich FENSTERGRÖSSE den Wert für die Höhe. (Ich persönlich tendiere zu einer Fensterhöhe von 300).

Werden alle Benutzer aufgeführt? (Das sollte der Fall sein.)

6. Öffnen Sie in der Systemsteuerung das Dialogfeld DIENSTE. Stoppen Sie den Server-Dienst. Sie werden nun darüber informiert, daß damit auch der Computer-Suchdienst und der Anmeldedienst beendet werden. Das ist ausgezeichnet.

7. Geben Sie den folgenden Befehl noch einmal ein:

   snmputil get 127.0.0.1 public .1.3.6.1.4.1.77.1.2.2

   Hat sich die Zahl verändert? Sie sollte sich nun um zwei verringert haben.

8. Überprüfen Sie, ob die Dienste beendet wurden. Geben Sie dazu den folgenden Befehl ein:

   snmputil walk 127.0.0.1 public .1.3.6.1.4.1.77.1.2.3.1.1

   Werden die Dienste aufgeführt, die Sie beendet haben? (Das sollte nicht der Fall sein.)

   Wie können Sie Informationen beziehen, wenn der Server-Dienst gestoppt wurde?

   Das System benutzt die Winsock- und nicht die NetBIOS-Schnittstelle. Der Server-Dienst befindet sich auf einem NetBIOS-Server. Weil Sie direkt mit WinSock kommunizieren, können Sie den SNMP-Dienst verwenden, der direkt an den UDP-Anschluß 161 gebunden ist.

9. Starten Sie den Server- und den Computer-Suchdienst erneut.

10. Wenn Sie wollen, können Sie den folgenden Befehl eingeben. Sie erhalten eine Liste aller Informationen in der LAN-Manager-MIB.

    snmputil walk 127.0.0.1 public .1.3.6.1.4.1.77

    Möglicherweise möchten Sie die Information an eine Datei umleiten. Die anderen Startpunkte für MIBs sind:

    .1.3.6.1.2.1 - Internet MIB II

    .1.3.6.1.4.1.311 - DHCP und WINS-MIBs

Übung 17.3: Die Systemleistung in Echtzeit betrachten

In dieser Übung setzen Sie den Systemmonitor ein, um die Systemleistung in Echtzeit zu überwachen. Sie arbeiten mit FTP, um statistische Daten zu erzeugen, und sehen, wie schwer das System dadurch belastet wird.

1. Als erstes müssen Sie eine große Datei erzeugen. Das können Sie mit dem Systemmonitor tun, indem Sie eine Protokolldatei erstellen. Wählen Sie dazu im Systemmonitor den Menübefehl PROTOKOLL im Menü ANSICHT.

2. Wählen Sie den Menübefehl PROTOKOLL ERWEITERN im Menü BEARBEITEN. Wählen Sie das erste Objekt im Listenfeld aus, drücken Sie die ⇧-Taste und halten Sie diese gedrückt, während Sie auf das letzte Element des Listenfelds klicken. Wählen Sie nun die Schaltfläche HINZUFÜGEN und anschließend die Schaltfläche FERTIG.

3. Wählen Sie im Menü OPTIONEN den Menübefehl PROTOKOLL, und geben Sie den Dateinamen *C:\INETPUB\FTPROOT\TEST.LOG* ein (wenn Sie Ihr *FTPROOT* an einer anderen Stelle abgelegt haben, müssen Sie den Pfad entsprechend anpassen). Setzen Sie das Intervall der regelmäßigen Aktualisierung auf den Wert 1 und wählen Sie die Schaltfläche PROTOKOLLIERUNG STARTEN.

4. Stoppen Sie die Protokollierung, wenn die Protokolldatei eine Größe von 2 Mbyte erreicht hat (das dauert nur eine oder zwei Minuten), indem Sie das Dialogfeld PROTOKOLLOPTIONEN öffnen und auf die Schaltfläche PROTOKOLLIERUNG STOPPEN klicken.

> **hinweis** Wie Sie nun gesehen haben, kann die Protokolldatei sehr schnell sehr groß werden. Das sollten Sie immer beachten, wenn Sie Protokolldateien über einen längeren Zeitraum erstellen.

5. Wechseln Sie zur Diagrammansicht (ANSICHT/DIAGRAMM) und fügen Sie die folgenden Objekte/Datenquellen zum Diagramm hinzu (BEARBEITEN/DIAGRAMM ERWEITERN):

   IP – DATAGRAMME/S.

   ICMP – ERHALTENE ECHO-ANTWORT-MELDUNGEN/S.

ICMP – GESENDETE ECHO-MELDUNGEN/S.

ICMP – ERHALTENE ZEITÜBERSCHREITUNGS-MELDUNGEN.

TCP – AKTIVE VERBINDUNGEN.

TCP – SEGMENTE/S.

UDP – DATAGRAMME/S.

6. Setzen Sie in den Diagrammoptionen (OPTIONEN/DIAGRAMM) die Option VERTIKALES MAXIMUM auf den Wert 30.

Ihr Bildschirm sollte nun aussehen wie der in Bild 17.17.

Abbildung 17.17

So sollte die Anzeige im Systemmonitor nun aussehen

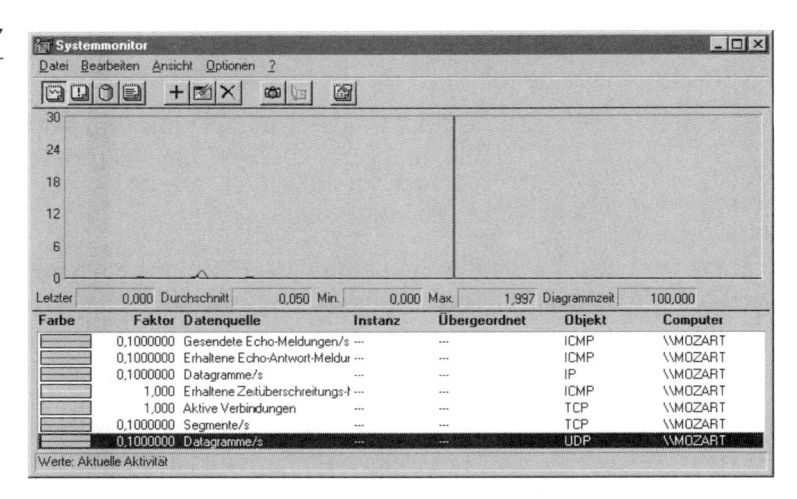

7. Öffnen Sie die Eingabeaufforderung, und melden Sie sich bei Ihrem FTP-Server an (`ftp 127.0.0.1`).

hinweis

Wenn Sie Probleme bei der Anmeldung haben, sollten Sie prüfen, ob der Anschluß wieder auf 21 verlegt wurde. Dieser wurde in den Übungen von Kapitel 9 umgelegt.

Was verändert sich nun im Systemmonitor? Es werden zwei weitere Sitzungen angezeigt.

8. Listen Sie auf dem FTP-Server die Dateien auf.

9. Wechseln Sie zum Binärmodus (`binary`), und empfangen Sie die Datei, die Sie erstellt haben (`recv test.log`).

   Gibt es im Systemmonitor Aktivität? Oh, ja. Es sollten nun zwei weitere Verbindungen vorhanden sein und die Anzahl der IP:DATAGRAMME/S und der TCP:SEGMENTE/S sollte sich dramatisch steigern.

10. Beenden Sie die FTP-Sitzung (`quit`).

Übung 17.4: TCP/IP-Aktivität protokollieren

In dieser Übung betrachten Sie die Informationen, die mit dem Befehl `tracert` erzeugt werden und protokollieren diese Informationen anschließend. Der Systemmonitor sollte noch immer mit den gleichen Einstellungen wie in der letzten Übung aktiv sein.

1. Öffnen Sie die Eingabeaufforderung.

2. Stellen Sie sicher, daß Sie mit dem Netzwerk verbunden sind, und geben Sie den folgenden Befehl ein:

   `tracert www.comat.com.sg`

   Was sehen Sie nun? Es sollte ein kleiner Anstieg im allgemeinen Datenverkehr zu verzeichnen sein und der Wert von ICMP:ERHALTENE ZEITÜBERSCHREITUNGS-MELDUNGEN sollte ständig anwachsen (bei mir weit über das Maximum der Skala hinaus).

   Ist das sinnvoll? Ja. Weil der Befehl `tracert` eine Folge von ICPM-Echo-Anforderungen mit wachsenden TTL-Werten gesendet hat, sollte sich der Datenverkehr erhöht haben. Weil für die gesendeten Pakete eine Zeitüberschreitung eintreten soll, sollte sich auch der Wert für ICMP:ERHALTENE ZEITÜBERSCHREITUNGS-MELDUNGEN ständig erhöhen.

3. Ändern Sie das vertikale Maximum auf den Wert 2. Wählen Sie dann den Eintrag ICMP:ERHALTENE ZEITÜBERSCHREITUNGS-MELDUNGEN, und drücken Sie auf die (Entf)-Taste, um den Eintrag zu entfernen. Entfernen Sie auch den Eintrag TCP:AKTIVE VERBINDUNGEN.

4. Führen Sie den `tracert`-Befehl noch einmal aus. Klicken Sie anschließend auf jeden der Werte und notieren Sie die angezeigten Werte.

   Wo wurden die Echo-Meldungen empfangen?

   Wahrscheinlich hat nur ein Satz (vielleicht sogar weniger), die letzte gesendete Echo-Anforderung, den Host erreicht. Alle anderen wurden wegen einer Zeitüberschreitung gelöscht.

5. Wechseln Sie zur Protokollansicht (ANSICHT/PROTOKOLL). Wählen Sie den Menübefehl PROTOKOLL ERWEITERN im Menü BEARBEITEN, um das Objekt ICMP hinzuzufügen. (Sie können alle bestehenden Objekte löschen, indem Sie den Menübefehl NEUE PROTOKOLLEINSTELLUNGEN im Menü DATEI wählen.)

6. Richten Sie die Protokolloptionen so ein, daß das Protokoll in der Datei *ICMP.LOG* gespeichert wird und das Intervall für die regelmäßige Aktualisierung den Wert 0,1 hat.

7. Starten Sie die Protokollierung und wiederholen Sie den `tracert`-Befehl. Stoppen Sie die Protokollierung, wenn Sie fertig sind. (Diese Datei könnte mehr als 1 Mbyte umfassen.)

8. Wechseln Sie zur Diagrammansicht, und wählen Sie den Menübefehl DATEN AUS im Menü OPTIONEN. Geben Sie den Dateinamen der Protokolldatei ein, die Sie soeben erstellt haben.

9. Erweitern Sie das Diagramm wie folgt:

   ICMP – ERHALTENE ECHO-ANTWORT-MELDUNGEN/S.

   ICMP – GESENDETE ECHO-MELDUNGEN/S.

10. Wählen Sie den Eintrag ICMP:ERHALTENE ECHO-ANTWORT-MELDUNGEN/S aus. Wie lautet der Durchschnittswert? Multiplizieren Sie den Wert mit dem Wert der Diagrammzeit. Wie viele Echo-Antworten wurden empfangen?

    Der Wert wird variieren. Der berechnete Wert liegt jedoch ungefähr bei 3 (wahrscheinlich eher geringer). Wenn Sie an den `tracert`-Befehl denken, zeigt dieser immer drei Werte an, weil er drei Echo-Anforderungen sendet.

11. Überprüfen Sie die Anzahl der Hops-Abschnitte. Nehmen Sie den Durchschnitt von ICMP:GESENDETE ECHO-MELDUNGEN/S und multiplizieren Sie diesen mit der Diagrammzeit. Dividieren Sie das Ergebnis durch drei. Wie lautet das Ergebnis?

    Das Ergebnis sollte ungefähr der Anzahl der Hops-Abschnitte entsprechen.

Zusammenfassung

In diesem Kapitel wurden der SNMP-Dienst und der Systemmonitor beschrieben. Wie Sie gesehen haben, ist SNMP ein sehr einfaches Protokoll und kann eingesetzt werden, um Informationen zu betrachten, die in einer Informationsverwaltungsbasis abgelegt sind. Dadurch können Verwaltungsprogramme wie HPs Open View Informationen von einem Windows NT-System einlesen. Wenn Sie SNMP benutzen möchten, müssen Sie die SNMP-Verwaltungs-Software erwerben. (Sie könnten auch `snmputil` nutzen, aber dann müßten Sie sich alle Zahlen merken. Das ist unrealistisch.) SNMP wird jedoch unabhängig davon installiert, ob Sie es nutzen oder nicht. Denn nur damit funktionieren die Datenquellen des Systemmonitors korrekt.

In diesem Kapitel haben Sie auch einen Überblick über den Systemmonitor erhalten. Weil Sie mit diesem Werkzeug viele verschiedene Aspekte von Windows NT überwachen können, sollten Sie viel Zeit mit diesem Werkzeug verbringen.

Wiederholungsfragen

1. Welche drei Dinge gewinnen Sie, wenn Sie den SNMP-Dienst installieren?

2. Welche Bereiche können Sie mit dem Systemmonitor überwachen?

3. Mit welchem Dienstprogramm können Sie den SNMP-Dienst nach der Installation testen?

4. Welche Bedingungen müssen erfüllt sein, damit ein SNMP-Manager Informationen von einem SNMP-Agent abfragen kann?

5. Wie lautet der Standard-Community-Name?

6. Wenn Sie Probleme bei der Kommunikation mit einem SNMP-Agent in Ihrer Community haben, was könnten Sie dann überprüfen?

7. Können Sie SNMP im Internet einsetzen?

8. Welcher UDP-Anschluß wird von SNMP benutzt?

9. Das SNMP-Protokoll kennt vier Befehle. Wie lauten diese? Welches System initiiert die Befehle?

10. Was ist eine MIB?

11. Welche MIBs werden von Windows NT genutzt?

12. Welche beiden Datentypen können Sie im Systemmonitor betrachten?

13. Nennen Sie die Schritte, mit denen eine Protokolldatei im Systemmonitor erzeugt wird.

14. Wählen Sie bei jedem der folgenden Angaben das Objekt und die Datenquelle, die Sie im Systemmonitor einsetzen würden:

   a. Sie wollen wissen, wie viele Daten über ein NetBIOS-Netz gesendet werden.

   b. Sie haben Probleme bei der Dateiübertragung in einem NetBIOS-Netzwerk. Sie vermuten Übertragungsprobleme.

   c. FTP wird nur sehr langsam ausgeführt. Die Datei gelangt jedoch schließlich an ihr Ziel.

   d. Eine Anwendung, die Sie entwickeln, benutzt UDP als Übertragungsprotokoll. Sie haben die Anwendung auf verschiedenen Systemen getestet, aber eines davon reagiert nicht. Sie vermuten, daß die Anwendung nicht korrekt an den Anschluß gebunden wurde.

   e. Sie implementieren ein Windows NT-System als IP-Router. Ihre Kunden beschweren sich darüber, daß das Netzwerk nun langsamer ist. Welche Datenquelle des Routers sollten Sie genauer betrachten, um die Ursache des Problems festzustellen?

   f. Sie möchten die Datenquellen betrachten, die für `tracert` eingesetzt werden. Welche Objekte/Datenquellen sollten Sie unbedingt genauer betrachten?

Lösungen

1. Mit dem SNMP-Dienst erhalten Sie folgendes: einen SNMP-Agent, die SNMP-Management-API und zum Systemmonitor werden die Datenquellen für TCP/IP hinzugefügt.

2. Die folgenden neuen Objekte werden zum Systemmonitor hinzugefügt: ICMP, IP, NBT, TCP und UDP.

3. Das Dienstprogramm `snmputil` aus dem Windows NT Resource Kit kann zum Test des SNMP-Agent eingesetzt werden.

4. Der Agent und der Manager müssen zumindest den Community-Namen teilen.

5. Der Standard-Community-Name ist »public«.

6. Der Agent könnte so konfiguriert werden, daß er SNMP-Pakete nur von einer beschränkten Anzahl an SNMP-Managern bezieht. Dann muß aber der Verwaltungs-Host hinzugefügt werden.

7. Theoretisch ja. Die meisten Router sind jedoch so eingerichtet, daß sie den UDP-Anschluß für SNMP herausfiltern, so daß die Bedrohung einer Störung von außen reduziert wird.

8. SNMP wird auf dem UDP-Anschluß 161 ausgeführt.

9. Der Manager sendet die Befehle `get`, `get-next` und `set`. Der Agent antwortet auf diese Befehle und sendet Traps, wenn das bedeutsame Ereignis auftritt.

10. Eine MIB (Management Information Base) ist eine Gruppe zu verwaltender Objekte, auf die über das SNMP-Protokoll zugegriffen werden kann.

11. Im Lieferumfang von Windows NT sind vier MIBs enthalten: MIB II, LAN Manager MIB II, DHCP MIB und WINS MIB.

12. Der Systemmonitor befähigt Sie, entweder die aktuelle Aktivität zu betrachten oder diese Information in Protokolldateien zu speichern.

13. Wenn Sie im Systemmonitor eine Protokolldatei erzeugen möchten, gehen Sie wie folgt vor:

    Öffnen Sie den Systemmonitor, und wählen Sie den Menübefehl PROTOKOLL im Menü ANSICHT.

    Wählen Sie den Menübefehl PROTOKOLL ERWEITERN im Menü BEARBEITEN, und wählen Sie im Dialogfeld PROTOKOLL ERWEITERN die Objekte auf, deren Aktivität Sie protokollieren möchten.

    Wählen Sie den Menübefehl PROTOKOLL im Menü OPTIONEN, und verleihen Sie der Protokolldatei im Dialogfeld PROTOKOLLOPTIONEN einen Namen und eine Aktualisierungshäufigkeit. Wählen Sie dann die Schaltfläche PROTOKOLLIERUNG STARTEN.

    Wählen Sie den Menübefehl PROTOKOLL im Menü OPTIONEN und im Dialogfeld PROTOKOLLOPTIONEN die Schaltfläche PROTOKOLLIERUNG BEENDEN, um die Protokollierung abzubrechen.

14.
    a. Protokollieren Sie die Datenquelle BYTES GESENDET/S des Objekts NBT-VERBINDUNG. Wenn das Protokoll erstellt wurde, müssen Sie den Durchschnitt dieser Datenquelle mit der Zeitdauer multiplizieren, in der das Protokoll erstellt wurde.

    b. Sie können verschiedene Datenquellen des Objekts ICMP nutzen, um dies zu erledigen. Der Schlüssel ist die Datenquelle MELDUNGEN ERHALTEN/S. Sie erfahren so, ob Sie überhaupt ICMP-Meldungen erhalten (die die Fehlerberichterstattung erledigen). Das hilft Ihnen, festzustellen, ob das Problem vom Netzwerk verursacht wird oder nicht.

    c. Auch hier können Sie das ICMP-Objekt benutzen, aber Sie wollen auch die Datenquelle WIEDERÜBERTRAGENE SEGMENTE/S des Objekts TCP betrachten. Weil FTP das TCP-Protokoll verwendet, resultiert eine Verlangsamung normalerweise aus verlorenen Paketen oder Paketen, bei denen der Zeitpunkt für die Wiederübertragung überschritten wurde.

d. In diesem Fall ist das Objekt ganz offensichtlich: UDP. Die Datenquelle, die es Ihnen ermöglicht, die Theorie zu prüfen, ist die Datenquelle ERHALTENE DATAGRAMME, KEIN ANSCHLUSS/S. Damit können Sie sehen, wie oft ein UDP-Datagramm gesendet wurde und keine Anwendung am Anschluß gehorcht hat.

e. Dafür werden Sie wahrscheinlich das Objekt IP genauer betrachten wollen (da das Routing in der IP-Schicht stattfindet). Sie könnten dann z. B. die Datenquellen DATAGRAMME ERHALTEN/S (der gesamte eingehende Datenverkehr), WEITERGELEITETE DATAGRAMME (die Anzahl, die weitergeleitet werden muß), ERHALTENE DIAGRAMME ABGELEHNT (die Anzahl der Datagramme, die die Zeit überschritten haben etc.), NICHT-ROUTER ABGEHENDE DATAGRAMME (diese Datenquelle teilt Ihnen mit, daß Ihr Router mehr Informationen zum Routing benötigt) und ERHALTENE DATAGRAMME, ADRESSFEHLER (die Anzahl der Datagramme, die abgelehnt werden, weil die Adresse falsch war) betrachten. Eine weitere Datenquelle, die Sie betrachten könnten, ist FRAGMENTIERUNGS-FEHLER. Diese werden jedoch von dem Attribut »Nicht fragmentieren« verursacht, das von einem Client gesetzt würde.

f. Wenn Sie den Befehl `tracert` betrachten, müssen Sie sich auch die ICMP-Datenquellen genauer anschauen. Das gilt insbesondere für die Datenquellen GESENDETE ECHO-MELDUNGEN/S, ERHALTENE ECHO-ANTWORT-MELDUNGEN/S und ERHALTENE ZEITÜBERSCHREITUNGS-MELDUNGEN.

Kapitel 18
RAS und TCP/IP

In einer Zeit, in der Führungskräfte häufig unterwegs sind, müssen System-Administratoren ihnen die Möglichkeit bieten, sich in das Firmennetzwerk über eine Telefonverbindung einzuwählen. Für System-Administratoren gewinnt außerdem die Möglichkeit zunehmend an Bedeutung, sich selbst von außerhalb in das Netzwerk einwählen und die administrativen Aufgaben von zu Hause aus erledigen zu können. Der Prozeß, der dies ermöglicht, heißt RAS (Remote Access Service) und ist im Lieferumfang von Windows NT enthalten. In diesem Kapitel werden der Zugriff auf ein Netzwerk über eine Telefonwählverbindung und der RAS-Server behandelt und Sie erfahren, was möglich ist und was nicht.

Das Kapitel gliedert sich in zwei Bereiche. Der erste deckt die Grundlagen von RAS und Windows NT ab. Obwohl dieser Abschnitt nicht für Windows NT spezifisch ist, müssen Sie RAS verstehen, bevor Sie begreifen können, wie RAS mit Windows NT verbunden werden kann. Der zweite Teil dieses Kapitels beginnt mit dem Abschnitt »RAS konfigurieren« und befaßt sich direkt mit TCP/IP und der Konfiguration von RAS.

Bevor Sie sich mit dem Einsatz des RAS-Servers unter Windows NT befassen, sollten Sie sich ein Verständnis für dessen Grundlagen aneignen. RAS bietet Ihnen eine Wählverbindung für Windows NT Workstation und Windows NT Server. Diese Funktion wurde mit dem Service Pack 1 auch auf Windows 95 erweitert.

Die Unterschied zwischen diesen Versionen liegt im Leistungsumfang begründet. Die Version, die im Lieferumfang von Windows NT Workstation und dem neuesten Update von Windows 95 enthalten ist, bietet dem Benutzer die Möglichkeit, sich bei einem einzelnen Computer einzuwählen. Beide enthalten eine Verbindungsbeschränkung von eins. Obwohl ein Benutzer damit seinen Computer im Büro erreichen kann, wird natürlich die Anzahl der Verbindungen nicht unterstützt, die für einen Einwähl-Server benötigt werden.

Microsoft hat die Version von RAS, die im Lieferumfang des Windows NT Server enthalten ist, mit bis zu 256 eingebundenen Verbindungen getestet. Das bedeutet, daß der Windows NT Server ein sehr leistungsfähiger Einwähl-Server sein kann. In dieser Diskussion wird zunächst der RAS-Server betrachtet, der im Lieferumfang von Windows NT Server enthalten ist. Die Diskussion läßt sich jedoch auch auf die anderen Versionen von RAS anwenden.

18.1 RAS verstehen

Der RAS-Server bietet mehreren Benutzern die Möglichkeit, sich in Ihr Netzwerk einzuwählen. Die Benutzer können dann die Dienste des RAS-Servers oder die des gesamten Netzwerks nutzen. Das erstreckt sich bis zur Fähigkeit, Pakete über Ihren Router hinaus zu versenden und im Internet zu »surfen«. Bevor sich ein Benutzer in Ihren RAS-Server einwählen kann, benötigt er eine Erlaubnis dazu. Unter Windows NT 4 können Sie diese Erlaubnis über den Benutzer-Manager für Domänen gewähren.

> **hinweis**
> Sie werden feststellen, daß ein Unterschied zwischen RAS und dem RAS-Server zu bestehen scheint. Das ist beabsichtigt. RAS ist das Gesamtprodukt, mit dem Sie herauswählen und anderen erlauben können, sich einzuwählen. Die Komponente, mit der sich Benutzer einwählen können, ist der RAS-Server.

Eine der Eigenschaften, die Sie einrichten können, wenn Sie Benutzerkonten erstellen, ist die Wählerlaubnis. Bild 18.1 zeigt das Dialogfeld BENUTZEREIGENSCHAFTEN des Benutzer-Managers für Domänen. Beachten Sie, daß das letzte Symbol das Einwählsymbol RAS ist.

Abbildung 18.1

Das Dialogfeld Benutzereigenschaften zeigt Das Symbol RAS

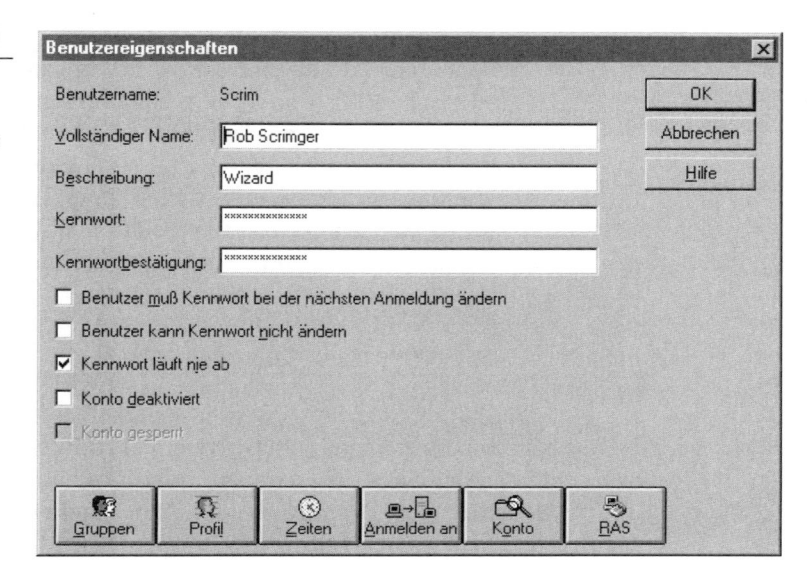

Wenn Sie auf das Symbol RAS klicken, öffnet sich das Dialogfeld EINWÄHLINFORMATION (siehe Bild 18.2). Sie können dem Benutzer entweder die Einwählrechte erteilen oder auch nicht. Außerdem können Sie einen Rückruf anfordern. Es gibt drei Arten von Rückrufen:

Abbildung 18.2

Die Optionen für Einwählberechtigungen

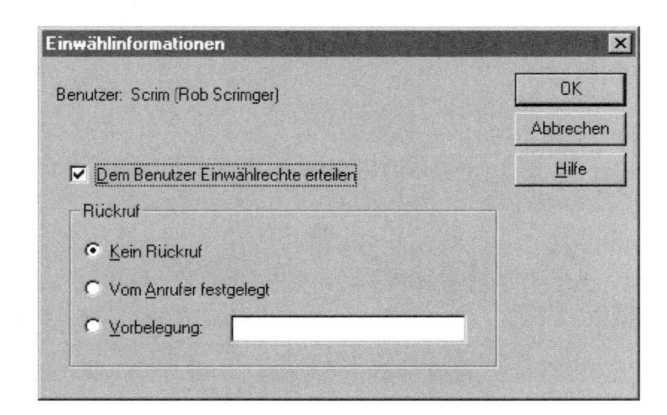

▶ VORBELEGUNG. Bei dieser Option können Sie eine Nummer angeben. Der Benutzer muß von dieser Nummer aus anrufen. Ansonsten bleibt das System stehen, und ruft die Nummer zurück, um die Echtheit des Benutzers zu bestätigen.

Kapitel 18 RAS und TCP/IP

- VOM ANRUFER FESTGELEGT. Diese Option erlaubt es dem Benutzer, die Telefonnummer anzugeben, von der aus er oder sie anruft. Das System hängt ein und ruft dann die angegebene Nummer zurück. Das ist nicht sehr sicher. Wenn Sie jedoch eine Gruppe von Leuten verwalten müssen, die sehr häufig verreisen, können sich diese jedoch ohne extrem hohe Telefongebühren einwählen. Die Gebühren fallen dann zentral im Hauptbüro an.

- KEIN RÜCKRUF. Wenn Sie keine Absicherung durch Rückrufe wünschen, wählen Sie diese Option.

Natürlich muß der RAS-Server installiert sein, damit sich überhaupt irgend jemand in das System einwählen kann. Aber das reicht noch nicht aus, denn auf dem Client muß ebenfalls RAS installiert sein. Die Installation unter Windows NT ist ganz einfach. Gehen Sie dazu wie folgt vor:

1. Öffnen Sie das Dialogfeld NETZWERK, indem Sie mit der rechten Maustaste auf das Desktop-Symbol NETZWERKUMGEBUNG klicken und den Menübefehl EIGENSCHAFTEN aus dem Kontextmenü wählen.

2. Wählen Sie die Registerkarte DIENSTE, und markieren Sie in dieser den Netzwerkdienst RAS-DIENST.

3. Klicken Sie auf OK, und geben Sie im nächsten Dialogfeld den Pfad an, unter dem Ihre Windows NT-Quelldateien zu finden sind.

4. Klicken Sie auf OK, um das Dialogfeld NETZWERK zu schließen.

hinweis

An dieser Stelle erhalten Sie möglicherweise eine Warnmeldung, die darauf hinweist, daß keine RAS-fähigen Geräte auf Ihrem Computer installiert sind (siehe Bild 18.3). Wenn Sie auf die Schaltfläche JA klicken, können Sie ein Modem installieren. Wenn Sie keine RAS-fähigen Geräte haben, klicken Sie auf die Schaltfläche NEIN, um die Installation abzubrechen. Mehr hierzu im Abschnitt »Modems installieren« in diesem Kapitel.

Abbildung 18.3

Möglicherweise erhalten Sie eine Warnung, daß kein RAS-fähiges Gerät existiert

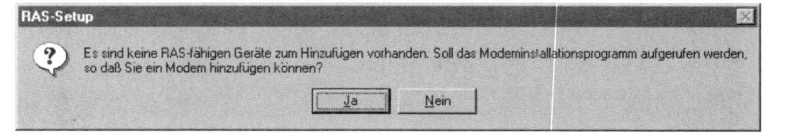

RAS-Setup

? Es sind keine RAS-fähigen Geräte zum Hinzufügen vorhanden. Soll das Modeminstallationsprogramm aufgerufen werden, so daß Sie ein Modem hinzufügen können?

[Ja]   [Nein]

5. Wenn Sie auf die Schaltfläche JA geklickt haben, öffnet sich nun ein Dialogfeld, in dem Sie gefragt werden, welches Modem Sie benutzen möchten (siehe Bild 18.4). Wählen Sie aus der Liste das Modem oder mehrere Modems aus, die Sie für RAS nutzen möchten.

Abbildung 18.4

Ein RAS-Gerät hinzufügen

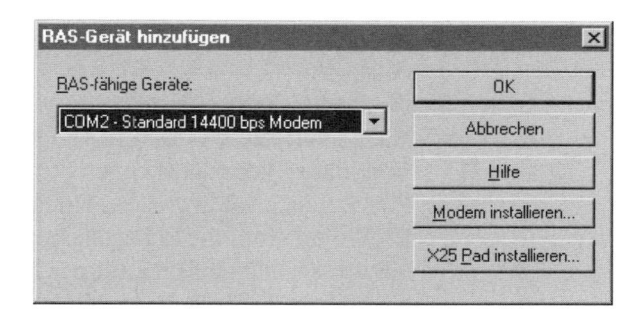

6. Als nächstes sehen Sie das Dialogfeld RAS-SETUP (siehe Bild 18.5). Über dieses können Sie konfigurieren, wie RAS auf Ihrem Computer funktionieren soll.

Abbildung 18.5

Das Dialogfeld RAS-Setup

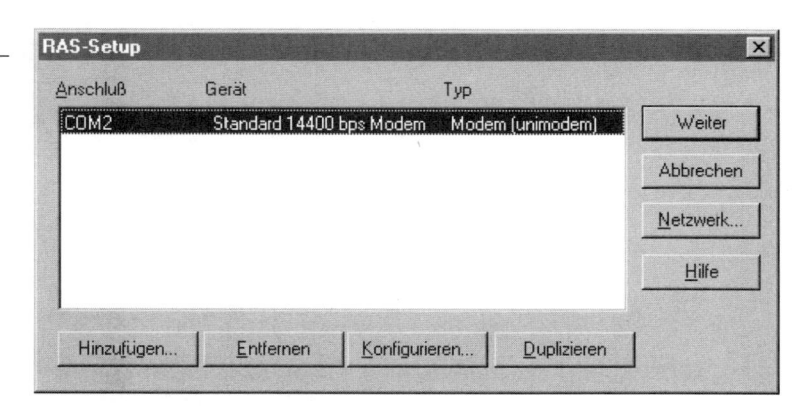

7. Wählen Sie im Dialogfeld RAS-SETUP die Schaltfläche KONFIGURIEREN, um dem System mitzuteilen, wie der Anschluß benutzt werden soll. Wie Sie Bild 18.6 entnehmen können, gibt es drei Arten, den Anschluß zu verwenden: NUR AUSGEHENDE ANRUFE, NUR EINGEHENDE ANRUFE und EIN- UND AUSGEHENDE ANRUFE. Klicken Sie auf OK, nachdem Sie die gewünschten Einstellungen vorgenommen haben.

Abbildung 18.6

Das Dialogfeld Anschlußverwendung konfigurieren

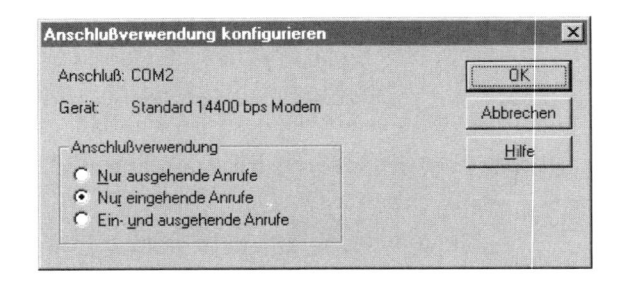

8. Nachdem Sie die Anschlußverwendung von RAS konfiguriert haben, können Sie noch die Netzwerkeinstellungen an Ihre Bedürfnisse anpassen. Klicken Sie dazu im Dialogfeld RAS-SETUP auf die Schaltfläche NETZWERK. Es öffnet sich ein weiteres Dialogfeld mit der Netzwerkkonfiguration (siehe Bild 18.7). Klicken Sie auf OK, wenn Sie alle Angaben gemacht haben. Die Netzwerkkonfiguration wird später in diesem Kapitel ausführlicher beschrieben.

Abbildung 18.7

Das Netzwerk konfigurieren

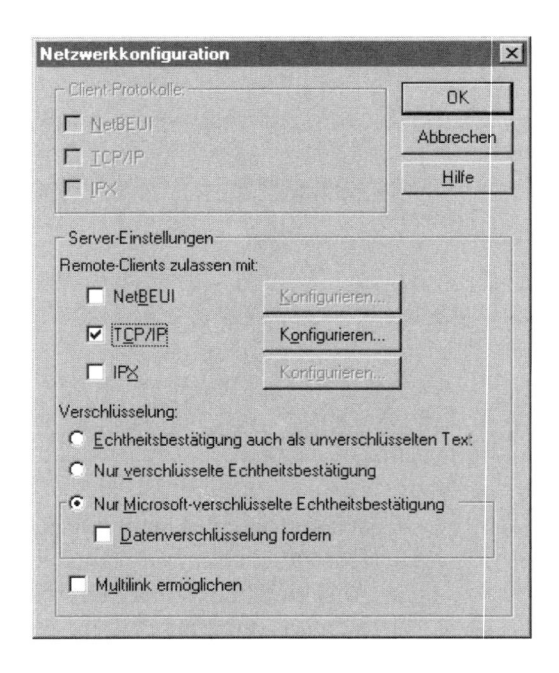

9. Klicken Sie auf die Schaltfläche WEITER, um das Dialogfeld RAS-SETUP zu schließen. Klicken Sie anschließend auf OK, um das Dialogfeld NETZWERK zu verlassen.

10. Wenn Sie gefragt werden, ob Ihr System neu gestartet werden soll, wählen Sie die Schaltfläche JA.

18.2 Die Hardware installieren

Bevor Sie Modems oder X.25 (ein älterer Standard für Netzwerkmodems) installieren können, müssen Sie einen seriellen Anschluß installieren, der die Hardware unterstützt. Die Installation erfolgt über das Dialogfeld ANSCHLÜSSE in der Systemsteuerung.

> **hinweis**
>
> Der RAS-Dienst unterstützt auch ISDN. Mehr zur Installation einer ISDN-Karte unter Windows NT erfahren Sie in der Dokumentation des Kartenherstellers. ISDN-Karten werden normalerweise so installiert, als wären sie Netzwerkkarten.

18.2.1 Serielle Anschlüsse hinzufügen

Bild 18.8 zeigt das Dialogfeld ANSCHLÜSSE. In diesem Beispiel ist COM2 verfügbar.

Abbildung 18.8

Das Dialogfeld Anschlüsse

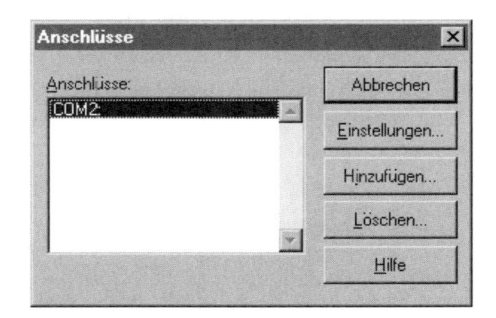

Bei der PC-Architektur haben die Interrupts 1 bis 8 die höchste Priorität. COM2 ist normalerweise dem Interrupt 3 zugewiesen und hat damit eine höhere Priorität als COM1, der normalerweise dem Interrupt 4 zugewiesen ist. Die beste Systemleistung erhalten Sie folglich, wenn Sie das Modem an den Anschluß COM2 anhängen.

Klicken Sie auf die Schaltfläche HINZUFÜGEN, um einen neuen seriellen Anschluß hinzuzufügen. Es öffnet sich das Dialogfeld WEITERE EINSTELLUNGEN FÜR NEUER ANSCHLUSS, in dem Sie die folgenden Informationen angeben können:

- ► COM-Anschlußnummer
- ► Ein-/Ausgabe-Adresse

- Unterbrechungsanforderung (IRQ)
- FIFO aktiviert

Um die Einstellungen eines Anschlusses zu verändern, wählen Sie diesen und klicken auf die Schaltfläche EINSTELLUNGEN. Im Dialogfeld EINSTELLUNGEN können Sie die folgenden Eigenschaften konfigurieren:

- Baud
- Datenbits
- Parität
- Stopbits
- Protokoll

Über die Schaltfläche ERWEITERT können Sie die COM-ANSCHLUSSNUMMER, die EIN-/AUSGABE-ADRESSE, die UNTERBRECHUNGSANFORDERUNG (IRQ) und die Option FIFO AKTIVIERT neu konfigurieren.

Nachdem einer oder mehrere Anschlüsse verfügbar sind, können Sie daran Modems anschließen.

18.2.2 Modems installieren

Bevor Sie ein DFÜ-Netzwerk installieren können, sollten Sie zumindest ein Kommunikationsgerät wie ein Modem oder eine ISDN-Karte installiert haben. Die Geräte können auch noch während der Installation des DFÜ-Netzwerks konfiguriert werden. Modems werden über das Hilfsprogramm MODEMS in der Systemsteuerung wie folgt installiert:

1. Öffnen Sie das Dialogfeld MODEMS in der Systemsteuerung.

2. Wenn kein Modem installiert ist, wird automatisch der Assistent NEUES MODEM INSTALLIEREN gestartet.

Die Hardware installieren

3. Windows NT ist bei der Erkennung von Modems sehr geschickt. Normalerweise sollten Sie deshalb das Kontrollkästchen MODEM AUSWÄHLEN (KEINE AUTOMATISCHE ERKENNUNG) nicht aktivieren.

4. Prüfen Sie, ob Ihr Modem angeschlossen und eingeschaltet ist, und wählen Sie dann die Schaltfläche WEITER. Der Assistent durchsucht Ihre COM-Anschlüsse und versucht, das Modem zu identifizieren. Möglicherweise kennt der Assistent die Marke Ihres Modems nicht. Ein Hayes-kompatibles Modem wird als Standard-Modem identifiziert.

> **hinweis**
> Auch wenn Ihr Modem angeblich ein Standard-Modem ist, sollten Sie versuchen, Modems zu erwerben, die auf der geprüften Hardwareliste für Windows NT stehen. Bedingt durch versteckte Unterschiede zwischen Modems kann es bei nichtgeprüften Modellen vorkommen, daß Probleme mit dem RAS-Dienst auftreten. Wenn Sie dann versuchen, Unterstützung von Microsoft zu erhalten, werden Sie möglicherweise darauf hingewiesen, daß für nichtgetestete Geräte kein Support geleistet werden kann.

5. Wenn Sie die Wahl des Modems, die von Windows NT vorgenommen wurde, nicht wünschen, wählen Sie die Schaltfläche ÄNDERN, um einen speziellen Hersteller und das passende Modell auswählen zu können.

6. Wählen Sie die Schaltfläche WEITER, wenn Sie Ihre Auswahl des Modems getroffen haben.

7. Wenn der Computer Sie darüber informiert DAS MODEM IST JETZT KONFIGURIERT, können Sie die Schaltfläche FERTIGSTELLEN wählen.

Wenn wenigstens ein Modem installiert wurde, sieht das Dialogfeld EIGENSCHAFTEN VON MODEMS wie in Bild 18.9 aus. Über dieses Dialogfeld können Sie Eigenschaften hinzufügen, entfernen und verändern. Über die Schaltfläche HINZUFÜGEN starten Sie den Assistenten NEUES MODEM INSTALLIEREN.

Um die Eigenschaften eines Modems zu verändern, wählen Sie das Modem im Dialogfeld EIGENSCHAFTEN VON MODEMS aus und klicken auf die Schaltfläche EIGENSCHAFTEN. Dadurch öffnet sich ein weiteres Dialogfeld EIGENSCHAFTEN, das zwei Registerkarten enthält (siehe die Bilder 18.10 und 18.11).

Kapitel 18 RAS und TCP/IP

Abbildung 18.9

Das Dialogfeld Eigenschaften von Modems, nachdem ein Modem installiert wurde

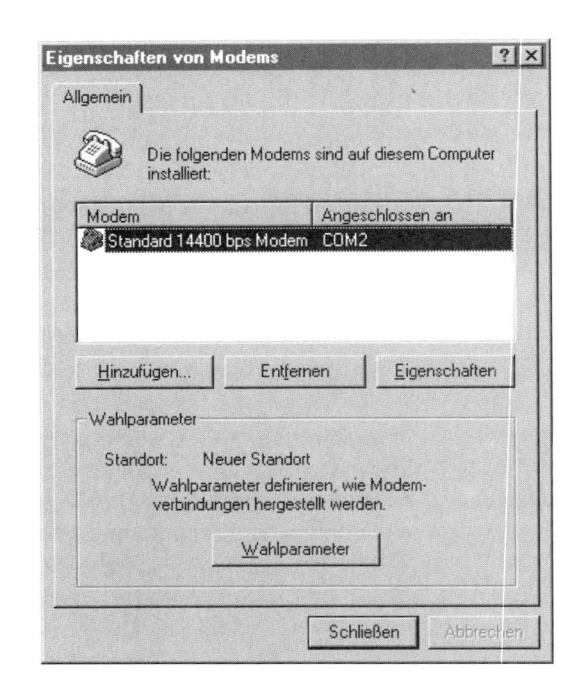

Die Registerkarte hat drei Einstellungen:

Abbildung 18.10

Die Registerkarte Allgemein im Dialogfeld Eigenschaften

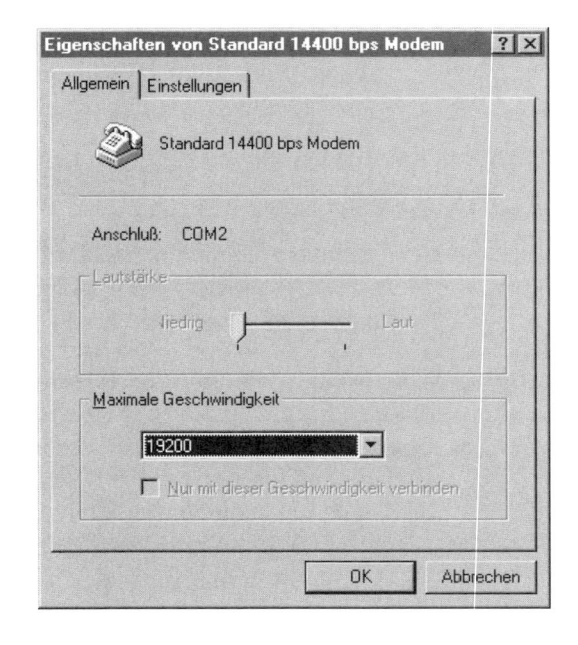

Die Hardware installieren

- ▶ ANSCHLUSS. Beschreibt den COM-Anschluß, mit dem das Modem verbunden ist.

- ▶ LAUTSTÄRKE. Bestimmt die Lautstärke des Modem-Lautsprechers.

- ▶ MAXIMALE GESCHWINDIGKEIT. Legt die maximale Geschwindigkeit fest, mit der die Software versuchen sollte, das Modem zu betreiben.

Über die Registerkarte EINSTELLUNGEN können Sie die folgenden Modem-Einstellungen konfigurieren:

Abbildung 18.11

Die Registerkarte Einstellungen des Dialogfelds Eigenschaften

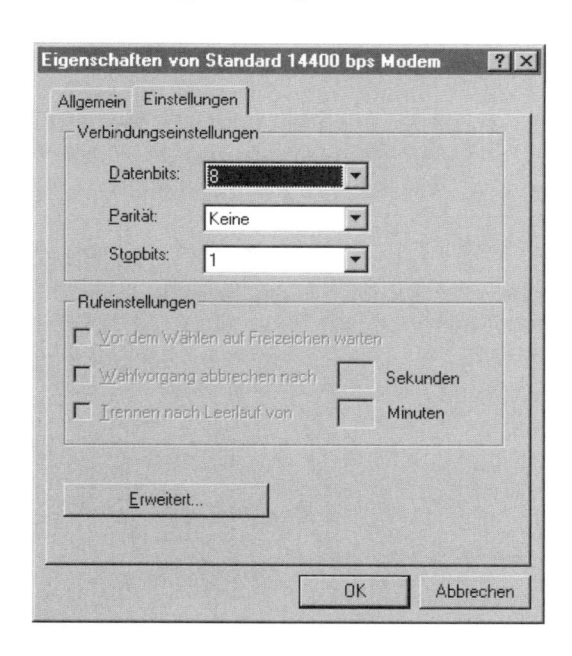

- ▶ DATENBITS. Legt die Datenbreite fest. 8 Bit ist der Standardwert.

- ▶ PARITÄT. Legt die Art der Parität fest, die verwendet wird. Die gebräuchlichste Einstellung ist KEINE.

- ▶ STOPBITS. Legt die Anzahl der Stopbits fest, die nach den Daten gesendet werden. 1 die der Standardwert.

Kapitel 18 RAS und TCP/IP

> ▶ VOR DEM WÄHLEN AUF FREIZEICHEN WARTEN. Wenn diese Option aktiviert ist (der Standard), beginnt das Modem erst dann zu wählen, wenn es ein Freizeichen entdeckt.
>
> ▶ WAHLVORGANG ABBRECHEN NACH ... SEKUNDEN. Der Verbindungsaufbau wird abgebrochen, falls die Verbindung nicht innerhalb von ... Sekunden hergestellt werden kann.
>
> ▶ TRENNEN NACH LEERLAUF VON ... MINUTEN. Wenn die Verbindung beendet werden sollte, wenn innerhalb von ... Minuten kein Datenverkehr stattfindet, wählen Sie diese Option.

Die Schaltfläche ERWEITERT öffnet das Dialogfeld ERWEITERTE EINSTELLUNGEN, in dem Sie verschiedene zusätzliche Einstellungen konfigurieren können (siehe Bild 18.12):

Abbildung 18.12

Das Dialogfeld Erweiterte Einstellungen für Modem

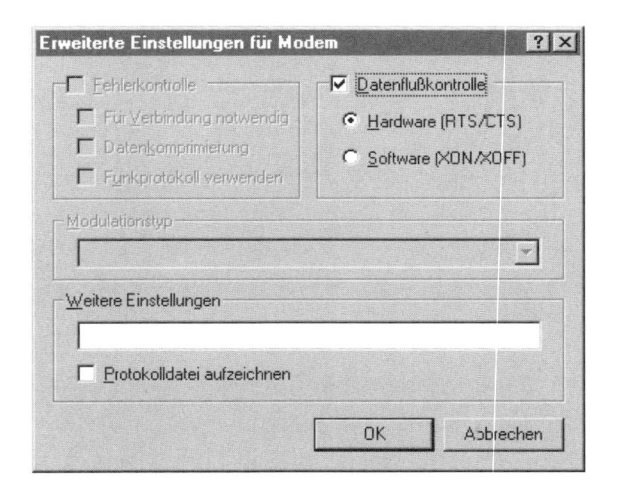

> ▶ FEHLERKONTROLLE. Aktivieren Sie dieses Kontrollkästchen, wenn ein Fehlerprotokoll verwendet werden soll. Wenn die Fehlerkontrolle aktiviert ist, wählen Sie eines der folgenden Fehlerprotokolle:
>
>> ▶ FÜR VERBINDUNG NOTWENDIG. Wenn diese Option aktiviert ist, sollte die Fehlerkontrolle verwendet werden. An beiden Enden der Verbindung müssen sich die Modems auf ein Fehlerkontrollprotokoll einigen.

Wenn diese Option nicht aktiviert ist, können die Verbindungen aufgebaut werden, ohne daß eine Fehlerkontrolle erfolgt.

- ▶ DATENKOMPRIMIERUNG. Wenn diese Option aktiviert ist, darf das Modem Daten komprimieren. Die Modems müssen in der Lage sein, über ein Datenkompressionsprotokoll zu kommunizieren.

- ▶ FUNKPROTOKOLL VERWENDEN. Aktivieren Sie diese Option, wenn das Modem die Verbindung über eine Funkverbindung aufbaut.

▶ DATENFLUSSKONTROLLE. Aktivieren Sie diese Option, wenn die Datenflußkontrolle benutzt wird, um die Übertragung der Daten zwischen den Modems zu regulieren. Wählen Sie eine der beiden Datenfluß-Kontrollmethoden:

- ▶ HARDWARE (RTS/CTS). Die Hardware-Datenflußkontrolle benutzt die Kabel in der seriellen Schnittstelle, um zu signalisieren, wenn das Modem bereit ist, Daten zu empfangen. Die Hardware-Datenflußkontrolle ist wesentlich effizienter als die Software-Datenflußkontrolle, weil kein zusätzlicher Datenverkehr erzeugt wird.

- ▶ SOFTWARE (XON/XOFF). Die Software-Datenflußkontrolle besteht daraus, daß spezielle XON- und XOFF-Zeichen versendet werden, um die Datenübertragung zu starten und zu beenden. Die Software-Datenflußkontrolle wird im allgemeinen nur dann eingesetzt, wenn die Hardware-Datenflußkontrolle nicht unterstützt wird.

▶ MODULATIONSTYP. Dieses Feld wird unter bestimmten Umständen verwendet, um Modulationstechniken zu konfigurieren, die vom Standard abweichen.

▶ WEITERE EINSTELLUNGEN. Dieses Feld nimmt neben den Escape-Codes, die von den Standardeinstellungen des Modems festgelegt werden, weitere Einstellungen vor.

▶ PROTOKOLLDATEI AUFZEICHNEN. Aktivieren Sie dieses Kontrollkästchen, um die Ereignisse zu protokollieren, die in Zusammenhang mit diesem Modem treten. Die Protokolldatei kann bei der Fehlersuche bei Kommunikationsproblemen hilfreich sind.

18.3 Telefontreiber einrichten

Mit der Verbreitung von Laptops ist der Bedarf gestiegen, die Eigenschaften der DFÜ-Verbindung eines Systems zu konfigurieren, um sich in das eigene Netzwerk einzuwählen.

Das kann sehr kompliziert sein, wenn jemand sehr viel reist. Die Fähigkeit, einen Laptop an verschiedenen Orten neu zu konfigurieren, um sich ins Netzwerk einwählen zu können, bedeutete früher, daß die Netzwerk-Techniker sehr viel Zeit damit zubrachten, ausführliche Anleitungen zu schreiben, oder Benutzer, die am Telefon auf- und abgingen, weil sie mit komplizierten Bildschirmen nicht zurechtkamen.

Microsoft hat dieses Bedürfnis mit der Telephon-API aufgegriffen. Mit dieser können Sie Orte festlegen, von denen aus der Benutzer sich normalerweise einwählt. Neue Orte lassen sich so leicht hinzufügen, daß auch ungeübte Benutzer leicht neue Standorte hinzufügen können. In diesem Abschnitt wird kurz beschrieben, wie neue Standorte hinzugefügt werden und die Optionen eingerichtet werden.

Um die Telefoneinstellungen vorzunehmen, öffnen Sie das Symbol TELEFON in der Systemsteuerung. Es öffnet sich das Dialogfeld WAHLPARAMETER (siehe Bild 18.13).

Abbildung 18.13

Das Dialogfeld Wahlparameter

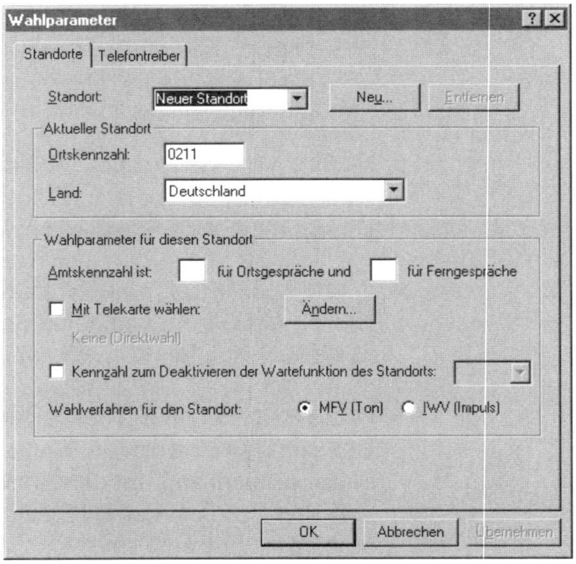

In diesem Dialogfeld können Sie die folgenden Eigenschaften wählen:

- ▶ STANDORT. Dies ist der Ort, den Sie bearbeiten möchten. Um einen neuen Standort hinzuzufügen, geben Sie den Namen in das Listenfeld STANDORT ein und wählen die Schaltfläche NEU. Um einen Standort aus der Liste zu entfernen, markieren Sie diesen und klicken auf die Schaltfläche ENTFERNEN.

- ▶ ORTSNETZKENNZAHL. Über dieses Feld erfährt die Telefon-API, ob es sich um ein Orts- oder ein Ferngespräch handelt.

- ▶ LAND. Über dieses Feld erfährt das System, in welchem Land Sie sich befinden. Das System kennt dadurch die Landeskennzahl für Ihren Standort.

- ▶ AMTSKENNZAHL IST. Über diese beiden Kontrollkästchen können Sie angeben, ob eine Amtskennzahl vor der eigentlichen Rufnummer eingegeben werden muß oder ob für Ferngespräche ein bestimmter Code verwendet wird. Wenn Sie z.B. eine 9 für die Amtskennzahl und eine 1 für Ferngespräche wählen müssen, tragen Sie in die Felder die Werte 9 und 1 ein.

- ▶ MIT TELEKARTE WÄHLEN. Über diese Option können Sie die Karteninformation für das Telefonsystem eingeben, das Sie benutzen. Klicken Sie auf die Schaltfläche ÄNDERN, um Informationen über die Telefonkarte einzugeben (siehe Bild 18.14).

Abbildung 18.14

Weitere Karteninformationen eingeben

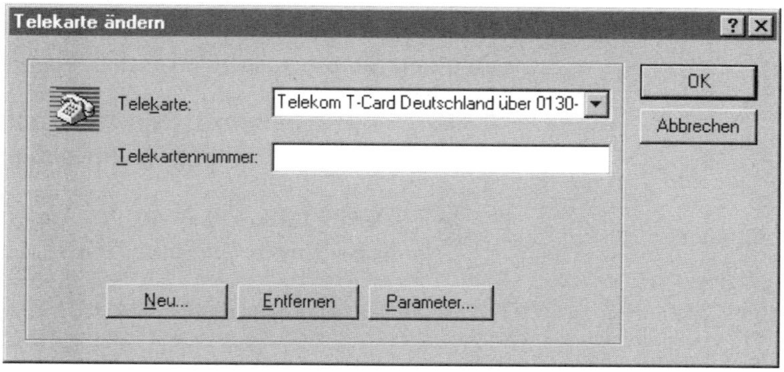

- KENNZAHL ZUM DEAKTIVIEREN DER WARTEFUNKTION DES STANDORTS. Bei diesem Standard ist die Wartefunktion aktiviert. Um diese zu deaktivieren, wählen Sie. Weil ein Besetztzeichen einen Fehler in der Modemverbindung hervorrufen würde, sollten Sie die Funktion immer vor dem Wählen deaktivieren. Dieses Kontrollkästchen bietet Ihnen die Möglichkeit, die Wartefunktion automatisch zu deaktivieren. Die Wartefunktion kann aber nicht automatisch aktiviert werden.

- WAHLVERFAHREN FÜR STANDORT. Manche Standorte arbeiten mit der Impuls- und andere mit der Tonwahl. Wählen Sie das passende Wahlverfahren aus.

18.4 Die RAS-Wahlverbindung konfigurieren

Bevor Sie RAS verwenden können, um sich in einen Server einzuwählen, müssen Sie verschiedene Bereiche konfigurieren. Als erstes müssen Sie RAS so konfigurieren, daß die Anwahl eines Computers möglich ist, und dem Dienst mitteilen, welches Protokoll Sie zum Wählen verwenden möchten. Konfigurieren Sie dazu den RAS-Dienst im Dialogfeld NETZWERK.

Gehen Sie wie folgt vor, um den RAS-Dienst zu konfigurieren:

1. Öffnen Sie das Dialogfeld NETZWERK.

2. Klicken Sie auf der Registerkarte DIENSTE doppelt auf den Eintrag RAS-DIENST.

3. Wählen Sie das Modem aus, das Sie benutzen möchten, und klicken Sie auf die Schaltfläche KONFIGURIEREN. Wählen Sie die passenden Einstellungen aus.

    - NUR AUSGEHENDE ANRUFE. Damit können Sie sich bei anderen Computern einwählen.

    - NUR EINGEHENDE ANRUFE. Andere Benutzer können sich bei Ihrem Computer einwählen.

    - EIN- UND AUSGEHENDE ANRUFE. Beides ist möglich.

4. Klicken Sie auf OK, um das Dialogfeld ANSCHLUSSVER-
   WENDUNG KONFIGURIEREN zu schließen.

5. Öffnen Sie das Dialogfeld NETZWERKKONFIGURATION,
   indem Sie auf die Schaltfläche NETZWERK klicken.

6. Wählen Sie die Protokolle, mit denen Sie wählen oder
   Client-Computern die Anwahl ermöglichen möchten.

7. Wählen Sie die Sicherheitseinstellungen, die Sie benutzen
   möchten. Gehen Sie dazu wie folgt vor:

    ▶ ECHTHEITSBESTÄTIGUNG AUCH ALS UNVERSCHLÜS-
      SELTEN TEXT. Diese Wahl erweitert die Bandbreite
      der Verschlüsselungsoptionen um den reinen Text.
      Diese Einstellung ist bei Clients nützlich, die eine
      Anmeldung mit verschlüsselten Daten nicht unterstüt-
      zen.

    ▶ NUR VERSCHLÜSSELTE ECHTHEITSBESTÄTIGUNG.
      Diese Option bietet zahlreichen Clients die Möglich-
      keit, sich mit den Verschlüsselungsverfahren MS-
      CHAP, MD5-CHAP und SPAP bei Ihnen einzuwäh-
      len.

    ▶ NUR MICROSOFT-VERSCHLÜSSELTE ECHTHEITSBE-
      STÄTIGUNG. Bei dieser Option müssen die Clients
      MS-CHAP unterstützen. Es handelt sich dabei um das
      sicherste Echtheitsbestätigungsverfahren, das von
      RAS unterstützt wird. Wenn diese Option gewählt
      wird, und Sie die Option DATENVERSCHLÜSSELUNG
      FORDERN aktivieren, werden alle Daten zur Übertra-
      gung zwischen dem Client und dem Server mit dem
      Algorithmus RSA Data Security Incorporated RC4
      verschlüsselt.

8. Wenn Sie die Option MULTILINK ERMÖGLICHEN wählen,
   kann RAS mehrere physische Verbindungen als einen logischen Satz benutzen und so die Übertragungsgeschwindig-
   keit erhöhen. Diese Bündelung ist eine allgemein
   gebräuchliche Technik, die bei ISDN-Verknüpfungen zum
   Einsatz kommt. Es muß jedoch auf beiden Systemen die
   Option MULTILINK ERMÖGLICHEN aktiviert sein, und es
   müssen ausreichend Telefonleitungen zur Verfügung
   stehen.

Kapitel 18 RAS und TCP/IP

9. Klicken Sie auf OK, um das Dialogfeld NETZWERKKONFIGURATION zu schließen.

10. Klicken Sie auf die Schaltfläche WEITER, um das Dialogfeld RAS-SETUP zu schließen. Klicken Sie anschließend auf OK, um das Dialogfeld NETZWERK zu schließen.

> **hinweis**
>
> Es wurden soeben einige Verschlüsselungsalgorithmen erwähnt. Es folgt nun ein kurzer Überblick über jeden davon.
>
> CHAP (Challenge Handshake Authentication Protocol) sichert eine RAS-Sitzung beträchtlich ab. Wenn eine Verbindung eingerichtet wird, sendet der CHAP-Server eine Zufallsabfrage an den Client. Diese Abfrage wird eingesetzt, um das Kennwort des Benutzers zu verschlüsseln, das an den Server zurückgesendet wird. Das hat zwei Vorteile: Das Kennwort wird bei der Übertragung verschlüsselt und Leute, die Daten abfangen, können die Echtheitsbestätigung nicht herausbekommen und zu einem späteren Zeitpunkt an den Server zurückspielen, weil sich die Abfrage jedesmal ändert.
>
> MS-CHAP ist das sicherste Protokoll, das von RAS unterstützt wird. MS-CHAP ist auch unter dem Namen RSA Message Digest 4 (MD4) bekannt und benutzt den RC4-Algorithmus, um die Benutzerdaten während einer RAS-Sitzung zu verschlüsseln.
>
> PAP (Password Authentication Protocol) ist ein Echtheitsbestätigungsprotokoll, das mit PPP verknüpft ist und auf reinen Text aufbaut. Die PAP-Echtheitsbestätigung sollte nur bei der Einwahl in Server verwendet werden, die keine Echtheitsbestätigung unterstützen. wie z.B. SLIP- und PPP-Server.
>
> SPAP (Shiva Password Authentication Protocol) wird nur von RAS-Servern unterstützt, und ist eine Implementierung von PAP auf Shiva Remote-Client-Software.

18.5 DFÜ-Netzwerke

Nachdem die Konfiguration des RAS-Diensts nun fertiggestellt wurde, müssen Sie einen Eintrag im DFÜ-Netzwerk vornehmen. An dieser Stelle speichern Sie die Information über die einzelnen Standorte, in die Sie sich einwählen möchten. Das Symbol DFÜ-NETZWERK finden Sie in der Systemsteuerung oder im Ordner ARBEITSPLATZ.

Das DFÜ-Netzwerk bietet Ihnen die Möglichkeit, sich bei einem Internet-Service-Provider über das Protokoll PPP (Point-to-Point-Protocol) oder das Protokoll SLIP (Serial Line Interface Protocol) einzuwählen. SLIP ist ein älteres, sehr einfaches Protokoll, das gut funktioniert, aber wenig Annehmlichkeiten bietet. PPP ist ein neueres Protokoll, das eine zuverlässigere Kommunikation und verschiedene Optionen bietet, um die Konfiguration der Sitzung und die Einwahl zu automatisieren. PPP ist entsprechend das bevorzugte Protokoll der meisten Internet-Provider.

18.5.1 Einträge in das Telefonbuch aufnehmen

Die Anwendung DFÜ-Netzwerk wird eingesetzt, um die Konfiguration Ihrer Wählverbindungen zu verwalten und eine Verbindung zu Remote-Hosts zu ermöglichen. Nachdem Sie erfahren haben, wie Telefonbucheinträge verwaltet werden, sind Sie in der Lage, sich bei einem RAS- oder einem anderen Server einzuwählen.

Wenn Sie das DFÜ-Netzwerk das erste Mal starten, sehen Sie die Meldung: DAS TELEFONBUCH IST LEER. Klicken Sie auf OK, um Einträge hinzuzufügen. Es öffnet sich nun der ASSISTENT FÜR NEUE TELEFONBUCHEINTRÄGE. Sie müssen zumindest einen Telefonbucheintrag konfigurieren, um das DFÜ-Netzwerk nutzen zu können. Der Assistent benötigt die folgenden Informationen:

- ▶ Einen Namen für einen neuen Telefonbucheintrag.

- ▶ Ob eine Verbindung mit dem Internet hergestellt wird.

- ▶ Ob ein unverschlüsseltes Kennwort gesendet werden soll, wenn andernfalls keine Verbindung hergestellt werden kann.

- ▶ Ob der Nicht-Windows NT-Server die Eingabe entweder von Anmeldeinformationen, nachdem die Verbindung hergestellt wurde, oder von TCP/IP-Adressen vor dem Wählen erwartet.

- ▶ Die Rufnummer und eine alternative Rufnummer, falls verfügbar.

- ▶ Ob der Telefonbucheintrag Wahlparameter verwendet.

Starten Sie den ASSISTENT FÜR NEUE TELEFONBUCHEINTRÄGE, und fügen Sie die Einträge wie folgt hinzu:

1. Geben Sie im ersten Dialogfeld einen Namen ein, und klicken Sie auf OK (siehe Bild 18.15).

Abbildung 18.15

Das erste Dialogfeld des Assistenten für neue Telefonbucheinträge

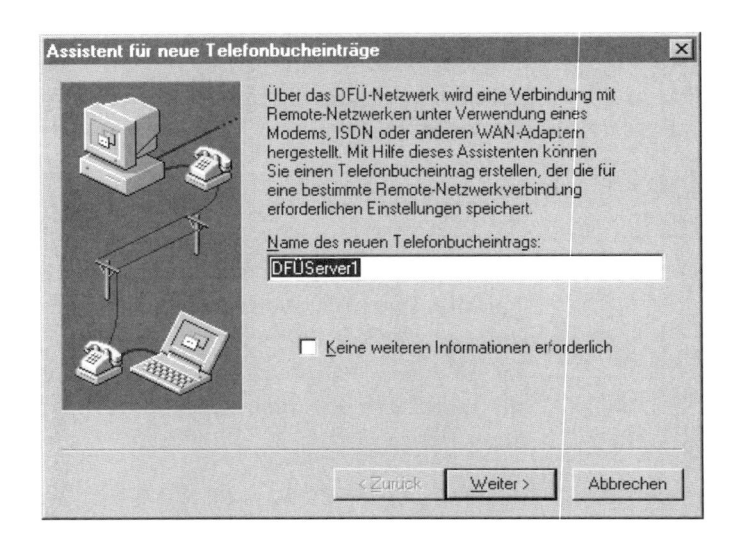

2. Sie werden nun gefragt, bei welcher Art von System Sie sich einwählen möchten (siehe Bild 18.16).

Abbildung 18.16

Den Servertyp konfigurieren

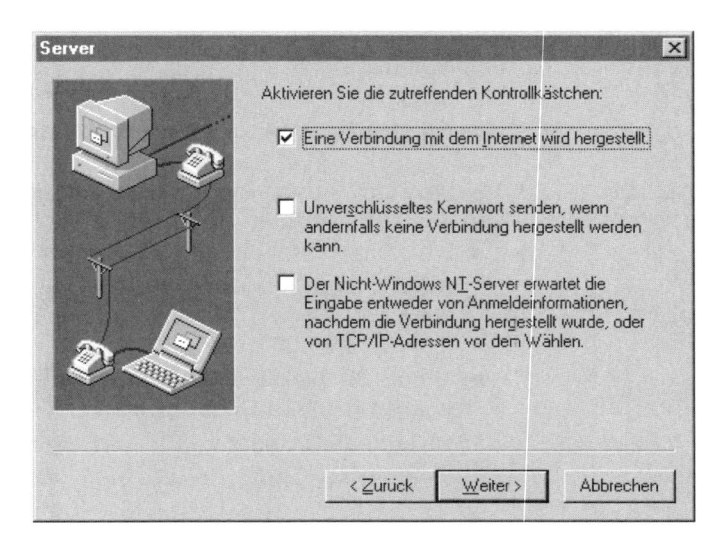

3. Als nächstes werden Sie nach der Rufnummer gefragt. Sie können hier auch eine alternative Nummer angeben, wenn Sie wünschen. Das System probiert dann alle Nummern aus und benutzt diejenige, die funktioniert. Wenn Sie möchten, daß das System automatisch weiß, von wo Sie anrufen, aktivieren Sie das Kontrollkästchen WAHLPARAMETER VERWENDEN.

4. Nachdem Sie auf die Schaltfläche WEITER geklickt haben, teilt Ihnen das System mit, daß der Vorgang nun abgeschlossen sei. Klicken Sie nun auf die Schaltfläche FERTIGSTELLEN.

Wenn der Telefonbucheintrag fertig ist, ähnelt er dem, den Sie in Bild 18.17 sehen.

Abbildung 18.17

Ein Telefonbucheintrag

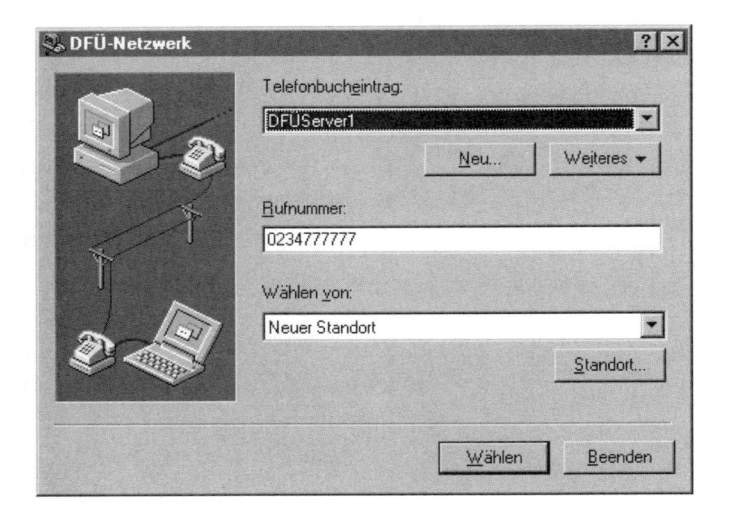

Über dieses Fenster können Sie verschiedene Optionen wählen:

- ▶ NEU. Erzeugt einen neuen Telefonbucheintrag mit dem gleichen Assistenten, den Sie bereits kennen.

- ▶ WEITERES. Diese Schaltfläche öffnet ein Menü mit zahlreichen Einträgen. Bild 18.18 zeigt diese Optionen, die hier noch einmal aufgeführt sind:

Kapitel 18 RAS und TCP/IP

Abbildung 18.18

Die Optionen der Schaltfläche Weiteres

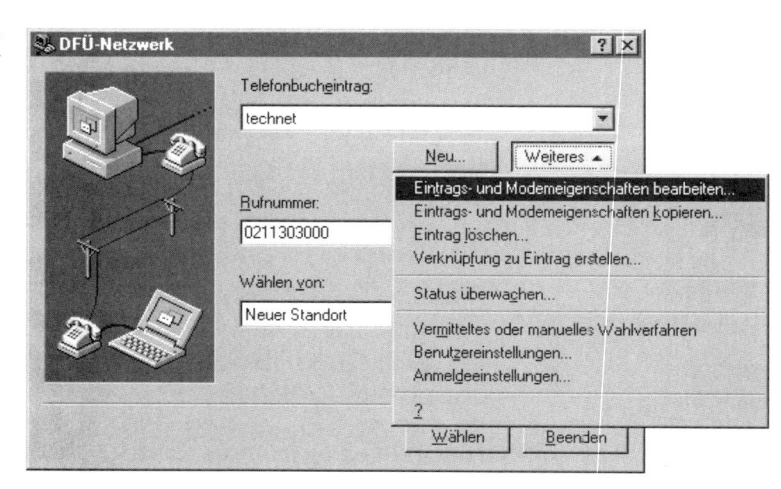

- EINTRAGS- UND MODEMEIGENSCHAFTEN BEARBEITEN. Mit dieser Option können Sie die Eigenschaften für diesen Eintrag bearbeiten. Diese Option wird später noch einmal detailliert beschrieben.

- EINTRAGS- UND MODEMEIGENSCHAFTEN KOPIEREN. Wenn Sie einen weiteren Telefonbucheintrag hinzufügen möchten, der dem aktuellen ähnelt, können Sie den bestehenden Eintrag mit diesem Befehl kopieren.

- EINTRAG LÖSCHEN. Entfernt den Eintrag.

- VERKNÜPFUNG ZU EINTRAG ERSTELLEN. Dieser Menübefehl fügt ein Symbol auf dem Desktop ein, über das Sie eine Verbindung zum Server aufbauen können, der im Telefonbuch eingetragen ist (siehe Bild 18.19).

Abbildung 18.19

Eine DFÜ-Verknüpfung erstellen

- STATUS ÜBERWACHEN. Mit diesem Menübefehl wird der DFÜ-Monitor geöffnet, der später in diesem Kapitel besprochen wird.

- VERMITTELTES ODER MANUELLES WAHLVERFAHREN. Es kann vorkommen, daß Sie die Nummer selbst wählen müssen. Über diesen Menübefehl können Sie das bestimmen. Wenn Sie die Option wählen, wird die Anwahl trotzdem wie üblich durchgeführt. Sie sehen jedoch ein Dialogfeld, das Ihnen mitteilt, wann gewählt werden soll. Wenn Sie den Menübefehl wählen, erscheint ein Häkchen vor dem Eintrag.

- BENUTZEREINSTELLUNGEN. Über diesen Menübefehl können Sie verschiedene Einstellungen für die Anwahl vornehmen.

- ANMELDEEINSTELLUNGEN. Damit richten Sie die Anmeldepräferenzen ein.

- ?. Öffnet die Hilfe zum DFÜ-Netzwerk.

- RUFNUMMER: In diesem Feld können Sie die Telefonnummer ändern. Die neue Nummer wird gespeichert (siehe Bild 18.17).

- WÄHLEN VON: In diesem Feld können Sie den Standort angeben, von dem aus Sie wählen (siehe Bild 18.16).

- STANDORT. Diese Schaltfläche öffnet das Dialogfeld STANDORTEINSTELLUNGEN, über das Sie den Standort, die Vorwahl und die Durchwahl festlegen können (siehe Bild 18.16).

18.5.2 Telefonbucheinträge bearbeiten

Sie können einen Telefonbucheintrag auf zwei Weisen bearbeiten. Sie können entweder zum DFÜ-Netzwerk zurückkehren, oder Sie können mit der rechten Maustaste auf die Verknüpfung auf dem Desktop klicken und aus dem Kontextmenü den Menübefehl EINTRAG UND MODEMEINSTELLUNGEN BEARBEITEN wählen. Das Dialogfeld sieht auf jeden Fall so aus wie in Bild 18.20.

Kapitel 18   RAS und TCP/IP

Abbildung 18.20

Das Dialogfeld Telefonbucheintrag bearbeiten

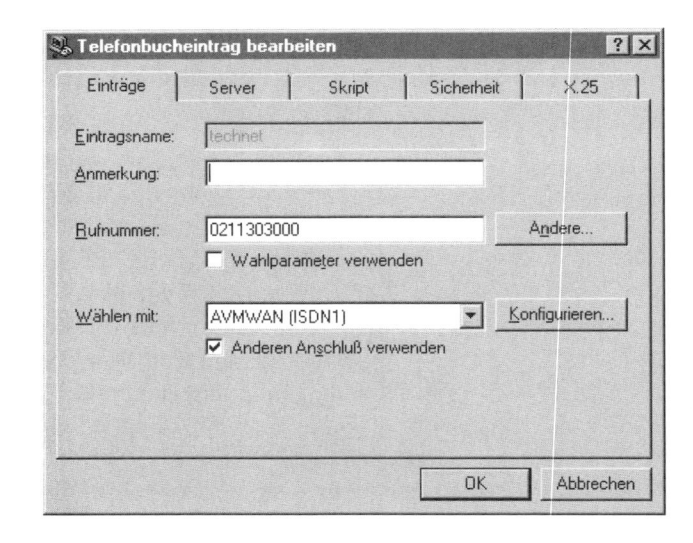

Die meisten dieser Einträge haben Sie bereits gesehen. Es gibt jedoch zwei Elemente, die Sie kennen sollten. Wenn Sie mit Mehrfachleitungen arbeiten möchten, können Sie dies hier konfigurieren:

1. Wählen Sie aus dem Listenfeld WÄHLEN MIT den Eintrag MEHRFACHLEITUNGEN aus.

2. Wählen Sie die Schaltfläche KONFIGURIEREN, um das Dialogfeld KONFIGURATION VON MEHRFACHLEITUNGEN zu öffnen (siehe Bild 18.21). Konfigurieren Sie für jede Leitung eine separate Telefonnummer.

Abbildung 18.21

Das Dialogfeld Konfiguration von Mehrfachleitungen

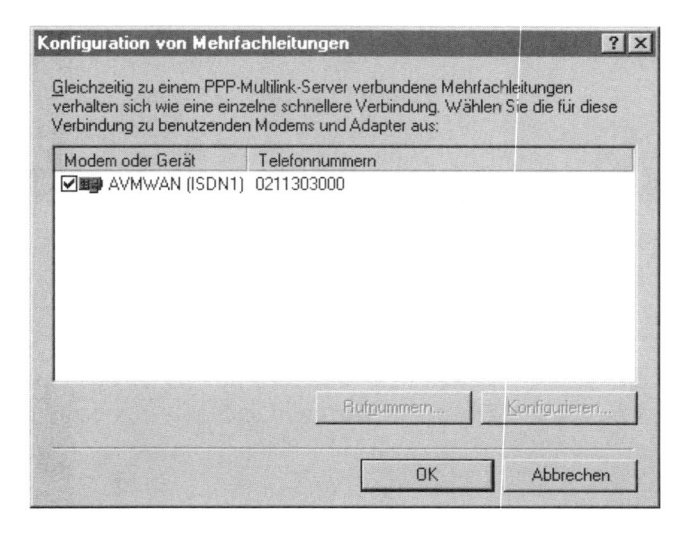

DFÜ-Netzwerke

hinweis: Bild 18.21 zeigt nur ein Modem. Wenn mehrere installiert wären, könnten Sie jedes mit einer separaten Nummer konfigurieren.

3. Wählen Sie für jedes aufgelistete Modem die Schaltfläche RUFNUMMER, und geben Sie die passende Nummer oder die Nummern für diese Zeile ein.

4. Wählen Sie die Schaltfläche KONFIGURIEREN, falls erforderlich, um die Eigenschaften des Modems für die Verbindung zu konfigurieren.

Das nächste Element, das Sie auf der Registerkarte EINTRÄGE des Dialogfelds TELEFONBUCHEINTRAG BEARBEITEN beachten sollten, ist die Schaltfläche KONFIGURIEREN. Über diese öffnet sich in Abhängigkeit davon, ob Sie mit einem Modem oder einer ISDN-Karte arbeiten, ebenfalls ein Dialogfeld (siehe Bild 18.22).

Abbildung 18.22

Das Dialogfeld ISDN- bzw. Modemkonfiguration

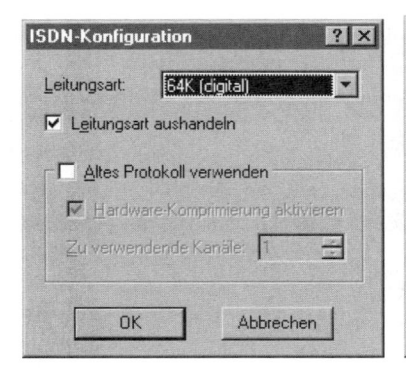

Es stehen folgende Einträge zur Verfügung:

- ▶ STARTGESCHWINDIGKEIT (BPS). Geben Sie die höchste Geschwindigkeit ein, die von Ihrem Modem unterstützt wird. Modems verhandeln ab dieser Geschwindigkeit abwärts, wenn eine Verbindung aufgebaut wird. (Wenn eine höhere Geschwindigkeit gewählt wird, als das Modem verarbeiten kann, funktioniert dies eventuell nicht korrekt.)

- ▶ HARDWARE-FLUSSKONTROLLE AKTIVIEREN. Normalerweise sollte die Hardware-Flußkontrolle aktiviert sein.

▶ FEHLERSTEUERUNG DES MODEMS AKTIVIEREN. Die Fehlersteuerung kann eingesetzt werden, wenn Modems an beiden Enden das gleiche Fehlerprotokoll unterstützen.

▶ KOMPRIMIERUNG DURCH DAS MODEM AKTIVIEREN. In den meisten Fällen funktioniert die Software-Komprimierung besser und die Hardware-Komprimierung sollte deaktiviert werden.

▶ MODEMLAUTSPRECHER AUSSCHALTEN. Wenn Sie das Piepsen nicht hören möchten, müssen Sie den Lautsprecher deaktivieren. Meistens ist der Lautsprecher in den anfänglichen Testphasen erwünscht. Wenn alles funktioniert, werden Sie den Lautsprecher eventuell deaktivieren wollen.

Protokolleigenschaften des Servers

Die Registerkarte SERVER definiert die Protokolle, die zur Kommunikation mit dem Server verwendet werden (siehe Bild 18.23). Es stehen die folgenden Optionen zur Verfügung:

Abbildung 18.23

Die Registerkarte Server eines Telefonbucheintrags

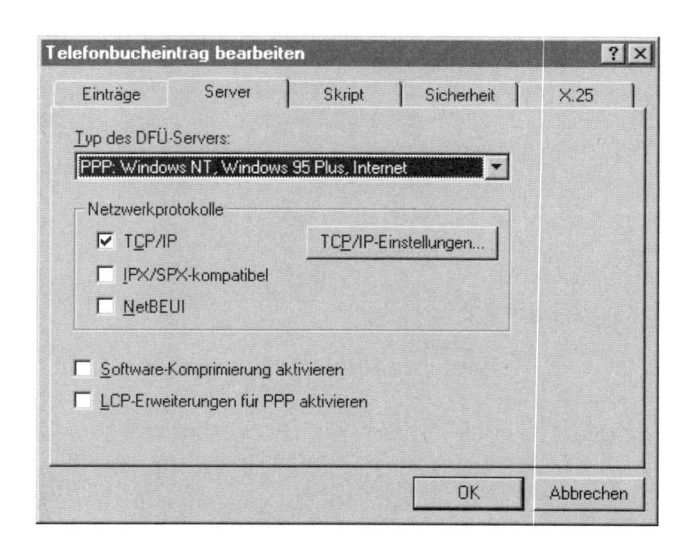

▶ TYP DES DFÜ-SERVERS. In diesem Feld haben Sie drei Einträge zur Auswahl, mit denen Sie das benutzte Protokoll festlegen können. Ein Protokoll ersetzt im wesentlichen die Rahmen, die Sie in LANs finden. Die Übertragung der Daten zwischen den Hosts erfolgt mittels der Protokolle. Folgende drei Protokolle stehen zur Verfügung:

- ▶ PPP: WINDOWS NT, WINDOWS 95 PLUS, INTERNET. Das Point-to-Point Protocol (PPP) ist das gebräuchlichste Protokoll für TCP/IP-DFÜ-Netzwerke. Dies ist der Standard und die beste Wahl. PPP können Sie mit allen unterstützten Protokollen nutzen.

- ▶ SLIP: INTERNET. Das Serial Line Internet Protocol (SLIP) ist ein älteres Internet-Protokoll, das immer mehr an Popularität verliert. SLIP ist weniger zuverlässig und hat weniger Leistungsmerkmale als PPP, aber es ist effizienter und bietet eine etwas bessere Systemleistung. Wenn SLIP ausgewählt wird, steht als Protokolloption nur TCP/IP zur Verfügung.

- ▶ WINDOWS NT 3.1, WINDOWS FÜR WORKGROUPS 3.11. Diese Option wählt ein älteres RAS-Protokoll, das nicht im Internet eingesetzt werden kann.

- ▶ NETZWERKPROTOKOLLE. Sie müssen das Kontrollkästchen TCP/IP aktivieren, um Unterstützung für TCP/IP zu aktivieren.

- ▶ SOFTWARE-KOMPRIMIERUNG AKTIVIEREN. Diese Option ist als Standard aktiviert und konfiguriert die Kommunikationssoftware so, daß die Kommunikationsdaten komprimiert und dekomprimiert werden. Es ist unproduktiv und unnötig, sowohl die Hardware-Komprimierung über ein Modem als auch die Software-Komprimierung über ein Protokoll zu aktivieren. Normalerweise ist die Software-Komprimierung effizienter. Das gilt insbesondere für sehr leistungsfähige Computer. Die Software-Komprimierung wird vom SLIP-Protokoll nicht unterstützt.

- ▶ LCP-ERWEITERUNGEN FÜR PPP AKTIVIEREN. LCP ist eine Komponente neuerer PPP-Implementierungen, wird von älteren PPP-Implementierungen aber nicht unterstützt. Wenn Probleme mit PPP auftreten, sollten Sie dieses Kontrollkästchen deaktivieren.

Nachdem Sie das Kontrollkästchen TCP/IP aktiviert haben, können Sie auf die Schaltfläche TCP/IP-EINSTELLUNGEN klicken, um das Dialogfeld TCP/IP-EINSTELLUNGEN zu öffnen. Der Inhalt dieses Dialogfelds hängt davon ab, ob Sie als Protokolltyp PPP oder SLIP gewählt haben. Bild 18.24 zeigt das Dialogfeld PPP TCP/IP-EINSTELLUNGEN, das die folgenden Optionen enthält:

Abbildung 18.24

Die TCP/IP-Einstellungen für PPP-Verbindungen

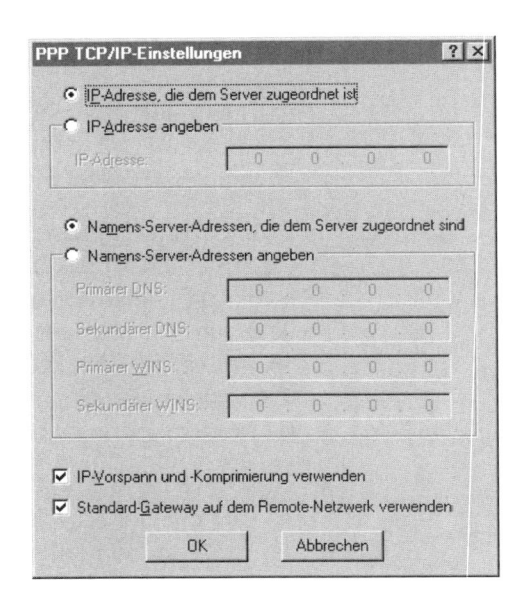

▶ IP-ADRESSE, DIE DEM SERVER ZUGEORDNET IST. Aktivieren Sie diese Option, wenn der Einwahl-Server Ihnen eine IP-Adresse zuweist. Das ist die Situation, die am häufigsten eintritt.

▶ IP-ADRESSE ANGEBEN. Wählen Sie diese Option, und legen Sie eine IP-Adresse im Adreßfeld fest, wenn der PPP-Server keine IP-Adresse zuweist.

▶ NAMENS-SERVER-ADRESSEN, DIE DEM SERVER ZUGEORDNET SIND. Wählen Sie diese Option, wenn der PPP-Einwähl-Server die Adresse eines DNS-Servers zu Ihrer Konfiguration hinzufügt, wenn Sie sich einwählen. Dies ist seltener als die automatische Zuweisung einer IP-Adresse.

▶ NAMENS-SERVER-ADRESSEN ANGEBEN. Wählen Sie diese Option, um die IP-Adressen der WINS- und DNS-Namens-Server manuell anzugeben.

▶ IP-VORSPANN UND -KOMPRIMIERUNG VERWENDEN. Diese Komprimierung ist auch unter dem Namen Van-Jacobson-IP-Vorspann-Komprimierung oder VJ-Vorspannkomprimierung bekannt und wird eingesetzt, um den Datenverkehr zu reduzieren. Erkundigen Sie sich beim Administrator des Servers, in den Sie sich einwählen möchten, ob die Vorspann-Komprimierung eingesetzt wird.

DFÜ-Netzwerke

▶ STANDARD-GATEWAY AUF DEM REMOTE-NETZWERK VERWENDEN. Diese Option bezieht sich auf Computer, die in ein lokales Netzwerk eingebunden sind, während sie sich in einen Remote-Server einwählen. Wenn diese Option aktiviert ist, können die Pakete nicht in das lokale Netzwerk geleitet werden, sondern sie werden an den Standard-Gateway in das Remote-Netzwerk geleitet.

Bild 18.25 zeigt das Dialogfeld SLIP-TCP/IP-EINSTELLUNGEN. Wenn Sie sich über SLIP bei einem Internet-Provider einwählen müssen, müssen Sie die folgenden Felder ausfüllen:

Abbildung 18.25

Die TCP/IP-Konfiguration für SLIP-Verbindungen

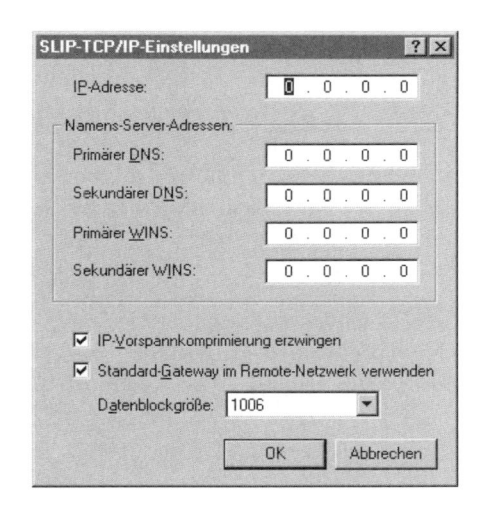

▶ IP-ADRESSE. SLIP kann keine IP-Adresse liefern.

▶ PRIMÄRER DNS. SLIP kann keine DNS-Server-Adresse liefern. Sie können optional eine Adresse für den sekundären DNS-Server angeben.

▶ IP-VORSPANNKOMPRIMIERUNG ERZWINGEN. Wählen Sie diese Option, wenn der SLIP-Server Vorspannkomprimierung einsetzt.

▶ STANDARD-GATEWAY IM REMOTE-NETZWERK VERWENDEN. Diese Option gilt Computern, die mit einem LAN verbunden sind und sich gleichzeitig bei einem Remote-Host einwählen. Wenn diese Option aktiviert ist, können die Pakete nicht in das lokale Netzwerk gelangen, sondern werden an den Standard-Gateway des lokalen Netzwerks geleitet.

▶ DATENBLOCKGRÖSSE. Dieser Wert bestimmt die Größe der verwendeten Datenblöcke. Passen Sie den Wert, falls erforderlich, für den SLIP-Server an. Zur Auswahl stehen die Datenblockgrößen 1006 und 1500.

Skript-Eigenschaften

Bild 18.26 zeigt die Registerkarte SKRIPT. Skripts sind Textdateien, die Befehle enthalten, die Einwählereignisse wie die Anmeldung bei einem Server automatisieren. Sie können verschiedene Skripts zu jedem Eintrag hinzufügen, um diesen zu automatisieren. Details zu diesem Thema finden Sie in der Dokumentation des Windows NT Server.

Abbildung 18.26

Die Registerkarte Skript

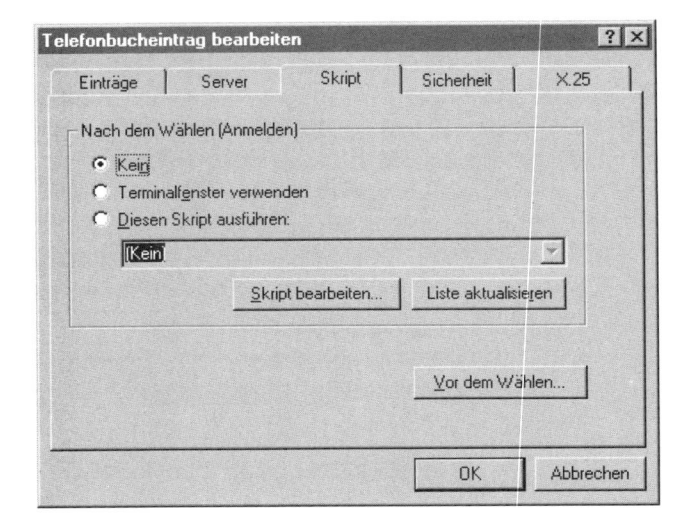

Skripts sind normalerweise bei der Einwahl in PPP-Server überflüssig. PPP enthält das PAP (Password Authentication Protocol), das die Annahme der Benutzer-ID und des Kennworts automatisiert. Weil für SLIP keine Automatisierung zur Verfügung steht, können Skripts hier nützlich sein.

Die Registerkarte SKRIPT bietet dafür, daß Skripts nach dem Wählen ausgeführt werden, die folgenden Optionen:

▶ KEIN. Es wird kein Skript ausgeführt. Dies ist der Standard und funktioniert bei den meisten PPP-Servern.

▶ TERMINALFENSTER VERWENDEN. Wenn diese Option ausgewählt ist, öffnet sich ein Terminalfenster, wenn die Verbindung aufgebaut ist. In das Fenster geben Sie die Benutzer-ID, das Kennwort und andere Informationen ein, die für die Anmeldung benötigt werden.

▶ DIESES SKRIPT AUSFÜHREN. Wenn Sie dieses Optionsfeld wählen, müssen Sie im Listenfeld den Pfad und Namen einer Skript-Datei angeben. Über die Schaltfläche SKRIPT BEARBEITEN können Sie Skript-Dateien erzeugen und verändern.

Skripts können auch vor dem Wählen ausgeführt werden. Wählen Sie dazu die Schaltfläche VOR DEM WÄHLEN, um das Dialogfeld »VOR DEM WÄHLEN«-SKRIPT zu öffnen.

Sicherheitseigenschaften

Auf der Registerkarte SICHERHEIT, die Sie in Bild 18.27 sehen, können Sie das verwendete Verschlüsselungs- und Echtheitsbestätigungsverfahren bestimmen. Jeder Server, mit dem Sie Verbindung aufnehmen, könnte eine andere Art der Absicherung verwenden. Die Einträge, die Sie wählen, müssen mit denen des Servers übereinstimmen. Ansonsten ist ein Verbindungsaufbau nicht möglich. Die Einstellungen stimmen mit denen überein, die zu diesem Thema bereits besprochen wurden.

Abbildung 18.27

Die Registerkarte SICHERHEIT

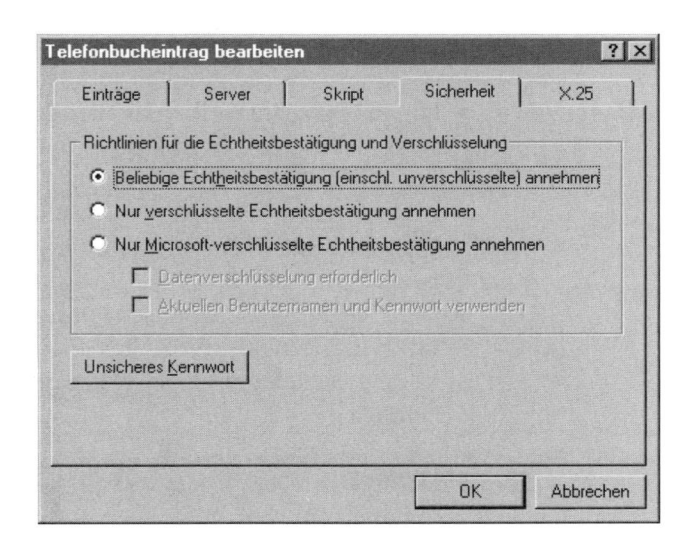

Wenn Sie die Option NUR MICROSOFT-VERSCHLÜSSELTE ECHT-HEITSBESTÄTIGUNG ANNEHMEN wählen, steht Ihnen das Kontrollkästchen AKTUELLEN BENUTZERNAMEN UND KENNWORT VERWENDEN zur Verfügung. Wenn Sie dieses aktivieren, wird das DFÜ-Netzwerk instruiert, automatisch Ihren Windows NT-Benutzernamen und das Kennwort bei der Einwahl in andere Computer zu verwenden.

X.25

Die letzte Registerkarte können Sie einsetzen, um die Verbindungen zu konfigurieren, wenn Sie mit X.25 arbeiten. Wie in Bild 18.28 zu sehen, kann nur sehr wenig konfiguriert werden. Es stehen folgende Felder zur Verfügung:

Abbildung 18.28

Die Registerkarte X.25

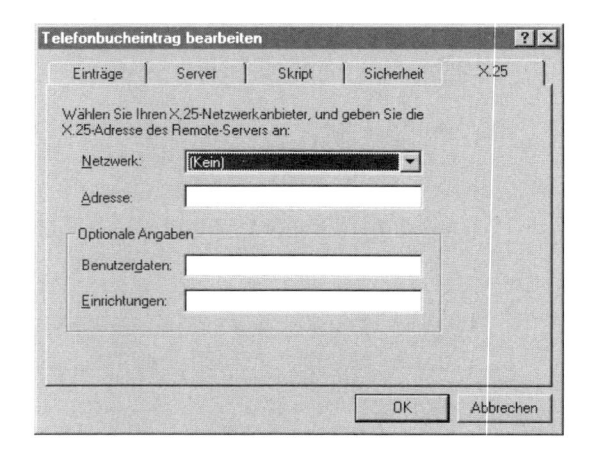

▶ NETZWERK. Hier sollten Sie den Namen des X.25-Netzwerks auswählen, in das Sie sich einwählen möchten.

▶ ADRESSE. Die X.25-Adresse des Servers, in den Sie sich einwählen möchten.

▶ BENUTZERDATEN. In dieses Feld können Sie zusätzliche Informationen eingeben, die der Einwähl-Server benötigt, zu dem Sie über ein X.25-Netzwerk Verbindung aufnehmen.

▶ EINRICHTUNGEN. In dieses Feld können Sie zusätzliche Parameter eingeben, die Sie von Ihrem X.25-Anbieter anfordern möchten.

18.6 Mit einem Telefonbucheintrag wählen

Nachdem Sie Einträge für die Server erzeugt haben, in die Sie sich einwählen möchten, besteht der nächste Schritt darin, die Einträge zu benutzen. Klicken Sie dazu entweder doppelt auf die Verknüpfung (wenn Sie eine erstellt haben), oder öffnen Sie das Dialogfeld DFÜ-NETZWERK, wählen Sie den Eintrag aus, und klicken Sie auf die Schaltfläche WÄHLEN. Was nun passiert, hängt von zwei Faktoren ab.

▶ Ob der Host ein RAS-Server oder ein TCP/IP-Netzwerk ist.

▶ Ob der Host für Rückruf-Operationen konfiguriert ist.

Hier sehen Sie die Folge von Ereignissen, die stattfinden, wenn Sie über das DFÜ-Netzwerk eine Verbindung zu einem RAS-Server aufbauen:

1. Wählen Sie im Listenfeld TELEFONBUCHEINTRAG einen Eintrag aus, oder klicken Sie doppelt auf die Verknüpfung.

2. Überprüfen Sie die Einträge im Feld WÄHLEN VON. Über die Schaltfläche STANDORT können Sie einen anderen Standort wählen. Neue Standorte müssen Sie über das Dienstprogramm TELEFON in der Systemsteuerung eingeben.

3. Prüfen Sie die Nummer im Feld RUFNUMMER. Wenn die Nummer nicht vollständig und korrekt ist, müssen Sie die Konfiguration des Standorts überprüfen.

4. Klicken Sie auf die Schaltfläche WÄHLEN, um das Dialogfeld VERBINDUNG MIT SERVER-NAME HERSTELLEN zu öffnen (siehe Bild 18.29).

Abbildung 18.29

Die Verbindungsinformationen angeben

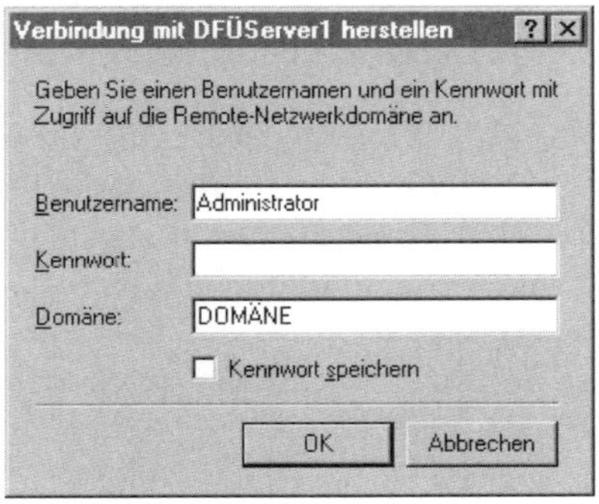

5. Vervollständigen Sie die Felder im Dialogfeld VERBINDUNG MIT SERVER-NAME HERSTELLEN wie folgt:

   ▶ BENUTZERNAME. Geben Sie Ihren Benutzernamen im Zielnetzwerk ein. Dieses und das Feld KENNWORT werden mit dem Benutzernamen und dem Kennwort für das Windows-Netzwerk ausgefüllt, wenn Sie auf der Registerkarte SICHERHEIT des Dialogfelds TELEFONBUCHEINTRAG BEARBEITEN das Kontrollkästchen AKTUELLEN BENUTZERNAMEN UND KENNWORT VERWENDEN aktiviert haben.

   ▶ DOMÄNE. Wenn Sie sich bei einem RAS-Server einwählen, müssen Sie auch die passende Domäne angeben. Wenn Sie sich nicht bei einem RAS-Server einwählen, müssen Sie den Inhalt dieses Felds löschen.

   ▶ KENNWORT SPEICHERN. Aktivieren Sie dieses Feld, wenn Sie wünschen, daß das Kennwort mit dem Telefonbucheintrag gespeichert wird. Das kann ziemlich riskant sein, weil damit jeder, der Zugriff auf Ihren Computer hat, sich bei dem Remote-Computer einwählen kann, ohne ein Kennwort angeben zu müssen.

   ▶ Wählen Sie OK, nachdem Sie das Dialogfeld konfiguriert haben.

6. Der Client wählt nun und eröffnet eine Konversation mit dem RAS-Server.

7. Der RAS-Server sendet eine Anforderung an den Client.

8. Der Client sendet eine verschlüsselte Antwort.

9. Der Server prüft die Antwort anhand seiner Datenbank.

10. Wenn die Antwort zulässig ist, prüft der Server, ob die Erlaubnis für einen Remote-Zugriff gegeben werden kann.

11. Wenn der Rückruf aktiviert ist, bricht der Server die Verbindung ab, ruft den Client an und führt die Schritte 6 bis 10 noch einmal aus.

12. Als nächstes werden Sie über ein Meldungsfenster darüber informiert, daß die Verbindung aufgebaut ist. Sie können nun zwei Aktionen angeben, die durchgeführt werden, wenn Sie zukünftig eine Verbindung aufbauen:

   ▶ BEIM WÄHLEN SCHLIESSEN. Wenn dieses Kontrollkästchen aktiviert ist, schließt sich die Anwendung DFÜ-NETZWERK, nachdem eine Verbindung aufgebaut wurde.

   ▶ DIESE MELDUNG NICHT MEHR ANZEIGEN. Wenn dieses Kontrollkästchen aktiviert ist, werden Sie die Meldung zukünftig nicht mehr sehen, wenn eine Verbindung fertiggestellt ist.

13. Wenn die Sitzung beendet ist, müssen Sie die Schaltfläche BEENDEN in der Anwendung DFÜ-NETZWERK wählen. Wenn Sie in Schritt 12 auf die Schaltfläche BEENDEN geklickt haben, müssen Sie die Anwendung noch einmal öffnen. Sie können auch mit der rechten Maustaste auf das Symbol DFÜ-NETZWERK in der Task-Leiste klicken und den Eintrag AUFLEGEN wählen.

Nun sind Sie mit dem Server verbunden, und Sie können die Anwendungen der Umgebung nutzen. Sie können z.B. Windows NT-Anwendungen einsetzen, um auf Dateien zuzugreifen, die auf dem Remote-RAS-Server abgelegt sind. Oder Sie können WinSock-kompatible Anwendungen einsetzen, um entfernte TCP/IP-Dienste, wie z.B. das Internet, zu nutzen.

18.6.1 Benutzereinstellungen

Sie können verschiedene Benutzereinstellungen für das DFÜ-Netzwerk vornehmen. In diesem Abschnitt erhalten Sie einen Überblick und eine kurze Beschreibung. Um das Dialogfeld BENUTZEREINSTELLUNGEN zu öffnen (siehe Bild 18.30), klicken Sie im Dialogfeld DFÜ-NETZWERK auf die Schaltfläche WEITERES und wählen den Menübefehl BENUTZEREINSTELLUNGEN aus dem Menü aus.

Abbildung 18.30

Das Dialogfeld Benutzereinstellungen

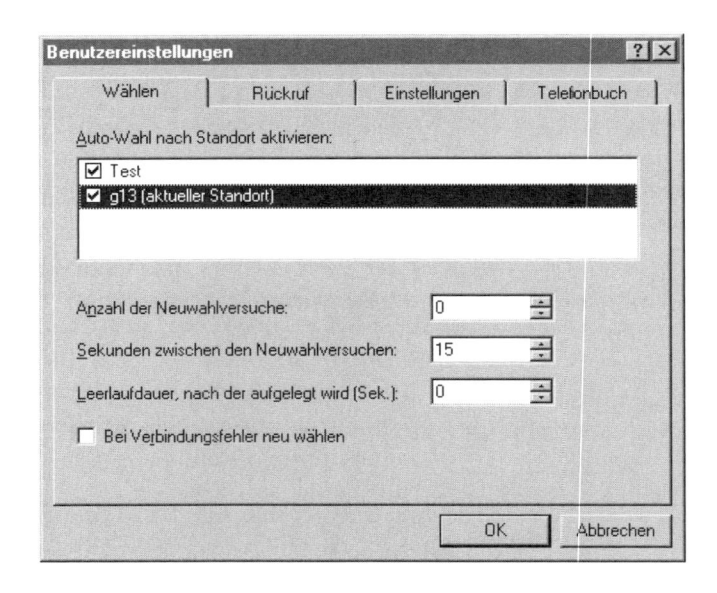

Es stehen die folgenden Optionen zur Verfügung:

- AUTO-WAHL NACH STANDORT AKTIVIEREN. Die Auto-Wahl verbindet Sie automatisch mit dem Einwähl-Server, wenn Sie eine Netzwerkoption wählen, nachdem Sie die Verbindung abgebrochen haben. Wenn Ihr System den Server erneut anwählt, erscheint ein Dialogfeld wie das in Bild 18.31.

Abbildung 18.31

Das Auto-Wahl-Dialogfeld

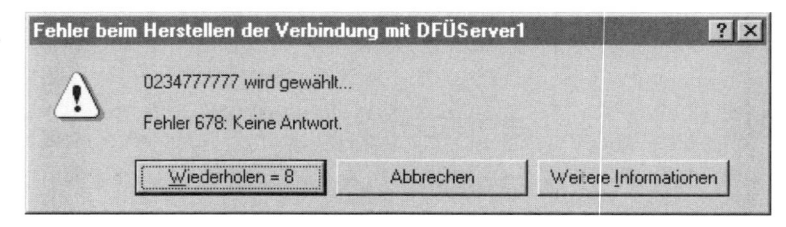

- ANZAHL DER NEUWAHLVERSUCHE. Die Anzahl der Versuche, eine Verbindung erneut aufzubauen, nachdem der erste Versuch fehlgeschlagen ist.

- SEKUNDEN ZWISCHEN DEN NEUWAHLVERSUCHEN. Die Zeitdauer in Sekunden, die das System warten sollte, bevor eine Anwahl nach einem Fehlschlag erneut versucht wird.

▶ LEERLAUFDAUER, NACH DER AUFGELEGT WIRD. Wenn Sie die Auto-Wahl für den Standort aktiviert haben, wird die Verbindung automatisch abgebrochen, wenn die angegebene Zeitdauer in Sekunden verstrichen ist.

▶ BEI VERBINDUNGSFEHLER NEU WÄHLEN. Durch diese Option wird automatisch eine Verbindung zum Einwähl-Server aufgebaut, wenn ein Verbindungsfehler in der Leitung auftritt. Das funktioniert nur, wenn die Auto-Wahl für denn Standort aktiviert ist, von dem aus Sie wählen.

Die Registerkarte Rückruf

Wie Sie bei der Konfiguration eines RAS-Servers sehen werden, gibt es eine Einstellung für die Sicherheit bei Rückrufen. Wie bereits besprochen, stehen für den Rückruf drei Optionen zur Auswahl, die Sie auf der Registerkarte für einen Telefonbucheintrag wählen können:

▶ NEIN, RÜCKRUF AUSLASSEN. Mit dieser Option zwingen Sie den Server, die Verbindung zu akzeptieren.

▶ VIELLEICHT. BEIM WÄHLEN NACHFRAGEN, WENN SERVER DIES ANBIETET. Während der Anwahl öffnet sich ein Dialogfeld, in dem Sie wählen können, ob der Rückruf gewünscht ist oder nicht.

▶ JA, DIE NUMMER(N) UNTEN FÜR DEN RÜCKRUF VERWENDEN. Der Rückruf soll immer erfolgen. Wenn Sie diese Option wählen, sollten Sie über die Schaltfläche BEARBEITEN das Dialogfeld RÜCKRUF UM öffnen und eine Telefonnummer angeben (siehe Bild 18.32).

Abbildung 18.32

Eine Rückrufnummer angeben

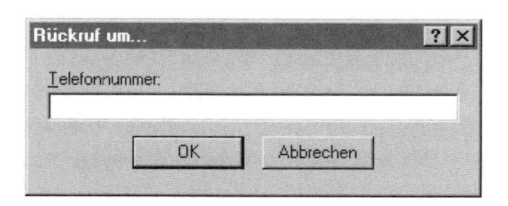

Die Rückrufeinstellungen werden eingesetzt, wenn der Rückruf an eine benutzerdefinierte Rufnummer aktiviert wird.

Die Registerkarte Einstellungen

Die Registerkarte EINSTELLUNGEN könnte auch BENUTZEREINSTELLUNGEN heißen (siehe Bild 18.33). Sie behandelt die Art und Weise, in der das DFÜ-Netzwerk mit Ihnen interagiert. Es stehen folgende Optionen zur Verfügung:

Abbildung 18.33

Die Registerkarte Einstellungen

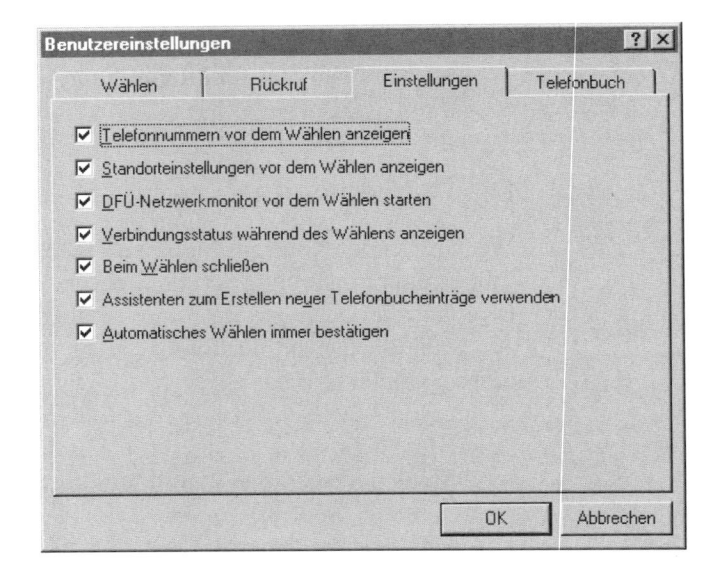

- TELEFONNUMMERN VOR DEM WÄHLEN ANZEIGEN. Zwingt das DFÜ-Netzwerk dazu, Ihnen die Rufnummer anzuzeigen, bevor gewählt wird. Das gibt Ihnen die Möglichkeit, die Rufnummer ad hoc zu ändern.

- STANDORTEINSTELLUNGEN VOR DEM WÄHLEN ANZEIGEN. Diese Option bietet Ihnen die Möglichkeit, die Einstellungen für die Vorwahl oder die Durchwahl vor dem Wählen zu ändern. Die Einstellungen für diesen Standort werden zeitweise überschrieben.

- DFÜ-NETZWERKMONITOR VOR DEM WÄHLEN STARTEN. Diese Option startet vor dem Wählen den DFÜ-Netzwerkmonitor (siehe den folgenden Abschitt für eine ausführliche Beschreibung).

- VERBINDUNGSSTATUS WÄHREND DES WÄHLENS ANZEIGEN. Wenn Sie wählen, sehen Sie den Status im Verbindungsdialogfeld. Wenn die Option deaktiviert wird, erscheint auch das Dialogfeld nicht mehr.

▶ BEIM WÄHLEN SCHLIESSEN. Schließt das DFÜ-Netzwerk, nachdem die Nummer gewählt und eine Verbindung zum Remote-System aufgebaut werden konnte. Der DFÜ-Netzwerkmonitor bleibt weiterhin aktiv.

▶ ASSISTENTEN ZUM ERSTELLEN NEUER TELEFONBUCHEINTRÄGE VERWENDEN. Diese Option können Sie wählen, um Eigenschaften zu neuen Telefonbucheinträgen hinzuzufügen.

▶ AUTOMATISCHES WÄHLEN IMMER BESTÄTIGEN. Durch diese Option wird das Dialogfeld in Bild 18.31 immer angezeigt.

Die Registerkarte Telefonbuch

Die Registerkarte TELEFONBUCH bietet Ihnen die Möglichkeit, zwischen verschiedenen Telefonbüchern zu wechseln, die auf Ihrem Computer abgelegt sind (siehe Bild 18.34). Sie können zwischen einem System-Telefonbuch, einem persönlichen Telefonbuch und einem Alternativ-Telefonbuch wählen.

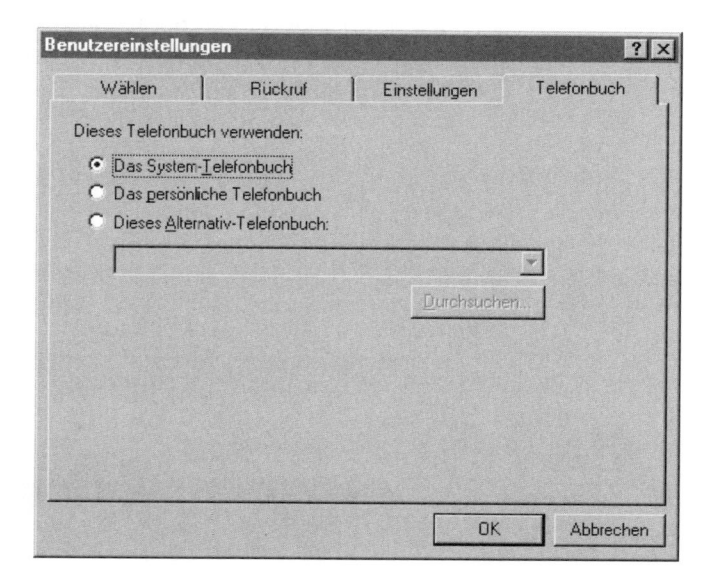

Abbildung 18.34

Die Registerkarte Telefonbuch

18.6.2 Anmeldeeinstellungen

Die Anmeldeeinstellungen sind im wesentlichen identisch mit den Benutzereinstellungen. Sie beeinflussen jedoch nur den Eintrag im Telefonbuch.

18.7 Der DFÜ-Netzwerkmonitor

Nachdem Sie eine DFÜ-Sitzung gestartet haben, sehen Sie entweder ein neues Symbol in der Statuszeile oder ein neues Fenster im Task-Manager (siehe Bild 18.35). Es handelt sich dabei um den DFÜ-Netzwerkmonitor, mit dem Sie zahlreiche verschiedene Funktionen ausführen können und der auch Informationen über die aktuelle Verbindung liefert.

Abbildung 18.35

Der DFÜ-Netzwerkmonitor als Dialogfeld

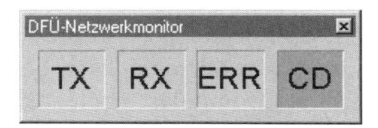

Wenn der DFÜ-Netzwerkmonitor als Dialogfeld oder als Symbol abläuft, können Sie mit der rechten Maustaste darauf klicken, um ein kurzes Kontextmenü zu öffnen, in dem die folgenden Optionen zur Verfügung stehen:

▶ DFÜ-NETZWERKMONITOR ÖFFNEN. Dieser Menübefehl öffnet das Dialogfeld des DFÜ-Netzwerkmonitors. In diesem können Sie Verbindungsstatistiken und Einstellungen betrachten.

▶ WÄHLEN. Dieser Menübefehl listet alle Telefonbucheinträge auf und bietet Ihnen die Möglichkeit, die Rufnummern anzuwählen (siehe Bild 18.36).

Abbildung 18.36

Das Menü des Symbols DFÜ-Netzwerkmonitor

▶ AUFLEGEN. Beendet die aktuelle Verbindung. Der Monitor bleibt jedoch aktiv, so daß Sie schnell wieder wählen können.

18.7.1 Einstellungen des DFÜ-Netzwerkmonitors

Wenn Sie das Dialogfeld DFÜ-NETZWERKMONITOR öffnen, sehen Sie als Standard die Verbindungsinformationen für die aktuelle Verbindung auf der Registerkarte STATUS (siehe Bild 18.37). Es gibt verschiedene Elemente am Bildschirm, die hier jedoch nicht besprochen werden. Es stehen folgende Funktionen zur Verfügung:

Abbildung 18.37

Die Registerkarte Status des DFÜ-Netzwerkmonitors

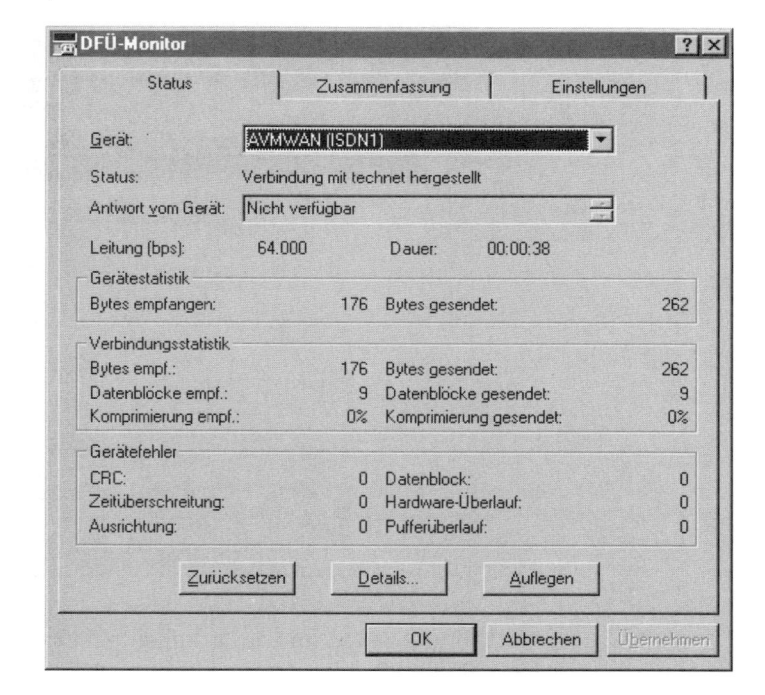

- ▶ ZURÜCKSETZEN. Über diese Schaltfläche können Sie alle Zählervariablen im Dialogfeld zurücksetzen.

- ▶ DETAILS. Zeigt Informationen über die Namen, mit denen Sie verbunden sind.

- ▶ AUFLEGEN. Die Verbindung zum Einwähl-Server wird abgebrochen.

Die Registerkarte Zusammenfassung

Diese Registerkarte ist die meiste Zeit nicht sehr nützlich (siehe Bild 18.38). Sie können über diese Registerkarte festlegen, welches Modem Sie mit welchem Dienst verbinden müssen. Auf diese Weise können Sie auch feststellen, ob die Sitzung über Mehrfachleitungen korrekt aufgebaut wurde.

Abbildung 18.38

Die Registerkarte Zusammenfassung

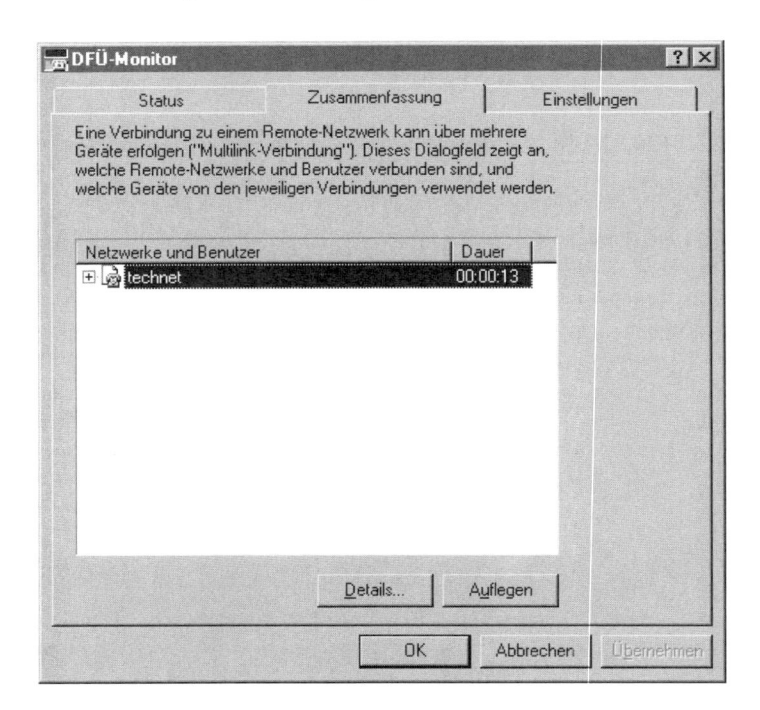

Die Optionen sind im wesentlichen gleich wie auf der Registerkarte STATUS.

- ▶ DETAILS. Über diese Schaltfläche können Sie Informationen über den Namen einsehen, mit dem Sie registriert wurden (siehe Bild 18.39).

- ▶ AUFLEGEN. Diese Schaltfläche bricht die Verbindung zum Server ab.

Abbildung 18.39

Die Schaltfläche Details

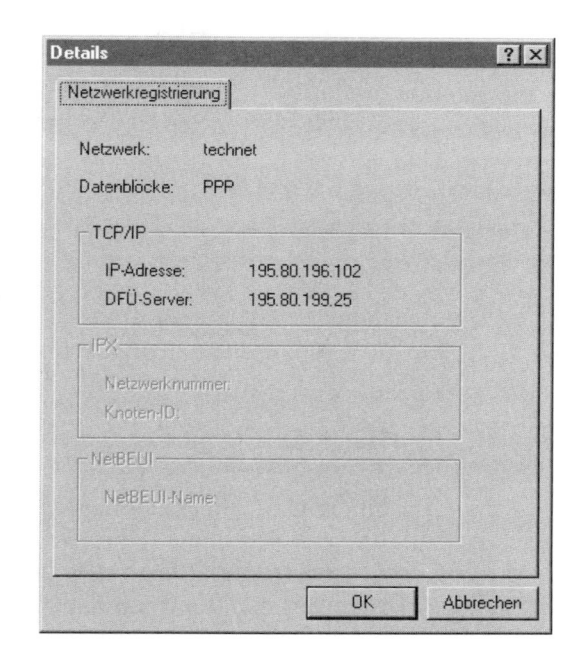

Die Registerkarte Einstellungen

Über diese Registerkarte können Sie die Funktionsweise des DFÜ-Netzwerkmonitors anpassen (siehe Bild 18.40). Unter anderem stehen Ihnen die folgenden Optionen zur Verfügung:

Abbildung 18.40

Die Registerkarte Einstellungen

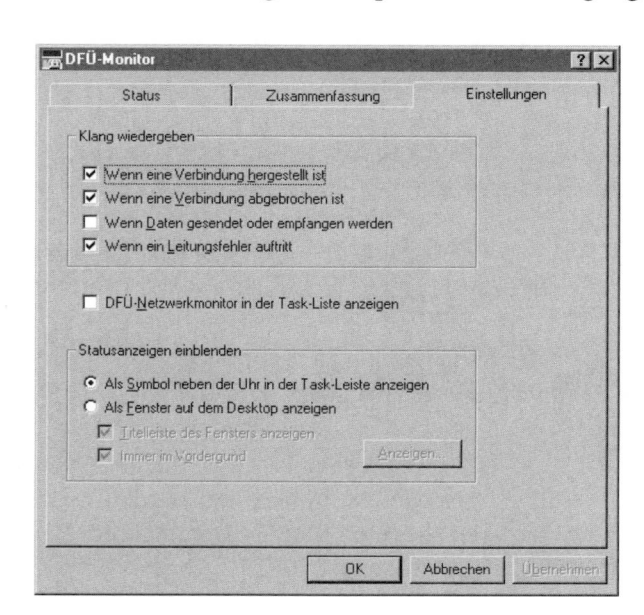

- ▶ KLANG WIEDERGEBEN. Über diesen Bereich können Sie angeben, wann ein Klang ertönen soll. Es stehen die folgenden Ereignisse zur Verfügung:

  - ▶ WENN EINE VERBINDUNG HERGESTELLT IST.
  - ▶ WENN EINE VERBINDUNG ABGEBROCHEN IST.
  - ▶ WENN DATEN GESENDET ODER EMPFANGEN WERDEN.
  - ▶ WENN EIN LEITUNGSFEHLER AUFTRITT.

- ▶ DFÜ-NETZWERKMONITOR IN DER TASK-LISTE ANZEIGEN. Durch diese Option wird der DFÜ-Netzwerkmonitor in die Task-Liste eingeführt, so daß Sie leicht während einer Verbindung zu ihm wechseln können.

- ▶ STATUSANZEIGEN EINBLENDEN. Bestimmt, ob der DFÜ-Netzwerkmonitor Statusangaben anzeigt. Es stehen folgende Optionen zur Verfügung:

  - ▶ ALS SYMBOL NEBEN DER UHR IN DER TASK-LEISTE ANZEIGEN.
  - ▶ ALS FENSTER AUF DEM DESKTOP ANZEIGEN. Wenn Sie sich dafür entscheiden, den Monitor als Fenster anzuzeigen, können Sie die folgenden Optionen wählen:
    - ▶ TITELLEISTE DES FENSTERS ANZEIGEN.
    - ▶ IMMER IM VORDERGRUND.

18.8 RAS als Internet-Router verwenden

Nachdem RAS konfiguriert und getestet wurde, können Sie RAS als Router einsetzen, der anderen Benutzern in Ihrem Netzwerk die Möglichkeit bietet, auf das Internet zuzugreifen. Die Systemleistung ist durch die geringen Bit-Raten, die von analogen Modems unterstützt werden, beschränkt, Routing über RAS ist aber eine Möglichkeit, mehrere Benutzer mit dem Internet zu verknüpfen.

RAS als Internet-Router verwenden

Um RAS als Internet-Router zu konfigurieren, benötigen Sie die folgenden Dinge:

- ▶ Eine PPP-Verbindung zum Internet.

- ▶ Eine Internet-Klasse-C-Netzwerkadresse oder ein gültiges IP-Teilnetzwerk und eine Subnet Mask, die von Ihrem Internet-Provider zugewiesen wird.

- ▶ Einen Domänennamen und einen Name-Server, wenn Sie wünschen, daß Ihre lokalen Computer über DNS identifiziert werden.

- ▶ Einen Windows NT-Computer, der mit einem Hochgeschwindigkeitsmodem und einer seriellen Karte ausgestattet ist.

Bild 18.41 illustriert ein Windows-Netzwerk, das RAS einsetzt, um Datenverkehr ins Internet zu leiten. Gehen Sie wie folgt vor, um ein Netzwerk mit einem RAS-Router zu verbinden:

Abbildung 18.41

RAS als Router einsetzen

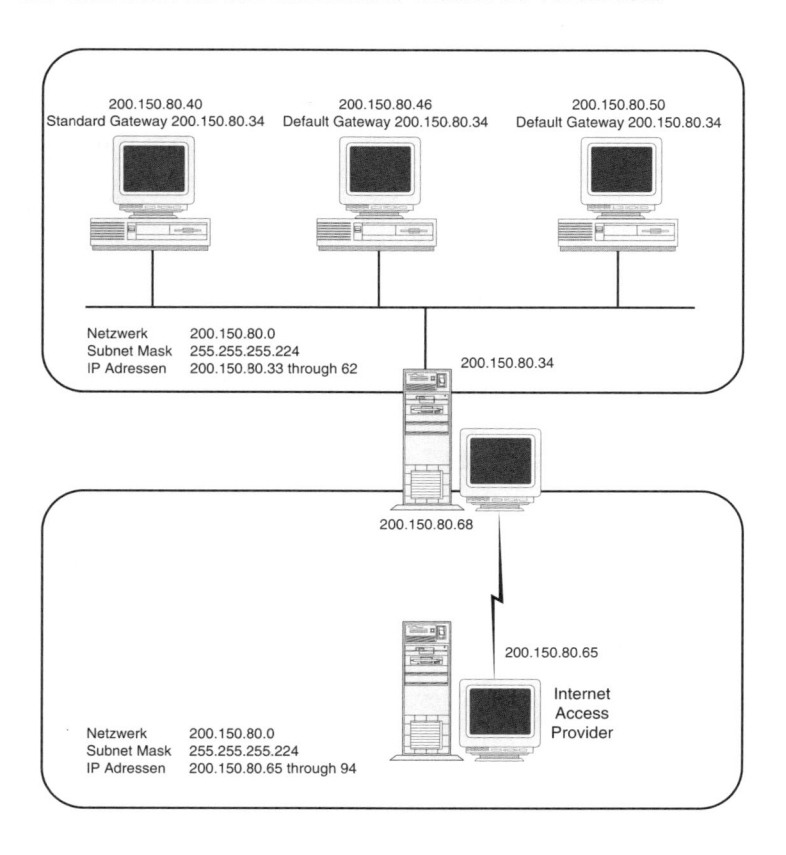

1. Konfigurieren Sie Ihre lokalen TCP/IP-Hosts mit IP-Adressen, die Ihrer Site zugewiesen wurden. Der RAS-Gateway verbindet Ihr lokales Netzwerk über einen Router mit dem Internet, und es ist absolut erforderlich, daß Ihr Netzwerk mit rechtmäßigen IP-Adressen konfiguriert wird.

2. Konfigurieren Sie den Standard-Gateway für alle TCP/IP-Computer mit der IP-Adresse, die der Netzwerkkarte im RAS-Server entspricht.

3. Benutzen Sie auf dem RAS-Server `regedt32`, um den folgenden Schlüssel in die Registrierung einzufügen:

   ```
   \HKEY_LOCAL_MACHINE\System\CurrentControlSet\Ser-
   vices\RasArp\Parameters
   ```

   Der Wert lautet wie folgt

   - ▶ Name: DisableOtherSrcPackets
   - ▶ Data Type: REG_DWORD
   - ▶ Value: 0

   Dieser Wert stellt sicher, daß die Pakete, die durch den RAS-Server geroutet werden, die IP-Adressen des Client behalten, von dem die Pakete stammen.

4. Prüfen Sie im Dialogfeld NETZWERK die TCP/IP-Eigenschaften, um sicherzustellen, daß das Routing aktiviert ist.

5. Beziehen Sie die IP-Adresse von Ihrem Internet-Standard-Router oder von Ihrem Internet-Provider. Fügen Sie eine statische Route zur Routing-Tabelle des RAS-Gateway hinzu, die den Router als Standard-Gateway für den RAS-Server definiert. Der Befehl dazu sieht ungefähr wie folgt aus:

   ```
   route -p add 0.0.0.0 mask 0.0.0.0 ipaddress
   ```

6. Richten Sie auf dem Gateway-RAS-Server einen Telefonbucheintrag für Ihren Internet-Provider ein. Wenn Sie über diesen Telefonbucheintrag eine Verbindung zu Ihrem Internet-Provider aufnehmen, wird der RAS-Server als Internet-Gateway eingerichtet.

18.9 Einen RAS-Server konfigurieren

Nachdem RAS bereits installiert ist, ist es nur eine Frage der Konfiguration, den Computer zum RAS-Server zu machen. Sie brauchen die Konfiguration nur an drei Stellen zu verändern.

- ▶ RAS-SETUP. Sie müssen den Anschluß so einrichten, daß Anrufe empfangen werden können, und die Netzwerkeinstellungen für eingehende Verbindungen einrichten.

- ▶ BENUTZER-MANAGER FÜR DOMÄNEN. Diese Veränderung ist optional. Sie können die Einwählerlaubnis jedoch über den Benutzer-Manager für Domänen erteilen.

- ▶ RAS-VERWALTUNG. Sie benutzen die RAS-Verwaltung, um den RAS-Dienst (bis zu einem gewissen Grad) zu konfigurieren und zu überwachen.

18.9.1 RAS-Setup

Als erstes müssen Sie das Dialogfeld RAS-SETUP öffnen, um die Verwendung der Anschlüsse zu konfigurieren. Gehen Sie dazu wie folgt vor:

1. Öffnen Sie das Dialogfeld NETZWERK, und aktivieren Sie die Registerkarte DIENSTE.

2. Klicken Sie im Listenfeld auf den Eintrag RAS-DIENST (REMOTE ACCESS SERVICE), und wählen Sie die Schaltfläche EIGENSCHAFTEN.

3. Wählen Sie im Dialogfeld RAS-SETUP den Anschluß (oder die Anschlüsse), den Sie als Einwählanschluß benutzen möchten, und klicken Sie auf die Schaltfläche KONFIGURIEREN.

4. Wählen Sie im Dialogfeld ANSCHLUSSVERWENDUNG KONFIGURIEREN entweder das Optionsfeld NUR EINGEHENDE ANRUFE oder EIN- UND AUSGEHENDE ANRUFE.

5. Klicken Sie auf OK, um das Dialogfeld ANSCHLUSSVERWENDUNG KONFIGURIEREN zu schließen.

Nun müssen Sie noch die Art und Weise konfigurieren, in der das Netzwerk mit den Computern zusammenarbeitet, die sich einwählen. Das geschieht im Dialogfeld NETZWERKKONFIGURATION (siehe Bild 18.42).

Abbildung 18.42

Das Dialogfeld Netzwerkkonfiguration

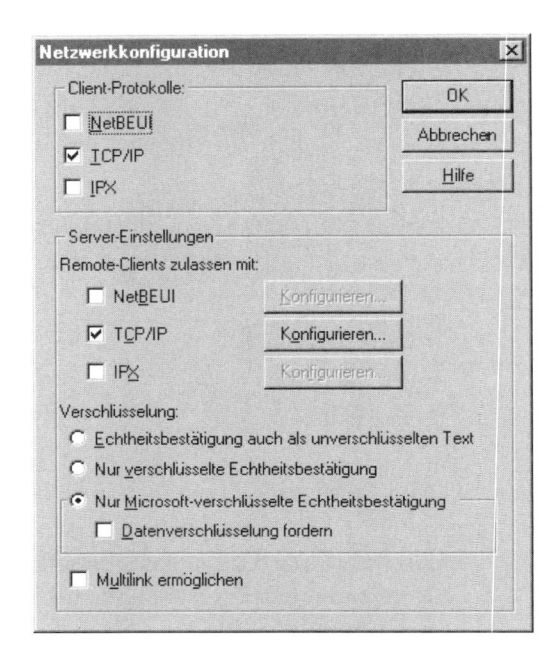

Sie müssen die folgenden Elemente einrichten:

▶ NETZWERK-PROTOKOLLE. Dies sind die Protokolle, über die sich Benutzer einwählen können. Jedes Protokoll, das Sie benutzen möchten, muß auf Ihrem Computer installiert sein. Der RAS-Dienst muß an dieses Protokoll gebunden werden können.

▶ VERSCHLÜSSELUNG. Alle Einstellungen zur Verschlüsselung, die Sie wählen, müssen auch vom Client am anderen Ende unterstützt werden.

Netzwerkprotokolle

Weil die Verschlüsselungseinstellungen bereits im vorhergehenden Abschnitt dieses Kapitels besprochen wurden, konzentriert sich dieser Abschnitt auf die Netzwerkprotokolle. Zur Einwahl stehen die drei Protokolle NetBEUI, NWLINK und TCP/IP zur

Verfügung. Es mag Ihnen nutzlos vorkommen, über die Einstellungen für NetBEUI oder für NWLINK zu sprechen, aber jedes dieser Protokolle kann benutzt werden, um eine Verbindung zu einem TCP/IP-Netzwerk herzustellen. Später in diesem Kapitel wird der NetBIOS-Gateway besprochen, der es NetBEUI- und NWLINK-Clients ermöglicht, sich in ein Netzwerk einzuwählen, das unter TCP/IP betrieben wird, und dessen Dienste zu benutzen (letzteres gilt nur für NetBIOS).

Die Konfiguration von NetBEUI und NWLINK ist sehr einfach und wird in diesem Kapitel nicht beschrieben. Wenn Sie wissen, wie man TCP/IP auf dem Einwähl-Server konfiguriert, können Sie auch mit den beiden anderen Protokollen richtig umgehen.

Die Konfiguration für TCP/IP ist ziemlich einfach. Nachdem Sie TCP/IP als Protokoll gewählt haben, klicken Sie auf die Schaltfläche KONFIGURIEREN in der rechten Hälfte des Dialogfelds. Es öffnet sich das Dialogfeld RAS-SERVER TCP/IP-KONFIGURATION (siehe Bild 18.43). In diesem Dialogfeld stehen die folgenden Optionen zur Verfügung:

Abbildung 18.43

Das Dialogfeld RAS-Server TCP/IP-Konfiguration

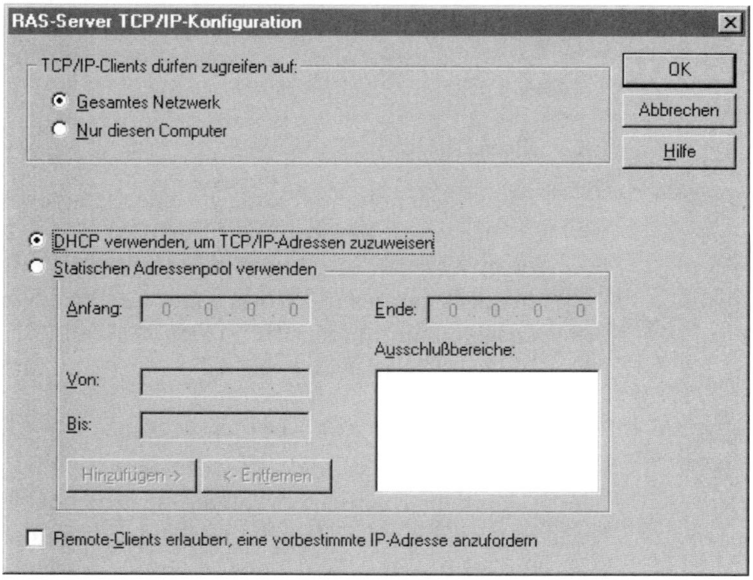

- ▶ TCP/IP-CLIENTS DÜRFEN ZUGREIFEN AUF. Hier gibt es zwei mögliche Optionen:
  - ▶ GESAMTES NETZWERK
  - ▶ NUR DIESEN COMPUTER

- ▶ DHCP VERWENDEN, UM TCP/IP-ADRESSEN ZUZUWEISEN. Diese Option teilt dem Einwähl-Server mit, die TCP/IP-Adressen dem Remote-Client über den DHCP-Server zuzuweisen und zu konfigurieren. Im DHCP-Server sind diese Leases durch kleine Telefone gekennzeichnet.

- ▶ STATISTISCHEN ADRESSENPOOL VERWENDEN. Diese Option bietet Ihnen die Möglichkeit, einen Adreßbereich auszuwählen, der nur für die TCP/IP-Clients verwendet wird. Die Optionen gleichen denen, die Sie vom Einrichten der DHCP-Bereiche her kennen.

- ▶ REMOTE-CLIENTS ERLAUBEN, EINE VORBESTIMMTE IP-ADRESSE ANZUFORDERN. Diese Option ist in einigen Umgebungen nützlich, in denen die IP-Adresse als Sicherheitsstufe benutzt wird. Der Einwähl-Server muß sich dann aber im Teilnetzwerk des Benutzers befinden.

NetBIOS-Gateway

Wie Sie schon viele Male gesehen haben, basiert das Netzwerkkonzept von Microsoft auf NetBIOS. Das bedeutet, daß die Einwähl-Clients ursprünglich ebenfalls auf NetBIOS basierten – sowohl Windows für Workgroups und Windows NT-3.1-Clients arbeiten nur mit NetBIOS. Der RAS 1.1a für DOS basiert ebenfalls auf NetBIOS.

Wenn Sie den Einwähldienst benutzen möchten, um Verbindung zu allen Netzwerk-Ressourcen aufzunehmen, kann dies offensichtlich erhebliche Probleme verursachen. NetBIOS kann nicht geroutet werden. Um diesen Nachteil zu übergehen, entwickelte Microsoft den NetBIOS-Gateway.

Der Gateway nimmt im wesentlichen einen SMB (Server Message Block) über die Nicht-TCP/IP-Einwählverbindung an, und befördert diesen mit TCP/IP an den korrekten Server.

hinweis Denken Sie daran, daß Sie für TCP/IP-Dienstprogramme Win-Sock benutzen müssen. Wenn es keine Winsock-Schicht gibt, funktionieren diese Dienstprogramme nicht. Deshalb können Sie keine Daten über einen Router an andere Netzwerke weiterleiten und auch keine Verbindung mit einem Unix- oder IPX/SPX-Host aufnehmen. Dafür müssen Sie die Verbindung über ein passendes Protokoll erstellen.

18.9.2 Die RAS-Verwaltung

Nachdem das System konfiguriert ist, können Sie die RAS-Verwaltung einsetzen, um den RAS-Server zu konfigurieren und zu überwachen (siehe Bild 18.44). Dieses Programm ist in der Programmgruppe VERWALTUNG des START-Menüs enthalten.

Abbildung 18.44

Die RAS-Verwaltung

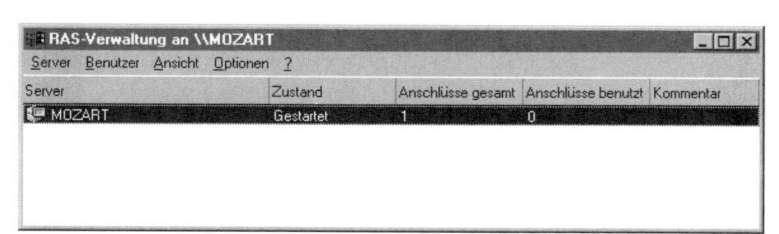

Im Menü SERVER finden Sie verschiedene Grundfunktionen, wie z.B. die folgenden beiden:

▶ DFÜ-ANSCHLÜSSE. Es öffnet sich das Dialogfeld DFÜ-ANSCHLÜSSE, über das Sie den Anschlußstatus für jeden Anschluß einsehen können (siehe die Bilder 18.45 und 18.46).

Abbildung 18.45

Das Dialogfeld DFÜ-Anschlüsse

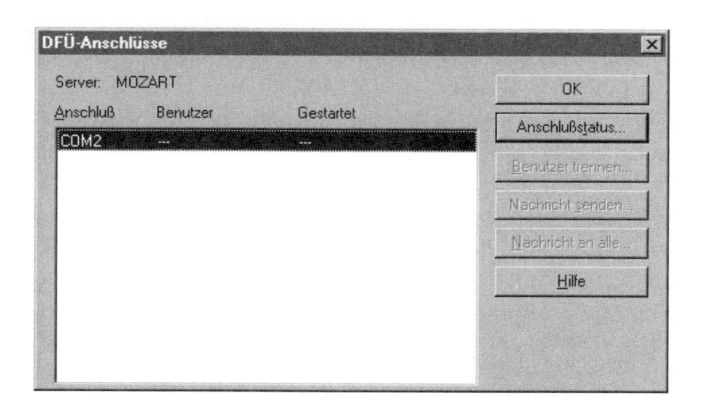

Abbildung 18.46

Das Dialogfeld Anschlußstatus

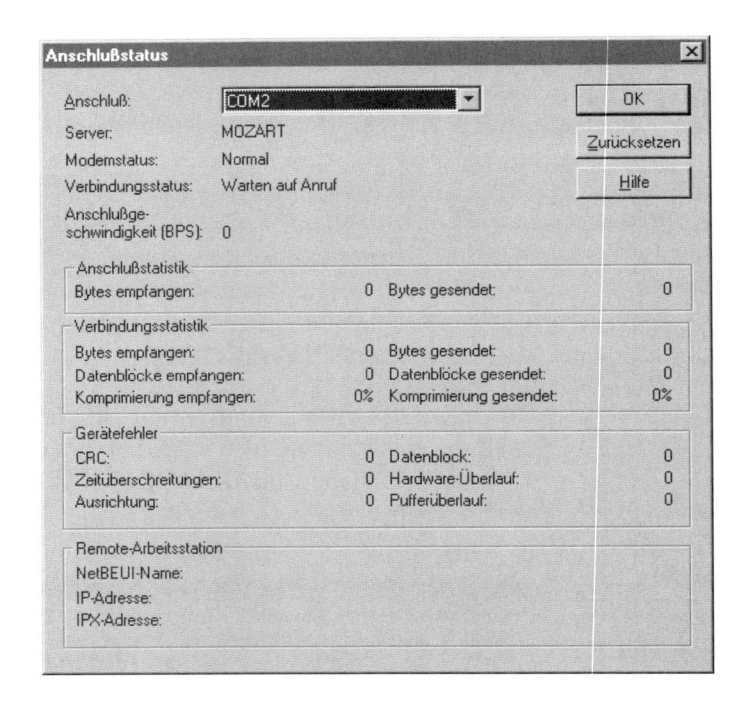

▶ DOMÄNE ODER SERVER WÄHLEN. Diese Option befähigt Sie, die Verwaltung anderer Server über einen Computer durchzuführen. Im Dialogfeld DOMÄNE AUSWÄHLEN können Sie einen Computer- oder einen Domänennamen angeben (siehe Bild 18.47).

Abbildung 18.47

Das Dialogfeld Domäne auswählen

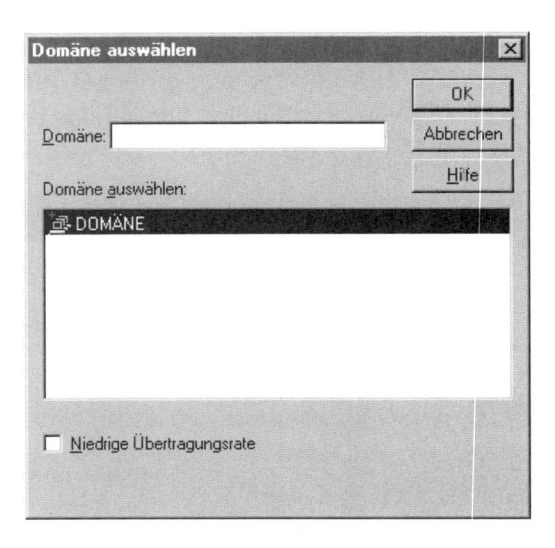

Sie müssen Benutzern außerdem die Einwählerlaubnis zuteilen. Das geschieht über den Menübefehl REMOTE-ZUGRIFFSBERECHTIGUNGEN im Menü BENUTZER (siehe Bild 18.48).

Abbildung 18.48

Berechtigungen für den Remote-Zugriff zuweisen

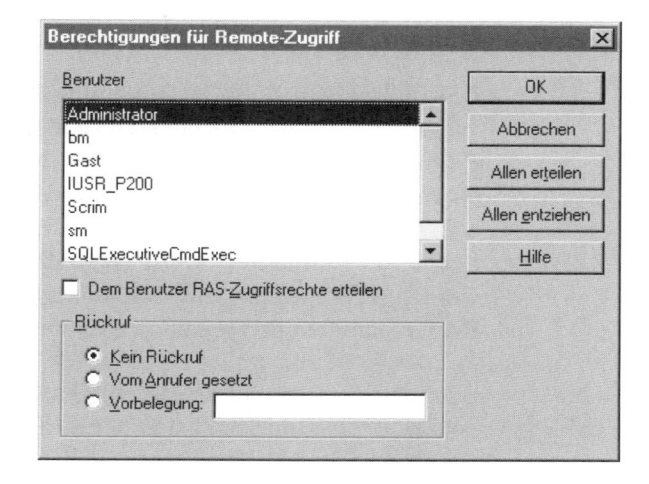

In diesem Dialogfeld können Sie einen Benutzer auswählen und ihm über das gleichnamige Kontrollkästchen RAS-Zugriffsrechte erteilen.

Wenn ein Benutzer RAS-Zugriffsrechte hat, sollten Sie die Rückrufeinstellungen berücksichtigen. Diese wurden bereits beschrieben.

18.10 Das PPTP (Point-to-Point Tunneling Protocol) verwenden

Mit RAS können Sie einen Einwähl-Server erstellen, auf den Clients aus der ganzen Welt zugreifen können. Der RAS-Dienst funktioniert gut und bietet ein hohes Sicherheitsniveau. Was könnten Sie sich mehr wünschen?

Zunächst einmal geringere Kosten. Wenn sich zahlreiche Benutzer über RAS einwählen, fallen Ferngesprächsgebühren an. Wenn Ihr Netzwerk mit dem Internet verbunden ist, können Benutzer darauf auch über das Internet zugreifen. Sie brauchen sich dann nur zum Ortstarif bei Ihrem Internet-Provider einzuwählen, der in den USA z.B. kostenlos ist. Das ist angenehm und preisgünstig!

Leider ist das Internet nicht sehr sicher. Der größte Teil des Datenverkehrs wird nicht verschlüsselt und daher anfällig für Kriminelle. Sensible Daten sollten deshalb immer vor dem Versand über das Internet gesichert werden. RAS bot diese Funktion jedoch anfangs noch nicht an.

Das PPTP (Point-to-Point Tunneling Protocol) ist in Windows NT 4 neu. Es benutzt Tunnels, durch die Pakete eines Protokolls über Netzwerke transportiert werden können, die mit einem anderen Protokoll betrieben werden. NWLink-Pakete z.B. können in IP-Paketen gekapselt werden. Dadurch können IPX-Pakete durch die TCP/IP-Welt des Internet transportiert werden. PPTP arbeitet mit der Verschlüsselungsfunktion von RAS zusammen und bietet so zusätzliche Vorteile.

Betrachten Sie die folgenden beiden Szenarien für den Einsatz von PPTP. In Bild 18.49 sind der RAS-Client und der RAS-Server direkt mit dem Internet verbunden. Ein PPTP-Tunnel zwischen dem Client und dem Server sorgt für einen sicheren Kommunikationskanal zwischen den beiden. Dank PPTP können der Client und der Server über das Internet verbunden werden, ohne daß der Client sich in den RAS-Server direkt einwählen muß. RAS verschlüsselt den Datenverkehr zwischen dem Client und dem Server während der Kommunikation, wodurch die Kommunikation abgesichert wird.

Abbildung 18.49

Ein Client und ein Server kommunizieren mit PPTP über das Internet

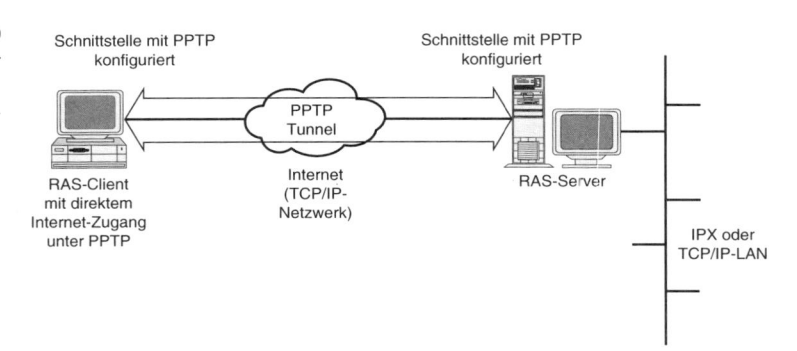

Ein umfangreicheres Beispiel sehen Sie in Bild 18.50. Der RAS-Server ist mit einem LAN verbunden, das unter NWLink betrieben wird. Dadurch, daß ein PPTP-Tunnel durch das Internet eingerichtet wird, kann der Client eine Verbindung zum NWLink-Netzwerk aufnehmen, obwohl er über das TCP/IP-Internet kommuniziert. Das geschieht, indem die NWLink-Protokolle zusam-

Das PPTP (Point-to-Point Tunneling Protocol) verwenden

men mit PPTP auf dem Client geladen werden. Der Client wählt sich in das Internet ein und eröffnet einen PPTP-Tunnel mit dem RAS-Server. Die NWLink-Pakete werden für den Versand über das Internet in PPP-Pakete gekapselt. Der RAS-Server entkapselt die PPP-Pakete, um die NWLink-Nachrichten wiederherzustellen, die an das LAN weitergeleitet werden.

Abbildung 18.50

PPTP benutzen, um mit einem NWLink-Netzwerk zu kommunizieren

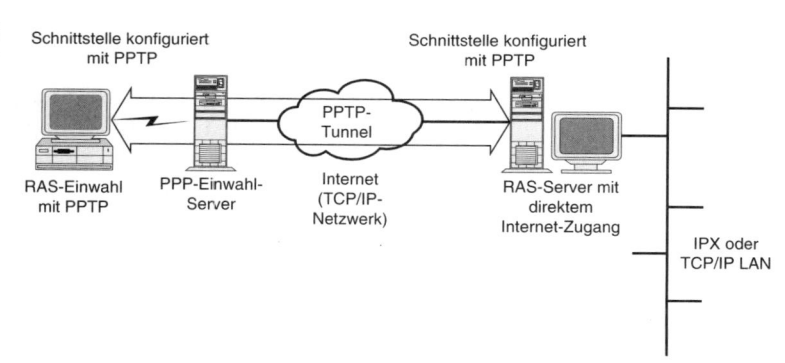

Microsoft bezeichnet PPTP-Tunnels als VPNs (Virtual Private Networks), weil sie ein logisches privates Netzwerk einrichten, das über eine öffentliche Netzwerkinfrastruktur abläuft.

Die Konfiguration von PPTP ist nicht schwierig. Die folgenden Abschnitte zeigen, wie die Unterstützung für PPTP auf dem RAS-Server und dem Client eingerichtet wird.

18.10.1 PPTP konfigurieren

PPTP wird nur unterstützt, wenn es aktiviert wird. Gehen Sie wie folgt vor, um das Protokoll zu aktivieren:

1. Öffnen Sie das Dialogfeld NETZWERK, um das POINT TO POINT TUNNELING-PROTOKOLL (PPTP) über die Registerkarte PROTOKOLLE zu installieren.

2. Nachdem das Protokoll von der Installations-CD kopiert wurde, erscheint das Dialogfeld PPTP-KONFIGURATION (siehe Bild 18.51). Die Anzahl der virtuellen, privaten Netzwerke legt die Anzahl der unterstützten PPTP-Verbindungen fest. Im Beispiel werden zwei VPNs eingerichtet.

3. Als nächstes wird das RAS-Setup gestartet, in dem Sie virtuelle Anschlüsse hinzufügen, die die VPNs unterstützen, die Sie einrichten wollen.

Kapitel 18 RAS und TCP/IP

Abbildung 18.51

Das Dialogfeld PPTP-Konfiguration

4. Wählen Sie die Schaltfläche HINZUFÜGEN, um das Dialogfeld RAS-GERÄT HINZUFÜGEN zu öffnen. Dieses enthält das Listenfeld RAS-FÄHIGE GERÄTE, das die virtuellen Anschlüsse enthält, die in Schritt 2 eingerichtet wurden. Wählen Sie einen Eintrag aus (wie z.B. VPN1 – RASPPTPM), und klicken Sie auf OK.

Abbildung 18.52

VPN-Anschlüsse hinzufügen

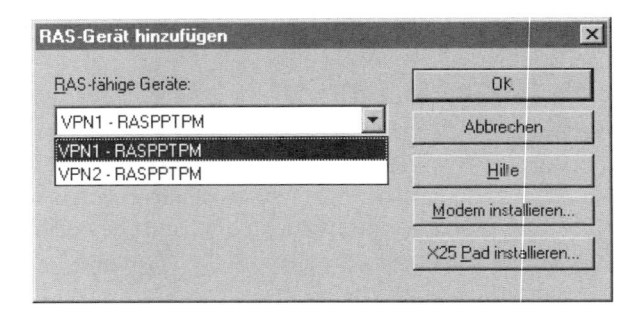

5. Markieren Sie im Dialogfeld RAS-SETUP nacheinander jeden neuen Eintrag, und wählen Sie die Schaltfläche KONFIGURIEREN, um das Dialogfeld ANSCHLUSSVERWENDUNG KONFIGURIEREN zu öffnen. Wählen Sie eine der folgenden Optionen, um zu definieren, wie der Anschluß verwendet wird: NUR AUSGEHENDE ANRUFE, NUR EINGEHENDE ANRUFE und EIN- UND AUSGEHENDE ANRUFE.

▶ Für einen PPTP-Client muß mindestens ein VPN-Anschluß konfiguriert werden, um ausgehende Anrufe zu ermöglichen.

▶ Für einen PPTP-Server muß mindestens ein VPN-Anschluß konfiguriert werden, um eingehende Anrufe zu ermöglichen.

6. Wiederholen Sie die Schritte 4 und 5 für jedes VPN-Gerät, das Sie hinzufügen möchten. Bild 18.53 zeigt das Dialogfeld RAS-SETUP, nachdem beide VPNs hinzugefügt wurden.

Abbildung 18.53

Das Dialogfeld RAS-Setup, nachdem beide VPNs hinzugefügt wurden

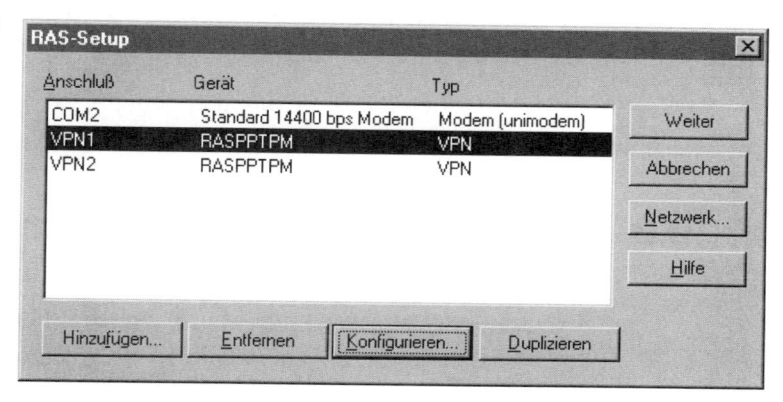

Anschluß	Gerät	Typ
COM2	Standard 14400 bps Modem	Modem (unimodem)
VPN1	RASPPTPM	VPN
VPN2	RASPPTPM	VPN

7. Wählen Sie die Schaltfläche WEITER, nachdem alle virtuellen Geräte hinzugefügt wurden.

8. Wählen Sie die Schaltfläche SCHLIESSEN, nachdem Sie zur Registerkarte PROTOKOLLE zurückgekehrt sind.

9. Starten Sie den Computer neu.

18.10.2 PPTP-Filterung aktivieren

Nachdem PPTP installiert wurde, unterstützt der RAS-Server sowohl PPTP- als auch Nicht-PPTP-Verbindungen. Letztere stellen eine Sicherheitslücke dar. Wenn Sie möchten, können Sie die PPTP-Filterung aktivieren, durch die die Unterstützung für sämtlichen Netzwerkverkehr außer PPTP deaktiviert wird. Gehen Sie dazu wie folgt vor:

1. Wählen Sie die Registerkarte PROTOKOLLE im Dialogfeld NETZWERK.

2. Wählen Sie das Protokoll TCP/IP und anschließend die Schaltfläche EIGENSCHAFTEN.

3. Wählen Sie die Registerkarte IP-ADRESSE.

4. Wählen Sie eine Netzwerkkarte, für die Sie die PPTP-Filterung aktivieren möchten.

5. Klicken Sie auf die Schaltfläche OPTIONEN.

6. Klicken Sie auf das Kontrollkästchen PPTP-FILTERUNG AKTIVIEREN.

7. Wiederholen Sie die Schritte 4 bis 6 für jede Netzwerkkarte, die die PPTP-Filterung unterstützen soll.

8. Starten Sie den Computer neu, um die Veränderungen zu aktivieren.

18.10.3 PPTP-Anschlüsse überwachen

PPTP-Anschlüsse können Sie über die RAS-Verwaltung überwachen. Wählen Sie dazu den Menübefehl DFÜ-ANSCHLÜSSE im Menü SERVER. Wie in Bild 18.54 gezeigt, werden die VPN-Anschlüsse gemeinsam mit den Modemanschlüssen aufgeführt und können auch auf die gleiche Weise verwaltet werden. Es werden jedoch nur die Anschlüsse aufgeführt, die Anrufe empfangen können. Anschlüsse für ausgehende Anrufe werden nicht aufgelistet.

Abbildung 18.54

Das Dialgofeld DFÜ-Anschlüsse enthält Modem- und VPN-Anschlüsse

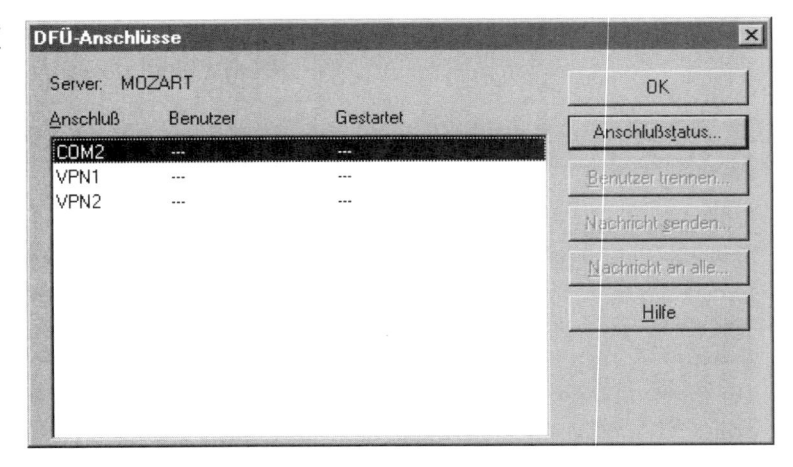

18.10.4 Unterstützung für PPTP auf dem Client installieren

Wenn sich ein Client in das Internet einwählt, wird der PPTP-Tunnel zum RAS-Server über die folgenden beiden Schritte eingerichtet:

> ► Der Client richtet ein DFÜ-Netzwerk zum Internet über einen Internet-Provider ein.

> ► Der Client richtet eine PPTP-Verbindung zum RAS-Server ein.

Wenn ein Client direkt mit dem Internet verbunden ist, ist es nicht nötig, ein DFÜ-Netzwerk einzurichten. Die Prozedur, mit der die Verbindung zum RAS-Server gestartet wird, bleibt jedoch gleich.

Um eine PPTP-Verbindung einzurichten, müssen Sie einen speziellen Telefonbucheintrag im DFÜ-Netzwerk einrichten. Dieser Eintrag, für den Sie in Bild 18.55 ein Beispiel sehen, hat zwei Unterscheidungsmerkmale gegenüber herkömmlichen Telefonbucheinträgen:

Abbildung 18.55

Die PPTP-Verbindung des Clients

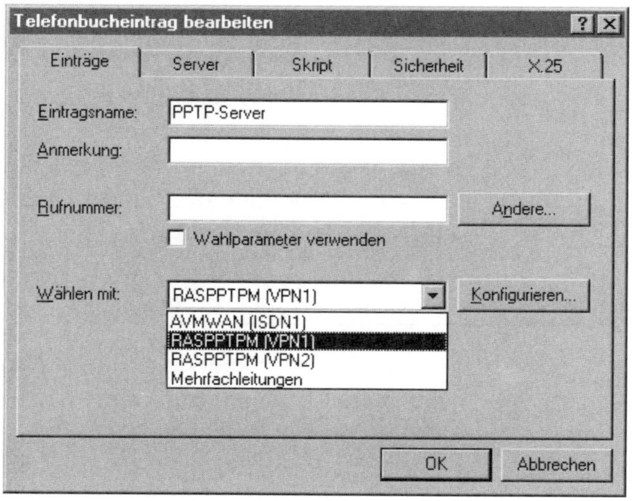

- Das Dialogfeld WÄHLEN MIT wird mit einem der VPN-Geräte konfiguriert, die bei der Installation von PPTP zur RAS-Konfiguration hinzugefügt wurden. In Bild 18.55 wurde das Listenfeld geöffnet, um die verfügbaren Anschlüsse zu zeigen. VPNs erscheinen in dieser Liste nur dann, wenn sie mit einem ausgehenden Anschluß konfiguriert wurden.

- Das Feld RUFNUMMER wird mit dem DNS-Namen oder der IP-Adresse des PPTP-Servers vervollständigt.

Gehen Sie wie folgt vor, um ein DFÜ-Netzwerk für PPTP zu erstellen:

1. Wählen Sie den Telefonbucheintrag, der Sie mit Ihrem Internet-Provider verbindet.

2. Nachdem eine Verbindung zum Internet eingerichtet wurde, starten Sie den Telefonbucheintrag, der eine Verbindung zum PPTP-Tunnel über einen DNS-Host-Namen oder die IP-Adresse einrichtet.

Wenn der Client direkt mit dem Internet verbunden ist, muß nur der Eintrag gestartet werden, der den PPTP-Tunnel erstellt.

Übungen

In der ersten Übung installieren Sie den RAS-Dienst. Wenn Sie das bereits getan haben, können Sie direkt zu Übung 18.2 übergehen. Wenn Sie kein Modem besitzen, können Sie die Schritt-für-Schritt-Anleitung in Übung 18.1 ausführen, mit der ein »falsches« Modem installiert wird.

Übung 18.1: Ein Null-Modem installieren

In dieser Übung installieren Sie ein Null-Modem, mit dem Sie die weiteren Übungen auch dann nachvollziehen können, wenn Sie kein Modem besitzen.

1. Öffnen Sie die Systemsteuerung, und klicken Sie doppelt auf das Symbol MODEMS.

2. Klicken Sie im Dialogfeld EIGENSCHAFTEN VON MODEM auf die Schaltfläche HINZUFÜGEN, um den Assistenten NEUES MODEM INSTALLIEREN zu öffnen.

3. Wählen Sie das Kontrollkästchen MODEM AUSWÄHLEN (KEINE AUTOMATISCHE ERKENNUNG), und klicken Sie dann auf die Schaltfläche WEITER.

4. Es öffnet sich nun die Liste der verschiedenen Modemtypen. Wählen Sie im Listenfeld HERSTELLER den Eintrag (STANDARD-MODEMTYPEN) und im Listenfeld MODELLE den Eintrag DFÜ-NETZWERK MIT SERIELLEM KABEL ZWISCHEN 2 PCS. Klicken Sie anschließend auf die Schaltfläche WEITER.

5. Wählen Sie im nächsten Dialogfeld die Option ALLE ANSCHLÜSSE, und klicken Sie dann auf die Schaltfläche WEITER. Wenn das nächste Dialogfeld erscheint, wählen Sie die Schaltfläche FERTIGSTELLEN.

6. Klicken Sie auf SCHLIESSEN, um den Assistenten NEUES MODEM INSTALLIEREN zu schließen.

Übung 18.2: Den RAS-Dienst installieren

In dieser Übung werden Sie den RAS-Dienst installieren. Wenn Sie dies bereits getan haben, können Sie zu Übung 18.3 übergehen.

1. Öffnen Sie das Dialogfeld NETZWERK, wählen Sie die Registerkarte DIENSTE, und klicken Sie auf die Schaltfläche HINZUFÜGEN.

2. Wählen Sie aus der Liste NETZWERKDIENST den Eintrag RAS-DIENST (REMOTE ACCESS SERVICE), und klicken Sie anschließend auf OK. Geben Sie im nächsten Dialogfeld den Pfad zu den Quelldateien an, und klicken Sie auf OK.

3. Wählen Sie im Dialogfeld NETZWERK die Schaltfläche OK. Wählen Sie im Dialogfeld RAS-SETUP das Null-Modem oder das bereits installierte Modem, wenn Sie dazu aufgefordert werden.

4. Wählen Sie im Dialogfeld RAS-SETUP die Schaltfläche KONFIGURIEREN. Wählen Sie im Dialogfeld ANSCHLUSSVERWENDUNG KONFIGURIEREN die Option NUR AUSGEHENDE ANRUFE, und klicken Sie anschließend auf OK, um wieder zum Dialogfeld RAS-SETUP zurückzukehren.

5. Klicken Sie auf die Schaltfläche WEITER.

6. Starten Sie Ihren Computer neu, wenn Sie dazu aufgefordert werden.

Übung 18.3: Einen Telefonbucheintrag erstellen

Sie werden nun einen neuen Telefonbucheintrag erstellen. Sie erhalten in der Übung alle benötigten Informationen.

1. Öffnen Sie das Symbol ARBEITSPLATZ auf dem Desktop, und klicken Sie doppelt auf das Symbol DFÜ-NETZWERK.

2. Da Sie das DFÜ-Netzkwerk erstmals starten, werden Sie darüber informiert, daß das Telefonbuch leer ist, und gefragt, ob Sie einen neuen Eintrag hinzufügen möchten.

> **hinweis** Wenn Sie das DFÜ-Netzwerk bereits benutzt haben, können Sie auf die Schaltfläche NEU klicken, und befinden sich anschließend an der gleichen Stelle.

3. Geben Sie als Name `Testeintrag Nummer 1` ein, und klicken Sie auf die Schaltfläche WEITER.

4. Wählen Sie die Kontrollkästchen eins (Verbindung zum Internet) und drei (der Nicht-Windows NT-Server). Klicken Sie dann auf die Schaltfläche WEITER.

5. Geben Sie `010-555-3840` als Rufnummer ein, und klicken Sie auf die Schaltfläche WEITER.

6. Wählen Sie als Typ des DFÜ-Servers PPP, und klicken Sie auf die Schaltfläche WEITER.

7. Wählen Sie im nächsten Dialogfeld die Option TERMINALFENSTER VERWENDEN, und klicken Sie auf die Schaltfläche WEITER.

8. Angenommen, der Server liefert Ihnen eine Adresse, klicken Sie auf die Schaltfläche WEITER.

9. Geben Sie als DNS-Server die Adresse `148.53.66.7` ein, und klicken Sie auf die Schaltfläche WEITER.

10. Nun haben Sie alle Informationen angegeben und können auf die Schaltfläche FERTIGSTELLEN klicken.

Übung 18.4: Einen Telefonbucheintrag bearbeiten

In dieser Übung werden Sie einen Telefonbucheintrag bearbeiten und Ihren persönlichen Präferenzen anpassen.

1. Wählen Sie die Schaltfläche WEITERES und den Menübefehl VERKNÜPFUNG ZU EINTRAG ERSTELLEN, um eine Verknüpfung zum neuen Eintrag einzurichten.

2. Akzeptieren Sie den Standard-Namen (Testeintrag Nummer 1.mk).

3. Schließen Sie das Dialogfeld DFÜ-NETZWERK.

4. Klicken Sie auf dem Desktop mit der rechten Maustaste auf das Symbol des Telefonbucheintrags, und wählen Sie den Menübefehl EINTRAG- UND MODEMEINSTELLUNGEN BEARBEITEN aus dem Kontextmenü aus.

5. Fügen Sie die Rufnummern 010-555-9930 und 010-555-6110 als Alternativen hinzu. Klicken Sie dazu im Dialogfeld TELEFONBUCHEINTRAG BEARBEITEN auf die Schaltfläche ANDERE, geben Sie im Dialogfeld TELEFONNUMMERN die gewünschte Rufnummer ein und wählen die Schaltfläche HINZUFÜGEN. Wiederholen Sie die Eingabe im Dialogfeld TELEFONNUMMERN für die zweite Rufnummer.

6. Klicken Sie auf OK, um die Änderungen zu speichern.

7. Sie haben nun ein Skript erzeugt und möchten dieses gerne nutzen. Klicken Sie dazu mit der rechten Maustaste auf das Symbol des DFÜ-Netzwerks auf dem Desktop, und wählen Sie den Menübefehl EINTRAG UND MODEMEINSTELLUNGEN BEARBEITEN aus.

8. Wählen Sie die Registerkarte SKRIPT, und klicken Sie auf die Option DIESES SKRIPT AUSFÜHREN.

9. Wählen Sie aus der Drop-down-Liste den Eintrag C:\WINNT\SYSTEM32\RAS\PPPMENU.SCP.

10. Klicken Sie auf die Registerkarte SERVER, um die Software-Komprimierung zu aktivieren.

11. Klicken Sie auf OK, um die Änderungen zu speichern.

Übung 18.5: Einen RAS-Server konfigurieren

In dieser Übung konfigurieren Sie den RAS-Dienst so, daß er als RAS-Server eingesetzt werden kann. Andere Benutzer können sich nun über eine Telefonverbindung in Ihren Computer einwählen.

1. Öffnen Sie das Dialogfeld NETZWERK, und wählen Sie die Registerkarte DIENSTE.

2. Klicken Sie auf den Eintrag RAS-DIENST und anschließend auf die Schaltfläche EIGENSCHAFTEN.

3. Wählen Sie im Dialogfeld RAS-SETUP, das sich nun öffnet, den Eintrag DFÜ-NETZWERK MIT SERIELLEM KABEL oder das Modem, mit dem Sie arbeiten, und wählen Sie anschließend die Schaltfläche KONFIGURIEREN.

4. Aktivieren Sie das Optionsfeld EIN- UND AUSGEHENDE ANRUFE, und klicken Sie anschließend auf OK, um das Dialogfeld zu schließen.

5. Klicken Sie auf die Schaltfläche NETZWERK, und stellen Sie sicher, daß TCP/IP mit den Server-Einstellungen konfiguriert ist.

6. Klicken Sie auf die Schaltfläche KONFIGURIEREN neben dem Kontrollkästchen TCP/IP DER SERVER-EINSTELLUNGEN, und wählen Sie das Optionsfeld STATISCHEN ADRESSENPOOL VERWENDEN.

7. Geben Sie die Adresse 148.53.90.0 als ANFANG und die Adresse 148.53.90.255 als ENDE ein. Klicken Sie anschließend auf OK, um das Dialogfeld RAS-SERVER TCP/IP-KONFIGURATION, und noch einmal auf OK, um das Dialogfeld NETZWERKKONFIGURATION zu schließen.

8. Klicken Sie im Dialogfeld RAS-SETUP auf die Schaltfläche WEITER, um zum Dialogfeld NETZWERK zurückzukehren. Klicken Sie in diesem auf die Schaltfläche SCHLIESSEN.

9. Nun müssen Sie Ihren Computer neu starten.

Übung 18.6: Benutzerrechte zuweisen

Nun werden Sie Ihren Benutzern Rechte zuweisen und die RAS-Verwaltung noch einmal benutzen.

1. Starten Sie den Benutzer-Manager für Domänen.

2. Wählen Sie den Menübefehl NEUER BENUTZER im Menü BENUTZER, und geben Sie die folgenden Informationen ein:

BENUTZERNAME	Bilbo
VOLLSTÄNDIGER NAME	Bilbo Baggins
BESCHREIBUNG	Hobbit (klein mit pelzigen Füßen)
KENNWORT	Leer

3. Klicken Sie auf das Symbol RAS, und aktivieren Sie das Kontrollkästchen DEM BENUTZER EINWÄHLRECHTE ERTEILEN.

4. Klicken Sie auf OK, um das Dialogfeld EINWÄHLINFORMATION zu schließen. Klicken Sie auf die Schaltfläche HINZUFÜGEN, um den neuen Benutzer hinzuzufügen.

5. Schließen Sie den Benutzer-Manager für Domänen.

6. Öffnen Sie die RAS-Verwaltung in der Programmgruppe VERWALTUNG des START-Menüs.

7. Wählen Sie den Menübefehl REMOTE-ZUGRIFFSBERECHTIGUNGEN. Klicken Sie im Listenfeld BENUTZER auf den Eintrag Bilbo. Hat dieser Benutzer RAS-Zugriffsrechte? (Er sollte sie haben.)

8. Wählen Sie den Benutzer, unter dem Sie sich angemeldet haben. Falls Sie selbst keine RAS-Zugriffsrechte haben, sollten Sie sich diese gewähren.

Zusammenfassung

Die Ära, in der ein Benutzer an einem Einzelplatz-Computer sitzen konnte, gehört längst der Vergangenheit an und das Privileg einiger weniger technischer Benutzer, miteinander zu kommunizieren, ist auf die Allgemeinheit übergegangen. Jedes ernstzunehmende Netzwerkprodukt, das hoffen kann, im Markt bestehen zu können, muß Funktionen für Benutzer bieten, die auf Reisen oder von zu Hause aus auf den Server-Rechner zugreifen möchten. Der RAS-Dienst ist Microsofts Lösung. Wie bereits in der Einführung erwähnt, wurden in diesem Kapitel die Grundlagen von RAS (die Installation und Konfiguration) und die Beziehung zwischen RAS und dem TCP/IP-Protokoll besprochen.

Wiederholungsfragen

1. Welchen Dienst liefert RAS?
2. Wie viele RAS-Verbindungen kann eine Arbeitsstation behandeln? Wie viele ein Server?
3. Welche Einwählprotokolle unterstützt Windows NT?
4. Wenn Benutzer sich in einem Computer einwählen, können sie nur mit diesem Computer kommunizieren?
5. Was sind Mehrfachleitungen?
6. Was ist Rückrufberechtigung? Welche Konfigurationen existieren hier?
7. Welche drei Optionen können Sie für die Verwendung von Anschlüssen einrichten?
8. Welche Netzwerkprotokolle unterstützt der RAS-Server?
9. Kann ein Benutzer, der sich über NetBEUI einwählt, die Dienste eines Remote-Servers nutzen, der über TCP/IP kommuniziert?
10. Was ist der Zweck der Telefon-API?
11. Wo können Sie ein Protokoll aktivieren, das die gesamte Kommunikation zwischen dem Modem und dem Computer aufzeichnet?

Lösungen

12. Kann die Telefon-API so eingerichtet werden, daß das Warten auf Rückruf deaktiviert wird?
13. Welche Sicherheitstypen akzeptiert der RAS-Server?
14. Können Sie zu einem Telefonbucheintrag mehr als eine Rufnummer angeben?
15. Wie wird eine Verknüpfung zu einem Telefonbucheintrag erstellt?
16. Was müssen Sie verändern, um einen anderen DNS für einen Telefonbucheintrag nutzen zu können?
17. Welche Bedingung muß erfüllt sein, bevor Sie eine Rahmengröße von 1006 oder von 1500 Byte wählen können?
18. Wenn Sie sich bei Ihrem Einwähl-Server anmelden müssen und dafür kein Skript erstellt werden kann, was können Sie tun?
19. Wie viele verschiedene Formen kann der DFÜ-Netzwerkmonitor annehmen?
20. Was macht die automatische Wahl für Sie?
21. Welche Ereignisse können bewirken, daß der DFÜ-Netzwerkmonitor einen Klang wiedergibt?
22. Wo können Sie einem Benutzer Benutzerrechte zur Einwahl zuweisen?
23. Woher kommt die IP-Adresse eines Clients?
24. Was ist die Funktion von PPTP?
25. Wie wird PPTP im RAS-Setup angezeigt?

Lösungen

1. Der RAS-Dienst liefert ein DFÜ-Netzwerk für Windows NT Workstation und Server.
2. Wenn Sie mit Windows NT Workstation arbeiten, gibt es eine Beschränkung auf eine eingehende Verbindung. Windows NT Server wurde mit bis zu 256 eingehenden Verbindungen getestet.

3. Windows NT bietet Ihnen die Möglichkeit, sich über PPP (Point-to-Point Protocol) oder SLIP (Serial Line Internet Protocol) einzuwählen. Das DFÜ-Netzwerk unter Windows NT unterstützt nur PPP.

4. Abhängig von der Konfiguration des Protokolls, das Sie zur Einwahl benutzen, können Sie entweder den Computer sehen, in den Sie sich einwählen, oder das gesamte Netzwerk.

5. Multilink ist ein spezielles Protokoll, das es einem Benutzer ermöglicht, mit mehr als einem Modem Verbindung zu einem RAS-Server aufzunehmen. Es sollte erwähnt werden, daß Rückrufberechtigung beim Multilink-Protokoll nicht funktioniert.

6. Rückrufberechtigung veranlaßt den RAS-Server, den Client zurückzurufen. Es gibt drei Formen der Rückrufberechtigung: KEIN RÜCKRUF, VOM ANRUFER FESTGELEGT (der Anrufer kann eine Nummer angeben, unter der er zu erreichen ist) und VORBELEGUNG (der Benutzer muß unter einer bestimmten Telefonnummer zu erreichen sein. Deshalb kann er sich nur von einem bekannten Standort aus einwählen).

7. Ein Anschluß kann für EINGEHENDE ANRUFE, AUSGEHENDE ANRUFE und EIN- UND AUSGEHENDE ANRUFE genutzt werden.

8. Der RAS-Server bietet Ihnen die Möglichkeit, sich über NetBEUI, NWLink und TCP/IP einzuwählen. Diese Protokolle werden im RAS-Setup über die Schaltfläche NETZWERK konfiguriert.

9. Wenn der Server NetBIOS verwendet, kann sich der Benutzer über NetBIOS (oder etwas anderes) einwählen. Der RAS-Server benutzt ein System namens NetBIOS-Gateway, um die AMB-Anforderung über das TCP/IP-Protokoll an den anderen Server zu leiten.

10. Die Telefon-API beitet Ihnen die Möglichkeit, Windows NT mit unterschiedlichen Standorten einzurichten. Sie können den Standort, von dem aus Sie sich einwählen, auswählen, und der Computer weiß, ob es sich um ein Orts- oder ein Ferngespräch handelt, welche Wahlverfahren genutzt werden und ob Sie eine Telekarte benutzen.

11. Diese Funktion wird über das Dialogfeld ERWEITERTE EINSTELLUNGEN FÜR MODEM des Modems aktiviert, mit dem Sie die Kommunikation aufzeichnen möchten.

12. Ja. Die Einstellung KENNZAHL ZUM DEAKTIVIEREN DER WARTEFUNKTION DES STANDORTS wird auf der Registerkarte STANDORTE des Dialogfelds WAHLPARAMETER im Bereich WAHLPARAMETER FÜR DIESEN STANDORT vorgenommen.

13. Der RAS-Server kann so konfiguriert werden, daß er die meisten Arten von Echtheitsbestätigung akzeptiert. Das beinhaltet die Verfahren Reiner Text, MS-CHAP, MD5-CHAP und SPAP.

14. Ja. Über die Schaltfläche ANDERE im Dialogfeld TELEFONBUCHEINTRAG BEARBEITEN können Sie so viele Nummern eingeben, wie Sie wünschen.

15. Über das Dialogfeld DFÜ-NETZWERK wählen Sie den Eintrag und erstellen anschließend über die Schaltfläche WEITERES und den Menübefehl VERKNÜPFUNG ZU EINTRAG ERSTELLEN die Verknüpfung.

16. Diese Konfiguration wird bei den TCP/IP-Einstellungen für den Eintrag auf der Registerkarte SERVER vorgenommen.

17. Sie müssen sich über das Protokoll SLIP in den Server einwählen. Dies ist der einzige Fall, in dem Sie die Rahmengröße wählen können.

18. Sie können den Eintrag so konfigurieren, daß sich ein Terminal-Fenster öffnet, über das Sie bei der Anmeldung den Benutzernamen und das Kennwort eingeben können.

19. Der DFÜ-Netzwerkmonitor kann entweder ein Symbol in der Task-Leiste (neben der Uhr) oder ein Fenster auf Ihrem Bildschirm sein.

20. Die Funktion nimmt automatisch Verbindung zu dem Server auf, mit dem die Verbindung abgebrochen wurde. Sie können Ihr System auch so konfigurieren, daß die Verbindung nach einer bestimmten Zeit automatisch abgebrochen wird, um Telefonkosten zu sparen.

21. Der DFÜ-Netzwerkmonitor kann so konfiguriert werden, daß er einen Klang wiedergibt, wenn eine Verbindung aufgebaut wird, Daten gesendet werden, Daten empfangen werden oder ein Leitungsfehler auftritt.

22. Die Zuweisung kann entweder über den Benutzer-Manager für Domänen oder die RAS-Verwaltung erfolgen.

23. Die IP-Adresse eines Clients stammt von einem DHCP-Server, einem statischen Adressen-Pool, den Sie konfigurieren oder der Client kann die Adresse selbst wählen. Normalerweise stammt die Adresse von einem DHCP-Server.

24. Mit PPTP können Sie es Benutzern ermöglichen, die bereits einen Internet-Provider haben, eine sichere Verbindung zu einem Firmennetzwerk über das Internet herzustellen.

25. PPTP-Verbindungen werden als VPNs oder Virtual Private Networks angezeigt. PPTP befähigt Sie, andere Protokolle für die Übertragung im Netzwerk in PPTP zu kapseln und dadurch einen Tunnel zu bilden.

Kapitel 19
Problembehebung

Zu den Tätigkeiten eines Systemadministrators, die am häufigsten vorkommen, gehört die Behebung von Netzwerkproblemen. Dabei gibt es einige grundlegende Schritte zu beachten. In diesem Kapitel werden die Grundlagen der Problembehebung des TCP/IP-Stapels und die Theorie der Problemlösung besprochen, die von zahlreichen Profis ausgearbeitet wurden.

In diesem Kapitel werden auch einige Besonderheiten besprochen, die bei verschiedenen Dingen und Protokollen schiefgehen können. Es ist selbstverständlich nicht möglich, alle Probleme zu behandeln, die auftreten können. Dieses Kapitel beschränkt sich statt dessen auf die allgemeinen Fehler.

19.1 Die Grundlagen

Wenn Probleme auftreten, sollten Sie natürlich einige ganz grundlegende Dinge prüfen. Wenn Sie bereits in der Industrie tätig waren, sollten Ihnen diese vertraut sein. Die einfachsten Dinge werden häufig zugunsten komplizierterer Antworten übersehen. Das gilt insbesondere dann, wenn Sie mit einem neuen Betriebssystem arbeiten. Wenn Sie auf ein neues Betriebssystem umsteigen, besteht die Tendenz, das Betriebssystem für die auftretenden Probleme verantwortlich zu machen.

19.1.1 Wo liegt das Problem?

Wenn Sie sich mit Problemen befassen, die sich in die Installation eines großen Netzwerks einschleichen können, ist es sehr wichtig, daß Sie herausfinden, wo das Problem liegt. Es ist für Sie und den Benutzer sehr frustrierend, endlos viel Zeit an dessen Arbeitsstation zu verbringen und zu versuchen, ein Problem zu beheben. Bevor Sie sich in die Tiefen der Datenbits begeben, sollten Sie daran denken, daß eine Verbindung immer zwei Enden hat. Unter anderem sollten Sie die folgenden Dinge bedenken:

- ▶ Ist dieser Benutzer der einzige Betroffene? Wenn dies der Fall ist, ist die Arbeitsstation des Benutzers vermutlich das Problem.

- ▶ Funktioniert dieser Dienst bei mehr als einem Benutzer nicht? Wenn dies der Fall ist, sollten Sie nach einer Gemeinsamkeit dieser Benutzer suchen. Es kann z.B. sein, daß sich alle im gleichen Teilnetzwerk befinden oder daß alle das gleiche Netzwerkprotokoll nutzen, während Benutzer, bei denen alles funktioniert, mit einem anderen Netzwerkprotokoll arbeiten?

- ▶ Kann überhaupt ein Benutzer auf den Dienst zugreifen? Falls nicht, sollten Sie das Problem auf dem Server suchen.

Wenn Sie diese Punkte betrachten, können Sie verschiedene Dinge ohne die Hilfe des Benutzers sehr schnell prüfen. Wenn er oder sie der einzige Benutzer mit einem Problem ist, sollte der Benutzer als erstes den Computer neu starten.

Wenn das das Problem nicht löst (häufig ist das aber der Fall), sollten Sie versuchen, über `ping` eine Verbindung zu diesem Benutzer aufzubauen, um festzustellen, ob überhaupt eine Verbindung möglich ist. Kann die Verbindung aufgebaut werden, ist das Zugriffsproblem sehr wahrscheinlich eine beschädigte Anwendung. Es besteht auch die Möglichkeit eines Bedienerproblems.

Wenn das Problem bei mehr als einem Benutzer auftritt, ist es schwerwiegender. Wenn Sie feststellen, daß sich alle betroffenen Benutzer in einem Teilnetzwerk befinden, könnte das Problem durch eines der folgenden Dinge verursacht werden:

- ▶ DIE KONFIGURATION DES ROUTERS IST VERSCHWUNDEN. Das könnte bedeuten, daß sich ein anderer Router zwischen dem Teilnetzwerk und dem Server befindet, mit dem die Benutzer versuchen, zusammenzuarbeiten. (Benutzen Sie `tracert`, um festzustellen, wo das Problem liegt.)

Die Grundlagen

▶ TOTER ROUTER. Das können Sie feststellen, indem Sie versuchen, über `ping` einen Kontakt zu dessen Teilnetzwerk herzustellen. Wenn das nicht möglich ist, sollten Sie den Router genauer betrachten.

▶ Ein Server aus einer Gruppe von Servern für diese Anwendung ist heruntergefahren. Benutzen Sie den Systemmonitor, um zu überprüfen, ob der fragliche Dienst aktiv ist. Sie können auch versuchen, über `ping` eine Verbindung zu dem Computer aufzubauen, um festzustellen, ob der Computer das Problem ist oder ob vielleicht sein Teilnetzwerk inaktiv ist.

▶ Alle diese Benutzer haben eine NetBIOS-Bereichs-ID. Wenn dies der Fall ist, sollten Sie sicherstellen, daß der Server die gleiche Bereichs-ID hat.

19.1.2 Was hat sich verändert?

Eines der Newtonschen Gesetze der Physik besagt, daß ein bewegter Körper so lange in Bewegung bleibt, bis eine äußere Kraft auf ihn einwirkt. Normalerweise kann man dies auch von Computern sagen. Ein Computer arbeitet fortwährend, bis von außen auf ihn eingewirkt wird. Deshalb gehört es zu den ersten Dingen, die zu tun sind, festzustellen, was sich verändert hat.

Denken Sie daran, daß die meisten Probleme, die hier behandelt werden, in der Client/Server-Umgebung auftreten. Sie sollten eine Ahnung davon haben, welches Ende Sie untersuchen müssen. Wenn Sie glauben, daß das Problem durch den Server verursacht wird, sollen Sie die folgenden Dinge beachten:

▶ Ist der Server aktualisiert worden? Wenn Software aktualisiert wird, besteht immer das Risiko – entgegen dem, was die Hersteller sagen –, daß einige Clients Probleme mit der neuen Version haben. Wenn die Software vor kurzem aktualisiert wurde, sollten Sie dies prüfen und möglicherweise den Client oder die Clients entsprechend aktualisieren oder das Upgrade auf dem Server entfernen.

▶ Wurde vor kurzem eine Datei wiederhergestellt? Wenn für den Benutzer oder mehrere Benutzer neue Benutzerrechte für die Software eingeräumt wurden, könnten die Benutzerrechte, die für die wiederhergestellten Dateien gelten, Probleme verursachen.

- Wurden dem Benutzer vor kurzem andere Benutzerrechte gewährt? Falls dies der Fall ist oder der Benutzer vor kurzem migrierte, sollten Sie überprüfen, ob die Benutzerrechte korrekt vergeben sind. Möglicherweise wurde der Benutzer auch einer anderen Gruppe zugeordnet. Hat der Benutzer sich abgemeldet und sich anschließend wieder angemeldet, um seine Zugriffsmarke zu aktualisieren?

- Ist der Server betriebsbereit? Wenn sich zahlreiche Benutzer über das gleiche beschweren, ist der Server möglicherweise abgestürzt. Wenn die Hardware des Servers vor kurzem aktualisiert wurde, sollten Sie das Ereignisprotokoll und/oder die Windows NT-Diagnose prüfen, um sicherzustellen, daß die Hardware so funktioniert, wie sie sollte.

Das andere Ende der Verbindung ist die Client-Arbeitsstation. Allzu häufig verursacht sie das Problem. Auf der Client-Arbeitsstation können Sie zahlreiche Problemursachen finden. Hier ein paar grundlegende Dinge, auf die Sie achten sollten:

- Prüfen Sie die INI-Dateien im Windows NT-Installationsverzeichnis. *INI*-Dateien werden noch immer von zahlreichen 16-Bit-Programmen, wie z.B. Spielen, erzeugt. Benutzer versuchen manchmal, diese Arten von Anwendungen zu installieren. Sortieren Sie das Ergebnis nach dem Datum. Sie können die letzte Anwendungsinstallation sehen. Wenn es sich um eine Windows NT-Arbeitsstation handelt, sollten Sie das Ereignisprotokoll prüfen. Es gibt viele Ereignisse, die Sie darüber in Kenntnis setzen, was passiert ist.

- Prüfen Sie neue Hardware. Prüfen Sie Hardware, die neu eingebaut oder entfernt wurde und Probleme verursachen könnte. Ein Beispiel hierfür könnte eine Sound-Karte sein, die meistens mit der Netzwerkkarte um Speicheradressen konkurriert. Vielleicht gibt es nicht mehr Speicher für die Anwendung, um ablaufen zu können. Prüfen Sie auch, ob der Computer vor kurzem überwacht wurde. Vielleicht wurde bei dieser Gelegenheit auch Hardware ausgetauscht.

- Stellen Sie fest, ob die Anwendung jemals auf dem Computer abgelaufen ist. Wenn der Benutzer neu in der Firma oder auf dieser Stelle ist, ist er vielleicht an andere Soft- und Hardware gewöhnt. Was früher funktioniert hat, muß jetzt nicht mehr unbedingt funktionieren.

Die Grundlagen

- ▶ Prüfen Sie die IP-Konfiguration. Es besteht immer die Möglichkeit, daß das System falsch konfiguriert ist. Prüfen Sie die IP-Adresse und die Subnet Mask, um sicherzustellen, daß das System die korrekte Subnet-ID erzeugt. Überprüfen Sie auch, ob die Namensauswertung korrekt funktioniert.

- ▶ Prüfen Sie die Namensauswertung. Wenn der Benutzer eine Verbindung zum Internet-Provider herstellen kann, könnte das Problem durch die Namensauswertung bedingt sein. Überprüfen Sie, ob die DNS- oder WINS-Server ablaufen, und prüfen Sie außerdem, ob die Dateien *HOSTS*, *LMHOSTS* und *NETWORKS* korrekt sind.

- ▶ Wenn ein Verbindungsproblem besteht, sollten Sie das prüfen, was auf der Hand liegt. Sind alle Stecker korrekt eingesteckt?

- ▶ Wenn Sie einen Syntax- oder einen Dateinamenfehler erhalten, sollten Sie den Pfad noch einmal prüfen.

Wenn alles andere versagt, können Sie dies nun als Problem betrachten. Probleme sind ärgerlich, aber sie zu lösen gehört zu den aufregendsten Ereignissen des Lebens. Als nächstes müssen Sie sich damit auseinandersetzen, wie die Anwendung funktioniert. Das erfordert, daß Sie sich damit vertraut machen, welche Anschlüsse ungenutzt sind und welche Übertragungsarten erforderlich sind.

> **hinweis**
> Es kam schon häufig vor, daß ich über `ping` eine Verbindung zum Server aufbauen konnte, daß es jedoch nicht möglich war, den DNS-Server zu benutzen, der auf dem Server-Computer installiert war. In solchen Fällen reagiert der Dienst selbst nicht mehr.

Computer sind von Natur aus sehr einfach. Sie verschieben Datenbits von einem Punkt A zu einem Punkt B. Sie manipulieren die Information im Prozessor und senden sie zurück. Wenn Sie den Pfad herausfinden können, den die Daten von Punkt A zu Punkt B passieren müssen, können Sie das Problem effektiv beheben.

Betrachten Sie ein Beispiel eines Benutzers, der versucht, eine Datei von einem FTP-Server herunterzuladen. Es können viele Dinge schiefgehen. Abhängig von dem, was falsch ist, ergibt sich für die anderen Anwendungen keine oder eine absolut vernichtende Auswirkung. Die folgende Liste umreißt alle Teile, die bei dieser Übertragung ins Spiel kommen.

1. Der Benutzer wählt den Menübefehl AUSFÜHREN im START-Menü.

2. Der Benutzer gibt den FTP-Befehl ein.

3. Der Computer erzeugt im Speicher Platz für diesen Prozeß und initialisiert ihn.

4. Die Suchreihenfolge ist wie folgt: das aktuelle Verzeichnis und dann jedes Verzeichnis im Pfad in der Reihenfolge, in der sie eingegeben werden.

5. Die Anwendung wird in den Arbeitsspeicher geladen.

6. Die Kontrolle des Threads für den Prozeß wird an die Anwendung übergeben.

7. Der Benutzer erhält eine Eingabeaufforderung (die das Untersystem Video von Windows NT nutzt).

8. Der Benutzer gibt einen Ziel-Host ein (www.microsoft.com).

9. FTP öffnet den Anschluß für die Namenserweiterung und sendet eine Anfrage an den DNS-Server.

10. Das Transportprotokoll (hier UDP) nimmt die Daten und bündelt sie. Das UDP-Datagramm und die Pseudo-Kopfzeile werden an IP übergeben.

11. Der Internet-Provider betrachtet die Adresse des DNS-Servers und führt den AND-Prozeß aus, um festzustellen, ob er lokal oder remote ist (hier lokal).

12. ARP prüft den ARP-Cache auf Einträge zur IP-Adresse des DNS-Servers (es gibt keine solchen Einträge).

13. ARP erzeugt nun eine ARP-Rundsendung und bittet IP, diese zu versenden.

Die Grundlagen 717

14. IP nimmt die ARP-Rundsendungen und übergibt sie an die NDIS-Treiber.

15. NDIS packt das Datagramm in einen Rahmen und sendet es über die Leitung.

16. Jedes System, das an diese Leitung angeschlossen ist, erhält den Rahmen und prüft ihn. Wenn der Rahmen für das System geeignet ist, greift es ihn.

17. Auf dem DNS-Server (wenn dieser lokal ist, ansonsten der Router) übergibt die Netzwerkschicht den Rahmen als Datagramm an IP.

18. IP übergibt den Rahmen an ARP. ARP nimmt die Information in seinen Cache auf und erzeugt eine Antwort, die an IP weitergeleitet wird.

19. IP übergibt die Antwort an die Netzwerkschicht, die die Information an die MAC-Adresse des anderen Computers sendet.

20. Die MAC-Schicht des anderen Computers erhält den Rahmen und übergibt ihn an IP.

21. IP übergibt den Rahmen an ARP, die die Information in den Cache aufnimmt, und händigt die MAC-Adresse an IP aus (ARP ist immer lokal).

22. IP erzeugt nun aus dem UDP-Datagramm ein IP-Datagramm. Dieses wird dann zusammen mit der MAC-Adresse an NDIS übergeben.

23. NDIS im Client-Host sendet das IP-Datagramm und die MAC-Adresse direkt an NDIS auf dem DNS-Server.

24. NDIS auf dem DNS-Server (im Beispiel Windows NT) erhält das Datagramm und übergibt es an die IP-Schicht.

25. IP dekodiert die Information in der Kopfzeile und übergibt das UDP-Datagramm an UDP.

26. UDP dekodiert das UDP-Datagramm und übergibt die Anforderung für die Namensauswertung an den Namensdienstanschluß.

27. Der DNS-Dienst erhält die Anforderung und überprüft seine Datenbank.

28. Wenn es eine Übereinstimmung gibt (wenn das nicht der Fall wäre, wäre dieses Buch 50 Seiten länger), wird die Information als Antwort auf eine Namensanfrage gepackt und an den UDP-Namensdienstanschluß zurückgeliefert.

29. UDP erhält die Information, packt sie und übergibt das UDP-Datagramm und die Pseudo-Kopfzeile an seine IP-Schicht.

30. IP prüft, ob die Adresse lokal oder remote ist (im Beispiel ist sie lokal).

31. IP sucht mit dem ARP nach der MAC-Adresse.

32. ARP prüft den Cache, findet den Eintrag und liefert die Adresse an IP zurück.

33. IP übergibt das Datagramm zusammen mit der MAC-Adresse an NDIS. NDIS sendet die Daten als Rahmen an die MAC-Adresse des Client-Computers.

34. NDIS auf dem Client-Computer übergibt den Rahmen als Datagramm an IP.

35. IP dekodiert die Kopfzeile und übergibt sie an UDP.

36. UDP dekodiert das Datagramm und übergibt die Information über den Namensdienstanschluß an die FTP-Software

> **hinweis** Die Anschlüsse für die Namensauswertung und den DNS-Server unterscheiden sich.

37. Der Client hat nun eine Ziel-IP-Adresse. FTP öffnet den Anschluß über 1023 aktiv.

38. FTP übergibt eine Sitzungsanforderung über den Anschluß an TCP.

39. TCP erzeugt ein TCP-Segment, das die SYN-Option und eine Pseudo-Kopfzeile enthält, die an IP übergeben werden.

40. IP prüft, ob der Host lokal oder remote ist. Im Beispiel ist er remote.

41. IP prüft die Routing-Tabelle und findet den Standard-Gateway als Route.

42. IP konsultiert ARP wegen der MAC-Adresse des Routers.

43. ARP prüft den ARP-Cache. (Das ist lang genug. Wenn die Adresse nicht vorhanden ist, könnten verschiedene der vorangegangenen Schritte wiederholt werden.)

44. IP erzeugt das IP-Datagramm und leitet es an NDIS weiter.

45. NDIS leitet das Datagramm als Rahmen an das lokale Ziel. Dies ist der Router.

46. Die Netzwerkschicht (muß nicht NDIS sein) des Routers erhält den Rahmen und übergibt ihn an IP.

47. IP prüft die Adresse, um festzustellen, ob sie lokal ist oder nicht (sie ist remote).

48. IP sucht in der Routing-Tabelle nach einem Router. Es wird einer in einem lokalen Teilnetzwerk gefunden.

49. IP sucht mit ARP nach der MAC-Adresse.

50. Glücklicherweise befindet sich die MAC-Adresse im Cache (oder die Schritte 12 bis 21 müßten wiederholt werden).

51. IP packt das Datagramm und übergibt es an die Netzwerkschicht.

52. Die Netzwerkschicht übergibt den Rahmen an den nächsten Abschnitt (Hop).

53. Die Schritte 46 bis 52 werden in jedem Abschnitt (Hop) wiederholt, bis der Ziel-Host das Paket erhält.

54. Die NDIS-Schicht des anderen Hosts übergibt die Anforderung an die IP-Schicht.

55. IP dekodiert die Kopfzeile und übergibt sie an TCP.

56. TCP erzeugt eine Bestätigung und informiert den Anschluß über die Aktivität.

> **hinweis**: Diese Schrittfolge ist nicht vollständig. Sie sollen dadurch jedoch eine Vorstellung davon erhalten, wie detailliert Sie werden können und manchmal müssen. Nach 56 Schritten kommunizieren die Client-Anwendung und der Host-Dienst noch nicht einmal. Als extra Übung sollten Sie versuchen, die anderen Schritte herauszufinden, die benötigt werden, um die Übertragung der Datei zu beenden.

Der Hinweis hat zwei Ziele: Erstens sollten Sie sich daran erinnern, daß sich sehr viel mehr abspielt als nur Doppelklicks und zweitens sollten Sie einen Eindruck von der Anzahl der Teile erhalten, die alle funktionieren müssen, damit TCP/IP wirklich funktioniert.

19.2 Werkzeuge und Hilfsprogramme

Bevor jeder der Dienste besprochen wird und Sie erfahren, was schiefgehen kann, sollten Sie einen Blick auf einige der Werkzeuge werfen, die Ihnen helfen, das Problem zu finden. Einige der Werkzeuge wurden bereits besprochen. Andere werden in diesem Kapitel eingeführt, weil sie nicht spezifisch für TCP/IP sind. Das gilt auch für die Fehler, bei denen es nur so scheint, als hätten sie mit TCP/IP zu tun.

- Ping
- IPCONFIG
- NETSTAT
- NBTSTAT
- ROUTE
- TRACERT
- ARP
- Netzwerkmonitor
- Systemmonitor
- Die Ereignisanzeige
- Windows NT-Diagnose

19.2.1 Ping

Der Zweck und der Einsatz von Ping wurden bereits ausführlich dokumentiert. Mit diesem Dienstprogramm können Sie prüfen, ob eine Netzwerkverbindung vorhanden ist und ob der TCP/IP-Protokollstapel funktioniert.

19.2.2 IPCONFIG

Dieses Dienstprogramm wurde ebenfalls ziemlich ausführlich besprochen. Mit IPCONFIG können Sie bestätigen, daß Ihr Computer korrekt konfiguriert ist und daß alle Informationen tatsächlich eingegeben wurden. Sie können dieses Dienstprogramm auch im Zusammenhang mit DHCP einsetzen, um Adressen zu erneuern (renew). Das kann Verwirrung verursachen, wenn der Host soeben in ein anderes Teilnetzwerk versetzt wurde und noch immer versucht, die alte Adresse zu verwenden.

19.2.3 NETSTAT

NETSTAT wird eingesetzt, um den Status der TCP/IP-Verbindungen zu prüfen. Sie können dann leichter feststellen, welcher Anschluß oder welche Anschlüsse nicht funktionieren. Das Dienstprogramm kann auch bestätigen, daß alle Dienste, die Sie betreiben, die korrekten Anschlüsse benutzen.

19.2.4 NBTSTAT

Wenn Sie TCP/IP-Verbindungen nutzen können, können Sie mit NBTSTAT den Verbindungsstatus der Verbindungen prüfen, die Sie zu anderen Computern über NetBIOS aufbauen. Das kann Ihnen auch helfen, festzustellen, ob Ihr Problem ein Problem der Namensauswertung ist.

19.2.5 ROUTE

Mit dem Befehl route können Sie prüfen, ob das System die Route hat, die Sie erwartet haben. Das ist sehr wichtig bei einer Umgebung, die kein dynamisches Routing verwendet, oder wenn die bevorzugten Routen auf Arbeitsstationen eingegeben werden, die später entfernt werden.

19.2.6 TRACERT

Wenn Sie mit dem lokalen Netzwerk, aber nicht mit dem Intranet kommunizieren können, könnte Ihr Problem eine falsche Route zum anderen System sein. Das Dienstprogramm tracert bietet Ihnen die Möglichkeit, diesen Router zu prüfen und andere Routen anzugeben, von denen Sie glauben, daß sie besser funktionieren.

19.2.7 ARP

Mit ARP können Sie sicherstellen, daß keine statischen ARP-Einträge existieren. Sie können auch sehen, welche Einträge sich im ARP-Cache befinden. Dadurch können Sie sich vergewissern, daß ARP korrekt funktioniert.

19.2.8 Der Netzwerkmonitor

Wenn alles andere versagt, müssen Sie eventuell die tatsächlichen Pakete prüfen, die durch das Netzwerk fließen. Der Netzwerkmonitor bietet Ihnen die Möglichkeit, die Information zu prüfen, die zu Ihrem System gelangt und dieses verläßt. Wenn Sie mit der Vollversion des Netzwerkmonitors arbeiten, die im Lieferumfang des Systems Management Server enthalten ist, können Sie auch die Daten prüfen, die mit einem Remote-System ausgetauscht werden.

19.2.9 Der Systemmonitor

In Kapitel 17 haben Sie erfahren, daß der Systemmonitor ein leistungsfähiges Werkzeug ist, das Sie nicht nur in die Lage versetzt, die Netzwerkkomponenten, sondern alle Bestandteile des Windows NT-Systems zu prüfen. Wenn das Netzwerk langsam arbeitet, besteht immer die Möglichkeit, daß das Problem durch andere Dinge verursacht wird. Mit dem Systemmonitor können Sie die Prozessorauslastung von absolut jedem Prozeß betrachten, der auf dem System abläuft, und ihn eine Zeitlang verfolgen.

Wenn Sie die ICMP-Zähler betrachten, können Sie auch die allgemeinen Bedingungen des Netzwerks prüfen, weil Sie damit die zahlreichen Fehlermeldungen einsehen können, die zu Ihrer Arbeitsstation zurückkommen.

19.2.10 Die Ereignisanzeige

Die Ereignisanzeige ist ein wichtiges Werkzeug für die Problembehebung, da hier die verschiedenen Teile des Systems Fehler berichten. Die Ereignisanzeige ist eigentlich eine aufwendig gestaltete Protokolldatei, die die folgenden drei Protokolltypen für Sie aufzeichnet:

- SYSTEM. Im Systemprotokoll finden Sie alle wesentlichen Systemfehler. Das könnte z. B. der DNS-Server sein, der nicht gestartet werden kann, oder die Netzwerkkarte, die nicht gefunden werden kann, und doppelt vorhandene IP-Adressen.

- SICHERHEIT. Wenn Sie die Überwachung aktivieren, zeichnet das System alle überwachten Ereignisse in diesem Protokoll auf. Dazu gehören alle Protokollierungsversuche, die nicht erfolgreich verliefen, oder Versuche, Ressourcen zu verwenden, für die die Benutzer keine Zugriffsberechtigung hatten.

- ANWENDUNG. Alle BackOffice-Anwendungen, die Sie installieren, zeichnen Systemfehler in Anwendungsprotokollen auf. Obwohl das bisher nur für Microsoft-Produkte gilt, beginnen auch andere Hersteller, den Sinn separater Ereignisprotokolle zu verstehen.

Bild 19.1 zeigt die Ereignisanzeige. Beachten Sie den markierten Eintrag EVENTLOG im Ereignisprotokoll. Wenn Sie im Ereignisprotokoll nach einem Problem suchen, sollten Sie immer mit diesem Eintrag beginnen.

Das erste, was die Ereignisanzeige aufzeichnet, ist normalerweise der Eintrag EVENTLOG (manchmal gibt es noch einen Eintrag vorher, normalerweise die Netzwerkkarte). Klicken Sie doppelt auf den Eintrag, um die Details zu sehen (siehe Bild 19.2). Über die Schaltflächen VORHERIGES und NÄCHSTES können Sie die Details der anderen Ereignisse einsehen. Beachten Sie, daß Sie über die Schaltfläche VORHERIGES jeweils zum neueren Eintrag gelangen.

Kapitel 19 Problembehebung

Abbildung 19.1

Die Ereignisanzeige

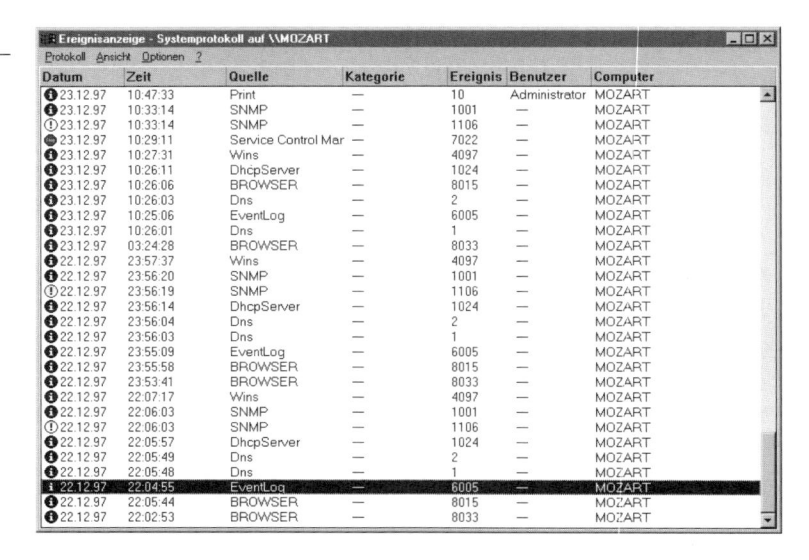

Abbildung 19.2

Das Dialogfeld Ereignisdetails

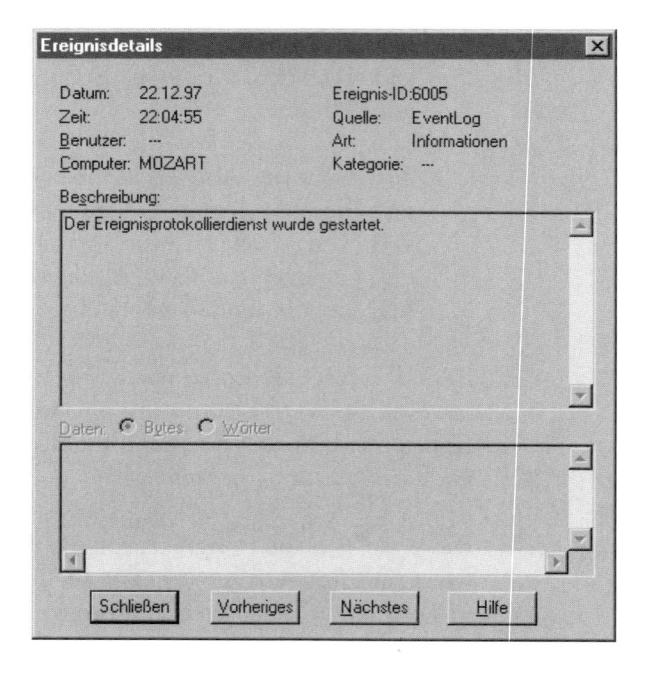

19.2.11 Windows NT-Diagnose

Ein weiteres nützliches Werkzeug ist die Windows NT-Diagnose (siehe Bild 19.3). Unter Windows NT 4 befähigt Sie diese Anwendung nicht nur dazu, das aktuelle System zu betrachten, sondern Sie können auch Informationen über andere Systeme im Netzwerk erhalten. Systeminformationen können Sie auf den folgenden Registerkarten einsehen:

Abbildung 19.3

Der Bildschirm der Windows NT-Diagnose

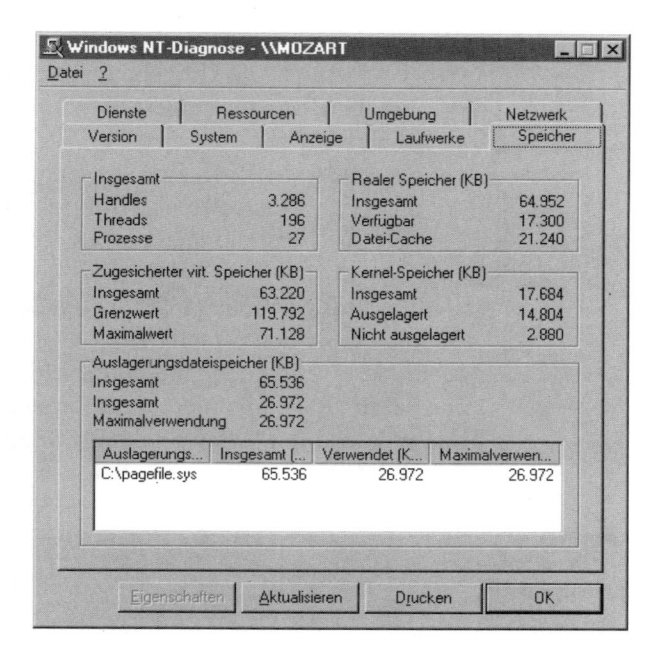

▶ VERSION. Die Versions- und Registrierungsinformationen für die Version von Windows NT, die augenblicklich auf Ihrem System installiert ist.

▶ SYSTEM. Informationen über HAL (Hardware Abstraction Layer), BIOS und die CPUs des Systems.

▶ ANZEIGE. Zeigt Ihnen die aktuelle Bildschirmauflösung, den Chip-Typ der Grafikkarte und die verwendeten Treiber an.

▶ LAUFWERKE. Diese Registerkarte zeigt die Laufwerke an, die mit dem System verbunden sind. Das gilt auch für Netzwerklaufwerke. Sie erhalten Informationen über die Anzahl der Zuordnungseinheiten etc.

- **SPEICHER.** Beschreibt den verfügbaren Speicher (den realen und den virtuellen) und welcher Speicher den verschiedenen Prozeßarten des Systems zugeordnet ist.

- **DIENSTE.** Listet alle Dienste auf, die auf dem System verfügbar sind, und teilt Ihnen mit, ob sie ausgeführt werden.

- **RESSOURCEN.** Die IRQs, I/O-Ports, DMA-Kanäle, Speicher und die Geräte, die die Ressourcen nutzen.

- **UMGEBUNG.** Die Umgebungsvariablen, die für das System und die Benutzer eingestellt wurden.

- **NETZWERK.** Allgemeine Informationen über Ihre Verbindung zum Netzwerk und Informationen über den Transport, die Einstellungen und einige Statistiken.

Um diese Informationen über ein System im Netzwerk zu erhalten, wählen Sie den Menübefehl COMPUTER AUSWÄHLEN im Menü DATEI, und geben im Dialogfeld COMPUTER AUSWÄHLEN den Computer an, über den Sie Informationen erhalten möchten. Die Registerkarten werden nun alle in einer Zeile angezeigt (siehe 19.4).

Abbildung 19.4

Die Diagnose eines Remote-Systems

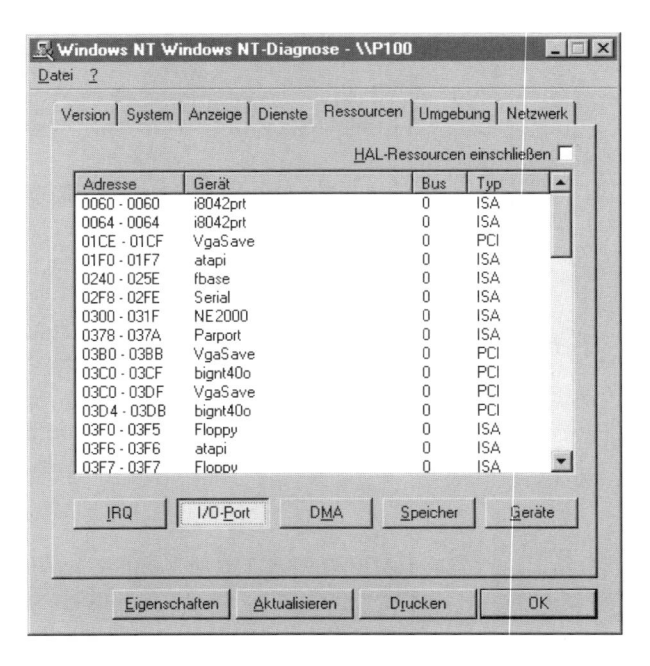

> **hinweis** Sie können die Informationen über lokale und Remote-Systeme ausdrucken. Klicken Sie dazu einfach auf die Schaltfläche DRUCKEN.

19.3 Die Verbindung prüfen

Der erste Schritt besteht darin, zu überprüfen, ob der TCP/IP-Stapel konfiguriert ist. Das funktioniert am besten mit dem Befehl `ipconfig /all`, den Sie auf den meisten Clients finden (unter Windows 95 heißt dieses Dienstprogramm `winipcfg`), denn Sie sehen, ob die Konfiguration korrekt ist und das System so abläuft, wie es sollte.

Weil die Schrittfolge, die Sie beim Prüfen der TCP/IP-Verbindung durchlaufen sollten, bereits besprochen wurde, dient die folgende Liste nur zur Wiederholung.

1. `ping 127.0.0.1`.
2. `ping Ihre_IP_Adresse`.
3. `ping Lokale_IP_Adresse`.
4. `ping remote_IP_Adresse`.
5. `ping host_name` (das könnte Ihr Netzwerk oder ein vollqualifizierter Domänenname sein, wie z.B. `www.learnix.com`).
6. `ping NetBIOS_name`.

Diese wichtigen Schritte stellen sicher, daß das Netzwerk selbst Daten befördern kenn. `ping` testet aber immer nur einen Teil des Prozesses. Denken Sie daran, daß `ping` in der IP-Schicht behandelt wird. (Das ist nötig, damit Sie mit `ping` eine Verbindung zu einem Router aufbauen können.)

Um die Kommunikation zwischen zwei Hosts vollständig zu testen, müssen Sie versuchen, Sitzungen zwischen den beiden Hosts aufzubauen. Das können Sie auf viele verschiedene Weisen tun. Am einfachsten ist es, wenn die Dienste auf beiden Hosts ablaufen.

Wenn das fragliche System den Personal Web Server, die Peer Web Services oder den IIS ausführt, können Sie auch eine WWW- oder eine FTP-Verbindung ausprobieren, um sicherzustellen, daß Sie kommunizieren können. Wenn auf dem System ein DNS-Server ausgeführt wird, sollten Sie mit `nslookup` prüfen, ob das System abläuft. Wenn SNMP installiert ist (z.B. um das System mit dem Systemmonitor zu überwachen), können Sie das Dienstprogramm `snmputil` nutzen.

Wenn das System NBT verwendet, um die Kommunikation mit NetBIOS zu ermöglichen, können Sie den folgenden Befehl ausprobieren: `net view \\system_name`. Wenn es sich um ein Windows NT-System handelt, sollten Sie besser den Server-Manager verwenden.

Wenn die Befehle `ipconfig` und `ping` funktionieren, werden Sie überprüfen wollen, ob die Dienste, die Sie zur Kommunikation mit dem System benötigen, mit anderen Hosts kommunizieren können. Das heißt, Sie überprüfen, ob die Dienste an den richtigen Anschlüssen horchen.

> **hinweis** Wie auch in anderen Fällen habe ich die Feststellung gemacht, daß ein Systemneustart die Probleme löst. Häufig hilft es auch, den Dienst zu entfernen und neu zu installieren.

19.4 Problembehebung bei TCP/IP-Diensten

Bei den verschiedenen Anwendungen gibt es unterschiedliche Probleme. In diesem Buch wurden viele verschiedene Protokolle und Anwendungen besprochen. Nun werden einige Dinge genannt, die schiefgehen können.

19.4.1 Der Internet Information Server

Der IIS ist normalerweise ziemlich stabil. Es können jedoch gelegentlich auch Probleme auftreten. Sie können die folgenden Dinge überprüfen, um sicherzustellen, daß die Benutzer mit den Diensten arbeiten können:

- ▶ Überprüfen Sie, ob TCP/IP korrekt arbeitet.

- ▶ Stellen Sie fest, ob der Anschluß mit der Standard-Port-Nummer übereinstimmt.

- ▶ Wenn Sie zu dem Dienst gewechselt sind, sollten Sie ihn stoppen und neu starten.

- ▶ Prüfen Sie, ob für Verzeichnisse, in denen sich Skripts befinden – falls Sie Skripts verwenden –, die Berechtigung zur Ausführung von Programmen besteht.

- ▶ Wenn Ihre Site Reverse-Lookup zur Echtheitsbestätigung verwendet, sollten Sie sicherstellen, daß die Namensauswertung korrekt funktioniert.

- ▶ Wenn Sie virtuelle Server erzeugen, sollten Sie dafür sorgen, daß sie entfernt werden, wenn die IP-Adressen benutzt werden.

- ▶ Achten Sie darauf, daß keine DHCP-Adressierung für die IIS-Site eingesetzt wird.

- ▶ Prüfen Sie, ob im DNS-Server die richtigen Einträge gemacht wurden, wenn Sie mit dem Internet arbeiten.

- ▶ Wenn Benutzer keine Verbindung herstellen können, sollten Sie im Benutzer-Manager für Domänen überprüfen, ob ein `IUSR_Computername`-Eintrag existiert und das Kennwort korrekt ist.

19.4.2 Drucken mit TCP/IP

Der Ausdruck ist ein Problem in allen Netzwerken. Bei TCP/IP bestehen jedoch einige Unterschiede, die Sie berücksichtigen sollten:

- ▶ Der Druckauftrag wird nicht ausgeführt oder kommt total durcheinander heraus. Das Problem wird wahrscheinlich durch den Drucker verursacht. Bei dieser Art von Drucker müssen Sie die Treiber lokal installieren.

- ▶ Texte lassen sich prima ausdrucken, andere Druckaufträge werden jedoch nicht korrekt ausgeführt. Dieses Problem hängt normalerweise mit dem `lpd`-Befehl zusammen. Stellen Sie sicher, daß die Option -01 eingerichtet ist, um dem Remote-Host mitzuteilen, daß es sich um einen binären Druckauftrag handelt.

- Wenn Sie Host-Namen verwenden, sollten Sie überprüfen, ob die Namensauswertung korrekt funktioniert.

- Wenn Sie von einem Host aus drucken, sollten Sie überprüfen, ob der TCP/IP-Druck-Server gestartet ist (dies geschieht nicht automatisch).

19.4.3 DHCP

DHCP stellt für System-Administratoren eine große Erleichterung dar. In einigen Situationen kann DHCP jedoch Probleme verursachen. Sie sollten sich der folgenden Dinge bewußt sein:

- Stellen Sie sicher, daß DHCP-Adressen niemals als statische Adressen verwendet werden.

- Achten Sie darauf, daß die Server-Bereiche sich nicht überschneiden, wenn Sie ein DHCP-Backup-Schema verwenden.

- Wenn ein Client keine Adresse erhalten kann, sollten Sie sicherstellen, daß es einen Bereich für das Teilnetzwerk des Clients gibt und daß es aktiv ist. Achten Sie darauf, daß es einen DHCP-Boot-Relay-Agent gibt, wenn die Router keine BOOTP-Rundsendungen weiterleiten.

- Überlegen Sie, den Befehl `ipconfig /renew` in das Anmelde-Skript aufzunehmen. Obwohl dies die Belastung des DHCP-Servers erhöht, können Sie so sicher sein, daß die Benutzer alle über die aktuellen Optionen verfügen.

- Überprüfen Sie, daß keine unbeschränkte Lease-Periode in Gebrauch ist. Das würde bedeuten, daß die Client-Hosts ihre Konfiguration niemals aktualisieren.

19.4.4 WINS

WINS hilft Ihnen, viele Probleme zu lösen. Das gilt insbesondere bei NetBIOS-over-TCP/IP-Netzwerken. Obwohl das System ziemlich einfach ist, können einige Dinge schieflaufen:

- ▶ Wenn ein Client keine Adressen auswerten kann, sollten Sie überprüfen, ob der Client für die Verwendung von WINS eingerichtet ist und daß die Adresse stimmt.

- ▶ Denken Sie daran, daß sich nicht alle Clients bei WINS registrieren können. Deshalb müssen Sie statische Zuordnungen hinzufügen, wenn Sie deren Namen auswerten möchten.

- ▶ Der WINS-Server sollte 10.000 Computer verwalten können, aber das ist übertrieben. Sie sollten WINS-Server in die Nähe ihrer Clients setzen, damit sie nicht langsamer sind als die lokalen Rundsendungen.

- ▶ Denken Sie daran, daß die Replikation für vorgegebene Intervalle eingerichtet werden kann. Deshalb sollten Sie bei langsamen Verbindungen mit Replikation arbeiten.

- ▶ Bei Nicht-WINS-Clients sollten Sie im Teilnetzwerk einen Proxy-Agent einrichten. Ansonsten können die Namen im Intranet nicht aufgelöst werden.

> **hinweis**
> Die fortgeschrittene TCP/IP-Konfiguration hat eine Einstellung für die NetBIOS-Bereichs-ID. Diese wurde in Windows NT 3.5 aufgenommen und ist unter Windows NT 4 aus Kompatibilitätsgründen beibehalten worden. Die Bereichs-ID funktioniert wie der Community-Name von SNMP, der in Kapitel 17 diskutiert wurde. Nur Systeme mit der gleichen Bereichs-ID können miteinander über NetBIOS kommunizieren. Das beeinflußt jedoch nicht die WinSock-Kommunikation. Bereichs-IDs sind in den meisten Netzwerken nicht empfehlenswert. Wenn Sie ein NetBIOS-Kommunikationsproblem haben, sollten Sie jedoch prüfen, ob der Fehler nicht durch die Bereichs-ID verursacht wurde.

19.4.5 Der Suchdienst

Der Suchdienst ist nicht TCP/IP-spezifisch. Wenn Sie nicht mit WINS arbeiten, sind bei der Suche in TCP/IP-Netzwerken jedoch einige Dinge zu beachten:

- Auch wenn die Clients den Remote-Computer sehen können, müssen sie die IP-Adresse auswerten, bevor sie eine Verbindung errichten können.

- LMHOSTS-Dateien werden von den Domänen-Controllern benötigt, um die Suche und die Aktivität in der Domäne zu erleichtern.

- Computer können 51 Minuten lang in der Suchliste bleiben, nachdem sie abgestürzt sind. Das müssen Sie den Benutzern klarmachen.

- Die Anmeldung erfolgt per Rundmeldung, falls in den LMHOSTS-Dateien kein #DOM-Tag existiert.

19.4.6 DNS

Der DNS-Dienst ist neu unter Windows NT 4 und stellt eine sehr willkommene Erweiterung dar. Microsoft DNS hat viele leistungsstarke Funktionen. Diese können jedoch auch Probleme verursachen:

- Um sich beim InterNIC zu registrieren, anstatt Ihre Domäne von Ihrem Internet-Provider verwalten zu lassen, benötigen Sie einen primären und einen sekundären DNS-Server.

- Wenn der DNS-Server keine Namensauswertung bietet, muß er zu den Stamm-Servern hin und wieder zurückgehen. Das kann häufig länger dauern, als die Zeitüberschreitung des Clients es zuläßt.

- Wenn Sie Reverse-Lookup bieten möchten, müssen Sie die Domäne `in-addr.arpa domain` erzeugen.

- Die WINS-Integration unterscheidet sich von den DNS-Domänen und Reverse-Lookup. Achten Sie darauf, daß beide aktiviert sind.

- Die DNS-Auswertung können Sie immer mit `nslookup` testen.

- Wenn DNS zu einem früheren Zeitpunkt installiert wurde und Sie den Dienst neu installieren möchten, müssen Sie die Boot-Datei aus dem Verzeichnis *\%WI-ROOT%\SYSTEM32\DNS* ändern.

Zusammenfassung

Die Lösung von Problemen, mit denen Sie länger gekämpft haben, gehört zu den erhebendsten Gefühlen. In diesem Kapitel wurde eine Grundstrategie für die Problemsuche und -behebung bei TCP/IP unter Windows NT präsentiert. Der beste Ansatz ist es, alle Stellen durchzusehen, die von den Daten durchlaufen werden, und daraus abzuleiten, wo die Probleme verursacht werden.

Wiederholungsfragen

In dieser Übung werden Ihnen verschiedene Szenarien präsentiert. Bei jedem wird Ihnen ein Netzwerk vorgestellt, das nicht optimal funktioniert. Die Fragen, die sich an die Zeichnungen der Netzwerke anschließen, bieten Ihnen die Möglichkeit, festzustellen, wo im Netzwerk der Fehler liegt.

Szenarium 19.1: Probleme bei einem FTP-Server lösen

1. Welche Systeme können mit dem FTP-Server kommunizieren?

2. Warum können die anderen Systeme nicht mit dem FTP-Server kommunizieren?

3. Welche Werte wären korrekt?

4. Nachdem Sie das Problem behoben haben, können Ihre Clients noch immer keine Verbindung zum FTP-Server aufbauen. Welche Einstellungen könnten Sie noch prüfen?

Kapitel 19 Problembehebung

Abbildung 19.5

Das Beispielnetzwerk für das Szenarium 1

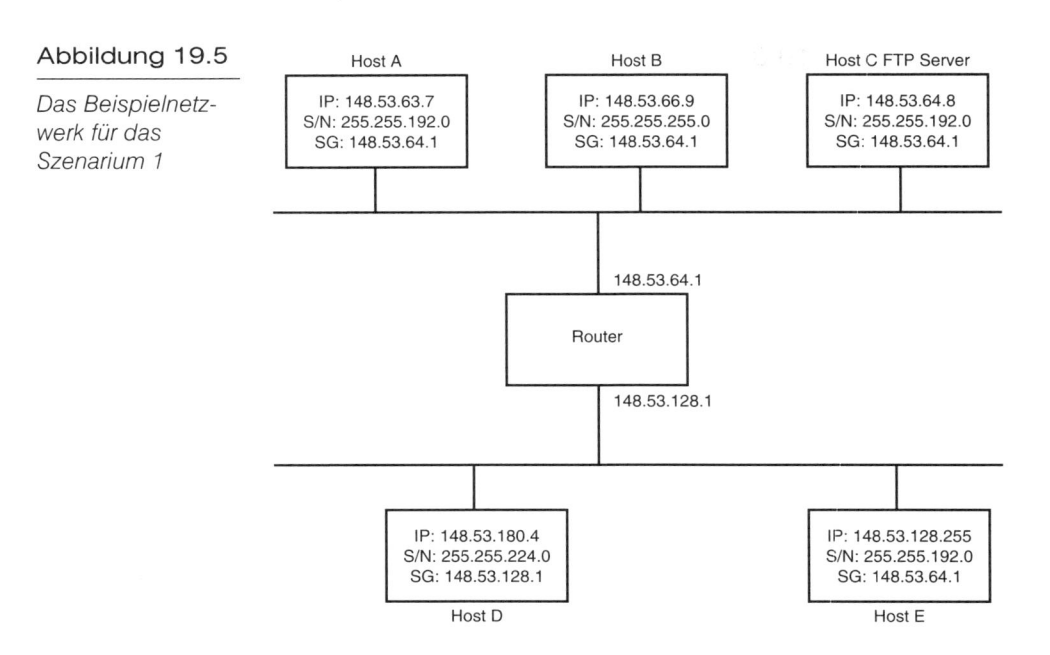

```
Host A                    Host B                    Host C FTP Server
IP: 148.53.63.7           IP: 148.53.66.9           IP: 148.53.64.8
S/N: 255.255.192.0        S/N: 255.255.255.0        S/N: 255.255.192.0
SG: 148.53.64.1           SG: 148.53.64.1           SG: 148.53.64.1

                          148.53.64.1
                          Router
                          148.53.128.1

        IP: 148.53.180.4                  IP: 148.53.128.255
        S/N: 255.255.224.0                S/N: 255.255.192.0
        SG: 148.53.128.1                  SG: 148.53.64.1
        Host D                            Host E
```

Szenarium 19.2: Ein Problem mit Teilnetzwerken

Abbildung 19.6

Das Beispielnetzwerk für Szenarium 2

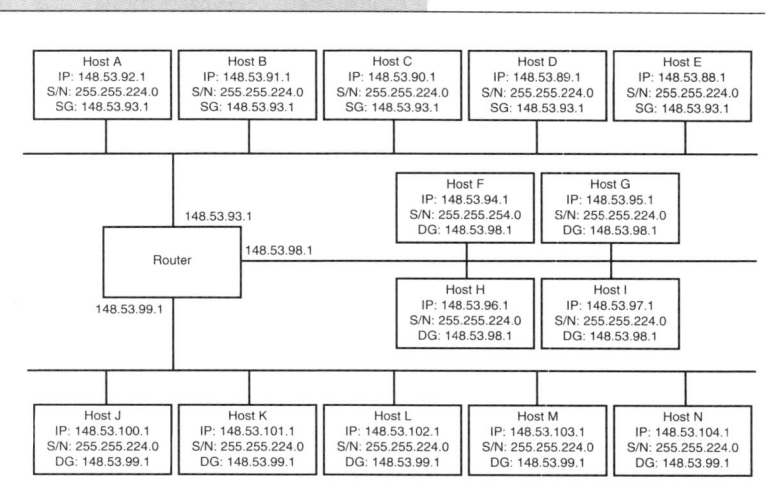

```
Host A              Host B              Host C              Host D              Host E
IP: 148.53.92.1     IP: 148.53.91.1     IP: 148.53.90.1     IP: 148.53.89.1     IP: 148.53.88.1
S/N: 255.255.224.0  S/N: 255.255.224.0  S/N: 255.255.224.0  S/N: 255.255.224.0  S/N: 255.255.224.0
SG: 148.53.93.1     SG: 148.53.93.1     SG: 148.53.93.1     SG: 148.53.93.1     SG: 148.53.93.1

                                                Host F              Host G
                                                IP: 148.53.94.1     IP: 148.53.95.1
                    148.53.93.1                 S/N: 255.255.254.0  S/N: 255.255.224.0
                                                DG: 148.53.98.1     DG: 148.53.98.1
                    Router      148.53.98.1
                                                Host H              Host I
                    148.53.99.1                 IP: 148.53.96.1     IP: 148.53.97.1
                                                S/N: 255.255.224.0  S/N: 255.255.224.0
                                                DG: 148.53.98.1     DG: 148.53.98.1

Host J              Host K              Host L              Host M              Host N
IP: 148.53.100.1    IP: 148.53.101.1    IP: 148.53.102.1    IP: 148.53.103.1    IP: 148.53.104.1
S/N: 255.255.224.0  S/N: 255.255.224.0  S/N: 255.255.224.0  S/N: 255.255.224.0  S/N: 255.255.224.0
DG: 148.53.99.1     DG: 148.53.99.1     DG: 148.53.99.1     DG: 148.53.99.1     DG: 148.53.99.1
```

1. Welcher der Hosts kann nicht kommunizieren? Und warum nicht?

2. Gibt es eine Möglichkeit, das Problem durch eine Veränderung der Subnet Mask zu beheben?

Szenarium 19.3: Konfigurationsfehler finden

Abbildung 19.7

Das Beispielnetzwerk für Szenarium 3

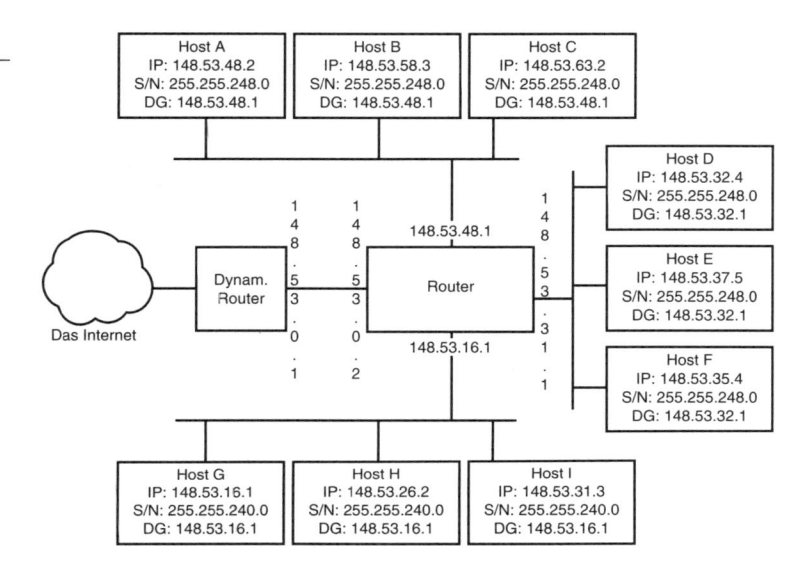

```
Host A                Host B                Host C
IP: 148.53.48.2       IP: 148.53.58.3       IP: 148.53.63.2
S/N: 255.255.248.0    S/N: 255.255.248.0    S/N: 255.255.248.0
DG: 148.53.48.1       DG: 148.53.48.1       DG: 148.53.48.1

                                                       Host D
                                                       IP: 148.53.32.4
                                                       S/N: 255.255.248.0
                                                       DG: 148.53.32.1
            1       1                   1
            4       4    148.53.48.1    4              Host E
            8       8                   8              IP: 148.53.37.5
   Dynam.   .       .                   .              S/N: 255.255.248.0
   Router   5       5    Router         5              DG: 148.53.32.1
            3       3                   3
   Das      .       .                   .              Host F
  Internet  0       0    148.53.16.1    3              IP: 148.53.35.4
            .       .                   1              S/N: 255.255.248.0
            1       2                                  DG: 148.53.32.1

            Host G                Host H                Host I
            IP: 148.53.16.1       IP: 148.53.26.2       IP: 148.53.31.3
            S/N: 255.255.240.0    S/N: 255.255.240.0    S/N: 255.255.240.0
            DG: 148.53.16.1       DG: 148.53.16.1       DG: 148.53.16.1
```

1. Welche Fehler sind im Netzwerkdiagramm in Bild 19.7 enthalten?

2. Angenommen, im gezeigten Szenarium sind niemals mehr als 2.000 Hosts pro Teilnetzwerk vorhanden. Welche der beiden Subnet Masks (255.255.240.0 oder 255.255.248.0) eignet sich besser?

3. Bei welchen Hosts muß die IP-Konfiguration geändert werden, um die Subnet Mask 255.255.248.0 als Subnet Mask für das gesamte Netzwerk verwenden zu können?

4. Ist die folgende Routing-Tabelle bei einer Subnet Mask von 255.255.248.0 für Router J korrekt (siehe Tabelle 19.1)? Was können Sie, falls erforderlich, tun, um das Problem zu beheben?

Tabelle 19.1

Eine Router-Tabelle für den Router J

Netzwerk	Subnet Mask	Gateway
148.53.56.0	255.255.248.0	148.53.56.1
148.53.32.0	255.255.248.0	148.53.32.1
148.53.24.0	255.255.248.0	148.53.24.1
148.53.0.0	255.255.0.0	148.53.0.1
0.0.0.0	0.0.0.0	148.53.0.1

Kapitel 19 Problembehebung

Szenarium 19.4: Probleme von Clients beheben

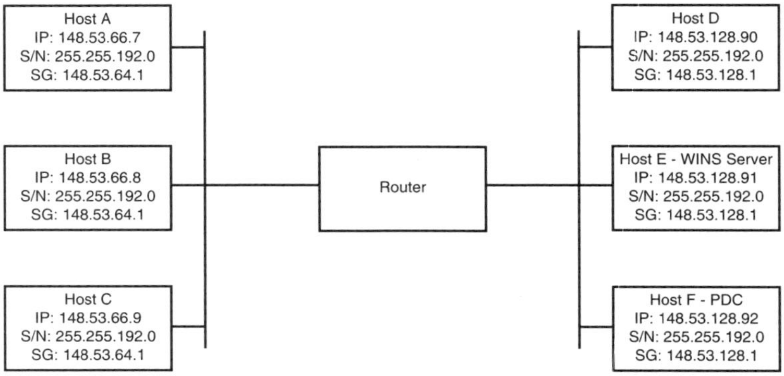

Abbildung 19.8

Das Beispielnetzwerk für Szenarium 4

```
Host A                                              Host D
IP: 148.53.66.7                                     IP: 148.53.128.90
S/N: 255.255.192.0                                  S/N: 255.255.192.0
SG: 148.53.64.1                                     SG: 148.53.128.1

Host B                                              Host E - WINS Server
IP: 148.53.66.8              Router                 IP: 148.53.128.91
S/N: 255.255.192.0                                  S/N: 255.255.192.0
SG: 148.53.64.1                                     SG: 148.53.128.1

Host C                                              Host F - PDC
IP: 148.53.66.9                                     IP: 148.53.128.92
S/N: 255.255.192.0                                  S/N: 255.255.192.0
SG: 148.53.64.1                                     SG: 148.53.128.1
```

Der Benutzer der Arbeitsstation A kann sich nicht bei der Domäne anmelden. Wie können Sie dem Benutzer helfen, wenn folgende Dateisysteme verwendet werden?

1. LAN Manager für OS/2-Client

2. Windows Version 3.1

Beachten Sie, daß die folgenden Veränderungen vorgenommen wurden: Das als B gekennzeichnete System wurde zu BDC und der WINS-Server existiert nicht. Was wäre erforderlich, um die Domänenaktivität zu erleichtern (d.h. die Anmeldung bei der Domäne und die Datenbankreplikation in der Sicherheitskontenverwaltung)?

Szenarium 19.5: Konfigurationsfehler von Clients finden

In dieser Übung wird das folgende Netzwerk vorausgesetzt:

Stellen Sie für jeden Client fest, wo das Problem liegt, welche Auswirkungen es hat und wie es gelöst werden kann.

Wiederholungsfragen

Abbildung 19.9

Das Beispielnetzwerk für Szenarium 5

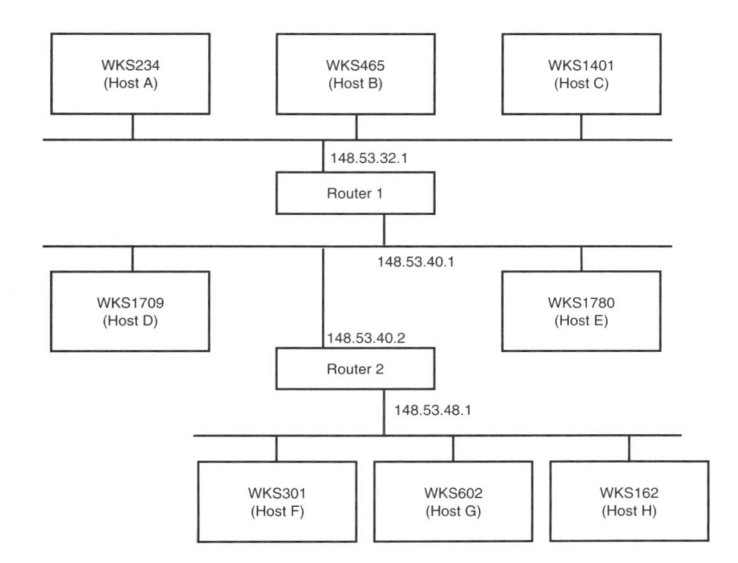

```
   WKS234           WKS465           WKS1401
   (Host A)         (Host B)         (Host C)
      |                |                |
      +----------------+----------------+
                       | 148.53.32.1
                   [Router 1]
                       | 148.53.40.1
      +----------------+----------------+
      |                |                |
   WKS1709         148.53.40.2       WKS1780
   (Host D)        [Router 2]        (Host E)
                       | 148.53.48.1
      +----------------+----------------+
      |                |                |
   WKS301          WKS602            WKS162
   (Host F)        (Host G)          (Host H)
```

Abbildung 19.10

Die IP-Konfiguration für Host A

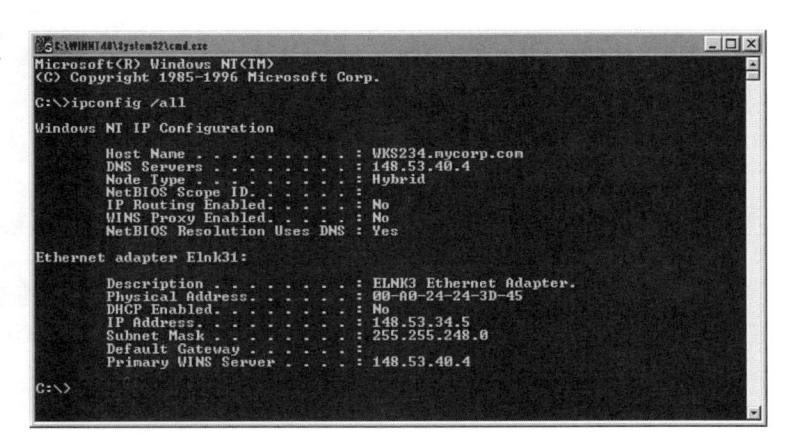

```
Microsoft(R) Windows NT(TM)
(C) Copyright 1985-1996 Microsoft Corp.

C:\>ipconfig /all

Windows NT IP Configuration

        Host Name . . . . . . . . . . : WKS234.mycorp.com
        DNS Servers . . . . . . . . . : 148.53.40.4
        Node Type . . . . . . . . . . : Hybrid
        NetBIOS Scope ID. . . . . . . :
        IP Routing Enabled. . . . . . : No
        WINS Proxy Enabled. . . . . . : No
        NetBIOS Resolution Uses DNS   : Yes

Ethernet adapter Elnk31:

        Description . . . . . . . . . : ELNK3 Ethernet Adapter.
        Physical Address. . . . . . . : 00-A0-24-24-3D-45
        DHCP Enabled. . . . . . . . . : No
        IP Address. . . . . . . . . . : 148.53.34.5
        Subnet Mask . . . . . . . . . : 255.255.248.0
        Default Gateway . . . . . . . :
        Primary WINS Server . . . . . : 148.53.40.4

C:\>
```

Abbildung 19.11

Die IP-Konfiguration für Host C

```
Microsoft(R) Windows NT(TM)
(C) Copyright 1985-1996 Microsoft Corp.

C:\>ipconfig /all

Windows NT IP Configuration

        Host Name . . . . . . . . . . : WKS1401.mycorp.com
        DNS Servers . . . . . . . . . : 148.53.40.4
        Node Type . . . . . . . . . . : Hybrid
        NetBIOS Scope ID. . . . . . . :
        IP Routing Enabled. . . . . . : No
        WINS Proxy Enabled. . . . . . : No
        NetBIOS Resolution Uses DNS   : No

Ethernet adapter Elnk31:

        Description . . . . . . . . . : ELNK3 Ethernet Adapter.
        Physical Address. . . . . . . : 00-A0-24-24-3D-45
        DHCP Enabled. . . . . . . . . : No
        IP Address. . . . . . . . . . : 148.53.37.255
        Subnet Mask . . . . . . . . . : 255.255.248.0
        Default Gateway . . . . . . . : 148.53.32.1
        Primary WINS Server . . . . . : 148.53.40.40

C:\>
```

Kapitel 19 Problembehebung

Abbildung 19.12

Die IP-Konfiguration für Host D

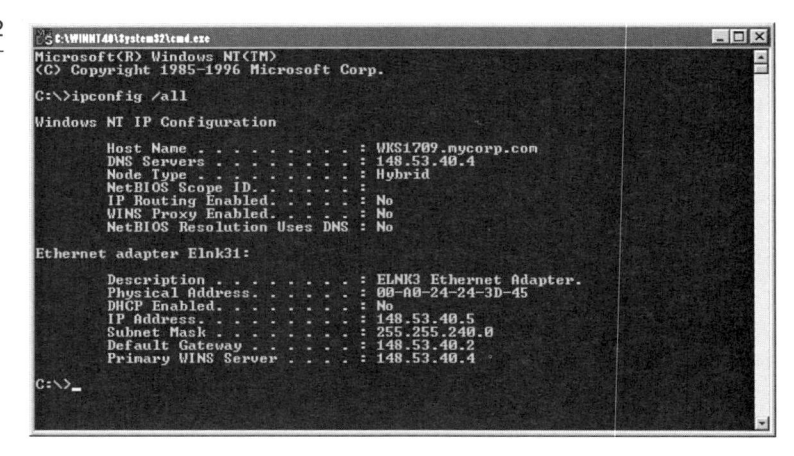

```
Microsoft(R) Windows NT(TM)
(C) Copyright 1985-1996 Microsoft Corp.

C:\>ipconfig /all

Windows NT IP Configuration

        Host Name . . . . . . . . . . : WKS1709.mycorp.com
        DNS Servers . . . . . . . . . : 148.53.40.4
        Node Type . . . . . . . . . . : Hybrid
        NetBIOS Scope ID. . . . . . . :
        IP Routing Enabled. . . . . . : No
        WINS Proxy Enabled. . . . . . : No
        NetBIOS Resolution Uses DNS : No

Ethernet adapter Elnk31:

        Description . . . . . . . . . : ELNK3 Ethernet Adapter.
        Physical Address. . . . . . . : 00-A0-24-24-3D-45
        DHCP Enabled. . . . . . . . . : No
        IP Address. . . . . . . . . . : 148.53.40.5
        Subnet Mask . . . . . . . . . : 255.255.240.0
        Default Gateway . . . . . . . : 148.53.40.2
        Primary WINS Server . . . . . : 148.53.40.4

C:\>
```

Abbildung 19.13

Die IP-Konfiguration für Host G

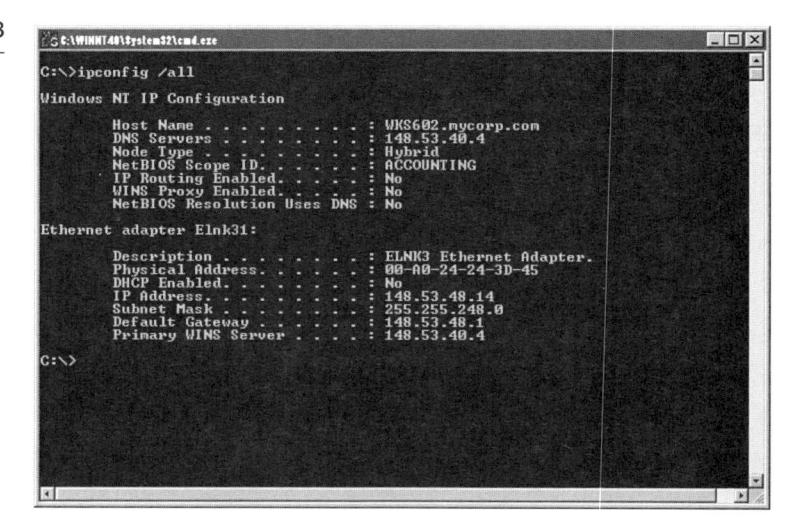

```
C:\>ipconfig /all

Windows NT IP Configuration

        Host Name . . . . . . . . . . : WKS602.mycorp.com
        DNS Servers . . . . . . . . . : 148.53.40.4
        Node Type . . . . . . . . . . : Hybrid
        NetBIOS Scope ID. . . . . . . : ACCOUNTING
        IP Routing Enabled. . . . . . : No
        WINS Proxy Enabled. . . . . . : No
        NetBIOS Resolution Uses DNS : No

Ethernet adapter Elnk31:

        Description . . . . . . . . . : ELNK3 Ethernet Adapter.
        Physical Address. . . . . . . : 00-A0-24-24-3D-45
        DHCP Enabled. . . . . . . . . : No
        IP Address. . . . . . . . . . : 148.53.48.14
        Subnet Mask . . . . . . . . . : 255.255.248.0
        Default Gateway . . . . . . . : 148.53.48.1
        Primary WINS Server . . . . . : 148.53.40.4

C:\>
```

Abbildung 19.14

Die IP-Konfiguration für Host H

```
Microsoft(R) Windows NT(TM)
(C) Copyright 1985-1996 Microsoft Corp.

C:\>ipconfig /all

Windows NT IP Configuration

        Host Name . . . . . . . . . . : WKS162.mycorp.com
        DNS Servers . . . . . . . . . : 148.53.40.4
        Node Type . . . . . . . . . . : Mixed
        NetBIOS Scope ID. . . . . . . :
        IP Routing Enabled. . . . . . : No
        WINS Proxy Enabled. . . . . . : No
        NetBIOS Resolution Uses DNS : No

Ethernet adapter Elnk31:

        Description . . . . . . . . . : ELNK3 Ethernet Adapter.
        Physical Address. . . . . . . : 00-A0-24-24-3D-45
        DHCP Enabled. . . . . . . . . : No
        IP Address. . . . . . . . . . : 148.53.48.85
        Subnet Mask . . . . . . . . . : 255.255.248.0
        Default Gateway . . . . . . . : 148.53.48.1
        Primary WINS Server . . . . . : 148.53.40.4

C:\>
```

Lösungen

Szenarium 1

1. Das einzige System, das mit dem FTP-Server kommunizieren kann, ist der FTP-Server selbst.

2. Die Probleme sind hier aufgelistet:

   System A hat eine ungültige IP-Adresse für das Teilnetzwerk. Das Teilnetzwerk, in dem sich das System befindet, ist 148.53.64.0. Die IP-Adresse ist nicht gültig, weil sie sich außerhalb des gültigen Wertebereichs befindet.

   System B kann nicht kommunizieren, weil es den FTP-Server wegen der falschen Subnet Mask als Remote-System betrachtet. Nach System B befindet sich der FTP-Server im Teilnetzwerk 148.53.66.0. Tatsächlich ist er aber im Teilnetzwerk 148.53.64.0.

   System D hat auch ein Problem mit seiner Subnet Mask. In diesem Fall betrachtet das System die anderen Hosts als remote. Der Standard-Gateway befindet sich jedoch ebenfalls in einem Remote-Teilnetzwerk. Das System sieht dies und versucht nicht einmal, eine Verbindung zum Standard-Gateway aufzubauen.

   System E kann mit allen Systemen im lokalen Teilnetzwerk kommunizieren, die angegebene Gateway-Adresse ist jedoch falsch. Der Gateway befindet sich in einem anderen Teilnetzwerk. Das System versucht deshalb noch nicht einmal, Verbindung mit ihm aufzunehmen.

3. Tabelle 19.2 listet die korrekten Werte auf.

Tabelle 19.2
Mögliche Werte für Netzwerk 1

System	IP-Adresse	Subnet Mask	Standard-Gateway
A	148.53.64.7	255.255.192.0	148.53.64.1
B	148.53.64.8	255.255.192.0	148.53.64.1
D	148.53.180.4	255.255.192.0	148.53.128.1
E	148.53.128.255	255.255.192.0	148.53.128.1

Kapitel 19 Problembehebung

4. Sie sollten die folgenden Elemente prüfen:

   ▶ Ist der FTP-Server aktiv?

   ▶ Da viele Hosts keine Verbindung aufbauen können, sollten Sie die Anschlußnummer des Dienstes prüfen.

   ▶ Prüfen Sie, ob der FTP-Server-Dienst neu gestartet wurde, nachdem Änderungen vorgenommen wurden.

   ▶ Testen Sie, ob Sie mit `ping` eine Verbindung zu den Client-Stationen aufnehmen können. Initialisieren Sie den TCP/IP-Stapel neu (d.h. booten Sie Ihr System neu).

Szenarium 2

1. Die beiden Hosts F und G können nicht kommunizieren. Im vorgegebenen Szenarium gehört die IP-Adresse zum ersten Teilnetzwerk. Da das zweite und das dritte Teilnetzwerk die gleiche Subnet-ID haben, ist kein Routing möglich.

2. Nein. Weil die drei Teilnetzwerke alle Hosts mit gleichen IP-Adressen haben, gibt es keine Möglichkeit.

Szenarium 3

1. Es treten folgende Fehler auf:

   ▶ Es gibt zwei Subnet Masks im Netzwerk. Das ist eigentlich kein Fehler, weil es Fälle gibt, in denen dies erforderlich ist. Manchmal ist es sogar wünschenswert. Bei mehreren Subnet Masks müssen Sie dem Netzwerk auf jeden Fall mehr Aufmerksamkeit widmen.

   ▶ Host G benötigt eine andere IP-Adresse oder Subnet Mask. (Hier sehen Sie ein Beispiel dafür, daß die Architektur der Teilnetzwerke zu Fehlern führen kann.)

   ▶ Der Gateway im zweiten Netzwerk ist falsch (das Teilnetzwerk mit den Hosts D, E und F). Das verursacht im Netzwerk große Probleme. Der Router (I) hat zwei mögliche Routen zum Netzwerk 148.53.16.0. Er kann Daten entweder über 148.53.16.1 oder 148.53.31.1 leiten. Die Wahl hängt von der Subnet Mask ab, die der Router benutzt. Auch mit den zwei Routen können die Benutzer D, E und F nicht kommunizieren, weil sie sich im Teilnetzwerk 32.0 befinden und beide Gateways in anderen Teilnetzwerken sind.

- ▶ Der letzte Abschnitt umreißt ein Problem, das mit Host I zusammenhängt. Host I hat die gleiche IP-Adresse wie der Router. Das bedeutet, daß die anderen Hosts im Teilnetzwerk (H und G) keine Nachrichten nach außen versenden können, falls der Host I vor dem Router gestartet wurde.

2. Die Subnet Mask 255.255.248.0 liefert die benötigte Anzahl von Hosts pro Teilnetzwerk und bietet trotzdem noch die maximale Anzahl von Teilnetzwerken, damit das Netzwerk expandieren kann.

3. Es sind folgende Änderungen nötig:

   - ▶ Host A benötigt eine neue IP-Adresse, die ihn in das Teilnetzwerk 148.53.56.0 bringt.

   - ▶ Der Router des ersten Teilnetzwerks muß ebenfalls in das Teilnetzwerk 148.53.56.0 gebracht werden.

   - ▶ Der Router des zweiten Teilnetzwerks (rechts) benötigt ebenfalls eine neue Adresse, die ihn in das Teilnetzwerk der Hosts bringt.

   - ▶ Host I benötigt eine neue IP-Adresse. Diese sollte sich im Teilnetzwerk 148.53.24.0 befinden.

   - ▶ Der Router des dritten Teilnetzwerks muß ebenfalls in das Teilnetzwerk 148.53.24.0 aufgenommen werden (z.B. unter der Adresse 148.53.24.1).

4. Nein. Die Routing-Tabelle ist nicht korrekt und wird nicht funktionieren. Ein Problem entsteht dadurch, daß die Netzwerke 148.53.56.0, 148.53.32.0 und 148.53.24.0 alle Bestandteile des Netzwerks 148.53.0.0 sind. Dadurch weiß der Router nicht, ob er die Pakete für diese drei Netzwerke an das eigentliche Teilnetzwerk oder das Internet senden soll. Das heißt, es gibt keine Garantie dafür, daß die Daten ihr Ziel erreichen.

Um das Problem zu lösen, müssen Sie das Netzwerk verändern, mit dem eine Verbindung zum Internet aufgebaut wird. Augenblicklich sitzt das Netzwerk 148.53.0.0 zwischen dem dynamischen Router und dem Router J. Dadurch glaubt der dynamische Router, daß die gesamte Information für das lokale Netzwerk bestimmt ist und schaut nach dem Host im Netzwerk zwischen dem dynamischen Router und dem NT-Router. Um dieses Problem zu lösen, müssen Sie dem Teilnetzwerk zwischen dem dynamischen Router und den statischen Routern eine Subnet-ID wie z. B. 148.53.16.0 verleihen. Dadurch können sich Hosts auch außerhalb des Netzwerks befinden und das gesamte Netzwerk funktioniert korrekt.

Szenarium 4

1. Der LAN Manager für OS/2-Client kann den WINS-Server nicht für die Registrierung bzw. Freigabe von Namen und auch nicht für die Namensauswertung verwenden. Sie können zwei Dinge tun: Fügen Sie für den Client eine statische Zuordnung in die WINS-Datenbank ein und richten Sie eines der anderen Systeme in dem Teilnetzwerk, in dem sich der Client befindet, als Proxy-Server ein.

2. Bei Windows 3.1 müssen Sie berücksichtigen, daß normalerweise der MS-Client 3.0 für MS-DOS verwendet wird. Dieser Client kann einen WINS-Server für die Namensauswertung benutzen. Es gibt jedoch keine Interaktion für die Registrierung oder Freigabe von Namen, sondern es kann nur geprüft werden, ob ein Name bereits existiert. Erstellen Sie in der WINS-Datenbank eine statische Zuordnung zu diesem Host. Führen Sie außerdem das Programm *SETUP.EXE* aus, das sich im Verzeichnis *C:\NET* befindet, um die WINS-Server-Adresse in das System aufzunehmen. (Das wird in der Datei *SYSTEM.INI* im gleichen Verzeichnis gespeichert.)

3. Es sollte für die Domänen-Controller eine Möglichkeit geben, sich zu sehen und einander als Domänen-Controller zu erkennen. Das kann mit der Datei *LMHOSTS* realisiert werden. In dieser müssen zwei Einträge vorhanden sein: einer für jeden der beiden Domänen-Controller im Netzwerk. Die beiden Einträge würden mit dem #DOM-Tag gekennzeichnet werden, vielleicht auch mit dem #PRE-Tag.

Die Arbeitsstationen müssen nicht verändert werden, die Anmeldung bei der Domäne wird über Rundsendungen realisiert. Die Hosts in den beiden Netzwerken können sich jedoch nicht anmelden, wenn der Domänen-Controller des aktuellen Teilnetzwerks heruntergefahren wird. Deshalb benötigt jeder Host eine *LMHOSTS*-Datei mit dem Namen der beiden Domänen-Controller und dem #DOM-Tag.

Szenarium 5

1. Die Lösungen heißen:

Host A

Speziell bei diesem Host gibt es zwei mögliche Probleme: Das System ist so eingerichtet, daß der DNS-Server für die NetBIOS-Namensauswertung verwendet wird, und der Standard-Gateway ist falsch angegeben.

Die Tatsache, daß der DNS-Server für die NetBIOS-Namensauswertung verwendet wird, ist nicht unbedingt ein Problem. Der DNS-Server muß jedoch die NetBIOS-Namen verwenden, die im Netzwerk eingesetzt werden. Ansonsten kann das System nicht mit anderen Systemen im Netzwerk kommunizieren.

Das größere der beiden Probleme ist der Standard-Gateway, der entweder gar nicht oder falsch angegeben ist. (Wenn der Standard-Gateway sich nicht im gleichen Teilnetzwerk befindet, weigert sich das System, ihn anzuzeigen.) Das System kann nicht außerhalb des Netzwerks kommunizieren. Das bedeutet, daß die Namensauswertung auf Rundsendungen im lokalen Netzwerk beschränkt ist.

Der erste Teil der Lösung ist sehr einfach: Benutzen Sie die korrekte Adresse des Standard-Gateway (148.53.32.1). Dadurch kann das System mit dem gesamten Intranet kommunizieren. Der zweite Teil ist fraglicher, weil zur Debatte steht, ob das System den DNS-Server für die NetBIOS-Namensauswertung benutzen sollte. Das hängt davon ab, ob das System dafür vorgesehen ist oder nicht. Falls nicht, sollten Sie das Kontrollkästchen, daß dem System mitteilt, DNS für die NetBIOS-Namensauswertung zu verwenden, deaktivieren (auf der Registerkarte WINS in der TCP/IP-Konfiguration).

Host C

Der Fehler in diesem System ist sehr einfach. Die Auswirkungen des Konfigurationsfehlers sind jedoch weitreichend. Der Fehler ist die falsch konfigurierte WINS-Server-Adresse. Dieses System kann den Namen im lokalen Teilnetzwerk nicht auswerten. Dieses ist langsam, weil die Versuche, den WINS-Server zu erreichen, zuerst zu einer Zeitüberschreitung führen müssen. Das System kann dann die lokalen Namen auswerten. Das System kann dazu den DNS-Server benutzen. Wenn der Benutzer Geduld genug besitzt, und wenn der DNS-Server die NetBIOS-Namen verwendet, kann die Auswertung stattfinden (denken Sie daran, daß sich die beiden Methoden gegenseitig absichern). Das System würde jedoch sehr lange brauchen, um die Adressen auf diese Weise auszuwerten.

Es ist sehr interessant, daß das System bei der Auswertung der Host-Namen keine Probleme haben würde, weil der DNS-Server vorhanden ist. Das kann Verwirrung verursachen, weil das System so scheinen könnte, als würde es mit einigen Hosts zusammenarbeiten, mit anderen aber nicht. Die Lösung dieses Problems ist sehr einfach: Geben Sie die korrekte WINS-Server-Adresse ein.

Host D

Wenn Sie die Konfiguration von Host D genauer betrachten, werden Sie feststellen, daß für den Standard-Gateway die Adresse 148.53.40.2 angegeben wurde. Das zeigt an, daß das System beabsichtigt, primär über diesen Router mit den Hosts im dritten Teilnetzwerk zu kommunizieren.

Es gibt kein Problem. Die Informationen können die Benutzer im dritten Teilnetzwerk niemals erreichen. Die Subnet Mask ist in diesem Fall falsch. Das System kann die Benutzer im ersten Teilnetzwerk nicht erreichen. Die Subnet Mask für diese Hosts zeigt an, daß alle Systeme im Bereich 148.53.32.1 bis 148.53.47.255 lokal zu sich selbst sind. Das bedeutet, daß die Hosts im dritten Teilnetzwerk (Host D betrachtet dieses als den Adreßbereich zwischen 148.53.48.1 und 148.53.63.254) als remote erscheinen werden. Alle Systeme im ersten Teilnetzwerk liefern jedoch die gleiche Subnet-ID zurück.

Die Lösung besteht natürlich darin, die Subnet Mask zu korrigieren. Dadurch kann das System die Remote-Hosts korrekt von den lokalen Hosts unterscheiden.

Host G

Das Problem bei Host G ist eigentlich kein Fehler. Dem System wurde die NetBIOS-Bereichs-ID von ACCOUNTING verliehen. Das bedeutet, daß es nur mit Hosts kommunizieren kann, die die gleiche Bereichs-ID haben. Das ist nicht unbedingt ein Fehler. Wenn das System sicher sein soll, fördert diese Einstellung die Systemsicherheit.

Das System kann noch immer mit allen anderen Arbeitsstationen über den TCP/IP-Stapel kommunizieren. Beachten Sie, daß andere Arbeitsstationen mit dem Host ebenfalls über den TCP/IP-Stapel kommunizieren können. Wenn z.B. der IIS auf diesem System installiert wäre, könnten die anderen Hosts im Netzwerk über diese Öffnung zu ihm gelangen.

Auf NetBIOS-Seite kann das System nur mit Systemen aus dem gleichen NetBIOS-Bereich kommunizieren. Das beinhaltet den WINS-Server nicht. Somit muß die Namensauswertung vollständig über Rundsendungen realisiert werden. Der Fehler (falls es einer ist) kann korrigiert werden, indem die NetBIOS-Bereichs-ID von diesem Host entfernt wird.

Host H

Das Problem bei diesem Host ist ziemlich raffiniert. Es gibt kein Verbindungsproblem. Der Host kann über das Netzwerk kommunizieren. Das einzige wirkliche Symptom ist, daß der Verbindungsprozeß sehr langsam ist.

Das Problem ist die Art der NetBIOS-Namensauswertung. Der Host scheint sich völlig normal zu verhalten, wenn der TCP/IP-Stapel (WinSock) benutzt wird. Wenn das System versucht, zu einem NetBIOS-Host Verbindung aufzunehmen, wird jedoch die M-Knoten-Auswertung eingesetzt. Das bedeutet, daß das System immer versucht, eine Rundsendung zu verschicken, bevor der WINS-Server verwendet wird.

In diesem Fall müssen Sie den Eintrag für den Knotentyp in der Registrierung unter `HKEY_LOCAL_MACHINE\System\CurrentControlSet\NetBT\Parameters` löschen oder auf den Wert `0x8` setzen. Wenn Sie diesen Schlüssel entfernen, kann das System den Knotentyp automatisch bestimmen und die Einstellung eines H-Knotens wiederherstellen.

Kapitel 20
Ein TCP/IP-Intranet entwerfen

In früheren Kapiteln haben Sie alle Bestandteile von TCP/IP kennengelernt, die insbesondere unter Windows NT und von Microsoft im allgemeinen zur Verfügung stehen. In diesem Kapitel werden die Stücke zu einer Gesamtimplementierung eines TCP/IP-Intra-Netzwerks zusammengefügt. Es werden keine Prozeduren beschrieben, da Sie diese in den entsprechenden Kapiteln nachlesen können.

Wie beim Projektmanagement wird das meiste in der Planungs- oder Entwurfsphase erledigt. Deshalb wird dieser Teil detailliert besprochen. Es wird ein Netzwerk für den Konzern X entworfen.

Der Konzern X ist eine multinationale Körperschaft mit Hauptniederlassungen in Ottawa (Kanada), Sydney (Australien), Kapstadt (Südafrika) und London (Großbritannien). Der Konzern X hat verschiedene kleinere Zweigniederlassungen, die auf der ganzen Welt verstreut sind. Bild 20.1 ist eine Landkarte, die die vier Haupt- und die Zweigniederlassungen zeigt.

Abbildung 20.1

Die verschiedenen Niederlassungen des Konzerns X

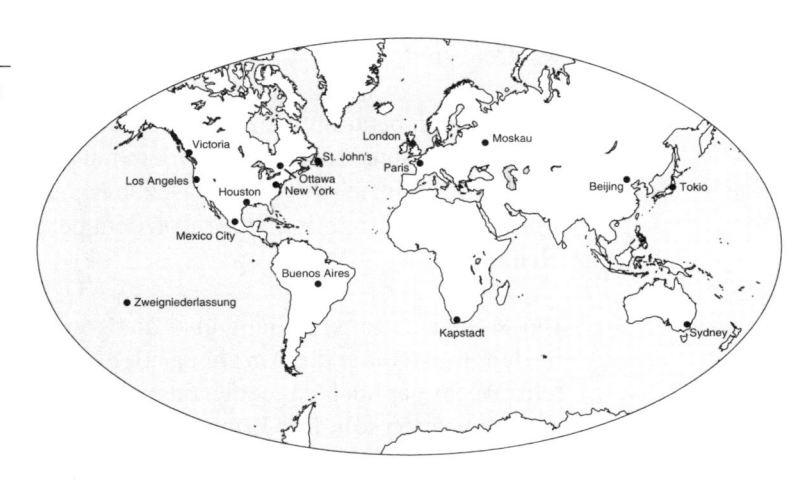

Wie Sie sehen können, gibt es 11 Zweigniederlassungen. Bevor Sie fortfahren, müssen Sie etwas mehr über den Konzern erfahren. Sie müssen verschiedene Dinge über die Sites des Konzerns X wissen und in Erfahrung bringen, was der Konzern von dem Netzwerk erwartet. Sie könnten z. B. Fragen wie die folgenden stellen:

- Wie viele Benutzer haben die einzelnen Sites?
- Wie viele weitere Standorte sollen hinzukommen?
- Gibt es Benutzer, die von Standort zu Standort reisen?
- Soll die Kommunikation über E-Mail erfolgen?
- Soll ein Zugriff auf das Internet bestehen? Soll dieser für alle Benutzer verfügbar sein?
- Müssen Benutzer nur auf die lokalen Ressourcen zugreifen, oder benötigen sie Zugriff auf das gesamte Netzwerk?

Wenn Sie bereits eine Weile mit Windows NT gearbeitet haben, werden Sie feststellen, daß die Fragen gleich sind, wenn Sie ein Domänenmodell planen.

Der Konzern plant, Angestellten einen Zugriff auf das Internet und das Intranet anzubieten. Der Informationsfluß zwischen den Standorten muß sehr gut sein, da die Teams häufig aus Mitarbeitern zusammengestellt werden, die über den ganzen Konzern verstreut sind.

Der Konzern benötigt ganz offensichtlich ein leistungsfähiges Kommunikationsrückgrat. Außerdem müssen einige Vorkehrungen für die Vertriebs- und technischen Mitarbeiter getroffen werden, die häufig reisen, aber trotzdem per E-Mail in Kontakt bleiben müssen.

Bevor Sie eine Entscheidung über die Kommunikationsstruktur treffen, müssen Sie die Anzahl der Benutzer pro Standort ermitteln. Wichtiger noch ist jedoch das Budget, das zur Verfügung gestellt werden soll. Der Konzern X stellt eine Liste der Mitarbeiter für seine Hauptstandorte zur Verfügung:

- ▶ Ottawa: Konzernzentrale
- ▶ 6.732 Benutzer, die sich wie folgt zusammensetzen:
  - ▶ 87 Leitende Angestellte
  - ▶ 3.156 Mitarbeiter in der Produktion
  - ▶ 672 Mitarbeiter für den Support in der Zentrale
  - ▶ 960 Mitarbeiter im Rechnungswesen
  - ▶ 873 Mitarbeiter in Forschung und Entwicklung
  - ▶ 352 Vertriebsmitarbeiter
  - ▶ 632 Mitarbeiter in der Verwaltung
- ▶ London: Hauptniederlassung in Europa
- ▶ 2.462 Benutzer, die sich wie folgt zusammensetzen:
  - ▶ 14 Leitende Angestellte
  - ▶ 78 Mitarbeiter für den Support in der Niederlassung
  - ▶ 400 Mitarbeiter im Rechnungswesen
  - ▶ 798 Mitarbeiter in Forschung und Entwicklung
  - ▶ 651 Vertriebsmitarbeiter
  - ▶ 521 Mitarbeiter in der Verwaltung
- ▶ Kapstadt: Regionale Hauptniederlassung in Afrika
- ▶ 1.462 Benutzer, die sich wie folgt zusammensetzen:
  - ▶ 62 Leitende Angestellte
  - ▶ 132 Mitarbeiter für den Support in der Niederlassung
  - ▶ 341 Mitarbeiter im Rechnungswesen
  - ▶ 198 Mitarbeiter in Forschung und Entwicklung
  - ▶ 632 Vertriebsmitarbeiter
  - ▶ 87 Mitarbeiter in der Verwaltung
- ▶ Sydney: Hauptniederlassung im asiatischen Raum

- 3.263 Benutzer, die sich wie folgt zusammensetzen:
  - 153 Leitende Angestellte
  - 632 Mitarbeiter für den Support in der Niederlassung
  - 345 Mitarbeiter im Rechnungswesen
  - 406 Mitarbeiter in Forschung und Entwicklung
  - 965 Vertriebsmitarbeiter
  - 762 Mitarbeiter in der Verwaltung

Der Konzern X stellt auch Tabelle 20.1 zur Verfügung, die Informationen für alle Zweigniederlassungen enthält:

Tabelle 20.1

Benutzer in den Zweigniederlassungen

Niederlassung	Verwaltung	Vertrieb	Technik
Victoria	127	253	187
Los Angeles	169	375	318
Mexico City	217	485	230
Houston	125	632	240
New York	146	496	300
Buenos Aires	289	682	120
St. John's	205	110	132
Paris	150	469	327
Moskau	259	182	51
Beijing	98	770	244
Tokio	140	563	198

Die Mitarbeiter in der Technik (inklusive Forschung und Entwicklung) und die Vertriebsmitarbeiter reisen viel und benötigen deshalb einen RAS-Zugriff von überall auf der ganzen Welt. Sie benutzen alle Laptops, die mit PCMCIA-Modems und Netzwerkkarten ausgestattet sind. Die Leitenden Angestellten reisen ebenfalls, aber normalerweise nicht so häufig. Sie benötigen im allgemeinen keinen RAS-Zugriff, sondern sie besuchen andere Büros, von denen aus sie auf das Netzwerk unter ihrem eigenen Benutzerkonto zugreifen können müssen.

Die Informationen, die den Konzern betreffen, werden auf allen Haupt-Sites bereitgestellt. Bereichsspezifische Informationen werden jedoch in den entsprechenden Zweigniederlassungen gespeichert. Diese Informationen müssen allen Benutzern zur Verfügung stehen.

20.1 IP genauer betrachtet

Zunächst muß festgestellt werden, welche Anforderungen an die IP-Adressen bestehen. Der Konzern X hat augenblicklich die Klasse B-Adresse 148.53.0.0. Die Hauptverbindung zum Internet erfolgt über einen Router in Ottawa, der direkt mit dem Backbone verbunden ist. Die Klasse B-Adresse kann in verschiedene Nummernblöcke aufgebrochen werden (siehe Kapitel 6, »Teilnetzwerke«). Tabelle 20.2 zeigt die Aufteilung.

Tabelle 20.2
Kombination von Netzwerken und Hosts

Bits im Teilnetzwerk	Netzwerke	Hosts
2	2	16.382
3	6	8.190
4	14	4.094
5	30	2.046
6	62	1.022
7	126	510
8	254	254

Der entscheidende Faktor im Schema der Teilnetzwerke ist die Anzahl der Hosts, die in jedem Teilnetzwerk enthalten sein soll. Tabelle 20.3 bietet Ihnen einen Überblick über die Möglichkeiten und die Anzahl der Teilnetzwerke, die jeweils benötigt werden.

Tabelle 20.3
Benötigte Teilnetzwerke

Standort	254 Teilnetze 254 Hosts pro	126 Teilnetze 510 Hosts pro	62 Teilnetze 1.022 Hosts pro
Ottawa	27	14	7
London	10	5	3
Kapstadt	6	3	2
Sydney	13	7	4
Victoria	3	2	1
Los Angeles	5	3	2
Mexico City	4	2	1
Houston	4	2	1
New York	4	2	1
Buenos Aires	5	3	2
St. John's	2	1	1
Paris	4	2	1

Standort	254 Teilnetze 254 Hosts pro	126 Teilnetze 510 Hosts pro	62 Teilnetze 1.022 Hosts pro
Moskau	2	1	1
Beijing	5	3	2
Tokio	4	2	1
Gesamt	54	29	17
Verfügbar	254	126	62

Es funktioniert mit allen diesen Konstellationen. Eine persönliche Vorliebe ist es, eine 7-Bit-Maske zu verwenden, weil das bedeutet, daß 126 Netzwerke zur Verfügung stehen. Es werden jedoch nur 29 benötigt. Bei Expansionsplänen steht zukünftig noch viel Platz zur Verfügung, weil noch 97 Teilnetzwerke mit insgesamt 510 Hosts zur Verfügung stehen.

20.2 Die Sites verbinden

Der nächste Schritt besteht darin, die Verbindungen zwischen den verschiedenen Standorten herzustellen. Weil sehr viel Information durch die Leitungen fließt, müssen die Verbindungen sehr schnell sein. Das heißt, der Netzwerkentwickler muß die Kosten der hohen Anforderungen an die Bandbreite an den Benutzer umlegen. Bild 20.2 zeigt die vorgeschlagenen Netzwerkverbindungen.

Abbildung 20.2

Die gewünschten Netzwerkverbindungen des Konzerns X

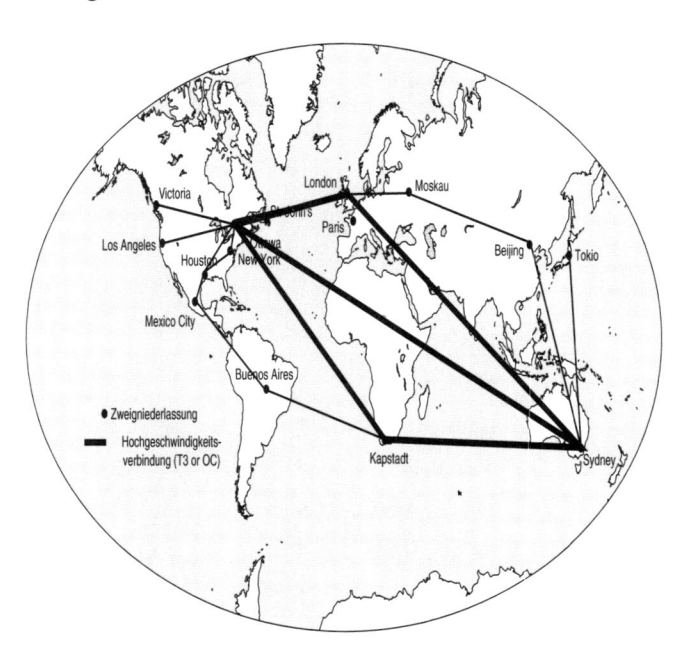

Die gezeigten Verknüpfungen bieten eine vollständige Redundanz der Routen (siehe Kapitel 7) des Netzwerksystems. Sie repräsentieren jedoch eine wichtige Investition.

Der nächste Schritt besteht darin, das Domänenmodell zu ermitteln, das im Netzwerk implementiert werden soll. Alle Hauptniederlassungen sollen die Verwaltung für ihre Gebiete übernehmen. Alle Zweigniederlassungen werden als Ressourcen-Domänen geführt, was es ihnen ermöglicht, einen Teil der Verwaltung selbst zu übernehmen.

Als Modell wird deshalb die Multiple Master Domain gewählt. Es gibt vier Domänen für Benutzerkonten/Ressourcen. Die restlichen elf agieren nur als Ressourcen-Domänen. Jede der Ressourcen-Domänen (in denen sich die Benutzer physisch aufhalten) müssen den Benutzerkonten-Domänen trauen (in denen die Benutzerkonten abgelegt sind), und die Benutzerkonten-Domänen müssen sich gegenseitig trauen.

> Überprüfung der Vertrauensstellung
>
> Sie sollten bereits etwas von den Vertrauensstellungen verstehen, die hier zum Einsatz kommen. Zur Auffrischung folgt nun ein Überblick.
>
> Um Vertrauensstellungen zu verstehen, müssen Sie das Domänenmodell verstehen. Eine Windows NT-Domäne kann als Gruppe von Benutzern oder Computern definiert werden, die zur Verwaltung zu einer logischen Einheit verbunden werden. Dadurch kann ein Administrator zahlreiche Systeme verwalten, die weit verstreut liegen. Eine einzelne Windows NT-Domäne kann sich über ein WAN oder andere Verbindungen erstrecken und noch immer drei wesentliche Dinge leisten:
>
> PRO BENUTZER EIN BENUTZERKONTO. Kein Benutzer hat mehr als ein Benutzerkonto, egal auf wieviele Server er zugreifen muß.
>
> ZENTRALISIERTE VERWALTUNG. Die Benutzerkonten befinden sich alle an einer Stelle. Dadurch können Sie die Aktivitäten von einem einzigen Ort aus verwalten.
>
> ZENTRALISIERTE VERWALTUNG DER RESSOURCEN. Wenn ein Windows NT-System in eine Domäne aufgenommen wird, wird die Gruppe der globalen Domänen-Administratoren zur Gruppe der lokalen Administratoren auf dem Server hinzugefügt. Dadurch kann jedes Mitglied der globalen Domänen-Administratoren das System verwalten. (Die globale Gruppe der Domänenbenutzer wird zur lokalen Benutzergruppe hinzugefügt und die Domänengäste zu den lokalen Gästen.)

> Um die soeben aufgeführten Punkte zu behandeln, werden PDC- und BDC-Computer benutzt, die in Kapitel 14 besprochen wurden. Die Vertrauensstellung nimmt diese einzelne Domäne und ermöglicht es Ihnen, sie in das Firmen-Szenarium aufzunehmen. Vielleicht ist diese Methode etwas schwieriger anzuwenden als STDS (Street Talk Directory Services) und NDS (Netware Directory Services), aber sie funktioniert.
>
> Im wesentlichen ermöglichen es Vertrauensstellungen einem Benutzer, der ein Benutzerkonto auf dem bestimmten Computer hat, sich bei einem Computer anzumelden, der Bestandteil einer anderen Domäne ist. Dieser Benutzer hat nur die Rechte, die Benutzern normalerweise verliehen werden, und kann keine Informationen lesen, wenn von der Echtheitsbestätigungsdomäne kein Zutritt genehmigt wurde. Der Benutzer kann nur den Computer verwenden, um seine eigene Information im Netzwerk zu erhalten.
>
> Vertrauensstellungen werden normalerweise als Pfeil eingezeichnet. Dieser Pfeil zeigt auf die Benutzerkonten-Domäne (oder die vertrauende Domäne, da sich die Domäne darauf verlassen muß, daß geprüft wurde, daß der Benutzer derjenige ist, der er vorgibt zu sein). Wenn eine Domäne einer anderen vertraut, benötigt sie noch nicht einmal Benutzerkonten. Diese können in der anderen Domäne abgelegt sein. Auf diese Weise ist es möglich, die Verwaltung des Computers von der der Benutzerkonten zu trennen. Der Hauptzweck einer Vertrauensstellung ist der, diese Unterscheidung möglich zu machen und es Benutzern aller Domänen zu ermöglichen, auf die Ressourcen im gesamten Unternehmen zuzugreifen.
>
> Gemäß Microsoft kann eine einzelne Domäne bis zu 40.000 Benutzer umfassen, aber keine Gruppen und Computer. 26.000 sind empfehlenswert bei einem Computer pro Benutzer und einer beschränkten Anzahl an Gruppen. Wenn Vertrauensstellungen eingesetzt werden, ist eine Zahl zwischen diesen beiden Werten realistisch. Wenn alle Konten für Computer entfernt werden, bleibt mehr Platz für Benutzerkonten.

Ein weiterer Punkt, der zu berücksichtigen ist, ist die Möglichkeit, sich in einen Server-Computer einzuwählen (siehe Kapitel 18). Beim Konzern X halten sich die Vertriebsmitarbeiter und die Techniker nicht immer in der Nähe eines Büros auf. Deshalb wird eine Einwahl im herkömmlichen Sinn nicht erfolgen. Der Konzern X muß in Ländern, in denen er Geschäfte machen möchte, mit Internet-Providern zusammenarbeiten und deren Dienste zur Einwahl nutzen. Dadurch wird der Einsatz des Protokolls PPTP ermöglicht. Deshalb benötigt die Firma X eine Folge von RAS-Servern in Ottawa, die nur mit PPTP arbeiten.

Der Konzern spart dadurch teure Geräte für die Einwahl und die Wartung. Um die Implementierung zu unterstützen, können die lokalen Einwählnummern aller Internet-Provider gesammelt werden und zu der Telefon-API der wichtigsten Städte hinzugefügt werden. Dies kann auf den Laptops vorinstalliert werden, bevor sie an die Benutzer gesendet werden.

Mit all diesem Wissen sollten Sie nun in der Lage sein, das Domänen-Modell und die Teilnetzwerke einzurichten. Bild 20.3 zeigt die involvierten Domänen und die Vertrauensstellungen. Bild 20.4 bricht das Klasse-B-Netzwerk in verschiedene Teilnetzwerke auf. (Im Diagramm wurde die Angabe 148.53 weggelassen, um die Darstellung klarer zu machen.)

> **hinweis**
>
> In Bild 20.3 sind nicht alle Vertrauensstellungen eingezeichnet. Bitte denken Sie sich, es sei dargestellt, daß die nordamerikanischen Ressourcen eigentlich den anderen Benutzerkonten-Domänen vertrauen. Das Bild wäre sonst zu verwirrend.

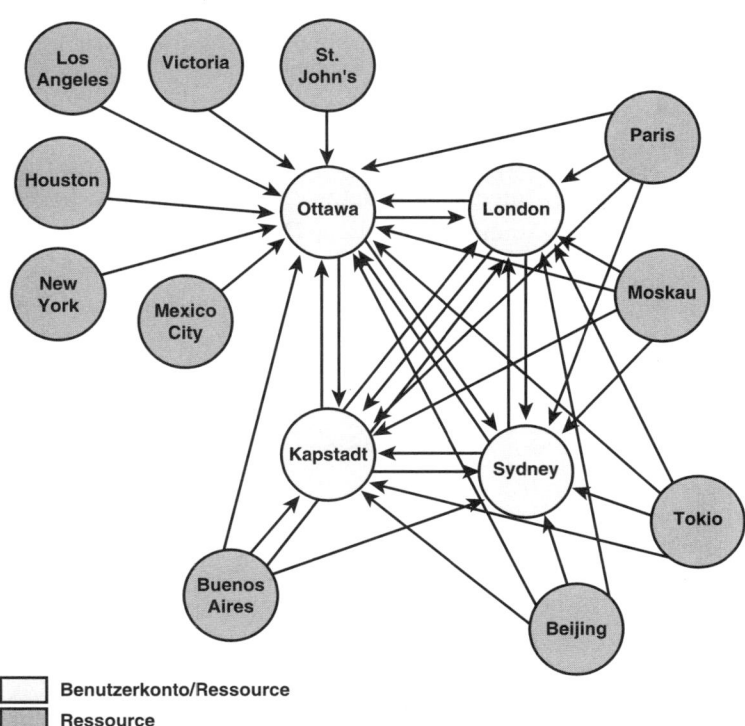

Abbildung 20.3

Die Domänen und Vertrauensstellungen

Abbildung 20.4

Die Domänen und Vertrauensstellungen

[Weltkarte mit folgenden Standorten:
- London - .96 to .104
- Moskau - .106
- Victoria - .32 & .34
- St. John's - .30
- Paris - .108 & .110
- Los Angeles - .36, .38 & .40
- Ottawa - .2 to .28
- Houston - .42 & .44
- New York - .46 & .48
- Beijing - .144, .146 & .148
- Tokio - .140 & .142
- Mexico City - .50 & .52
- Buenos Aires - .70, .72 & .74
- Zweigniederlassung
- Kapstadt - .64, .66 & .68
- Sydney - .128 to .138]

20.3 Dienste

Bei der Gestaltung von Netzwerken müssen Sie überlegen, einige andere Netzwerkwerkzeuge hinzuzunehmen. Sie werden einige wesentliche Dinge einrichten, um die Kommunikation im gesamten Intranetzwerk zu ermöglichen.

- DHCP-Server
- WINS-Server
- DNS-Server
- IIS
- RAS-Server

20.3.1 DHCP-Server aufnehmen

In einem Intranet dieser Größe ist es sehr schwierig, IP-Adressen allen Arbeitsstationen von Hand zuzuweisen. Die Alternative, die auf der Hand liegt, ist die Installation eines DHCP-Servers (siehe Kapitel 11). Der Konzern X benötigt pro Hauptniederlassung mindestens einen DHCP-Server. Wie Sie bereits gesehen haben, benötigen einige Niederlassungen (eigentlich sogar die meisten) mehr als ein Teilnetzwerk. In solchen Fällen können Sie die Dienste des DHCP-Relay-Agent nutzen. Keiner dieser Dienste nimmt die Ressourcen übermäßig in Anspruch. Sie werden zu anderen Servern hinzugefügt. Wahrscheinlich wird dies in die Rolle von BDC aufgenommen.

20.3.2 WINS-Server hinzufügen

Wenn Sie IP-Adressen mit DHCP zuweisen, benötigen Sie etwas, mit dem Sie den Standort jedes einzelnen Computer-Namens im Netzwerk protokollieren können, d.h. eine Methode, um die NetBIOS-Namen der Computer in IP-Adressen umzuwandeln. Dies ist ein Fall für WINS (siehe Kapitel 13). In diesem Beispiel wird jedoch mehr als ein WINS-Server benötigt. Das bedeutet, daß die WINS-Replikation konfiguriert werden muß, damit sich die Systeme in der ganzen Welt gegenseitig sehen können.

Für die Replikation der WINS-Datenbank müssen einige Entscheidungen über den Datenverkehr getroffen werden, den die Firma bereit ist, in Kauf zu nehmen. Im Beispiel müssen ungefähr fünfzehn verschiedene Standorte bedient werden. Falls möglich, sollte die Namensauswertung über WAN-Verbindungen, die alle Büros miteinander verbinden, am besten vermieden werden.

Die Antwort ist einfach, wirft aber einige andere Fragen auf. Ein WINS-Server wird in jedem der Netzwerke plaziert, die diesen Dienst benötigen. Das bedeutet, daß es fünfzehn WINS-Server gibt. Damit ein Benutzer in Kapstadt die Ressourcen eines Systems in Victoria nutzen kann, muß der Computer des Benutzers NetBIOS-Namen der Systeme in Victoria auswerten können. Deshalb muß der WINS-Server im Netzwerk von Kapstadt die Namen der Computer in Victoria auswerten können.

Wegen des Bedarfs, Namen für Systeme auf der ganzen Welt auswerten zu können, wird Replikation benötigt. Augenblicklich sind vier Haupt-Sites, die mit Kabeln verknüpft sind, die eine hohe Bandbreite ermöglichen, vorhanden. Dadurch kann die Information zwischen ihnen leicht ausgetauscht werden. Für diese Sites gibt es genug Bandbreite, um dem WINS-Server die Push&Pull-Replikation zu ermöglichen. Die Information in den WINS-Servern dieser Standorte kann dann mit der Information in WINS-Servern an anderen Standorten ausgetauscht werden.

Es könnte ein Problem mit einem WINS-Server auftreten, wenn ein WINS-Server an einem der Hauptorte heruntergefahren wird. Dehalb werden in jeder Hauptniederlassung zwei Domänen-Controller eingesetzt. In Ottawa gibt es einen Server extra. Dadurch können die benötigten Sicherungen vorgenommen werden.

Bei allen Standorten sind die Systeme so konfiguriert, daß die lokalen WINS-Server als primäre WINS-Server genutzt werden und das nächstgelegene Büro als Sicherungs-WINS-Server. Auf diese Weise werden Informationen konstant dupliziert.

Die Replikation sollte so konfiguriert werden, daß der Haupt-WINS-Server die Information von den Servern in den Zweigniederlassungen bezieht. Die Veränderungen werden an die anderen Server weitergeleitet. Die Häufigkeit, mit der Daten abgerufen werden, bildet den Datenverkehr im Netzwerk ab. Einmal pro Stunde sollte jedoch ausreichen. Das System könnte dann alle 100 bis 1.000 Änderungen an die anderen Server weiterleiten.

20.3.3 DNS-Server hinzufügen

Eine Aufgabe ist es, den Benutzern das Internet zugänglich zu machen. In diesem Szenarium wird der gesamte Internet-Datenverkehr an die Firmenzentrale in Ottawa geleitet und von dort direkt in das Internet eingespeist. Das bedeutet, daß mit den (teuren) Hochgeschwindigkeitsverknüpfungen, die die Firma einrichten ließ, nur ein paar Abschnitte durchlaufen werden müssen, um zum Internet und anschließend zum Endziel zu gelangen. Damit das Ziel im Internet gefunden wird, wird eine Methode benötigt, um vollqualifizierte Domänennamen in IP-Adressen auszuwerten. Das kann mit dem DNS-Dienst realisiert werden, der in Windows NT 4 enthalten ist.

Im Beispiel gibt es mehr als eine Art von DNS-Server. Weil der WINS-Server die Adressen aller Systeme der Organisation für NetBIOS verfügbar macht, wird der WINS-Dienst in der Konzernzentrale in Ottawa eingesetzt, um es dem Haupt-DNS-Dienst zu ermöglichen, die angeforderte IP-Adresse von außerhalb auszuwerten. Dazu enthält die Domain-Name-Registrierung, die an das InterNIC gesendet wird, die IP-Adressen und Namen von mindestens zwei Servern in Ottawa, die zur Verwaltung der Domäne CorpX eingerichtet wurden. Diese Server können als WINS-Server für die Namensauswertung und das Reverse-Lookup eingesetzt werden.

Diese Server werten Anforderungen von außen nach dem Standort der WWW- oder FTP-Server aus. Denken Sie daran, daß Sie mindestens zwei Server benötigen, um einen Domänennamen zu registrieren, weil das InterNIC die Anforderung eines Sicherungs-Servers stellt.

Der Konzern X benötigt auch zahlreiche Server, mit denen die Benutzer des Konzerns die IP-Adressen von Systemen auswerten können, die sich außerhalb des Netzwerks befinden. Die Server sollten sich natürlich in räumlicher Nähe zum Benutzer befinden, damit die Benutzer bei der Suche nicht um die halbe Welt gehen müssen, um den Standort des gesuchten Systems zu finden.

Jeder Standort kann deshalb mit einem DNS-Server konfiguriert werden. Der Server kann ein beliebiger lokaler Windows NT-Server sein, auf dem der DNS-Dienst installiert wurde. Diese Art von DNS-Servern müßte jedoch so konfiguriert werden, daß sie als Zwischenspeicher fungieren, die die Anforderung von Namensauswertungen an die Haupt-DNS-Server in Ottawa weiterleiten.

20.3.4 Den Internet Information Server hinzufügen

Weitere Elemente, die Sie berücksichtigen müssen, sind die Server, die dem Konzern X eine Internet-Präsenz bieten. Der Konzern benötigt einen WWW- und einen FTP-Server. Wegen der Art, mit der sich Benutzer einwählen, besteht kein Bedarf, sichere WWW- oder FTP-Dienste anzubieten. Es wurde bereits beschlossen, daß Microsoft-Produkte für diese Dienste verwendet werden sollen, weil bei allen anderen Netzwerkkomponenten Microsoft-Produkte im Einsatz sind.

Der Konzern wird den Internet Information Server 3.0 (siehe Kapitel 9) einsetzen, um diese Dienste der Außenwelt zur Verfügung zu stellen. Die Server werden so nah wie möglich ans Internet angeschlossen. Das bedeutet, daß sich alle Web Sites am Standort in Ottawa befinden werden. Problematisch sind jedoch die gebietsbezogenen Inhalte. Dieses Thema ist für den Konzern sehr wichtig, und es soll mit einem Minimum an Frustration behandelt werden.

Weil der IIS 3.0 den Einsatz virtueller Server ermöglicht, gibt es zwei verschiedene Wege, die gebietsbezogenen Inhalte zu behandeln. Für viele Clients ist die Verbindung zu der Site in Ottawa langsam, weil zahlreiche Netzwerke durchschritten werden müssen. In solchen Fällen hat sich der Konzern X dazu entschlossen, die Dienste eines lokalen Internet-Providers in Anspruch zu nehmen und eine Sub-Domain des Haupt-Web-Servers zu bilden, von der aus auf die Adresse des Systems verwiesen werden kann, das die Internet-Site beherbergt.

In Situationen, in denen die Systemleistung nicht so wichtig ist, erhält das lokale Büro ein Verzeichnis auf einem der Server am Standort. Dieses Verzeichnis wird vom Haupt-Web-Server aufgerufen und es wird entweder ein virtueller Server oder ein virtuelles Verzeichnis auf dem Haupt-Server erzeugt, das auf das Verzeichnis des lokalen Servers verweist.

Die gleiche Art von Entscheidung wurde auch für den Einsatz von FTP-Servern getroffen. Entweder wertet der DNS-Server in Ottawa die IP-Adresse als Adresse in einem bestimmten Land aus, das den FTP-Dienst behandelt oder die Funktion der virtuellen Verzeichnisse des IIS 3.0 wird benutzt, um einen Verweis auf lokale Verzeichnisse zu erstellen.

20.3.5 Der RAS-Server

Die RAS-Server müssen sich alle am Standort in Ottawa befinden (siehe Kapitel 18). Weil der Konzern X PPTP einsetzt, besteht kein Bedarf für die Systeme, wirklich Modems zu benutzen. Statt dessen werden mehrere virutelle private Netzwerke definiert. Die Systeme befinden sich in Ottawa, damit sie so schnell wie möglich eine Verbindung zum Internet herstellen können.

Da es sehr viele Benutzer gibt, die von außerhalb auf einen RAS-Server zugreifen müssen, werden zahlreiche RAS-Server benötigt. Es muß eine Entscheidung darüber getroffen werden, wie vielen Benutzern gleichzeitig der Zugriff auf einen RAS-Server gewährt werden soll. Als allgemeine Richtlinie gilt, daß niemals mehr als 64 Verbindungen pro RAS-Server bestehen sollten, falls der Server nicht mit mehreren Prozessoren ausgerüstet ist. Selbst dann wird das System deutlich langsamer, wenn Benutzer über das Netzwerk versuchen, darauf zuzugreifen.

20.4 Einen Proxy-Server einsetzen

Ein Proxy-Server handelt an Ihrer Stelle, wenn Sie etwas selbst nicht tun können. Im Beispiel bedeutet das, daß Sie eine Anfrage an einen Proxy-Server machen und dieser die Anfrage an einen anderen Server weiterleitet, um die gewüschte Information zu erhalten.

Das Ergebnis ist, daß Sie mit dem Proxy-Server mit jeder beliebigen Adresse kommunizieren können und er die Anforderung an den korrekten Proxy-Server weiterleitet. Der Konzern X z.B. hat 15 Niederlassungen. Wenn er einen Proxy-Server benutzen würde, wäre er mit 15 IP-Adressen anstatt der 65.534 ausgekommen. Im schlimmsten Fall wären 15 Klasse-C-Adressen benutzt worden. Das ist noch immer wesentlich weniger als bei der einen Klasse B.

Intern wird dabei eine sogenannte PNA (Private Network Address) benutzt. Das bedeutet, daß keiner jemals Ihre Adresse erfährt, und Sie Ihre Anforderungen an den Proxy-Server senden. Der Proxy-Server verschafft sich die Seite, nach der Sie suchen, und liefert sie an Sie zurück. Im Falle des Proxy-Servers von Microsoft wird diese Seite gespeichert. Das bedeutet, daß das System bei einer erneuten Anforderung dieser Seite nur feststellen muß, ob die Originalseite aktualisiert wurde. Falls nicht, kann es die Seite aus dem Zwischenspeicher liefern.

Zusammenfassung

Sie haben nun alle Stadien von der Einführung in das Thema bis zur Planung der allgemeinen Merkmale eines umfassenden Netzwerks durchlaufen. Mit dem, was hier präsentiert wurde, ist jedoch noch kein Endpunkt erreicht. Über die Planung von Netzwerken gibt es noch weit mehr zu erfahren. Sie haben, nun gesehen, wie man ein TCP/IP-Netzwerk von Grund auf plant. Häufig sind jedoch bereits Netzwerke vorhanden, und die Planung des Umstiegs nimmt wesentlich mehr Zeit in Anspruch als die Planung des Netzwerks. Dieses Kapitel soll Ihnen eine Hilfestellung bieten, um über die ganzen Dienste nachzudenken, die Sie im Verlauf des Buches kennengelernt haben und festzustellen, wo sie sich in ein Netzwerk einpassen. Der folgende Abschnitt mit den Wiederholungsfragen bietet Ihnen eine Möglichkeit, das Gelernte auszuprobieren.

Wiederholungsfragen

In dieser Übung werden Ihnen verschiedene Szenarien präsentiert, anhand derer Sie die Planungsphase eines Netzwerks durchlaufen können. Lesen Sie jedes Szenarium sorgfältig durch und nehmen Sie sich anschließend die Zeit, die möglichen Lösungen mit Windows NT-Servern und Windows NT-Workstations aufzuzeichnen. Meistens wird versucht, Ihnen anhand der Szenarien mehr Informationen zu bieten, als Sie benötigen. Dieses Merkmal werden Sie auch in den Testfragen von Microsoft wiederfinden.

Wenn Sie die Szenarien betrachten, sollten Sie daran denken, daß es keine korrekte Antwort gibt. Es gibt häufig viele verschiedene Wege, um die beschriebenen Funktionen auszuführen. Das Geheimnis ist, zu verstehen, was Ihre Kunden benötigen und was sie sich leisten können. Im Szenarium, das im Haupttext dieses Kapitels vorgestellt wurde, handelte es sich um eine große international agierende Organisation. Sie hatte die notwendigen Ressourcen, um Hochgeschwindigkeitsleitungen für die Kommunikation zu erwerben. Nicht alle Firmen verfügen über diese Art von Ressourcen.

Szenarium 20.1: Ein Netzwerk mit hohem Sicherheitsstandard entwerfen

Dieses Szenarium basiert auf einer Organisation namens LockTite.Data. Es handelt sich um eine Beratungsfirma für Computer-Sicherheit. Der Geschäftszweck ist die Durchführung von Sicherheitsprüfungen (Audits) der Netzwerke anderer Unternehmen. Augenblicklich gibt es vier Standorte, von denen aus ganz Nordamerika bedient werden muß.

Die vier Niederlassungen von LockTite.Data befinden sich in Vancouver, San Francisco, Toronto und New Orleans. Es gibt wenig Verwaltungsangestellte, die jedoch alle in der Hauptniederlassung in New Orleans arbeiten. Die Mitarbeiter verteilen sich wie folgt auf die einzelnen Niederlassungen:

- VANCOUVER. 45 Techniker, 8 Verwaltungsangestellte. Meistens sind 15 bis 20 Techniker im Büro anwesend, die an Projekten arbeiten. Die restlichen Techniker sind bei Kunden. Die Verwaltungsangestellten verbringen ihre gesamte Arbeitszeit im Büro.

- SAN FRANCISCO. Hier arbeiten 64 Techniker und 10 Verwaltungsangestellte. Normalerweise sind neben den Verwaltungsangestellten ungefähr 30 Techniker im Büro anwesend, die an Projekten arbeiten.

- TORONTO. Dies ist die neueste Niederlassung der Firma. Hier arbeiten 28 Angestellte, von denen 6 Verwaltungsangestellte sind.

- NEW ORLEANS. Diese Niederlassung dient sowohl als Zweig- als auch als Hauptniederlassung der Firma. Hier arbeiten 23 Mitarbeiter im Rechnungswesen, die auch die Lohnbuchhaltung für die anderen Niederlassungen bearbeiten. Die Techniker teilen sich hier in zwei Gruppen auf: Es gibt eine kleine Gruppe von 12 Technikern, welche die anderen Techniker in allen Zweigniederlassungen unterstützen, und eine Gruppe von 89 Technikern, die Kunden besuchen. Normalerweise halten sich 20 bis 30 Techniker im Büro auf.

Außer den In-House-Technikern befinden sich die meisten Techniker bei Kunden, um deren Netzwerke zu prüfen. In der restlichen Zeit arbeiten sie im Büro Projekte für andere Kunden aus oder bilden sich weiter. Wenn sie sich im Büro aufhalten, benutzen sie eine der gemeinsam genutzten Workstations, die ihnen die Möglichkeit bietet, sich mit dem Laptop einzuwählen.

Jeder Standort ist mit einer Web Site ausgestattet, die die Kunden im jeweiligen Gebiet aufsuchen können. Es gibt auch Diskussionsgruppen, in denen Benutzer online mit Technikern kommunizieren können. Jede Site ist außerdem mit dem Internet verbunden. Die Kommunikation mit den anderen Niederlassungen muß über das Internet verlaufen – sicher, versteht sich.

Es ist offensichtlich, daß diese Firma den maximal möglichen Sicherheitsstandard benötigt. Das gilt sowohl für die internen Netzwerke als auch für die Kommunikation mit anderen Zweigstellen.

Szenarium 20.2: Das Internet als WAN nutzen

In diesem Szenarium müssen Sie die Netzwerkanforderungen einer Organisation namens Twosl einrichten. Es handelt sich um eine kleine Unternehmung mit Sitz in Kingston, Jamaica. Twosl bietet zertifizierte Lehrkräfte für Microsoft-Kurse an Authorized Technical Education Centers. Unglücklicherweise hat Twosl so viele Aufträge, daß die Firma keine Zeit hat, das Netzwerk selbst einzurichten, und hat deshalb Sie dazu beauftragt.

Twosl hat eine ISDN-Verbindung zu einem lokalen Internet-Provider und drei permanente IP-Adressen von diesem Service-Provider. Twosl möchte alle Server selbst betreiben und den Namen `Twosl.com` bei der InterNIC registrieren lassen. Die Firma hat ein kleines Büro, das es in einer Bürogemeinschaft gemietet hat. Twosl führt derzeit Buchungen von 50 MCTs (Microsoft Certified Trainers) aus.

Szenarium 20.3: Ein privates Netzwerk einrichten

In diesem Szenarium ist die Firma eine große internationale Unternehmung zur Systemintegration. Die Firma benötigt im allgemeinen keinen Zugriff auf das Internet, sondern muß nur E-Mails mit Kunden austauschen und eine einfache Web Site anbieten, die von einem Büro in Nordamerika verwaltet wird.

Die Unternehmung hat Niederlassungen in verschiedenen Städten auf der ganzen Welt. Die Hauptniederlassung befindet sich in Dundee, Schottland. Die Unternehmung möchte die Niederlassungen über Hochgeschwindigkeitsverbindungen miteinander verbinden und denkt, daß sich der TCP/IP-Protokollstapel am besten für diese Herausforderung eignet.

Lösungen

Denken Sie daran, daß es aus technischer Sicht immer mehr als einen Weg gibt, um eine Situation zu lösen. Nachfolgend finden Sie die besten Lösungen für die jeweiligen Szenarien.

Lösung für das Szenarium 1

Sie sollten hier verschiedene allgemeine Dinge beachten, wie z.B. die folgenden:

- ▶ Die Techniker müssen sich in das Netzwerk einwählen können. Das geschieht über RAS (weil dies ein Buch über Windows NT ist).

- ▶ Es gibt einen Bedarf für die Kommunikation mit anderen Netzwerken. Das kann über eine geleaste Verbindung geschehen, die alle Büros miteinander verbindet. (Das ist natürlich sehr kostspielig.) Die Unternehmung hat bereits eine Verbindung zu jedem Büro über das Internet. Vielleicht haben Sie deshalb daran gedacht, PPTP zu verwenden, um eine sichere Verbindung zwischen den Netzwerken zu ermöglichen.

- Das interne Netzwerk ist in diesem Beispiel vom externen getrennt. Dadurch kann die Firma das interne Netzwerk absichern. Es wird ein anderes Protokoll als TCP/IP eingesetzt. Das macht es Hackern schwer, den TCP/IP-Teil des Netzwerks (das heißt den äußeren Teil) zu durchbrechen und ins Innere vorzudringen. Für das interne Netzwerk kann jedes beliebige Protokoll eingesetzt werden.

- Der IIS liefert die Dienste, die für die Web-Präsenz der Firma erforderlich sind. Der IIS 3.0 erleichtert viele verschiedene Funktionen, wie z.B. die Integration von Funktionen, über die Chat-Räume realisiert werden können. Internen Benutzern könnte die Wahl zwischen den externen und internen Netzwerken gegeben werden (weil das interne Netzwerk nicht mit TCP/IP betrieben wird). Das interne Netzwerk könnte mit IPX/SPX betrieben werden. Ein Proxy-Server könnte eingesetzt werden, um es Benutzern des internen Netzwerks zu ermöglichen, das externe Netzwerk zu nutzen und das interne trotzdem geschützt zu halten.

- Weil die Wahrscheinlichkeit hoch ist, daß sich Techniker außerhalb der vier Städte aufhalten, in denen sich die Zweigniederlassungen befinden, könnte ein interner RAS-Server (mit IPX/SPX) eingerichtet werden, in den sich die Techniker einwählen können. Dieser könnte mit Rückruf konfiguriert werden, damit Benutzer die gewünschte Telefonnummer angeben können.

Lösung für Szenarium 2

In diesem Fall ist die Lösung sehr einfach. Sie installieren drei Windows NT-Server. Auf zwei Servern führen Sie den DNS-Server aus. Einer der Server wird als primärer DNS-Server für die Domäne `twosl.com` eingesetzt und der andere als sekundärer Server. Dadurch kann die Firma ihren Namen beim InterNIC registrieren. Der andere Server wird eingesetzt, um einen Mail-Dienst mit dem Commercial Internet Mail Server von Microsoft anzubieten. Der IIS wird auf einem der drei Server installiert. Dieser benötigt eine zweite Festplatte, um die Site zu einem gewissen Grad über NTFS-Zugriffsrechte abzusichern. Die MCTs, die mit für Twosl arbeiten, erhalten ein Benutzerkonto und können über NetBIOS auf den Server zugreifen. (Denken Sie an die *LMHOSTS*-Datei. Diese bietet dem System die Möglichkeit, den Twosl-Server von jeder Stelle im Internet zu lokalisieren. Die Lehrkräfte können Verbindung zum Server aufnehmen und Dateien herunterladen.)

Lösung für Szenarium 3

Die Organisation benutzt ihr eigenes Netzwerk, um Datendienste anzubieten. Das bedeutet, daß Sie sich nicht darum zu kümmern brauchen, welche Adressen die Firma intern verwendet. (Wegen der Größe des Netzwerks würde ich persönlich eine Klasse-B-Adresse verwenden, um eine größere Zahl an Netzwerken und Host/Netzwerken zuzulassen. Es könnte aber auch jede andere Adreßklasse verwendet werden.)

Für die Interaktion mit dem Internet verwendet die Organisation eine einzelne Klasse C, die von einem Internet-Provider in Nordamerika geliefert werden kann. Auf dieser Site richtet die Organisation verschiedene Proxy-Server ein, die es der Firma ermöglichen, Kontakt mit der Außenwelt aufzunehmen und zusätzliche Sicherheit dadurch zu bieten, daß die Benutzer sich beim Zugriff auf das Internet anmelden müssen und nur einige ankommende Anrufe annehmen.

Es gibt eine Verbindung für den internen Mail-Dienst, um Mails an Hosts in der ganzen Welt zu übertragen. Der IIS-Server wird hier eingerichtet, und die verschiedenen Zweigstellen können über virtuelle Verzeichnisse auf einen internen Server kopiert werden, damit auch interne Benutzer auf die Web Site zugreifen können und damit ein Sicherungs-Server vorhanden ist.

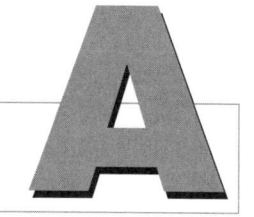

Anhang A
Überblick über den Zertifizierungsvorgang

Um ein MCP, ein Microsoft Certified Professional, zu werden, müssen die Kandidaten strenge Prüfungsexamen durchlaufen, die ein wirksames und verläßliches Verfahren darstellen, das Können und die Sachkenntnis der Kandidaten festzustellen. Diese Prüfungen (bei denen Unterlagen nicht erlaubt sind) wurden unter Mitwirkung von professionellen Fachkräften der Computerindustrie entwickelt und bauen auf echten Arbeitsplatzbedingungen für Microsoft-Produkte auf, weshalb sie hohe Relevanz für die Praxis besitzen. Die Prüfungen werden von unabhängigen Firmen durchgeführt.

Im Augenblick bietet Microsoft vier Arten von Zertifizierungen an, die sich an den jeweiligen Fachgebieten orientieren:

- **Microsoft Certified Product Specialist (MCPS).** Qualifiziert für die Installation, die Konfiguration und die Unterstützung von Benutzern von mindestens einem Desktop-Betriebssystem von Microsoft, wie beispielsweise Windows 95. Zusätzlich können die Kandidaten durch Wahlfächer weitere Spezialisierungen in anderen Fachgebieten erwerben. MCPS stellt die erste Qualifikationsstufe dar.

- **Microsoft Certified Systems Engineer (MCSE).** Qualifiziert für die erfolgreiche Planung, Implementierung, Verwaltung und Unterstützung von Windows NT und anderen Microsoft-Betriebssystemen und Produkten im Workgroup-Bereich, wie Microsoft Office und Microsoft BackOffice. Die Prüfung für Windows 95 kann als eine der vier Kernprüfungen im Bereich Betriebssysteme genommen werden. MCSE stellt die zweite Qualifizierungsstufe dar.

- **Microsoft Certified Solution Developer (MCSD).** Qualifiziert für den Entwurf und die Entwicklung von speziell zugeschnittenen Lösungen im kommerziellen Bereich unter Verwendung von Microsoft-Entwicklungswerkzeugen, -Technologien und -Plattformen einschließlich Microsoft Office und Microsoft BackOffice. MCSD stellt ebenfalls die zweite Stufe der Qualifikation dar, aber diesmal im Bereich der Software-Entwicklung.

- **Microsoft Certified Trainer (MCT).** Von Microsoft technisch und didaktisch qualifiziert für die Durchführung von Microsoft-Fortbildungskursen bei dafür autorisierten Partnern. Ein MCT muß entweder bei einem Authorized Technical Education Center eines Microsoft Solution Providers oder einem Microsoft Authorized Academic Training Site beschäftigt sein.

Eine vollständige Beschreibung aller Zertifizierungen von Microsoft finden Sie auf der CD-ROM zu diesem Buch unter »Microsoft Education and Certification Roadmap«. In den folgenden Abschnitten werden die Voraussetzungen für jeden einzelnen Zertifizierungstyp beschrieben.

> **hinweis**
>
> Für aktuelle Informationen über jeden Zertifizierungstyp sollten Sie die Web Page von Microsoft Training and Certification unter http://www.microsoft.com/train_cert besuchen. Hierfür brauchen Sie ein Internet-Konto sowie einen World-Wide-Web-Browser. Sie können auch die folgenden Telefonnummern anrufen:
>
> Microsoft Certified Professional Program: 01 30/82 54 34
>
> Microsoft Online Institute (MOLI): (USA) 8 00-4 49-93 33
>
> Sylvan Prometric Testing Centers (offizieller Veranstalter der Microsoft Prüfungen): 01 30/83 97 08

A.1 Wie Sie ein Microsoft Certified Product Specialist (MCPS) werden

Ein MCPS setzt voraus, daß Sie eine Betriebssystemprüfung absolvieren, wozu beispielsweise die Prüfung Nr. 70-67, »Implementing and Supporting Microsoft Windows-NT-Server«, die in diesem Buch behandelt wird, gehört.

Windows 95 ist nicht das einzige Betriebssystem, in dem Sie sich prüfen lassen können, um Ihre MCPS-Zertifizierung zu erhalten. Die folgende Liste führt alle Namen und Prüfungsnummern derjenigen Betriebssysteme auf, unter denen Sie für die Erlangung des MCPS wählen können:

- Implementing and Supporting Microsoft Windows 95 Nr. 70-63

- Implementing and Supporting Microsoft Windows NT Workstation 4.02 Nr. 70-73

- Implementing and Supporting Microsoft Windows NT Workstation 3.51 Nr. 70-42

- Implementing and Supporting Microsoft Windows-NT-Server 4.0 Nr. 70-67

- Implementing and Supporting Microsoft Windows-NT-Server 3.51 Nr. 70-43

- Microsoft Windows for Workgroups 3.11-Desktop Nr. 70-48

- Microsoft Windows 3.1 Nr. 70-30

- Microsoft Windows Operating Systems and Services Architecture I Nr. 70-150

- Microsoft Windows Operating Systems and Services Architecture II Nr. 70-151

A.2 Wie Sie ein Microsoft Certified Systems Engineer (MCSE) werden

MCSE-Kandidaten müssen vier Prüfungen zu Betriebssystemen und zwei Wahlfächer absolvieren. Die Straße zur MCSE-Zertifizierung hat zwei Spuren: die Spur Windows NT 3.51 und die Spur Windows NT 4.0. Für beide Spuren können Sie die Prüfung »Implementing and Supporting Microsoft Windows 95« verwenden.

In der Tabelle A.1 werden die Kernvoraussetzungen (vier Betriebssystempüfungen) sowie die Wahlfächer (zwei Prüfungen) für Windows NT 3.51 aufgezeigt.

Tabelle A.1

Die Windows-NT-3.51-MCSE-Prüfung

Machen Sie diese zwei Prüfungen (Kernvoraussetzungen)	Plus eine der folgenden Prüfungen aus den folgenden Betriebssystemthemen (Kernvoraussetzung)	Plus eine Prüfung aus den folgenden Netzwerkthemen (Kernvoraussetzung)
Implementing and Supporting Microsoft Windows-NT-Server 3.51 Nr. 70-43	Implementing and Supporting Microsoft Windows 95 Nr. 70-63	Networking Microsoft Windows for Workgroups 3.11 Nr. 70-46
UND Implementing and Supporting Microsoft Windows NT Workstation 3.51 Nr. 70-42	ODER Microsoft Windows for Workgroups 3.11 Desktop Nr. 70-48	ODER Networking with Microsoft Windows 3.1 Nr. 70-47
	ODER Microsoft Windows 3.1 Nr. 70-30	ODER Networking Essentials Nr. 70-58

Plus zwei Prüfungen aus den folgenden Wahlfächern (Pflichtwahlfächer)	
Microsoft SNA Server Nr. 70-12	ODER Internetworking Microsoft TCP/IP on Microsoft Windows NT 4.0 Nr. 70-59
ODER Implementing and Supporting Microsoft Systems Management Server 1.0 Nr. 70-14	ODER Implementing and Supporting Microsoft Exchange Server 4.0 Nr. 70-75
ODER Microsoft SQL Server 4.2 Database Implementation Nr. 70-21	
ODER Microsoft SQL Server 4.2 Database Administration for Microsoft Windows NT Nr. 70-22	ODER Implementing and Supporting Microsoft Internet Information Server Nr. 70-77
ODER System Administration for Microsoft SQL Server 6 Nr. 70-26	ODER Implementing and Supporting Microsoft Proxy Server 1.0 Nr. 70-78
ODER Implementing a Database Design on Microsoft SQL Server 6 Nr. 70-27	ODER Internetworking Microsoft TCP/IP on Microsoft Windows NT (3.5-3.51) Nr. 70-53
ODER Microsoft Mail for PC Networks 3.2 Enterprise Nr. 70-37	ODER Internetworking Microsoft TCP/IP on Microsoft Windows NT 4.0 Nr. 70-59
ODER Internetworking Microsoft TCP/IP on Microsoft Windows NT (3.5-3.51) Nr. 70-53	

Wie Sie ein Microsoft Certified Systems Engineer (MCSE) werden

In der Tabelle A.2 werden die Kernvoraussetzungen (vier Betriebssystempüfungen) sowie die Wahlfächer (zwei Prüfungen) für Windows NT 4.0 aufgezeigt. Die Tabellen A.1 und A.2 enthalten oft dieselben Prüfungsthemen, weisen aber trotzdem ausgeprägte Unterschiede auf. Lesen Sie daher beide Tabellen sehr sorgfältig.

Tabelle A.2
Die Windows-NT-4.0-MCSE-Prüfung

Machen Sie diese zwei Prüfungen (Kernvoraussetzungen)	Plus eine der folgenden Prüfungen aus den folgenden Betriebssystemthemen (Kernvoraussetzung)	Plus eine Prüfung aus den folgenden Netzwerkthemen (Kernvoraussetzung)
Implementing and Supporting Microsoft Windows-NT-Server 4.0 Nr. 70-67 UND Implementing and Supporting Microsoft Windows-NT-Server 4.0 in the Enterprise Nr. 70-68	Implementing and Supporting Microsoft Windows 95 Nr. 70-63 ODER Microsoft Windows for Workgroups 3.11 Desktop Nr. 70-48 ODER Microsoft Windows 3.1 Nr. 70-30 ODER Implementing and Supporting Microsoft Windows NT Workstation 4.02 Nr. 70-73	Networking Microsoft Windows for Workgroups 3.11 Nr. 70-46 ODER Networking with Microsoft Windows 3.1 Nr. 70-47 ODER Networking Essentials Nr. 70-58

Plus zwei Prüfungen aus den folgenden Wahlfächern (Pflichtwahlfächer)	
Microsoft SNA Server Nr. 70-12 ODER Implementing and Supporting Microsoft Systems Management Server 1.0 Nr. 70-14 ODER Microsoft SQL Server 4.2 Database Implementation Nr. 70-21 ODER Microsoft SQL Server 4.2 Database Administration for Microsoft Windows NT Nr. 70-22 ODER System Administration for Microsoft SQL Server 6 Nr. 70-26 ODER Implementing a Database Design on Microsoft SQLServer 6 Nr. 70-27 ODER Microsoft Mail for PC Networks 3.2 Enterprise Nr. 70-37	ODER Internetworking Microsoft TCP/IP on Microsoft Windows NT (3.5 – 3.51) Nr. 70-53 ODER Internetworking Microsoft TCP/IP on Microsoft Windows NT 4.0 Nr. 70-59 ODER Implementing and Supporting Microsoft Exchange Server 4.0 Nr. 70-75 ODER Implementing and Supporting Microsoft Internet Information Server Nr. 70-77 ODER Implementing and Supporting Microsoft Proxy Server 1.0 Nr. 70-78

A.3 Wie Sie ein Microsoft Certified Solution Developer (MCSD) werden

MCSD-Kandidaten müssen zwei Prüfungen in den technischen Kernfächern und zwei Wahlfächer absolvieren. Die Tabelle A.3 führt die verlangten Prüfungen in den technischen Kernfächern sowie die Wahlpflichtfächer auf, die für die Erlangung des MCSD in Frage kommen.

Tabelle A.3

MCSD-Prüfungen und Voraussetzungen

Machen Sie diese zwei Prüfungen aus den technischen Kernfächern	Plus zwei Prüfungen aus den folgenden Wahlfächern (Pflichtwahlfächer)
Microsoft Windows Operating Systems and Services Architecture I Nr. 70-150 *UND* Microsoft Windows Operating Systems and Services Architecture II Nr. 70-151	Microsoft SQL Server 4.2 Database Implementation Nr. 70-21 *ODER* Developing Applications with C++ Using the Microsoft Foundation Class Library Nr. 70-24 *ODER* Implementing a Database Design on Microsoft SQL Server 6 Nr. 70-27 *ODER* Microsoft Visual Basic 3.0 for Windows-Application Development Nr. 70-50 *ODER* Microsoft Access 2.0 for Windows-Application Development Nr. 70-51 *ODER* Developing Applications with Microsoft Excel 5.0 Using Visual Basic for Applications Nr. 70-52 *ODER* Programming in Microsoft Visual FoxPro 3.0 for Windows Nr. 70-54 *ODER* Programming with Microsoft Visual Basic 4.0 Nr. 70-65 *ODER* Microsoft Access for Windows 95 and the Microsoft Access Development Toolkit Nr. 70-69 *ODER* Implementing OLE in Microsoft Foundation Class Applications Nr. 70-25

A.4 Wie Sie ein Microsoft Certified Trainer (MCT) werden

Wenn Sie ein Microsoft Certified Trainer (MCT) werden wollen, brauchen Sie zum Verständnis der Voraussetzungen und des Ablaufs das Dokument Microsoft Certified Trainer Guide (MCT-GUIDE.DOC), das Sie über die folgende Webseite erhalten:

http://www.microsoft.com/train_cert/download.htm

Klicken Sie auf dieser Seite dann den Hyperlink MCT GUIDE (mctguide.doc) an (117 Kbyte). Falls Ihr WWW-Browser DOC-Dateien (das Originalformat von Word für Windows) anzeigen kann, wird der MCT Guide im Browser-Fenster angezeigt. Anderenfalls müssen Sie es herunterladen und es in Word für Windows oder in WordPad für Windows 95 öffnen. Im MCT Guide finden Sie den vierstufigen Vorgang, in dessen Verlauf Sie die MCT-Zertifizierung erlangen, genau beschrieben. Die grundsätzlichen Schritte für die MCT-Zertifizierung sind die folgenden:

1. Füllen Sie den entsprechenden Antrag (»Microsoft Certified Trainer Application«, erhältlich bei Microsoft) aus und senden Sie ihn an Microsoft. Sie müssen nachweisen, daß Sie die Fähigkeit besitzen, Lehrmaterial einem Publikum zu präsentieren und verständlich zu machen. Wie Sie dies tun, wird im MCT Guide beschrieben.

2. Besorgen Sie sich das Microsoft Trainer Kit für denjenigen Microsoft-Official-Curriculum(MOC)-Kurs, für den Sie zertifiziert werden wollen, und befassen Sie sich sorgfältig mit den Inhalten. Die Microsoft Trainer Kits können Sie entsprechend den im MCT Guide enthaltenen Informationen beziehen.

3. Absolvieren Sie die Microsoft Zertifizierungsprüfung für das Produkt, das Sie unterrichten wollen.

4. Besuchen Sie den Microsoft-Official-Curriculum(MOC)-Kurs, für den Sie zertifiziert werden wollen. Hierdurch lernen Sie, wie ein Lehrgang aufgebaut und abgehalten wird und wie die Übungen abgearbeitet werden.

Warnung

Die vorgenannten Schritte sollten Sie nur als allgemeinen Überblick über den Zertifizierungsvorgang verstehen. Die tatsächlich von Ihnen dann zu unternehmenden Schritte sind in der Datei MCTGUIDE.DOC beschrieben, die Sie über die schon erwähnte Webseite bekommen. Halten Sie die hier beschriebenen Schritte nicht für den tatsächlichen Ablauf des Zertifizierungsvorgangs.

Falls Sie daran interessiert sein sollten, ein MCT zu werden, erhalten Sie weitere Informationen über die Webseite Microsoft Certified Training (MCT) unter

`http://www.microsoft.com/train_cert/mctint.htm`.

Anhang B
Tips für das Studium

Für ein Selbststudium ist jede Lernmethode geeignet, beispielsweise die Zuhilfenahme populärer und allgemeinverständlicher Bücher wie diesem hier, mit der Sie ein vorgegebenes Lernziel erreichen können. Bevor Sie sich jedoch auf eine Microsoft-Prüfung vorzubereiten beginnen, sollten Sie sich genau darüber informiert haben, welche Lernziele Microsoft Ihnen im einzelnen vorgibt.

Achten Sie daher besonders auf die jeweiligen Themenankündigungen, von denen die aktuellen immer auf der Webseite http://www.microsoft.com/train_cert zu finden sind. Den aktuellen Themenankündigungen ist in diesem Buch besondere Aufmerksamkeit geschenkt worden, weshalb Sie die für das jeweilige Kapitel wichtigsten Themen am Kapitelanfang aufgeführt finden. Weiterhin sollten Sie einen Handzettel bereithalten, auf dem Sie sich in Form einer tabellarischen Übersicht alle relevanten Themen und die Seite, auf der Sie weitere Informationen über sie finden können, notieren.

Wenn Sie einmal in Ihrer Vergangenheit Erfahrungen mit Lernkursen gemacht haben, werden Sie sicher am besten wissen, welche Lernmethode die geeignete für Sie ist. Dennoch sollten Sie sich die folgenden Ratschläge zu Herzen nehmen:

- Verwenden Sie beim Lesen helles Licht, um Müdigkeit und Abspannung zu vermeiden.
- Stellen Sie einen Lernplan auf und halten Sie ihn konsequent durch.
- Halten Sie sich von allen Lärmquellen wie Radios und Fernsehern fern und versuchen Sie, einen ruhigen Arbeitsraum zu finden.
- Suchen Sie immer denselben Arbeitsplatz auf, damit Sie Ihre Arbeitsmaterialien immer gleich zur Hand haben.
- Machen Sie alle zwei bis drei Stunden kurze Pausen (etwa von 15 Minuten). Untersuchungen haben ergeben, daß das Lernen dann leichter fällt.

Menschen lernen neue Informationen auf drei Arten: Visuell, akustisch und taktil. Dies ist auch der Grund dafür, warum Lernende, die sie sich vorher Notizen im Unterricht gemacht haben, in der Prüfung besser abschneiden, denn sie haben die Informationen nicht nur akustisch, sondern auch taktil (durch Aufschreiben) aufgenommen.

Setzen Sie daher immer Lernmethoden ein, die die Lerninformationen auf alle diese drei Arten verstärken. Wenn Sie beispielsweise durch das Lesen eines Buches visuell lernen und anschließend eine Zusammenfassung aufschreiben, erfahren Sie dadurch eine taktile Verstärkung aller aufgenommenen Informationen. Sie sollten nach Möglichkeit eine Person bitten, Sie mündlich abzuhören, so daß Sie sich selbst hören können, wenn Sie die Antwort auf die Frage geben. Diese Art von mündlichem Abhören sollte auch immer den Abschluß des Studiums bilden.

B.1 Sich selbst testen

Bevor Sie sich der echten Prüfung unterziehen, sollten Sie ganz sicher sein, daß Sie auch gründlich auf sie vorbereitet sind, indem Sie sich auf die unterschiedlichste Art und Weise wieder und wieder selbst testen. In diesem Buch finden Sie daher zur Unterstützung und zum Test Ihres Wissens in den jeweiligen Fachgebieten am Beginn und am Ende jedes Kapitels Fragen. Zusätzlich bietet Ihnen die beiliegende CD-ROM Testprogramme, mit denen der echte Microsoft-Test nachgeahmt wird. Diese Unterstützungsmittel sollten Sie immer und immer wieder so lange benutzen, bis Sie bezüglich der Punktezahl in den Bereich von 90% und höher kommen.

> **hinweis**
>
> Dies heißt im Klartext, daß Sie natürlich nicht erst fünf Tage vor der Prüfung mit dem Lernen anfangen sollten. Sie sollten sich ausreichend Zeit nehmen, um zu lesen, zu üben und sich dann selbst ausgiebig zu testen.

Das beiliegende Testprogramm TestPrep ist unserer Meinung nach das beste am Markt erhältliche und wird im Anhang D erläutert. Hier ist zunächst für Sie nur wichtig zu wissen, daß TestPrep Sie auf eine Weise auf die Prüfung vorbereiten wird, die von vielen anderen derartigen Programmen im Markt nicht erreicht wird.

B.2 Tips und Empfehlungen für eine erfolgreiche Prüfung

Begrifflich verwirrend an der Microsoft-Prüfung ist, daß einem manchmal gesagt wird, man würde die Prüfung »schreiben«. Wenn Sie dann tatsächlich zur Prüfung gehen, sollten Sie entsprechend vorbereitet sein. Erscheinen Sie frühzeitig genug, halten Sie Ihre zwei Anmeldedokumente bereit und setzen Sie sich vor den Monitor. Rechnen Sie mit wortreichen Fragestellungen! Sie haben nur 90 Minuten Zeit, um 70 Fragen zu beantworten, was Ihnen etwa eine Minute für die Beantwortung jeder einzelnen Frage gibt! Dies erscheint zunächst als ausreichend für jede Frage – Sie dürfen aber nicht vergessen, daß die meisten Fragen lange Erklärungen erfordern können, die sich dann entsprechend in die Länge ziehen. Die 90 Minuten Ihrer Prüfung dürften im Nu vorbei sein.

Man hat geschätzt, daß etwa 85 % derjenigen Kandidaten, die ihre erste Microsoft-Prüfung absolvieren, durchfallen, was nicht so sehr daran liegt, daß sie nicht genug vorbereitet waren oder zu wenig wußten. Der Grund liegt mehr darin, daß sie nicht genau wußten, was sie erwartet, und daß sie zu sehr durch die umfangreichen Fragen und die Mehrdeutigkeit der möglichen Antworten eingeschüchtert waren.

Microsoft hat für jede Prüfung eine andere erforderliche Punktzahl für das Bestehen der Prüfung festgelegt, wobei die Punktzahl für Windows 95 beispielsweise bei 714 bzw. 71,4 % liegt. Weil es 70 Fragen in der Prüfung gibt (per Zufallsauswahl aus einem Pool von 150 Fragen ausgewählt), bedeutet dies, daß Sie mindestens 50 oder mehr Fragen richtig beantworten müssen, um zu bestehen.

Worauf Sie achten müssen

Achten Sie bei der Prüfung genau auf die Anzahl der richtigen Antworten, die Sie geben müssen. Bei manchen Fragen wird von Ihnen nur eine richtige Antwort, bei anderen mehr als eine richtige Antwort verlangt. Wenn Sie kreisförmige Schaltflächen neben den möglichen Antworten sehen, heißt dies, daß sich die Antworten gegenseitig ausschließen und nur eine einzige richtige Antwort möglich ist. Quadratische Kästchen neben den Antworten andererseits bedeuten, daß es mehr als eine richtige Antwort geben kann. Wenn mehr als eine Antwort richtig ist, wird in den meisten Fällen – jedoch leider nicht immer – die exakte Anzahl der richtigen Antworten vorgegeben. Lesen Sie daher die Fragen sehr sorgfältig, damit Sie wissen, wieviel richtige Antworten Sie geben müssen.

Lesen Sie sich die Fragen immer vollständig durch! Bei langen Fragestellungen enthält gerade der letzte Satz manchmal die entscheidende Information! Während der Prüfung erhalten Sie übrigens Schreibstifte und zwei Blätter Papier. Wenn Sie nicht ganz sicher über die Bedeutung einer Frage sind, zeichnen Sie sich das Szenario auf Papier auf, bis Sie sicher sind, was mit der Frage gemeint ist. Das Schmierpapier müssen Sie übrigens am Ende der Prüfung auch abgeben!

Fragen später beantworten

Fragen, die umfänglich und schwierig zu lesen und zu verstehen sind, kennzeichnen Sie am besten, so daß Sie sich ihnen später nach Beantwortung der anderen Fragen wieder zuwenden können. So verschwenden Sie keine Zeit – vergessen Sie nicht, daß Sie nur 90 Minuten für die ganze Prüfung zur Verfügung haben, die nach Ablauf dieser Zeit auch beendet wird, ob Sie alle Fragen nun geschafft haben oder nicht!

Kommentare zu den Fragen

Am Ende der Prüfung, noch vor der Bewertung Ihrer Antworten, erhalten Sie die Gelegenheit, zu jeder Frage eine Anmerkung zu machen. Sie sollten diese Gelegenheit nutzen, um Fragen zu kommentieren, die Ihrer Meinung nach unklar waren oder sich mit fachlichen Dingen befaßten, die Sie in der praktischen Arbeit mit dem Produkt als überflüssig empfinden. Fälle, in denen Microsoft Prüfungsfragen oder Punktzahlen geändert hat, sind bis dato zwar unbekannt, aber es schadet nicht, es trotzdem zu versuchen – außerdem hilft es dabei, Ihre Frustration etwas abzukühlen, bevor Ihre Sicherungen durchbrennen!

Viel Glück!

Anhang C
Inhalt der Buch-CD

Dieser Anhang beschreibt in aller Kürze, was Sie auf der diesem Buch beiliegenden CD finden. Eine detaillierte Beschreibung des neu entwickelten Testprogramms MCSE7059 finden Sie im Anhang D.

C.1 MCSE7059 exklusiv für dieses Buch

Das Testprogramm ist für diese Buch-CD in deutscher Sprache entwickelt worden und ist so angelegt, daß es die echte Microsoft-Prüfung so weitgehend wie möglich nachbildet. Außerdem gibt es Ihnen die Möglichkeit, Ihre Punktezahl nach Kategorien zu überprüfen, was Ihnen bei der Frage hilft, wo Sie noch nachbessern müssen. Eine vollständige Beschreibung des Funktionsumfangs finden Sie im Anhang D.

C.2 Winsite™-Utilities

Eine umfassende Sammlung von Windows NT-Utilities mit mehr als 450 32-Bit-Anwendungen.

Anhang D
Das Programm MCSE7059

Mit dem Testprogramm MCSE7059, das zusammen mit diesem Buch auf CD ausgeliefert wird, sind Sie in der Lage, Ihr Wissen über Windows NT Server 4 auf eine Art und Weise zu testen, die derjenigen in der entsprechenden Microsoft-Prüfung ähnlich ist. Wenn Sie das Programm starten, können Sie unter drei verschiedenen Prüfungsarten auswählen:

- In den Prüfungsfragen blättern (richtige Antwort(en) anzeigen)
- Multiple-Choice-Test mit zufälliger Fragenfolge
- Prüfungen mit vordefinierter Fragenfolge (Test 1 bis 8)

Sie können zusätzlich die fachlichen Kategorien und die Anzahl der Fragen festlegen.

D.1 Kategorien auswählen

Wenn Sie das Programm MCSE7059 starten, wählen Sie zunächst die fachlichen Kategorien aus, zu denen Sie Fragen beantworten möchten. Sie können unter 6 Kategorien auswählen.

D.2 Anzahl der Fragen je Test festlegen

Sie können aus 143 Fragen maximal 70 Fragen auswählen (das tatsächliche Examen besteht aus ca. 70 Fragen).

D.3 Multiple-Choice-Test mit zufälliger Fragenfolge (Random)

Das Programm simuliert die echte Prüfung »Internetworking Microsoft TCP/IP on Microsoft Windows NT 4.0« Nr. 70-59 von Microsoft, in der kreisförmige Schaltflächen anzeigen, daß nur eine Antwort die einzig mögliche sein kann, und Kontrollkästchen darauf hinweisen, daß es mehrere richtige Antworten geben kann.

Sie können bei jeder Frage das Programm durch die Schaltfläche PROGRAMM BEENDEN verlassen oder über die Schaltfläche NÄCHSTE FRAGE mit der nächsten Frage fortfahren.

In diesem Modus benutzt MCSE7059 eine besondere Zufallssteuerung, um sicherzustellen, daß jedesmal, wenn Sie einen neuen Test starten, andere Fragen präsentiert werden, was Ihre Lernkurve verbessert und vermeidet, daß Sie dieselben immer wieder aufs neue auftauchenden Fragen einfach nur auswendiglernen.

Wählen Sie im Programm auch WAS WAR FALSCH, um durch falsch beantwortete Fragen zu wandern. Das Programm zeigt Ihnen dann die richtige Antwort an. Einen neuen Test starten Sie durch Auswahl von NEUEN TEST AUSWÄHLEN.

D.4 Vordefinierte Prüfungen (Test 1 bis 8)

Sie können MCSE7059 auch in einem festen Modus starten, so daß die Zufallssteuerung ausgeschaltet bleibt und Sie dieselben Fragen mehrmals bekommen, bzw. sie auf jedem Computer gleichlautend bearbeiten können. Hierfür müssen Sie im Startbildschirm (Test-Auswahl) in der Gruppe PRÜFUNGSART die kreisförmige Schaltfläche PRÜFUNGEN MIT VORDEFINIERTER FRAGENFOLGE (TEST 1 BIS 8) anklicken. Nun wird die kreisförmige Schaltfläche Test 1 bis 8 der Gruppe TEST AUSWÄHLEN aktiviert. Nun können Sie einen der acht vordefinierten Tests auswählen.

Wenn Sie nun auf MIT TEST BEGINNEN klicken, wird bei gleicher Auswahl der Kategorien und gleicher Anzahl der Fragen immer derselbe Satz von Fragen angezeigt. So können Sie sicherstellen, daß (wenn Sie beispielsweise in einem Unterrichtsraum arbeiten, in dem jeder Teilnehmer dieselben Fragen sehen können muß) auch alle die gleichen Fragen angezeigt bekommen.

D.5 Bewertung der Testergebnisse

Den Punktebewertungen von MCSE7059 liegen die tatsächlichen Zahlen aus der Prüfung »Internetworking Microsoft TCP/IP an Microsoft Windows NT Server 4.0« zugrunde: Da für die tatsächlichen MCSE-Prüfungen ca. 75 % der Fragen richtig zu beantworten sind, um den Test zu bestehen, ist dies auch in MCSE7059 zugrundegelegt. Jeder Test ist in die 6 Kategorien aufgeteilt, für die die jeweilige erzielte Prozentzahl der richtig beantworteten Fragen angegeben ist.

Wählen Sie im Programm auch WAS WAR FALSCH, um durch falsch beantwortete Fragen zu wandern. Das Programm zeigt Ihnen dann die richtige Antwort an. Einen neuen Test starten Sie durch Auswahl von NEUEN TEST AUSWÄHLEN.

D.6 Blättern

Als weitere Lernhilfe können Sie in den Fragen blättern. Dabei zeigt Ihnen das Programm zuerst die Frage, und Sie können sich auf Wunsch die Kategorie und die möglichen Antworten anzeigen lassen und die richtigen Antworten markieren.

D.7 Starten des Programms

Sie starten das Programm direkt von der CD, entweder über AUTORUN oder, indem Sie im Explorer im Verzeichnis MCSE-TEST auf die Datei MCSE7059.EXE klicken.

Stichwortverzeichnis

Symbols

#DOM-Tag 301
.UDP (User Datagram Protocol) 61
.rhosts-Datei 515

Numerics

046 WINS/NBT Node Type
– globale Option 341
0x0 358
0x1 359
0x1B 359
0x1F 359
0x20 359
0x21 359
0x3 359
0x6 359
0xBE 359
0xBF 359
127.0.0.1 308
128-Bit-Adressierung 28
32-Bit-Adresse 28, 122
32-Bit-Nummer 36
44 WINS/NBNS Servers 338
46 WINS/NBT Node Type 339

A

A (Ressourceneintragstyp) 441
AAAA (Ressourceneintragstyp) 441
ACK (Acknowledgement) 62
Acknowledgement-Nummern 88
Adapterkartentreiber 49
A-Datenbankeintrag 448
Address Resolution Protocol 106
Adreßauflösungs-Protokoll (ARP = Address Resolution Protocol) 65
Adresse
– finden 106
Adreßeinträge+ 466
Adressen
– Klasse A 37
– Klasse B 37
– Klasse C 37
Adressentyp 36
Adreßfilter (Netzwerkmonitor) 575
Adressierung 87
AFP (Apple File Protocol) 51
AFSDB (Ressourceneintragstyp) 441
Aktive Öffnung 74
Alterungsintervall (WINS-Server) 351
Alterungszeitüberschreitung (WINS-Server) 351
AND 63, 101, 122
– Verknüpfung für IP-Adressen 64
Anfangsversionszähler (Hex) (WINS-Server-Konfiguration) 352
Anmeldeeinstellungen 680
Anonyme Anmeldung 201
ANS (Advanced Network Services) 27
Anschlüsse
– konfigurieren 648
Anschluß 58, 73
Anwendungs-/Dateisystemtreiber 47, 49
Anwendungsprotokoll 723
Anwendungsschicht 43, 57, 73
– Komponenten 58
Anzeigefilter 586
– Adresse hinzufügen 587
APIProtocolSupport 282
AppleTalk 24
Arbeitsstationsdienst 325
Architektur
– Microsoft Netzwerk 46
ARP 560, 722
ARP (Address Resolution Protocol) 106

Stichwortverzeichnis

A

ARPA 26
ARPA (Advanced Research Project Agency) 26
ARPAnet 26
Assistent für den Internet-Zugang 526
Aufräumprozeß
– WINS-Datenbank 363

B

Backup Browser 383
BackupInterval 283
Basisverzeichnisse 207
BcastNameQueryCount 299
BcastQueryTimeout 299
BEGIN_ALTERNATE-Tag 302
Benachrichtigungen
– Registerkarte DNS-Server 474
Benutzeranmeldung 392
Benutzer-Stylesheet 520
Bereiche
– DHCP 249
Bereiche verändern 257
Berkeley Internet Name Domain 158, 411
Besondere Namen 357
Bildschirmtreiber 230
Binärcode 122
Binärform 36
Binärsystem 36
BIND 158, 411
BIND-Datenbankdateien erzeugen 437
bindings 52
BIND-Server
– Daten portieren von 486
Bindung 173
Bindungen, Registerkarte 173
B-Knoten 310, 311
BOOT Datei 438
BOOTP 248
– DHCP 247
BOOTP-Rundmeldungen 161
BOOTRelay, Registerkarte 184
Bridges 143
Broadcast 298
Broadcast-Adressen 249
Brücken 143
BSD (Berkeley Standard Distribution) 27
Byte-Strom-Kommunikation 92, 93

C

Cache, Datei 452
Cache-Information
– NetBIOS-Name 297
CD-ROM zum Buch 781
CHAP 658
Cisco-Router 145
Class B addresses 38
Class C addresses 38
CNAME
– Ressourceneinträge hinzufügen 468
CNAME (Datenbankeintrag) 448
CNAME (Ressourceneintragstyp) 441
Com (Domäne) 414
Community-Namen 606
Computer-Suchdienst 325
CRC (Cyclic Redundancy Check) 88

D

Dämon 160
DARPA 26
Darstellungsschicht 43
DatabaseCleanupInterval 283
DatabaseLoggingFlag 284
DatabaseName 284
DatabasePath 284
Datenbank
– WINS-Server 345
Datenbank anzeigen (Dialogfeld) 345
Datenbank initialisiert (WINS-Option) 344
Datenbankdateien
– aktualisieren 484
Datenbank-Sicherungspfad (WINS-Server-Konfiguration) 352
Datencharakterisierungsdatei 231
Datenflußkontrolle 653
Datensicherung bei Beendigung (WINS-Server-Konfiguration) 352
Datenübertragung
– verbindungslose 45
– verbindungsorientierte 45
DbFileNm 370
DCHP-Server
– starten 270
decimal system
– IP addresses 36
DECPSMON.DLL 233
Default.htm 203

Stichwortverzeichnis

Deinstallieren
- TCP/IP-Protokoll 170
destination address 112
Detailinformationen (WINS-Server) 353
Details protokollieren (WINS-Server-
  Konfiguration) 352
DFÜ-Netzwerk
- Benutzereinstellungen 675
- Anmeldeeinstellungen 680
- Sicherheitseinstellungen 671
- Skript-Eigenschaften 670
- Telefonbuch 659
- Telefonbuch bearbeiten 663
- wählen 673
- X.25 672
DFÜ-Netzwerkmonitor 680
- Einstellungen 681
DHCP 160
- BackupDatabasePath 283
- Bereiche 249
- Bereiche aktivieren 266
- Bereiche deaktivieren 266
- Bereiche löschen 266
- Bereichsoptionen 274
- BOOTP 247
- Datenbank abstimmen 272
- Datenbank erstellen 272
- Datenbank komprimieren 269
- Datenbank reparieren 271
- Datenbank verwalten 268
- globale Optionen 274
- Konzepte 247
- Problembehebung 730
- Registrierung konfigurieren 278
- Reservierungen einrichten 263
- Reservierungsoptionen verwalten 276
- Standardwerte 274
- TCP/IP-Optionen 277
DHCP MIB 606
DHCPACK 250
DHCP-Bereich
- benennen 254
DHCP-Bereiche
- Eigenschaften 253
DHCP-Bereiche einrichten 253
DHCP-Boot-Relay-Agent 161
DHCP-Clients
- aktivieren 257
- als WINS-Clients konfigurieren 338
DHCP-Datenbank 268
DHCPDICOVER 250

DHCP-Manager 254
DHCPOFFER 250
DHCP-Relay-Agent 184
- Installation 285
DHCPREQUEST 250
DHCP-Server
- ins Netzwerk aufnehmen 757
- installieren 252
- mehrere verwalten 267
- stoppen 270
Diagnose-Dienstprogramme
- arp 560
- Hostname 550
- ipconfig 541
- Netstat 550
- nslookup 542
- Ping 536
- tracert 557
Dialogfeld
- Eigenschaften 207, 209
Dienste
- Arbeitsstationsdienst 325
- Computer-Suchdienst 325
- Nachrichtendienst 325
- Netzwerk-DDE-Dienst 325
- Netzwerkmonitoragent 325
- Netzwerkmonitordienst 325
- RAS-Server 325
- Server-Dienst 325
Dienste, Netzwerkeinstellungen 167
Dienstprogramme
- Drucken 535
- Finger 541
- FTP 507
- interaktive 515
- Ipconfig 178, 721
- lpq 536
- ping 175, 721
- snmputil 613
Direktive
- cache 440
- primary 440
diskperf -y 616
DLC (Data Link Control) 51
DNS 158, 308, 403
- Abfragen auswerten 410
- Boot-Datei 438
- Cache-Datei 452
- Client aktivieren 487
- Hierarchien 403
- Optionen für die Konfiguration 436

– Problembehebung 732
– unter Windows_NT 428
– Unterdomäne 407
– Vorbereitungen 433
DNS (Domain Name Service) 35, 83
DNS-Client
– aktivieren 487
DNS-Eigenschaften 180
DNS-Manager
– Einstellungen festlegen 484
DNS-Namen
– hinzufügen 214
DNS-Server 162, 403
– andere Einträge 499
– Domänen konfigurieren 497
– Hosts hinzufügen 498
– initialisieren 459
– installieren 458, 496
– mehrere verwalten 477
– sekundäre einrichten 479
– testen 501
– verwalten 434, 458
– Zonen 460
DNS-Server-Statistiken 485
DNS-Zone 409
DoD
– ARPA (Advanced Research Project Agency) 26
DOD protocol suite 34
DOM: Domäne_Name-Tag 301
Domänen
– generische, weltweite 414
– landesspezifische 415
Domänenaktivitäten unterstützen 391
Domäne-Name-Server 158
Domain Name Space 406
DoStaticDataInit 370
dot 406
draft standards 31
Drucken 227
– Dienstprogramme 535
Drucker
– installieren 234
– über LPD freigeben 239
Drucker-Pool 233
Druckerschnittstelle 231
Druckertreiber 230
Druckmonitor 232
Druckprozeß 228
Druckprozessor 232
Druckwarteschlange 231
DWORD-Editor 282

E

Edu (Domäne) 414
Eigenschaften des WWW-Dienstes
– Registerkarte Dienst 200
– Registerkarte Protokollieren 205
– Registerkarte Verzeichnisse 202
Eindeutige ID 263
Eingabeaufforderung
– höheres Fenster 630
EnableProxy 338
EnableRegistryBoot 486
END_ALTERNATE-Tag 302
Entfernen
– WINS-Server 344
Ereignisanzeige 723
– Anwendungsprotokoll 723
– Sicherheitsprotokoll 723
– Systemprotokoll 723
Erneuerungsintervall
– WINS-Server 350
Ethernet-Netzwerk 112
ETYPE 574
EventLog 723
Extra-Bits 123

F

FAQ 32
FAQ (Frequently Asked Questions) 33
Federal Networking Council 29
File Transfer Protocol 508
Finger 541
– Parameter 542
FIN-Kontroll-Bit 93
FQDN 181, 307, 406
fragment offset 111
Frames 44
framing 57
FrontPage 199
FTP 159, 508
– Dienstprogramm 507
ftp
– //venera.isi.edu 423
FTP (File Transfer Protocol) 34
FTP-Befehle 509
FTP-Dienstprogramme
– RCP 514
– TFTP 513
FTP-Server
– konfigurieren 216

fully qualified domain name 406
FYI (»For Your Information«-Dokument) 33, 424
FYIs 32

G

Gegenübertragungs-Timer 95
GET (SNMP-Befehl) 604
Get-Befehl 76
GET-NEXT (SNMP-Befehl) 604
Gopher 159
GOSIP 33
Gov (Domäne) 415

H

Handshake 61, 92
Hauptadressenklassen 36
Hauptsuchdienst 382, 386
Header 87
header checksum 111
HINFO (Ressourceneintragstyp) 441
Hinzufügen
– Netzwerkkarte 171
HKEY_CLASSES_ROOT 279
HKEY_CURRENT_USER 278
HKEY_LOCAL_MACHINE 278
– Suchdienstparameter 387
HKEY_USERS 279
H-Knoten-Namensauflösung 332
Hops 286
Host-IDs 130
Hostname 550
hosts.txt 300
HOSTS-Datei 307
HPMON.DLL 232
HTTP (HyperText Transfer Protocol) 32, 35
HTTP-Server
– konfigurieren 199
HyperText Transfer Protocol (HTTP) 32

I

IANA 412
IAP 433
IBM 3270-Terminals 23
ICMP (Internet Control Messaging Protocol) 114
ID, eindeutige 263

Identifikation, Netzwerkeinstellungen 166
Identifikationsänderungen 166
IDM 159
IETF (Internet Engineering Task Force) 29
IETF-Gebiete 30
IGMP (Internet Group Management Protocol) 67
IIS 158, 759
– Alias-Verzeichnis testen 223
– Dienst anhalten 196
– Dienst beenden 197
– Dienst starten 196
– hinzufügen 220
– Produktdokumentation 194
– TCP/IP konfigurieren 191
– verwalten 196
IMR 424
in-addr.arpa 427
INCLUDE-Tag 302
Inhaltsratgeber 523
InitTimePause 370
Installation
– Internet Information Server 190
Installieren
– Drucker 234
– WINS-Server 333
Int (Domäne) 414
Interaktive Dienstprogramme 515
– rexec 534
– RSH 533
– Telnet 530
International Standards Organization)
– see ISO 33
Internet
– das 27
– ein 27
– Federal Networking Council 29
Internet Activity Board 27
Internet Assigned Numbers Authority 58, 74, 412
Internet Control Messaging Protocol 66
Internet Engineering Steering Group 30
Internet Explorer 75
– Sicherheitseinstellungen 523
Internet Explorer 4 516
Internet Group Management Protocol 67
Internet Information Server 158, 159, 189
– Installation 190
Internet MIB II 606
Internet Official Protocol Standards 30
Internet Registry 412

Internet Society 29
Internet-Dienst-Manager 159
Internet-Protokolle
- beschränkt (imited) 32
- empfohlen (recommended) 32
- Entwurfsstandard (draft standard) 31
- erforderlich (required) 32
- experimentell (experimental) 31
- fkultativ (elective) 32
- historisch (historical) 31
- informatorisch (informational) 31
- nicht empfohlen (not recommended) 32
- Standard (Standard) 31
- vorgeschlagener Standard (proposed standard) 31
Internet-Schicht 62, 101
- Fehlersuche 114
Internet-Zugang
- Assistent 526
InterNIC 32, 121, 414, 424
- Zugriff über WWW 426
internic.net 412
inverse Bäume 403
inverted trees 403
IP (Internet Protocol) 34, 62
IP addresses
- Class B 38
- Class C 38
IP-Adresse 35, 121
- 32-Bit-Adresse 124
- Binärversion 123
- konfigurieren 213
IPCONFIG 175, 258, 541, 721
- /all 258
- /renew 261
- einsetzen 178
- Parameter 541
IP-Datagramm 109
IP-Header 109
IP-Protokoll
- IPng (IP v6) 28
- Version 4 28
IP-Protokollspezifikation 112
IP-Schicht 57, 62
IPX/SPX (Internetwork Packet Exchange/ Sequenced Packet Exchange) 50, 51
IPX/SPX-Protokolleinrichtung 24
IR 412
IRFT (Internet Research Task Force) 29
ISAPI 189
ISDN (Ressourceneintragstyp) 442

IsDomainMaster (Parameter) 387
ISO (International Standards Organization)
- OSI (Open Systems Interconnection) 33
ISP (Internet Service Provider) 121
IUSR_Computername 199, 201

J

J50.LOG 362

K

Kennwort
- ändern 221
Klasse-A-Adressen 37
Klasse-B-Adressen 37
Klasse-C-Adressen 37
Knoten 404
Kommentare
- DNS-Datenbankdateien 445
Kommunikationssteuerschicht 44
Konfigurieren
- HTTP-Server 199
- IP-Adressen 213
- WWW-Server 199
Konvergenz 150

L

LAN 24
LAN Manager MIB II 606
LANA (Local Area Network Adapter) 52
Lease
- aktive löschen 262
- Dialogfeld Aktive Leases 259
- Eigenschaften verändern 261
- einsehen 259
- verwalten 259, 266
Lernprogramme
- MCSE7067 781, 783
LEXMON.DLL 233
LHHOSTS-Datei 393
Line Printer Daemon 227
LMBOSTS 299
LMHOSTS 83, 298
LMHOSTS.SAM 300
LMHOSTS-Abfrage aktivieren 303
LMHOSTS-Datei 393
Localhost Datenbankdatei 452
LOCALMON.DLL 232

LogDetailedEvents 371
LogFilePath 371
LoggingOn 371
Loopback-Test 37
LPD 227
– Drucker freigeben 239
LPD-Dienst 535
LPD-Server
– Verbindung aufnehmen 236
LPQ 536
LPQ (Befehlszeilenparameter) 535, 536
LPR-Dämon 160
LPRMON.DLL 232

M

MAC-Adresse 65, 106, 263
MaintainServerList (Parameter) 388
Management Information Base 605
Master Browser 382
MB (Ressourceneintragstyp) 442
McastIntvl 372
McastTtl 372
MCPS-Voraussetzungen 771
MCSD-Voraussetzungen 774
MCSE7059-Programm zum Lernen 781, 783
MCSE-Prüfung
– für NT 3.51 772
– für NT 4.0 773
MCSE-Voraussetzungen 772
MCTGUIDE.DOC-Datei 775
MCT-Voraussetzungen 775
Media Access Control 49
Mehrfach vernetzte Namen 357
Mehrfachleitungen 665
MG (Ressourceneintragstyp) 442
MH-Tag 302
MIB 605
Microsoft
– Netzwerkkonzept 43
Microsoft Certified Product Specialist (MCP) 769
Microsoft Certified Solution Developer (MCSD) 770
Microsoft Certified System Engineer (MCSE) 769
Microsoft Certified Trainer (MCT) 770
Microsoft TCP/IP 305
Microsoft Wallet 523

Microsoft-Netzwerkkonzept
– Adapterkartentreiberschicht 49, 53
– Anwendungs/
   Dateisystemtreiberschicht 47, 49
– NDIS-Schicht 48, 52
– Protokollschicht 48
– Schichten 46
– TDI-Schicht 48, 50
– Transportprotokolle 50
Microsoft-Suchdienst 381
Migration Ein/Aus (WINS-Server-
   Konfiguration) 352
Mil (Domäne) 415
MINFO (Ressourceneintragstyp) 442
M-Knoten 312
Modem
– installieren 648
– Neues installieren 648
Monitoragent 564
MR (Ressourceneintragstyp) 442
MS Loopback-Adapter 219
MSCE-Prüfung für NT 4.0 773
MS-CHAP 658
MTU (Maximum Transfer Unit) 112
Multicasting 67
Multiprotokoll-Router 159
MX (Ressourceneintragstyp) 442
MX-Datenbankeintrag 449
MX-Ressourceneinträge
– hinzufügen 468

N

Nachrichtendienst 325
NAMED.ROOT 453
Namen
– vollqualifizierte 405
Namen auswerten
– WINS 477
Namensabfrage 296, 305
Namensauflösung 82
– (WINS) 330
Namensauswertung 329
– B-Knoten 311
– Methoden 297
– M-Knoten 312
– P-Knoten 311
– Reihenfolge 309
Namenserneuerung 327
Namensfreigabe 297, 306

Namensmanagement 45
Namensregistrierung 296, 305
– (WINS) 324
NAMEQUERYREQUEST 326
NAMEQUERYRESPONSE 326
NAMEREGISTRATIONREQUEST 324
NameServerPort (NBNS-Parameter) 307
NameSrvQueryCount (NBNS-
  Parameter) 307
NameSrvQueryTimeout (NBNS-
  Parameter) 307
nbdatagram 80
nbname 80
NBNS 305
nbsession 80
NBT 80, 162
NBTSTAT 81, 552
nbtstat 721
nbtstat -n 297, 332
nbtstat -R 298, 303
NCP (Netware Core Protocol) 49
NDIS (Network Driver Interface
  Specification) 48
NDIS-Schicht 54
Net (Domäne) 414
NET USE 82
net use p
– server01 330
NetBEUI 24
– (NetBIOS Extended User Interface) 51
NetBIOS 49, 60, 73
– (Network Basic Input/Output System) 44
– Broadcast 83
– Datagram Service 80
– DNS (Domain Name Service) 83
– HOSTNAME 83
– HOSTS file 83
– LMHOSTS 83, 299
– Name Cache 82
– Name Server (NBNS) 82
– Name Service 80
– over TCP/IP 60, 79, 162
– Session Service 80
– SMB (Server Message Block) 45
NetBIOS-Gateway 690
NetBIOS-Name 166
– Cache-Information 297
NetBIOS-Namen 161
– einsehen 297
NetBIOS-Namen-Cache
– aktuellen Inhalt betrachten 332

NetBIOS-Namensauflösung 295
NetBIOS-Namenserneuerung 327
NetBIOS-Namen-Server 304, 305, 323, 331
NetBT 330
NetShow 158, 160
NETSTAT 62, 550
netstat 78, 721
Netzwerk
– Dialogfeld 165
– Rahmen sammeln 567
Netzwerk-APIs 49, 53
Netzwerkarchitektur 23
Netzwerkdaten
– gesammelte Speichern 568
Netzwerk-DDE-Dienst 325
Netzwerkeinstellungen
– Dienste 167
– Identifikation 166
– Protokolle 167
Netzwerk-ID 35
Netzwerkkarte
– beschreiben 565
– Einstellungen ändern 173
– entfernen 173
– hinzufügen 171
– installieren 219
– Registerkarte 170, 171
Netzwerkklassen 121
Netzwerkmonitor 561, 722
– Adreßdatenbank erstellen 569
– Adreßfilter 575
– Anzeigefilter 586, 587
– Daten prüfen 581
– Daten speichern 580
– Datenfiltern 573
– installieren 563
– konfigurieren 563
– Netzwerk wechseln 570
– Netzwerkkarte beschreiben 565
– Rahmen sammeln 567
– Sammelfilter 573
– Sammelpuffer verwalten 571
– SAP/ETYPE-Filter 574
Netzwerkmonitoragent 325
Netzwerkmonitordienst 325
Netzwerkprotokolle 688
Netzwerkschicht 44
Netzwerkschichten 46
Netzwerküberwachung 359
Netzwerkverbindungen
– mit ping testen 538

Netzwerkzugriffsschicht 67
NOFNR_tag 301
NoOfWrkThds 372
Normaler Gruppenname 357
NS (Ressourceneintragstyp) 442
NS-Datenbankeintrag 447
NSF (National Science Foundation) 27
NSFnet 27
nslookup 83, 490, 542
– Befehle 545
– Fehlermeldungen 543
– interaktive Befehle 543
– Parameter 543
NWLink (Netware Link) 51
NWNBLink 50

O

Offset 113
Oktett 37, 123
Open Systems Interconnection
– see OSI 33
Open View 613
Org (Domäne) 414
OSI (Open Systems Interconnection) 33
OSI-Referenzmodell 43
– Anwendungsschicht 43
– Darstellungsschicht 43
– Kommunikationssteuerschicht 44
– Netzwerkschicht 44
– physikalische Schicht 44
– Sicherungsschicht 44
– Transportschicht 44
OSPF (Open Shortest Path First) 149

P

Packet Internet Groper 536
packet switching 25
Paket 44
Paketvermittlung 25, 26
PAP 658
Passive Öffnung 74
PDC 386
Physikalische Schicht 44
Ping 66, 175, 536, 721
– Netzwerkverbindungen testen 538
PJLMON.DLL 233
PJL-Standard 233
P-Knoten 311

Planungsprozeß 16
PLOTTER.DLL 230
PLOTUI.DLL 231
Port-Nummern 58, 59
Ports 73
PostScript-Drucker 230
PPP 659
PPTP
– Anschlüsse überwachen 698
– Filterung aktivieren 697
– konfigurieren 695
PRE-Tag 301
primary
– Direktive 440
PriorityClassHigh 372
Problembehebung 536
– DHCP 730
– DNS 732
– Grundlagen 711
– Hilfeprogramme 720
– Suchdienst 732
– Werkzeuge 720
– WINS 731
Produktdokumentation
– IIS 194
Programm 7067 783
Promiscuous-Modus 562
Protokolle 48
– Netzwerkeinstellungen 167
Protokollierung aktiviert (WINS-Server-Konfiguration) 352
Proxy-Server 158, 160, 526, 761
Prüfungssimulation
– MCSE7059 784
PSCRIPT.DLL 230
PSCRIPT1 232
PSCRPTUI.DLL 231
Pseudo-Header 87, 91
PTR (Ressourceneintragstyp) 442
PTR-Ressourceneinträge
– hinzufügen 469
Pull-Parameter (WINS-Server) 351
Pull-Partner 364
Punktebewertung
– beim Lernprogramm MCSE7059 785
Push-Parameter
– Anfangsreplikation 351
Push-Partner 364

R

RAS 641
- als Internet-Router 684
- Hardware installieren 647
- serielle Anschlüsse hinzufügen 647
- verstehen 642
- Verwaltung 691
- Wahlverbindung konfigurieren 656
RASDD.DLL 230
RASDDUI.DLL 231
RAS-Server 325, 641, 760
- konfigurieren 687
RAS-Setup 645, 687
Rasterdrucker 230
RCP 514
- Befehlszeilenparameter 514
Redirector 45, 54, 295
RefreshInterval 373
REG_BINARY 280
REG_DWORD 280
REG_EXPAND_SZ 280
REG_MULTI_SZ 280
REG_SZ 280
Registrierung 278
- Datentyp 280
- Schlüssel 279
- Zeichenketten-Editor 282
Remote Procedure Call 228, 478
Remote-System
- Verbindung aufnehmen 531
Replikation 344
- manuell ausführen 368
- nur mit Partnern (WINS-Server-Konfiguration) 352
- WINS-Datenbank 364
Replikationspartner
- ergänzen 366
Request for Comment 28
responses
- NAMEQUERYRESPONSE 326
Ressourceneinträge
- Adreßeinträge 466
- ergänzen 467
- hinzufügen 465
- verändern 471
RestoreFlag 271, 284
restrictions
- TCP/IP addresses 37

Reverse-Lookup-Zonen
- hinzufügen 462
Rexec 516, 534
- Parameter 534
RFC 28
- 1034/1035 403
- 1480 422
- 1591 413
- beziehen 424
- FAQs (Frequently Asked Questions) 33
- FYI (For Your Information) 33
- Microsofs TCP/IP-Implementation 163
RFC-INFO 424
rfc-info@isi.edu (E-Mail) 424
RFC-Nummern 31
RFC-Prozeß 28
RIP (Routing Internet Protocol) 149
RIP-Routing 149
Root 406
Root Domain 406
ROUTE 555
ROUTE (Befehl) 721
ROUTE-Befehl 144
route-Befehl 103, 144
Router 143
- mit Windows_NT 144
- tote 150
Routing 102, 143
- dynamisches 148
- statisches 145
Routing, Registerkarte 185
Routing-Tabelle 102, 104, 144, 147
- Anzahl 104
- Gateway-Adresse 104
- Netzwerkadresse 104
- Schnittstelle 104
- Subnet Mask 104
RP (Ressourceneintragstyp) 442
RPC 228, 478
rs.internic.net 426
rsh 516, 533
- Parameter 533
rshd 514
RT (Ressourceneintragstyp) 442
Rundsendung 17, 83, 298, 323
Rundsendungsverkehr 150
Rundspruch 67

S

Sammelfilter
– Muster mit logischen Operatoren 578
Sammeln
– Daten speichern 568
Sammelpuffer 571
SAP 574
SAP/ETYPE-Filter 574
Schlüssel
– Registrierung 279
Secured Sockets Layer 226
Sekundäre DNS-Server
– einrichten 479
sendmail 449
Sequence-Nummern 88
Serielle Anschlüsse
– konfigurieren 648
Server
– Protokolleigenschaften 666
Server-Dienst 325
Server-Startzeit (WINS-Option) 344
session management
– NetBIOS 45
SET (SNMP-Befehl) 604
SFMMON.DLL 233
Sicherheitsprotokoll 723
Sicherungskopie
– WINS-Datenbank 359
Sicherungsschicht 44
Sicherungssuchdienst 383, 387
Sitzungseinrichtung 92
Sitzungsmanagement 45, 80
Sliding Window 92, 94
SLIP 659
SMB (Server Message Block) 43, 44, 45
SMS 562
SMS-Netzwerkmonitor 562
SNA (System Network Architecture) 23
SNMP 604
– Community-Namen 606
– Registerkarte Agent 609
– Registerkarte Sicherheit 611
– Registerkarte Traps 610
– testen 613
SNMP (Simple Network Management Protocol) 34
SNMP-Alerts 96
snmputil 613, 630
– get-Befehl 613
– getnext-Befehl 613
– walk-Befehl 613
SOA (Ressourceneintragstyp) 442
SOA-Datenbankeintrag 443
Sockel 58
Sockelnummer 59
source address 112
SPAP 658
Speichern
– gesammelte Daten 568
SSL 226
Stamm-Domäne 406
Standarddienste 325
Standarddokument verwenden 203
Standards 31
– Internet Official Protocol Standards 30
Statische Zuordnungen
– importieren 357
– konfigurieren 354
Statistik gelöscht (WINS-Option) 344
STD 424
Stiller RIP-Router 151
Subnet Mask 101, 122, 123
– angepaßt 126
– definieren 125
– Standard 124
Suchdienst 381
– konfigurieren 386
– Problembehebung 732
– Typ konfigurieren 387
– wählen 388
Suchen
– Arbeitsgruppen 389
– Domänen 389
Suchprozeß 381
Supernetting (zusammengesetzte Netze) 132
SYN (Synchronisierungszeichen) 61
Synchronisierung 392
SYN-Kontroll-Bit 92
Systemmonitor 614, 722
– Datenquellen für ICMP 617
– Datenquellen für IP 620
– Datenquellen für NBT-Verbindung 622
– Datenquellen für TCP 622
– Datenquellen für UDP 623
– Diagrammoptionen 624
– Protokolldatei nutzen 627
– Protokolldatei, Größe 627
– Protokolleinstellungen 625
Systemprotokoll 723
Systems Management Server 562

T

Tags 301
Tansportschicht
– Sitzungseinrichtung 92
TCI/IP 57
TCP (Transmission Control Protocol) 34, 91
– overview 61
– Sliding Windows 94
TCP/IP 381
– addresses
    restrictions 37
– Adressen 35
– Drucken 729
– Eigenschaften 179
– Einführung 23
– Entwicklungsprozeß 28
– Entwicklungsziele 26
– Geschichte 25
– installieren 165
– Internet-Schicht 57
– Konfiguration testen 175
– Modell 56
– Netzwerkzugriffsschicht 57
– Nutzen 33
– Problembehebung 728
– Protokoll installieren 168
– Transportschicht 57, 87
TCP/IP (Transmission Control Protocol/ Internet Protocol) 50
TCP/IP-Adresse 37
TCP/IP-Druckdienst
– installieren 235
TCP/IP-Druckdienste 227
TCP/IP-Drucker
– ausdrucken auf 242
TCP/IP-Protokoll
– deinstallieren 170
– Einstellungen verändern 170
– entfernen 170
TCP-Fenstergröße 95
TCP-Header 88
– Acknowlegdement Number 88
– Checksum 89
– Control Bits 89
– Data Offset 89
– Destination Port 88
– Folgenummer 88
– Options 90
– Padding 90
– Reserved 89
– Source Port 88
– Urgent Pointer 89
– Window 89
TDI (Transport Driver Interface) 48
Teilnetzwerke 121
– planen 124
Teilnetzwerk-IDs 127
Telefonbuch (DFÜ-Netzwerk) 659
Telefontreiber einrichten 654
Telnet 34, 516, 530
– Terminal-Einstellungen 532
– Verbindung aufnehmen 531
Terminal-Einstellungen
– Telnet 532
Testen
– TCP/IP-Konfiguration 175
TFTP 513
Time to Live 111
TombstoneInterval 373
TombstoneTimeout 373
tracert 557, 722
Transaction Server 158, 160
Transmission Control Protocol
– see TCP 34
Transportprotokolle 50
Transportschicht 44, 87
– Pseudo-Header 91
Transportschichtprotokoll 61
TRAP (SNMP-Befehl) 604
Traps 610
TTL (Time To Live) 66, 446
TTL-Wert 485
TXT (Ressourceneintragstyp) 443

U

UDP
– verglichen mit TCP 96
UDP-Header 90
– Checksum 90
– Destination Port 90
– Length 90
– Source Port 90
UDP-Protokoll 62
Überprüfungsintervall (WINS-Server) 351
UID 261, 263
UNC-Namen 210
Universal Naming Convention 210
Unix 27
– BSD (Berkeley Standard Distribution) 27

Stichwortverzeichnis

Unterdomänen
- Organisationen 424
Unverschlüsselte Echtheitsbestätigung 201
UseSelfFndPntrs 374

V

Verbindung
- prüfen 727
VerifyInterval 374
Vertrauensstellung 753
Virtuelle Server 203
- einrichten 212
Virtuelle Verzeichnisse 203
Virtueller Server
- Basisverzeichnisse 214
Vollqualifizierte Namen 405, 406
Vollqualifizierter Domänenname 181
Vorgabe-Gateway 104, 147

W

Web-Server
- Aktivitäten protokollieren 205
WebSite
- zugreifen auf 221
WHOIS 425, 426
- -h rs.internic.net edu-dom 425
Windows_NT
- Druckertreiber 230
Windows_NT_4
- DNS 428
Windows_NT-Diagnose 725
Windows_NT-Herausforderung/
   Rückmeldung 201
Winipcfg 179, 262
WINPRINT.DLL 232
WINS 161, 323
- mehrfach vernetzter Computer 326
- Namen auswerten 477
- Problembehebung 731
- überwachen 344
WINS (Ressourceneintragstyp) 443
WINS (Windows Internet Naming
   Service) 305
WINS MIB 606
Wins.mdb 362
WINS_R (Ressourceneintragstyp) 443
WINS-Adresse, Registerkarte 182
WINS-Adreßeigenschaften 182

WINS-Client
- statische Adresse 337
WINS-Clients
- installieren 336
WINS-Datenbank 324
- aufräumen 362
- komprimieren 362
- Replikation 364
- Sicherungskopie erstellen 359
- statische Zuordnungen hinzufügen 376
- wiederherstellen 360
WINS-Datenbankeintrag 446
WINS-Lookup-Eigenschaften 475
WINS-Manager 343
- starten 343
- WINS-Server ergänzen 343
WinSock 49, 58, 73, 87
- aktive Öffnung 74
- passive Öffnung 74
- Port-Nummern 73
WINS-Proxies
- konfigurieren 337
WINS-Prozeß 324
WINS-Registrierungseinträge 369
WINS-Replikation 162
WINS-Server 757
- Anzahl im Netzwerk 335
- Datenbank betrachten 345
- Datenbank filtern 347
- Datenverkehr 335
- Detailinformationen 353
- Eigenschaften konfigurieren 350
- entfernen 344
- Erneuerungsintervall 350
- Installation 333
- installieren 375
- konfigurieren 375
- verwalten 343
- zum WINS-Manager hinzufügen 343
Winstmp.mdb 362
WKS (Ressourceneintragstyp) 443
World Wide Web 32
Wurzel 406
Wurzelknoten
- DNS-Datenstruktur 404
www.internic.net 32
WWW-Server
- Eigenschaften verwalten 199
- konfigurieren 199

X

X.25 (Ressourceneintragstyp) 443

Z

Zeichenketten-Editor
– Registrierung 282
Zeitüberschreitung 66
Zone
– DNS-Server 460
– primäre hinzufügen 464
Zonen
– Eigenschaften verändern 471
Zonenübertragung 456
Zuordnungen
– statische importieren 357
– statische konfigurieren 354
Zwischenknoten
– DNS-Datenstruktur 404